HISTOIRE DU PARLEMENT DE PARIS

De l'avènement des rois Valois à la mort d'Henri IV

PAR

Édouard MAUGIS

TOME III

RÔLE DE LA COUR PAR RÈGNES, 1345-1610

(*Présidents, Conseillers, Gens du roi*)

PARIS
AUGUSTE PICARD, Éditeur
Libraire des Archives Nationales et de la Société de l'École des Chartes
82, RUE BONAPARTE, 82

1946

HISTOIRE
DU
PARLEMENT DE PARIS

AUTRES TRAVAUX DE L'AUTEUR

Histoire du Parlement de Paris, de l'avènement des rois Valois jusqu'à la mort d'Henri IV. 2 vol. in-8, Picard, 1914-1915.

Essai sur le régime financier de la ville d'Amiens, du XIII° à la fin du XVI° siècle. In-8, Picard, 1898.

Recherches sur les Transformations du régime politique et social de la ville d'Amiens, des origines de la Commune à la fin du XVI° siècle. In-8, Picard, 1906.

Essai sur le recrutement et les attributions des principaux offices du siège du bailliage d'Amiens, de 1300 à 1600. Petit in-4, Picard, 1906.

La Saieterie à Amiens, 1480-1587. In-8, Kohlhammer, Stuttgart, 1907.

Documents inédits concernant la ville et le siège du bailliage d'Amiens, extraits des registres du Parlement de Paris et du Trésor des Chartes, t. I, XIV° siècle. In-4, Picard, 1908.
— T. II, XV° siècle. In-4, Picard, 1914.
— T. III, Extraits des registres de la Cour des Aides, XIV° et XV° siècles (*sous presse*).

Histoire de la Cour des Aides et de l'Impôt indirect, au temps des rois Valois (*en préparation*).

La Réforme et la Ligue à Amiens et en Picardie, au XVI° siècle (*en préparation*).

La Vie municipale et la Centralisation monarchique, 1597-1789 (*en préparation*).

HISTOIRE
DU
PARLEMENT DE PARIS

De l'avènement des rois Valois à la mort d'Henri IV

PAR

Édouard MAUGIS

TOME III
ROLE DE LA COUR PAR RÈGNES, 1345-1610
Présidents, Conseillers, Gens du roi).

PARIS
AUGUSTE PICARD, Éditeur
Libraire des Archives Nationales et de la Société de l'École des Chartes
82, rue Bonaparte, 82

1916

INTRODUCTION

Dresser un rôle complet du Parlement de Paris est une entreprise dont il est superflu de démontrer l'intérêt. Presque toutes les grandes familles françaises de gouvernement, les Amelot, les Séguier, les de Lamoignon, les Marillac, les Brulart de Sillery, les Hurault de Chiverny, les d'Ormesson et tant d'autres ont eu là leur berceau ou leur point de départ.

L'entreprise n'est pourtant pratiquement réalisable, et les résultats réellement instructifs qu'à partir de 1345 et de l'ordonnance célèbre du 11 mars qui fit, pour la première fois [1], passer ce grand corps, du régime primitif d'instabilité et de renouvellement annuel du rôle [2], à celui d'une Compagnie permanente et viagère, au sein de laquelle les tendances à l'hérédité vont se développer avec une rapidité et une force trop aisément explicables.

Est-il besoin de dire qu'elle offre, pour toutes les périodes, de grandes difficultés ? — difficultés du fait de la rareté des documents et de l'absence de toute insertion régulière des admissions aux registres du Conseil et des Plaidoiries, jusqu'au commencement du xve siècle ; du fait de leur dispersion dans une énorme série de plus de 400 registres, pour la période suivante, 1402-1610 ; difficultés résultant des nombreuses omissions que nous y relevons jusqu'à la fin, sans parler des lacunes, déficits, mutilations qui s'étendent à des années entières ou à des suites d'années — 1443-51 ; 1462-69 ; 1505-6 ; 1510-11 ; 1536-37 — périodes pour lesquelles nous ne possédons plus la série des Minutes, X[1B], qui ne commence réellement à

---

1. Reprise et complétée par celle du 27 janv. 1360, sur la réduction du nombre des offices (*Ordonn.*, III, p. 385. V. infra) et toutes celles qui suivirent.
2. De l'ancienne tradition survécut ce libellé du formulaire des mandements royaux : « Dilectis et fidelibus gentibus nostris tenentibus nostrum presens et qui in futurum tenebunt parisius Parlamentum..... »

compenser nos pertes qu'avec le règne d'Henri IV ; difficultés point insurmontables pourtant et que nous avons essayé de résoudre par la méthode suivante.

Distinguons d'abord entre les époques :

En 1364 seulement, avec le début d'un nouveau règne et la fin d'une période de transition et de crise, étudiée au chapitre suivant, s'ouvre, pour nous, le fond si précieux des registres du Conseil et des Plaidoiries où ces faits intéressants — présentation par les candidats de leurs lettres de provision, enquêtes sur leur mérite, ajournements, élections, réceptions officielles, prestation de serment — seront, un jour, consignés en détail, mais pas avant le commencement du xve siècle.

Jusqu'au 25 février 1402, il ne s'y rencontre aucune relation précise de cette procédure d'admission, exception faite pour l'institution des trois présidents, Jacques d'Andrie, 16-23 fév. 1366, Guillaume le Bescot, 3 mars 1372, Arnaud de Corbie, 2 janv. 1374, élus et reçus dans les formes indiquées au Tableau, et pour la translation des Enquêtes aux Requêtes du Palais du conseiller Jean Porchier, après délibération des Chambres du 6 mai 1391.

Non que ces élections ou délibérations sur les titres des candidats soient restées jusque là des faits exceptionnels. Il s'en trouve encore plus d'une mention ici et là, mais les unes éparses en d'autres séries de registres — comme l'élection du conseiller Jacques Cosson au siège de Président des Enquêtes de feu Etienne Belin, 27 déc. 1374, dans le X^{1A} 24, f° 4 des Lettres Arrêts-Jugés, — les autres tout à fait vagues et insuffisantes, qui nous ont transmis seulement la mémoire du fait, non le détail des rites et de la procédure. En voici quelques exemples :

3 avril 1392, X^{1A} 1476, f° 226 : « Ce jour, fu traiclié de recevoir Me Guillaume de Neauville en la Chambre des Enquestes. » Le nom du personnage ne figurant, par la suite, en aucune liste de présence au Conseil, non plus qu'en aucun mandement de commission ou, comme Rapporteur, au bas d'aucun Jugé, nous en concluons qu'il a été certainement écarté par la Cour.

24 avril 1394, X^{1A} 1477, f° 412 v° : « Après furent appellés tous Messieurs des Enquestes pour la réception de Me Pierre de

Champdivers en lieu dud. Jean Blanchet receu (en la Grand Chambre) au lieu de (feu) Sacquespée. »

5 août 1394, *ibid.*, f° 421 : « Furent au Conseil tous Messieurs des II Chambres sur le fait de l'élection d'aucun au lieu de feu M° Guillaume Culdoe, laquelle fu faite en la manière contenue en un roole que j'ay devers moy, » (greffier) — mais qui ne nous est pas parvenu, etc.

Nous en sommes donc réduits, pour cette période, à deux catégories d'indications, les seules ayant, à nos yeux, une valeur probante et officielle, et qui se rencontrent surtout dans la série des Lettres-Arrêts-Jugés :

1° Les commissions d'informer décernées aux conseillers par les nombreux mandements du roi et de la Cour — la plupart ayant trait aux exécutions de testaments de collègues défunts ou d'officiers des autres Cours (Grand Conseil, Chambre des Comptes, Requêtes de l'hôtel, etc.), source de renseignements inestimables pour la connaissance du temps des décès, des titres et qualités des personnages, de leurs alliances de famille, de l'état et de la situation de leurs biens, du nombre et de la condition de leurs enfants, etc. ;

2° L'insertion au bas des Jugés, pour les procès rapportés au Conseil et vidés sur rapport écrit d'un ou plusieurs conseillers, du nom du ou des Rapporteurs, à droite de celui du Président qui a prononcé ; l'un et l'autre ayant signé la minute. Par la suite, vers 1386, figure encore, à gauche, le nom du Président des Enquêtes qui a contresigné, quand il s'agit d'un procès d'enquêtes, ou, par exception, celui d'un conseiller suppléant, toujours l'un des anciens de la Chambre.

Comme ces noms de Rapporteurs se retrouvent aux rôles des Prononciations de quinzaine, insérés aux registres du Conseil, nous avons là un élément de contrôle infaillible pour la rectification des altérations[1] ou omissions des noms patronymiques remplacés souvent, ici ou là, par un titre ou une qualité, voire par un simple pré-

---

1. Cf. 23 février et 5 juillet 1404, X¹ᴬ 51, f°⁵ 290, 371 v°, les noms altérés de G. Porcher, P. de Jouys, que le X¹ᴬ 1478, f°⁵ 146, 163 v°, rectifie en G. Ponche et Ph. Du Puys, etc., X¹ᴬ 31, f°⁵ 165, 194, 16 avril, 23 décembre 1382, J. Genus pour Cervus, Drach pour Bracon, etc.

nom ou les premières lettres du nom en abrégé. Exemples : doyen de Douai, pour Ponce de Fresenches ; d'Evreux, pour Guillaume de Gandiac ; de Lisieux, pour Germain Paillart ; prieur de Saint-Germain, pour Hue de Manhac ; Germanus, Tiher, Pierre, Beau, pour Germain Paillart, Bertrand de Thierne, Pierre Beaublé, etc. V. le Tableau.

La possession des noms des Rapporteurs est surtout précieuse, parce qu'il s'écoule rarement un an ou quelques mois entre la réception d'un conseiller et l'insertion, au registre, de son premier rapport (Cf. Ordonn. du 11 mars 1345, art. 9. Enquêtes, X^{1A} 8602, f° 10), et inversement entre son dernier rapport et sa disparition définitive. (V. au Tableau, pour Pierre de Lesclat, Champdivers, etc.) S'il n'existait ni omissions, ni lacunes, nous aurions là, pour deux Chambres sur trois [1], les deux termes à peu près exacts de chaque carrière parlementaire [2].

C'est donc à la date de son premier rapport, toutes les fois qu'il nous a été possible, que nous avons inscrit, à notre Tableau, le nom de chaque conseiller, avant 1402, non à celle de sa première présence au Conseil ou de sa première commission [3], comme l'a fait, avant nous, M. Aubert, suivant une méthode que nous estimons vicieuse et qui l'a induit en une foule d'erreurs ou de confusions ; et nous avons ramené ainsi à ses vraies proportions le rôle de la Cour qu'il a démesurément allongé de 1345 à 1414, non sans commettre d'ailleurs de nombreuses omissions.

Le rôle dressé par M. Aubert a d'abord contre lui la plus élémentaire vraisemblance. Il ne compte pas moins de 300 admissions dans l'espace d'un demi-siècle, 1364-1414, par exemple, exactement 298. C'est près d'un quart en trop, comme on peut s'en convaincre par la comparaison avec les résultats des règnes pour lesquels nous sommes en possession de données absolument certaines.

1. On ne voit plus, après 1364, de conseiller des Requêtes rapporteur, tandis que le fait est assez commun auparavant.
2. Nous nous en sommes surtout servis, dans la 2ᵉ période, pour contrôler et compléter les données des rôles de confirmation pour les périodes où manquent les registres du Conseil, 1443-51, 1462-69, etc. V. au Tableau.
3. Les commissions d'informer ne sont pas décernées aux seuls conseillers de Parlement, mais à des maîtres des Requêtes, des gens du Grand Conseil, de la Chambre des Comptes, à des notaires, des clercs du roi, voire à des avocats et à de simples bourgeois. V. infra Jean de Puyvinage, Sacquespée, etc.

Le Parlement, corps éminemment traditionnaliste, dès qu'il fut devenu réellement permanent et qu'il eut acquis par là même un titre quelconque à participer à son propre recrutement, ne se renouvela plus, sauf aux périodes de crise, qu'à une allure invariable et dans un rapport mathématique avec son effectif, lequel put croître, après 1522, sans que ce rapport fût jamais rompu. L'intérêt qu'il avait à se défendre de mutations trop fréquentes n'a pas besoin d'être démontré.

Interrogeons donc les trois règnes de Louis XI, de Charles VIII et de Louis XII qui représentent, dans son histoire, le temps de la stabilité par excellence, dans l'effectif invariable de 80 ou 82 présidents et conseillers :

Le premier nous donne 104 réceptions[1] : 4 présidents pris hors des Chambres, 100 conseillers nouveaux pour 22 années, 1461-83 ; et l'on sait si Louis XI abusa des coups d'arbitraire, créations et destitutions forcées, provisions de surnuméraires, etc. ;

Le second, plus respectueux de la légalité, 63, pour 15 années : 4 présidents, 59 conseillers ;

Le troisième, si longtemps regretté, 82, pour 17 ans : 4 présidents, 78 conseillers.

C'est une proportion constante de 4 à 4,5 admissions par année, celle même à laquelle nous arrivons, avec 84 pourvus, de 1364 à 1380 : 3 présidents, 81 conseillers ; 147[2], de 1380 à 1418 : 4 présidents, 143 conseillers. Encore faut-il noter :

1° Que le rôle de confirmation de 1364 ne porte que 73 noms ; il est donc incomplet ; 2° que le régime nouveau de l'inamovibilité ne s'est pas implanté, même après 1364, sans d'assez nombreuses dérogations — suspensions, substitutions forcées, pour cause d'absence, d'incapacité, de troubles — trop conformes aux mœurs du temps et à l'ancienne pratique du renouvellement annuel. (V. au Tableau, les cas de Bertrand de Thierne, G. de Boudreville, J. Gibour, Ph. Bonne, Renaud de Sens, etc.).

Nous avons déjà critiqué la méthode de M. Aubert et les garan-

1. 105 avec Lespervier, créé Ier Président lai des Enquêtes, bien que marié et non conseiller.
2. 148, avec Hélie de Chenac, douteux.

ties insuffisantes qu'elle présente. Ce n'est pas dresser un rôle du Parlement que de relever, à peu près au hasard, sur les tableaux de présence aux délibérations de Conseil, les noms réputés nouveaux, sans aucun souci des vraies qualités des personnages, sur lesquels pourtant la série des Lettres-Arrêts-Jugés nous renseigne surabondamment. Une étude un peu plus attentive eût épargné à l'auteur bien des méprises, comme l'inscription, pêle-mêle avec les vrais conseillers, de nombreux maîtres des Requêtes, gens des Comptes et du Châtelet, trésoriers de finances, généraux des aides, notaires et secrétaires, greffiers et gens du roi, baillis et sénéchaux, voire simples avocats et bourgeois de Paris très fréquemment appelés aux assemblées générales.

La mention de conseiller du roi, quand il la rencontre isolément dans un mandement de commission, ou simplement celle de Maître [1] paraît à M. Aubert un titre suffisant. Que n'a-t-il poussé quelques articles ou quelques lignes, voire quelques mots plus loin ; il se fût évité bien des erreurs.

Exemple : (nous transcrivons sa propre référence, p. 334 de son Tableau, en la complétant sur le registre X^{1A} 20, f° 29, 13 fév. 1367) : « Dilecto et fideli consiliario nostro, Radulpho de Renavalle, militi, domino de Petraponte [ac panetario Francie...] » Voilà un grand Panetier de France enrôlé, bien à la légère, au Tableau du Parlement !

On comprendra que ce ne soit pas ici le lieu de reprendre, article par article, une centaine et plus d'inscriptions aussi peu justifiées. Nous renvoyons, pour cela, à une publication ultérieure des rôles des Maîtres des Requêtes et de la Chambre des Comptes. Il est pourtant un genre de fautes familier à M. Aubert, que nous ne pouvons nous abstenir de signaler ici, parce qu'il donne la mesure exacte de son sens critique. Nous voulons parler des doublets.

1. Cf. p. 335, d'après X^{1A} 21, f° 220 v°, 22 juin 1368, Jean du Petitcellier ; 22 août, Jean Aicart et Estocart, qualifiés Maîtres et rien de plus, dont il fait des conseillers ; p. 339, d'après X^{1A} 1471, f° 42, 17 mai 1378, Jaques de Ruilly et Henry de Marle, id. (simple congé d'aller hors, comme la Cour en décerne, tous les jours, aux avocats et procureurs, ainsi que l'exige l'ordonn. du 11 mars 1345.) V. au Tableau, les preuves formelles qu'Henry de Marle est resté avocat jusqu'à sa provision de président, 1394 ; Jaq. de Ruilly jusqu'en 1385, au moins.

M. Aubert rencontre-t-il deux fois le même nom, à des dates et en des langues différentes, il l'inscrit deux fois. Bien mieux, pour nous épargner la peine de le traduire, il le traduit lui-même et avec quel succès !

C'est ainsi que Guillaume d'Auneau (d'Auneel ou d'Aunoy) inscrit, p. 331, au 20 mars 1364, reparaît, p. 332, d'après le rôle de confirmation du 28 avril, sous les traits de Guillaume d'Aunay (traduction de G. de Alneolo) ;

Que Gervais le Bœuf, Gervasius Bovis du même rôle, devient, p. 334, Gervais Vosins, sur la foi d'un clerc qui a écrit (X^{1A} 21, f° 29) Gervasius Bosvis, si facile à corriger ;

Que Guillaume de Villers (de Villaribus) se travestit, p. 342, 27 nov. 1389, en G. de Villarches, pour retrouver son vrai nom, p. 343, le 18 février 1393 ;

Que Bertrand de Thierne ou de Thiars (de Tiherno), p. 336, 23 décembre 1370, devient B. de Chières [1], p. 339, 1er septembre 1379 ;

Que Guillaume de Gy (de Giaco), p. 346, 1er décembre 1402, devient Guill. de Giac, p. 350, 13 novembre 1413, etc.

Faut-il parler des mauvaises lectures : Jean Emard, p. 338, pour Jean Oviard [2] (qu'il faudrait lire Oujart ou Aujart ?) ;

Des confusions de prénoms : Jean pour Jacques Sacquespée, Jacques pour Jean de Lorry, Renaud pour Jean de Dormans (celui-ci conseiller, celui-là Maître des Requêtes), Jacques pour Jean du Drac, etc. ?

Des erreurs grossières de dates : Gérard d'Ambonnay, inscrit le 23 janv. 1370 seulement ? Il est X° des clercs de la Grand Chambre au rôle de 1364.

Mais il y a mieux : p. 336, 21 mai 1371, M. Aubert inscrit Henri Mauloue, d'après X^{1A} 1469, f° 477. Reportons-nous au texte : Il s'agit d'un procès *parti* aux Enquêtes (10 voix contre 12) dans une cause entre Henri Mauloue [3] et Jean Petit. (Il a pris la partie pour le juge.)

---

1. A la vérité, le texte porte Thieriis, forme latine de Thiars, aussi fréquente que Thierne. Il suffit d'ailleurs de suivre l'affaire dans les divers mandements la concernant.
2. Même observation : Émardi du texte est une faute du clerc pour Oujardi.
3. Cf. X^{1A} 38, f° 60 v°, 1er juin 1391, Henri Mauloue, secrétaire du roi.

Que dire de l'attribution du siège, lors d'une élection contestée et de partage des voix, à celui même des candidats en présence qui est évincé par le roi? Tel Geoffroy de Pérusse donné pour successeur à feu Guillaume Lirois, alors que c'est son concurrent, Guillaume de Launay ou de Lannoy, qui lui est préféré. Il serait cruel d'insister.

Arrivons à la seconde période, 1402-1610. Les difficultés sont ici beaucoup moindres, l'usage des insertions des procès-verbaux d'élections, réceptions, etc. aux registres du Conseil ayant fini par prévaloir et passer en règle. Elles sont alors imputables surtout aux omissions, lacunes, déficits déjà signalés et malheureusement trop fréquents; ajoutons : aux négligences des scribes dont nous donnerons trop d'exemples. Du moins possédons-nous désormais des éléments de contrôle d'une autorité indiscutable, qui suppléent à nos pertes et nous permettent d'arriver à l'absolue certitude.

Le premier est la série des lettres de confirmation de la Cour renouvelées à chaque avènement et sans exception de 1418 à 1548, puis, une dernière fois, après une interruption d'un demi-siècle, en 1594, à la rentrée d'Henri IV à Paris.

Ces lettres insérées aux recueils originaux des Ordonnances, document officiel, s'il en fût, ont le mérite de nous donner les noms des membres du Parlement dans l'ordre du Tableau, c'est-à-dire suivant les dates de réception, sauf le classement en deux catégories séparées, clercs et lais. Sans doute, la suite des admissions de chaque règne ne s'y trouve pas entière. Manquent forcément les

---

Ajoutons des références fausses et non vérifiées. V. *infra* pour Jean le Bécot. Cf. X[1A] 32, f° 25, 9 mars 1383, pour Jean Chauveron; 31, f° 291, 14 mai 1384, Jean de Bucy; 20, f° 167 v°, 9 juin 1367, Pierre Lorfèvre, etc.

M. Aubert traite les présidents comme les conseillers : S'il inscrit III°, en 1336, Fauvel de Vaudencourt, sur la foi d'un seul texte qui ne donne aucune qualité, X[2A] 3, f° 83, où on lit seulement au bas d'un arrêt criminel : « Per dominos P. de Cuigneriis, Johannem de Chastellier et Fauvellum de Vaudencourt », alors que les témoignages les plus formels le qualifient Maître des Requêtes des rois Philippe et Jean (X[2A] 6, f° 401, 8 février 1359), il omet, par compensation, Galeran de Vaux, dont nous possédons pourtant les lettres d'institution du 25 février 1344 (X[1A] 8848, f° 95), publiées en la Grand Chambre, le 12 novembre. Il fait de Jean le Bécot et de Jean Chalemard des présidents des Enquêtes alors qu'il n'existe aucune preuve, pour le premier, et que le second est partout qualifié Président de Parlement. (V. au chapitre suivant.)

noms des conseillers reçus, disparus et remplacés entre deux avènements. Il faut donc encore les compléter.

C'est à quoi servent, avec les noms des Rapporteurs inscrits au bas des Jugés, les innombrables mentions éparses dans les lettres des rois et de la Cour (X^{1A} 9317 seq.), dans les registres des Plaidoiries, particulièrement les Après-dînées, en partie consacrées aux procès en compétition d'offices, les détails biographiques fournis par les éloges funèbres, les procédures d'admission à l'honorariat, c'est-à-dire à l'entrée et séance, avec voix délibérative, après résignation, les lettres d'octroi de gages ou de rappels de gages de la la série P (Mémoriaux de la Chambre des Comptes), les lettres de grâces ou de rémission de la série JJ (Trésor des Chartes), etc.

Reste enfin un dernier moyen de contrôle, celui-ci plus infaillible encore, mais qui impose des recherches aussi longues que minutieuses : les rôles de présence aux assemblées du Conseil, surtout aux assemblées générales où ne manque pas de figurer, dernier inscrit ou l'un des derniers, le conseiller reçu dans le mois ou la quinzaine.

C'est pour n'avoir pas recouru à ces différentes sources, à la dernière surtout, que M. G. Picot a laissé échapper d'assez nombreuses erreurs dans son Tableau du Parlement de Charles VIII. M. Aubert en a usé sans critique ; son devancier l'avait ignorée.

Pour les détails biographiques, parentés, alliances, filiations, fonctions, qualités, nous les avons surtout empruntés à ce fonds même du Parlement, aux innombrables procès des membres de la Cour, mine intarissable qu'une deuxième, troisième investigation, toujours plus profitable à mesure qu'on devient plus familier avec les hommes et les choses, n'arrive pas à épuiser.

Jusqu'en 1560, les procès-verbaux d'admission et d'enquête, en général très détaillés, nous ont fourni aussi d'abondants renseignements. L'état de guerre et d'indiscipline, le désordre et le relâchement qui s'installent alors au greffe, avec la vénalité des offices, nous privent malheureusement de ces données si précieuses, dans le temps même où les recherches deviennent plus laborieuses du fait de l'accroissement énorme du nombre des registres.

On ne s'étonnera donc pas que notre Tableau devienne moins

précis, à mesure qu'on avance vers la période moderne, quand le contraire semblerait naturel.

Après M. Picot, nous avons longuement compulsé le recueil de Blanchard, les Mss. 7553, 7554, 7555 et *bis* du Fonds français de la Bibliothèque nationale, compilation rédigée en deux fois, partie au xviie, partie au xviiie siècle, d'un emploi délicat, exigeant beaucoup de réserve et de défiance. Le bon s'y rencontre, à côté du mauvais, en des articles d'inégale valeur, les uns puisés aux sources, mais dépourvus de références, les autres de pure fantaisie. Nous n'en avons donc usé que faute d'autres renseignements et toujours en les citant, c'est-à-dire sous toutes réserves, quand leur témoignage ne concorde pas avec celui des registres de la Cour. Rectifier toutes leurs erreurs nous eût encore entraîné trop loin. Nous nous sommes bornés pareillement à signaler les principales.

Il ne nous coûte donc aucunement d'avouer que notre travail enferme encore de trop nombreuses lacunes [1]. S'acharner à les combler toutes serait une tâche presque infinie, peut-être interminable et qui excède les forces d'un homme. Il est des entreprises condamnées à rester toujours en voie d'achèvement.

Pour ne pas charger outre mesure le cadre du Tableau, dans cette seconde période où les registres du Conseil sont notre source principale, nous n'avons guère donné de nos références que les dates : dates d'élections, examens, réceptions ; dates doubles dans les cas particulièrement intéressants : de la présentation des lettres de provision et de la première présence en séance, quand réception et prestation de serment font défaut ; dates entre parenthèses pour les détails biographiques, alliances, titres, qualités, etc. Nous n'avons cité les registres mêmes que pour les autres séries : Plaidoiries, Lettres-Arrêts, Minutes, Requêtes du Palais, Accords, Criminel, Mémoriaux de la Chambre des Comptes, Cour des aides,

---

1. Nous en dirons autant des inexactitudes inévitables en un tel travail, à travers tant de dates, de noms et de références diverses. Ce Tableau a été refait 10 fois : certaines feuilles ont dû même être réimprimées ; nous avons corrigé de nombreuses fautes, à chaque révision, et sans doute en reste-t-il encore. On en trouve au moins quelques-unes signalées aux errata et addenda, en attendant les fascicules rectificatifs ou complémentaires que de nouvelles recherches rendront certainement indispensables.

Trésor des Chartes, etc. auxquels nous avons fait — est-il besoin de le dire ? — de larges emprunts.

Inutile d'ajouter que nous n'avons pas donné, à loin près, toutes les références et tous les faits en notre possession intéressant le *cursus vitae* de chacun des 1,800 personnages de ce rôle. Le cadre d'un volume n'y eût point suffi. Il nous a semblé que le dépasser eût été contredire à son titre même et qu'un Tableau ne saurait être un Dictionnaire biographique.

LE PARLEMENT DE 1345 A 1364

L'ordonnance du 11 mars 1345 a été, de tout temps, considérée, par le Parlement, comme son statut organique fondamental, le véritable point de départ de son existence corporative [1]. Jusque là, il s'est tenu, sous le nom de Parlements, des assises de vassaux et d'officiers délégués, par rôles annuels, au service des diverses chambres : Grand Chambre, Enquêtes, Requêtes du Palais, service comportant, comme en témoignent ceux de ces rôles qui nous sont parvenus, une incessante mobilité des juges dans le cours d'une même session. (V. Rôles des 12 novembre 1340 et 1341, P. J.)

Le Parlement n'est devenu un grand corps, une personne morale; l'esprit corporatif et traditionnaliste ne s'est pleinement éveillé en lui que du jour où il satisfit à ces quatre conditions : la fixité de l'effectif, la permanence du rôle et la continuité du service, l'allocation de gages réguliers, la participation de la Compagnie au recrutement de ses membres.

Ce sont précisément les quatre points que l'ordonnance pose avec une netteté singulière, comme devant distinguer essentiellement le régime à venir de celui qu'il s'agit de modifier.

« Li rois, y lisons-nous, en son Grand Conseil, par bonne et meure délibéracion, a ordené, pour l'onneur et proffit de li et de

---

[1]. Les dispositions disciplinaires concernant les conseillers, gens du roi, huissiers, avocats, procureurs (X¹ᴬ 8602, f° 10 seq.) formèrent toujours le fond des règlements lus et commentés par les présidents aux intéressés, à chaque renouvellement de session. On le voit assez à l'usure du parchemin.

son peuple et pour plusieurs causes justes et raisonnables, que, pour gouverner sa justice capital, c'est assavoir son Parlement, seront en sondit Parlement, prenant gages acoustumés, XV clers et XV lais, oultre les trois présidens qui ont gages séparés et autres que les dessusdis et sans ceulz à qui li roys a donné leurs gages à vie.

« Item, en sa Chambre des Enquestes XL, c'est assavoir XXIV clers et XVI lays.

« Item, en ses Requestes du Palays VIII, c'est assavoir V clers et III lays.

« Et *combien que moult grant nombre de personnes ait esté et soit ès dessusdis estas*, par ce mesme Conseil, les personnes ci-dessous nommées sont esleues à demourer pour excercer et continuer lesdis estas aus gages acoustumées. Et toutes voies, se il plaist aus autres venir èsdis estas et offices, il plaist bien au roy qu'il y viegnent, *mais ils ne prenront gages* jusques à tant qu'il y seront mis en lieu des dessus nommés esleus.

« Item li roys, par ce mesme Conseil, a ordené que nul ne soit mis ou lieu et nombre de l'un des dessusdis esleus, quant le lieu vacquera, *se il n'est tesmongné au roy par le Chancellier et par le Parlement estre souffisant à excercer ledit office* et à estre mis oudit nombre et lieu.

« Item les dessusdis demourans ou nombre *demourront continuellement oudit Parlement pour faire leur office et ne s'en partiront durant Parlement, se n'est par licence du Parlement*. Et veult li roys et ordene aussi, comme il a fait de ses notaires et de ses sergens d'armes, que ceste présente ordenance soit tenue et gardée à tousjours sans enfraindre, pour quelcunque cause que ce soit ; et dès maintenant li rois desclaire et décerne estre nul et de nulle valeur tout ce qui de ci en avant seroit fait au contraire... »

(Suit la liste des 78 élus, non compris les trois présidents.)

Si l'on cherche à démêler, entre les lignes de ce texte si précis, les raisons qui ont mu Philippe VI à ces innovations, deux se présentent aussitôt à l'esprit : 1° le souci d'un meilleur fonctionnement de la Justice par la spécialisation et une plus étroite adaptation de l'organe ; 2° une raison d'économie.

Il vient de faire, depuis tantôt 15 ans, l'expérience décisive des vices d'un système suranné : encombrement des Chambres, affluence excessive des nobles, à la fois les plus affairés et les moins assidus des juges, gaspillage de temps et d'argent.

Un premier essai de réforme a été tenté, trois ans avant, qu'il n'est pas inutile de rappeler ici : art. 6 de l'Ordonnance du 8 avril 1342.

« Item [ordenons] que, quant nostredit Parlement sera finis, nous manderons nostredit Chancellier, les trois maistres présidens de nostredit Parlement et dix personnes tant clers comme lays de nostre Conseil, *telz comme il nous plaira*, lesquelx ordeneront, *selon nostre volenté*, de nostredit Parlement, tant de la Grand Chambre de nostredit Parlement et de la Chambre des Enquestes, comme des Requestes, pour le Parlement à venir, et jureront sur leurs seremens qu'ils nous nommeront des plus suffisans qui soient en nostredit Parlement et nous diront *quel nombre de personnes il devra souffire pour lad^e Grant Chambre, pour les Enquestes et Requestes*... »

La barrière s'est révélée insuffisante. Cette dévolution à une Commission royale, sans initiative ni responsabilité, d'un attribut essentiel du souverain, le pouvoir de déléguer sa juridiction suprême, ne pouvait être un frein efficace aux sollicitations, intrigues, complaisances, importunités. En ces matières, le choix direct du prince compte seul, et les solutions définitives. La comparaison entre les trois rôles de 1340, 1341, 1345 va nous le faire mieux entendre.

I. — Le rôle initial du 13 nov. 1340 (X^{2A} 4, f° 17) porte 151 noms de conseillers et présidents [1] + 36 en surcharge — dont 8, sur 20, ajoutés en marge ou à la suite de la Grand Chambre, se retrouvent rayés, aux Enquêtes, avec la mention « de Parlamento » en regard de 5 d'entre eux ; — au total 179, qui se décomposent ainsi :

1. Il nous est impossible de prendre ici pour présidents d'autres que les 3 premiers laïs de la Grand Chambre. Le texte de X^{2A} 4, f° 49, du 21 sept. 1341 qui donne pour la 1re fois ce titre à Simon de Bucy ne prouve rien sinon que, ce jour-là, les Plaidoiries finies, il tint le siège « comme président [à défaut d'un autre] », ainsi qu'il est arrivé maintes fois pour Guillaume le Bescot, Jean de Villeneuve, Simon Foison et tant d'autres simples conseillers. V. leurs articles.

Grand Chambre. — *Clercs* 25, dont 5 rayés — l'un, Berengarius Frezol, sans indication aucune; 3, avec la mention : *R. Hospicii*[1] (passés aux Requêtes de l'hôtel); un 5ᵉ, Hue d'Arcy, avec... *episcopus laudunensis* — + 13 noms en surcharge (4 venus des Enquêtes, 10 nouveaux qui sont évidemment des suppléants).

Laïs 29, dont 25 nobles (2 portant en regard la mention : *defunctus est* ou *decessit*) + 7 noms en surcharge (dont 5 nobles ; 2 venus des Enquêtes); 6 rayés, dont Michel de Paris répété en surcharge.

Enquêtes. — *Clercs* 44 (3 avec la mention : *de Parlamento* (passés en la Grand Chambre) omise pour un 4ᵒ, Jean Pascaud) + 7 en surcharge.

Laïs 40, dont 9 nobles (2 passés en la Grand Chambre) + 7 en surcharge, dont 1 noble.

Requêtes du Palais. — *Clercs* 7. *Laïs* 6, dont 2 nobles + 2 en surcharge.

La proportion des nobles, surtout en la Grand Chambre, est tout à fait remarquable.

II. — Le rôle initial du 12 nov. 1341 (*ibid.*, fᵒ 52 vᵒ) ne porte plus que 115 noms — Les deux premiers clercs des Enquêtes, Jean de Hubant l'aîné et Pierre Lallemant, figurent déjà à la Grand Chambre, mais sans indication de promotion, — et seulement 17 noms en surcharge, dont 1 gratté, 2 répétés : total 129, dont 17 nouveaux, étrangers au précédent. Le détail est le suivant :

Grand Chambre. — *Clercs* 27 + 6 noms en surcharge (2 répétés, Regn. de Vienne, G. de Champinges, 23ᵉ des Enquêtes).

Laïs 18, dont 15 nobles (l'un J. de Traversi, anobli depuis 1340) + 1 nom en surcharge.

Enquêtes. — *Clercs* 32 (compris Jean de Hubant, Pierre Lallemant et G. de Champinges) + 2 en surcharge et 1 gratté, J. d'Erquery.

Laïs 26, dont 8 nobles (l'un, Hebertus de Penna, anobli de l'année et defunctus) + 7 en surcharge, dont 3 nobles.

---

1. Dont M. Aubert fait un nom propre : R. Hospicerii.

Requêtes de l'Hôtel. — *Clercs* 9. *Lais* 5, dont 2 nobles.

La proportion des nobles, 36/151, 25/115, est à peu près constante : 1 à 4,2 et 4,6.

Il est fâcheux qu'aucun des 3 rôles postérieurs au premier essai de réforme du 8 avril 1342 ne nous soit parvenu. Mais celui du 11 mars 1345 annexé à l'ordonnance accuse des tendances tout à fait remarquables :

L'effectif des conseillers *ordinaires* tombe à 78 pour les trois Chambres (19 nouveaux) ; celui des nobles à 9 sur 15 lais, Grand Chambre; 4 sur 17, Enquêtes (dont 1 surnuméraire, Adam de Hordaing) ; 1 sur 3, Requêtes du Palais (Mᵉ Pierre de Vilaines : il faut lire Messire, comme en 1340, 1341, 1359, 1364). Le rapport n'est plus que de 1 à 6.

Et l'élimination va s'accélérer, comme en témoignent le rôle du 28 nov. 1359 et les lettres de confirmation du 28 avril 1364 : Plus que 3 nobles sur 15 lais à la Grand Chambre : 0 aux Enquêtes, 1 aux Requêtes, en 1359; 4, 1 et 1, en 1364 ; 4 sur 77, d'une part ; 6 sur 69, de l'autre.

On peut dire, sans exagération, que le véritable objet de l'ordonnance de réduction des offices du 27 janv. 1360, qui suit, à trois mois de distance, la publication du rôle du 28 nov. (*Ordonnances*, III, 385, 390) est de les éliminer définitivement, en les rejetant au nombre des *extraordinaires*, sous le prétexte de libérer de toute restriction de nombre le choix du roi :

Art. 3 : « En l'office des conseillers de la Grand Chambre... seront à présent et doresenavant tant seulement, XV clers et XV lais, exceptez les prélas, princes et barons dont il y en aura tant comme il nous plaira, pour ce qu'ils ne prennent nuls gaiges.

Art. 4 : « En l'office de la Chambre des Enquestes seront à present... tant seulement XXIV clers et XVI lais, exceptez les prélas, dont il y aura tant comme il nous plaira, pour la cause dessusdite. »

On alléguera plus tard, pour les prélats, le scrupule de les distraire de leur ministère spirituel. Voilà donc les anciens vassaux rejetés au rang d'*Extraordinaires*, exclus des gages, réduits à un rôle de pure figuration bénévole. Les effets n'ont pas tardé à se faire sentir.

Il était d'usage, pour les délibérations ou décisions importantes — révision de procès partis, publications solennelles — d'inscrire, à la suite, au registre des Arrêts ou des Ordonnances, les noms des membres présents. Une déclaration de ce genre : Des privilèges de l'Université d'Angers — postérieure seulement de deux mois à l'Ordonnance du 11 mars (21 mai 1345, X¹ᴬ 8602, f° 9) — porte ainsi 56 noms de conseillers, 59 en comptant ceux du Chancelier, Guillaume Flotte, et des deux présidents Simon de Bucy et Pierre de Démeville. Or nous y relevons 6 nobles seulement — 4 ordinaires, du rôle du 11 mars, 2 extraordinaires — et 2 prélats (Le rôle du 11 mars n'en compte aucun); sur les 48 autres, 31 ordinaires, 17 extraordinaires. Six de ces derniers ont figuré déjà sur les rôles de 1340, 1341 ; des 2 nobles, un seul ; de même des 2 prélats. L'abstention est donc bien plus marquée dans une classe que dans l'autre.

Comment a fonctionné le nouveau régime pendant les 19 années des règnes de Philippe VI et de Jean qui précèdent l'avènement de Charles V, avec lequel seulement s'ouvre la série des Plaidoiries et du Conseil? Nous en sommes réduits à quelques indices très rares, à quelques pièces éparses à travers les Arrêts et Ordonnances, mais qui ne laissent pas de jeter un certain jour sur la question.

Le premier point hors de doute, c'est que la distinction fondamentale entre Ordinaires et Extraordinaires, magistrats de carrière et assesseurs de circonstance, avec son corollaire, l'inamovibilité des premiers, est restée hors d'atteinte. Elle a été plutôt s'accentuant, comme nous l'avons vu par l'ordonnance du 27 janv. 1360. Tous les documents de la jurisprudence sont d'accord avec la théorie juridique. Ils rappellent invariablement aux Ordinaires l'obligation du service permanent et de la résidence continue en Parlement. Voici, à titre de preuve, les lettres de provision du conseiller Jean de Champeaux, le premier en date des documents de ce genre, si nous exceptons, pour la période antérieure, celles du conseiller Galeran de Vaux promu à la 3ᵉ présidence, le 25 févr. 1344 [1].

1. X¹ᴬ 8848, f° 95, où il est déjà question de ses lettres antérieures de provision en la *Grand Chambre* et d'octroi de *gages à vie*. Notons que G. de V. ne figure en aucun des rôles de 1340, 1341 et 11 mars 1345.

« Johannes, etc. Universis . etc. Notum facimus quod nos, de fidelitate, discrecione et sciencia dilecti et fidelis nostri Johannis de Campellis, legum doctoris et archidiaconi Meledunensis in ecclesia senonensi, plenarie confidentes, ipsum in nostrum clericum et consiliarium in nostro Parlamento, ad vadia et emolumenta que alii clerici et consiliarii nostri in eodem Parlamento percipere consueverunt et debent vacando in hujusmodi officio, de speciali gracia, retinuimus ac tenore presencium retinemus, ipsum aliorum nostrorum consiliariorum ibidem consortio aggregantes. Quare damus in mandatis dilectis et fidelibus Cancellario, presidentibusque et aliis consiliariis nostris in dicto Parlamento quatinus ipsum Johannem ad officium predictum admittant, eidemque de vadiis, comodis et emolumentis ad illud pertinentibus faciant responderi ac in omnibus tangentibus officium hujusmodi parere efficaciter et intendi. Mandantes nichilominus thesaurariis modernis et futuris quatinus sibi vadia supradicta solvant, modo et terminis consuetis, que soluta volumus in solvencium compotis allocari, ordinacionibus contrariis nequaquam obstantibus quibuscumque. *Nostre tamen intencionis existit quod in dicto Parlamento, sicut alii clerici et consiliarii nostri, ibidem resideat, robasque, pensiones et servicia quorumcunque aliorum omnino dimittat* [1]. In cujus etc. Datum Parisius, octava die januarii, anno Domini M°CCC°L°III°. Per regem, presente domino Symone de Bucy. P. Blanchet (X¹ᴬ 15, f° 169 v°).

Non moins catégorique ce préambule des lettres de non-préjudice et de mainlevée de ses fiefs, saisis par ses suzerains pour service féodal non fait, octroyées au conseiller Robert Guy ou le Guidon, 24 avril 1363 (X¹ᴬ 17, f° 300 v°).

« Baillivo ambianensi aut ejus locumtenenti salutem. Dilectus et fidelis Robertus Guy, miles et *consiliarius noster*, *curie nostre* exposuit graviter conquerendo quod, licet ipse conquerens pro nos-

[1]. Cette prohibition du service de tous autres seigneurs et patrons est assez rigoureuse pour que le roi croie devoir accorder à Jacques le Riche et Geoffroy le Fèvre passés récemment, du conseil du Chancelier, évêque de Thérouenne, l'un aux Requêtes de l'Hôtel, l'autre au Parlement, des lettres d'autorisation de siéger dans une affaire concernant leur ancien maître. X¹ᴬ 17, f° 1 v°, 8 fév. 1361.

tris et reipublice ac boni communis negociis, *longo tempore transacto, fuerit in nostro servicio, tam in camera Parlamenti nostri Parisius quam in camera Inquestarum ejusdem Parlamenti, et ob hoc habeat, tam Parisius quam alibi ubi nobis placet ipsum destinare, continue personaliter necessario interesse et residere*, quibus de causis ipse consiliarius noster ad deserviendum feodis suis ac regendum alias res, bona et possessiones suas, quas et que in vestra baillivia asserit se habere, personaliter vacare et intendere non valet... »

Un autre point important à déterminer est celui de savoir jusqu'où s'étendit, dans la pratique, le droit théoriquement reconnu à la Cour de participer, en une certaine mesure, à son propre recrutement, tout au moins en donnant une attestation réputée nécessaire de la suffisance des candidats. Rien de moins explicite, à cet égard, que la formule insérée aux lettres de provision de Jean de Champeaux, simple répétition d'une clause de style que nous trouvons telle déjà dans celles du président Galeran de Vaux antérieures d'une année à l'ordonnance du 11 mars 1345 [1]. Ici et là le rôle de la Compagnie se réduit à une vague formalité de mise en possession des gages et privilèges ou plutôt de non-opposition et d'adhésion tacite au choix du roi, bien que l'ordonnance parût annoncer davantage.

Il nous faut descendre deux règnes encore pour voir poindre l'exercice d'une sorte de droit de cooptation, non sous la forme d'une innovation, mais d'un usage encore incertain qui tend assez lentement à se définir et à se fixer. Pourtant, dès le temps de Philippe VI, le Parlement paraît en possession de deux des plus précieuses sauvegardes de la dignité des corps permanents, la stabilité des fonctions et le quasi monopole de l'action disciplinaire sur ses propres membres. Deux documents méritent ici encore d'être cités, dont nous renvoyons l'insertion *in extenso* aux Pièces Justificatives.

Le premier est l'arrêt de condamnation à la peine capitale pour

1. Notons pourtant que les lettres de Galeran de Vaux qui sont du 25 fév. n'ont été publiées en Parlement que le 12 nov. suivant, ce qui constitue un délai d'attente tout à fait remarquable.

crime de faux commis, dans l'exercice de ses fonctions de juge instructeur, par le conseiller surnuméraire des Enquêtes, Messire Adam de Hordaing, du 21 juil. 1348, suivi du procès-verbal d'exécution du 23. On remarquera que l'arrêt entre, avec une précision dont nous ne connaissons pas d'autre exemple, dans les plus grands détails des griefs articulés contre le coupable, de la composition du tribunal et du partage des opinions. Ce n'est pas la Compagnie en corps qui juge, mais un haut jury où figurent deux maîtres des Requêtes, nobles, premiers nommés, représentant le Conseil du roi, le II⁰ Président du Parlement, Jacques la Vache, 4 nobles, conseillers ordinaires, deux Maîtres de la Chambre des Comptes et 8 autres membres, « tant de la Grand Chambre que des Requestes et des Enquestes », qui tous ont été d'avis de le condamner à la pendaison, alencontre de 7 de leurs collègues, dont 2 nobles, qui se sont prononcés pour la peine du pilori et de la « chartre perpétuelle »; au total, 24 juges, dont 20 de la Cour. Le surlendemain, c'est devant 9 d'entre eux, assistés de deux autres conseillers, du lieutenant du Châtelet et de plusieurs non dénommés, que le condamné subit sa peine (X^{2a} 4, f⁰ 164 v⁰).

Le second est une lettre du roi Jean du 3 août 1351 intimant à la Cour de mettre en demeure les deux conseillers commissaires, Jaques le Musy et Guillaume le Bescot, de procéder à l'exécution d'un mandement royal décerné au profit des religieux de l'hôpital Saint-Jean de Jérusalem contre Jeanne de Valois, veuve de Robert d'Artois, — ce à quoi ils se refusent, sous divers prétextes, alléguant qu'ils sont empêchés d'autres besognes; — au besoin même de les y contraindre par voie de suspension de leurs offices et gages, jusqu'à nouvel ordre (X^{1a} 13, f⁰ 63 v⁰).

Ménagement significatif et très digne d'être noté, qui témoigne d'un respect marqué de l'indépendance et de la dignité de la Compagnie, que ce recours à son intervention et à son autorité morale sur ses propres membres, en un cas qui semblerait devoir appeler tout d'abord les rigueurs du pouvoir souverain!

Le Tableau que nous publions montrera par ailleurs que la plupart des conseillers disparus dans cette période sont morts en fonctions, s'ils n'ont été promus à d'autres offices de prélature, des

Requêtes de l'hôtel ou de la Chambre des Comptes, la proportion des résignations volontaires ayant dû être apparemment la même qu'aux époques suivantes.

Il vint pourtant un jour où la royauté se vit contrainte, par les animosités des États Généraux de 1357, de porter atteinte à ce principe tutélaire de l'inamovibilité. Il est vrai que le roi Jean, en élevant, tout d'un coup et sans justification valable, de 3 à 5, le nombre des présidents, venait d'enfreindre, le premier, le statut de 1345 et d'ouvrir la porte à la critique d'un régime de faveur et d'intrigue. L'inscription aux premiers rangs de la liste de proscrits dressée par les États des deux présidents nouveaux, Jean Chalemard [1] et Pierre d'Orgemont, suivant de près Simon de Bucy, 1er, tout au moins complice de l'innovation, constitue plus qu'une présomption à l'appui du rapport de conséquence que nous signalons entre ces faits.

L'éloignement de 3 présidents sur 5, de leur collègue des Enquêtes, Renaud Meschin, de 5 ou 6 conseillers ou Maîtres des Requêtes, anciens conseillers, de l'un des avocats du roi — près d'un huitième de l'effectif — porta au Parlement un coup dont il fut lent à se relever. Il resta officiellement suspendu, l'espace de deux sessions entières et 2 mois, du 12 nov. 1358 au 13 janv. 1361 (retour du roi Jean), sans autre activité de fait que l'expédition par une commission de présidents, à ce déléguée par le régent [2],

---

1. Pour faire de Jean Chalemard un président des Enquêtes, sans références, bien entendu, M. Aubert oublie de noter qu'il est lui, comme en témoignent les textes par nous cités à l'art. Cons., et que ceux qui le font président, avec et avant Pierre d'Orgemont, portent tous *présidens* au Parlement (au pluriel). Cf. X²ᴬ 6, f° 125, et X¹ᴬ 14, f° 117.

2. Dans le nombre figurèrent de simples conseillers, promus provisoirement et à cette fin à la qualité de présidents, comme Guillaume le Bescot. V. le Tableau.

Voici l'intitulé ou formule initiale inscrite en tête des arrêts de cette période, aux registres du Civil et du Criminel :

Arresta prolata per presidentes in Camera Parlamenti paris. deputatos in annis Domini (1358, 1359 et 60) usque ad XIIIᵃᵐ diem januarii anni lxⁱ supradicti.

Et nota quod ab octavis festi beati Martini hyemalis anni lviii usque ad dictam XIII diem non fuit Parlamentum propter guerras. X¹ᴬ 14, f° 322.

Arresta criminalia per presidentes in Camera Parlamenti paris. deputatos et sedentes, quiquidem presidentes in dicta Camera presidentiarum officium inceperunt die lune. in crastino octabarum sancti Martini hyemalis.

Item continuaciones, commissiones et alie littere criminales registrande, des arrêts et appointements civils [1] et criminels et l'exécution par les conseillers des missions et mandements indispensables à l'instruction des procès.

Il semble que le régent ait songé tout d'abord à une sorte de session extra-légale, sans les solennités d'usage, réduite, en son objet, à l'expédition des seules causes antérieurement reçues pour juger ou appointées en arrêt auxquelles s'adjoindraient celles-là seulement dont il saisirait personnellement la Compagnie par lettres patentes ou closes, scellées du grand sceau — quelque chose comme ce qu'on appellera plus tard *jugements par commissaires*, dont il se réservait l'initiative, en promettant d'ailleurs de n'en user qu'avec mesure, mais en y associant toute la Cour, présidents et conseillers des deux Chambres alors présents à Paris (Règlement du 16 oct. 1358, X¹ᴬ14, fº 262, P. J.).

Cette méthode se révéla, à l'usage, impraticable à tous égards : inopérante au point de vue judiciaire autant que pratiquement dangereuse : D'une part, les juges se trouvèrent intimidés ou paralysés par une foule de grâces et de rémissions émanant de toutes sortes de personnages, grands et petits, connétable, maréchaux, maîtres des arbalétriers, voire simples lieutenants ou capitaines, sans parler de la restriction fondamentale les dessaisissant de tout droit d'initiative ; en même temps que les circonstances interdisaient toute délibération générale, toute action corporative.

A quinze mois de là, peu après avoir publié l'ordonnance du 27 janv. 1360 sur la réduction des offices, le régent dut modifier sur deux points essentiels son premier règlement. Jugeant les conjonctures encore peu propices à la tenue du Parlement, voire à des prévisions plus favorables, il tint du moins à donner plus de force

---

facte coram presidentibus per dominum Karolum regis Francie primogenitum, ducem Normannie et dalphinum Viennensis ac, Domino rege in Anglia existente, dictum regnum regentem in Camera Parlamenti parisius deputatis et sedentibus, annis (1358 et 59) quo tempore Parlamentum non tenuit propter guerras Francie et Anglie ac propter capcionem dolosam et detentionem dampnosam dicti Domini nostri regis. X²ᴬ6, fº 399.

Déjà la session de 1358 n'avait duré que quelques mois, du 3 février aux premiers jour de juin.

1. Arrêts seulement et non Jugés dont on ne trouve pas un seul exemple dans cette période. La série ne reparut que le 13 janv. 1361. V. *infra*.

MAUGIS. — *Parlement de Paris.*

et d'efficace à l'action judiciaire en la concentrant aux mains de la seule commission de présidents et en la libérant des entraves et restrictions qui l'avaient jusqu'alors énervée.

Le règlement du 19 mars 1360 [1] (*ibid.*, f° 296 v°), en confirmant les pouvoirs de la commission, leva, pour toutes causes et pour toutes personnes, même de sang royal, la condition posée du saisissement des juges par lettres patentes, condition derrière laquelle ceux-ci ne s'étaient que trop strictement retranchés pour justifier leur abstention dans la plupart des affaires civiles et criminelles. Le régent déclarait, en termes solennels et qui ne sont pas ici de convention pure, *en décharger sa conscience pour en charger celle de ses magistrats* réintégrés dans la plénitude de la justice souveraine et capitale; infirmer par avance toutes grâces et rémissions, dons ou pardons, d'où qu'ils vinssent, surpris par importunité de requérans ou par inadvertance, contre le bien de justice, voire tous mandements de sa propre bouche, qu'il laissait à la discrétion du juge d'enfreindre, casser et annuler, sans en attendre justification ou autorisation quelconque; enfin valider, ratifier et rendre immédiatement exécutoires toutes décisions et arrêts à intervenir comme s'ils étaient expédiés dans les formes de la justice ordinaire, le Parlement séant.

Cette Déclaration, solennellement publiée à la porte de la Grand Chambre, le 20 avril, fit plus, pour le retour à l'ordre légal, que n'avaient pu faire l'arrêt de réintégration des proscrits du 28 mai 1359, la publication du nouveau rôle de la Cour du 28 nov. et l'ordonnance du 27 janv. suivant. Moins d'un an après, quand le roi Jean revint de captivité, le Parlement reprit le cours de ses séances et de son activité normale, sans qu'aucune convocation, confirmation ou solennité publique fût nécessaire pour cela. La justice française et son organe le plus élevé sortaient indemnes de la crise la plus grave qu'ils eussent encore traversée.

Si nous avons donné le nom de Parlement intérimaire à la Cour qui continua de siéger jusqu'à la mort du roi Jean, c'est que plus

1. Isambert l'a publié, V. f° 72, mais, comme toujours, sans y rien comprendre, faute de l'avoir rapproché du précédent qui y est d'ailleurs mentionné et qu'il ignore.

d'un trait y révèle encore le caractère du provisoire et de l'inachevé : à commencer par la prorogation du IV° Président, Pierre d'Orgemont, dont l'office devait être aboli, à la première vacance, de par l'ordonnance du 27 janvier. Il ne le fut d'ailleurs pas, à la mort de Jacques la Vache, en 1366.

Un seul des trois proscrits, Jean Chalemard, définitivement sacrifié, s'était vu relégué, le 28 nov. 1359, à un office de Maître des Requêtes, avec Guillaume le Bescot, le seul intérimaire de la commission du 18 oct. 1358 qui nous soit connu et qui reprend en 1360 son office de conseiller.

Ajoutons très vraisemblablement l'effectif incomplet de la Compagnie, simple présomption, mais suffisamment autorisée par les modifications profondes qui s'observent presque d'une année à l'autre : Le rôle du 28 nov. 1359 compte 27 noms nouveaux, par rapport à 1357, dont 6 seulement, ceux de Jean Luilier, Gencian Tristan, Jean Marcel, Aimery de Maignac, Lucas Nitres (archidiacre de Coutance) et Jean de Montlhéry se retrouvent au nombre inaccoutumé de 33 provisions que nous inscrivons au cours de ces 3 années, février 1361 à mars 1364 ; 3 autres, Anceau Choquart, Étienne Barbe et Pierre de Carrido reparaîtront au rôle de confirmation du 28 avril 1364. Celui-ci enfin est encore incomplet : Manquent 2 lais en la Grand Chambre, 5 aux Enquêtes, coïncidence qui exclut l'hypothèse de vacances fortuites.

En réalité, les choses n'achevèrent de rentrer dans l'ordre qu'avec l'avènement de Charles V, dont le premier acte fut précisément une confirmation générale de tous ces grands offices de justice et de finances (Parlement, Chambre des Comptes, Receveurs et Trésoriers généraux) qui venaient, depuis 7 ans, de passer par tant de vicissitudes contraires. La mesure présentée d'abord comme provisoire, 17 avril[1], en attendant plus ample délibération du Grand Conseil, fut, à 10 jours d'intervalle seulement, ratifiée, pour le Parlement, par les lettres pat. et le rôle du 28 avril, que nous connaissons.

1. X^{1a} 8602, f° 57 v°, P. J.

PIÈCES JUS[TIFICATIVES]

I

A. Rôle du Parlement au 13

Ne pouvant donner un fac-simile photographique de ce rôle que Mons Aubert a [rendu]
possible (les noms en surcharge du texte primitif, en italiques), avec les additions,

Presidentes ibi in Magna Camera

(Sont désignés pour la première fois en cette qualité, f° 278, le 12 novembre 1343, ici 4ᵉ, 5ᵉ, 6ᵉ des Lais en 1340 ; 1ᵉʳ, 2ᵉ, 3ᵉ en 1341).

Clerici

Abbas S^{ti} Dyonisii	Epus Meldensis
Mag. G. de Castrovillani	
Mag. Guido Pictavini	
Mag. Thomas de Monteferrer	Mag. B. de Cardill.
~~Mag. Berengarius Frezol~~	Mag. Ja. Daudelancourt
Mag. Henricus de Culento	Mag. Guido de Calma
Mag. Philippus Nicolay.	Mag. P. de Hangesto
Mag. G. de Pontlevoy.	
Mag. J. de S^{to} Germanomontis	Dnus Ste. Gaschet manatus
Mag. Dyonisius de Kadrellis.	Mag. Hugo de Mirabello
Mag. Guido de Calvomonte	Mag. G. de Fourquex
Mag. Fulco de Chenaco.	
~~Mag. Henricus de Bellomonte~~ R. hospicii	
Mag. J. de Sinemuro	
~~Mag. Hugo de Aroyaco.~~ *Epus laudun.*	
Mag. Firminus de Coquerello	Mag. P. Andre. Epus Novion.
Mag. Petrus dictus Aurelzer	
Mag. Symon Baudrici R. hospicii	
Mag. Helyas de la Bregière	
Mag. G. de Trya	
Mag. J. de Divione Cancellar. ducis Burg.	
Mag. J. de Borbonio	
Mag. Raymondus de Salgues R. hospicii	
Mag. Andreas Auben	
Mag. Galterus Dyaboli Cancellar. Metensis	

Mag. Guillelmus de Querquery decanus Cameracens.
Mag. Evenus Loy.
Mag. Reginaldus de Vienna
Mag. J. Pascaux

S TIFICATIVES

novembre 1340 (X²ᴬ 4, fº 17).

publié d'une manière informe, nous en donnons une reproduction aussi exacte que ratures, renvois, etc.

Pierre de Cugnières, Jean de Châtellier et Symon de Bucy, chevaliers qui figurent

LAYCI

Comes Forestarum   Comes Drocens.
Dⁿᵘˢ de Partenayo
Prior Francie
Dⁿᵘˢ P. de Cuigneriis
Dⁿᵘˢ J. de Chastelleyo
Dⁿᵘˢ Symon de Buciaco   Dⁿᵘˢ de Tillio
Dⁿᵘˢ P. de Palude   Dⁿᵘˢ Ro. Muleti
Vicecomes de Lautrico   Dⁿᵘˢ Thorode
Dⁿᵘˢ Egidius Asselini   Dⁿᵘˢ R. la Fière
Dⁿᵘˢ Regnaudus de Lyonart   P. Daucerr
Dⁿᵘˢ P. de Porta.
Dⁿᵘˢ Radulphus de Joyaco Def. est
Dⁿᵘˢ Stephanus de Vissac.
Dⁿᵘˢ J. Hannière.
Dⁿᵘˢ J. de Dintevilla.
Dⁿᵘˢ Gaucherus de Froloys.
Dⁿᵘˢ Artusius de Pomoza.
Dⁿᵘˢ Robertus de Charniaco.
Dⁿᵘˢ Ferricus Briardi.
Dⁿᵘˢ Robertus de Piquegnyaco.
Dⁿᵘˢ Symon Philippo.
Dⁿᵘˢ Ysarnus de Lautrico.
Dⁿᵘˢ Hugo Fabrisortis. Decessit.
Dⁿᵘˢ J. de Kadrellis.
Dⁿᵘˢ J. Bertrandus Agache
Mag. J. de Travecyaco.
Mag. J. de Muro.
    Michael de Parisis
Mag. Michael de Parisis
Mag. Raphael de Campis

ITEM SEQUNTUR NOMINA

Primo Clerici

Ep^us Macloviensis
Abbas de Corbia.
Mag. J. de Hubant *Abbas de Sorese.*
Mag. P. Alemandi
Mag. P. de Probavilla
Mag. J. Pascaudi
Mag. Stephanus de Novavilla
Mag. P. Droconis
Mag. Bernardus de Aubigniaco.
Mag. Egidius de Ruillyaco.
Mag. Symon de Senives.
Mag. Robertus Blou
Mag. Guido de Calma *de Parlamento*
Mag. Egidius Coopertoris
Mag. G. Palmerii.
Mag. G. de Forqueuse *de Parlamento*
Mag. J. de Arqueriaco
Mag. G. de Oble
Mag. Regnaudus de Pratogileberti
Mag. Regnaudus Chauvelli.
Mag. Ymbertus de Duno Regis. *Def.*
Mag. Fulco Bardoul.
Mag. J. Marret.
Mag. J. Bescoti
Mag. J. de Castro.
Mag. J. Dangeran
Mag. Stephanus de Molinis
Mag. Jacobus de Audeliouris *de Parlamento*
Mag. Odardus de Falgueuses
Mag. J. Bloynet
Mag. Aymericus de Carnoto.
Mag. P. de Brisoliis
Mag. Odardus de Bardillieriis
Mag. J. Rogerii.
Mag. P. Dangeran.
Mag. P. de Valle.
Mag. G. de Champinges
Mag. (blanc)
Mag. J. Dauxois cantor trecensis
Mag. J. de Hubant junior.   Mr *Guido de S^to Sepulcro*
Mag. Aymericus Jay.   Mr *Odo Grasseti*
Mag. Raymond. de S^to Michaele.   Mr *Mauricius de Burgo*
   Filius Dni de Reecourt
Mag. Arnaudus Lagut.   Mr *P. de Karitate*
Mag. J. de Fellins.   Mr *G. de Praelis*

OMINORUM CAMERE INQUESTARUM

LAYCI

D^{nus} J. Therode *de Parlamento*
D^{nus} J. Siroti.   D^{nus} J. *le Guy*
D^{nus} J. Vicecomitis
D^{nus} J. de Castellione.
D^{nus} Guillelmus de Diciaco.
D^{nus} Stephanus de Cabanis.
D^{nus} Egidius de Jumiers
D^{nus} Bertaudus de Pratis.   *Mag.* G. *Descoen*
D^{nus} Robertus Muleti.
Mag. J. Maleti.
P. de Autissiodoro. *de Parlamento*
Dominicus de Castellione.
Symon de Brecis.
Robertus Capelli.
Jacobus de Pacyaco.
Mag. Hebertus de Penna.
Mag. J. de Ruillyaco.
Mag. P. de Creello.
Mag. Robertus de Villanova.
Mag. J. de la Fère
Ph^{us} de Gornayo
Mag. G. le Preuz
Bertaudus Gaudivin (*Gaudion*)
Mag. G. Bescoti.
Mag. Nicolaus de Vellyaco.
Mag. Bartholomeus Palmerii.
Mag. G. Vigier.
J. Potage.
G. de Nemosio
Ludovicus Wautruche.
Adam de Senonis.
Aymericus de Baigneux.
Engerranus de Parvo Celario
J. Bernerii senior.
P. de Vannesia.
J. Reboule.
Mag. Jacobus de Coiffi.
J. Villainne.
Mag. Thomas Vanin.
  Mag. J. *de Cloya*
  Robert Piedefer
  G. de Hubant
  Odard le Coq
  J. *de Hangesto*
Milo Barberii

SEQUNTUR NOMINA DOMINORUM

PRIMO CLERICI

Mag. G. de Fontanis.
Mag. P. de Lingonis.
Mag. Stephanus le Barroys.
Mag. P. du Be.
Mag. Ph^{us} de Vitryaco.
Mag. Ph^{us} Derbois. *filius* Dⁿⁱ *P. de Tercialeuca*
Mag. Hugo de la Serre.

B. *Rôle du Parlement, 12*

NOMINA DOMINORUM

PRIMO CLERICI

Episcopus Morinensis
ABBAS S^{ti} DYONISII.
M. G. DE CASTROVILLANI
M. GUIDO PICTAVINI
M. THOMAS DE MONTEFERRER
M. PH^{us} NICOLAY.
M. GUILLEMUS DE PONTELEVEYO
M. JOHAN. DE S^{to} GERMANOMONTIS
M. DYONISIUS DE KADRELLIS.
M. FULCO DE CHENACO.   D^{nus} *Hugo de Mirabello*
M. JOHAN. DE SINEMURO.
M. JOH. DE BORBONIO   D^{nus} *Evenus Loy*
M. ANDREAS ALBANI.   M. *G. de Champinges*
M. JOHANNES PASCAUDI.
M. JACOBUS DE AUDELENCURIA.
M. GUIDO DE CALMA.   M. *R. de Vyenna*
M. PETRUS DE HANGESTO.
M. JOH. DE HUBANT SENIOR.
M. PETRUS ALEMANI.
M. GUILL^{us} DE FULCOSA.
M. G. COOPERTORIS
M. R. DE VIENNA.
Prior de Crespeyo.
M. Aymardus de Altavilla
DECANUM DE CAMBRAYO.
M. J. de Montmoranci
M. STE. GASCHET.
M. J. de Erquiriaco.
M. B. de Cardellaco

[M.]EQUESTARUM PALACII

Layci

D^{nus} **Johannes Gales.**   D^{nus} P. de Villanis
D^{nus} **Bertrandus de Ble.**
Mag. **P. de Locovillari**
Mag. **Symon Mordereti**
Robertus Bretelli.
Johannes de Ruello.

2 novembre 1341 (ibid., f° 52 v°).

[M]ARLAMENTI

Layci

D^{nus} P. de Cuigneriis.
D^{nus} J. de Castell.
D^{nus} Sy. de Bucyaco.
D^{nus} J. de Til
D^{nus} R. de Lyonart.
D^{nus} Ste. de Vissaco.
D^{nus} J. Hanière   D^{nus} *Galtherus de Frolesio*
D^{nus} J. de Dintevilla.
D^{nus} Artusius de Pomoza.
D^{nus} Ro. de Charniaco.
D^{nus} Ferricus Briardi.
D^{nus} Ysarnus de Lautrico.
D^{nus} J. de Cadrellis.
D^{nus} Ro. Muleti.
D^{nus} J. de Traversiaco.
M. J. de Muro.
Michael de Parisis.
P. de Autissiodoro.

PRIMO CLERICI

D^{nus} **Bertrandus Episcopus Nivernensis**
ABBAS DE SORECINIO.
M. J. DE HUBANTO SENIOR.
M. P. ALLEMANI.
M. P. DE PROBAVILLA.
M. STE. DE NOVAVILLA.
M. SY. DE SENIVES.
M. R. BLOU.
M. G. PALMERII.   *J. de Arqueriaco (gratté)*
M. R. DE PRATOGILEBERTI.
M. R. CHAUVELLI.
M. FULCO BARDOUL.
M. J. MARRETI.
M. J. BESCOTI.
M. J. DE CASTRO.
M. J. DANGERAN.
M. ODARDUS DE FALCOSIS.
M. J. BLOY[N]ETI.
M. AYMERICUS DE CARNOTO.
M. P. DE BRISOLIS.
M. ODARDUS DE BARDILLÈRES.
M. J. ROGERII.
M. G. DE CHAMPINGES.
M. J. DE HUBANTO JUNIOR.
Archid. Bolonie
M. Chabertus Hugonis.
M. P. DE CARITATE.
M. G. DE PRAELLIS.
M. P. DROCONIS.
M. N. de Bosco.
M. G. DE OBLE.
RAYMOND DE ST-MICHEL.
  M. P. de Valle
  M. ᵐᵒ de Vusinis (Milo de Vicinis ?)

IN CAMERA INQUESTARUM

Layci

Dnus J. Siroti   Dnus Adam de Horden
Dnus J. Vicecomitis.   Dnus B. Castellain
Dnus J. de Castellione.
Dnus G. de Dicyaco.
Dnus Bertaud. de Pratis.
Dnus G. de Noyen.
Dnus Hebertus de Penna. *Def. est*
Jacobus de Paciaco.
M. P. de Credolio.
M. R. de Villanova.
M. G. Bescoti.
M. Nicol. de Vailiaco.
M. Barthol. Palmerii.
J. Potage.
Lud. Wautruche.
Adam de Senonis.
M. Tho. Vanin
J. de Hangesto.
Ingerranus de Parvo Celario
Odardus Galli.
J. de Lyons
Bertrandus Gaudion
G. de Hubant
G. le Preuz
R. Piédefer
J. Villanis
　Milo Barberii
　Ste. Raimondi
　Dnus Dilloys
　Ph. de Gornay
　G. de Nemosio

SEQUNTUR NOMINA DOMINORUM PALACII REQUESTARUM

    Primo Clerici

Abbas S^{ti} Judocis
M. G. de Fontanis.
M. P. de Lingonis.
M. Ste. le Barroys.
M. P. du Be.
M. P^{hus} de Vitriaco.
M. P^{hus} de Arboisio.
M. Hugo de la Serre.
M. J. de Tercialeuca.

    Layci

D^{nus} Bertrandus Debde
P. de Locovillari
D^{nus} P. de Villanis
J. de Ruello.
P. Subtilis.

II

Lettres d'institution, comme IIIe Président, du conseiller Galeran de Vaux.

Philippe, par la grâce de Dieu, roys de France, A tous ceulx qui ces lettres verront, salut. Savoir faisons que nous, confians du sens, loyauté et diligence de nostre amé et féal conseiller Galeran de Vaux, ycellui ordenons par ces lettres et mettons de nostre grâce espécial le tiers président en la Grant Chambre de nostre Parlement aus gaiges de trois cens livres ts par an que nous li donnasmes à sa vie, hors et ens, quand nous l'ordenasmes de lad^e Chambre, si comme en nos lettres sur ce faites est plus à plain contenu. Si donnons en mandement à nos amés et féaulx gens de nostredit Parlement que ledit Galerant facent et laissent joir et user de nostre présente grâce et ordenance sans contredit. En tesmoing de ce nous avons fait mettre nostre seel à ces lettres. Donné à St Christophle en Halate, le XXVe jour de février, l'an de grâce mil CCC XLIII. Sic signata : Par le roy, presens le S^r d'Offemont et Mess. P. de Cuignières.   P. d'Aunoy.

Lecta fuit hec littera in curia XII^a die novembris. anno M^oCCC^o XL° IIII°. X^{1a} 8848, f° 95.

III

Arrestum execucionis unius consiliarii Parlamenti :

(*En marge*). *Nota valde de falso consiliario ultimo supplicio executato.*

L'an de grâce mil CCC XLVIII, le lundi d'avant la Magdaleine, XXI jour de juillet, et à plusieurs autres jours et délibérations paravant, fu juigez Messire Adams de Hourdain, chevalier, et condempnez, par les seigneurs de Parlement et autres du Conseil le roy ci-dessous nommez, à estre penduz au gibet de Paris pour cause de pluseurs faussetés faites et commises par lui par corrupcion et par mauvaistié, ès procès fais à l'instigation de Me Guillaume de la Garrigue, promoteur de la cause meue pour le roy encontre Gervaise Le Conte, advocat en Normandie, en cas criminel, et ausi pour

Gilebert de la Gastine, Robert Filleul et Estiene Harcul contre led. Gervaise. Esqueles causes led. chevalier avoit esté commissaires de par le roy avec Mess. Jehan Thorode, chevalier et conseiller le roy, et avoit fait escrire lidis messire Adams, en l'enqueste criminele faite contre led. Gervaise, la déposicion de IIII personnes qu'il disoit avoir esté jurez et examinez diligemment par lui et led. Mons. Jehan, et il ne estoient onques venus ne comparus pardevant eulz, ne ne les avoient veuz, mais en estoit li uns mors lonc temps avant, que l'on appelloit Richart de Bellon. Et en l'enqueste desdis Gilebert et ses compaignons contre led.¹ Gervaise, avoit mué la déposicion de plusieurs des tesmoins et mis que lidit tesmoin le savoient bien, car il l'avoient veu et sceu, là où il avoient dit en déposent que il le créoient par oïr dire. Et ainsi avoit mué le nombre des articles ès deposicions desdis tesmoins et fait de IIII, III ; de V, IIII ; de VI, V ; de VII, VI ; de VIII, VII ; de IX, VIII. Et ausi ou procès-verbal fait esdites causes avoit fait escrire qu'il estoient parti de Paris pour aler en lad⁰ besoigne le dimenche devant l'Ascension l'an mil CCCXLVII et estoient venus à Glos le Ferrière le mercredi ensuivant, et il estoit partis de Paris le dimenche après lad⁰ Ascension et estoient venus à Glos le mercredi ensuivant ; et disoit que il et son compaignon ensemble avoient fait le procès et [em]prisonné Garrigue, qui estoit faux, car lidis Garrigues ne vint duques plus de XII jours après, ne lidis Messire Jehan ni fu par tout ce temps que III jours ou IV. Et si dirent que il avoient fait appeler Gervaise par IIII fois à IIII journées en ce temps et lui mis en IIII défaus, qui tout estoit faux. Et plusieurs autres faussetez et mauvaistiez y avoit faites et commises par corrupcion et mauvaistié et de sa certaine science. Et ces choses confessa il avoir faites et avec ce furent prouvées contre lui par les clers qui avoient faites lesdites escriptures de son commandement, à quoy relatum il se souzmist, et parce que lidis Garrigues dist en sa présence qu'il l'en avoit bien blasmé et repris des faussetés dud. procès avant qu'il fust onques grossez et dès lors qu'il vint premièrement avec lesdis commissaires aud. pais.

A ce jugement furent presens :

Mess. Jehan Richer, chevalier ⎫
Mess. Philippe de Trois Mons ⎭ M^{es} des requestes de l'hostel
Mess. Jaque la Vache, président du Parlement
Mess. Jehan Hanière ⎫
Mess. Jaquele Muisy ⎪
Mess. Jehan de Charroles ⎬ Chevaliers
Mess. P. de Vilaines ⎭
Jehan de Milon ⎫
Jehan de St-Quentin ⎭ Mes de la Chambre des Comptes
Odard le Coc ⎫
Rob. de Villeneuve ⎪
Guillaume de Nemous ⎪
Me J. de Cloye ⎬ tuit de Parlement, des Requestes
Me Geufroy du bois ⎪ et des Enquestes
Milo des Marés ⎪
Jehan Potaige ⎪
Colart Florent ⎭

Tous ceux le juigent et condempnent à pendre.

Me Pierre d'Orgemont, Me Henri de Chablais, Mess. G. de Noion, G. de Hubant, Me Pierre de Crel, Adam de Sens, Mess. Robert de Charny. Ceux le condempnent au pilory et à chartre perpétuele.

Si fu lidis Mess. Adam de Hordain, chevalier et conseiller le roy de la Chambre des Enquestes, justiciés au gibet de Paris, le mercredi après la Magdeleine, XXIIIe jour de juillet l'an dessusdit. A laquele justice furent présent Mess. Jaque la Vache, Mess. Robers de Charny, Mess. Jeh. de Charroles, Mess. Jaque le Muisy, Mess. P. de Villaines, chevaliers, P. d'Orgemont, Jeh. de St-Quentin, Henry de Chablais, Colart Florent, Jeh. Reboule, Me Jeh. Bernier tous conseillers le roy, et Thomas la Choure, lieutenant du prévost de Paris et plusieurs autres.

Et fu pris et menez du Palais et ileuc chargez en la charrete et menez duques au gibet.   Malicorne.

X^{2A} 4, f° 164 v°.

IV

Mandement du roi Jean et de la Cour relatif à l'exécution d'une commission royale refusée par deux conseillers.

Notum facimus quod hodie per procuratorem religiosorum hosptalis sancti Johannis Jherosolimitani in Francia dilectis et fidelibus gentibus nostris nostrum parisius parlamentum tenentibus presentate fuerunt littere nostre clause quarum tenor talis est.

De par le roy. Les gens tenans nostre présent parlement. Nous avons entendu que nos amés et féaulx conseillers, Jaque le Musy et Guillaume Bescot, n'ont volu accepter à mettre à execucion nos lettres ouvertes adrechans à eulx et à nostre prévost de Paris et à chascun d'eulx, à la requeste du procureur des religieux de l'ospital de St-Jehan de Jérusalem contre nostre très chiero et amée tante Jehene de Valoys, jadis femme de feu Robert d'Artois, et dient que il sont empesché d'autres besongnes. Nous, qui voulons que, en faisant les exploits de justice, nos gens obéissent à nos mandemens, vous mandons que tantost et sans délay par lesdis commissaires et à chascun de eulz en leurs personnes vous faciez nosd^{es} lettres entériner et acomplir de point en point sans aucun deffaut et, ou cas que il refuseront à ce faire, nous voulons et vous mandons que leurs offices et leurs gages vous i leurs suspendez jusques ad ce que nous en aurons autrement ordené.

Donné à Flory en Bière, le troisiesme jour d'aoust. A nos amez et feaulx gens tenans nostre présent parlement.

Quibusquidem litteris per dictas gentes nostras visis et diligenter attentis, dicte gentes nostre preceperunt et injunxerunt ex parte nostra dictis Jacobo le Musi et Guillelmo Bescoti, consiliariis nostris, ut litteras nostras, de quibus in litteris suprascriptis fit mencio, diligenter et indilate exequerentur juxta tenorem earumdem. Quiquidem consiliariis nostris responderunt se esse paratis nostris ac dictarum gencium nostrarum parere mandatis et quod dictas litteras libenter exequcioni demandarent, petentes super hoc litteras nostras sibi dari, quid dicte gentes nostre eisdem concesserunt, die V^a augusti (1351). X^{1A}13, f° 63 v°.

V

Lettres du 18 octobre 1358 réglant le travail de la Cour durant la suspension du Parlement.

Karolus, regis Francie primogenitus, regnum regens, dux Normannie et dalphinus Viennensis. dilectis et fidelibus precarissimi domini et genitoris nostri ac nostris parlamenti paris, presidentibus, salutem et dilectionem. Cum inter cuncta mundi terrena que in regimine dicti regni sunt fieri neccessaria, ut pro salute anime nostre ac pro tuicione, securitate, defensione et conservacione hujusmodi regni et subditorum ejusdem ac in ipsum undequaque affluencium hoc facere tenemur ac eciam nobis principaliter incumbit, sit quod justicia, que nemini delinquenti parcit sed unicuique, absque acceptatione personarum, reddit et reddere debet quod suum est, fiat et firmiter observetur ; verum, cum dictum Parlamentum, quod hactenus hucusque semper fuit, est et erit, adjutorio Christi omnipotentis interveniente et mediante, lux et splendor justicie ac capitalis justicia tocius dicti regni, in instanti festo beati Martini hyemalis, ut sepissime et quasi frequenter incipere et per certas assignaciones solitas teneri consuevit, tam ob factum et impedimentum presencium guerrarum nunc quasi undique per predictum regnum vigencium quam certis aliis justis et legitimis de causis, in dicto festo facere incipi et teneri minime de presenti intendamus quousque super hoc aliud duxerimus ordinandum, nos dictam justiciam capitalem, quantum in nobis est et possumus ac tenemur, toto cordis nostri affectu teneri, observari ac eciam exerceri affectantes, ne delicta remaneant impunita, vobis, de quorum fidelitate et diligencia plenarie confidimus, habita super hoc primitus matura deliberacione consilii, tenore presencium committimus et mandamus quatinus, una cum aliis predicti genitoris nostri et nostris consiliariis, tam clericis quam laycis, camerarum dicti Parlamenti et eciam Inquestarum ejusdem Parlamenti qui Parisius intererunt et qui alias pro expedicione negociorum dictarum camerarum in ipsis cameris interfuerunt, in crastino octabarum festi beati Martini hyemalis predicti in dicta Parlamenti curia Parisius personaliter intersitis, id nullatenus omissuri, et ibidem dicta die ac diebus sequentibus continue quousque per prefatum genitorem nostrum sive nos aliud super hoc extiterit ordinatum et id receperitis in mandatis, omnes processus et inquestas in dicto parlamento temporibus retroactis hucusque ad judicandum receptos et receptas ac alias quascunque scripturas, acta et munimenta in arresto appunctatas et appunctata diligenter ac fideliter videatis, studeatis et *judicetis*, et consultaciones vestras atque judicia pronuncietis prout vobis visum fuerit racionabiliter expedire, necnon litteras et accorda quascunque per predictum parlamentum alias fieri et transiri solitas ac solita fieri faciatis et eciam transeatis.

Intentioni tamen nostre non existit nec volumus, sed vobis districte inhibemus ne partes aliquales de quibuscunque causis coram vobis litigare quomodolibet faciatis seu permittatis nisi solum de hiis de quibus expresse per nostras litteras super hoc confectas et nostro magno sigillatas sigillo et non alias vobis mandabimus et committemus, quod tamen modicum facere intendimus et, eo casu, causa pia sive favorabili aut neccessaria interveniente. Volumus autem et per presentes ex certa sciencia ac auctoritate regia qua fungimur in hac parte ordinamus quod omnia et singula que per vos fient, ordinabuntur aut pronunciabuntur in premissis et eorum dependenciis valeant, teneant et execucioni demandentur, appellacione seu reclamacione quibuscunque rejectis et penitus non admissis, quemadmodum si per predictum Parlamentum facta, ordinata seu pronunciata extitissent sive essent. In quibus omnibus et ea tangentibus ab omnibus justiciariis et subditis dicti regni et nostris vobis pareri volumus efficaciter et intendi. In cujus rei testimonium presentibus litteris sigillum duximus apponendum. Datum parisius, XVIII^a die octobris, anno D^{ni} M CCC L VIII°. Per dominum regentem, presente domino cancellario Normannie.

J. Blanchet.

X^{1a} 14, f° 262.

VI

Lettres de prorogation des offices du 17 avril 1364, en attendant la confirmation définitive.

Charles, par la grâce de Dieu, roy de France. A nos amés et féaulx les présidens et autres gens de nostre Parlement et Enquestes, gens des Comptes, les Géneraulx Trésoriers sur le fait de la délivrance de Monsr et de la deffensé du royaume et Trésoriers à Paris, salut et dileccion. Nous vous mandons et à chascun de vous que vos offices et chascun d'iceulx vous excercez et en yceulx vacquez tout ainsi et en la fourme et manière que vous faisiez avant que nous venissions au gouvernement de nostre royaume jusques à tant que par nous en nostre Grant Conseil en soit plus à plain ordené.

Donné en nostre chastel du Golet souz le seel de nostre secret duquel nous usiens avant que nous venissiens audit gouvernement, le XVIIe jour d'avril, l'an de grâce mil CCC LXIV.

Ainsi signé. Par le roy. J. Gontier.

Et estoit escript au dos d'icelles lettres ce qui s'ensuit.

Recepta in camera compotorum parisius, veneris XIX^a die aprilis, anno M°CCC°LX°IV° post Pascha et ibidem registrata de verbo ad verbum libro Memoralium, folio LX°. Et postmodum missa in Parlamento servanda ibid.   Johannes.

Tradita et lecta fuit hęc littera in cameris Parlamenti et Inquestarum ac in Requestis Palacii coram dominis ibidem existentibus, die XIX^a aprilis, anno M°CCC°LX°IV°. Villemer. Dyonisius.

X^{1A} 8602, f° 57 v°.

RÔLE DU PARLEMENT DE 1345 a 1358
(PHILIPPE VI ET JEAN)
(JUSQU'A L'INTERRUPTION DU 12 NOVEMBRE 1358 AU 13 JANVIER 1361).

*Présidents institués par les Lettres patentes du 11 mars 1345,
X^{1A} 8602, f° 7 v°.*

Simon de Bucy, Ier. — Chevalier, Procureur général en 1332, 1er Président 11 mars 1345. Qualifié Maître des Requêtes de l'hôtel (22 mai 1350), « du Grant et Secret Conseil » (28 mai 1359). — Privé de son office et de ses biens confisqués, à la requête de l'Assemblée des Trois États de 1357 (JJ. 86, n° 34, mars 1358. Donation à Jean de Lisle de sa maison de Viroflay. Réquisitoire très sévère et mention de sa condamnation par contumace à la confiscation de ses biens, alors qu'il eût dû être condamné au dernier supplice). Réfugié à Courtrai, 28 déc. 1358, et non qualifié conseiller. Reprend cette qualité en avril 1359 (JJ. 90, n°s 248 et 498), bien que les lettres patentes de réintégration, où il est entièrement disculpé, avec tous les autres officiers destitués en même temps que lui, ne soient que du 28 mai 1359 (X^{2A} 6, f° 425). Périt dans une sédition des 7 et 8 mai 1369, d'après Ms. 7553. Bibl. Nat., Fonds franç. Remplacé par Pierre de Démeville. Époux de Nicole de Coucy. Réf. X^{1A} 1469, f° 373 v° ; 17, f° 111 v°, et 21, f°s 445 v°, 524 v°, 28 avril, 2 juil., 4 sept. 1361, 1er sept. 1369. V. *infra*, Simon II et Renaud de Bucy, ses fils, Guillaume Morhier, son gendre, Guillaume Paumier, etc.

Me Jacques la Vache, IIe. — Avocat céans. Rôle du 12 nov. 1340, Chevalier. † 2 fév. 1366. Remplacé par Jacques d'Andrie, 16 fév. Époux de Jeanne de Chastel, dame du Coudray, veuve d'Adam le Bouteiller. Réf. X^{2A} 4, f° 18 ; X^{1A} 9, f° 132 ; 15, f° 190, 3 mars 1354 ; 20, f° 223 ; 1459, f° 113, etc. V. *infra* Jean, chanoine de Laon, son fils.

Mᵉ Pierre de Démeville de Serville ou de Meinville, IIIᵉ. — Commissaire sur le fait des compositions des rebelles en 1358. JJ. 86, n° 431. 2 août. (Cf. n° 384, sept. 1358. Lettres de rémission à son frère, Lambert Dautrefontaine, allié des Jacques.) 1ᵉʳ Président au lieu de feu Simon de Bucy, en 1369. † entre 13 juil. 1370 et 22 mars 1371, X¹ᴬ 1469, f° 437 v°, et 22, f° 167 v° (exécution de son testament). Remplacé par Guillaume de Séris, 17 juin 1371. Époux 1° de Ydonie de Lisle, dame de Ménonville, veuve de Thibault de Moreuil, tué à Crécy, et d'Eustache de Ribemont, chevalier, morte juin 1367 ; 2° de Pétronille, dame de Laverans, X¹ᴬ 13, f°ˢ 244, 262, 11 mai, 27, 28 juin 1352 ; 20, f° 307, 9 mai 1366 ; 21, f°ˢ 45, 449 v°, 23 août 1368, 26, f° 83 v°, 21 juil. 1377.

Présidents créés au cours du règne de Jean.

Jean Chalemart, IVᵉ. — Conseiller lai en déc. 1352 ; qualifié, pour la première fois, Président de la Cour, avec Pierre d'Orgemont et avant lui, le 10 juin 1356, X²ᴬ 6, f° 271. Destitué avec lui, en 1357, à la réquisition des États, mais non réintégré en mai 1359. *Ibid.*, f° 425. Maître des Requêtes de l'hôtel, Rôle du 28 nov. 1359. Ordon., III, p. 390. (Mission près du Cᵗᵉ de Flandres, 1364, *Mandements de Charles V*, n° 26. Léop. Delisle.) Réf. X¹ᴬ 15, f°ˢ 50 v°, 172 ; 16, f° 71 ; X²ᴬ 6, f° 3, etc.

Pierre d'Orgemont. — Conseiller lai en juil. 1348, P.J. III. Chevalier, seigneur de Méry-sur-Oise et non sur-Seine (erreur de X¹ᴬ 27, f° 58, 24 mai 1378) et de Chantilly, Maître des Requêtes en 1357. Qualifié pour la première fois Président (IVᵉ ou Vᵉ ?) dans une lettre du 10 août 1355. Les 25 fév. et 8 août, il est qualifié seulement conseiller, X¹ᴬ 16, f°ˢ 38, 49 v°, 71. Destitué en 1357, réintégré le 28 mai 1359, *ut supra*. 1ᵉʳ Président le 12 nov. 1373, au lieu de feu Guillaume de Séris. Remplacé par Arnaud de Corbie, le 2 janv. 1374. Élu, à Saint-Pol, chancelier de Viennois, le 24 fév. 1372 ; et au Louvre, chancelier de France, le 20 nov. 1373. Obsèques, le 2 juil. 1389. Réf. X¹ᴬ 1469, f° 501 ; 1474, f° 295. Époux de Marguerite de Voisines. V. Mirot, *Les d'Orgemont*, p. 9 sq.

Guillaume le Bescot. — Conseiller lai, 11 mars 1345. Qualifié Président au Parlement, les 4 avril et 2 août 1358, après la destitution de Simon de Bucy, Jean Chalemart et Pierre d'Orgemont, X¹ᴬ 14, f° 265, et JJ. 86, n° 431. Commissaire avec Pierre de Démeville sur le fait des compositions des rebelles. Prononce encore les

arrêts comme président, les 18 mai et 28 sept. 1359, X¹ᴬ 14, fᵒˢ 401.
416 v°. Se retrouve Maître des Requêtes au Rôle du 28 nov. 1359
et conseiller le 21 juin 1360 (JJ. 89, n° 482). Réélu IVᵉ président,
à Saint-Pol, devant le roi, le 3 mai 1372, au lieu de feu Jacques
d'Andrie. Remplacé par Guillaume de Sens, le 12 nov. 1380. †
entre 23 mai et 14 juin, X¹ᴬ 1471, fᵒˢ 338 et 396. Première mention de sa mort dans une requête du procureur de la marchandise
du poisson de mer (14 juin). Pas trace d'obsèques, ni d'exécution
de testament. Cf. f° 379 v°, 11 sept., exécution du testament de sa
veuve, pas nommée.

*Présidents des Enquêtes (Lettres patentes d'institution
du 11 mars 1345).*

Jean de Huban l'aîné. — Iᵉʳ Conseiller clerc. Remplacé par
Aimery de Chartres, 1350. † entre 13 déc. 1348 et 6 mars 1350,
date où la qualité de junior n'est plus donnée à son neveu, pour la
première fois, X¹ᴬ 11, fᵒˢ 256 et 288 v°. Fondateur des écoles de
Huban, à Paris, X¹ᴬ 21, f° 94, 9 déc. 1366.

Foulques Bardoul. — IIᵉ Conseiller clerc, doyen d'Angers, fils de
feu Gauchenot Bardoul, chevalier, X²ᴬ 5, f° 61, 30 juin 1346.
Évêque d'Avranches, 1358-59. *Gall. Christ.*, XI, p. 491. Remplacé
par Regnault Meschin, 1358. † *ante* 7 janv. 1362, X¹ᴬ 17, f° 187 v°.

Présidents créés au cours du règne de Jean.

Aimery de Chartres. — Conseiller clerc, 11 mars 1345. Chanoine et chancelier de Chartres (en procès depuis 1349, X¹ᴬ 12,
f° 340, 20 mai, et 13, f° 333 v°, 17 mars 1352 sq.). Collecteur des
amendes de la Cour, 4 fév. 1349, X²ᴬ 5, f° 183 v°. Remplace feu
Jean de Huban, vers 1350. V. Rôle du 28 nov. 1359 et Parlement
intérimaire, 12 oct. 1360. † entre 12 avril et 12 juin 1367, X²ᴬ 7,
fᵒˢ 300 v° et 305. Cf. X¹ᴬ 21, f° 450 v°, 19 juin 1369.

Regnault Meschin. — Conseiller clerc, août 1354, abbé de Falaise.
Remplace, en 1357-58, Foulques Bardoul fait évêque d'Avranches.
Destitué peu après à la réquisition des États, non réintégré en
1359. V. mention de sa mort, 9 mai 1379 : Pierre Carrido substitué
dans une de ses commissions de 1354, X¹ᴬ 28, f° 47. V. *infra* Carrido.

Conseillers institués le 11 mars 1345. Grand Chambre.

Clercs. — Mᵉ **Philippe Nicolas.** — Chanoine d'Angers, † archidiacre de Dunois en l'église de Chartres, avant Michel de Brèches fait évêque du Mans en 1355. *Gall. Christ.*, XIV, col. 408. Cf. X¹ᴬ 16, f° 262, 20 fév. 1356. Réf. X¹ᴬ 8848, f° 213, 21 fév. 1346, et 12, f° 28, 15 mai 1347.

Guillaume de Pontlevoy. Andrien Auben. — V. Rôles de 1340, 1341. P.J. I.

Jean Pascaut. — Prévôt de l'église de Poitiers, † entre 14 avril 1350 et 28 mars 1351, X¹ᴬ 12, f° 371 v°, et 13, f° 21 v°.

Guillaume de Chastiauvillain. — V. Rôles de 1340, 1341.

Gilles le Couvreur. — Clerc du roi, en juil. 1336. Réf. X¹ᴬ 10, f° 187 et 8848, f° 296 v°, 29 mars 1346.

Le prieur de Crespy (Jean de Sathanay). — Réf. *ibid.*, f° 282, 20 janv. 1346, et X¹ᴬ 10, f° 24 v°, 71, 7 fév. et avril 1344.

Mᵉ Aimery Dauteville ou Adhémar de Hauteville. — Chanoine de Saint-Barthélemy de Béthune, X¹ᴬ 12, f° 240 v°, 6 juin 1348.

Jean d'Erquery. — Doyen de Noyon, X¹ᴬ 12, f° 23 v° ; 16, f° 69, 17 août 1355, etc. V. Rôle du 28 nov. 1359. Se retrouve présent au Conseil le 8 janv. 1365, et Maître des Requêtes le 31 juil. 1368, X¹ᴬ 1469, f°ˢ 80 et 21, f° 217 v°, etc.

Jean d'Angerant. — Chanoine, puis doyen et enfin évêque de Chartres en 1361. † évêque de Beauvais, 1368. Réf. X¹ᴬ 16, f° 49 v° ; 29 sept. 1355 ; 29, f° 190, 3 oct. 1380. Maître des Requêtes. Rôle du 28 nov. 1359. *Gall. Christ.*, VIII, 1176.

Pierre de Prouville. — En procès pour une prébende de Chartres, 28 nov. 1349, X¹ᴬ 12, f° 408 v°.

Raoul ou Guillaume Pinçon. — Il est longuement question (X²ᴬ 6, f°ˢ 400, 404, 407 v°, 413, 414, 19 déc. 1358, 7 nov. 1359, 24 janv., 8 oct. 1360) d'un *Raoul* ou Thomas Pinçon, bailli de Cotentin, puis de Caux, châtelain du château de Saint-Jacques de Bevron, fait prisonnier par Jean Paganel, Sgr de Marcy, capitaine de ladite ville, dont ses frères, *Guillaume, conseiller du roi Jean et du régent Charles*, Nicolas, prêtre, Ravain, vicomte de Coutance, puis bailli de Cotentin, poursuivent la délivrance. Sans doute y a-t-il confusion de prénoms. Celui de Raoul, bailli, ne se rencontre qu'une fois, la première, et Guillaume est toujours qualifié conseiller du roi.

Guy du Saint-Sépulcre. — Doyen de Troyes, X¹ᴬ 16, f° 38, 10 août 1355. Maître des Requêtes, 28 nov. 1359.

Étienne de Paris. — Docteur en décret, doyen de Paris, Maître des Requêtes de l'hôtel. Suspendu en cette qualité en 1357. Réintégré au rôle du 28 nov. 1359. Évêque de Paris en 1364. *Gall. Christ.*, VII, 1317, cardinal 1365, † à Avignon, 1373.

Guillaume Doble ou de Oblat. — Chantre et archidiacre de Chalon-sur-Saône. Encore commissaire les 22 avril, 9 mai 1355, X^{1A} 8, f° 258 v°, et 16, f°s 17 et 20.

Lais. — **Mess. Robert de Charny**. — † 1350, *ante* 29 mai, X^{1A} 12, f° 457. Mission en Normandie, 9 janv. 1346. Cf. 14 déc. 1347, X^{1A} 8848, f° 207 ; 12, f° 80.

Mess. Jean de Charolles. — Réf. X^{1A} 8848, f° 283, 20 fév. 1346 ; X^{2A} 4, f° 164 v°, P.J. III et Rôle du 28 nov. 1359.

Mess. Robert Mulet. — Sénéchal du Maine et d'Angers, 10 mars 1351. † entre 14 mai 1352 et 3 mars 1353. Époux de Jeanne de Moreuil, dame de Bruères, fille de Thibault, tué à Crécy, et de Guyote de Ramycourt, sa 1re femme (28 juin 1352) (veuve 11 juil. 1355), X^{1A} 16, f° 69 ; 13, f°s 22 v°, 245 v° et 356 ; 15, f° 43.

Mess. Bertrand des Prés. — Sgr de Montpesat de la sénéchaussée de Carsin (Quercy), X^{1A} 10, f° 370 v°, 18 juil. 1346. Cf. 8848, f° 237, 20 mai (pas qualifié cons.), et Rôle de la Tournelle, 28 juil., X^{2A} 5, f° 39 v°.

Mess. Guillaume de Dicy. — Sieur de Villefranche et de Paron près Sens, X^{1A} 8848, f° 199 v° ; 10, f° 350 v° ; 3 juin 1345, 7 mars 1346.

Mess. Guillaume Dambreville. — Réf. X^{1A} 14, f° 263 v°, 6 nov. 1354 ; 16, f° 326, 20 avril 1357.

Mess. Jacques le Musy. — Avocat céans, Rôle du 12 nov. 1340, X^{2A} 4, f° 18. † entre 31 août 1357 et 10 janv. 1358, X^{1A} 16, f° 341, et X^{2A} 6, f° 375. Époux de Nicole..., X^{1A} 17, f° 19 v°, 31 juil. 1361.

Mess. Jean le Viconte. Mess. Jean Sirot.

Jaque de Pacy. — Réduit sur sa requête aux gages de clerc, bien que marié, pour être dispensé du service de la Tournelle, X^{1A} 8848, f° 5 v°, 26 mai 1344. Maître des Comptes, Rôle du 28 nov. 1359. Poursuivi en recouvrement du prix des héritages du prévôt Étienne Marcel, dont il était acquéreur, X^{1A} 17, f° 142, 25 juil. 1362.

Pierre de Creil. — † entre 30 août 1354 et 27 mars 1358. Substitution de Jean de la Porte dans l'une de ses commissions, X^{1A} 16, f° 463, et 15, f° 253 v°.

Guillaume le Bescot. — V. *supra*, Président de la Cour.

Thomas Vanin. — Commissaire sur le fait des compositions avec les rebelles, 2 août 1358 (JJ. 86, n° 431). Seigneur de Maillot près Sens, par sa femme Héloysa... † *ante* 12 fév. 1386. Réf. X^{1A} 19, f° 499 ; 23.

f° 226 v°, 23 juin 1371, 3 juin 1373 ; 30, f° 112 v° ; 31, f° 167, 13 août 1382 ; 33, f° 207 v°, etc. On voit au bas d'un Jugé du 23 août 1353, X¹ᴬ 14, f° 87, P. Vanin. Rap. (erreur du scribe). V. Parlements suivants jusqu'à Charles VI.

Jean de Hangest. — Maître des Comptes, Rôle du 28 nov. 1359. † *ante* 15 janv. 1370, X¹ᴬ 22, f° 40.

Oudard le Coc. — Ex-bailli de Rouen ; fils d'Oudard et neveu de Robert le Coq, évêque de Laon. Encore cité le 14 juil. 1348, X²ᴬ 5, f° 137 v°. Cf. X¹ᴬ 12, f°ˢ 67 v°, 230, 18 mai 1347, 5 juin 1348.

Enquêtes, Clercs. — **Jean de Huban l'aîné et Foulques Bardoul.** — V. *supra*, Présidents.

Jean le Bescot, frère de Guillaume. — Docteur ès lois, ex-auditeur au Châtelet, chantre de Beauvais. V. Rôle du 28 nov. 1359 et Parlements suivants jusqu'à Charles V. Réf. X¹ᴬ 12, f° 427, 20 fév. 1350 ; 17, f° 329, 12 janv. 1363, et 21, f° 149 v°, 27 fév. 1369. M. Aubert, I, p. 100, fait de lui un Président des Enquêtes, d'après X¹ᴬ 8848, f° 6 v°, 5 avril 1344. Réf. fausse et non vérifiée.

Guillaume de Beuvignies ou de Bingnies. — Cf. X¹ᴬ 8848, f° 254, 21 juil. 1346, et Rôle du 28 nov. 1359.

Guillaume Paumier. — Cf. X¹ᴬ 14, f° 312, 1ᵉʳ juil. 1360 : homonyme, non qualifié conseiller, poursuivi par Simon de Bucy, devant la Commission des Présidents remplaçant le Parlement suspendu, en réparation des méfaits commis par lui et ses complices en ses hôtels de Vaugirard, Ivry et Viroflay.

Renaud de Prégilbert. — V. Étienne Belin, son exécuteur testamentaire, X¹ᴬ 24, f°ˢ 5 et 11, 14 fév., 18 avril 1375.

Jean Marret. — Recev. des amendes de la Cour en 1346, 1347, 1348, † *ante* 5 avril 1350, X¹ᴬ 10, f° 463 ; 12, f°ˢ 22, 104, 368 v°, 373 v°.

Jean Bloyn ou Bloynet. — Encore cité 26 avril 1350, X²ᴬ 5, f° 183 v°.

Aimery de Chartres. — V. *supra*, Président des Enquêtes.

Pierre de Brisoles. — V. Rôle du 28 nov. 1359 et Parl. intérimaire.

Oudart de Bardillères.

Jean de Huban le jeune. — Chanoine d'Auxerre, X¹ᴬ 15, f° 27, 13 fév. 1353 ; archidiacre de Sézanne en l'église de Troyes. Rôle du 28 nov. 1359 et Parlements suivants jusqu'à Charles VI. † *ante* 26 nov. 1386, Président des Enquêtes. Exécution de son testament, X¹ᴬ 1473, f° 233. V. *supra*, Jean de Huban l'aîné, son oncle.

Bernard de Sainte-Arthénie. — Archidiacre de Bologne. Réformateur au bailliage d'Amiens, 16 mai 1348, 16 janv. 1350, X¹ᴬ 12, f°ˢ 105, 355, avec P^re Belagent, chevalier (Maître des Comptes X^{1A} 8848, f° 220 v°, 3 fév. 1346).

Pierre [Alory] de la Charité. — Maître des Requêtes, 20 oct. 1358. Suspendu en cette qualité à la réquisition des États de 1357, X^{2A} 6, f° 425, *loc. cit.* Réintégré au rôle du 28 nov. 1359.

Nicole du Boys ou du Bos. — Fils de Guillaume de Gisors, trésorier de France des rois Philippe IV à Philippe VI (JJ. 89, n° 190, juil. 1357). Chanoine de Rouen. Maître des Requêtes, 14 août 1374. Évêque de Bayeux, 18 août 1375, 1er Président en Chambre des Comptes, 15 janv. 1397, X^{1A} 24, f° 87, et 1470, f° 136 *bis*, 3 mars 1375. V. Parlement de Charles V.

Pierre Dangerant. — Cf. 27 sept. 1355, X^{1A} 16, f° 49 v°, et Rôle du 28 nov. 1359.

Eudes Grasset. — V. Rôle du 28 nov. 1359 et Parl. de Charles V, 27 août 1373, X^{1A} 23, f° 82.

Jean le Charon.

Pierre de Centpuis. — Encore cité 7 fév. 1346, X^{1A} 8848, f° 274 v°.

Philippe de Thaleru.

Pierre Aubery. — Chanoine de Beauvais, 2 mars 1355 ; de la Collégiale de Saint-Benoît le Bétourné, où il réside et fonde un service annuel par testament. † entre 28 nov. 1359 (Rôle de la Cour) et 10 sept. 1361, X^{1A} 16, f°ˢ 117 v°, 324 ; 17, f° 40 v°. Exécution de son testament, réglée seulement le 10 déc. 1365, 20, f° 202.

Simon de Traversy. — Com. 5 juin 1345, X^{1A} 10, f° 220 v°.

Jean de la Porte. — V. Rôle du 28 nov. 1359 et Parl. suivants jusqu'à Charles V, X^{1A} 21, f°ˢ 50 v° et 54, 3 déc. 1366. Cf. homonyme compétiteur à une chanoinie et à la prévôté de Normandie en l'église de Chartres, non qualifié cons., 1er déc. 1380, X^{1A} 30, f° 126.

Guillaume de Chaumont. — Archidiacre de Langres, X^{1A} 16, f° 310, 9 mai 1355, 9 janv., 1er avril 1357. V. Rôle du 28 nov. 1359 et Parl. suivants jusqu'à Charles V, 10 juin 1379, X^{1A} 28, f° 64.

Lais. — **Mess. Guillaume de Noyen.** — Grand Maire de Dannemarie en Montois, X^{1A} 12, f°ˢ 99, 104, 10 avril 1348, et X^{2A} 5, f° 141 v°, 24 déc.

Mess. Jean le Jay.

Mess. Crespin de Rochefort. — Cf. 19 déc. 1348, X^{2A} 5, f° 105 v°.

Robert de Villeneuve. — Bailli d'Amiens, 1311-14. Cf. P.J. III, 21 juil. 1348.

Mᵉ Nicole de Veeilly ou Vailly.—Chancelier de Nonete (Auvergne). Cf. Jean Buron, 19 juil. 1357, X¹ᴬ 16, fº 315), 4 mai 1346, X²ᴬ 5, fº 59. Encore cité 8 mars 1358, X²ᴬ 6, fº 380 vº. Époux de Jeanne. sœur de l'avocat du roi, Renaud d'Acy, X¹ᴬ 15, fº 315.

Mʳ Jean de la Fère. — Débouté du bénéfice de lettres d'état, 23 fév. 1347. † entre 17 nov. 1348 et 15 juin 1350, X¹ᴬ 12, fᵒˢ 44, 283 vº et 386 vº.

Mᵉ Guillaume le Preus.—Cons. clerc, 19 mars 1348, X¹ᴬ 12, fº 90 vº.

Loys Wautruche. — Commissaire député dans le pays de Beauvais pour exercer la justice royale, 17 mai 1359, X¹ᴬ 14, fº 268. V. Rôle du 28 nov. 1359 et Parlement intérimaire. Sa veuve Béatrice... épousa Jean de Plassy, X¹ᴬ 19, fº 147 vº, 20 juin 1366.

Adam de Sens. — Époux de Philippa..., veuve 12 mars 1365, X¹ᴬ 19, fº 196 ; 20, fº 206. V. Rôle du 28 nov. 1359 et Parl. intérimaire.

Guillaume de Nemoux. — † entre 7 août 1348 et 27 mai 1353, X¹ᴬ 12, fº 121 vº, et 15, fº 54 vº, *dudum defunctus*.

Mᵉ P. de Berthecourt.

Mᵉ Guillaume de Hubant. — Cf. Rôle du 28 nov. 1359.

Robert Piédefer. — Encore cité 20 mars 1353, X²ᴬ 6, fº 18 vº.

Jean de Cloye. — Encore cité 8 mars 1349, X²ᴬ 5, fº 121 vº.

Ligier de Bardilly. — Qualifié chevalier les 28 mars et 13 avril 1351, X¹ᴬ 13, fᵒˢ 26 et 131. Cf. homonyme chevalier, jadis capitaine du château de Perrière à l'évêque d'Orléans (pas qualifié cons.), 16, fº 40 vº, 7 août 1355, et 14, fº 313 vº, 14 août 1360.

Mᵉ Jean de Dijon, dit Pantes.

Mess. Adam de Hordaing. — (Surnuméraire) « pour ce qu'il a perdu le sien ». Condamné, 21 juil. 1348, à être pendu pour crime de faux et exécuté le 23, P.J. III. Restitution à Jean son frère et à Baudoin du Mesnil, son beau-frère, de ses biens forfaits par les échevins de Douai et les gens du roi de la ville, X¹ᴬ 12, fº 298.

Requêtes du Palais.

Clercs. —**Mᵉ Guillaume de Fontaines.** — Cf. Rôle du 28 nov. 1359.

Mᵉ Pierre de Lengres. — *Ibid.*

Mᵉ Estienne le Barrois. — Encore cité 14 juin 1350, X²ᴬ 5, fº 195.

Mʳ Pierre du Bé.

Mᵉ Hugues la Serre. — Cf. homonyme écuyer viguier de l'évêque d'Arles, 28 avril 1346, X²ᴬ 5, fº 19 vº, et X¹ᴬ 15, fº 318, 26 juil. 1354.

Laïs. — **Mᵉ Jacques de Boulay.** — † entre 28 nov. 1359 (Rôle de la Cour) et 8 mars 1362, X¹ᴬ 17, f⁰ 134 v⁰. Époux de Jeanne de Boulaye, 10, f⁰ 18 v⁰, 24 fév. 1344.

Meṣs. Pierre de Vilaines ou de Villiers. —Chevalier, Sgr de l'Isle-Adam. Souverain Maître de l'hôtel du roi (JJ. 90, n⁰ 383, oct. 1359). Réformateur aux bailliages de Sens et de Chaumont, et prévôté de Bar-sur-Seine, 7 janv. 1350, X¹ᴬ 12, f⁰ 354 v⁰. V. Rôle du 28 nov. 1359 et Parlement de Charles V, X¹ᴬ 21, f⁰ˢ 143 v⁰, 162, 1ᵉʳ juil., 4 août 1367. Cf. homonyme, archidiacre de Paris, évêque de Bayeux, 26 mars 1355, X¹ᴬ 16, f⁰ 4.

Mᶜ Giefroy du Bois. — Chancelier de Nonete, 21 nov. 1343, X¹ᴬ 8848, f⁰ 1 v⁰. † entre 23 juin 1351 et 5 mars 1353, X¹ᴬ 13, f⁰ 52, et X²ᴬ 6, f⁰ 29 v⁰.

Conseillers promus de 1345 à 1358.

1345   **Rogon de Reecour.** — Clerc. Soi-disant archidiacre de Gand en l'église de Tournai (18 fév. 1356) ; en procès contre Eblon de Médicis depuis 1353. Débouté le 29 avril 1357, X¹ᴬ 16, f⁰ˢ 216 et 444. Rap. 23 mars 1345, X¹ᴬ 11, f⁰ 72. V. Rôle du 28 nov. 1359 et Parl. intérimaire, 14 nov. 1362.

Guillaume de Séris. — Clerc, lic. en lois. Écuyer de la reine Blanche, 5 juil. 1353 ; fait conseiller le 25 avril 1344, à la considération du comte d'Armagnac. Rap. 23 mars 1345. Bailli d'Auvergne, 24 juin 1354, 15 juin 1355 ; ne l'est plus le 1ᵉʳ août 1357. Réf. X¹ᴬ 8848, f⁰ 6 v⁰ ; 11, f⁰ 73 ; 15, f⁰ 357 v⁰ ; X²ᴬ 6, f⁰ 44 ; 5, f⁰ˢ 218 v⁰, 330 v⁰, etc. V. Rôle du 28 nov. 1359 et Parl. de Charles V. Président, 1371.

Pierre d'Auxerre. — Lai. Cons., 6 avril 1345, X¹ᴬ 10, f⁰ 194 v⁰. Cf. Rôle de la Tournelle, 28 juil. 1346, jusqu'au 11 juil. 1348, X²ᴬ 5, f⁰ˢ 39 v⁰, 145.

Raymond de Saint-Michel. — Clerc. Détaché comme cons., à une mission en Aquitaine, à raison des guerres, 12 avril 1345, 16 mai 1346 ; associé, dans un procès, des F.F. prêcheurs de Toulouse, 23 juin 1346, X¹ᴬ 8848, f⁰ 229, et 10, f⁰ 462. Rap. 28 mars 1347, X¹ᴬ 11, f⁰ 164. V. Rôle du 28 nov. 1359.

Chatard de Mesi. — Clerc. Rap. 10 juin, 9 juil. 1345, X¹ᴬ 11, f⁰ˢ 83, 90. Don des gages à vie, 27 sept. 1357 (JJ. 89, n⁰ 263). Encore cité 27 mars 1358, X¹ᴬ 16, f⁰ 463.

Raoul la Fiere. — Chevalier, lai. Commis. 12 juil., 6 août 1345,

X¹ᴬ 10, fᵒˢ 208 vᵒ, 215 seq. Le mardi avant l'Ascension de 1346, Ligier de Bardilly lui est substitué dans une commission avec l'archidiacre de Bologne, X²ᴬ 5, fᵒˢ 36, 63 vᵒ.

Mᵉ Pierre de Hangest. — Clerc du roi, 24 mars 1341. Prévôt de l'église d'Amiens. Commiss. 16 nov. 1345. Siège déjà à la Grand Chambre, le 27 janv. † entre 4 janv. et 27 avril 1349. Guillaume le Bescot, Robert le Coq, exécuteurs testamentaires, X¹ᴬ 9, fᵒ 142 ; 10, fᵒˢ 173 et 324 ; 11, fᵒ 289, 24 mars 1350 ; 12, fᵒˢ 15, 16 fév. 1347, 290 et 394 vᵒ, etc. Ne pas confondre avec l'ancien bailli de Rouen de 1303 à 21, de 1322 à 26 et de Cotentin 1322 (V. Léop. Delisle, *Histor. de France*, t. XXVI) dont il peut être le fils.

Mʳ Henri de Chablais. — Clerc. Rap. 3 déc. 1345. Com. 13 déc., X¹ᴬ 10, fᵒ 330 ; 11, fᵒ 101 vᵒ, et 21 juil. 1348, P.J. III.

Mᵉ Jean de Chavenges. — Clerc. Avocat céans, Rôle du 12 nov. 1340, *loc. cit.* Com. 13 déc. 1345, X¹ᴬ 10, fᵒ 330.

Hue le Roux. — Clerc. Com. 29 déc. 1345. Rap. 18 fév. 1346, X¹ᴬ 10, fᵒ 367 vᵒ, et 11, fᵒ 306 vᵒ.

1346 **Jacques de Lorry.** — Clerc. Rap. 28 janv. 1346, X¹ᴬ 11, fᵒ 105 vᵒ. Cf. Rôle du 28 nov. 1359. Aubert le fait fils de Robert de Lorris, qu'il confond avec Raoul, Prévôt de Laon. V. *infra* et X¹ᴬ 21, fᵒ 54. (Il a lu Jacques pour Jean, double erreur.)

Henri dit Guiais. — Lai. Bailli de Bourgogne, 18 juin 1340, X²ᴬ 4, fᵒ 4. Présent à la Tournelle, 9 juin 1346, X²ᴬ 5, fᵒ 62. Com., 28 avril, 18 mai 1347, X¹ᴬ 12, fᵒˢ 23 vᵒ, 25, etc.

Pierre le Couraut. — Lai. Bailli d'Amiens de 1337 à 1340. V. notre Tableau. Présent à la Tournelle 21 juil. 1346, X²ᴬ 5, fᵒ 63. Com. 17 mai, 2 juin, 22 déc. 1347, X¹ᴬ 12, fᵒˢ 27, 28, 71 vᵒ.

1347 **Mʳ Raoul du Fruit** — (?). Com. 2 mars 1347, 7 juin 1350, X¹ᴬ 12, fᵒˢ 11 vᵒ et 385 vᵒ.

Milon des Marés. — Lai. Rap. 14 mars 1347, X¹ᴬ 11, fᵒ 115 vᵒ ; Époux d'Yolande, fille de Gilette, femme de Guillaume le Bourguignon, boucher de Paris, X¹ᴬ 12, fᵒ 423, 4 fév. 1350.

Alexandre [Baudri, dit] Lorfèvre. — Clerc. Chanoine de Lisieux, 5, 15 mars 1350. Rap. 28 mars 1347. Com. 31 août 1357, 12 juin 1359, X¹ᴬ 11, fᵒ 158 vᵒ ; 12, fᵒˢ 432, 436 vᵒ ; 14, fᵒ 271 ; 16, fᵒ 335, et Rôle du 28 nov. 1359.

Guillaume de Fulcose ou Fourqueux. — Clerc. Archidiacre de Baugency. Com. 15 mai 1347, 6 mai 1349, X¹ᴬ 12, fᵒˢ 28, 302 vᵒ, et 17 juil. 1356, X²ᴬ 5, fᵒ 197.

Mess. Jean Hanière. — Lai. Chevalier. Com. 14 déc. 1347, 6 mars, 4 avril, 11 déc. 1348, etc., X¹ᴬ 12, f° 80 ; X²ᴬ 5, f°ˢ 52 v°, 114 v°, 139 et P.J. III. Maître des Requêtes, 24 juil. 1355, 26 fév. 1356, 24 avril 1357, X²ᴬ 6, f°ˢ 220, 314, etc.

1348 **Colard Florence ou Nicolas Florent.** — Lai. Cons. 22 mars 1348, X¹ᴬ 11, f° 185 v° ; 12, f° 124 v°. Com. 19 juil., 14 août, X²ᴬ 5, f° 144. Commis à la levée des amendes pour le paiement de la Cour, avril, juin 1360 (JJ. 87, n° 301). Gendre de Simon de Lisle. Détail de sa parenté, X¹ᴬ 34, f° 8, 23 déc. 84. V. Parl. suivants jusqu'à Charles V.

Jean Privat. — Lai. Juge du roi à Carcassonne, 27 juin 1351, X¹ᴬ 13, f° 69, et à la Cour du pariage du Puy (Boutaric, *Actes du Parlement*, n° 6836). Com. 21 juil. 1346, X¹ᴬ 8848, f° 309 v°. Rap. 28 mai 1348. Com. 11 juil., X¹ᴬ 11, f° 198 ; X²ᴬ 5, f° 145.

Jacques de Suas ou Frias. — Clerc. Docteur en lois. Familier et cons. de Mons. de Bourbon, 28 nov. 1341, X²ᴬ 4, f° 55. Rap. 28 juin 1348, X¹ᴬ 11, f° 203, et 8848, f° 302, 28 mars 1346.

Jean Potage. — Lai. Cons. 21 juil. 1348, P.J. III.

Pierre d'Orgemont. — Lai. Cons. 21 juil. 1348, P.J. III, présent à la Tournelle, 19 déc., X²ᴬ 5, f°ˢ 105 v°, 112 v°. Aubert, I, p. 45, note, le fait cons. le 13 mai 1347. Pas de Réf. V. *supra*, Présidents.

Philippe de Gournay. — Lai. Com. 14 août 1348, X²ᴬ 5, f° 145 v°.

Alexandre de Crèvecuer. — Lai. Com. 24 nov. 1348, X¹ᴬ 12, f° 285, et Rôle du 28 nov. 1359.

Clément Grimaud. — Lai, bourgeois d'Amiens. V. nos Documents, t. Iᵉʳ, p. 44. Rap. 9 déc. 1348, X¹ᴬ 11, f°ˢ 233, 235. Encore qualifié cons. 24 août, 12 sept. 1359, X²ᴬ 6, f°ˢ 407, 412.

Gilles Dupont. — Lai. Avocat céans. Rôle du 12 nov. 1340. Rap. 9 déc. 1348, X¹ᴬ 11, f° 240. Cf. P.J. III, 21 juil. 1348. † *ante* 21 août 1355 ; 16, f° 69.

Jean Reboule ou Robolle. — Lai. Présent à la Tournelle, 21 juil., 19 déc. 1348, P.J. III. Commis. par substitution, 8 avril 1349, X²ᴬ 5, f°ˢ 105 v°, 120. Cf. X¹ᴬ 12, f° 125, 18 juin 1348.

1349 **Mᵉ Pierre de Laval.** — Clerc. Qualifié « notre conseiller », 7 mai 1349, 12 avril 1350, 5 mai, 9 juin 1352. (Siège déjà à la Grand Chambre, le 27 janv. 1345, mais ne figure pas au rôle d'institution du 11 mars.) X¹ᴬ 10, f° 173 ; 12, f°ˢ 347, 368 ; 13, f°ˢ 257 v°, 259 v°, etc.

Gille Fouace. — Clerc. Procureur en Parlement, Rôle du 12 nov. 1340 et 28 avril 1347, X¹ᴬ 12, f° 19. Rap. 20 mai 1349, 11, f° 258. V. Rôle du 28 nov. 1359 et Parl. suivants jusqu'à Charles V.

Jean de Neuville. — Clerc. Avocat céans, Rôle du 12 nov. 1340. Rap. 20 mai 1349, X^{1A} 11, f° 259. Peut-être le même que Jean de la Villeneuve du Parlement de Charles V. V. *infra*.

Jakes Centmars. — (?). Rap. 20 mai et 15 juil. 1349, X^{1A} 11, f°^{s} 260 v°, 271. Cf. homonyme, clerc de la ville de Tournai, 11 déc. 1365, X^{1A} 20, f° 199.

Adam Chanteprime. — Lai. Rap. 23 juin 1349, X^{1A} 11, f° 263 v°. V. Rôle du 28 nov. 1359 et Parl. suivants jusqu'à Charles VI. Époux de Jeanne de Longuejoe. Ms. 7553.

Jean de Charni. — Chevalier, lai. Fils du feu cons. Robert. Rap. 15 juil. 1349, Maître des Requêtes, 28 nov. 1359. † entre 17 fév. et 17 juin 1361. Époux de Jeanne de Pacy, unique héritière de Jean de Pacy, bourgeois de Paris, prévôt des marchands en 1351. Réf. X^{1A} 11, f° 268 v°; 12, f° 457, *loc. cit.*; 13, f°^{s} 18 v°, 234 v°; 14, f° 42, 3 mars 1352; 17, f° 16 v°; 21, f° 217, 14 juil. 1368, et X^{2A} 4, f° 3.

Milon de Voisines. — Lai. Rap. 23 nov. 1349, Receveur des amendes de la Cour, 17 mars 1357, X^{1A} 11, f° 278; 16, f° 307. V. Rôle du 28 nov. 1359 et Parlements suivants jusqu'à Charles V. † entre 21 avril et 3 déc. 1378, exécution de son testament, X^{1A} 22, f° 331, et 1470, f° 3 v°.

Guillaume Chalop ou Chalot. — Clerc. Chevecier de l'église Saint-Merry, à Paris. Rap. 23 déc. 1349. V. Rôle du 28 nov. 1359 et Parlement intérimaire, 19 juin 1361. Compétiteur à une chanoinie de Rouen, contre Milon de Dormans qui l'emporta, 9 juil. 1360. Dernière mention, 16 mai 1363. Réf. X^{1A} 11, f° 280 v°; 14, f°^{s} 294, 307 v°; 16, f° 70, 31 juil. 1355; 17, f° 301. V. exécution de son testament, 28 janv. 1373, 12 mai 1376, 17 juil. 1377, X^{1A} 1470, f° 11; 8849, f° 172; 26, f° 82 v°, etc.

1350   **Étienne Belin.** — Clerc. Chanoine de Sens (Arch. de Sens, G. 109, n° 18, 6 juil. 1370). Rap. 24 mars 1350, X^{1A} 11, f° 293. Déjà cité avec la qualité de cons. le 17 juin 1348, X^{1A} 12, f° 115. V. Rôle du 28 nov. 1359 et Parlements suivants jusqu'à Charles V (Président des Enquêtes). † *ante* 27 déc. 1374. Inhumé à Saint-Benoît le Bétourné. Cf. X^{1A} 24, f°^{s} 4, 11, 26 v°, 54. Exécution de son testament, 15, 18 janv., 14 fév., 7, 18 avril 1375.

Guillaume Benoît. — (?) Rap. 29 mai 1350, X^{1A} 11, f° 301.

M° Jean de Tiercelieue. — Clerc. Réformateur, avec Pierre de Vilaines, dans les bailliages de Sens et de Chaumont et prévôté de Bar-sur-Seine, 7 janv. 1350 et 13 fév., 10 mars 1352, X^{1A} 12, f° 354;

13, f°s 217 v° et 237. Cf. Rôle du 28 nov. 1359, où son nom est déformé en Jeh. de Pierre Leve. (Ne pas confondre avec Pierre, fils du feu chevalier et conseiller du roi Philippe VI, Pierre de Tiercelieue, 4 avril 1353, X^1a 15, f° 28 v° : Renonciation à la prébende de Reims reçue de Philippe VI, dont il a joui 17 ans, et que Jean, à son avènement, a transférée à Jean la Vache, fils du Président.)

Gilles de Maudétour. — Clerc. Trésorier de l'église de Rouen, 12 fév. 1368. Appel d'une sentence par lui portée et l'un de ses collègues, 10 juin 1350. Réformateur avec Pierre l'Auzerel, chantre d'Amiens, de la ville, université et sénéchaussée de Carcassonne, 16 juil. 1352, X^1a 12, f° 389 v° ; 13, f° 258 ; 21, f° 258. Commissaire sur le fait des confiscations, août 1358 (JJ. 86, n° 379). V. Rôle du 28 nov. 1359 et Parlements suivants jusqu'à Charles V.

Jean le Cordier. — Lai. Commis. 17 juin 1350, 18 juil. 1351. † entre 23 août 1353 et 11 mai 1355. Époux de D^elle Emmeline, fille de Hugues Cole, sergent d'armes du roi, 6 juil. 1350, X^1a 12, f°s 391, 470 ; 13, f° 67 ; 15, f° 61 ; 16, f° 15 v°.

Jean Taupin. — Clerc. Sgr en lois, beau-frère par alliance du 1er Président Simon de Bucy, constitué procureur et curateur de ses neveux Simon et Renaud, fils de celui-ci, 2 déc. 1349, 20 janv. 1354. Rap. 28 nov. 1350, X^1a 11, f° 324 ; 12, f° 359, et 15, f° 207. V. Rôle du 28 nov. 1359 et Parlement intérimaire.

1351 **Guillaume de Forges.** — Clerc. Archidiacre de Dunois en l'église de Chartres, 20 fév. 1356, 7 mai 1362, 28 avril 1364, en procès pour led. archidiaconé, 5 juil. 1371, 3 mars 1375, etc. Rap. 5 fév. 1351. † entre 28 mars 1375 et 24 mars 1377, X^1a 16, f° 262 ; 17, f° 279 v° ; 18, f° 35 ; 19, f° 88 v° ; 22, f° 231 ; 24, f° 46 ; 25, f° 45 ; 26, f° 17 v° ; 1469, f° 217 v°, etc. V. Rôle du 28 nov. 1359 et Parlements suivants jusqu'à Charles V, 1364.

Oudard le Levrier. — Clerc. Commiss. 26 juil. 1351, X^1a 13, f° 66. Maître des Comptes, Rôle du 28 nov. 1359.

1352 **Robert de Lori ou Lorris.** — Chevalier, lai. Cons. et ex-secrétaire du roi, résignant l'office des écritures de la prévôté de Corbeil, 10 fév. 1348. Sieur d'Ermenonville, Chambellan du roi, 28 janv. 1354, 17 fév. 1363, X^1a 12, f° 36 ; 15, f° 176, et 17, f° 299. Rap. 21 avril 1352, 14, f° 12. Chevalier du Grand et Secret Conseil, suspendu à la réquisition des États de 1357, X^2a 6, f° 425. V. Parlement intérimaire, 1363.

Dominique de Castillon. — Bailli de Sens, 7 mars 1344; puis d'Angers, 13 janv. 1347, et de Sens, à nouveau, 19 avril, 18 mai 1347, 14 mars 1349. Com. 5 mars, 8 mai 1352, 28 janv. 1354, X^{1A} 10, f° 84 v°; 12, f°^{s} 17 v°, 60, 333; 13, f°^{s} 212, 232 v°; 15, f° 172 v°. Cf. Rôle du 28 nov. 1359.

Guillaume des Essars — (?). Rap. 26 mai 1352, X^{1A} 14, f° 1.

Robert d'Outreleaue. — Clerc. Commis. 30 sept. 1352, 11 août 1353, X^{1A} 14, f° 263; 15, f° 55 v°. † entre 13 nov. 1366 et 31 août 1368, X^{1A} 21, f°^{s} 14 v° et 227 v°. V. Rôle du 28 nov. 1359 et Parlements suivants jusqu'à Charles V.

Guérard de Dainville. — Clerc. Chanoine et chancelier de l'église de Rouen, par collation royale. Lett. pat. des 21 sept. 1353, 21 déc. 1355, où il est qualifié cons., X^{1A} 21, f° 59. Com. 30 sept. 1352, 27 juin 1354, 16 fév. 1358, X^{1A} 14, f°^{s} 229, 263 v°; 16, f° 457 v°. V. Rôle du 28 nov. 1359. Évêque de Cambrai, 1372. *Gall. Christ.*, III, 46, et X^{1A} 24, f° 66, 7 juin 1375.

Mess. Jacques Darten. — Chevalier, laï. Comm. 21 nov. 1352, X^{2A} 16, f°^{s} 1, 26. † entre 7 août 1354 et 4 fév. 1355. Exécution de son testament, X^{1A} 15, f° 222 *bis*, et 16, f°^{s} 46 v° et 567. Époux de Colette, fille de Picard Dauliers, chevalier (veuve 17 mars 1358).

Jean Chalemard. — Laï. Com. 11 déc. 1352, 13 juil. 1353, X^{2A} 6, f° 3 v°; X^{1A} 15, f° 50 v°. V. *supra*, Présidents.

1353 **Jean de Hestoménil.** — Clerc. Chanoine de Noyon, 22 janv., 17 mai 1351, 19 janv. 1353 (procès). Com. 18 fév. 1353, X^{1A} 13, f°^{s} 45 v°, 88; 15, f°^{s} 14, 102. Maître des Requêtes, 2 juin 1369, 4 juin 1374, X^{1A} 21, f° 508 v°; 8849, f° 145. † mars 1381. La Cour se lève pour ses obsèques, 1471, f° 444.

1354 **Jean de Champeaux.** — Clerc, docteur ès lois. Archidiacre de Melun en l'église de Sens. Lettres de réception du 8 janv. 1354, X^{1A} 15, f° 169 v°. Encore qualifié cons. le 12 juin 1359, X^{1A} 14, f°^{s} 271, 302 v°, et Rôle du 28 nov. 1359.

Jean le Bernier. — Chevalier, laï. Cons. le roi, 23 juil. 1348, P.J. III. Réformateur dans les pays de Poitou, Limousin, Saintonge, 13 mars 1354. Com. 21 avril 1355, X^{1A} 15, f° 192; 16, f° 69. Cf. 27 juin 1360; X^{2A} 6, f° 408. V. Parl. intérim. Prévôt de Paris, 4 janv. 1362, seq. Maître des Requêtes, 2 juil. 1369, X^{1A} 17, f° 114 v°; 21, f° 445 v°.

Philippe de Thienville. — Clerc. Sous-chantre d'Orléans, en procès depuis 1355 (30 avril 1361); chanoine de Tournai (18 avril 1363). Qualifié cons. du roi, 15 mars 1354, 27 juin 1355, X^{1A} 15, f° 330; 16, f° 157 ; 17, f°ˢ 50 v°, 325. V. Parl. intérimaire et celui de Charles V.

Jean le Paonnier. — Clerc. Doyen de Soissons, 24 juin 1360. Commis. 19 mai 1354, X^{1A} 14, f° 311 v° ; 15, f° 235 v°.

Alfonse Chevrier. — Clerc. Rap. 6 déc. 1354, X^{1A} 14, f° 139 v°. V. Rôle du 28 nov. 1359 et Parl. intérimaire, 1361. Maître des Requêtes, 1366. Évêque de Lisieux, 1373. † 1377, X^{1A} 26, f° 87 v°, 31 juil.

Renaud Meschin. — Clerc, abbé de Falaise. Cons. 1354. Com. 31 août 1355, *ibid.*, f° 47 v°. V. *supra*, Président des Enquêtes.

1355 **Mess. Robert Guy ou le Guidon.** — Lai. Com. 21 avril 1355. V. Rôle du 28 nov. 1359 et Parlements suivants jusqu'à Charles V, X^{1A} 16, f°ˢ 182, 188, 3, 14 août 1355, et 17, f° 300 v°, 24 avril 1363. Lettres de mainlevée de ses fiefs sis au bailliage d'Amiens, saisis par ses suzerains pour cause de service féodal non fait, dont il se justifie par la continuelle résidence en la Cour de Parlement. † *ante* 21 juin 1368. Époux de dame Alips Dauxi, veuve de Jean, Sgr de Lulli, X^{1A} 18, f° 191 ; 19, 21, f° 216 ; 22, f° 288 v°, 11 nov. 1371.

Pierre de Lieuvillers. — Lai. Com. 4 juil. 1355, X^{1A} 16, f° 62 v°. Déjà qualifié cons. dans un appel de Hue la Serre, écuyer, viguier de l'évêque d'Agde, qui se plaint d'avoir été molesté par lui, X^{2A} 5, f° 19 v°, 28 avril 1346. Cf. X^{1A} 15, f° 318, 26 juil. 1354, f° 91 ; et Rôle du 28 nov. 1359.

Philippe Blanche. — Clerc. Com. 15 juil. 1355, X^{1A} 16, f° 46.

1356 **Nicolas du Fruit.** — Lai. Cons. 19 mars 1356, 7 mars 1358, X^{1A} 16, f°ˢ 264, 566 v°. Cf. Rôle du 28 nov. 1359 et 9 avril 1360, 14, f° 289 v°. Époux de Jeanne de Gaignac, veuve de Réginald d'Auriac.

Mᵉ Jean de Vilaines. — Lai. Procureur du roi au bailliage de Vermandois, 3 déc. 1351, 31 déc. 1353. Com. 2 mars 1347. Rap. 19 mars 1356, X^{2A} 5, f° 95 ; X^{1A} 13, f° 278 ; 14, f° 185 v° ; 15, f° 241 v°. V. Rôle du 28 nov. 1359 et Parl. suiv. jusqu'à Charles V.

Gille Charretier. — Lai. Rap. 1ᵉʳ juin 1356, X^{1A} 14, f° 207 v°. Com. 30 mars 1356, 16, f° 245. Incarcéré au Châtelet, sur mandement royal du 25 sept. 1356, et, après s'être présenté aux Jours de Chartres, élargi par la Cour, *sine die*, X^{2A} 6, f° 329 v°, 27 juil. 1357. Se retrouve conseiller au Rôle du 28 nov. 1359. V. Parlements suivants jusqu'à Charles V, 1371.

Jean Marchade. — (?). Avocat céans, Rôle du 12 nov. 1340 et 29 déc. 1345. Rap. 20 avril 1356, X^{1A} 14, f° 189 v°, et 10, f° 367 v°.

Jean de Barre — (?). Rap. 20 avril 1356, X^{1A} 14, f° 190.

Étienne de la Marche — (?). Rap. 20 avril 1356, *ibid.*, f° 190 v° et Rôle du 28 nov. 1359.

Jean Bohier. — Lai. Rap. 1ᵉʳ juin 1356, X¹ᴬ 14, fᵒ 200 vᵒ. V. Parlement de Charles VI, 1384.

1357 **Pierre Fouace.** — Lai. Com. 24 avril 1357. Rap. 28 mars 1358, X¹ᴬ 14, fᵒ 252 vᵒ ; 16, fᵒˢ 185 vᵒ, 349 vᵒ. V. Rôle du 28 nov. 1359 et Parlements suivants jusqu'à Charles V, 1364. † entre 1ᵉʳ sept. 1379 (X¹ᴬ 28, fᵒ 101 vᵒ) et 3 fév. 1380, X²ᴬ 10, fᵒ 94 vᵒ. Rôle de la Tournelle.

1358 **Pierre de Pueux.** — (?). Rap. 13 janv. 1358, X¹ᴬ 14, fᵒ 244 vᵒ.

Prior Rubiaci (le prieur de Royac ou Royat, Fᵉ Denys de Saint-Alban). — Procureur des religieux et couvent de Mauzac, 28 avril 1346, 14 mai 1350, 2 juin 1351, X¹ᴬ 8848, fᵒ 305 ; 12, fᵒ 476 vᵒ ; 13, fᵒ 38 vᵒ. Clerc. Rap. 18 mai 1358, X¹ᴬ 14, fᵒ 256.

Raoul de Lorry. — Lai. Prévôt de Laon, 11 mars 1344, 19 nov. 1345, X¹ᴬ 10, fᵒ 20 vᵒ ; 8848, fᵒ 207. Spolié de son office par les manœuvres de Jean de Hocquincourt, écuyer, 2 juin 1346. L'a recouvré, *ante* 5 juil. 1353, X²ᴬ 5, fᵒ 67, et 6, fᵒ 40 vᵒ, etc. Qualifié cons. du roi, 4 fév. 1355. (Exécut. testamentaire de Jacques Darten, X¹ᴬ 16, fᵒ 46 vᵒ.) Déjà commis, avec Pʳᵉ Daurigny, mais non qualifié cons., le 1ᵉʳ août 1353 (15, fᵒˢ 56 vᵒ et 241 vᵒ). Com. 17 mai 1358 (16, fᵒ 465). (V. Rôle du 28 nov. 1359 et Parlement intérimaire, 27 oct. 1361 dernière mention). † peu après Jacques Darten, *postmodo... et diu ante* 3 déc. 1366, X¹ᴬ 21, fᵒˢ 50 vᵒ, 54.

Mᵉ Aubery Roussel. — Lai. Avocat céans, 6 janv. 1357. Qualifié « notre conseʳ », rien de plus, 20 mai 1357. Com. 4 avril 1358, X¹ᴬ 14, fᵒˢ 210 vᵒ, 217 vᵒ, 265 ; 16, fᵒˢ 197 vᵒ et 358. V. Rôle du 28 nov. 1359 et Parlement intérimaire, 1361. Époux de Hueline de Roye, fille de feu Jean et de feu Marguerite du Palais, 19 août 1355.

Nota. Le rôle du 28 nov. 1359 porte encore 27 noms qui ne figurent pas dans ce Tableau. Le Parlement n'ayant pas siégé, du 22 nov. 1358 au 13 janv. 1361, il n'a pu y avoir pour eux de réception régulière. L'un d'eux, Jacques d'Audelaincourt, figurait déjà aux rôles des 12 nov. 1340 et 41 ; 6 se retrouveront sur celui du Parlement intérimaire qui suit, Jean Luilier, Gencian Tristan, Jean Marcel, Aimery de Maignac, Lucas Nitres et Jean de Montlhéry ; 3 enfin, au Parlement de Charles V, Anceau Choquart, Pierre de Carrido (nom déformé en Carador) et Étienne Barbe. Les 18 autres ont disparu.

PARLEMENT INTÉRIMAIRE DU 13 JANVIER 1361 AU 17 AVRIL 1364

Présidents de la Cour prorogés.
(*Rôle restitué d'après la série des Lettres. Arrêts. Jugés.*)

SIMON DE BUCY, JACQUES LA VACHE, PIERRE DE DÉMEVILLE, PIERRE D'ORGEMONT.

Conseillers prorogés.

Clercs. — JEAN LE BÉCOT. — Com. 11 juil. 1363, X^{1A} 17, f° 321 v°. V. Parlement de Charles V.

AIMERY DE CHARTRES. — Nombreuses com. 20 août 1360, 15 juin, 30 juil. 1364, X^{1A} 14, f° 289 v°; X^{2A} 7, f°s 113 v°, 114.

PIERRE DE BRISOLLES. — Com. 27 août 1362, X^{2A} 7, f° 40 (dernière mention).

JEAN DE HUBANT. — Rap. 13 avril 1362, X^{1A} 14, f° 507. V. Parlement de Charles V et de Charles VI.

NICOLE DU BOIS. — Rap. 10 juil. 1361, *ibid.*, f° 474. V. Parlement de Charles V, 18 mars 1374, X^{1A} 23, f° 459 v° etc.

EUDES GRASSET. — Com. 11 sept. 1361, X^{2A} 7, f° 10 v°. V. Parl. de Charles V, entre 27 août 1373 et 11 juill. 1374, X^{1A} 23, f°s 82, 273.

JEAN DE LA PORTE. — Rôle du 28 nov. 1359. V. Parl. de Charles V.

GUILLAUME DE CHAUMONT. — Com. 7 mai 1362, X^{1A} 17, f° 157. V. Parl. de Charles V, 10 juin 1379, X^{1A} 28, f° 64.

ROCON DE REECOURT. — Com. 14 nov. 1362, X^{2A} 7, f° 85.

JACQUES DE LORRY. — Rap. 4 déc. 1361, 4 mars 1363, X^{1A} 14, f°s 493 v°, 533 v°. V. Parlement de Charles V.

GILLE FOUACE. — Rap. 14 mai 1361. Chanoine de Laon, 9 juil. 1362, X^{1A} 14, f° 471 v°; 17, f° 224. V. Parlement de Charles V.

GUILLAUME CHALOP. — Com. 19 juin 1361, 16 mai 1363, X^{1A} 17, f°s 19 v°, 301, et 18, f° 78 v°, 20 mars 1364.

ÉTIENNE BELIN. — Rap. 23 juil. 1361, X^{1A} 14, f° 474 v°. V. Parlement de Charles V.

MAUGIS. — *Parlement de Paris.*   2

GILLE DE MAUDESTOUR. — Com. 3 sept. 1362, X^{1A} 17, f° 165 v°. V. Parlement de Charles V.

JEAN TAUPIN. — Rap. 23 déc. 1361, X^{1A} 14, f° 492 (dernière mention). Cf. homonyme, Receveur du péage du travers de Vernon, 8 mars 1368, X^{1A} 21, f° 206 v°.

GUILLAUME DE FORGES. — Com. 7 mars 1362, X^{1A} 17, f° 279 v°. V. Parlement de Charles V, 1364.

ROBERT D'OUTRELEAUE. — Chanoine de Reims, 11 mai 1362, *ibid.*, f° 244. V. Parlement de Charles V.

PHILIPPE DE THIENVILLE. — Com. 18 avril 1363, *ibid.*, f° 325. V. Parlement de Charles V.

ALFONS CHEVRIER. — Com. 11 sept. 1361, X^{2A} 7, f° 9.

Lais. — GUILLAUME LE BESCOT. — Com. 27 août 1362, X^{1A} 17, f° 184 v°. V. Parlement de Charles V, Président, 1372.

THOMAS VANIN. — Com. 7 mai 1362, *ibid.*, f°s 157, 179. V. Parlements de Charles V et de Charles VI.

LOYS WAUTRUCHE. — Dernières mentions, 14 fév., 11 juil. 1363, X^{2A} 7, f° 88 ; X^{1A} 17, f° 321 v°.

ADAM DE SENS. — Dernière mention, 11 sept. 1361, X^{2A} 7, f° 9.

MESS. PIERRE DE VILLERS OU DE VILLAINES. — Com. 28 juil. 1363, X^{1A} 17, f° 324. V. Parlement de Charles V. Dernière mention, 21 juin 1376, X^{1A} 25, f° 224 v°.

JEAN DE VILAINES. — Com. 1er août 1362, X^{1A} 17, f° 145 v°. V. Parlements de Charles V et de Charles VI.

COLART FLORENT. — Com. 19 sept. 1362, X^{1A} 17, f°s 165, 316 v°. V. Parlements de Charles V et de Charles VI.

ADAM CHANTEPRIME. — Rap. 23 janv. 1361, X^{1A} 14, f° 473. V. Parlements de Charles V et de Charles VI.

JEAN DE CHARNY (douteux). — † *ante* 17 juin 1361, X^{1A} 17, f° 16 v°.

MILON DE VOISINES. — Com. 31 juil. 1361, X^{1A} 17, f° 19 v°. V. Parlement de Charles V.

ROBERT DE LORRI. — Dernière mention, 13 janv. 1365, X^{1A} 20, f°s 29, 321.

JEAN LE BERNIER. — « Consiliarius noster in curia nostra », 30 janv. 1361 ; Prévôt de Paris, 4 janv 1362, X^{1A} 17, f°s 43, 114 v° sq.

PIERRE FOUACE. — Rôle du 28 nov. 1359. V. Parl. de Charles V.

ROBERT GUIDON. — Com. 29 sept. 1362, X^{1A} 17, f° 148. V. Parlement de Charles V.

RAOUL DE LORRY. — † entre 27 oct. 1361 et *diu ante* déc. 1366, X^{1A} 17, f° 25 et 21, f° 54.

Aubery Roussel. — Dernière mention, 14 mai 1361, X^{2A} 7, f° 4.

Conseillers promus dans cette période.

1361 **Geoffroy le Fèvre.** — Clerc. Com. 8 fév. 1361 avec Jacques le Riche, Maître des Requêtes, où il est expressément désigné comme membre du Parlement, X^{1A} 17, f° 1 v°.

Jean Marcel. — Clerc. Rap. 28 fév. 1361, X^{1A} 14, f° 474.

Simon de Bucy. — Clerc. Fils du premier Président, chanoine de Bayeux, Chartres, Noyon, Soissons, Reims, alors qu'il était encore mineur et étudiant en lois à Orléans, X^{1A} 15, f° 207, 20 janv. 1354. Rap. 13 mars 1361, 30 juil. 1362. Encore qualifié cons. et custos de l'église de Bayeux, 3 sept. 1362, X^{1A} 14, f°s 478, 519 ; 17, f° 365 v° ; évêque de Soissons, nov. 1362. † 14 oct. 1404. *Gallia Christ.*, IX, col. 374, X^{1A} 1469, f° 437, 13 juil. 1370.

Jean Luilier. — Lai. Rap. 13 mars 1361, X^{1A} 14, f° 473 v°. Déjà commissaire avec Jean de Charny, 15 juin 1359, *ibid.*, f° 268 v°. Dernière mention 27 août 1362, 17, f° 184 v°. Ne pas confondre avec Jean Luilier, de Gonnesse, « alias Tabellionis », † *ante* 6 juil. 1362, *ibid.*, f° 140 v°.

Aimery de Maignac. — Clerc. Archidiacre de Poissy, chanoine de Chartres, X^{2A} 7, f° 299 v°, 15 mars 1367. Rap. 24 avril 1361, X^{1A} 14, f° 483 v°. Déjà commissaire avec Jean de Montlhéry, 12 oct. 1360. Cf. 25 juillet 1362, 2 août 1364, X^{1A} 14, f° 287 v° ; 17, f° 142 ; 18, f° 29 v°. Maître des Requêtes, 10 juil. 1365. Évêque de Paris, 1369, X^{1A} 20, f° 36. Succède à Étienne de Paris fait Cardinal. Cardinal *ante* 6 août 1388. *Gallia Christ.*, VII, col. 138, et X^{1A} 35, f° 262.

Guillaume Morhier ou Molhier. — Chevalier, lai, sieur de Saint-Piast et de la Gâtine, gendre du 1er Président, Simon de Bucy. Com. 19 mars 1361. V. Parlement de Charles V ; dernière mention, 2 juin 1369. Cf. 30 juin 1375, 21 mai 1376, 19 janv. 1377, etc. Dut résigner, car on le retrouve longtemps non qualifié cons. Réf. X^{1A} 12, f°s 18 et 284, 28 avril 1347, 18 nov. 1348 ; 19, f° 355 v° ; 21, f° 229 ; 24, f° 357 v° ; 25, f° 127 ; 26, f° 20 v°, X^{2A} 7, f° 5 v°. † entre 18 juil. et 25 nov. 1381. Époux de Pétronille de Bucy, veuve et démente. On lui donne pour curateurs ses frères Simon, Renaud, cons. céans, et Jean, X^{1A} 30, f°s 97, 224 v°.

Lucas Nitres ou Nistres. — Clerc. Archidiacre et official de Coutance, fondateur de la chapelle Saint-Mathurin, en la cathédrale, 1348. Cf. Rôle du 28 nov. 1359 et Procès-verbal de visite des chapelles de la cathédrale en 1530 (communication de M. le chanoine Fleury). Rap. 7 juin 1361, X^{1A} 14, f° 481 v°.

Jean de Montlhéry. — Lai. Com. 14 mai 1361, X^{1A} 17, f° 9. Cf. 27 mars, 12 oct. 1360, X^{1A} 14, f°s 287, 305. † entre 12 mars 1362 et 24 oct. 1363, X^{2A} 7, f°s 42 v° et 111.

Jean de Valensay. — Clerc. Rap. 4 déc. 1361, X^{1A} 14, f° 492 v°. V. Parlement de Charles V, X^{1A} 22, f° 169 v°, 18 juin 1371.

Jean Guichard. — Lai. Rap. 4 déc. 1361, 6 mai 1363, X^{1A} 14, f°s 492 v°, 17, 528.

Pierre de la Croix. — Clerc. Chanoine de Soissons, en procès avec P^{re} Chapus, qui suit, pour l'archidiaconé de Brie en lad. église, 1er juil. 1364. Rap. 4 déc. 1361, *ibid.* V. Parlement de Charles V. † entre 23 déc. 1366 et 31 août 1371, X^{1A} 18, f° 72; 20, f° 284 v°; 21, f° 82 v° et 22, f°s 205, 332 v°.

Evain Dol. — Lai. Clerc du roi, 10 mars 1346. Com. 17 janv., 3 mars 1362, X^{1A} 10, f° 346; 17, f°s 140, 142. V. Parlement de Charles V. † 1er juin 1369. Arrêt de condamnation d'Emeline, sa femme, et de Roland de Santeuil, ses meurtriers. Constitution de tuteurs à ses 5 enfants mineurs. Fondation d'une chapelle dans le Palais même, etc., X^{1A} 21, f° 468; 1469, f° 378, 8, 23, 27 juin 1369. Cf. 28, f° 51; 29, f° 347; 50, f°s 68, 69 v°, 6 mai 1379, 1er sept. 1403, etc.

1362 **Nicolas de Floricourt.** — Clerc, chanoine de Laon. Rap. 5 fév. 1262, X^{1A} 14, f° 498, et 28, f° 41 v°, 18 avril 1379. V. Parlement de Charles V, et X^{1A} 29, f° 94, 8 août 1380 (non qualifié cons.).

Jean Hocié. — (?) Rap. 5 fév. 1362, 8 juil. 1363, X^{1A} 14, f°s 498, 539.

Jean d'Arcies. — Lai, frère de l'avocat du roi Nicolas et de Pierre, évêque de Troyes, X^{1A} 50, f° 64 v°, 9 nov. 1402. Rap. 19 fév. 1362, *ibid.* 14, f° 501. V. Parlement de Charles V et de Charles VI. Résigne au profit de son fils Pierre, 10 janv. 1407. † 18 janv. Le 19 janv. 1411 exécution de son testament, X^{1A} 58, f° 8 v°.

Martin de la Mote. — Clerc. Com. 7 mai 1362, X^{1A} 17, f° 157. V. Parlement de Charles V, X^{1A} 20, f° 107, 25 janv. 1365.

Jean Belot. — Lai. Bourgeois de Paris. Cons. 9 juil. 1362, X^{1A} 17, f° 259 v°; 19, f° 97, 30 sept. 1365. V. Parlement de Charles V. † entre 3 fév. 1380 (Rôle de la Tournelle) et la fin du règne.

Gencian Tristan. — Lai. Prévôt des Marchands de Paris, août

1358 (JJ. 86, n° 240, etc.). Cf. Rôle du 28 nov. 1359. Com. 25 juil. 1362, X¹ᴬ 17, f° 142. V. Parlement de Charles V. Le 5 août 1377, X¹ᴬ 26, f° 91, vu son grand âge, sa débilité d'esprit et de corps, on lui donne pour curateur son gendre Léonard de Landes, à la prière de ses amis et de son fils naturel, F° Jean Tristan, religieux de Saint-Denis.

Bertrand de Chenac. — Clerc. Rap. 20 août 1362, X¹ᴬ 14, f° 517. V. Parlement de Charles V, X¹ᴬ 22; anno 1372, *passim*. Cf. homonyme, doyen de Saint-Pierre de Beauvais (pourvu *novissime*), non qualifié, cons., 30, f° 120, 17 août 1381.

Jean Hardi (Audacis). — Clerc. *Nunc receptor pariziensis*, 16 janv. 1347, archidiacre de Gacé en l'église de Lisieux, 21 nov. 1360, Com. 24 sept. 1362, X¹ᴬ 12, f° 4 v°; 14, f° 442; 17, f° 144 v°. V. Parl. de Charles V, en procès pour l'archidiaconé de Reims, 20 déc. 1371, 2 janv. 1374, X¹ᴬ 22, f° 290; 23, f° 281 v°; 28, f° 41 v°, 18 avril 1379.

Jean Lesleu. — Clerc. Rap. 14 mars 1363, X¹ᴬ 14, f° 531. V. Parlement de Charles V. 1371.

1363 **Guillaume de Tournai**, dit le Poulletier. — Avocat céans (Rôle du 12 nov. 1340). Chanoine de Beauvais. Clerc. Rap. 14 mars 1363, X¹ᴬ 17, f° 144 v°. V. Parl. de Charles V. Cf. X¹ᴬ 30, f° 281 v°; 31, f° 272, † *ante* 7 juil. 1382, 12 mars 1384.

Arnaud de Corbie. — Clerc. Ex-avocat céans, chanoine de Beauvais. Com. 28 mars 1363, X¹ᴬ 17, f° 316 v°. V. Parlement de Charles V. Iᵉʳ Président, 20 nov. 1373.

Jean II de Hangest. — Chevalier, seigneur de Maigny, 28 janv. 1349, X¹ᴬ 12, f° 295 v°. Lai. « Cons. en notre Cour », 6 mai 1363. Cf. 14 janv. 1362, X¹ᴬ 17, fᵒˢ 170 v°, 300 v°. † *ante* 31 juil. 1364. Époux de Marguerite de Roye ou de Piquigny, 18, f° 30 v°.

Étienne Guéret. — Lai. Capitaine de Jargeau, commis par le régent, duc de Normandie, à la requête des habitans, X¹ᴬ 13, f° 323, 13 juil. 1363. Com. dud. jour. Rap. 20 mars 1364, X¹ᴬ 19, f° 18. V. Parlement de Charles V.

Mathieu de Pommolain. — Seigneur de Thueil, lai. Com. 10 août 1363, X²ᴬ 7, f° 93. V. Parlement de Charles V.

Pierre Robert ou le Robert. — Clerc. Doyen de Saint-Germain-l'Auxerrois (X¹ᴬ 44, f° 15, 3 fév. 1397), frère de l'archevêque de Sens, Aymard Robert (Sens, G. 135, n° 15, 4 juil. 1400). Rap. 23 déc. 1363, X¹ᴬ 19, f° 1 v°. V. Parlements de Charles V et Charles VI, *nuper defunctus*, 3 fév. 1397, *loc. cit.*

Jean de Largentlieu. — Clerc. Rap. 23 déc. 1363, X¹ᴬ 19, f° 2. V. Parlement de Charles V. † entre 8 mai 1376 et 7 juil. 1377, X¹ᴬ 25, f° 198 v° ; 26, f° 75.

Jean Ravenel. — Lai. Rap. 23 déc. 1363, X¹ᴬ 19, f° 2 v°. V. Parlement de Charles V. † entre 22 mars et 28 juin 1367 *nuper*, X²ᴬ 7, f°ˢ 299 v°, 304 v°. Cf. homonyme, dit Paiebien, prévôt de Saint-Riquier, 5 mai, 19 nov. 1349, X¹ᴬ 12, f°ˢ 302 v°, 351.

Guillaume d'Aunoy ou d'Auneel. — Clerc. Doyen de Notre-Dame d'Amiens. Amiens (CC. 6, f° 96 ; 7, f° 75), avril 1390, 1392. Rap. 23 déc. 1363, X¹ᴬ 19, f° 2. V. Parlement de Charles V et Charles VI. Maître des Requêtes, 6 sept. 1382, X¹ᴬ 30, f° 314 v° ; 32, f° 25 v° ; 37, f° 59 v°, etc.

1364 **Pierre de Neuville.** — Lai. Chevalier, prévôt de Montlhéry, X²ᴬ 5, f° 95, 2 mars 1347. Com. 2 janv. 1364, X²ᴬ 7, f° 110. V. Parlement de Charles V. † entre 14 mars (asseurement) et 11 avril 1380 (exécution de son testament), X¹ᴬ 1471, f°ˢ 297 et 307.

Lerouge de Montagu. — Lai. Lieutenant du bailli de Vermandois (JJ. 91, n° 148, 2 juil. 1361). Rap. 17 fév. 1364, X¹ᴬ 19, f° 11. Receveur des amendes de la Cour, en 1368, 21, f° 219 v°, 8 août. V. Parlement de Charles V et de Charles VI. Président de la Cour, 2 janv. 1388. V. *infra*.

Philippe de Moulins. — Clerc. Chanoine de Paris et cons., 8 mars 1364. Chantre de Sainte-Croix d'Orléans. V. Parl. de Charles V et de Charles VI. Évêque d'Évreux, 15 mars 1385. † évêque de Noyon et Président en Cour des aides, 31 juil. 1409. Réf. X¹ᴬ 18, f° 57 ; 32, f° 101, 19 nov. 1382 ; 33, f° 123 v°, 15 mars 1385 ; 67, f° 5, 15 mars 1430, etc. *Gall. Christ.*, XI, col. 598, IX, col. 1018.

PARLEMENT DE CHARLES V, 1364-1380.

Présidents de la Cour confirmés. Lett. pat. du 17 avril 1364. Rôle de prorogation du 28 avril, X^{1A} 8602, f°s 2 et 57 r°.

SIMON DE BUCY, JACQUES LA VACHE, PIERRE DE DÉMEVILLE, PIERRE D'ORGEMONT. V. *supra*.

Présidents pourvus au cours du règne.

Jacques d'Andrie. — Procureur général, 1352-66. V. *infra*. Originaire de Paris. Élu président par la Cour, au lieu de feu Jacques la Vache, 16, 25 fév. 1366, X^{1A} 1469, f°s 162 v°, 501. † 24 fév. 1372. Remplacé par Guillaume le Bescot, 3 mars. Époux de Jeanne de Cellier, fille de Jean, cons. du roi.

Philibert Paillart. — Chevalier, docteur en lois, bailli de Dyjon, 21 fév. 1352, X^{1A} 13, f° 210 ; bailli de Dijon « pour le roi, ayant le bail du duché de Bourgogne » (JJ. 85, n° 131, jeudi avant Noël 1356) ; qualifié *Consiliarius noster in partibus Burgondie* (JJ. 91, n° 505, mai 1362. Cf. n° 45, 2 janv. 1362, amortissement de deux chapelles fondées aux églises Saint-Pierre de Beaune et de Pommart). Présent au Conseil, 27 juil. 1366, et qualifié « notre cons. », sans plus, 2 juil. 1369, X^{1A} 21, f° 445 v°, jamais Rapporteur. Reçu président, sans autre détail, le 4 avril 1370, au lieu de Pierre de Démeville, remplaçant feu Simon de Bucy, Ier, X^{1A} 1469, f° 400. V. Parlement de Charles VI. † août 1387. Remplacé par Jean de Montagu, 2 janv. 1388. Époux de Jeanne, fille du chancelier Jean de Dormans, sœur de Guillaume, archevêque de Sens, veuve de Pierre de Rochefort, X^{1A} 63, f° 213 v°, 21 déc. 1419. Nombreuses missions à Vienne, en Autriche, 1378, à Luxembourg, vers l'empereur Wenceslas, 1383, etc.

GUILLAUME DE SÉRIS. — Chevalier du pays de Saintonge. Conseiller lai en 1345. V. *supra*. Créé et institué Ier Président, le 17 juin 1371, au lieu de feu Pierre de Démeville. Pas d'autre détail, X^{1A} 1469, f° 457. † à Lyon, 23 oct. 1373, au retour d'un voyage à Rome, X^{1A} 1470, f° 54, 12 nov. Remplacé par Pierre d'Orgemont Ier et

Étienne de la Grange IVe. Époux d'Honorée Brune. Laisse 5 enfants. Cf. X^{1A} 23, f° 317 ; 1473, f° 33 v°, 29 avril 1374, 12 mai 1387, etc.

Guillaume le Bescot. — Conseiller lai en 1345, Président par intérim, en 1358. V. *supra*. Élu à Saint-Pol devant le roi, 3 mai 1372, X^{1A} 1469, f° 503, etc.

Étienne de la Grange. — Chevalier. Conseiller lai de 1369 et non du 28 avril 1364 (erreur du Ms. 7553), frère du cardinal, évêque d'Amiens. « Fait et reçu IVe Président » le 12 nov. 1373, au lieu de feu Guillaume de Séris, X^{1A} 1470, f° 54. Pas d'autres détails. V. Parlement de Charles VI. † 26 nov. 1388. Remplacé par Simon Foison, 12 déc. Inhumé en la cathédrale d'Amiens, aux pieds de son frère, X^{1A} 55, f° 81, 22 août 1408. Époux de Marie du Bos, veuve 24 nov. 1410, 58, f° 89 v°.

Arnaud de Corbie. — Conseiller clerc de 1363. V. *supra*. Élu au Louvre, devant le roi, 20 nov. 1373, Ier Président, au lieu de Pierre d'Orgemont fait chancelier. Institué seulement le 2 janvier. Promu chevalier, dans l'intervalle, 25 déc., X^{1A} 1470, f°s 61, 62. V. Parlement de Charles VI. Promu chancelier de France entre 12 déc. 1388 et 16 juin 1389. (Le 12 déc., il est, pour la dernière fois, qualifié Président. Les 23 avril, 5 mai, 28 juillet 1389, le chancelier présent en séance n'est pas nommé. Le 6 février, Pierre de Giac, présent, n'est pas qualifié, X^{1A} 1479, f°s 338, 343 seq.) Remplacé par Guillaume de Sens Ier et Henry de Marle IVe. † *ante* 4 déc. 1414. Exécution de son testament, X^{1A} 60, f° 267. Héritiers Jean de Corbie, évêque de Mende, et Arnaud, Sgr d'Auneuil, ses neveux, Philippe de Corbie, Maître des Requêtes, non qualifié.

Guillaume de Sens. — Avocat juré céans, 4 avril 1356. *Utriusque juris professor*, puis avocat du roi céans. Aubert le fait, à tort, fils de Gilles de Sens, professeur ès lois, et de Marie, fille de Jeanne la Roye, d'après X^{1A} 6, f° 200 v°, 23 nov. 1331, qui n'en dit rien du tout. Serait plutôt son petit-fils, X^{1A}, 16, f° 292 v° ; 21, f° 39 ; 22, f° 343 ; 23, f° 201 v° ; 35, f° 106 ; X^{2A} 10, f° 94, 29 juil. 1367, 29 nov. 1371, 13 avril 1373, 1er avril 1387. Reçu, 3 fév. 1380, Ve Président, puis, en juin, IVe, au lieu de feu Guillaume le Bescot, X^{1A} 1471, f° 275 v°. V. Parlement de Charles VI. Ier Président, 1389, au lieu d'Arnaud de Corbie fait chancelier. Pas trace de sa réception. 1re mention, 14 mars 1393, X^{1A} 40, f° 31. Remplacé, en mai 1400, par Jean de Poupaincourt, Ier. Sa veuve Eude... épousa Jacques Lempereur, échanson du roi, X^{1A} 57, f° 149, 13 juillet 1410.

Présidents des Enquêtes confirmés ut supra.

Jean de Huban le jeune. — Conseiller clerc en 1345. V. *supra.*
Étienne Belin. — Conseiller clerc 1350. † *ante* 27 déc. 1374. V. *supra.* Remplacé par Jacques Cosson, 29 déc.

Président pourvu au cours du règne.

Jacques Cosson. — Lic. *in utroque*. Conseiller clerc de 1367. Chanoine de Tournai. Résigne en 1389, aux mains du pape, pour prendre, par permutation, la chanoinie de Paris, X^{1A} 37, f° 273, 18 janv. 1360, *nuper*. Créé II° Président par le roi, sur l'avis du Chancelier, de l'assemblée de la Cour et autres conseillers, le 29 déc. 1374, au lieu de feu Étienne Belin. Lettres d'institution du 27 déc., X^{1A} 24, f° 4. V. Parlement de Charles VI. † *ante* 26 nov. 1386. Exécution de son testament, X^{1A} 1473, f° 223. Remplacé par Jean de Démeville *ante* 7 déc.

Conseillers confirmés par lett. pat. du 17 avril 1364 ou institués par le rôle du 28 avril, X^{1A} 8602, f°s 2 et 57 v°, loc. cit.

Grand'Chambre. Clercs. — Jean le Bescot, Jean de la Porte, Gilles de Maudestour, Robert d'Outreleaue, Guillaume de Chaumont, Jean Hardi (Audacis), Philippe de Thienville, Nicolas du Bos, confirmés. — V. *supra.*
Jean de Thiercelin. — Nouveau.
Gérard d'Ambonnay. — Archidiacre de Joinville en l'église de Châlons, X^{1A} 32, f° 206 v°, 28 fév. 1384. V. Parlement de Charles VI. † *ante* 12 juin 1387. Exécution de son testament.
Bertrand de Chenac. — Confirmé. V. *supra.*
Pierre de Roye. — Nouveau. Exécution du testament de feu Pierre de Roye, doyen de Saint-Quentin, *nuper defunctus*, non qualifié cons., 10 juil. 1378, X^{1A} 27, f° 63.
Arnaud de Corbie. — Confirmé. V. *supra.*
Louis Yzard. — Nouveau.
Jean de Pontoise. — Nouveau. Chanoine de Bayeux et chancelier de l'église de Rouen, en procès depuis 27 juin 1352. Élu sur le fait des aides. Léop. Delisle, *Mandements de Charles V*, n° 33. Cf. X^{1A} 13, f° 238 ; 17, f° 249 ; 21, f°s 93, 241 v°, 334 v° ; 22, f° 233. 6 sept. 1362, 9 janv., 16 déc. 1367, 23 août 1368, 9 août 1371.

Laïs. — Guillaume le Morhier, Mathieu de Thil ou de Thueil, Pierre de Neuville, chevaliers (confirmés. V. *supra*).

Thomas d'Angervillers. — Chevalier. Nouveau.

GUILLAUME LE BESCOT. — Confirmé. V. *supra*.

Anceau Choquard. — Nouveau, neveu par alliance de Nicolas du Bos. Époux de Marthe, fille de feu Guillaume du Bos, secrétaire du roi, Maître des Comptes (JJ. 89, n° 190, juil. 1357. Déjà qualifié cons. du roi). Écarté par les États de 1357, comme clerc et Maître des Requêtes, puis réintégré, 28 mai 1359, X^{2A} 6, f° 425. Cf. Rôle du 28 nov. Dernière mention, 19 mars 1379, X^{1A} 28, f° 279.

THOMAS VANIN, MILON DE VOISINES, PIERRE FOUACE, GENCIAN TRISTAN, ÉVAIN DOL, ADAM CHANTEPRIACE, JEAN DE VILAINES (confirmés. V. *supra*).

Enquêtes. Clercs. — JEAN DE HUBAN, ÉTIENNE BÉLIN, EUDE LE GRASSET, GILLE FOUASSE, JACQUE DE LORRY (confirmés. V. *supra*).

Pierre Carrido. — Nouveau. Dernière mention, X^{1A} 28, f° 47, 9 mai 1379. Commission avec Guillaume de Forges où il a été substitué au défunt abbé de Falaise. Le rapport ayant été perdu, l'enquête a été renouvelée *nuper* par le bailli de Tours.

PHILIPPE DE MOULINS, MARTIN DE LA MOTHE. — Confirmés.

Jean la Vache. — Fils du Président. Chanoine de Reims, par désistement de Pierre de Tiercelieue. V. *supra*, X^{1A} 15, f° 28 v°, 4 avril 1353 ; cf. 13, f° 196, 12 nov. 1351, et 20, f° 223 ; 35, f° 220, 10 août 1366, 23 avril 1388, etc.

NICOLAS DE FLORICOURT, PIERRE DE LA CROIX, JEAN DE VALENÇAY, GUILLAUME DE TOURNAY, JEAN D'ARGENLIEU (confirmés. V. *supra*).

Jacques Havin. — Nouveau.

PIERRE LE ROBERT. GUILLAUME D'AUNOY (confirmés. V. *supra*).

Pierre Chapuis ou Chapus. — Chanoine de Soissons, en procès avec Pierre de la Croix, touchant l'archidiaconé de Brie, 23 déc. 1366, X^{1A} 21, f° 82 v°.

Jean de Pacy. — Chanoine et chévecier d'Orléans, 31 mai 1365 *nuper*, jusqu'en 1367, où il résigne à son frère Pierre, X^{1A} 20, f° 145 v° ; 21, f° 143, 28 juin. V. Parlement de Charles VII. † *ante* 25 juin 1386, X^{1A} 1473, f° 136 v°. Exécution de son testament.

Garnier Guéroust. — Nouveau. Archidiacre de Josas en l'église de Paris, Maître des Requêtes, Prévôt de Chablis en l'église Saint-Martin de Tours, 23 juin 1372, X^{1A} 22, f° 401 ; 23, f° 198 v°, 29 janv. 1873. † *ante* 12 janv. 1404, 56, f° 214 v°.

Pierre de Paigny ou d'Espaigny. — Nouveau. V. Parlement de

Charles VI. Le 20 mars 1392, la Cour lui donne congé, vu sa maladie. Reparaît le 6 nov., X¹ᴬ 1476, fᵒˢ 224, 243.

Pierre Huré. — Nouveau. V. Parlement de Charles VI.

Pierre Pelissand. — Nouveau. Nombreuses commissions, 9, 31 août 1368. 18 juin 1371, X¹ᴬ 21, fᵒˢ 219, 228 ; 22, fᵒ 169 vᵒ.

Jean Eude. — Nouveau.

Laïs. — Robert le Guidon, Nicolas Florent, Étienne Guéret, Jean d'Arcies, Jean Belot (confirmés. V. *supra*).

Aubert de Maimbeville. — Nouveau. Examinateur au Châtelet, 1ᵉʳ déc. 1357, commissaire sur le fait des confiscations, en août 1358 (JJ. 89, nᵒˢ 251, 253, et 86, nᵒ 279). Encore cité, 7 janv. 1374, X¹ᴬ 23, fᵒ 361.

Gaucher le Vivian. — Nouveau. V. Parlement de Charles VI.

Martin Beauparisis. — Nouveau. Encore cité dans un arrêt du 15 mars 1374, X¹ᴬ 23, fᵒ 404 vᵒ.

Jean Ravenel, Jean le Roge de Montagu (confirmés. V. *supra*).

Gervais le Bœuf. — Nouveau. Époux de Jeanne, veuve de Nicolas le Blong, bourgeois de Paris, X¹ᴬ 19, fᵒ 308 vᵒ, 5 avril 1368. Encore présent en séance le 22 mai 1370, X¹ᴬ 1469, fᵒ 429.

Requêtes du Palais. Clercs. — **Étienne Barbe.** — Président. Chanoine de Chartres, X¹ᴬ 15, fᵒˢ 4 et 59, 10 déc. 1352, 23 août 1353. † *ante* 19 mars 1377, X¹ᴬ 26, fᵒ 43 vᵒ. Remplacé par Loys Pasté (?).

Yvon le Moine — Nouveau.

Thomas le Cousturier. — Nouveau. V. Parlement de Charles VI. † *ante* 15 nov. 1389.

Laïs. — Mess. Pierre dé Villers ou dé Villaines. — Confirmé.

Thomas le Brochard. — Nouveau. Receveur des amendes de la Cour de 1365 à 67 et 1372, X¹ᴬ 20, fᵒ 290 vᵒ ; 21, fᵒ 29 ; 23, fᵒ 17, 27 janv. 1366, 31 mai 1367, 28 janv. 1373. V. Parl. de Charles VI. Cf. homonyme, Maître des Requêtes, X¹ᴬ 22, fᵒ 394, 17 juil. 1372.

Estienne le Courvillain. — Procureur du roi à Bourges en 1358, X²ᴬ 7, fᵒ 124, 30 mars 1364. Encore cité dans un arrêt du 13 janv. 1375, X¹ᴬ 24, fᵒ 215 vᵒ. Cf. 23, fᵒ 335 vᵒ, 21 mars 1374.

Conseillers pourvus au cours du règne.

1364   Guillaume de Forges. — Réintégré. Com. 28 août 1364. Rap. 16 août 1365, X¹ᴬ 18, fᵒ 35 ; 19, fᵒ 88 vᵒ ; 22, fᵒ 185 vᵒ. 13 sept. 1371.

Jean de la Villeneuve. — Laï, peut-être le même que Jean de Neuville, conseiller clerc en 1349. V. *supra*. Rap. 23 déc. 1364, X¹ᴬ 19, fº 49. † 1380. Cf. rôle de la Tournelle du 3 fév., X²ᴬ 10, fº 94.

1365 **Jacques Sacquespée.** — Clerc. Déjà commissaire enquêteur pour l'instruction d'un procès, 13 avril 1362. Rap. 9 fév. 1365, X¹ᴬ 17, fº 156; 19, fº 51. V. Parlement de Charles VI. Monte en la Grand Chambre, le 29 avril 1389, au lieu de Pierre Boschet fait Président. † 21 avril 1394. Remplacé, 24 avril, par Pierre de Champdivers.

Jean d'Artois. — Lai. Ex-bailli de l'archevêque de Reims, X¹ᴬ 22, fº 142, 15 nov. 1370. Rap. 3 mai 1365, X¹ᴬ 1469, fº 91. V. Parlement de Charles VI. † *ante* 2 avril 1385. Exécution de son testament, 1473, fº 103. Époux 1º Marguerite Ursete, X¹ᴬ 21, fº 10 vº, 27 avril 1367; 2º de Jeanne de Sens, qui veuve, 24 juil. 1392, X¹ᴬ 30, fº 93, épousa Jean Day, puis Pierre Lefèvre, 69, fº 17 vº, 30 juillet 1437.

Garnier de Neufdon. — Clerc. Rap. 22 nov. 1365, X¹ᴬ 1469, fº 155 vº. Cf. 21, fᵒˢ 70, 1ᵉʳ avril 1367, et 432 vº, Maître des Requêtes, 4 juil. 1369.

Aleaume Boistel. — Clerc. Rap. 22 nov. 1365, X¹ᴬ 1469, fº 156. Maître des Requêtes, 4 juil. 1369, 16 nov. 1372, X¹ᴬ 21, fº 432 vº; 23, fº 1. Missions en Hongrie et vers le pape. † archevêque de Tours, X¹ᴬ 30, fº 311 vº, 20 sept. 1382.

1366 **Jean de Puyvignage.** — Clerc. Habitant à Tournai. Délégué à une série d'enquêtes avec les baillis de Tournai, du 19 mars 1361 au 2 janv. 1364, X²ᴬ 7, fᵒˢ 5 vº, 42 vº, 86 seq., 93 seq., 110. Rap. 31 janv. 1366, Com. 18 août 1371, X¹ᴬ 19, fº 119 vº; 22, fº 184. † Réform. général dans les diocèses de Sens, Troyes, Nevers, Autun. Léop. Delisle, *Mand.*, nº 49. *Dudum defunctus*, 17 déc. 1384, 33, fº 5 vº.

Philippe Mainsard. — Chevalier, lai. Rap. 21 mars 1366, X¹ᴬ 1469, fº 166. V. Parlement de Charles VI. † entre 3 janv. 1392 et 16 janv. 93, X¹ᴬ 40, fº 16.

Jean de Folleville. — Chevalier, lai. Seigneur de Gaulaincourt, X¹ᴬ 25, fᵒˢ 65 seq., 2 août 1376. Rap. 21 mars 1366, *ibid*. V. Parlement de Charles VI. Préside la Cour, faute de Président, 1ᵉʳ juil. 1381 Prévôt de Paris, 31 mai 1390. Maître des Comptes, nov. 1401, 15 mars 1407. Amiens, CC. 11, fº 44, et X¹ᴬ 37, fº 222 vº; 54, fº 46 vº.

Arnoul le Flament. — Clerc. Archidiacre de Montfort en l'église du Mans, X¹ᴬ 14, fº 178 vº, 30 juin 1397. Com. 9 juin. Rap. 18 juin 1366, X¹ᴬ 1469, fº 170 vº, et 20, fº 221 vº. V. Parlement de Charles VI.

Jean Curiat. — Lai. Rap. 21 nov. 1366, X¹ᴬ 1469, fº 28. V. Parlement de Charles VI. Incarcéré à la Conciergerie sous inculpation de faux. Rendu à l'évêque de Paris, comme clerc, mais sans droit de le juger, 16 janv. 1382, X^{2A} 10, f° 137.

Jean Aux dens (**Ad Dentes**). — Clerc. Chanoine de Chartres et de Cambrai, X^{1A} 32, f° 77, 19 août 1383. Rap. 5 déc. 1366. † entre 31 mai 1374 et 6 oct. 1380, X^{1A} 1469, f° 231 ; 1471, f° 384 ; 23, f° 316.

Pierre Lorfèvre. — Clerc. Cons. aux Requêtes du Palais, 9 janv. 1367, 8 juil. 1368, 14 août 1374, 17 août 1377, etc., X^{1A} 19, f° 167 v° ; 21, f° 213 v° ; 23, f° 446 ; 26, f° 97. Jamais Rap. V Parlement de Charles VI, 18 mars 1383, etc.

1367 **Jean Oujart, Oviart ou Aujart**. — Clerc. Rap. 23 janv. 1367, X^{1A} 20, f° 235 v°. V. Parlement de Charles VI.

Le prieur de Néronville (?). — Clerc. Rap. 6 fév. 1367, X^{1A} 1469, f° 236. Dernier rapport, 23 juin 1368, X^{1A} 19, f° 325.

Jean de Maisonconte. — Chevalier, lai. Sgr de Torigny. Originaire du Nivernais. Rap. 3 avril 1367, X^{1A} 19, f° 388 (Reçu, 30 mars, d'après Ms. 7555). V. Parlement de Charles VI. Époux de Guillemette, fille de Geoffroy Meix ou de Metz, écuyer, X^{1A} 24, f° 292 ; 26, f° 62 ; 1470, f° 261 v°, 10 mai, 31 août 1376, 15 juin 1377.

Jean de Longnies. — (?). Rap. 17 juil. 1367, 22 août 1374, X^{1A} 1469, f° 247 v°, 23, f° 489.

Jacques Cosson. — Clerc. Rap. 21 août 1367, *ibid.*, f° 249 v°. V. Président des Enquêtes.

Jean de Dicy. — Lai. Citoyen de Sens. Cf. X^{1A} 21, f° 25, et 35, f° 300 v°, 1er avril 1367, 22 fév. 1388. Qualifié cons. aux Enquêtes, 14 déc. 1367. Rap. 5 avril 1368, X^{1A} 21, f° 192, et 1469, f° 304 v°. V. Parlement de Charles VI. Époux 1° de Déline de Paris, veuve de Louis Luissier ; 2° de Jeanne de Culan, veuve, 30 nov. 1400, X^{1A} 26, f° 200 v° ; 35, f° 300 ; 48, f° 112 v°, 29 août 1377, 21 fév. 1388.

1369 **Étienne de la Grange**. — Chevalier, 19 janv. 1371, X^{1A} 22, f° 156. Lai. Rap. 10 fév. 1369, X^{1A} 1469, f° 367 v°. V. Présid. de la Cour, 1373.

Loys Pasté. — Lai. Rap. 10 mars 1369, X^{1A} 22, f° 370 v°. V. Parlement de Charles VI. Président des Requêtes du Palais, *ante* 18 avril 1384, X^{1A} 32, f°^{s} 322 seq. † entre 10 juin 1386 et les vacations de 1387. Exécution de son testament, X^{1A} 35, f°^{s} 30 v° et 193. Remplacé par Jacques de Ruilly, *ante* 15 mai 1388. Époux de Huete Dupré, veuve 19 janv. 1388.

Ponce de Fresens ou Fresenches. — Clerc. Doyen de Douai. Cf. X^{1A} 1470, f° 39, et 23, f° 298 v°, 29 janv. 1373. Rap. 10 mars 1369, X^{1A} 19, f° 115 v°. V. Parlement de Charles VI.

Pierre de Pacy. — Clerc. Chanoine, puis chevecier d'Orléans, par résignation du cons. Jean, son frère, en 1367, puis de Saint-Michel de Beauvais, doyen de Paris, X¹ᴬ 21, fᵒˢ 142 vᵒ seq., 147, 180 vᵒ, 273 vᵒ ; 8849, fᵒ 139, 6 mars 1374 ; 4784, fᵒ 215 vᵒ. Qualifié cons. clerc, août 1369. Rap. 14 août 1370, X¹ᴬ 21, fᵒ 443, et 1469, fᵒ 439. V. Parlement de Charles VI. Exécuteur testamentaire de Jean, son frère, 6 juil. 1386, X¹ᴬ 1473, fᵒ 145 vᵒ. † 9 oct. 1402. *Gall Christ.*, VII, 211. Remplacé par Jean de Nanterre ou Aimery II de Maignac, déc. 1402 ou fév. 1403.

1370 Guillaume de Bracon. — Clerc, *utriusque juris professor*, X¹ᴬ 30, fᵒ 273, 14 juin 1382. Rap. 23 mars 1370, 1469, fᵒ 429 vᵒ. Chanoine de Chartres. Se désiste au profit du greffier, Nicolas de Villemer, 19 nov. 1380, X¹ᴬ 30, fᵒ 14. V. Parlement de Charles VI. Compétiteur à la chanterie de Paris, 25 fév. 1382. † *ante* 15 juil. 1395, X¹ᴬ 30, fᵒ 247 vᵒ ; 42, fᵒ 35.

Jean le Clerc. — Clerc. Clerc (3 avril 1346) et notaire du roi, 8 août 1365, 21 juil. 1367, X¹ᴬ 10, fᵒ 356 vᵒ ; 20, fᵒ 49 vᵒ ; 21, fᵒ 31 vᵒ. Rap. fin juil. 1370, X¹ᴬ 1469, fᵒ 438 vᵒ. Le 11 mars 1378, plaidant contre Pierre de Thury, custode de Lyon, il dit avoir longuement servi le roi en son office en la Cour, 1471, fᵒ 21 vᵒ.

Regnauld de Bucy. — Clerc. Fils du Iᵉʳ Président, Simon de Bucy. Chanoine de Poitiers, Cambrai, Reims, Saint-Quentin, « encore impuber », X¹ᴬ 15, fᵒ 207, 20 juin 1354. Cf. 1469, fᵒ 439 vᵒ ; 23, fᵒ 65 ; 30, fᵒ 224 vᵒ, 13 juil. 1370, 21 août 1373, 21 nov. 1381, *loc. cit.*, etc. Rap. 14 août 1370, X¹ᴬ 1468, fᵒ 439. V. Parlement de Charles VI. Monte en la Grand Chambre, le 1ᵉʳ déc. 1402, au lieu de feu Renaud d'Amiens. Remplacé par Jean Tarenne, 14 mars 1408.

Pierre Boyleaue. — Clerc. Notaire et secrétaire du roi, descendant direct du Prévôt, Étienne Boyleau (Blanchart). Rap. 31 août, 1370, X¹ᴬ 1469, fᵒ 441. V. Parlement de Charles VI.

Jean le Coq. — Lai. Sieur d'Esgrenay, fils de Jean, Maître de la Chambre aux deniers du dauphin Charles, et de Marie Moraud. Rap. 31 août 1370, X¹ᴬ 1469, fᵒ 449 vᵒ. Le Ms. 7555 *bis*, qui le fait cons. en 1368, l'identifie, à tort, avec son homonyme, avocat du roi en 1392 ou 1395. V. *infra*, Avocats du roi.

Aubery de Trie. — Lai. Rap. 31 août 1370, X¹ᴬ 1469, fᵒ 441. V. Parlement de Charles VI.

Bertrand de Thierne ou Thiars. — Clerc. Chanoine de Paris, doyen du Puy, X¹ᴬ 37, fᵒ 5 vᵒ, 19 déc. 1368, et *Gall. Christ.*, II, 744.

Rap. 23 déc. 1370, X¹ᴬ 1469, f° 472. Bien qu'on lui substitue Nicolas de Rancé, le 1ᵉʳ juin 1373, il reparaît, comme rapporteur et cons., à côté de celui-ci, les 19 mai 1374, 23 déc. 1376, X¹ᴬ 1470, fᵒˢ 190, 282, seq., etc. V. Parlement de Charles VI.

Thomas de Trie. — Clerc. Rap. 23 déc. 1370, X¹ᴬ 19, f° 423. V. Parlement de Charles VI.

1374 GILLE CHARRETIER. — Lai, réintégré. Rap. 26 avril 1371, X¹ᴬ 1469, f° 475. V. *supra* cons. 1356.

JEAN LESLEU. — Clerc, réintégré. Rap. 5 juil. 1371, *ibid.*, f° 479 v°. V. *supra* cons. 1363. V. Parlement de Charles VI. † *ante* 10 août 1384. Exécut. de son testament.

Bertrand de Montclar. — Clerc. Prieur de Villedieu, X¹ᴬ 19, f° 462. Rap. 5 juil. 1371, X¹ᴬ 1469, f° 480.

Pierre Boschet. — Clerc. Lic. *in utroque*, 2, 17 mars 1377; *legum professor*, 8 janv. 1382. Neveu de Jean Boschet exécuté par les Anglais pour avoir voulu livrer Poitiers à Charles V, le 15 août 1370, X¹ᴬ 23, f° 8, 23 déc. 1372 ; 26 fᵒˢ 34, 41 v° ; 30, f° 235 v°. Com. 5 août 1371, X¹ᴬ 22, f° 185 v°. Jamais Rap. V. Parlement de Charles VI. Président de la Cour, 1389. V. *infra*.

Jean de Voisines. — Lai. Lic. *in utroque*, fils du cons. Milon de V., fait curateur de ses frères et sœurs mineurs, le 3 déc. 1372, X¹ᴬ 1470, f° 3 v° ; 23, f° 23 v°, 6 déc. Rap. 30 août 1371, X¹ᴬ 1469, f° 488 v°. V. Parlement de Charles VI. Maître des Requêtes, 7 mars 1394 (cf. 7 juil. 1412). Ex général de la Justice des aides (4 juin 1407). † *ante* 28 août 1405, X¹ᴬ 4787, f° 217. Cf. 1476, f° 406 ; 54, f° 197 ; 59, f° 51. Époux de Catherine Blanchete ou la Blancharde, veuve 28 août 1405.

Pierre II d'Orgemont junior. — Clerc. Doyen de Saint-Martin de Tours, 30 avril 1374, X¹ᴬ 24, f° 48 v°, fils du Président Pierre Iᵉʳ. Cf. Mirot, *Les d'Orgemont*. Rap. 30 août 1371, X¹ᴬ 1469, f° 483 v°. Cf. 28 fév., 3, 17 juil. 1372, etc. *Ibid.*, f° 53 v°, 540 v°, 542, *nunc episcopus morinensis*, 2 juil. 1376, translaté à Paris, 1384, X¹ᴬ 1472, f° 38 v°, 17 fév. † évêque de Paris depuis 26 ans en 1409, successeur d'Aimery de Maignac, *Gall. Christ.*, VII, 140.

Jean Connort. — Lai. Rap. 13 déc. 1371, X¹ᴬ 1469, f° 485 v°, Com. 6 mars 1374, 8849, f° 139. Maître des Comptes, 5 janv. 1381, X¹ᴬ 1471, f° 523 v°.

1372 **Guillaume Martelet.** — Clerc. Doyen de Nevers, *legum professor*, X¹ᴬ 27, f° 69 ; 28, f° 113, 20 juil. 1378, 7 sept. 1379. Com. 10 mars, 27 juil. 1372, X¹ᴬ 19, f° 345 v° ; 22, f° 332. V. Parl. de Charles VI.

Jean de Saint-Verain. — Clerc. Lic. *in utroque*, du diocèse de Châlons. *Prerogativa Parlamenti de 1413-1414*, X¹ᴬ 8603, f° 8. Sans doute parent du grenetier de Châlons de même nom, Z¹ᴬ 1, f° 161 v°, 28 août 1398. Rap. 5 avril 1372, X¹ᴬ 19, f° 488. V. Parlement de Charles VI et Parlement bourguignon de 1418. Président des Enquêtes, avril-mai 1398.

Jean le Bescot le jeune. — Clerc. Doyen de Saint-Quentin *nuper defunctus*, 30 mai 1383, X¹ᴬ 32, f° 48. Rap. 27 nov. 1372, X¹ᴬ 1470, f° 34 v°. Encore qualifié le jeune, 11 sept. 1380, dans l'exécution testamentaire de la veuve du président Guillaume le Bescot, *loc. cit.* V. Parlement de Charles VI.

1373   **Jean [Vivian] de Ravigny.** — Clerc. Com. 23 déc. 1372, 16 août 1373, X¹ᴬ 8849, f° 132 v°; 23, f° 81. † entre 28 juil. 1379 et 27 mai 1381, *quondam consiliarus defunctus*, X¹ᴬ 28, f° 81, 30, f° 73 v°; 32, f° 252, 30 juil. 1384.

Guillaume de Hametel. — Lai. Bourgeois de Troyes (JJ. 90, n° 324. Pâques 1356, juil. 1359). Maître des Monnaies (Rôle du 28 nov. 1359). Com. 11 janv. 1373, X¹ᴬ 23, f° 13 v°. Maître des Comptes *ante* 2 déc. 1382, X¹ᴬ 32, f° 12 v°. Cf. 23, f° 13 v°, 9 sept. 1383, etc. † *ante* 23 juin 1389, X¹ᴬ 37, f° 45 v°.

Renaud ou Jean de l'Hôpital. — (?) Rap. 13 avril 1373, X¹ᴬ 1470, f° 43 v°.

Jean ou Guillaume Lespicier, dit Chandelier. — Clerc. Archidiacre de Troyes, fils de Marguerite de Rieux, X¹ᴬ 25, f° 118 v°, 9 avril 1376, et 32, f° 206, 4 fév. 1394. Rap. 13 avril 1373, X¹ᴬ 1470, f° 104 v°. V. Parlement de Charles VI. † entre 14 et 17 janv. 1386. Exécution de son testament.

Nicolas de Rancé. — Clerc. Substitué, par ordre du chancelier, à Bertrand de Thierne, absent, 15 juin 1373, X¹ᴬ 1470, f° 22 v°. V. Parlement de Charles VI. Exécuteur testamentaire de Guillaume de Rancé, évêque de Séez, 13 déc. 1380, X¹ᴬ 30, f° 20.

Nicole Alory. — Clerc. Qualifié clerc et notre cons., 9 fév. 1346, et rien que clerc, 6 août 1353 (Cf. homonyme bourgeois de Paris, 5 mars 1372). Com. 26 juil. 1372. Rap. 23 déc. 1373, X¹ᴬ 10, f° 531 v°; 19, f° 450; 1470, f° 104 v°; 22, f° 318; X²ᴬ 6, f° 36 v°. V. Parlement de Charles VI.

1374   **Jacques Bouju.** — Sgr de Rancher, d'une vieille famille du Mans, cousin de l'élu du Mans de même nom, Z¹ᴬ, f° 154, 8 août 1398; gendre du cons. Adam Chanteprime, lai. Rap. 22 avril 1374, X¹ᴬ 23, f° 490. V. Parlement de Charles VI. † durant les vacations de

1404. Le rôle du 12 oct. porte, en regard de son nom, *defunctus*. Exèques 1ᵉʳ déc. Remplacé par Jean Romain, 19 nov. 1404. Époux de Gillette Chanteprime.

Renaud de Sens. — Lai. Fils du feu cons. Adam de Sens, X¹ᴬ 20, fº 206, 12 mars 1366. Rap. 25 nov. 1374, X¹ᴬ 1470, fº 163. V. Parlement de Charles VI. Déporté de son office, à la suite des troubles de Paris, en 1384-85 ; bailli de Blois en 1408 et réintégré par élection de la Cour, 11 juil. 1408, au lieu de feu Jean Dailly. † et remplacé par Adam de Cambrai, 19 nov. 1416.

Jean de Démeville. — Clerc. Fils du Président Pierre, avocat céans, chapelain de la chapelle Notre-Dame en l'église d'Erblay, X¹ᴬ 23, fº 227, 3 juin 1373. Rap. 9 déc. 1374, X¹ᴬ 1470, fº 164. V. Parlement de Charles VI. Président des Enquêtes, déc. 1386. † entre 30 juin et 16 nov. 1391, X¹ᴬ 38, fº 82, et 1476, fº 36. V. *infra*.

Simon Foison. — Lai. Cons. 14 déc. 1374. Com. 12 juil. 1375, X¹ᴬ 24, fᵒˢ 18, 77. Jamais Rap. Préside la Cour, à défaut de président, le 2 juil. 1381. V. Parlement de Charles VI. Président, 12 déc. 1388. V. *infra*.

1375 **Le prieur de Saint-Pierre le Moustier** (?). — Clerc. Rap. 18 avril 1375, X¹ᴬ 1470, fº 174 vº. V. Parlement de Charles VI.

Jean Joude. — (?) Rap. 18 avril 1375, X¹ᴬ 24, fº 343 vº.

Philippe Bonne. — Lai. Fils de Bernard, X¹ᴬ 1472, fº 41, 20 fév. 1384. Rap. 24 nov. 1375, X¹ᴬ 25, fº 36. V. Parlement de Charles VI. Déporté et débouté de sa requête de réintégration. Remplacé par Quentin de Moy, *ante* 29 mai 1389. Juge-mage de Toulouse, 23 août 1393, X¹ᴬ 40, fᵒˢ 111 seq.

1376 **Jean de Vaux**. — (?) Rap. 12 janv. 1376, X¹ᴬ 1470, fº 217.

Jean Chanteprime. — Clerc. Doyen de Paris, fils de Jean, cons. de finances, et de Gilette de Dormans. Rap. 9 avril 1376, X¹ᴬ 25, fº 113 vº. V. Parlement de Charles VI. Résigne en faveur de son neveu, Gilles de Clamecy, 31 juil. 1406. Maître des Comptes, 2 juil. 1407, X¹ᴬ 56, fº 378. Cf. Amiens, CC. 11, fº 44, 9 nov. 1401 (Dut cumuler). Compétiteur de Guillaume de Montjoie à la prévôté de Châblis en l'église Saint-Martin de Tours de feu Garnier Guéroust, 12 janv. 1409, X¹ᴬ 56, fº 214 vº.

Jean de Dormans. — Clerc. Avocat céans, frère de Guillaume, avocat du roi, X¹ᴬ 16, fº 310, 1ᵉʳ avril 1357. Rap. 23 déc. 1376, X¹ᴬ 1470, fº 282. V. Parlement de Charles VI. Procès contre le chambrier de Tournai, pour le paiement de ses gages, X¹ᴬ 1471, f° 386 v°, 16 oct. 1380.

1377 **Robert d'Acquigny.** — Clerc. Doyen de Saint-Omer, chanoine d'Évreux, X¹ᴬ 49, f° 36 v° ; 57, f° 246 ; 58, f° 190, 27 avril 1402, 31 mars 1410, 23 déc. 1409. Rap. 10 janv. 1377, X¹ᴬ 1470, f° 282 v°. V. Parlement de Charles VI. † *ante* 4 avril 1404. Élection aud. siège. Remplacé par Hector Brossignac, 11 avril. Exèques, 24 avril.

Regnault d'Orliens. — Clerc. Rap. 10 janv. 1377, X¹ᴬ 1470, f° 282 v°. V. Parlement de Charles VI. Président des Enquêtes, *ante* 8 mai 1392. V. *infra*.

Imbert de Boisy. — Lai, docteur *in utroque, legum professeur*. Rap. 14 mars 1377, X¹ᴬ 1480, f° 286 v° ; 27, f° 75, 7 août 1378. V. Parlement de Charles VI. Vᵉ Président, 3 juin 1394. V. *infra*.

Gobert le Carlier — (?). Rap. 6 juin 1377, X¹ᴬ 1470, f° 290.

Guillaume Lirois. — Clerc. Rap. 28 nov. 1377, X¹ᴬ 1471, f° 98. V. Parlement de Charles VI. † *ante* 13 sept. 1401. Élection aud. siège. Remplacé par Guillaume de Lannoy, 25 fév. |1402. Cf. Guillaume Leroi, sous-prieur de Saint-Germain d'Auxerre, non qualifié cons., 14 mai 1394, X¹ᴬ 41, f° 41.

1378 **Hébert Lescripvain.** — Lai. Rap. 13 mars 1378, X¹ᴬ 1471, f° 106. V. Parlement de Charles VI. Résigne en faveur de Guillaume Leduc, 28 mars 1414. Époux de Jacqueline la Maillarde, veuve du cons. Jean le Coq. V. *supra*.

Étienne de Givry. — Clerc. Rap. 28 août 1378, X¹ᴬ 1471, f° 122 v°. V. Parlement de Charles VI. Évêque de Troyes en 1395. Remplacé par Pierre de Gaillonel, 12 nov., et Guillaume de Gandiac en la Grand Chambre.

1379 **Jean Allegrin.** — Lai. Bourgeois notable de Saint-Denis. Le Ms. 7554 le fait fils de Pierre, soi-disant cons. en 1345 (inconnu), et d'Alix de Ligny, et receveur en 1361 (erreurs). Rap. 12 fév. 1379, X¹ᴬ 1471, f° 253 v°. V. Parlement de Charles VI. † *ante* 12 nov. 1404 et peut-être 1394. Ne figure à aucun rôle de la Tournelle de 1394 à 1398. Époux de Simone Pancot, veuve 12 janv. 1409, X¹ᴬ 56, f° 327. Cf. Jean A., fils de Pierre et d'Isabelle, veuve de Richard Ababos, 17 mars 1375, 24, f° 330 v°.

Renaud du Mont Saint-Éloy. — Lai. Rap. 23 juil. 1379, X¹ᴬ 1471, f° 270. V. Parlement de Charles VI et Parlement bourg. de 1418.

Raoul de Vausseillon. — Lai. Héritier du feu cons. Jacques Darten (27 juin 1355). Com. avec Jean Lesleu, 28 juil. 1379. Jamais

Rap. V. Parlement de Charles VI. Obsèques 16 fév. 1381, X¹ᴬ 16, f° 196 ; 28, f° 81 v° ; 1471, f° 437.

Guillaume de Chenac. — Clerc. Com. 6 août 1379. † *ante* 4 sept., X¹ᴬ 28, f°ˢ 88, 106.

Nicolas de Villemer. — Clerc. Chantre et chanoine de Paris 16 août 1379). Archidiacre d'Authe en l'église d'Évreux. Ex-greffier de la Cour du 27 juil. 1363 au 12 nov. 1378. Secrétaire du roi, 22 nov. 78. Cons. 29 août 1379, X¹ᴬ 28, f°ˢ 1, 6, 92, 97 ; 29, f° 52 v° ; 1476, f° 12 v°, 4 déc. 1394. V. Parl. de Charles VI. † 20 sept. 1393.

Pierre Chanteprime. — Lai. Citoyen de Sens. Lieutenant du bailli, 11 mai 1372, 18 mars 1373, 18 avril 1374, X¹ᴬ 23, f°ˢ 26, 36 v°, 388. Frère du cons. Jean. Ni Rap. ni com. Figure seulement au rôle de la Tournelle, Grand Chambre, 3 fév. 1380, X²ᴬ 10, f° 94. V. Parlement de Charles VI. † *ante* 12 nov. 96. Cf. X²ᴬ 12. Rôles de la Tournelle de 1394 et 96. Remplacé par Oudard Baillet ou Guillaume Chanteprime.

Jean de Flory. — Lai. Citoyen et échevin de Paris, gendre de Jean Poilevillain, Maître des Monnaies (JJ. 91, n° 499, juil, 1363) X¹ᴬ 12, f° 23, 19 avril 1347 ; 20, f° 65 v°, 10 janv. 1365 ; et 18, f° 31. Ni Rap. ni com. Figure seulement au rôle de la Tournelle, Grand Chambre, 3 fév. 1380, *ut supra*. V. Parlement de Charles VI. † *ante* 19 déc. 1391. Exécution de son testament, X¹ᴬ 39, f° 16 v°.

Nicolas Fils de roy. — Lai. Rôle de la Tournelle, Chambre des Enquêtes, 3 fév. 1380. Disparaît entre cette date et sept. 1380.

Gaillart Petitsayne. — Lai. Rôle de la Tournelle, Enquêtes, 3 fév. 1380. Voir Parlement de Charles VI et Parlement bourg. de 1418.

Jean de Grégy. — Lai. Rôle de la Tournelle, Enquêtes, 3 fév. 1380. V. Parlement de Charles VI. † mai 1384. Obsèques, X¹ᴬ 1472, f° 18 v°.

Robert Broisset. — Lai. Rôle de la Tournelle. Enquêtes, 3 fév. 1380. V. Parlement de Charles VI.

Guillaume de Courval. — Lai. Lic. en lois. Avocat céans, X¹ᴬ 26, f° 42 ; 27, f° 36, 17 mars 1377, 22 fév. 1378. Rôle de la Tournelle, Enquêtes, 3 fév. 1380. V. Parlement de Charles VI. Procès de séquestration de son frère Pierre, élu de Lisieux, X¹ᴬ 60, f° 286 v°, 11 mai 1415. † *ante* 1414. V. Rôle de la Cour. Époux de Nicole...

Guillaume Porel. — Lai. Examinateur, puis procureur du roi au Châtelet, X¹ᴬ 31, f° 200, 7 mars 1383. Rôle de la Tournelle, Enquêtes, 3 fév. 1380. V. Parlement de Charles VI. Remplacé par

Pierre Drouart, *ante* 12 nov. 1398. Cf. Rôles de la Tournelle de 1394 à 1398, X²ᴬ 12.

Michel Cuerbon. — Lai. Rôle de la Tournelle, Enquêtes, 3 fév. 1380. V. Parlement de Charles VI.

Foulques Labbé. — Lai. Rôle de la Tournelle, Requêtes du Palais, 3 fév. 1380. V. Parlement de Charles VI.

Jean d'Aillenval. — Lai. Rôle de la Tournelle, Requêtes du Palais, 3 fév. 1380. V. Parlement de Charles VI.

Pierre Fresnel. — Clerc. Rap. 3 mars 1380. X¹ᴬ 1471, f° 389. V. Parlement de Charles VI. Évêque de Meaux, puis Noyon, Lisieux, X¹ᴬ 62, f° 1, 18 déc. 1416. † 12 juin 1418.

PARLEMENT DE CHARLES VI DE 1380 A 1418

Présidents de la Cour prorogés (Pas de lettres de confirmation).

Arnaud de Corbie Ier, Philibert Paillard, Étienne de la Grange, Guillaume de Sens IVe. Ier en 1389. V. *supra*, Parlement de Charles V.

Présidents pourvus au cours du règne.

Jean de Montagu. — Chevalier. Maître des Requêtes de l'hôtel (21 mai 1384), Conseiller lai du 13 fév. 1364. V. *supra*, IVe Président au lieu de feu Philibert Paillard, 2 janv. 1388. † et remplacé par Pierre Boschet, 29 avril 1389.

Symon Foison. — Sgr d'Estorny (Nivernais), bailli de Villeneuve près de Pont, pour Jeanne d'Évreux, 3e femme de Charles IV le Bel. Cons. lai de 1373. IVe Président au lieu de feu Étienne de la Grange, 12 déc. 1388. Préside encore la Tournelle, le 12 nov. 1396, X^{2a} 10, f° 316. † peu après. (Lacune du Conseil de 1395 à 1400.) Plus de Jugés ou d'arrêts signés de son nom, aux registres de l'année, X^{1a} 43 seq. Remplacé par Ymbert de Boisy. Époux de Julienne de Verdun, veuve de Pierre Couet, secrétaire du roi, X^{1a} 23, f° 339; 24, f° 18 v°, 24 avril, 14 déc. 1374.

Pierre Boschet. — Docteur *in utroque*, sieur de Saint-Gemme, 6 mai 1406, X^{1a} 53, f° 61 v°; cons. clerc de 1370. Fait IVe ou IIIe Président, le 29 avril 1389, au lieu de feu Jean de Montagu, suivant la date de la promotion d'Arnaud de Corbie à la Chancellerie. (La Cour fut alors 5 ans. avec 3 présidents seulement.) † 4 fév. 1411, X^{1a} 1479, f° 147 v°. Remplacé par Jean du Drac, 1er avril.

Henry de Marle. — Chevalier, sieur de Versigny, avocat céans, jusqu'à sa promotion à la présidence (cf. 11 janv. 1385, 13 déc. 1388, 18 janv., 15 mai 1390, 9 juin 1391 etc., X^{1a} 1474, f° 216, 1475, f°s 47, 75, 263, etc., et notre Introduction), bailli de l'évêque de Paris, Aimery de Maignac. Dépose devant la Cour les sceaux dud. bailliage, lorsque celui-ci devint cardinal, 9 janv. 1383, X^{1a} 1472, f° 21. Fait IVe Président, le 29 janv. 1394 (siège d'Arnaud de Corbie, vacant depuis 5 ans); Ier, le 22 mai 1403, au lieu de feu

Jean de Poupaincourt. (Élu, pour la forme, par la Cour, après notification par le chancelier du choix du roi.) Élu Chancelier de France, 8 août 1418, et remplacé par Robert Mauger, Ier, et Jean de Vailly, IVe Président, le 16 août. † en juin 1418, massacré par les Bourguignons, avec son frère Jean, évêque de Coutance. Époux de Mahaut le Barbier.

Ymbert de Boisy. — Frère de Jean, évêque d'Amiens; neveu, par sa mère, du président Étienne de la Grange, X^{1a} 4787, f° 427 v°, 1er oct. 1406. Conseiller lai de 1377. Fait Ve Président, *ante* 3 juin 1391 (1re mention); IVe, en 1396-97, au lieu de feu Symon Foison. † en Picardie, en juin ou juillet 1409 (V. 12 nov.). Remplacé par Robert Mauger, juil.-sept. Époux de Marie de Cramailles, X^{1a} 30, f° 162, 16 mars 1381.

Jean de Poupaincourt. — Sgr de Sarcelle et de Noisy, avocat du roi, ex-avocat céans, avocat et conseiller de la ville d'Amiens en Parlement. Amiens, CC. 3, f° 32; 5, f° 36, *annis* 1386 à 1389; X^{1a} 30, f°s 54, 113, 18 mars 1381, 5 janv. 1389. Promu directement Ier Président, avril-mai 1400, au lieu de feu Guillaume de Sens. (Préside la Tournelle, le 3 mai, X^{2a} 12, f° 129 v°. Lacune du Conseil.) † 21 mai 1403. V. son éloge funèbre dud. jour, X^{1a} 4478, f° 112. Inhumé en l'église Saint-Florent de Roye, X^{1a} 52, f° 20 v°, 26 janv. 1405. Remplacé par Henry de Marle, Ier, et Jacques de Ruilly, IVe, 22 mai 1403. Époux de Pétronille..., veuve 15 déc. 1403, X^{1a} 51, f° 107.

Jacques de Ruilly. — Chevalier, Sgr de Pouthermé, fils de Jean, cons. en 1335, lui-même conseiller lai de 1385 ou 88. Président des Requêtes du Palais, *ante* 15 mai 1388. Fait IVe Président, le 26 mai 1403, au lieu de feu Jean de Poupaincourt. (Élu 5e par la Cour, le 22 mai.) † en sept. 1409, tenant les Grans Jours de Troyes. Remplacé par Symon de Nanterre, 20 nov. Époux de Jeanne... veuve, 17 juil. 1415, X^{1a} 60, f° 296. Jean de Vailly et Thibault Thiessart, tuteurs de ses enfants mineurs.

Robert Mauger. — Lic. *in utroque*. Maître ès-ars, Sgr d'Ambières, cons. lai de 1390. Époux de Simonette, fille du cons. Jean d'Arcies, sœur du cons. Pierre D. et de Marie, femme d'Hugues de Moreuil, cons. en 1414, X^{1a} 58, f° 9, 19 janv. 1411. Fait Ve Président, avec gages de cons., le 27 avril 1407 (Ier élu le 22 mai 1403); IIIe, en juillet-sept. 1409, après les deux décès consécutifs d'Imbert de Boisy et de Jacques de Ruilly; Ier, le 16 août 1413, au lieu d'Henry de Marle fait chancelier (Ier élu aud. siège, 12 août). Disparu en 1418.

Symon de Nanterre. — Visiteur de la Chancellerie, durant 10 ans, cons. lai de 1389. IV⁰ Président, 20 nov. 1409, au lieu de feu Jacques de Ruilly (élu aud. siège, 12 et 13 nov., X¹ᴬ 4788, f⁰ 365 v⁰). Remplacé à Poitiers par Jean Gencian, le 4 déc. 1423, Ms. Lenain, n° 697. Époux de Pernette, sœur du cons. Bertrand Quentin.

Jean du Drac. — Fils de Barthélemy, trésorier des guerres, et de Jeanne Odde, Sgr châtelain de la baillie les Amiens et de Champagne-sur-Oise, cons. lai de 1385. Président des Requêtes du Palais en 1403 après Jacques de Ruilly. IV⁰ Président, le 1ᵉʳ avril 1411, au lieu de feu Pierre Boschet (élu le 27 mars aud. siège). † 28 fév. 1413. Remplacé par Pierre Lefèvre, 17 mars. Époux de Jaqueline, vicomtesse d'Ay, veuve 24 oct. 1415, Z¹ᴬ 6, f⁰ 94.

Pierre Lefèvre. — Cons. lai de 1385. IV⁰ Président, 17-20 mars 1413, au lieu de feu Jean du Drac (élu 17 mars. Réception omise au registre. 1ʳᵉ mention de sa présidence, 20 mars). Disparu en 1418.

Jean de Vailly. — Fils de Richard, notaire au Châtelet; avocat du roi en Cour des aides et chancelier de Guyenne, 14 mars 1413. Président en lad. Cour, par résignation de feu l'évêque de Limoges, du 14 nov. au 20 déc. 1412. Se désiste en faveur d'Henri de Savoisy, compétiteur de celui-ci, Z¹ᴬ 3, f⁰ 105 ; 5, f⁰ˢ 349 v⁰, 353 v⁰, 366, 396, 448 v⁰, 7 sept. 1405, etc., et X¹ᴬ 59, f⁰ 296, 20 déc. 1412; IV⁰ Président, le 16 août 1413, au lieu d'Henry de Marle fait chancelier (élu 3ᵉ aud. siège, imposé par le roi le 12 août). V. Parlement de Poitiers ; beau-frère du cons. Thibault Thiessart, X¹ᴬ 4787, f⁰ 312 v⁰, 10 mars 1406.

Présidents des Enquêtes, prorogés.

JEAN DE HUBAN. — † ante 26 nov. 1386. Remplacé par Jean de Démeville, ante 7 déc. V. supra.

JACQUES COSSON. — Remplacé par Robert Waguet, entre 17 janv. et 17 fév. 1400.

Présidents promus au cours du règne.

JEAN DE DÉMEVILLE. — Cons. clerc de 1374. Remplace feu Jean de Huban, ante 7 déc. 1386. Contresigne, pour la 1ʳᵉ fois, un Jugé, X¹ᴬ 34, f⁰ 201. † entre 30 juin et 16 nov. 1391, remplacé par Renaud d'Orliens, ante 8 mai 1392. V. supra.

Renaud d'Orliens. — Cons. clerc de 1377. Remplace le précédent, X¹ᴬ 39, f° 60. Remplacé par Jean de Saint-Verain entre 3 avril et 11 mai 1398.

Jean de Saint-Verain. — Cons. clerc de 1372. Remplace le précedent, X¹ᴬ 45, f°ˢ 275 v° et 282 v°. V. Parlement bourg. de 1418.

Robert Waguet. — Cons. clerc de 1381. Remplace Jacques Cosson, entre 17 janv. et 7 fév. 1400, X¹ᴬ 47, f°ˢ 191 et 198. † 26 sept. 1410, X¹ᴬ 4788, f° 582. Remplacé par Guillaume de Villers, 15 nov., et comme conseiller, par Jacques Branlart, 12 déc. 1410.

Guillaume de Villers. — Cons. clerc de 1389. Élu au lieu du précédent, qu'il remplace, 13, 15 nov. 1410. Contresigne les Jugés, comme suppléant de Waguet, dès le 22 août 1402, X¹ᴬ 49, f° 238. V. Parlement de Charles VII à Paris, 1436.

Présidents des Requêtes du Palais.

Loys Pasté. — Cons. lai de 1369. Président *ante* 18 avril 1384. † entre 10 juin 1386 et les vacations de 1387. Remplacé par Jacques de Ruilly, *ante* 15 mai 1388.

Jacques de Ruilly. — Cons. lai de fév. 1388. Remplace le précédent. IVᵉ Président de la Cour en 1403. Remplacé par Jean du Drac, qui suit.

Jean du Drac. — Cons. lai de fév. 1385. Remplace le précédent, 26 mai 1403. IVᵉ Président de la Cour en 1411. Remplacé par le suivant.

Jean de Quatremares. — Cons. clerc 1386. Remplace le précédent, avril 1411. V. Parlement bourguignon de 1418.

Conseillers prorogés. (Pas de lettres de confirmation. Rôle reconstitué d'après les registres du Parlement.)

Clercs. — Jean Hardi. — Com. 27 fév., 30 août 1382, X¹ᴬ 30, f°ˢ 252, 306 v°.

Gérard d'Ambonnay. — † *ante* 12 juin 1387, X¹ᴬ 1473, f° 355. Exécution de son testament. V. *supra*, Charles V.

Philippe de Moulins. — Com. 19 nov. 1382, X¹ᴬ 32, f° 101.

Pierre Robert. — *Nuper defunctus*, 3 fév. 1397, X¹ᴬ 44, f° 15.

Guillaume d'Aunoy (?). — V. *supra*.

Jean de Pacy. — † *ante* 25 juin 1386. Exécution de son testament, X¹ᴬ 1473, f° 136 v°.

Pierre Huré. — Renonce à une exécution de testament, 8 mars 1387, X¹ᴬ 1473, f° 300.

Arnoul le Flament. — Com. 9 mars 1383, 15 mai 1394, X¹ᴬ 32, f° 25 ; 41, f° 43 v°.

Jean Oviart. — Com. 8 août 1381, X¹ᴬ 30, f° 108.

Ponce de Fresenches. — Com. 17 août 1381, *ibid.*, f° 102 v°.

Pierre de Pacy. — Exécuteur testamentaire de Jean, son frère, 6 juil. 1386, X¹ᴬ 1473, f° 345 v°. V. *supra*.

Guillaume de Bracon. — Compétiteur à la Chanterie de Paris, 25 fév. 1382. † *ante* 15 juil. 1395, X¹ᴬ 30, f° 247 v° ; 42, f° 35. V. X¹ᴬ 31, f° 194, au bas d'un Jugé du 23 déc. 1382, Drach. R. déformation de Bracon.

Pierre Boyleaue. — Com. 8 mars 1381, 13 mai 1388, X¹ᴬ 30, f° 47 ; 35, f° 229.

Bertrand de Thierne. — Com. 9 fév. 1381. Chanoine de Paris, 19 déc. 1388, X¹ᴬ 30, f° 43 ; 37, f° 5 v°.

Thomas de Trie. — Com. sept. 1381, X¹ᴬ 30, f° 110 v°, etc.

Lais. — Rôle reconstitué d'après celui de la Tournelle (X²ᴬ 10, 3 févr. 1380 et divers).

Jean de Maisonconte. — Com. 20 déc. 1380, X¹ᴬ 30, f° 23.

Philippe Mainsard. — † entre 3 juin 1392 et 16 janv. 1393, X¹ᴬ 40, f° 16.

Jean, sire de Folleville. — Préside la Cour le 1ᵉʳ juil. 1381. V. *supra*.

Thomas Vanin. — Com. 17 août 1381. † *ante* 12 fév. 1386, X¹ᴬ 30, f° 112 v° ; 33, f° 207 v°.

Jean de Villaines. — Lieu vacant par décès, 3 mars 1396.

Jean de Montagu. — Com. 2 déc. 1381. X¹ᴬ 30, f° 225 v°.

Raoul de Vausseillon. — Obsèques 16 fév. 1381, X¹ᴬ 1471, f° 437.

Adam Chanteprime. — Présent au Conseil du 15 fév. à fin sept. 1381, X¹ᴬ 1471, f° 527 seq. Disparu de nov. 1381 à 1383. (Lacune du Conseil.)

Symon Foison. — IVᵉ Président, 12 déc. 1388. V. *supra*.

Jean d'Arcies. — Résigne à son fils Pierre, 10 janv. 1407. † 18 janv. Il est dit qu'il a servi la Cour XXXVI ans ou environ (erreur de 10 ans).

Gaucher Vivian. — Com. 4 déc. 1381, X¹ᴬ 30, f° 226 v°.

Jean de Voisines (?). — V. *supra*.

Pierre Chanteprime. — Cf. Rôles de la Tournelle de 1394 et 96. X²ᴬ 12. Disparaît dans l'intervalle.

Imbert de Boisy. — V⁰ Président, 3 juin 1394. V. *supra*.

Jean de Flory. — Com. 8 mars 1384. † *ante* 19 déc. 1391, X¹ᴬ 32, f⁰ 217 ; 39, f⁰ 16 v⁰.

Aubery de Trie. — Com. 17 août 1381, X¹ᴬ 30, f⁰ 112, etc.

Enquêtes. Clercs.

Jean de Huban et Jacques Cosson. — Présidents. V. *supra*.

Pierre d'Espaigny. — Malade, congé de la Cour, 20 mars 1392. Reparait 6 nov., X¹ᴬ 1476, f⁰ˢ 224, 243.

Jacques Sacquespée. — Monte en la Grand Chambre, 29 avril 1389. † 21 avril 1394. V. *supra*.

Renault de Bucy. — Monte en la Grand Chambre, 1ᵉʳ déc. 1402. † 1408. V. *supra*.

Pierre Boschet. — IV⁰ Président, 29 avril 1389. V. *supra*.

Jean Lesleu. — (?) † *ante* 10 août 1384. Exécution de son testament.

Guillaume Martelet. — Com. 17 août 1381, 10 sept. 1384, X¹ᴬ 30, f⁰ 103 v⁰ ; 32, f⁰ 266, etc.

Jean de Saint-Verain. — Présid. des Enquêtes, mai 1398. V. *supra*.

Jean II le Bescot. — *Nuper defunctus*, 30 mai 1383, X¹ᴬ 32, f⁰ 48.

Jean Lespicier. — † entre 14 et 17 janv. 1386, X¹ᴬ 1473, f⁰ˢ 265, 266.

Nicolas de Rancé. — Commis. et Rap. 4 déc. 1381, 6 sept. 1382, 26 sept. 1388, X¹ᴬ 30, f⁰ˢ 226 v⁰, 313 v⁰ ; 34, f⁰ 363.

Nicole Alory. — Com. 2 déc. 1381, etc. X¹ᴬ 30, f⁰ 226 v⁰.

Jean de Démeville. — Président des Enquêtes, déc. 1386.

Le prieur de Saint-Pierre-le-Moustier. — Rap. 15 février 1382, 27 mars 1385, etc.

Jean Chanteprime. — Résigne à Gilles de Clamecy, son neveu, 31 juil. 1406.

Jean de Dormans. — Procès pour le paiement de ses gages, 16 octobre 1380.

Robert d'Acquigny. — † *ante* 4 avril 1404. Élection aud. siège, 24 avril.

Regnault d'Orliens. — Présid. des Enquêtes, mai 1392.

Guillaume Lirois. — † *ante* 13 sept. 1401. Élection aud. siège.

Étienne de Givry. — Évêque de Troyes en 1395. Remplacé en la Grand Chambre par Guillaume de Gandiac, et celui-ci aux Enquêtes par Pierre de Gaillouel, 12 nov. 1395.

Pierre Fresnel. — Com. et Rap. 17 nov. 1380, 15 fév. 1382,

27 mars 1385, etc., X¹ᴬ 30, f° 5 et *passim*. Évêque de Meaux, etc. V. *supra*.

Lais (d'après X²ᴬ 10 et divers, *ut supra*).

Nicolas Florent. — Com. 17 août 1381, X¹ᴬ 30, f° 107 v°, etc.

Jean d'Artois. — † *ante* 2 avril 1385, X¹ᴬ 1473, f° 103.

Jean Curiat. — Incarcéré à la Conciergerie. V. *supra*, X²ᴬ 10, f° 137, 16 janv. 1382.

Jean de Dicy. — Com. 29 mai 1381. † *ante* 30 nov. 1400, X¹ᴬ 30, f° 172 v°; 48, f° 112 v°.

Jacques Bouju. — † durant les vacations de 1404. V. *supra*.

Regnault de Sens. — Déporté en 1384-85. Réintégré, 11 juil. 1408. V. *supra*.

Philippe Bonne. — Déporté de sa requête de réintégration et remplacé *ante* 29 mai 1389. V. *supra*.

Hébert Lescripvain. — Résigne. Remplacé par Guillaume Leduc, 28 mars 1414. V. *supra*.

Jean Allegrin. — Toujours conseiller, 15 fév. 1384, X¹ᴬ 1472, f° 37 v°. † *ante* 1394. Rôles de la Tournelle, X²ᴬ 12. Cf. X¹ᴬ 56, f° 327, 12 janv. 1409.

Regnault du Mont Saint-Éloy. — V. Parlement bourg. de 1418.

Gaillart-Petitsayne. — V. Parlement bourg. Éloigné comme Bourguignon le 28 avril 1417, X¹ᴬ 62, f° 57. Lettres de sauvegarde.

Jean de Grégy. — Obsèques 3 mai 1384, X¹ᴬ 1472, f° 48 v°.

Robert Broisset. — Toujours cons. 4 déc. 1408, X¹ᴬ 56, f° 17. Rap. 22 déc. 1380, X¹ᴬ 1471, f° 523.

Guillaume de Courval. — Toujours cons. 10 avril 1381. † *ante* 1414. V. *supra*.

Guillaume Porel. — Remplacé par Pierre Drouart, *ante* 12 nov. 1398. Cf. Rôles de la Tournelle de 1394 à 98, X²ᴬ 12.

Michel Cuerron. — Rap. 10 fév. 1386, X¹ᴬ, 34, f° 128.

Geoffroy Paumier. — Com. 6 juil., 24 août 1386, X¹ᴬ 33, f°ˢ 241 v°, 250.

Requêtes du Palais (d'après X²ᴬ 10 et divers).

Loys Pasté — Président en 1384. V. *supra*.

Thomas le Cousturier. — † *ante* 15 nov. 1389.

Thomas Brochard.

Foulques Labbé. — Com. 13 mai 1381.

Jean d'Aillenval. — Com. 1ᵉʳ fév. 1388, X¹ᴬ 34, f° 307.

Conseillers promus au cours du règne ou réintégrés.

1380 **Jean Ier de Longueil.** — Rap. 1er déc. 1380. Présent au Conseil le 5 oct. Cons. clerc d'après X^{1A} 30, f° 104 v°, 17 août 1381 ; lai, d'après X^{1A} 54, f° 197. Arrêt notable du 4 juillet 1407, où il est dit qu'il a longtemps servi le roi présent et son père, tant en cette Cour qu'en de nombreuses missions. Pourvu, contre Geoffroy de Pérusse, de l'office de Général des aides de Jean Dany fait bailli de Rouen, le 20 juillet 1406. La Cour, par led. arrêt, déclare les deux offices incompatibles et le somme d'opter. Éloigné de la Cour comme Bourguignon, le 30 août 1417. Lettres de sauvegarde, *loc. cit.* V. Parlement bourguignon de 1418, IVe Président. Époux de Jeanne Bouju, Sgr de Varangéville et de Rancher par sa femme. Ms. 7555.

1381 **Jean Gibour.** — Clerc. Citoyen de Reims, X^{1A} 27, f° 165, 17 juil. 1378. Rap. 22 mars 1381. *Mente captus*, d'abord suppléé, dès 1391, puis remplacé par Renaud Rabay *ante* 15 mai 1395, X^{1A} 38, f° 91. Était encore Rap. le 28 mars 1394, 41, f° 344.

Guillaume de Saulz. — Clerc. Lic. *in utroque* du diocèse de Langres (*Prerogativa Parlamenti*, *loc. cit.*), neveu du prévôt de Paris, Hugues Aubriot. Com. 6 juin 1381, X^{1A} 30, f° 82 v°. Incarcéré à la Conciergerie comme Bourguignon, le 17 nov. 1417, X^{1A} 1480, f° 110. V. Parlement bourguignon de 1418.

Robert Waguet. — Clerc. Chanoine d'Arras, X^{1A} 42, f° 3, 22 déc. 1394. Rap. 22 juin 1381, X^{1A} 31, f° 64. Président des Enquêtes, 1400. V. *supra*.

J. ou G. de Boudreville. — Clerc. Com. 17 août. Rap. 23 déc. 1381, X^{1A} 30, f° 120 v°; 31, f° 95 v°. Remplacé le 17 juin 1384 par Pierre Beaublé. V. *infra*. S'oppose, le 21 mai, à la réception de celui-ci, qui a don du roi, vu son absence. Le 1er déc. assurant Henri Mahiu prêtre, n'est plus qualifié cons., X^{1A} 1472, f°s 92 et 194.

1382 **Jean Garitel.** — Clerc. Lic. *in utroque* du diocèse de Bourges (*Prerogativa Parlamenti*). Rap. 7 fév. 1382, X^{1A} 31, f° 204. V. Parlement bourguignon de 1418.

Jean le Cerf. — Clerc. Rap. 7 sept. 1382, 7 juil. 1386, X^{1A} 31, f° 181 ; 1473, f° 215. Disparu. On trouve, au bas d'un Jugé du 16 août 1382 (X^{1A} 31, f° 165), J. Genus. Rap. unique exemple de ce nom. Sans doute déformation de Cervus. La lacune du Conseil, de nov. 1381 à fin sept. 1383, ne permet pas de contrôler sur les rôles de prononciation.

Pierre de Lesclat. — Clerc. Issu de notable lignage et parents nobles. A étudié à Orléans, Bologne et Paris, X¹ᴬ 1479, f° 149, 28 nov. 1390. Reçu aux Enquêtes *ante* nov. 1382. Rap. 23 déc. 83, X¹ᴬ 31, f° 526 v°. Le 28 nov. 1390, dit avoir été promu aux Enquêtes, passé VIII ans, puis reçu en la Grand Chambre. Président en Cour des aides, 19 juil. 1399, puis Maître des Requêtes lai, 13 juin 1402. Déporté dud. office en juin 1412, après être passé au parti des ducs de Berry et d'Orléans. On le retrouve pourtant avec ce titre, le 20 novembre 1413, X¹ᴬ 48, f° 77 v° ; 49, f° 47 v°, etc.

1383 **Jean Chauveron**. — Lai. Chevalier, frère d'Audoin, prévôt de Paris. Com. 9 mars 1383, X¹ᴬ 32, f° 25 v°. Cf. 33, f° 35 v° ; 1473, f° 101 ; 35, f°ˢ 190, 277 v°, etc., 2 mai 1385, 27 août 1386, 9 janv., 8 oct. 1388.

Pierre Lorfèvre. — Avocat céans, 17 mai 1378, 18 mars 1381, X¹ᴬ 1471, f° 42 ; 30, f° 54. Cons. aux Requêtes du Palais le 18 mars 1383, X¹ᴬ 32, f° 125. Cf. f° 243 ; 31, f° 19, 16 juin 1384, 5 fév. 1385. Sans doute le même que l'avocat du roi de 1384 à 95. V. *infra* et le chancelier d'Orléans du 20 oct. 1428, X¹ᴬ 66, f° 54 v°. Époux de Jeanne de Sens, veuve des cons. Jean d'Artois et Jean Day, juil. 1437, X¹ᴬ 69, f° 17 v° et 30.

Jean Accart. — Lai. Avocat céans, 22 août 1368, X¹ᴬ 21, f° 221 v°. Rap. 30 mai 1383, X¹ᴬ 31, f° 220. Monte en la Grand Chambre en 1398, au lieu de feu Guillaume Porel. Cf. X²ᴬ 12. Rôles de la Tournelle de 1396-1398. † et remplacé par Jean Girard, 30 sept. 1411.

1384 **Jean de Bournasel**. — Clerc. Docteur en décret, prieur de Chartres, puis de Saint-Martin des Champs de Paris, exécuteur testamentaire de Pierre, son frère, chevalier, Maître des Requêtes. Cf. X¹ᴬ 8849, f° 170 ; 1471, f° 532 ; 1472, f° 145 ; 1474, f° 332, etc., 20 mars 1376, 13 avril 1384. Com. 1ᵉʳ fév. 1384, X¹ᴬ 32, f° 208 v°. Cf. f° 207 v°, 23 fév. † entre 26 janv. et 5 juillet 1389, X¹ᴬ 37, f°ˢ 13 et 48 v° ; 1475, f° 56.

Jean de Saulx. — Lai, Sgr de Courtinon (Ms. 7555 *bis* qui le fait frère de Philibert, évêque de Châlons, puis d'Amiens en 1419). Rap. 6 avril 1384. Résigne à Guillaume de Besze, 4 juin 1404. Remplacé en la Grand Chambre par Bertrand Quentin. Chancelier de Bourgogne et cons. du duc, 23 déc. 1409, X¹ᴬ 57, f° 191 v°. Reparaît au Parlement bourguignon de 1418 (V. *infra*), puis rentre au Conseil du duc, X¹ᴬ 67, f° 6 v°, 24 mars 1430. Époux de Louise de Ryé. † *ante* 27 juin 1446, X¹ᴬ 75, f° 48.

Jean Boyer ou **Boiier**. — Lai. Sans doute le même que le cons. de 1356, parent et ami charnel de Jean de Bournasel et son exécuteur testamentaire. Rap. 6 avril 1384. † et remplacé, 10 janv. 1410, par Gilles de Clamecy, cons. clerc du 30 juil. 1406.

Jean Blanchet. — Clerc. Secrétaire du roi, 7 août 1380, 5 mars 1381. X^{1A} 29, f° 94 ; 30, f° 45 v°. Rap. 14 avril 1384. Monte en la Grand Chambre le 24 avril 1394, au lieu de feu Jacques Sacquespée. † ante 1404. V. Rôle de la Cour du 12 nov.

Ythier de Martrueil. — Clerc. Archidiacre de Dijon en l'église de Langres, X^{1A} 32, f° 242, 2 juin 1384. Rap. 26 mai 1384, *ibid.*, f°ˢ 227 v°, 246. Maître des Requêtes entre 14 août 1387 et 22 fév. 1388, puis évêque de Poitiers. † entre 10 et 18 août 1403. Testament inclus du 10 août rédigé par Junien Lefèvre, notaire à Poitiers, sans doute père du futur Président du Parlement de Poitiers, X^{1A} 35, f° 200 ; 39, f° 58, 4 mai 1392 ; 50, f° 52 v°.

Pierre Beaublé. — Clerc. Archidiacre d'Authe en l'église d'Évreux, par résignation du greffier Nicolas de Villemer fait chantre de Paris ; *legum professor*, X^{1A} 1476, f° 12, 4 déc. 1391. Substitué le 17 juin 1384, à G. de Boudreville, absent, à charge de se désister, au cas du retour de celui-ci, avant la Saint-Martin, X^{1A} 1472, f° 92. Commissaire du Parlement à Amiens en 1392, Amiens, CC. 7, f° 40 v°. † ante 1404. V. Rôle de la Cour du 12 nov. Cf. X^{1A} 41, f° 41, 25 mai 1394.

Guy de Chamborel. — Clerc. Rap. 10 sept. 1384. X^{1A} 32, f° 205. † ante 1404, *ut supra*.

Pierre de Reilhac. — Clerc. Avocat céans, conseil de l'abbé de Marmoutiers, 6 août 1371, puis avocat du roi céans, 21 mars 1373, X^{1A} 22, f° 274 ; 23, f° 30. Reçu cons. ante 12 nov. 1384. Rap. 14 août 1386. Cf. X^{1A} 1473, f° 228, et 34, f° 175 v°. Exèques, 10 juil. 1402, à Saint-Marcel. Remplacé par Aimery de Maignac ou Jean de Nanterre, 1403.

1385 **Philippe de Boisgilloud.** — Clerc. Rap. 21 janv. 1385. Maître des Comptes en 1410. Remplacé par Philippe de Ruilly, 13 août. † évêque de Chartres en 1418, X^{1A} 98, f° 206, 9 juil.

Jean du Drac. — Lai. Com. 21 mars 1385. Rap. 19 fév. 1390, X^{1A}, 33, f° 26 ; 36, f° 134 v°. Président des Requêtes, 26 mai 1403 ; de la Cour, 1ᵉʳ avril 1411. Remplacé comme cons. par Jean II Luilier, 28 mai 1403.

Hue de Manhac. — Clerc. Prieur de Saint-Germain. Cf. X^{1A} 1472, f° 369 v°, et 34, f° 62, 10 juin 1385, parent ou neveu de l'évêque de Paris, Aimery de Maignac, *Gall. Christ.*, VII, col. 138. Rap. 29 mars 1385, X^{1A} 34, f°^{s} 37 v°, 62. Évêque de Saint-Flour *nuper electus*, 2 mai 1397, X^{1A} 44, f° 47 v°. † évêque de Limoges, *ante* 20 déc. 1412, X^{1A} 59, f° 299.

Pierre Lefèvre. — Lai. Rap. 10 juin 1385, X^{1A} 34, f° 62. IV° Président, 20 mars 1413. Remplacé par Robert Hoël, 1413 (?).

Nicolas d'Orgemont. — Clerc. Doyen de Saint-Martin de Tours, archidiacre d'Amiens, le célèbre Boiteux. V. Mirot, Com. 11 juillet 1385, jamais Rap. N'a rempli en 24 ans que de rares commissions, bien que régulièrement présent au Conseil. Fait très rare. Cf. X^{1A} 33, f° 51; 38, f° 33, 14 fév. 1391, etc. Maître des Comptes en 1409. Remplacé par Jean Vivian, 11 déc. 1409.

1386   **J. Navarrois.** — Rap. 24 mars 1386, X^{1A} 34, f° 133 v°.

Jean Day ou Dailly. — Secrétaire du roi. Rap. 24 mars 1386, *ibid.* † et remplacé par Renaud de Sens réintégré, sans doute son beau-frère, 11 juillet 1408. Époux de Jeanne de Sens, veuve 1413. Amiens, CC. 15, f° 17, sans doute la veuve de Jean d'Artois qui épousa ensuite Pierre Lorfèvre. Ne pas confondre avec Jean Ier Day, avocat et cons. du roy céans, 31 mars 1395, † 26 juil., et Jean II Day, avocat et cons. du roi, 20 août 1375, 12 juin 1376, † *ante* 14 mars 1377. V. *infra*. Avocats du roi.

Denis de Pacy. — Clerc. Frère des cons. Jean et Pierre (X^{1A} 22, f° 30; 33, f° 237 v°), 5 août 1370, 18 juin 1386. A cette date, il est déjà qualifié cons. du roi. Rap. 7 mars 1388, X^{1A} 34, f° 319 v°. Exèques, 14 août 1415.

Jean de Quatremares. — Clerc. Rap. 24 nov. 1386. X^{1A} 34, f° 196 v°. Président des Requêtes du Palais en 1411. Remplacé par Jean de Laigny, 24 avril 1411, et en la Grand Chambre par Thibault Thiessart. V. Parlement bourguignon de 1418.

1387   **Jean André ou Andrieu.** — Clerc. Lic. en lois, bach. en décret du diocèse de Clermont (*Prerogativa Parlamenti*), de *nobili genere* parent de la femme du chancelier Pierre de Giac, X^{1A} 39, f° 354 v°, 23 août 1392. Rap. 1er mars 1387, X^{1A} 34, f° 228. *Pluraque nostra et alia officia rexerat*, *ibid*. Mission en Écosse, en 1404. Amiens, CC. 12, f° 60 v°, février. Disparu en 1418.

Jean Porchier. — Lai. Fils d'Étienne, sergent d'armes, maître des garnisons de vin du roi, et d'Agnès, riche marchande de sel; beau-frère par alliance du greffier criminel, Jean du Bois; frère germain de Dreux, notaire et secrétaire du roi, X¹ᴬ 60, f° 155 v°, 14 juil. 1414. Qualifié cons. le 19 mars. Rap. 27 avril 1387. Permute, après élection de la Cour, avec Jean la Vieille des Requêtes du Palais, X¹ᴬ 34, f° 247 v°; 35, f° 24; 1475, f° 340. V. Parlement bourguignon de 1418. Poursuit encore un procès 7 sept. 1425, X¹ᴬ 64, f° 265, arrêt.

Jean de Germonville. — Clerc. Avocat céans, 30 juin 1374, X¹ᴬ 23, f° 330. Com. 22 mars 1387, X¹ᴬ 35, f° 22. Encore cité comme cons. avant Renaud d'Orliens, le 10 juil. 1392, X¹ᴬ 39, f° 97 v°.

Jacques de Ruilly. — Lai. Avocat céans (congés de la Cour, 17 mai 1378, 13 fév. 1385), bailli du comté de Montfort pour le duc de Bretagne, lettres du 27 déc. 1381. Com. 23 fév. 1388, X¹ᴬ 1471, f° 42; 1472, f° 224; 35, f° 203 v°; 37, f° 128, 14 avril 1389. Délégué comme Réformateur général du royaume, avec Robert Cordelier, Maître des Requêtes, et Pierre Blanchet, secrétaire du roi, en 1394, X¹ᴬ 1477, f° 409 v°. Cf. 35, f° 332, 15 mai 1388. Présid. des Requêtes du Palais à cette date; IVᵉ de la Cour, 26 mai 1403. V. *supra*.

1388 **Bertrand Quentin.** — Lai. Beau-frère par alliance des cons. Simon de Nanterre, Jean Accart, Philippe le Besgue, X¹ᴬ 56, f° 154, 27 août 1409. Rap. 2 mai 1388, X¹ᴬ 34, f° 335 v°. Disparu en 1418. Époux de Colette le Besgue, X¹ᴬ 65, f° 117, 14 août 1426.

Pierre Baudusson, alias Buffière. — Lai. Gendre du président Henry de Marle. Rap. 2 mai 1388. Cf. 2 avril 1395, X¹ᴬ 34, f° 338; 42, f° 14 v°. Appelé en la Grand Chambre par mandement royal, 19 juin 1404, X¹ᴬ 1478, f° 160. Disparu en 1418. V. lettres signées de lui du 12 janv. 1418, X¹ᴬ 63, f° 3. Époux de Jacqueline de Marle.

Guillaume de Celsoy. — Lai. Rap. 23 juin 1388, X¹ᴬ 34, f° 344 v°. Monte en la Grand Chambre au siège de feu Jacques Bouju, 15 nov. 1404. Le 18 juin, il protestait contre la préférence donnée à Pierre Buffière, se disant reçu avant lui. Éloigné comme Bourguignon le 28 août 1417, *loc. cit.* V. Parlement bourg. de 1418.

Nicolas Damoisel. — Clerc. Rap. 1ᵉʳ juil. 1388, X¹ᴬ 34, f° 357. † *ante* 2 août 1398, X¹ᴬ 45, f° 187.

G. d'Estouteville. — Clerc. Rap. 1ᵉʳ août 1388, X¹ᴬ 34, f° 327 v°. Remplacé avant 1404. V. Rôle de la Cour. † évêque de Lisieux, X¹ᴬ 65, f° 2, 22 nov. 1425.

Philippe ou Jacques Dupuis. — Clerc. Rap. 22 août 1388, X¹ᴬ 34, f° 363. Cf. 40, f° 55 v°, 9 mai 1393. Disparu en 1418. Sans doute le même que le Jacques Dupuis de la délibération du 6 mai 1391, *loc. cit.* V. Jean Porchier.

Hélie de Chénac. — Clerc, *douteux*. Doyen de Beauvais, prieur de Saint-Jean hors les murs de la Rochelle, qualifié *consiliarius noster*, 29 août 1388, X¹ᴬ 35, f⁰ 356, unique mention. Jamais Rap. ni Com. Présent au Conseil le 13 juin 1387, seq.

Guillaume de Gandiac. — Clerc. Docteur *in utroque*, doyen d'Évreux, où il succède à Robert d'Acquigny, et de Saint-Germain-l'Auxerrois, 7 sept. 1392, 28 fév. 1402, X¹ᴬ 58, f⁰ 190, 23 déc. 1409; 1476, f⁰ 242 v⁰; 39, f⁰ 358. Rap. 23 déc. 1388, X¹ᴬ 1474, f⁰ 339 v⁰. † 5 mai 1414. Remplacé par Barthélemy Hamelin aux Enquêtes et Guillaume de Marle en la Grand Chambre, où il a remplacé lui-même Étienne de Givry fait évêque de Troyes, 12 nov. 1395.

1389 **Nicole de Biencourt.** — Lai. Rap. 27 mars 1389. Monte en la Grand Chambre en 1396, au lieu de feu Pierre Chanteprime, X²ᴬ 12. Cf. Rôles de la Tournelle de 1394 et 96. † et remplacé par Jean de Saint-Romain, 23 mai 1414.

Guillaume de Villers. — Clerc. Lic. en lois du diocèse de Troyes (*Prerogativa Parlamenti*). Rap. 8 avril 1389. Président des Enquêtes, 15 nov. 1410. V. *supra* et Parlement de Charles VII à Paris en 1436.

André Marchand. — Lai. Rap. 8 mai 1389. Élu, en Grand Conseil, Prévôt de Paris le 22 sept. 1413 et remplacé par Henry de Marle. V. Parlement de Poitiers, 1433.

Robert de Dours. — Clerc. Docteur en décret. Rap. 22 mai 1389, X¹ᴬ 1474, f⁰ 353. Encore cons. le 11 déc. 1395, X¹ᴬ 43, f⁰ 6 v⁰. Disparu *ante* 1404.

Quentin de Moy. — Lic. en lois, d'une famille noble de Picardie. Le ms. 7555 le fait recevoir cons. clerc en 1381. Le 29 mai 1389, il passe au siège lai de Philippe Bonne, cédant son office clerc à Pierre de Oger, X¹ᴬ 1474, *loc. cit.* † en 1397. Le 12 nov., on le trouve remplacé par Guillaume de Séris, X²ᴬ 12, Rôle de la Tournelle, lui-même translaté d'office clerc en lai.

Pierre de Oger ou Dogier. — Clerc. Lic. *in utroque* du diocèse de Senlis (*Prerogativa Parlamenti*), chantre de Senlis, 19 déc. 1388; chanoine de Paris, 17 sept. 1392; d'Arras, 22 déc. 1394, X¹ᴬ 42, f⁰ 3; 49, f⁰ 51; 53, f⁰ 99, etc. Substitué en l'office clerc du précédent, avant le 29 mai 1389, car on le trouve déjà pourvu d'une commission, le 19 déc. 1388, X¹ᴬ 37, fᵒ 5 vᵒ. V. Parlement de Poitiers.

Robert de Maule. — Lai, clerc marié. Cons. des Requêtes du Palais. Suspendu le 14 août 1389 et réintégré le 29 mai suivant, X¹ᴬ 1474, fᵒ 353 vᵒ; 1475, fᵒ 126. Depuis 1369, on le voit poursuivi sur imputation du meurtre de Jean Boutdumonde, avocat du roi à Mante, X¹ᴬ 22, fᵒ 11 vᵒ; 26, fᵒ 37, 27 janv. 1370, 31 juil. 1377, etc. Date de réception inconnue.

Guillaume de Cantiers. — Clerc. Rap. 22 déc. 1389. Encore cons. le 9 avril 1392, X¹ᴬ 39, fᵒ 50 vᵒ. Évêque d'Évreux en 1400. Ms. 7554. Cf. X¹ᴬ 1478, fᵒˢ 150 seq., et 4785, fᵒ 308, 24 fév. 1402.

Pierre d'Aunoy. — Clerc. Trésorier de l'église de Laon, 10 juin 1401, X¹ᴬ 48, fᵒ 197. (Toujours désigné sans prénom, pour le distinguer du suivant, jusqu'au 28 avril 1397, X¹ᴬ 44, fᵒ 350 vᵒ.) Rap. 22 déc. 1389. Monte en la Grand Chambre, au lieu de Germain Paillard, fait évêque de Luçon, 2 avril 1408. † ante 11 mars 1411. Exécution de son testament, X¹ᴬ 1479, fᵒ 152.

Thomas d'Aunoy. — Clerc. Trésorier sur le fait de la justice. Ms. 7554. Rap. 23 déc. 1389, X¹ᴬ 36, fᵒ 106 vᵒ. Maître des Comptes en 1413. Remplacé en la Grand Chambre par Jean Mengin et celui-ci aux Enquêtes par Julien Hue, 13 nov.

1390 **Symon de Nanterre.** — Lai. Beau-frère par alliance du cons. Bertrand Quentin. V. *supra*. Rap. 15 janv. 1390, X¹ᴬ 36, fᵒ 122 vᵒ. IVᵉ Président, 20 nov. 1409. Remplacé comme cons. par Jean de la Marche

Ysembart Martel. — Clerc. Rap. 5 mars 1390, X¹ᴬ 36, fᵒ 138. Cf. 40, fᵒ 96, 28 août 1393. Disparu avant 1404. V. Rôle de la Cour.

Robert Mauger — Lai. Rap. 23 juin 1390, X¹ᴬ 36, fᵒ 176. Vᵉ Président, 27 avril 1407. V. *supra*.

Bernard de Chevenon. — Clerc. Rap. 23 juin 1390, X¹ᴬ 36, fᵒ 174. Évêque de Saintes, puis d'Amiens 1412, de Beauvais 1415. V. nos Documents, t. II, p. 84, et Z¹ᴬ 6, fᵒˢ 108 vᵒ, 164, 22 nov. 1415, 14 mars 1416.

Thibault Thiessart. — Lai. Beau-frère du futur Président Jean de Vailly. Rap. 6 août 1390, X¹ᴬ 36, fᵒ 205. Voir Parlement bourg. 1421.

Jean la Vieille. — Cons. des Requêtes du Palais. Com. 19 fév. 391. Permute, le 6 mai, avec Jean Porchier des Enquêtes, X¹ᴬ

38, f° 37, et 1475, f° 340. Époux de Marguerite de Dormans. † entre 12 nov. 1398 (Rôle de la Tournelle, X²ᴬ 12) et 16 fév. 1400, X¹ᴬ 47, f° 97. Cf. 48, f° 163 v°, 5 fév. 1401. Exécution de son testament.

Renaud Rabay. — Clerc. Lic. en lois du diocèse de Reims (*Prerogativa Parlamenti*). Archidiacre de Gâtinais en l'église de Sens, X¹ᴬ 1479, f° 164 v°, 1ᵉʳ juil. 1411. Com. 7 mai 1391, X¹ᴬ 38, f° 91. Supplée Jean Gibour, *mente captus*. Monte en la Grand Chambre au siège de Jean Chanteprime, 31 juil. 1406, malgré Germain Paillart, qui se dit plus ancien *ordinaire*.

Andry Courtois. — Cons. des Requêtes du Palais, présent à la délibération du 6 mai 1391, X¹ᴬ 1475, f° 340. Encore cons. le 17 août 1393.

Jean Caudel. — Cons. des Requêtes du Palais, présent à la délibération du 6 mai 1391, *ibid.* V. *infra* Gautier Jayet, 1424. Encore cons. le 31 mai 1411, X¹ᴬ 58, f° 174 v°.

Simon Gudin. — Cons. des Requêtes du Palais, présent à la délibération du 6 mai 1391, *ibid.* V. Parlement bourg. de 1418.

Guillaume Culdoe. — Clerc. D'une famille de marchands de Paris. Cf. JJ. 90, n° 570, juil. 1360, et X¹ᴬ 17, f° 9, 14 mars 1361. Charles Culdoe, filleul du régent Charles, fils de Jean Culdoe, prévôt des marchands. Com. 17 juin 1391. Rap. 3 août 1392, X¹ᴬ 39, f°ˢ 114, 349, et 40, f° 360, 28 juin 1393. † entre 13 janv. (Rap.) et 5 août 1394. Élection pour son remplacement, X¹ᴬ 41, f° 316 v°, et 1477, f° 421. Dut être remplacé par Charles de Vaudetar, Iᵉʳ Rap. clerc après e 5 août.

1392 **Guillaume II de Séris.** — 2ᵉ fils du Iᵉʳ Prés., feu Guillaume Iᵉʳ, X¹ᴬ 23, f° 317, 29 avril 1374. Cons. clerc. Rap. 16 mars 1392. Passe au siège laï de feu Quentin de Moy, *ante* 12 nov. 1397, X²ᴬ 12 (Rôle de la Tournelle). En compétition avec Oudard Gencian, pour le siège de Jean Accart en la Grand Chambre, 30 sept. 1411. Écarté comme Bourguignon, 28 août 1417. V. Parlement bourg. de 1418.

Pierre de Villemerroit. — Clerc. Rap. 10 avril 1392. Ne figure plus au rôle de 1404, bien que son nom se retrouve comme Rap. au bas d'un Jugé du 10 janv. 1405, qui a pu être arrêté et prononcé après sa mort. Cf. X¹ᴬ 1478, f° 191, et 52, f° 316 v°.

Jean ou Guillaume de Vitry. — Clerc. Lic. en lois de Paris (*Prerogativa Parlamenti*), archidiacre de Puisaye et chanoine d'Auxerre,

X¹ᴬ 46, f° 244, 4 août 1399. Rap. 31 mai 1392. Massacré le 12 juin 1418 par les Bourguignons. *Bourgeois de Paris*, p. 98.

Gauthier Ponce. — Clerc. Lic. in utroque de Morino (*Prerogativa Parlamenti*). Rap. 23 déc. 1392, X¹ᴬ 40, f° 292 v°. V. Parlement bourg. de 1418.

393   **Renaud d'Amiens.** — Clerc. Rap. 1ᵉʳ fév. 1393, X¹ᴬ 40, f° 307. † en 1402. Remplacé en la Grand Chambre par Renaud de Bucy; aux Enquêtes par Guillaume de Gy, 1ᵉʳ déc.

Mahieu Canu. — Clerc, Prêtre de Rouen. Lic. in utroque et Maître ès ars (*Prerogativa Parlamenti*). Rap. 15 mars 1393, X¹ᴬ 40, f° 321. V. Parlement bourg. de 1418 et de Poitiers 1420.

394   **Jean Mengin.** — Clerc. Lic. en lois du diocèse de Bourges (*Prerogativa Parlamenti*). Rap. 11 mars 1394. Monte en la Grand Chambre, 12 nov. 1403, au siège de Thomas d'Aunoy. V. Parlement bourg. de 1418.

Pierre de Champdivers. — Clerc. D'une famille de Bourgogne. Cf. Amiens, CC. 17, f° 101 v°, fév. 1419. Reçu cons. le 24 avril 1394, au lieu de feu Jacques Sacquespée. Rap. 27 mars 95. † ante 27 août 1396. Exécution de son testament, X¹ᴬ 4784, f° 166 v°.

Oudard Gencian. — Lai. Avocat céans, fils de feu Jean, général des Monnaies, et de Jeanne Blanchet, X¹ᴬ 40, f°ˢ 34, 63 v°, et 59, f° 58, 11 mars, 17 juin 1393, 2 août 1412. Rap. 22 août 1394. En compétition avec Guillaume II de Séris pour le siège de Jean Accart en la Grand Chambre, 30 sept. 1411. Massacré en juin 1418, avec son frère Benoît Gencian, JJ. 175, n° 53, 21 déc. 1431.

Charles de Vaudetar. — Clerc. Lic. en lois du diocèse de Paris (*Prerogativa Parlamenti*), fils de Jean, Sgr de Pouilly-le-fort, valet de chambre du roi, et de Pernette de Landes. Rap. 23 déc. 1394, X¹ᴬ 42, f° 171. Dut remplacer Guillaume Culdoe. Monte en la Grand Chambre au siège de Robert d'Acquigny, 11 avril 1404. V. Parlement de Poitiers. Cf. X¹ᴬ 66, f° 44, 27 sept. 1428. Curieux procès soutenu par Pierre et Denise de Vaudetar (veuve Martin Darien) détenteurs de ses biens, durant son absence, contre Robert Buc, écuyer, gratifié par Henri VI de tout son revenu. Renvoi, des Requêtes du Palais, à des commissaires, « parce que les défendeurs sont proches parents de la Chambre entière ».

395   **Pierre Gorres.** — Clerc. Rap. 8 fév. 1395, X¹ᴬ 1476, f° 601. Encore Rap. en 1397, X¹ᴬ 44, f° 282 v°. Disparu en 1404. V. Rôle de la Cour.

MAUGIS. — *Parlement de Paris.*   4

Pierre de Gaillouel. — Clerc. Reçu le 12 nov. 1395, au siège d'Étienne de Givry fait évêque de Troyes. Disparu en 1404. V. Rôle de la Cour.

[Oudart] Baillet. — Lai. (Le prénom ne paraît que dans X^{2A} 12 et X^{1A} 44, f° 226, 12 et 25 nov. 1396, pour le distinguer de Jean qui suit.) Rap. 28 juin 1396, X^{1A} 43, f° 338 v° et 353 v°, 14 août. Dut remplacer Jean de Villaines, siège vacant le 3 mars, ou feu Pierre Chanteprime (X^{2A} 12. Rôle de la Tournelle). Disparu en 1418.

Guillaume Chanteprime. — Lai. Rap. 15 juil. 1396, X^{1A} 43, f° 343. Dut remplacer Jean de Villaines, siège vacant le 3 mars, ou feu Pierre Chanteprime. Cf. X^{2A} 12, 1398. Maître des Requêtes en 1408 et 1409, X^{1A} 1479, f°s 49 v°, 93 v°. Rôles de la Cour. Les Maîtres des Requêtes manquent au rôle de 1404.

Germain [Paillart]. — Clerc. Fils aîné du feu Président Philibert. (Ne signe les Jugés que de son prénom Germanus), doyen de Lisieux. Cf. X^{1A} 1478, f° 5 v°, et 48, f° 251 v°, 11 déc. 1400. Rap. 9 déc. 1396, X^{1A} 44, f° 237 v°. Le 31 juil. 1406, conteste à R. Rabay le siège de J. Chanteprime en la Grand Chambre. Évêque de Luçon, 8 avril 1408. Remplacé par Nicolas Potin, 2 avril. † *ante* 14 mars 1430, X^{1A} 67, f°s 4 seq.

1397 **Jacques du Gard.** — Lai. Fils de Jean, sieur de Fresneville, bourgeois et maire d'Amiens. Cons. des Requêtes du Palais en janv. 1397. Passe aux Enquêtes au lieu de feu Jean de Dicy, en août 1400. Rap. 18 août, X^{1A} 47, f° 318. Monte en la Grand Chambre en 1414, après Jean Luilier. V. *infra*. Commis, le 3 oct. 1415, avec Jean Mauloue, Oudard Gencian et Baillet, à la sûreté de la ville. Maître des Requêtes vers 1417. Ms. 7554. Disparu en 1418.

Henry de Savoisy. — Clerc. Doyen de Langres et de Saint-Quentin, X^{1A} 59, f° 296, 16 déc. 1412, fils d'Eude, chevalier, et de Marguerite de Dongneux, Ms. 7555 *bis*. Rap. 12 mars 1397, X^{1A} 44, f° 304 v°. (Le texte porte par erreur 1396. Cf. Rôle des prononciations dud. jour au Conseil.) Monte en la Grand Chambre, au lieu de Nicole d'Orgemont, 11 déc. 1409. Maître des Requêtes *ante* fév. 1412 et remplacé en la Cour par Jacques de la Marche, 12 déc. 1410. Président en la Cour des aides, 22 déc. 1412. V. *supra* Jean de Vailly, président. Archevêque de Sens. *Gall. Christ.*, II, col. 82.

J[ean] Baillet. — Le Ms. 7554 l'ignore, le confondant sans doute avec Oudart, malgré l'initiale du prénom. Rap. 8 juin 1397, X^{1A} 44, f°s 322, 339 v°, 30 juin, etc.

1398 **Mahieu du Bos.** — Clerc. Prêtre de Rouen. Lic. *in utroque* (*Prerogativa Parlamenti*), neveu de l'ex-cons. Nicolas, évêque de Bayeux, Fils de Mahieu, sieur de Bretteville. Fut lui-même chanoine et trésorier de Bayeux, Ms. 7554. Rap. 26 janv. 1398, X^{1A} 45, f° 239 v°. Compétiteur de Guillaume Fillastre, doyen de Reims, à la chanoinie de Bayeux de feu Jean de Moraine. Débouté par arrêt. S'oppose. Menacé de suspension, etc., X^{1A} 55, f° 309 ; 4789, f° 515 v° ; 4790, f° 33, etc., 19 déc. 1407, 14 oct. 1413, 20 janv. 1414. Monte en la Grand Chambre au siège de Philippe de Boisgilloud, 13 août 1410. Trésorier sur le fait de la Justice, après Thomas d'Aunoy. Cumule. Ms. 7554. Disparu en 1418.

Pierre Drouart. — Lai. Rap. 15 juin 1398, X^{1A} 45, f° 299 v°. Compétiteur au siège de Jean de Villaines, en 1396. N'y fut certainement pas reçu. Ne paraît sur aucun rôle de la Cour ou de la Tournelle avant 1398. † et remplacé par Jean Gencian, 23 sept. 1411.

Jean Mauloue. — Clerc. Lic. en lois, bach. en décret du diocèse de Paris (*Prerogativa Parlamenti*). Rap. 3 août 1398, X^{1A} 45, f° 316 v°. V. Parlement de Poitiers, puis de Charles VII à Paris.

1400 **Philippe le Besgue.** — Clerc. Chanoine de Soissons, 27 juin 1416, X^{1A} 61, f° 124, frère de Jean, secrétaire du roi, greffier des comptes ; beau-frère par alliance des cons. Jean Accart et Bertrand Quentin, X^{1A} 56, f° 154 ; 63, f° 165 v° ; 65, f° 118 v°, 14 août 1420 et 1426. Reçu, en 1400, aux Requêtes du Palais. (Le 20 mars 1422, il déclare être de lad. Chambre depuis 22 ans), X^{1A} 1480, f° 250. Éloigné comme Bourguignon, en 1417. V. Parlement bourg. de 1418.

Guillaume le Clerc. — Lai. Sieur de la Motte, fils de Jean, sieur de Saint-Sauveur en Puisaye, et de Marie de Cran. (Ms. 7554 qui le confond avec Jean le Clerc, chancelier d'Henri VI, peut-être son frère.) Rap. 21 fév. 1400, X^{1A} 46, f° 208 v° seq. Maître des Comptes en 1410, et remplacé par Robert Piédefer. Le Ms. 7554 le fait M^e des Requêtes en 1412. † *ante* 18 juil. 1422, X^{1A} 63, f° 339.

Nicolas Fraillon. — Clerc. Docteur *in utroque*, chanoine de Paris, 26 mars 1408. Rap. 20 mars 1400, X^{1A} 47, f° 228 v°. Maître des Requêtes, 21 nov. 1412, et remplacé par Adam de Cambray, 28 nov., bien qu'ayant résigné en faveur de Guillaume Caroble écarté comme lai. V. nombreux arrêts rendus au profit d'un homonyme, marchand drapier de Paray-le-Monial, sans doute son père, X^{1A} 23, f°^{s} 108 v° seq. ; 24, f° 194 ; 25, f° 157, 8 et 29 janv. 1373, 31 août 1375, 16 août 1376, etc.

Rémon de Pérusse. — Clerc. Lic. en décret, bach. en lois, sous-diacre de Limoges, *de nobili genere* (*Prerogativa Parlamenti*). Rap. 20 mars 1400, X¹ᴬ 47, f⁰ 230 v⁰. Disparu entre 1408 et 1413. V. Rôles de la Cour. Sans doute l'un des trois clercs des Enquêtes morts le 26 sept. 1410 et remplacés le 12 déc., X¹ᴬ 4788, f⁰ 582.

Jean Charreton. — Clerc. Prêtre, docteur en lois, doyen de Saint-Germain-l'Auxerrois, X¹ᴬ 60, f⁰ 265 v⁰, 4 fév. 1415. Rap. 3 avril 1400, X¹ᴬ 47, f⁰ 249 v⁰, et 48, f⁰ 237 v⁰. Écarté en juin 1418. † entre 1ᵉʳ oct. 1418 et 3 janv. 1419, *nuper defunctus*, X¹ᴬ 63, f⁰ˢ 75 et 80 v⁰.

Barthélemy du Fossé. — Clerc. Rap. 3 avril 1400, X¹ᴬ 47, f⁰ 242. Disparu entre 1404 et 1408. V. Rôles de la Cour.

Geoffroy de Pompadour. — Clerc. D'une vieille famille de Limousin, 2ᵉ fils de Renoul Élie et de Constance de la Marche. Archidiacre de Tours, 9 déc. 1402, X¹ᴬ 50, f⁰ 81 v⁰ (arrêt d'adjudication dud. office de feu Geoffroy de Brézé, contre Rémond de Pérusse). Rap. 11 déc. 1400, X¹ᴬ 48, f⁰ 255 v⁰. Élu évêque de Saint-Pons et remplacé par Guillaume Guérin, 24 avril 1409.

Jean Luilier. — Clerc. Neveu d'Eustache de Laitre, chancelier bourguignon de 1418. Arch. d'Amiens, BB. I. f⁰ 85, 22 avril 1400. Rap. 11 déc. 1400, X¹ᴬ 48, f⁰ 254 v⁰. (Le 30 mars 1414, il est préféré à Jacques du Gard, pour monter en la Grand chambre au siège d'Hébert Lescripvain, comme plus ancien aux Enquêtes. Or la mutation de celui-ci est d'août 1400. Passe en office lai au siège de Jean du Drac fait Président des Requêtes, le 28 mars 1403.) Disparu en 1418.

Guillaume de Marle. — Clerc. Doyen de Senlis (*Prerogativa Parlamenti*). Docteur en lois, archidiacre d'Ostrevan au diocèse d'Arras, frère du président Henry de Marle, X¹ᴬ 60, f⁰ 417 v⁰ ; 61, f⁰ 145 ; 4785, f⁰ 381, 7 déc. 1414, 19 sept. 1416, 16 juin 1402. Rap. 23 déc. 1400, X¹ᴬ 48, f⁰ 261. V. Parlement de Poitiers.

1401   **Hue Grimaut.** — Clerc. Doyen de Noyon, 2 août 1401, 1ᵉʳ sept. 1403, X¹ᴬ 48, f⁰ 96. Rap. 22 janv. 1401. V. Parlement bourg. de 1418 et de Poitiers 1419.

Adam Baudribosc. — Clerc. Prêtre, lic. *in utroque*, Maître ès ars (*Prerogativa Parlamenti*). Rap. 23 avril 1401. V. Parlement bourg. de 1418.

1402   **Guillaume de Lannoy.** — Clerc. Lic. en lois, bach. en décret du diocèse de Rouen, *de nobili genere* (*Prerogativa Parlamenti*),

archidiacre de Brie en l'église de Meaux, X¹ᴬ 62, f° 1, *18 nov. 1416.*
Reçu, 25 fév. 1402, au lieu de feu Guillaume Lirois, après élection de la Cour et partage des voix entre lui et Geoffroy de Pérusse, à qui il est préféré par le roi. V. Parlement de Poitiers.

Guillaume de Gy. — Clerc. Lic. en lois, bach. en décret du diocèse d'Autun (*Prerogativa Parlamenti*), avocat céans, 16 janv. 1395. Reçu, 1ᵉʳ déc. 1402, au siège de feu Renaud d'Amiens, après élection de la Cour des 24 et 25 nov. Éloigné comme Bourguignon, le 28 août 1417. V. Parlement bourg. de 1418.

Jean de Nanterre. — Clerc. Bach. en lois de Paris (*Prerogativa Parlamenti*), doyen de la collégiale Saint-Marcel près Paris, chanoine de Sens, X¹ᴬ 56, f° 260, 13 juil. 1409. Rap. 23 déc. 1402, X¹ᴬ 50, f° 198 v°. (Réception omise au registre.) Dut remplacer feu Pierre de Pacy. Disparu entre 1414 et 1418. Cf. Rôles de la Cour.

1403 **Aimery II de Maignac.** — Clerc. Le Ms. 7555 le nomme Nicolas ou Jean. Rap. 23 fév. 1403, X¹ᴬ 50, f° 218 v°. (Réception omise au registre.) † et remplacé par Pierre II de Villers, 14 fév. 1414.

Étienne Joffron. — Clerc. Lic. en lois, bach. en décret du diocèse de Sens (*Prerogativa Parlamenti*). Reçu 28 mai 1403, au siège de Jean Luilier fait lai. (Élu 26 mai à égalité de voix avec Guillaume Benoît et préféré par le chancelier.) V. Parlement bourg. de 1418.

Jean ou P. de Laigny. — Clerc. Rap. 29 nov. 1403, X¹ᴬ 51, f° 247. (Réception omise au registre.) Passe au siège lai de Jean de Quatremares fait Président des Requêtes, 24 avril 1411. Remplacé comme clerc par Jean de Mailly, led. jour. † cons. aux Enquêtes, entre 1ᵉʳ août (Rap.) et 26 nov. 1412, X¹ᴬ 59, f° 263, et 4788, f° 582. Remplacé par Étienne des Portes fait lai.

Julien Hue. — Clerc. Reçu le 13 nov. 1403 (élu le 12) au siège de Thomas d'Aunoy fait Maître des Comptes, que remplace Jean Mengin en la Grand Chambre. Sans doute l'un des trois cons. clercs des Enquêtes morts le 26 sept. 1410 et remplacés le 12 déc.

1404 **Hector de Brossignac.** — Clerc. Lic. en lois, bach. en décret, *de nobili genere* (*Prerogativa Parlamenti*). Reçu le 11 avril 1404 (élu 3 et 4 avril) au siège de Robert d'Acquigny. Disparu entre 12 nov. 1414 et 1418. V. Rôles de la Cour.

Guillaume de Besze. — Lai. Reçu 4 juin 1404. Résignation de Guillaume de Saulx. Monte en la Grand Chambre au siège de feu Nicole de Biencourt, le 23 mai 1414. Éloigné comme Bourguignon, août 1417. V. Parlement bourg. de 1418. Époux 1° de Marguerite, fille de Jean Raymon le jeune, général des Monnaies, 18 juin 1420 ; 2° de Huguette Juliote, veuve 18 juil. 1438, X^{1A} 63, f° 103, et 69, f° 50. Cf. homonyme prévôt de Saint-Amat de Douai : appel d'un interdit porté contre lui ; procès entre lui et sa sœur Jeanne résidant à Dijon, touchant l'adjudication de certains héritages situés près de Dijon, X^{1A} 49, f° 114 v° ; 68, f°s 135, 136 ; 70, f° 143, 11 mars 1402, 11 mars et 30 sept. 1434, 20 janv. 1440, etc.

Jean Romain. — Lai. Lic. en lois, gendre du président Henry de Marle. Reçu, 19 nov. 1404, au lieu de feu Jacques Bouju. V. Parlement bourg. de 1418. Époux de Marie de Marle. Le Ms. 7555 *bis* distingue deux Jean Romain, mais à tort.

Jacques Gélu. — Clerc. Maître ès ars, bach. en décret, lic. en lois, originaire du diocèse de Trèves. Rap. 23 déc. 1404, X^{1A} 53, f° 322. (Réception omise au registre.) Fait Président du Parlement du Dauphiné, juin 1407. Cumule. Archevêque de Tours, 1414. Remplacé par Bureau Boucher, 24 nov. *Gall. Christ.*, XIV, col. 125.

1406 **Giles de Clamecy.** — Clerc. Reçu, 30 juil. 1406, par résignation de Jean Chanteprime, son oncle. Passe au siège lai de feu Jean Boyer, le 10 janv. 1410. Remplacé par Quentin Massue. Maître des Comptes en 1417. Remplacé par Pierre le Bescot, 12 nov. Élu prévôt de Paris, en assemblée de la Cour, 3 fév. 1419.

1407 **Pierre d'Arcies.** — Lai. Beau-frère du président Robert Mauger. Reçu, 10 janv. 1407, par résignation de Jean d'Arcies, son père, compétiteur de Bald de Mâcon à une chanoinie d'Orléans, 22 août 1408, X^{1A} 55, f° 210. † dans la session de 1413-14. Cf. Rôles de la Cour aux 12 nov. 1413 et 1414.

1408 **Jean Tarenne.** — Clerc. Lic. en lois, bach. en décret de Paris (*Prerogativa Parlamenti*). Reçu, 14 mars 1408, au lieu de feu Regnault de Bucy, à la prière de la reine Isabeau et du roi de Sicile, contre les ordonnances prescrivant élection, dont lettres de non préjudice. Suspendu de son office. S'oppose, 8 avril 1412, X^{1A} 4789, f° 249 v°. Disparu en 1418.

Nicolas Potin. — Clerc. Lic. en lois du diocèse de Bourges (*Prerogativa Parlamenti*). Reçu, 2 avril 1408, par résignation de Germain Paillart fait évêque de Luçon. V. Parlement de Poitiers.

RENAUD DE SENS. — Lai. Bailli de Blois, ex-conseiller déporté en 1384-85, réintégré, 11 juillet 1408, par élection de la Cour au lieu de feu Jean Dailly. † et remplacé par Adam de Cambray, passé en office lai, 12 nov. 1416.

1409 **Guillaume de Lailler.** — Laï. Lic. en lois, bach. en décret, avocat céans, étudiant en théologie de la faculté de Paris, X¹ᴬ 51, f° 215, 9 mai 1405. Reçu *ante* 12 nov. 1409. (Réception omise au registre.) Dut remplacer Robert Mauger fait président. V. Parlement bourg. de 1418.

Guillaume Guérin. — Clerc. Lic. en lois, bach. en décret, Maître ès ars (*Prerogativa Parlamenti*), Maître des Requêtes du duc de Bourgogne. Reçu 24 avril 1409. (Élu 2ᵉ au siège de Robert d'Aquigny, 11 avril 1404.) Remplace Geoffroy de Pompadour fait évêque de Saint-Pons. V. Parlement de Poitiers.

Jean de la Marche. — Laï. Avocat céans, visiteur de la Chancellerie, gendre du président Jacques de Ruilly. Reçu, 20 nov. 1409, au lieu de Simon de Nanterre fait président. Élu audit siège. Opte pour l'office de conseiller. V. Parlement bourg. de 1418. † *ante* 18 juil. 1422. Époux de Jeanne de Ruilly, X¹ᴬ 63, f° 339, et 60, f° 315 v°, 19 août 1415.

Jean Vivian. — Clerc. Avocat céans, fils du feu conseiller Gaucher Vivian. Reçu, 11 déc. 1409, au siège de Nicole d'Orgemont fait Maître des Comptes. Élu audit siège. V. Parlement bourg. de 1418.

1410 **Quentin Massue.** — Clerc. Reçu, 10 janv. 1410, au siège clerc de Gile de Clamecy fait laï. V. Parlement bourg. de 1418.

Philippe de Ruilly. — Clerc. Lic. en lois, fils du feu président, Jacques de Ruilly (*Prerogativa Parlamenti*). Reçu, 13 août 1410, au lieu de Philippe de Boisgilloud fait Maître des Comptes. Élu audit siège. V. Parlement bourg. de 1418.

Robert II Piédefer. — Laï. Avocat céans, conseiller au Châtelet. Reçu, 13 août 1410, au lieu de Guillaume Leclerc fait Maître des Comptes. Élu audit siège. V. Parlement bourg. de 1418.

Jacques Branlart. — Clerc. Lic. *in utroque* du diocèse de Châlons (*Prerogativa Parlamenti*), archiprêtre de Saint-Séverin, en février 1425. En procès avec Philippe de Vitry, pour ledit archiprêtré depuis le 2 mars 1415, X¹ᴬ 60, f° 349 v°. Reçu, 12 déc. 1410, au lieu de feu Robert Waguet; élu audit siège, 12 et 13 nov. Éloigné comme Bourguignon le 28 août 1417. V. Parlement bourg. de 1418.

Gérard Périère. — Clerc. Prêtre, lic. en lois (*Prerogativa Parlamenti*), chanoine de Paris, 14 fév. 1415. Reçu, 12 déc. 1410. (Élu, avec les deux suivants, au siège de l'un des 3 conseillers clercs des Enquêtes morts le 26 sept. 1410, qui doivent être Rémond de

Pérusse, Jean Baillet et Julien Hue.) Éloigné comme Bourguignon le 28 août 1417. V. Parlement bourg. de 1418.

Clément de Fauquembergue. — Clerc. Lic. *in utroque* du diocèse d'Amiens (*Prerogativa Parlamenti*), avocat de cette ville au Parlement en 1419 et doyen de Notre-Dame d'Amiens, Amiens, CC. 14, f° 47, 1410, et 19, f° 110, sept. 1425. Reçu 12 déc. et élu *ut supra*. Élu greffier civil au lieu de Nicolas de Baye et remplacé par Guillaume Cotin, 3 fév. 1417. V. Parlement bourg. de 1418 et celui de Charles VII à Paris 1436.

Pierre Johan. — Clerc. Lic. en lois de Paris, ex-conseiller au Châtelet. Reçu et élu 12 déc. *ut supra*. Disparu en 1418.

Jacques de la Marche. — Clerc. Reçu, 12 déc. 1410. (Réception omise au registre.) Mais il est dit, ledit jour, qu'il y a 5 lieux vacants aux Enquêtes. Maître des Requêtes, 11 mars 1412, X¹ᴬ 1479, f° 194, et 4789, f° 238 v°. Remplacé par Étienne des Portes, 15 juin.

Pierre le Jay. — Clerc. Lic. en lois, bach. en décret du diocèse de Meaux. Reçu aux Requêtes du Palais, 12 déc. 1410, au lieu de feu Robert de Maule. V. Parlement bourg. de 1418.

1411   **Jean de Mailly**. — Clerc. Chevalier, lic. en lois, d'une famille noble de Picardie. Reçu, 24 avril 1411, par ordre du roi, au siège clerc de Jean de Laigny passé en office lai. Maître des Requêtes en 1418, secrétaire du roi, août 1422, Amiens, CC. 18, f° 130, et 19, f°s 105 v° seq. Président des Comptes, juillet 1425. † 19 nov. 1425, X¹ᴬ 55, f° 1. Compétiteur à la chanoinie d'Amiens de feu Pierre Lavine contre Guillaume Grenel, 28 juin 1424, X¹ᴬ 64, f° 25 v°. Ne pas confondre avec Jean de Mailly, archidiacre, puis évêque de Noyon. † 1473, inhumé au chœur de Noyon, juge de Jeanne d'Arc, X¹ᴬ 64, f° 24, 21 juin 1424 et 65 *passim*.

Jean Gencian. — Lai. Avocat céans, frère du conseiller Oudart (JJ. 195, n° 53, *loc. cit.*). Reçu, 23 sept. 1410, au lieu de feu Pierre Drouart. Élu audit siège. Époux de Jacqueline la Couraude. V. Parlement de Poitiers.

Jean Girard. — Lai. Reçu, 30 sept. 1411, au lieu de feu Jean Accart. Élu audit siège. V. Parlement de Poitiers.

1412   **Étienne des Portes**. — Clerc. Lic. en lois, gendre du président Robert Mauger. Reçu, 15 juin 1412, au lieu de Jacques de la Marche fait Maître des Requêtes. Élu sans scrutin. Le 26 nov. suivant, passe au siège lai de feu Jean de Laigny. Remplacé comme clerc par Thibault de Vitry. Éloigné comme Bourguignon, le 28 août 1417.

V. Parlement bourg. de 1418. Époux 1° de Marguerite Mauger; 2° d'Élisabeth de Bray.

Thibault de Vitry. — Clerc. Lic. en décret, chanoine de Paris (Blanchart), Trésorier d'Angers, fils de Michel, Sgr châtelain de Clamecy, X^{1A} 73, f° 53, 28 août 1444. Reçu, 26 nov. 1412, au siège clerc du précédent. V. Parlement de Poitiers et de Charles VII à Paris, 1436. (Le Ms. 7555 *bis* en distingue trois de même nom, dont deux reçus à Poitiers, le dernier passé à Paris, en 1436.) Les trois ne font qu'un.

Adam de Cambray. — Clerc. Lic. *in utroque*, Maître ès ars du diocèse de Châlons. « A leu v ans l'ordinaire au clos Brunet. » Reçu, 28 nov. 1412, au siège clerc de Nicole Fraillon fait Maître des Requêtes. Passe, le 12 nov. 1416, au siège lai de feu Renaud de Sens; à chaque fois, élu par la Cour. Remplacé, comme clerc, par Nicolas de Baye. V. Parlement de Poitiers (Président), puis de Charles VII à Paris. Époux de Charlotte Alexandre.

1413   **Robert Hoël.** — Lai. Conseiller en Cour des aides, Z^{1A} 5, f° 199 v°, 10 janv. 1412. Rap. 9 juin 1413, X^{1A} 59, f° 523 v°. Réception omise au registre. Dut remplacer Pierre Lefèvre fait président. Disparaît en 1418. Remplacé seulement à Poitiers par Aynard de Bleterens, 7 avril 1419.

Arnault de Marle. — Lai. Fils du Ier Président Henri de Marle. Reçu, 27 sept. 1413, au lieu d'André Marchand fait prévôt de Paris. Élu audit siège sans scrutin. Élu Maître des Requêtes, au lieu de Jean, son frère, fait évêque de Coutance, et remplacé par Guillaume Aimery, 25 avril 1414. V. Parlement de Charles VII à Paris, Président 1444. Époux 1° de Jeanne Blanchette, mère du futur conseiller Henri II de Marle. V. *infra*, 18 mai 1422; 2° de Martine Boucher, veuve 29 janv. 1460, X^{1A} 89, f° 16 v°. Cf. X^{3A} 1, 2, 3 *passim*, et surtout 3 avril 1462. Procès en restitution du douaire de la veuve contre les enfants du 1er lit.

1414   **Pierre II de Villers.** — Clerc. Reçu, 14 fév. 1414, au lieu de feu Aimery II de Maignac. Élu audit siège. Disparu en 1418.

Guillaume Leduc. — Lai. Lic. en lois, bach. en décret. Reçu, 28 mars 1414, par résignation d'Hébert Lescripvain, son parent maternel. V. Parlement bourg. de 1418 (Président en 1432) et de Charles VII à Paris, 1449.

Guillaume Aimery. — Lai. Avocat escoutant du pays d'Auvergne. Reçu, 25 avril 1414, au lieu d'Arnault de Marle fait Maître des Requêtes. Élu en tourbe. V. Parlement bourg. de 1418.

Barthélemy Hamelin. — Clerc. Lic. *in utroque*, avocat escoutant. Reçu, 9 mai 1414, au lieu de feu Guillaume de Gandiac. Élu audit siège. V. Parlement bourg. de 1418 ; de Poitiers, 20 déc. 1418. † *ante* 29 déc. 1425.

Jean de Saint-Romain. — Lai. Reçu, 23 mai 1414, au lieu de feu Nicole de Biencourt. Élu audit siège. Éloigné comme Bourguignon, 28 août 1417. V. Parlement bourg. de 1418.

Hue le Coq. — Lai. Fils du conseiller Jean Ier et de Jacqueline Maillard, gendre du conseiller Simon Gudin. Rap. 13 sept. 1414. (Réception omise au registre.) Dut remplacer feu Pierre d'Arcies. Prévôt des Marchands, 26 déc. 1419 et janv.-mars 1436. V. Parlement bourg. de 1418. Époux de Jaquette Gudin.

Hue de Moreuil. — Lai. Lic. en lois, avocat céans, beau-frère par alliance du président Robert Mauger et du feu conseiller Pierre d'Arcies, X^{1A} 58, f° 9, *loc. cit.* Cf. Z^{1A} 5, f° 156 v°, 27 juin 1411, et Amiens, CC. 10, f° 20 v°, 1401 : Hue de Moreuil, lic. en décret, procureur en Parlement, fils de feu Jean, épicier d'Amiens, et de Clémence Lepetite. (Le même ou son père?) Reçu *ante* 19 oct. 1414 (1re présence en séance. Réception omise au registre). Éloigné comme Bourguignon, le 28 août 1417. V. Parlement bourg. de 1418. Époux de Marie d'Arcies.

Gautier Jayet. — Lai. Procureur ou avocat céans, 9 juin 1412, fils de Philippe, avocat du roi au Châtelet, et de Gilette Lecoq. Reçu conseiller des Requêtes du Palais au lieu de Jean Caudel, *ante* 12 nov. 1414. (Réception omise au registre.) Cf. Rôles de la Cour, 12 nov. 1413 et 1414. V. Parlement bourg. de 1418.

Bureau Boucher. — Clerc. Sieur d'Orçay et de Biscop, fils d'Arnoul et de Jeanne Gencian. Reçu 24 nov. 1414, par résignation de Jacques Gelu fait archevêque de Tours. Élu audit siège. Le Ms. 7554 le fait, à tort, passer au siège lai de Jean Romain, par lettres du 5 août 1415. Maitre des Requêtes en 1417 et remplacé par Jean Raymon, 21 avril. Maître des Requêtes à Poitiers, 21 sept. 1418, puis à Paris, 1436. Époux de Gilette Raguier, X^{1A} 76, f° 37, 15 fév., 26 avril 1447.

1416   **Hue de Dicy**. — Clerc. Fils de Jean, capitaine de Corbeil, et de Marie de Pacy. Chanoine de Paris, promu, en 1427, à l'archidiaconé de Beauvais, par l'évêque Pierre Cauchon, à la mort de Quentin d'Estrée, procès, X^{1A} 65, f° 201 v°, 16 avril. Rap. 17 nov. 1416, X^{1A} 61, f° 251. (Réception omise au registre.) V. Parlement bourg. de 1418.

Nicolas de Baye. — Clerc. Lic. en lois, bach. en décret, diacre du diocèse de Châlons (*Prerogativa Parlamenti*). Élu greffier civil du Parlement, 19 nov. 1400. Reçu, 12 nov. 1416, au lieu d'Adam de Cambray passé en office lai. Élu audit siège. Disparu en 1418.

1417 **Guillaume Cotin.** — Clerc. Lic. *in utroque*. Reçu, 3 fév. 1417, au lieu de Clément de Fauquembergue fait greffier civil. Élu audit siège. V. Parlement bourg. de 1418.

Jean Raymon. — Clerc. Gendre du président Simon de Nanterre. Reçu, 21 août 1417, au lieu de Bureau Boucher fait Maître des Requêtes. Élu audit siège. Époux de Denise de Nanterre. Disparu en 1418.

Pierre le Bescot. — Lai, *de nobili genere*. Bailli du Bec Heluin, puis de l'évêque de Beauvais, depuis 1399, X^{1a} 53, f° 429, 11 sept. 1406. Reçu, 12 nov. 1417, au lieu de Gile de Clamecy fait Maître des Comptes. Élu audit siège. Disparu en 1418.

1418 **Jean du Molin.** — Lai. Reçu, 10 mars 1418. Disparu en 1418.

PARLEMENT BOURGUIGNON, DU 22 JUILLET 1418 AU 13 AVRIL 1436

Présidents de la Cour créés le 22 juillet. Lettres d'institution, $X^{1A} 8603$, $f^o 30$ v^o.

Philippe de Morviller. — Chevalier, Sgr dudit lieu, Clary, Charenton, etc., originaire d'Amiens, avocat de ladite ville au Parlement, auteur d'un livre intitulé « Esticques et Politiques, lequel fit et composa, pour le régime de la ville et cité d'Amiens ». Amiens, CC. 22, f° 39 v° ; 48, f° 44 v°, 12 juin 1428, 1465, etc. Le Ms. 7553 le fait conseiller au Châtelet en 1411, Ier Président au Parlement établi à Amiens, par la reine Isabeau de Bavière, en 1414 (date erronée, lire 1417. V. nos Documents, t. II, p. 97). Ier Président à Paris, 22 juillet 1418. Disparu en 1436.

Guy Ermenier ou Domenier. — Docteur en lois, IIe Président. Ne paraît qu'une fois, le 27 juillet. Remplacé, 11 déc. 1420, par Jean Aguenin.

Jean Rapiout. — Avocat céans, né à Paris, candidat à l'office de Procureur général, au décès de Denis de Mauroy, 17 fév. 1413, IIIe Président. Paraît, pour la première fois, en séance, le 6 mai 1419 seulement. Bailli de Sens, janv. 1421, avocat du roi céans du 21 fév. 1422 à 1436. Remplacé comme Président par Simon de Champluisant, 1er oct. 1422.

Jean Ier de Longueil. — Conseiller lai de 1380. †23 mai 1431. Inhumé en l'église des Cordeliers, avec Jeanne Bouju, sa femme. Non remplacé. Suspect depuis le traité de Troyes « qu'il n'osa contredire, pour doubte de sa personne », X^{1A} 8312, f°s 328 seq.

Présidents de la Cour créés après le 17 nov. 1418.

Jean Ier Aguenin. — Né à Tonnerre, fils de Guy, gentilhomme de la Chambre et médecin de Jean sans peur. Élu Procureur général, 4 mars 1413, au décès de Denis de Mauroy. Suspendu comme Bourguignon, le 28 août 1417. Réintégré, le 22 juillet 1418. IIIe Président,

11 déc. 1420, promu au siège vacant de Guy Ermenier. Passe pardessus Jean de Longueil, en récompense de son zèle pour faire accepter le traité de Troyes, X¹ᴬ 8312, f⁰ 328, *loc. cit.* † 15 août 1429. Remplacé par Guillaume Leduc, le 26 fév. 1432 seulement.

Simon de Champluisant. — Originaire de Noyon, Amiens, CC. 17, f⁰ 80 v⁰, an. 1419. Prévôt du Châtelet, 3 fév. 1422. IVᵉ Présid. Remplace Jean Rapiout fait avocat du roi, 1ᵉʳ déc. 1422. † 20 déc. 1426. Remplacé par Richard de Chaucey, 12 nov. 1428.

Richard de Chaucey. — Lic. en lois, Sgr de Baumes en Gâtinais, conseiller du duc de Bourgogne, X¹ᴬ 65, f⁰ 171, 17 nov. 1427, et Ms. 7554. IVᵉ Présid. 12 nov. 1428. Remplace feu Simon de Champluisant. Remplacé par Robert II Piédefer, Maître des Requêtes, 9 fév. 1433. Le 26 janv. 1432, on commet, en son absence, deux conseillers au gouvernement du collège de Dormans. Les 19 fév. et mai 1434, il est dit *in remotis partibus agens*, X¹ᴬ 68, f⁰ˢ 87 et 124. † *ante* 13 juin 1438, X¹ᴬ 67, f⁰ 13.

Guillaume Leduc. — Conseiller du 28 mars 1414. IIIᵉ Président, 18 fév. 1432. Remplace feu Jean Aguenin. Disparaît du 5 août 1435 à 1449. V. *infra*, Parlement de Charles VII à Paris (Présidents).

Robert II Piédefer. — Seigneur de Saint-Just en Beauvaisis, conseiller du 13 août 1410. Président des Requêtes du Palais, 22 juillet 1418. Maître des Requêtes, 15 juin 1422. IIIᵉ Président, 9 fév. 1433. Remplace Richard de Chaucey. Seul Président en 1435-36. V. Parlement de Charles VII à Paris, rétrogradé au rang de conseiller, 1ᵉʳ déc. 1436. Vᵉ Président en 1437.

Présidents des Enquêtes, créés en 1418.

Adam de Baudribosc. — Conseiller clerc du 23 avril 1401. Fait Iᵉʳ Président des Enquêtes, 22 juillet 1418. † *ante* 19 août. Remplacé par Jean Vivian, 20 août.

Jacques Branlart. — Conseiller clerc du 12 déc. 1410. Fait Iᵉʳ Président des Enquêtes. Porté au rôle des XXII, 28 nov. 1432. Écarté en 1436. † au cours d'un procès en compétition au décanat de Beauvais, X¹ᴬ 69, f⁰ 56 v⁰, 9 août 1438.

Jean Vivian. — Conseiller clerc du 11 déc. 1409. Fait conseiller lai, le 22 juillet 1418. Élu président clerc au lieu de feu Adam de Baudribosc, le 20 août. Porté au rôle des XXII, 28 nov. 1432. V. Parlement de Charles VII à Paris, conseiller clerc, 1ᵉʳ déc. 1436.

Présidents des Requêtes du Palais.

Robert II Piédefer. — Conseiller lai du 13 août 1410. Président des Requêtes du Palais, 22 juillet 1418. Maître des Requêtes, 15 juin 1422. III° Président de la Cour, 9 fév. 1433. V. *supra*.

Hugues Rapiout. — Frère du président Jean Rapiout, lieutenant civil, 22 août 1418, puis avocat du roi au Châtelet. Fait Président des Requêtes, 15 juin 1422, au lieu du précédent. Disparu en 1434, mars-avril. Remplacé par Thomas de la Marche. Pas de réception au registre.

Conseillers créés en 1418. Rôle du 17 nov. 1418, X^{1A} 1480, f° 157. Remanie et complète celui du 22 juillet.

Grand Chambre. Clercs. — M°.**Christophe de Harcourt**. Nouveau. Cons. le 22 juillet 1418. Appelé au Conseil du roi en déc. 1419. Remplacé en la Grand Chambre par Guillaume Cotin ; aux Enquêtes par Pierre Pilory, 19 juillet 1420. Reparaît au Parlement de Charles VII à Paris. Rap. en 1447.

Jean de Saint-Vérain. — Ex-président des Enquêtes de 1398. Cons. clerc de 1372. Rôle du 22 juil. 1418. Disparu 12 nov. 1421. Non remplacé.

Guillaume de Saulx. — Cons. clerc de 1381. Rôle du 22 juil. 1418. Disparu 12 nov. 1421. Non remplacé.

Jean Garitel. — Cons. clerc de 1383. Rôle du 22 juil. 1418. Disparu 12 nov. 1423. Non remplacé.

Gautier Ponce. — Cons. clerc de 1392. Rôle du 22 juil. 1418. Disparu 12 nov. 1423. Non remplacé.

Mahieu Canu. — Cons. clerc de 1393. Rôle du 22 juil. 1418. Passe à Poitiers, 30 mars 1420. Non remplacé.

Jean Mengin. — Cons. clerc de 1394. Rôle du 22 juil. 1418. Disparu 12 nov. 1421. Non remplacé.

Hugues de Grimault. — Cons. clerc de 1401. Rôle du 22 juil. 1418. Passe à Poitiers, 11 janv. 1419. Remplacé par Jean Vipart, 11 déc. 1419.

Étienne Joffron. — Cons. clerc de 1403. Rôle du 22 juil. 1418. Disparu 12 nov. 1420. Non remplacé.

Gérart de la Périère. — Cons. clerc de 1410. Rôle du 22 juil. 1418. Porté au rôle des XXII, 28 nov. 1432. Écarté en 1436. Encore cité comme doyen de Mâcon, 13 mai 1437, X^{1A} 69, f° 50.

Jean Guiot. — Nouveau. Créé cons. le 22 juil. 1418. Disparu 12 nov. 1423. Non remplacé.

Hugues Lamy. — Nouveau. Créé cons. le 22 juil. 1418. Disparu 12 nov. 1421. Non remplacé.

Barthélemy le Viste. — Nouveau. Avocat céans, natif de Lyon. Prévôt de la Grande Calestrie de Saint-Martin de Tours, X^{1A} 55, f° 296 v°, 28 juil. 1408, et 63, f° 186, 11 mai 1420. Long arrêt relatant toute sa généalogie. Fils de Jean, docteur en lois, *notabilis homo, eminentis scientie et pratice, alter de notabilioribus et doctoribus ville et civitatis lugdunensis*, et de sa 2ᵉ femme, Catherine Cabrières; frère germain de Jean le Viste, chevalier, né de la 1ʳᵉ, Stéphanie de Fuer. Créé cons. entre 22 juil. et 26 août 1418. Siège nouveau. Le rôle du 22 juil. ne porte que 14 clercs. Porté au rôle des XXII, 28 nov. 1432. V. Parlement de Charles VII à Paris, 14 nov. 1440.

Guillaume de Gy. — Cons. du 1ᵉʳ déc. 1401. Inscrit aux Enquêtes, le 22 juil. 1418. Passe en la Grand Chambre, le 24 sept., au lieu de feu Raoul de Béry. † *ante* 14 janv. 1428, X^{1A} 66, f° 7. Remplacé en la Grand Chambre par Symon de Plumetot, 29 avril ; aux Enquêtes, par Henry de Bièvre, 25 avril.

Philippe de Ruilly. — Cons. du 13 août 1410. Inscrit aux Enquêtes, le 22 juil. 1418. Passe en la Grand Chambre, le 17 nov., au lieu de feu Hugues de Chassaigne, Maître des Requêtes en 1425. Remplacé par Jean Filleul, 4 avril. V. Parlement de Charles VII à Paris, 1ᵉʳ déc. 1436.

Laïs. — Gaillart-Petitsayne. — Cons. laï de 1380. Rôle du 22 juil. 1418. Porté au rôle des XXII, 28 nov. 1432. † doyen de la Cour.

Renaud du Mont Saint-Eloy. — Cons. laï de 1379. Rôle du 22 juil. 1418. Disparu 12 nov. 1421. Non remplacé.

Guillaume de Celsoy. — Cons. laï de 1388. Rôle du 22 juil. 1418. Porté au rôle des XXII, 28 nov. 1432.

Guillaume II de Séris. — Cons. laï de 1392. Rôle du 22 juil. 1418. Disparu 12 nov. 1423. Non remplacé.

Guillaume de Besze. — Cons. laï de 1404. Rôle du 22 juil. 1418. Le 29 mars 1435, vu son grand âge et sa débilité, on lui donne, à la requête des siens, son fils aîné comme coadjuteur dans la gestion de ses biens. † *ante* 18 juil. 1438, X^{1A} 69, f° 50.

Jean Romain. — Cons. laï de 1404. Rôle du 22 juil. 1418.

Autorisé à prendre ses gages, sans siéger, durant sa maladie, 17 juin 1419. Disparu.

GUILLAUME LAILLER. — Cons. lai de 1409. Inscrit aux Enquêtes, 22 juil. 1418. Passe en la Grand Chambre, 17 nov., au lieu d'Étienne Basan. Passe à Poitiers, 11 mars 1420.

JEAN DE LA MARCHE. — Cons. lai de 1409. Inscrit aux Enquêtes, 22 juil. 1418. Passe en la Grand Chambre, 17 nov., au lieu de Pierre le Cartier ou Pierre Choat. Maître des Requêtes, 22 janv. 1421, X^{1A} 63, f° 158 v°. Non remplacé. † *ante* 18 juil. 1422, *ibid.*, f° 339.

QUENTIN MASSUE. — Cons. lai de 1410. Créé cons. le 17 août 1418. Siège nouveau. Le rôle du 22 juil. ne porte que 13 lais. Maître des Requêtes, 12 nov. 1422. Cf. Amiens, CC. 19, f° 105 v°, et 21, f° 84 v°, juil. 1425, 1427.

GAUTIER JAYET. — Cons. lai de 1414. Rôle du 22 juil. 1418. Procureur général au lieu de Jean Aguenin, 11 déc. 1420. Reprend son siège de cons. 21 fév. 1422. Bien que son nom porte en regard un *obiit*, au Tableau de la Cour de 1428, reparaît le 9 déc. 1430. † *ante* mai 1434, X^{1A} 68, f° 87.

ÉTIENNE DES PORTES. — Cons. lai de 1412. Inscrit aux Enquêtes, le 22 juil. 1418. Passe en la Grand Chambre, 18 nov., par résignation de Jean des Noyers. † *ante* 12 fév. 1433, X^{1A} 68, f° 3.

Jean Peluchot. — Nouveau. Créé cons. 22 juil. 1418. Remplacé par Guillaume de Pourbail, 11 déc. 1419.

Jean de Voton ou Voulton. — Nouveau. Inscrit aux Enquêtes, le 22 juil. Passe en la Grand Chambre, le 9 sept. au lieu de Pierre le Cartier ou de Pierre Choat. Porté au rôle des XXII, 28 nov. 1432. Disparu en 1436.

Gil des Champs. — Nouveau. Créé cons. le 18 août 1418. Remplacé Laurens Durey passé aux Enquêtes. Cf. 6 juin 1421, homonyme évêque de Coutance, X^{1A} 63, f° 225 v°. Disparu.

Enquêtes. Clercs. — JACQUES BRANLART ET JEAN VIVIAN. — Présidents. V. *supra*.

BARTHÉLEMY HAMELIN. — Cons. clerc. de 1414. Rôle du 22 juil. 1418. Passe à Poitiers, le 20 déc. Remplacé par Michel Claustre, 11 déc. 1419.

HUE DE DICY. — Cons. clerc de 1416. Rôle du 22 juil. 1418. Mission près du régent, pour la ville de Paris, en mars 1427. Nombreux passages à Amiens. Cf. CC. 21, fos 93 seq. ; 23, fos 60 v°, 66, 75 ; 24, f° 94 v° ; oct. 1428, fév.-août 1429 ; août 1431. V. Parlement de Charles VII à Paris.

Guillaume Cotin. — Cons. clerc de 1417. Rôle du 22 juillet 1418. Monte en la Grand Chambre, 11 déc. 1419, au lieu de Christophe de Harcourt. Porté au rôle des XXII, 28 nov. 1432. V. Parlement de Charles VII à Paris, 1436.

Jean de Vissac. — Nouveau. Créé cons. le 22 juil. 1418. Disparu 12 nov. 1421. Non remplacé.

Jean Bourillet dit François. — Nouveau. Créé cons. le 22 juil. 1418. Disparu, 12 nov. 1421. Non remplacé. Le 28 mai 1434, requiert son inscription, comme ancien cons., au rôle porté au pape, pour l'obtention des bénéfices. Inscrit dernier. Ce qui n'empêche le Ms. 7555 de le faire décapiter aux Halles, le 8 avril 1429, pour avoir conspiré, *en faveur* des Anglais !!! d'après Félibien.

Jean de la Jaisse. — Nouveau. Chanoine de Langres, 15 juil. 1430, X^{1A} 67, f° 13 (n'est plus qualifié cons.). Créé cons. le 22 juil. 1418. Disparu 12 nov. 1421. Non remplacé.

Robert de Saulz. — Nouveau. Lic. *in utroque*. Créé cons. le 22 juil. 1418. Disparu 12 nov. 1421. Non remplacé.

Ansel de la Viezville. — Nouveau. Créé cons. le 22 juil. 1418. Disparu 12 nov. 1421. Non remplacé.

Pierre II le Clerc. — Nouveau. Créé cons. le 22 juil. 1418. Disparu 12 nov. 1421. Non remplacé.

Jean du Gard. — Nouveau. Créé cons. le 22 juil. 1418. Disparu 12 nov. 1421. Non remplacé.

Guillaume le Breton. — Nouveau. Créé cons. le 22 juil. 1418. Monté en la Grand Chambre, 4 août 1424. Porté au rôle des XXII, 28 nov. 1432. Encore cité comme ex-conseiller, chanoine de Paris, le 8 fév. 1438, X^{1A} 69, f° 31.

Jean de la Rivière. — Nouveau. Créé cons. le 30 août 1418, reçu *ex ordinacione curie*, au lieu de Nicole de Saint-Ylier. Disparu 12 nov. 1421. Non remplacé.

Pierre de Neauville. — Nouveau. Créé cons. le 22 juil. 1418. Envoyé en mission à Rome, le 25 janv. 1430.

Jean de Saulz. — Ex-conseiller de 1384. Chancelier de Bourgogne. Inscrit au rôle du 22 juil. 1418. Reçu seulement le 12 nov. Monté en la Grand Chambre, le 4 avril 1424, après une éclipse de 1421 à 1423. Se retrouve aux Enquêtes, le 29 avril 1428, et conseiller du duc de Bourgogne, le 24 mars 1430, X^{1A} 67, f° 6 v°. Disparaît définitivement de la Cour, le 21 déc. 1431.

Mahieu Courtois. — Nouveau. Créé cons. *ante* 19 sept. 1418 (1re présence en séance). Porté au rôle des XXII, 28 nov. 1432. V. Parlement de Charles VII à Paris.

Jean de Clugny. — Nouveau. Créé cons. le 19 août 1418. Disparaît 12 nov. 1421. Non remplacé.

Jean Brillot. — Nouveau. Créé cons. le 19 août 1418. Disparaît 12 nov. 1421. Non remplacé.

Claude Richete ou Richote. — Nouveau. Sergent d'armes du roi. Ex-châtelain de Saint-Gengoulph, X^{1A} 39, f° 296, 7 janv. 1391. Créé cons. le 18 août 1418. Disparu, 12 nov. 1423. Non remplacé.

Jean de Forton. — Nouveau. Créé cons. le 28 sept. Élu par la Cour, le 24, au lieu de feu Raoul de Béry. Disparu 12 nov. 1423. Non remplacé

Symon de Plumetot. — Nouveau. Avocat céans. Créé cons. le 18 nov. Élu le 16, au lieu de Philippe de Ruilly monté en la Grand Chambre. Y monte lui-même au lieu de feu Guillaume de Gy, 29 avril 1428. Porté au rôle des XXII, 28 nov. 1432. Disparu en 1436.

Jean ou Pierre Ier de Longueil. — Nouveau. Docteur *in utroque*, trésorier de Beauvais, fils du président Jean Ier. Créé cons. le 18 nov. Élu le 16, au lieu de Robert Agode fait cons. lai. Disparu en 1421. Évêque d'Auxerre en 1450. *Gall. Christ.*, XII, col. 329. Noter que les registres du Parlement l'appellent toujours Jean. Cf. X^{1A} 1489, f° 25, 28 janv. 1480. Mais sa qualité de clerc ne permet pas de le confondre avec son frère Jean II, dit l'aîné, reçu cons. lai *ante* 12 nov. 1421. V. *infra*.

Bertrand Fons. — Nouveau. Créé cons. le 18 nov. 1418, au lieu de Jean Julian mué de clerc en lai.

Lais. — GUILLAUME LEDUC. — Cons. lai du 28 mars 1414. Rôle du 17 nov. 1418. IIIe Président, 28 fév. 1432. V. *supra*.

HUGUES LE COQ. — Cons. lai de 1414. Rôle du 22 juillet 1418. Disparaît, du 12 nov. 1421 à janv. et déc. 1430. Porté au rôle des XXII, 28 nov. 1432.

JEAN DE SAINT-ROMAIN. — Cons. lai, 23 mai 1414. Rôle du 22 juil. 1418. Disparaît.

HUGUES DE MORBUIL. — Cons. lai de 1414. Rôle du 22 juil. 1418. Disparu 12 nov. 1421. Non remplacé.

Guillaume Aimery. — Cons. lai du 25 avril 1414. Créé cons. le 19 août 1418. — ?

Toussains Baïart. — Nouveau. Créé cons. le 22 juil. 1418. Reçu seulement le 5 sept. Malade et presque aveugle, le 19 fév. 1419. Porté au rôle des XXII, 28 nov. 1432. V. Parlement de Charles VII à Paris, 28 fév. 1438.

Lucien du Croquet. — Nouveau. Avocat à Amiens. V. nos Documents, t. II, p. 1 seq. Créé cons. le 22 juil. 1418. Réinscrit aux gages, le 14 fév. 1433, bien que non porté au rôle des XXII, le 28 nov. 1432.

Nicolas Sureau. — Nouveau. Avocat du roi à Sens, X^{1A} 23, f° 36; 24, f° 42, 11 mai 1372, 31 mars 1375 (ou son fils ?). Créé cons. le 22 juil. 1418. Lieutenant criminel du Châtelet par intérim, du 18 nov. 1418 à Pâques 1419 ; bailli de Chartres, du 9 janv. 1421 à sa mort, en restant cons. † avril 1428. Remplacé par Jean Bourdeaux.

Jean le Fer. — Nouveau. Procureur céans. Créé cons. le 22 juil. 1418. Disparu 12 nov. 1421. Non remplacé. Époux de Jeanne de Verdun, veuve, 18 fév. 1446, Z^{1A} 16, f° 171, sœur de Marguerite, veuve de Nicolas Bataille, valet de chambre et tapissier de Charles VI et du duc de Berry, Z^{1A} 17, f° 58, 1er fév. 1448.

Pierre Saget. — Nouveau. Créé cons. le 22 juil. 1418. Disparu 12 nov. 1421. Non remplacé.

Jean Sardon. — Nouveau. Créé cons. le 22 juil. 1418. Disparu 12 nov. 1421. Non remplacé.

Jean Biseul. — Nouveau. Créé cons. le 22 juil. 1418. Disparu 12 nov. 1421. Non remplacé. Cf. homonyme, Élu de Chartres, 3 avril 1427, Z^{1A} 7, f° 11 v°; peut-être le même.

Robert Agode. — Nouveau. Reçu d'abord cons. clerc, 17 août. Passe au siège lai de Jean de la Marche ou de Jean de Voton remplaçant en la Grand Chambre feu Pierre Choat, 16 nov., et remplacé comme clerc par Pierre de Longueil. Porté au rôle des XXII, 28 nov. 1432. V. Parlement de Charles VII à Paris. Époux de Gilette, veuve de Jacques de Metz, notaire du Châtelet, X^{1A} 64, f° 45 v°, 29 janv. 1424.

Jean Julian. — Nouveau. Avocat céans. Reçu d'abord cons. clerc, 17 août. Passe au siège lai de feu Jean Formé, 16 nov. Remplacé comme clerc par Bertrand Fons. Disparaît.

Jean de la Porte. — Nouveau. Créé cons. le 18 nov. Élu le 16, au lieu de Laurens Durey, résignant. Disparaît.

Thomas de la Marche. — Nouveau. Fils du cons. Jean, d'après Blanchard. Créé cons. le 18 nov. Élu le 16, au lieu d'Étienne des Portes qui passe à la Grand Chambre, par résignation de Jean des Noyers. Président des Requêtes, mars-avril 1434. V. Parlement de Charles VII à Paris.

Requêtes du Palais.

Robert II Piedefer. — Président (V. *supra*. Président de la Cour en 1433). Remplacé par **Hugues Rapiout**, 15 juin 1422.

Simon Gudin. — Cons. lai de 1391. Rôle du 22 juil. 1418. Disparu 12 nov. 1421. Non remplacé.

Philippe le Besgue. — Cons. lai de 1400. Rôle du 22 juil. 1418. Translaté aux Enquêtes *quasi invitus* en 1421-22, puis en la Grand Chambre, 1424. Reparaît aux Requêtes, mars-avril 1434. V. Parlement de Charles VII à Paris, 1436.

Pierre le Jay. — Cons. lai du 12 déc. 1410. Rôle du 22 juil. 1418. † au cours de la session de 1428-29.

Jean Porchier. — Cons. lai de 1387, passé aux Requêtes du Palais, 6 mai 1391. Élu par la Cour, 26 août 1418, et réintégré au lieu de Jean Formé passé aux Enquêtes. Disparaît.

Jean des Portes. — Nouveau. Lic. *in utroque*, notaire du roi sans gages, beau-fils du greffier criminel Jean Dubois qui le propose comme résignataire, 25 avril 1417. Renvoyé par la Cour à fréquenter le greffe et rapporter les plaidoiries criminelles « pour veoir ce qu'il saura faire » ; frère du cons. Étienne des Portes (9 fév. 1428). Créé cons. le 22 juil. 1418. Disparaît.

Conseillers portés au rôle du 22 juillet, disparus le 17 nov. 1418.

Grand Chambre. — **Hugues de Chassaigne.** — Nouveau. Clerc. Encore présent le 20 sept. † *ante* 16 nov. Remplacé par Philippe de Ruilly et, aux Enquêtes, par Symon de Plumetot.

Raoul de Béry. — Nouveau. Clerc. Avocat d'Amiens, beau-frère de Lucien du Croquet. Encore présent le 17 sept. † 20 sept. Remplacé par Jean de Forton, 24 sept.

Pierre le Cartier. — Nouveau. Lai. Encore présent le 27 août. Remplacé par Jean de Voton ou Jean de la Marche, et, aux Enquêtes, par Rob. Agode, 9 sept.

Pierre Choat ou Chouart. — Nouveau. Lai, avocat céans. Encore présent le 29 sept. † *ante* 16 nov. Remplacé 17 nov. (comme le précédent).

Jean du ou des Noyers. — Nouveau. Lai. Encore présent le 20 août. Délaisse son office. Remplacé, 18 nov., par Étienne des Portes.

Laurens Durey. — Nouveau. Lai. Translaté, à sa demande, de la Grand Chambre aux Enquêtes, 12 août. Délaisse son office, 16 nov. Remplacé par Gil des Champs à la Grand Chambre, et Jean de la Porte aux Enquêtes.

Étienne Basan. — Nouveau. Lai, du pays de Bourgogne. Disparait 9 août 1418. Congé pour aller voir sa femme malade en Bourgogne. Remplacé par Guill. Lailler, 17 nov.

Enquêtes.

Nicole de Saint-Ylier. — Nouveau. Cons. lai. Rôle du 22 juil. 1418. Remplacé, le 30 août, par Jean de la Rivière. Disparu.

Requêtes du Palais.

Jean Formé. — Nouveau. Cons. lai aux Requêtes du Palais Rôle du 22 juil. 1418. Élu et reçu aux Enquêtes au lieu de Jean Vivian fait cons. clerc et président. Remplacé aux Requêtes par Jean Porchier, 26 août 1418. † et remplacé aux Enquêtes par Jean Julian, 16 nov.

Conseillers créés après le 16 nov. 1418.

Jean Vipart. — Docteur en décret. Reçu, 11 déc. 1419. Élu led. jour, au lieu de Hue Grimaut passé à Poitiers. Disparu, 12 nov. 1421. Non remplacé. † *ante* 11 déc. 1422, X^{1A} 63, f° 417 v°, 4 janv. 1423. Exécution de son testament.

Michel Claustre. — Clerc. Lic. en décret (9 janv. 1438). Reçu, 11 déc. 1419. Élu led. jour au lieu de Barthélemy Hamelin passé à Poitiers. Incarcéré par ordre du Ier Président de Morviller, à raison de la garde de certains biens du prieur de Coincy. Élargi, du 10 sept. au 15 nov. 1429, *sub penis et submissionibus consuetis*, et de l'aveu du procureur de l'évêque de Paris. Renvoyé au Grand Conseil pour la délivrance de ses biens et l'éviction des mangeurs établis en sa maison. V. Parlement de Charles VII à Paris, 11 janv. 1438.

Guillaume de Pourbail. — Lai. Lic. *in utroque*, lieutenant du bailli de Touraine (7 mars 1408). Reçu, 11 déc. 1419. Élu led. jour au lieu de Jean Peluchot. Bailli de Chartres, 16 mai 1419; de Melun, 27 déc. 1420. Suspendu *ante* 4 sept. 1421. † à Buzey en Bretagne en 1431, X^{1A} 1482, f° 221 v°, 13 nov. 1442.

Pierre Pilory. — Lai. Avocat céans. Reçu, 19 juil. 1420, au lieu de Christophe de Harcourt appelé au Conseil. Porté au rôle des XXII, 28 nov. 1432. Écarté en 1436. Époux de Jeanne Brunette, fille de Jean et d'Ameline le Cirier, Z^{1A} 7, f°s 71 v°, 131 seq.; 17, f° 201, 24 janv., 14 mai 1428, 14 août 1448. Cf. homonyme, lieutenant du bailli de Vermandois au siège de Laon, X^{1A} 70, f°s 19 et 140, 24 juil., 9 déc. 1439 (peut-être le même).

Jean II de Longueil dit l'aîné. — Lai, frère du cons. Pierre. Reçu *ante* 12 nov. 1421. Se retrouve lieutenant civil en 1436-38, X^{1A} 69, f° 43, 19 mai 1438. Maître des Requêtes en 1461, fait Présid. des Requêtes par Louis XI. Époux de Marie de Morviller.

Thibault Thiessart. — Lai. Cons. de 1390, réintégré *ante* 12 nov. 1421. Disparaît 19 déc. 1430. Non remplacé.

Symon le Courtois. — Clerc. Reçu 12 fév. 1422. Disparu (date inconnue).

Jean Lamelin. — Clerc. Lic. en décret, official de Tournai, X^{1A} 69, f° 10 v°, 3 juil. 1437. Porté au rôle des XXII, 28 nov. 1432. V. Parlement de Charles VII à Paris, 11 janv. 1441. [Fut, dans l'intervalle, cons. du duc de Bourgogne, X^{1A} 69, f° 10 v°, 3 juil. 1437. V. *infra*.

Jean Filleul. — Clerc. Lic. *in utroque*, avocat céans. (Le 21 fév. 1381, X^{1A} 1471, f° 439 v°, s'excuse des paroles dites par lui, en plaidant, contre l'honneur de la Cour.) Coustre ou garde de l'église Saint-Martin de Courtrai (10 sept. 1427), parent et exécuteur testamentaire de Nicolas du Bos, évêque de Bayeux, X^{1A} 65, f° 2 v°, 21 janv. 1426). Reçu, 14 avril 1425, au lieu de Philippe de Ruilly, fait Maître des Requêtes.

Evrard Gherbode. — Lai. Traducteur en français des procès des Flandres, X^{1A} 68, f° 100, 7 août 1434. Reçu, 4 avril 1425. Omis au rôle des XXII. Recouvre ses gages, 14 juil. 1433. Écarté en 1436, X^{1A} 1481, f° 71. Cf. 79.

Jean Coquillain. — Clerc. Reçu, 12 nov. 1425. Chargé encore d'une commission, 20 oct. 1434, X^{1A} 68, f° 113 v°, bien que non compris au rôle des XXII.

Jean II Aguenin, le jeune. — Clerc. Chanoine de Notre-Dame de Paris, fils du président Jean Ier. Reçu, 3 déc. 1426. Élu le 29 nov. V. Parlement de Charles VII à Paris, 7 janv. 1438.

Philippe de Nanterre. — Lai. Fils aîné du président Simon. Reçu, 3 déc. 1426. Élu le 29 nov. Porté au rôle des XXII, 28 nov. 1432. Écarté en 1436. Cons. et Maître des Requêtes du duc de Bourg. Cf. Amiens, CC. 33, f° 52 v°, janv. 1445. Époux d'Alix Potier, père de Jean, avocat du roi, puis Proc. Gén. en 1482 et 85. †1448.

Jean Queniat. — Lai. Cons. au Châtelet, beau-frère par alliance du cons. Pierre Pilory, Z^{1A} 7, f°s 71 v°, 131 v°, *loc. cit.* Reçu 3 déc. 1426, élu le 29 nov. Porté au rôle des XXII, 28 nov. 1432. Encore qualifié cons. du roi et chargé d'une commission, 27 sept. 1437, avec Jean Vivian et Philippe de Ruilly, cons., bien que non réintégré, en 1436, X^{1A} 69, f° 135 v°. Époux de N. Brunette.

Andry Marguerie. — Clerc. Reçu, 27 janv. 1427, droit en la Grand Chambre; élu le 29 nov. Disparu, date inconnue.

Henry de Brèves dit Mouzon. — Clerc. Reçu, 21 avril 1428, au lieu de feu Guillaume de Gy. Disparu, date inconnue.

Jean Bourdeaux ou Bodeau. — Lai. Bailli de Melun (14 sept. 1421). Reçu, 17 juin 1428, au lieu de feu Nicole Sureau. Porté au rôle des XXII, 28 nov. 1432. Disparu, date inconnue.

Jean Burges et Jean Leduc. — Lais. Cités, 23 mars 1434, comme cons. des Requêtes du Palais. (Pas trace de réception au registre.) Jean Leduc est encore cité comme cons. du roi au Trésor, le 1er fév. 1436. Ce ne sont donc que des extraordinaires.

PARLEMENT DE POITIERS

Présidents de la Cour.

Jean de Vailly ou Varly. — IVe Président à Paris en 1413. V. *supra*. Ier Président à Poitiers, 21 sept. 1418, Lett. pat. d'institution. Ordon., X, p. 477. † mars 1435. Remplacé par Adam de Cambrai, Ier, et Jean Rabateau, IVe.

Jean Jouvenel. — Chevalier, sieur de Trainel, avocat du roi en Parlement, chancelier de Guyenne, Président des Généraux des aides. 1417-18, Maître des Requêtes à Poitiers, 21 sept. 1418. Créé IIe Président *ante* mai 1420 (sans doute le 12 nov. 1419). Le 3 juin, il est détaché à la présidence du Parlement de Languedoc, Ms. Lenain, n° 697. Remplacé par Junien Lefèvre, 13 nov. 1430. Époux de Michelle de Vitry.

Adam de Cambrai. — Cons. clerc à Paris, 28 nov. 1412; lai, 12 nov. 1416, puis à Poitiers, 21 sept. 1418. Créé IIIe Président, août 1420 - 27 mars 1421, en compétition avec le Maître des Requêtes, Denis du Moulin, qui prétend avoir don du roi. Ier Président en 1435, au lieu de feu Jean de Vailly. (Réception omise au registre.) V. Parlement de Charles VII à Paris. † 15 mai 1457.

Guillaume le Tur. — Avocat du roi à Paris, 23 août 1413 (substitué, en 1417, au Proc. Gén. Jean Aguenin suspendu), puis à Poitiers, 21 sept. 1418. Maître des Requêtes en 1422. Créé IVe Président, 21 août 1427. Cumule les fonctions de Président lai des Généraux des Aides, Z^{1A} 8, f° 122, 4 mai 1434. V. Parlement de Charles VII à Paris. † 1444 ou 1445.

Junien Lefèvre. — Sans doute fils du notaire du Poitiers, de même nom (V. *supra*, Ythier de Martrueil, 1384), avocat au Parlement de Paris, puis avocat du roi en Cour des aides, durant la courte présidence de Jean de Vailly, Z^{1A} 5, f°s 366 v°, 396, 3, 4 nov., 22 déc. 1412. Président du Parlement de Béziers jusqu'en 1428. IVe Président à Poitiers, 13 nov. 1430. Remplace Jean Jouvenel. Débouté de la préséance sur le Tur par arrêt de Poitiers du 3 mars

1430. † à Poitiers, 14 août 1437, sans avoir siégé à Paris, où il est remplacé par Robert II Piédefer. Le Ms. 7553 l'appelle, à tort, Jean Lefèvre de Caumartin.

Jean Rabateau. — Avocat du roi criminel à Poitiers, 22 août 1427, puis Président des Comptes à Bourges, 1433, Cons. au Conseil privé. IVe Président à Poitiers, 20 fév. 1436, au décès de Jean de Vailly. V. Parlement de Charles VII à Paris. † 1453.

Conseillers institués par l'Ordonnance du 21 sept. 1418.

Clercs. — **Jean Tudert.** — Doyen de Paris, Maître des Requêtes, 12 nov. 1424, puis à Paris, 1er déc. 1436. Remplacé par Jean de Vailly junior, 12 avril 1425.

GUILLAUME DE MARLE. — Cons. à Paris dès 1400. † entre 9 janv. et 14 oct. 1422. Le 9 janv., vaque encore à la levée du ban des nobles de Poitou pour les conduire à Vendôme, à l'armée du roi.

GUILLAUME DE LANNOY. — Cons. à Paris du 25 fév. 1402. † et remplacé par Jean de Bucy, 29 janv. 1431.

GUILLAUME GUÉRIN. — Cons. à Paris du 24 oct. 1409. † 25 août 1421.

NICOLAS POTIN. — Cons. à Paris du 2 avril 1408. † et remplacé par Pierre du Moulin, 30 déc. 1423.

Laïs. — JEAN Ier GENCIAN. — Cons. à Paris, 23 sept. 1411. Président du Parlement de Languedoc de 1423 à 1428, pourvu du siège de feu Simon de Nanterre, 4 déc. 1423 (Ms. Lenain, n° 697). † en Languedoc entre 16 fév. et 19 août 1430, sans être rentré à Poitiers, *ibid.*

JEAN GIRARD. — Cons. à Paris du 30 sept. 1411 ; Maître des Requêtes, 1422. Archidiacre d'Embrun, 23 déc. 1433, de Vienne, 1444. † 17 janv. 1447.

ADAM DE CAMBRAY. — V. *supra*, IIIe Président, 1420. Remplacé comme cons. par Guillaume Jouvenel, 23 mars 1425, *ibid.*

Hugues de Comberel. — Cons. en Cour des aides, à Paris, Z1A 5, f° 396 v°, 20 déc. 1412. Évêque de Tulle, janv. 1421 (en compétition, dès 1419, avec Fe Martin de Saint-Sauveur, *ibid.*), puis de Béziers, 23 avril 1423.

Clercs. — THIBAULT DE VITRY. — Cons. à Paris du 20 nov. 1412. Cumule les fonctions de général sur le fait des aides, Z1A 8, f° 122, 4 mai 1434. V. Parlement de Charles VII à Paris, 1436.

Guillaume Quiédeville. — Cons. en Cour des aides à Paris. † en Espagne *ante* 12 nov. 1428. Remplacé par Nicolas Gehée, 26 janv. 1429.

Lai.— **Nicolas Eschalart.** — Ex-avocat en Parlement. Général de la justice des aides du 25 sept. 1411, Z^{1A} 5, f° 183 v°; gendre du président Jouvenel, X^{1A} 4788, f° 384, 12 déc. 1409. † 14 mars 1422. Remplacé, led. jour, par Jean Coure.

Conseillers reçus ou créés après le 21 sept. 1418.

1418 Barthélemy Hamelin. — Clerc. Transfuge du Parlement bourg., 20 déc. 1418 (1re présence en séance). Ms. Lenain, n° 697. † *ante* 29 déc. 1425. Remplacé par Jean de Pérusse, 1er fév. |1426.

Pierre de Oger. — Clerc. Transfuge de Paris. Archidiacre de Laon. Ms. Lenain, n° 697, 16 fév. 1430. Présent à Poitiers, 20 déc. 1418, *ibid*. Délégué au Parlement de Languedoc, où il reste après la réunion des Parlements. †*ante* 16 août 1432, IX^{2A} 21. Remplacé par Guillaume Charretier, 29 août 1433.

1419 Hugues de Grimaut. — Clerc. Transfuge de Paris. Présent à Poitiers, 11 janv. 1419 (Ms. Lenain, n° 697). † *ante* 3 déc. 1429. Remplacé par Hélie de Pompadour, 31 déc. Le Ms. 7555 distingue, à tort, Hue et Jean, qui ne font qu'un.

Jean Mauloue. — Clerc. Cons. à Paris de 1393 à 1418. Présent à Poitiers, 30 janv. 1419 (Ms. Lenain). V. Parlement de Charles VII à Paris, 1442.

Guillaume Louvet. — Lai. Reçu, 28 mars 1419. Enregistrement de ses lettres (Ms. Lenain, n° 697). † 10 mai 1419, *ibid*.

Aynard de Bleterens. — Lai. Reçu, 7 avril 1419, au lieu de feu Robert Hoël cons. à Paris de 1413 à 1418. V. Parlement de Charles VII à Paris.

Charles de Vaudetar. — Clerc. Cons. à Paris de 1394 à 1418. Présent à Poitiers, 30 déc. 1419 (Ms. Lenain). †*ante* 16 août 1432, X^{2A} 21. Remplacé par Leonet Garinet, 17 avril 1433.

1420 Guillaume Lailler. — Lai. Transfuge du Parlement bourg. Présent à Poitiers, 11 mars 1420 (*ibid*.). † *ante* 26 janv. 1434. Remplacé par Guillaume de Vic, 26 fév.

Aimery Marchand. — Lai. Présent en séance, 30 mars 1420. V. Parlement de Charles VII à Paris, 1er déc. 1436. Époux 1° de Jeannette de la Rue, fille de Simon, greffier des Requêtes de l'hôtel à Poitiers et de Martine de Chezac (Ms. Lenain, n° 697, 3 nov. 1422) ; 2° de Marie Claustre, veuve, 12 fév. 1477, Z^{1A} 30, f° 54 v°.

Philippe des Courtils. — Lai. Avocat au Parlement de Paris (Rôle de 1418). Présent en séance, 30 mars 1420 (Ms. Lenain). Général cons. sur le fait des aides, Z^{1A} 8, f° 122, 4 mai 1434. Cumule. V. Parlement de Charles VII à Paris, 1439. Époux de Marguerite de Fumechon, veuve, 17 mars 1457. Cf. X^{1A} 87, f° 10, 2 janv. 1458.

Mahieu Canu. — Clerc. Transfuge du Parlement bourg. Présent à Poitiers, 30 mars 1420 (Ms. Lenain). † 14 avril 1433. Remplacé par Pierre de Roe, 5 fév. 1434.

Geoffroy Vassal. — Clerc, du pays d'Angoulême. Chancelier de la sainte chapelle de Bourges, 1439. Présent en séance, 22 juin 1420. V. Parlement de Charles VII à Paris, où il est remplacé par Jean de Charpaigne, 13 mars 1439, sans y avoir jamais siégé. Archevêque de Vienne, puis de Lyon, 1444. Cf. *Gall. Christ.*, XIII, col. 114, et X^{1A} 73, f° 69 v°, 12 oct. 1444. † à Tours, 1496.

1422 **Jacques Coure.** — Lai. Reçu, 14 mars 1422, au lieu de feu Nicolas Eschalart (Lettres registrées *in forma consueta*, par manière d'élection). † *ante* 20 mars 1425. Remplacé par Pierre de Tulières, 23 mars.

Guy Boulie. — Lai. Bourgeois de Paris. Reçu, 6 août 1422, *deliberatione pro electione precedente.* † 26 mai 1427. Remplacé par Hélie Dalée, 12 nov. 1428. Le 5 avril 1437, restitution à sa veuve, Agnès de Beauvais, d'un hôtel, rue de la Huchette, à Paris, occupé depuis 1418 par un Bourguignon, Jean Sanson. Cf. X^{1A} 70, f° 16 v°, 18 mai 1439.

1423 **Guillaume de Charpaigne.** — Clerc. Chantre et chanoine de Poitiers. Présent en séance, 28 avril 1423 (Ms. Lenain, n° 697) (ne siège que les 2 sessions de 1423-24). Maître des Requêtes, 20 mars 1429, puis à Paris, 1er déc. 1436. Remplacé par Guillaume de Moréac, 21 mars 1425.

Henry Loppier. — Clerc. Reçu, 11 mai 1423. † en Poitou, sans avoir siégé à Paris où il est remplacé, 8 avril 1441, par Guillaume d'Étampes.

Guillaume le Tur junior. — Clerc. Fils de l'avocat du roi, futur Président. Présent en séance, 20 mai 1423 (Ms. Lenain). Évêque de Châlons, 14 déc. 1440. Remplacé à Paris par Jean Secrétan, 14 nov.

Nicolas de Grantrue. — Clerc. Présent en séance, 16 août 1423. Disparu, 23 nov. 1434. Non remplacé.

Pierre du Moulin. — Lai. Chanoine de Vienne, Chartres, Reims, Tours, Alby, Embrun, Saint-Denis, frère du Maître des Requêtes, Denis. Élu et reçu comme lai supplémentaire, du congé du roi, 4 déc. 1423. Passe en l'office clerc de feu Nicolas Potin, 31 déc. (avisé d'élire un lai en son lieu, Ms. Lenain, n° 697). Général de la justice des aides en Languedoc, 30 janv. 1438. Maître des Requêtes au lieu de son frère Denis. Archevêque de Toulouse, 1443 et Président du Parlement de Languedoc, 1444. † 3 oct. 1451. Inhumé en l'église cathédrale de Saint-Etienne.

1425 **Guillaume de Moréac.** — Clerc. Reçu, 21 mars 1425 (élu la veille) au siège de Guillaume de Charpaigne fait Maître des Requêtes. Remplacé seulement à Paris, 11 janv. 1438, par Michel Claustre. † sans y avoir siégé. Le ms. 7555 le fait recevoir, à tort, le 9 janv. 1438.

Guillaume Jouvenel junior. — Lai. Chevalier, baron de Trainel, vicomte de Troyes, dernier fils du président Jean Ier. Reçu, 23 mars 1425 (élu le 20) au siège d'Adam de Cambray fait président (Ms. Lenain). Chancelier de France, 16 janv. 1447. Destitué par Louis XI, 1461. Réintégré 1465. † 23 janv. 1472. Inhumé à Notre-Dame de Paris. Epoux de Geneviève, fille de Macé Héron, Maître des Comptes.

Pierre de Tulières. — Lai. Chevalier (X^{1A} 75, f° 73 v°, 19 août 1446). Reçu, le 23 mars 1425 (élu le 20), au siège de feu Jacques Coure. V. Parlement de Charles VII à Paris, 1437. Epoux de Jeanne Braque, veuve 24 juil. 1460, X^{1A} 89, f° 62 v°.

Jean de Vailly junior. — Clerc. Fils du Ier Président, archidiacre de Tours en l'église de Poitiers. Reçu, 12 avril 1425, au siège de Jean Tudert fait Maître des Requêtes (Ms. Lenain). V. Parlement de Charles VII à Paris, 1er déc. 1436.

1426 **Jean de Pérusse.** — Clerc. Reçu, 1er fév. 1426, au lieu de feu Barthélemy Hamelin (Ms. Lenain). Évêque de Luçon, 2 déc. 1433. Remplacé par Jean Duchesne, 11 janv. 1434. Cf. *Gall. Christ.*, II, col. 1410, qui l'omet.

1428 **Hélias Dalée.** — Lai. Bourgeois d'Angers. Reçu, 12 nov. 1428, au lieu de feu Guy Boulie. V. Parlement de Charles VII à Paris, 1438. Époux de dame Thévenine de Hoges. Cf. Z^{1A} 20, f° 182 seq., 1451, curieux procès contre les fermiers du IIIIe d'Angers qui le poursuivent pour avoir fait taverne en son hôtel des Tournelles, rue Bourgrisol, principale de la ville, en se couvrant de l'immunité des membres du Parlement, et X^{1A} 76, f° 23 v°, 18 mars 1447.

1429   **Nicolas Gehée**. — Clerc. Élu et reçu, 26 janv. 1429, au siège de feu Guillaume Quiédeville. V. Parlement de Charles VII à Paris, 1439. Cf. Z¹ᴬ 8 f°. Homonyme, Élu de Tours.

Jean de Baubignon. — Clerc. Élu et reçu, 7 mars 1429, en présence du Chancelier, au lieu de (blanc). Maître des Requêtes, 26 janv. 1434, puis à Paris, 1ᵉʳ déc. 1436. Cf. X¹ᴬ 79, f° 20 v°, 24 mars 1450.

Charles de Rainny. — Lai. Translaté du Parlement de Béziers, 29 déc. 1429. Disparu *ante* 23 nov. 1434.

Pierre Paumier. — Clerc. Translaté du Parlement de Béziers, 29 déc. 1429. † 14 nov. 1433. Remplacé par Étienne Pasne, 2 déc.

Giles Lelasseur. — Clerc. Translaté du Parlement de Béziers, 29 déc. 1429. V. Parlement de Charles VII à Paris, 1437.

1430   **Hélie de Pompadour**. — Clerc. Originaire du Limousin, neveu du conseiller Geoffroy de P. de 1410. Reçu, 24 janv. 1430, au lieu de feu Hue Grimaut. V. Parlement de Charles VII à Paris, 1441.

Jean II Gencian. — Lai. Fils du conseiller Oudard de 1394 tué en 1418. Reçu, 8 fév. 1430 (Ms. Lenain). V. Parlement de Charles VII à Paris, 1437.

François de la Grange. — Lai. Translaté du Parlement de Béziers, 3 mars 1430 (*ibid.*). † *ante* 16 mars 1433, X²ᴬ 21.

Robert de Montbrun. — Clerc. Évêque d'Angoulême. *Gall. Christ.*, II, 1016. Connu seulement par la désignation de son remplaçant, Jean Richon, 9 juin 1432. Pas trace de réception. N'a sans doute jamais siégé.

1432   **Jean de Bucy**. — Clerc. Petit-fils du feu Iᵉʳ Président, Simon de Bucy (Blanchart). Reçu, 29 janv. 1431, au lieu de feu Guillaume de Lannoy. V. Parlement de Charles VII à Paris, 1438.

Jacques Meaulx. — Lai. Reçu *ante* 31 mars 1432, *noviter receptus*, X¹ᴬ 9194, f° 15 v°. V. Parlement de Charles VII à Paris, 1ᵉʳ déc. 1436.

Jean Richon. — Clerc. Doyen de Limoges (Ms. Lenain, n° 697), archiprêtre de Visnas et curé de Louzac, X¹ᴬ 78, f° 31, 24 mars 1449. Reçu, 9 juin 1432, au lieu de Robert de Montbrun fait évêque d'Angoulême. V. Parlement de Charles VII à Paris, 1439.

1433   **Léonet Garinet ou Guérinet**. — Clerc. Reçu, 17 avril 1433, au lieu de feu Charles de Vaudetar. Choix du roi approuvé par la Cour, 3 fév., qui l'avait écarté, 29 mai 1427, du siège lai de Guy Boulie, dont le roi l'avait pourvu. V. Parlement de Charles VII à Paris, 1439.

Guillaume Charretier. — Clerc. Docteur *in utroque*, régent de l'Université de Poitiers, célèbre légiste, curé de Saint-Laurent, chanoine de Paris, originaire de Normandie. V. Antoine Thomas. *Un émigré normand, Robert Masselin*, p. 486. Reçu, 27 avril 1433, au lieu de feu Pierre Doger. V. Parlement de Charles VII à Paris, 1442.

Jean le Damoisel. — Lai. Reçu 12 nov. 1433, au lieu de (blanc), X^{1A} 9194. V. Parlement de Charles VII à Paris, 1er déc. 1436. Époux de Marie de Poupaincourt, veuve. Reçu d'un minot de sel sans gabelle, 18 janv. 1490 (Blanchart).

Jean Colas. — Lai. Châtelain de Thouars, en 1430, soi-disant Élu, pourvu par Charles VII, pour avoir ramené cette ville à son parti. En procès avec les trois Élus de Poitou qui lui contestent ledit office comme surnuméraire, Z^{1A} 8, f°s 98 v° seq. ; 15, f° 178, 22, 25 mai 1433, 8 janv. 1446. Le Ms. 7555 le fait naître d'une vieille famille d'Orléans. Reçu, le 12 nov. 1433, au lieu de (blanc), X^{1A} 9194. V. Parlement de Charles VII à Paris, 1er déc. 1436.

Étienne Pasne. — Clerc. Lic. *in utroque*. Élu et reçu, 2 déc. 1433, au lieu de feu Pierre Paumier. N'a jamais siégé à Paris. Pas trace de son remplacement.

André Marchant. — Clerc. Chevalier. Conseiller à Paris de 1389 à 1413. Prévôt de Paris, 22 sept. 1413. Élu bailli de Chartres, 11 déc. 1414, puis de Sens, 27 déc. (date de sa provision inconnue). † en Poitou, sans avoir siégé à Paris où il est remplacé par Pierre Gaboreau, 11 sept. 1439.

1434   **Jean Duchesne dit Damaigne.** — Clerc. Reçu, 18 janv. 1434, au lieu de Jean de Pérusse fait évêque de Luçon. Élu audit siège, 16 nov. V. Parlement de Charles VII à Paris, 1437.

Jean de Sanzay. — Lai. Reçu, 26 janv. 1434. Élu, 30 avril 1433, au siège de (blanc), X^{1A} 9194. V. Parlement de Charles VII à Paris, 1er déc. 1436.

Pierre de Roe. — Clerc. Reçu, 5 fév. 1434 (Proposé par la Cour, 18 nov. 1432), au siège de feu Mathieu Canu. † en Poitou, sans avoir siégé à Paris, où il est remplacé, 9 mai 1442, par Raoul Marchand.

Guillaume de Vic. — Lai. Reçu, 20 fév. 1434. Élu, 26 janv. au siège de feu Guillaume Lailler. V. Parlement de Charles VII à Paris, 1441.

Robert Thiboust. — Lai. Reçu, 6 avril 1434. V. Parlement de Charles VII à Paris, 1er déc. 1436. Époux de Jeanne de Jouis.

PARLEMENT DE CHARLES VII A PARIS

Présidents de la Cour, translatés de Poitiers (Lettres pat. du 1ᵉʳ déc. 1436, X¹ᴬ 1482, f° 1 v°.

ADAM DE CAMBRAY, Iᵉʳ. — † 15 mai 1457. Inhumé aux Chartreux de Paris. Ne paraît plus en séance depuis le 12 nov. 1452. Remplacé par Yves de Scépeaux, Iᵉʳ, et Jean le Boulanger, IVᵉ.

GUILLAUME LE TUR, IIᵉ. — † 1444 ou 1445 (lacune du Conseil). Remplacé par Arnault de Marle, X¹ᴬ 8312, fᵒˢ 328 seq. V. *infra*.

JEAN RABATEAU, IIIᵉ. — † *ante* 24 avril 1453. Remplacé par Robert Thiboust, *ibid*.

Présidents créés ou réintégrés dans la suite du règne.

ROBERT II PIÉDEFER. — Ex-Président du Parlement bourg., redevenu conseiller, 1ᵉʳ déc. 1436, fait Vᵉ Président, le 27 fév. 1437; IVᵉ, en août, au décès de Junien Lefèvre mort à Poitiers. † 18 juillet 1438. Remplacé par Guillaume Cousinot, 12 janv. 1439. (Inhumé au cimetière des Innocents.) Le Ms. 7553 cite, à tort, un conseiller de même nom qui aurait été reçu le 8 fév. 1459 et serait son petit-fils.

Guillaume Cousinot. — Frère du Procureur général Pierre Cousinot. Chancelier d'Orléans, 6 août 1437. IVᵉ Président, 12 janv. 1439, au décès de Robert II Piédefer. Remplacé par Yves de Scépeaux, 2 juin 1442 « retenus CCC. l. de gages à Cousinot qui, pour sa débilité, ne peut plus servir ». Époux de Laurence, fille de Pierre Lorfèvre, chancelier d'Orléans, conseiller en 1383, et de Jeanne de Sens, X¹ᴬ 69, f° 17 v°, 30 juillet 1437.

Yves de Scépeaux. — Chevalier. Fils de Guy, chevalier, Sgr dudit lieu en Bretagne; conseiller clerc du 9 mars 1439, lai du 6 juin 1443, chancelier du dauphin Louis; IVᵉ Président, 2 juin 1442, par résignation du précédent; Iᵉʳ, 19 août 1457, au décès d'Adam de Cambray, après 6 ans d'absence passés au service du dauphin, Z¹ᴬ 8, f⁰ˢ 300, 305, 21, 28 mars 1450. Rétrogadé au II⁰ rang, par Louis XI, à son avènement. Époux de Charlotte de Beauveau, dame de Précigny et de Montreuil.

ARNAULT DE MARLE. — Conseiller à Paris en 1413 (V. *supra*), Maître des Requêtes, 1414, puis à Poitiers, 21 sept. 1418, derechef à Paris, 3 sept. 1438. IV⁰ Président, au décès de Guillaume le Tur (X¹ᴬ 8312, f⁰ˢ 328 seq.). Signe son 1ᵉʳ arrêt, le 1ᵉʳ fév. 1445, X¹ᴬ 74, f⁰ 146. Le Ms. 7553 le fait Président en 1444, mais sans distinguer les styles. Cf. Amiens, CC. 31, f⁰ 26. † et remplacé par Hélie de Tourettes, 11 avril 1456.

GUILLAUME LEDUC. — Sieur de Villevaudé. Président à Paris, 1432-35. V. *supra*, Fait V⁰ Président, après 15 ans de retraite, au cours de la session de 1449-50, X²ᴬ 26, *in fine*. Le reg. Z¹ᴬ 18, f⁰ˢ 300, 305, 21, 28 mars 1450, dit qu'il fut rétabli après la conquête de la Normandie, à raison de l'affluence des causes et de l'absence d'Yves de Scépeaux depuis 6 ans. † entre 8 et 27 janv. 1453. Remplacé par Hélie de Tourettes, V⁰, 5 juin 1454. Inhumé aux Célestins, avec Jeanne Porcher, sa femme. Du mariage de sa fille unique Marguerite avec Pierre Aguenin, fils du président Jean Iᵉʳ, sortit la branche des Aguenin, dit Leduc. V. *infra*.

ROBERT THIBOUST. — Originaire de Paris, conseiller à Poitiers, 1434. puis à Paris, 1436; IV⁰ Président, 10 mai 1454, au décès de Jean Rabateau (X¹ᴬ 8312, f⁰ˢ 328 seq.). V. Parlement de Louis XI. Le Ms. 7553 le fait fils d'un prétendu conseiller de 1400, Thomas Thiboust (inconnu).

Hélie de Tourettes ou Torrettes. — Simple lic. en droit et non conseiller (erreur du Ms. 7553), lieutenant du Sénéchal de Saintonge, X¹ᴬ 78, f⁰ 84, 31 juillet 1449. V⁰ Président, le 5 juin 1454 (siège de Guillaume Leduc); IV⁰, 11 avril 1456, au lieu de feu Arnault de Marle; créé 1ᵉʳ Président par Louis XI, à son avènement, mort peu après. Époux d'Ysabeau Gombault (veuve 1ᵉʳ juil. 1476, X³ᴬ 4).

Jean le Boulanger. — Sieur de Hacqueville en Gâtinais et de Montigny en Brie, fils de Pierre, marchand de Paris, notaire et secrétaire du roi; conseiller laï de 1345, IV⁰ Président *ante* 7. mars 1460 (Refus de la Cour de présenter à son siège de conseiller, le nombre des lais étant rempli). La Cour n'avait plus que 3 présidents depuis le décès d'Adam de Cambrai. V. Parlement de Louis XI, 1ᵉʳ Président, 25 juin 1472. † 24 fév. 1482. Inhumé au cimetière des Innocents. Époux de Marie Chevalier, dame de Grigny, veuve 2 août 1485, X³ᴬ 7. Cf. 17, 9 juillet 1506.

Présidents des Enquêtes (Chambre rétablie en 1439, dédoublée en 1455).

GUILLAUME DE VILLERS. — Conseiller clerc de 1389, IIᵉ Président du 12 déc. 1410 à juin 1418. Redevenu conseiller, 1ᵉʳ déc. 1436. Iᵉʳ Président des Enquêtes, 23 sept. 1439. †et remplacé par Étienne de Montdidier, 19 août 1440.

GUILLAUME COTIN. — Conseiller clerc de 1417, ayant servi au Parlement bourg. de 1418 à 1436. Confirmé 1ᵉʳ déc. 1436. IIᵉ Président, 23 sept. 1439. Élu par la Cour. V. Parlement de Louis XI. † *ante* 29 mai 1462.

Étienne de Montdidier. — Conseiller clerc du 1ᵉʳ déc. 1436. Chanoine de Paris (Blanchart). Président des Enquêtes, 19 août 1440. Élu par la Cour, au décès de Guillaume de Villers. V. Parlement de Louis XI. † 26 mai 1468.

Jean Barthon. — Conseiller clerc de 1445. V. *infra*. Chanoine, puis doyen de Limoges, 1446. *Gall. Christ.*, II, 536, *et Mémoires des évêques de Limoges*. Ms. Nadaud-Legros, n° 33, p. 459. Fils de Jean B., chancelier de la Marche, reçu général conseiller sur le fait des Aides à Poitiers, 4 mai 1434, Zᴵᴬ 8, f° 122. Iᵉʳ Président en la IIᵉ Chambre des Enquêtes (création), 16 avril 1455. Élu par la Cour, à la demande du roi. Évêque de Limoges, 1458, puis archevêque de Nazareth, X³ᴬ 8, 3 avril 1487, et Ms. 7553. Remplacé comme président aux Enquêtes par Jean de la Réaulté. Appelé au Conseil du roi, 1465, aux gages de 1200 l., il siégea aux États de Tours, du 6 au 11 avril 1467 (Ms. Nadaud). † 1495 (Ms. 7554).

Jean le Scellier. — Conseiller clerc de 1447. Élu, comme le précédent, 16 avril 1455 (création de la IIᵉ Chambre). V. Parlement de Louis XI. † 1481.

Jean de la Réaulté. — Docteur en lois, chanoine d'Angers, conseiller clerc du 12 nov. 1454. Remplace Jean Barthon, 29 juil. 1458. V. Parlement de Louis XI. † 29 oct. 1481.

Président des Requêtes du Palais (Chambre restituée ou séparée des Requêtes de l'hôtel en 1454).

Mahieu de Nanterre. — Conseiller lai du 28 fév. 1438, lic. en lois, 2ᵉ fils du Président Simon de Nanterre. Président des Requêtes, 5 juil. 1454. V. X¹ᴬ 4804, fᵒˢ 319, 333, 14 janv., 6 fév. 1455. Procès en compétition audit office contre Bureau Boucher. Maître des Requêtes, un fidèle de Poitiers. Prévôt des Marchands de Paris, janv. 1460. V. Parlement de Louis XI et de Charles VIII. Époux de Guillemette Leclerc, fille de Jean et de Marguerite de Nully, X¹ᴬ 8308, fᵒ 78, 1ᵉʳ juillet 1463.

Conseillers translatés ou institués le 1ᵉʳ déc. 1436. Rôle du 1ᵉʳ déc. (X¹ᴬ 1482, fᵒ 1 vᵒ).

Clercs. — Guillaume de Villers. — Cons. à Paris de 1389 à 1418. Éclipsé 18 ans. Réintégré en 1436. Président des Enquêtes, 23 sept. 1439. † 1440. Remplacé comme cons. par Jean de Villebrefve, 15 juil. 1441.

Thibault de Vitry. — Cons. à Poitiers, 1418-36. V. *supra*. V. Parlement de Louis XI. † mars 1464 (Blanchart).

Philippe de Ruilly. — Conseiller, puis Maître des Requêtes au Parlement bourg. † *ante* 27 juin 1440, X¹ᴬ 70, fᵒ 166 vᵒ. Remplacé par Amy Gombert, 9 mai 1442.

Jean II de Vailly. — Conseiller à Poitiers du 12 avril 1425. Élu évêque d'Orléans, 12 janv. 1439. Débouté par arrêt de la Cour. Élu évêque de Poitiers en compétition avec Léonet Garinet, d'où enquête. Cf. X¹ᴬ 90, fᵒˢ 19, 36 ; 92, fᵒ 37 vᵒ, 29 janv., 28 avril 1461, 11 mars 1462, etc. V. Parlement de Louis XI. Résigne déc. 1461.

Jean Vivian. — Président des Enquêtes du Parlement bourg. 1418-36. V. *supra*. † et remplacé par Jean de Courcelles, 12 janv. 1439.

Clément de Fauquembergue. — Greffier civil bourg. 1418-36. † et remplacé par Yves de Scépeaux, 9 mars 1439.

Hue de Dicy. — Conseiller au Parlement bourg. 1418-36. Chanoine et soi-disant archidiacre de Beauvais, X¹ᴬ 69, fᵒ 70, 9 mars 1437. † et remplacé par Loys Raguier, 11 juil. 1438.

Guillaume Cotin. — Conseiller au Parlement bourg. 1418-36. Président des Enquêtes, 23 sept. 1439. V. Parlement de Louis XI.

Philippe le Besgue. — Conseiller au Parlement bourg. 1418-36. † entre 23 et 29 janv. 1440, X¹ᴬ 70, fᵒˢ 143 vᵒ, 146. Remplacé par Jean Joulain, 14 juin 1440.

Étienne de Montdidier. — *De novo receptus*. Président des Enquêtes, 19 août 1440. V. *supra* et Parlement de Louis XI.

Jean de Brueil. — *De novo receptus*, avocat à Paris en 1418, archidiacre de Bourges, chanoine de Tours, soi-disant député du clergé de Bourges aux États Généraux de Tours de 1434. Curé de Saint-Hilaire de Talemont-sur-Jart au diocèse de Luçon, X^{3A} 2, fin 1454. Fils de Guillaume, notaire et secrétaire du roi, et de Jeanne de Longueil, Z^{1A} 10, f°s 7, 20 v° seq., 122, 19 déc. 1436, 23 fév. 1437, 5 avril 1438. C'est donc à tort que le Ms. 7554 le fait fils d'un prétendu conseiller de 1383, Aimery de Brueil (inconnu). V. Parlement de Louis XI. †déc. 1463. Inhumé en la nef de Notre-Dame de Paris (Blanchart).

Robert II Piédefer. — Président au Parlement bourg. 1433-36 (V. *supra*). Restitué V^e puis IVe Président, 1437. V. *supra*.

Aimery Marchand. — Conseiller à Poitiers, 30 mars 1410. † et remplacé par Yves de Scépeaux fait conseiller lai, 6 juin 1443.

Jacques Meaulx. — Cons. à Poitiers, 1432. IIe Président à Toulouse, 4 juin 1444. Dom Vaissette, *Hist. du Languedoc*, nouvelle édition. Documents inédits, X, p. 51.

Jean le Damoisel. — Cons. à Poitiers, 12 nov. 1433, qualifié chevalier, 23 fév. 1448, X^{1A} 77, f° 24. V. Parlement de Louis XI. † et remplacé par Jean du Fresnoy, 11 mars 1470.

Thomas de la Marche. — Cons. au Parlement bourg. 1418-36 † 18 août 1440. Inhumé en l'église Saint-Benoît. Remplacé par Jacques Nyvart, 7 juin 1441.

Jean Colas. — Cons. à Poitiers, 12 nov. 1433. Reçu général de la Justice des Aides, 24 mai 1441, au lieu de Maurice Clavenrier, son beau-frère, Z^{1A} 12, f° 185 v°. Cumule, car on le retrouve inscrit 4e lai de la Grand Chambre au rôle du 4 juil. 1454, X^{1A} 1483, f° 151. Cf. 73, f° 36 v°, 20 juin 1444, procès en compétition à la succession de Jeanne Colas, sa sœur, femme de Clavenrier, lieutenant général de Poitiers. † 1461. Siège vacant à la fin du règne. Remplacé, sous Louis XI, par Guillaume Aguenin dit Leduc, 26 nov. 1461.

Jean de Sanzay. — Cons. à Poitiers du 26 janv. 1434. V. Parlement de Louis XI. † et remplacé par Jean de la Vacquerie, 12 nov. 1479.

Robert Thiboust. — Cons. à Poitiers du 6 avril 1434. IVe Président, 10 mai 1454. V. *supra*.

Jean III de la Porte. — *De novo receptus*. Examinateur au Châtelet, X^{1A} 65, f° 108, 22 juin 1426. Figure encore au rôle du 12 nov. 1442. Disparu de nov. 1443 à 1451 (lacune du Conseil).

Jean II Baillet. — *De novo receptus*. Sieur de Sceaux, créé Maître des Requêtes par Louis XI, à son avènement, remplacé par Pierre Puy, 19 sept. 1461. † en 1464 (Blanchart) ou 1477 (Ms. 7554). Inhumé à Saint-Merry. Époux de Nicole de Fresnes. *Gall. Christ.*, XII, p. 331.

Pierre de Morviller. — *De novo receptus*. Fils de l'ex-Ier Président du Parlement bourg. Créé chancelier par Louis XI, à son avènement, sept. 1461. † 15 déc. 1476. Inhumé à Saint-Martin-des-Champs. Le Ms. 7555 en distingue, à tort, deux : l'aîné qui aurait épousé Jeanne de la Ferté, et le jeune soi-disant cons. de 1443 à 61 (erreur), époux de Jeanne Boucher.

Clerc. — **Nicole Marchand**. — *De novo receptus*, 3 déc. 1436, doyen de Saint-Père en pont d'Orléans, fils du cons. André Marchand. Proposé, par son père, au choix de la Cour, à Poitiers, et agréé sous réserve du bon plaisir du roi, 15 mars 1436, X^{1a} 9194, f° 128. Chanoine de Paris, au décès de Charles Boulard, préféré au cons. Hélie de Cosdun, X^{1a} 92, f° 70, 15 juin 1462. V. Parlement de Louis XI. † 20 juillet 1463. Inhumé à Saint-Germain-l'Auxerrois.

Conseillers de Poitiers et de Paris rentrés ou réintégrés après le 1er déc. 1436.

1347   Jean II Gencian. — Cons. lai à Poitiers, 8 fév. 1420. (1re présence en séance, 30 janv. 1437.) † et remplacé par Jean de Caulers, janv. 1460. (Un homonyme est cons. clerc à Toulouse, 4 juin 1444, Dom Vaissette, *loc. cit.*)

     Jean Duchesne. — Cons. clerc à Poitiers, 18 janv. 1434. Présent à Paris, 26 fév. † et remplacé par Jean Paillart, 12 janv. 1439.

     Pierre de Tulières. — Cons. lai à Poitiers, 23 mars 1425. Présent à Paris, 8 août 1437. † et remplacé par Henry de Livres, 12 nov. 1455.

     Giles Lelasseur. — Cons. clerc à Poitiers, 29 déc. 1429. Procureur du roi en Cour de Rome, 8 oct. 1437. Cons. au Parlement de Toulouse en 1444. Cumule. Réserve, à chaque fois, son office, en prenant congé de la Cour, à son départ pour Rome, puis pour Toulouse, à condition de se faire suppléer. Cf. Dom Vaissette, *loc. cit.*

1438   Jean II Aguenin. — Cons. clerc au Parlement bourg. de 1424 à

1436, pourvu, 7 janv. 1438, « à la nomination du duc de Bourg. ». Archidiacre d'Athinois en l'église de Châlons, chanoine de Saint-Omer. Élu évêque de Meaux, en compétition avec Jean du Drac, 1461, X¹ᴬ 90, fᵒˢ 17 et 50 vᵒ ; 92, fᵒ 133 ; 4808, fᵒ 248 vᵒ, 16 janv. 17 juin 1461, 18 nov. 1462. V. Parlement de Louis XI.

Robert Agode. — Cons. lai au Parlement bourg. 1418-36, pourvu 10 janv. 1438 « à la nomination du duc de Bourg. ». Disparu entre 17 juin 1449 et 51. Cf. X¹ᴬ 78, fᵒ 58 vᵒ, et 1483, fᵒˢ 1 seq.

Michel Claustre. — Cons. clerc au Parlement bourg. 1419-36. Élu par la Cour, 11 janv. 1438. Disparu entre 1443 et 1451. Substitué à feu Philippe de Ruilly dans le gouvernement et l'administration de la justice ecclésiastique aux Maîtres et Jurés des XVˣˣ 27 juin 1440, X¹ᴬ 70, fᵒ 166 vᵒ.

Toussains Baïart. — Cons. lai au Parlement bourg. 1418-36, « pourvu à la nomination du duc de Bourg », 28 fév. 1438. [† et remplacé par Jean Canteleu, 12 juin 1442.

Mahieu Courtois. — Cons. clerc au Parlement bourg. 1418-36, « pourvu à la nomination du duc de Bourgogne », 7 mars 1438. Visité par ordre de la Cour et éloigné de Paris comme lépreux, 18 août 1442. Figure encore au rôle du 12 nov. Disparu entre 1443 et 51.

Jean de Bucy. — Cons. clerc à Poitiers, 1431-36. Présent en séance, 24 mai 1438. Disparu entre 6 avril 1450 et 12 nov. 1451. Cf. X¹ᴬ 79, fᵒ 24, et 1483, fᵒˢ 1 seq.

Hélie Dalée. — Cons. lai à Poitiers, 1428-36. Présent en séance, 4 juil. 1438. V. Parlement de Louis XI. † entre 1462-1469.

Jean Richon. — Cons. clerc à Poitiers, 1432-36. Présent en séance, 12 janv. 1439. † entre 24 mars et 23 avril 1449, X²ᴬ 26 et X¹ᴬ 78, fᵒ 31.

Léonet Garinet. — Cons. clerc à Poitiers, 1433-36. Présent en séance, 12 janv. 1439. Évêque de Poitiers (en compétition avec Jean de Vailly, soi-disant élu). Confirmé le 19 fév. 1459. Évêque de Fréjus 1461. Cf. *Gall. Christ.*, II, col. 1200, et X¹ᴬ 100, fᵒ 103, 7 juin 1469. Remplacé par Simon Chapitault, déc. 1458.

Philippe des Courtils. — Cons. lai à Poitiers, 1420-36. Présent en séance, 12 janv. 1439. † 9 mars 1448. Inhumé en l'église Saint-Paul (Blanchart).

Nicole Gehée. — Cons. clerc à Poitiers, 1429-36. Présent en séance, 8 août 1439. Disparu entre 1443 et 51. Figure encore au rôle du 12 nov. 1442.

1440 BARTHÉLEMY LE VISTE. — Cons. clerc au Parlement bourg. 1418-36. Reçu, 14 nov. 1440, *de novo creatus*. Lettres à refaire *in modum electionis*. † *ante* 20 mars 1442, X^{1A} 1482, f° 190. Remplacé par Barthélemy Claustre, 16 avril.

JEAN LAMELIN. — Cons. clerc au Parlement bourg. 1422-36, « pourvu à la nomination du duc de Bourgogne », 11 janv. 1441. Sommé de venir exercer son office, 31 mai 1443, X^{1A} 1482, f° 242 v° (où il est dit « longtemps a official de Tournai, office dérogant à celui de conseiller céans et n'est honorable au roi ni à la Cour »). Ordre de se démettre incontinent, sous peine d'être exclu de la Cour. Disparu entre 1446 et 1451. Encore Rap. 28 août 1446, X^{1A} 75, f° 238 v°.

PIERRE OU JEAN DE LONGUEIL. — Cons. clerc au Parlement bourg. 1418-21. Reçu, 25 nov. 1440, où il est bien appelé Pierre le jeune, « à la nomination du duc de Bourg ». Cons. au Conseil privé. Négociateur de la paix d'Arras. Évêque d'Auxerre, 1450. *Gall. Christ.*, XII, col. 328. Le Ms. 7553 distingue à tort Pierre Ier l'aîné et Pierre II le jeune. La qualité d'aîné ne s'applique qu'à Jean, cons. en 1421.

1441 HÉLIE DE POMPADOUR. — Cons. clerc à Poitiers, 1430-36. Présent en séance, 1er avril 1441. Cons. au Parlement de Toulouse, 1444. Cumule. Archidiacre de Carcassonne. Évêque d'Aleth, 18 fév. 1449, puis de Viviers 1454. *Gall. Christ.*, VI, col. 278, et X^{1A} 86, f° 75, 19 août 1457.

AYNARD DE BLÉTÉRENS. — Cons. lai à Poitiers, 1419-36. Présent en séance, 15 sept. 1441. Ier Président au Parlement de Toulouse, 4 juin 1444. Dom Vaissette, *loc. cit.*

GUILLAUME DE VIC. — Cons. lai à Poitiers, 1434-36. Présent en séance, 14 nov. 1441. V. Parlement de Louis XI. † 1477.

1442 GUILLAUME CHARRETIER. — Cons. clerc à Poitiers, 1433-36. Présent en séance, 19 fév. 1442. Élu évêque de Paris, déc. 1447. *Gall. Christ.*, VII, 150. † 1er mai 1472. Inhumé à Notre-Dame. Épitaphe enlevée, puis rétablie par Louis XI, en punition de la part qu'il prit à la Ligue du Bien Public. Ms. 7554.

JEAN MAULOUE. — Cons. clerc à Paris 1393-1418, à Poitiers 1419-36. Présent en séance, 30 mai 1442. Disparu entre 1443 et 51. Figure encore au rôle du 12 nov. 1442.

1447 [CHRISTOPHE ?] DE HARCOURT. — Cons. clerc au Parlement bourg. 1418-19. Rap. 21 janv., 7 sept. 1447 seq., X^{1A} 76, f°s 166 v° seq.,

203 v°, etc. Pourvu sans doute à la nomination du duc de Bourgogne. Disparaît de 1448 à 1451.

Conseillers nouveaux pourvus après le 3 déc. 1436.

1437 **Guillaume Barthélemy.** — Lai. Lic. en lois. Originaire de Paris. Procureur général au Parlement bourg. de 1422 à 1436, compétiteur de Jean Chouart à l'office de Procureur du roi au Châtelet, 29 déc. 1436. Reçu, 8 oct. 1437 (création). Résigne 1452. Remplacé par Joachim Jouvelin, 26 janv. † 1454. Le Ms. 7554 lui donne un fils de même nom, cons. en 1454, Maître des Requêtes, 17 oct. 1482. † avril 1488 (erreur).

Jean Chuffart. — Clerc. Docteur régent en la faculté de décret. Chancelier de Notre-Dame de Paris, doyen de Saint-Germain de Beauvais, natif de Tonnerre. Reçu, 13 nov. 1437 (création). † 8 mai 1451. Non remplacé. Inhumé derrière le chœur de Notre-Dame.

Simon Allegrin. — Lai. Lic. en lois, Sgr. de Dian et de Valence en Brie, fils du cons. Jean Ier (Ms. 7554). Reçu, 2 déc. 1437 (création). † et remplacé par Charles de Fumechor, 13 janv. 1439.

1438 **Mahieu de Nanterre.** — Clerc. Lic. en lois. Fils du feu Président Simon de Nanterre. Reçu, 28 fév. 1438, « à la nomination du duc de Bourgogne ». Président des Requêtes du Palais 1454. V. *supra*.

Loys Raguier. — Clerc. Lic. en lois. Fils d'Emond, Trésorier des guerres, argentier de la reine Isabeau; frère d'Antoine, Trésorier des guerres, à son tour, X^{3A} 1, 29 nov. 1458. Reçu, 11 juillet 1438, au lieu de feu Hue de Dicy. Évêque de Troyes, 1450-83. *Gall. Christ.*, XII, 515. Président en Cour des Aides, 3 juin 1464. † 10 août 1488. Inhumé en l'église Saint-Pierre de Troyes.

1439 **Jean de Courcelles.** — Clerc. Docteur régent en la faculté de décret, compétiteur de Philippe le Besgue à la chanterie de la Collégiale Saint-Marcel près Paris, à lui adjugée à la mort de celui-ci ; archidiacre de Josas, en 1441. Cf. X^{1A} 69, f° 20 ; 70, f°s 143 v° seq., 5 août 1437, 29 janv. 1440. Amiens, CC. 36 et 47, sept. 1449, août 1464, et Alliot, *Visites archidiaconales de Josas*. Reçu et élu, 12 janv. 1439, au siège de feu Jean Vivian. Lettres à refaire *in forma consueta*. V. Parlement de Louis XI.

Jean Paillard. — Clerc. Lic. en lois. Fils du feu Président Philibert. Reçu, 12 janv. 1439, au lieu de feu Jean Duchesne. Lettres à refaire (*ut supra*). † *ante* 16 mars 1454, au cours d'un procès en compétition à la chanterie de Paris, contre le cons. Jean Bastart, X¹ᴬ 83, fᵒˢ 33 vº, 34, 16, 18 mars 1454.

Charles de Fumechon. — Lai. Lic. en lois, originaire de Normandie (Ms. 7555). Reçu, 13 janv. 1439, au lieu de feu Simon Allegrin. Interné par ordre de la Cour, 28 mai 1452, « pour l'accident survenu en sa personne, pour qu'il ne fasse déshonneur au roi ni à la Cour ». Défense de venir céans jusqu'à ce qu'il ait été ordonné de quelle Chambre il sera. V. Parlement de Louis XI.

Pierre Crolavesne. — Lai. Reçu, 15 janv. (création). V. Parlement de Louis XI. Époux 1º d'Antoinette a Alant, X³ᴬ 2, 28 mars 1460 ; 2º d'Ysabeau de Maucreux (veuve 29 août 1476, X³ᴬ 4).

Guillaume Roussel. — Clerc. Lieutenance du Sénéchal de Poitou. Reçu, 21 fév. (création). Elu, par avance, 13 janv. au 1ᵉʳ lieu qui vaquera. Disparu entre 24 janv. 1450 et 12 nov. 1451. Cf. X¹ᴬ 76, fº 159, et 1483, fᵒˢ 1 seq.

Yves de Scépeaux. — Clerc. Reçu, 9 mars, au lieu de feu Clément de Fauquembergue. (Lettres à refaire par manière d'élection au lieu de Jean Tudert ou autre, pour ce que ledit Scépeaux est en intention d'exercer office de lai.) Passe, 6 juin 1443, au siège lai de feu Aimery Marchand. IVᵉ Président de la Cour en 1442. V. *supra*.

Jean de Charpaigne. — Clerc. Lic. en lois. Reçu, 13 mars, au lieu de Geoffroy Vassal fait archevêque de Vienne. Maître des Requêtes et archidiacre de Saint-Flour en 1461 (Blanchart). Remplacé par Jean Gogé, 8 juin 1441. Inhumé en l'église des Grands Augustins de Paris.

Pierre Gaboreau. — Clerc. Doyen de Saint-Hilaire-le-Grand de Poitiers, X¹ᴬ 73, fº 42, 7 juillet 1444. Reçu, 11 sept., au lieu de feu André Marchand. † et remplacé par Guillaume Fournier, 25 fév. 1455.

Michel ou Jean de Lailler. — Lai. Lic. en décret. Sgr de Bertrandpré. Prévôt des Marchands et chef du parti français à Paris, lors de la reddition, en avril 1436 (Ms. 7555), gendre de l'ex-président Robert Mauger. Reçu, 12 nov. (création). Siège vacant en 1461. Remplacé, sous Louis XI, par Jean Angenoust, 18 sept. 1461. Époux de Melot Mauger. Cf. un maître des Comptes du même nom † *ante* 1449. Amiens, CC. 36, fᵒˢ 40 et 65, sept. 1449, et 40, fº 35 vº, 27 mai 1456 où il est appelé successivement Jean, puis Michel.

Antoine Caille. — Clerc. Lic. en lois. Reçu, 12 nov. (création).

Élu ledit jour. Lettres à refaire *in forma consueta*. V. Parlement de Louis XI.

1440 **Jean Joulain**. — Clerc. Lic. en [décret, bach. en lois. Reçu, 14 juin, au lieu de feu Philippe le Besgue. † et remplacé par Pierre, Fredet ou Fradet, fév. 1460. Cf. homonyme doyen de Condé-en-Lunaye en l'église d'Angers, X¹ᴬ 92, f° 133, 18 nov. 1462.

Jean Sécrétan. — Clerc. Docteur *in utroque*, Sous-chantre et chanoine de Poitiers, X¹ᴬ 75, f° 63 v°; 76, f° 16, 3 août 1446, 5 mars 1442, 21 janv. 1447. Reçu, 14 nov., au lieu de Guillaume le Tur junior fait évêque de Poitiers. Lettres à refaire *in modum electionis*. Disparu à la fin de la session de 1451. Encore Rap. 17 sept. 1451, X¹ᴬ 80, f°ˢ 178 v° seq.

Dalmas Ramoroscle dit Thomas. — Lai. Reçu, 14 nov. (création). Lettres à refaire *in modum electionis*. Compétiteur à la maîtrise du collège d'Autun à Paris contre Blaise Gresle, 18 janv. 1449, X¹ᴬ 78, f° 10. V. Parlement de Louis XI.

1441 **Jacques Nyvart**. — Lai. Lic. en lois, bach. en décret. Reçu, 7 janv., au lieu de feu Thomas de la Marche. Affecté aux Requêtes du Palais, lors de la restitution de la Chambre, 5 juillet 1454. V. Parlement de Louis XI. † entre 1462-1469.

Guillaume d'Estampes. — Clerc. Lic. en lois, fils de Robert, sieur de Sallebris-les-Roches et la Ferté-Imbault, sénéchal de Bourbonnais, et de Jaqueline Rollande. Reçu, 5 avril, au lieu de feu Henry Loppier. Évêque de Montauban 1452, Condom 1455, Issoudun 1460 (Blanchart). Cf. *Gall. Christ.*, XIII, col. 243, et X¹ᴬ 89, f° 61, 17 juil. 1460, etc.). Remplacé par Jean Bastart, 15 juil. 1452.

Jean Gogé dit de Charpaigne. — Clerc. Lic. en lois, archidiacre de Saint-Flour en l'église de Clermont, doyen de Thouars, neveu du Maître des Requêtes Guillaume de Charpaigne, auquel il succède d'après son épitaphe à Saint-André-des-Ars (Blanchart). Reçu, 8 juin, au lieu de Jean de Charpaigne fait Maître des Requêtes. (Jean et Guillaume ne font sans doute qu'un.) V. Parlement de Louis XI. † 18 juin 1473, d'après son épitaphe, *ibid*.

Ythier Vousy. — Lai. Lic. en lois. Reçu, 16 juin (création). Concierge du Palais, 8 fév. 1461. Débouté, par arrêt du 9 fév. 1461, de sa prétention de nommer un bailli du Palais, droit réservé au roi. Procès contre l'avocat Philippe Luillier pourvu dudit office par le roi, X¹ᴬ 86, f°ˢ 37 v° seq. Remplit toute cette période. V. Parlement de Louis XI.

Jean de Villebrefve. — Clerc. Lic. en lois. Reçu, 18 juil., au lieu de feu Guillaume de Villers. V. Parlement de Louis XI.

André Cotin. — Lai. Archidiacre d'Angers. Reçu, 18 août (création). Élu 14 nov. 1440. V. Parlement de Louis XI.

Philippe Braque. — Lai. Sgr de Luas. Cons. en Cour des aides, 12 mars 1441, Z^{1A} 12, f° 183. Patron et gouverneur de la chapelle Bracque à Paris, près la porte du Chaulme, X^{3A} 1, 11 avril 1459. Reçu, 18 août (création). Lettres à refaire *in modum electionis*. « La Cour l'a élu à ce. » Siège vacant en 1461, remplacé par Jean Bérart, 18 sept. Époux de Marguerite de Caulers. Cf. Amiens. CC. 39, f° 43 v°, 21 sept. 1454.

Simon le Tur. — Lai. Lic. en lois, fils du Président Guillaume le Tur, Vte et Sgr d'Arli-le-Ponsart (Blanchart). Reçu, 23 sept. (création). † 20 mars 1450. Inhumé au cimetière des Innocents, contre la chapelle d'Orgemont, avec sa femme Marie, fille ou sœur du Maître des Requêtes, Bureau Boucher, X^{1A} 83, f° 78, 19 juil. 1454.

1442   **Barthélemy de Artigalupa ou d'Artigalobe.** — Clerc. Lic. en décret. Reçu, 9 avril (création). Encore Rap. le 15 mai 1451, X^{1A} 80, f° 155. Disparu *ante* 12 nov.

Barthélemy Claustre. — Clerc. Lic. en lois. Reçu, 16 avril, au lieu de feu Barthélemy le Viste. V. Parlement de Louis XI. Époux de Jeanne Marchant (veuve déc. 1489). Reçu de sel, sans gabelle (Blanchart).

Amy Gombert. — Clerc. Lic. en lois. Reçu, 9 mai, au lieu de feu Philippe de Ruilly. V. Parlement de Louis XI.

Raoul Marchand. — Clerc. Lic. en lois. Reçu, 9 mai, au lieu de feu Pierre de la Roe. Encore Rap. 7 sept. 1446. Disparu *ante* 12 nov. 1451. Inhumé à Saint-Germain-l'Auxerrois.

Henry de Marle. — Lai. Sgr de Linances et de Versigny en partie, fils du président Arnault de Marle et de Jeanne Blanchette (V. *supra* Arnault de Marle, cons. 22 sept. 1413), gendre d'Adam de Cambrai. Reçu, 18 mai (création). Encore Rap. 24 juil. 1444, X^{1A} 73, f° 240. Maître des Requêtes, X^{1A} 76, f° 81 v°; 89, f°s 32, 39, 25 juil. 1447, 3 avril, 6 mai 1460, etc. Ier Président à Toulouse, 10 mai 1465. † 1495. Inhumé aux Filles pénitentes, avec Jeanne de Cambrai, sa femme (Blanchart). Le Ms. 7553 le fait mourir en 1518, destitué par Louis XI (?).

Nicole Barthelot. — Clerc. Lic. en lois. Reçu, le 26 mai (création). Cons. au Parlement de Toulouse (26 août 1454).

Jean Canteleu. — Lai. Lic. en lois, bach. en décret, fils de Pierre C.

et de Marie Chanteprime, X^{3A} 3, 9 fév. 1461. Reçu, 12 juin, au lieu de feu Toussains Baïart. V. Parlement de Louis XI.

André Pèle. — Clerc. Lic. en décret. Reçu; 10 sept. (Élu 25 mai) (création). Affecté aux Requêtes du Palais, 5 juil. 1454, lors de leur restitution. † Maître des Requêtes. V. Parlement de Louis XI.

1443 **Pierre de la Treille.** — Clerc. Docteur en lois. Reçu, 10 février (création). V. Parlement de Louis XI.

Jacques de Combort ou de Treignac. — Clerc. Lic. *in utroque*, de la maison de Treignac. Signe tous ses arrêts du nom de Treignac. Reçu, 3 avril (création). Encore Rap. en 1444, X^{1A} 73, f°s 22 v°, 244, 245, 31 mars, 14 août 1444, et X^{3A} 1, 5 août 1458. Disparu *ante* 12 nov. 1451.

Pierre Richard. — Clerc. Lic. en décret, bach. en lois, archidiacre de Cucet, doyen de Billom, Z^{1A} 18, f° 105, 18 juin 1449. Reçu, 6 juin, au siège clerc d'Yves de Scépeaux fait cons. lai. V. Parlement de Louis XI.

(*Lacune du Conseil du 12 nov. 1443 au 12 nov. 1451. Liste restituée d'après les lettres de confirmation de Louis XI, 1461, X^{1A} 8605, f° 209 v°, et les Jugés de cette période. (Nous respectons l'ordre des lettres de 1461.)*

1445 **Clercs.** — **Jean Barthon.** — V. *supra*. Président des Enquêtes 1455. Rap. 1er fév. 1445, X^{1A} 74, f° 148. Cf. Amiens, CC. 33, f° 54 v°, 14 mars 1445. (Le 31 mars 1443, il était ajourné par la Cour, pour connaissance insuffisante de la pratique.)

1446 **Jean Mortis.** — Lic. en décret, curé de Saint-André de Savigny au diocèse de Loudun (Blanchart), chantre et chanoine de Beauvais, X^{1A} 100, f° 140, 20 juil. 1469, de la Sainte-Chapelle (Ms. 7555). Rap. 7 sept. 1446, X^{1A} 75, f° 250 v°. Cf. 4811, f° 63 v°, 21 fév. 1469. V. Parlement de Louis XI.

Étienne Yver. — Lic. en décret, originaire de Péronne, chanoine de Paris et de Rouen (Blanchard). Grand archidiacre de Caux, Z^{1A} 22, f° 53 v°, 20 déc. 1460. Rap. 27 août 1446, X^{1A} 75, f° 239 v°. V. Parlement de Louis XI.

1447 **Jean le Scellier.** — Rap. 29 juil. 1447, X^{1A} 76, f° 219 v°. Président des Enquêtes 1455. V. *supra*. Cf. homonyme compétiteur à la Trésorerie de l'église de Lyon, 4 nov. 1444, X^{1A} 74, f° 2.

1448   **Mile d'Iliers**. — Lecteur en la faculté de décret de Paris, puis docteur régent en 1454, doyen de Chartres. Rap. 6 juil., 7 sept. 1448, X¹ᴬ 77, fᵒˢ 256 vᵒ, 281. Le 6 juil. le scribe a écrit « de Villers Rap. » (erreur pour d'Iliers). Délégué par Charles VII, en 1452, avec le cardinal d'Estoutevile, à la réformation de l'Université de Paris. Nombreuses ambassades sous Charles VII, Louis XI et Louis XII (Ms. 7555). Élu évêque de Chartres, 6 mai 1459, peut-être d'Orléans 1491. Résigne excommunié 1492. *Gall. Christ.*, II, 1085. Remplacé par Pierre Salat, août 1459.

1444   *Laïs*. — **Jacques Fournier**. — Fils de Pierre, homme d'armes de Charles VII, originaire de Saint-Marcel près Argentan. Rap. 4 avril 1444, X¹ᴬ 73, fᵒ 208. V. Parlement de Louis XI. Époux 1ᵒ de Marie Vivien et veuf 14 janv. 1460, X³ᴬ 2; 2ᵒ de Denise de Vaudetar, veuve 26 août 1475, X³ᴬ 4; cf.1511, fᵒ 34 vᵒ, janv. 1494.

1445   **Jean le Boulenger**. — Chevalier. V. *supra*. Président de la Cour 1460. Rap. 4 mars 1445, X¹ᴬ 74, fᵒ 171.

1446   **Guillaume de Corbie**. — Avocat au Châtelet, Sgr de Mareuil, petit-fils du chancelier Arnaud de Corbie tué en juin 1418, X¹ᴬ 8312, fᵒˢ 326 seq., *loc. cit.* Reçu vers Pâques 1446, *ibid.* et Rap. 21 janv. 1447, X¹ᴬ 76, fᵒ 164. V. Parlement de Louis XI. Époux de Jeanne de Longueil.

1447   **Étienne Durand**. — Rap. 23 juin 1447, X¹ᴬ 76, fᵒ 208. Résigne, remplacé par Aynard, son fils, 2 juil. 1454.

Guillaume de Vitry. — Sgr châtelain de Chauny, fils de Gilles, Maître des Monnaies. Rap. 7 sept. 1447, X¹ᴬ 76, fᵒˢ 346 vᵒ seq. V. Parlement de Louis XI. Époux de Jeanne le Picart, fille de Jean, Maître des Comptes, X³ᴬ 10, 16 sept. 1491. Le Ms. 7555 en distingue deux, reçus l'un en 1436, l'autre 1462 (double erreur). La première lettre du prénom G. ne paraît que le 28 juin 1449, X¹ᴬ 78, fᵒ 239 vᵒ.

1450   **Eustace Milet**. — Rap. 24 janv. 1450, X¹ᴬ 78, fᵒ 239 vᵒ. V. Parlement de Louis XI. Le Ms. 7555 distingue, à tort, Étienne et Eustace.

Guillaume Blanchet. — Fils de Pierre mort ambassadeur à Londres et d'Ysabeau de Champeaux, X³ᴬ 3, 14 avril 1461, 2 janv. 1462. (Blanchart lui donne, à tort, pour mère Guillemette de Vitry qu'il dit inhumée aux Cordeliers de Paris, avec Pierre Blanchet). V. Parlement de Louis XI.

(*Suite des réceptions régulièrement enregistrées dans* X^{1A} *1483 seq.*)

1452   **Joachim Jouvelin.** — Lai. Reçu, 26 janv. (Gages réservés au résignant Guillaume Barthélemy); pourvu, le 22 mai 1454, d'office gagé de nouvelle création, en laissant le précédent à Guillaume de Paris.

Jean Bastart. — Clerc. Lic. en lois, bach. en décret, chantre de Paris, 18 mars 1454, X^{1A} 83, f° 34 ; chanoine de Nevers, X^{3A} 1, 21 mars 1459. Reçu, 15 avril, par résignation de Guillaume d'Étampes. V. Parlement de Louis XI. Le Ms. 7554 l'appelle Guillaume et le fait recevoir, à tort, en 1451. Cf. procès contre les Élus de Berry et fermiers de l'aide du vin à Bourges, Z^{1A} 68, f° 112 v°, 17 août 1466.

1454   **Jean de Montigny.** — Clerc. Docteur régent en la faculté de décret, archidiacre et chanoine de Notre-Dame. Reçu, 10 mai (création). V. Parlement de Louis XI. Cf. homonyme élu de Paris 1438-41, Z^{1A} 10 et 11 passim.

Hélie de Cousdun. — Clerc. Lic. en lois. Sgr de Saint-Étienne de la Cicongne (1ᵉʳ fév. 1477). Reçu, 10 mai (création). Affecté aux Requêtes du Palais restituées 5 juillet. V. Parlement de Louis XI.

Jean Henry. — Clerc. Lic. en lois. Reçu, 10 mai (création). V. Parlement de Louis XI.

Guy Burdelot. — Clerc. Lic. en lois, fils de Guy, bourgeois de Tours ; archidiacre de Pinchiers en l'église de Chartres, X^{1A} 4811, f° 117, 12 mai 1469. Reçu, 10 mai (création). V. Parlement de Louis XI.

Guillaume Compaing. — Clerc. Lic. en lois ; d'une vieille famille d'Orléans, archidiacre d'Angers (Ms. 7554). Reçu, 10 mai (création). V. Parlement de Louis XI.

Jean Chambon. — Lai. Lic: en lois, originaire d'Auvergne, gendre du cons. Philippe de Courtilz. Reçu, 10 mai (création). V. Parlement de Louis XI. Époux de Marie des Courtils, X^{1A} 4805, f° 208 v°, 17 mars 1457.

Pierre Clutin. — Lai. Lic. en lois, fils de Henry, changeur du Trésor, et de Jeanne Luillier. Reçu, 10 mai (création). V. Parlement de Louis XI.

Jean des Feugerais. — Lai. Lic. en lois, Sgr de Néron, gendre du président Robert Thibout. Reçu, 10 mai (création). V. Parlement de Louis XI.

Raoul Pichon. — Lai. Lic. en lois, Sgr de la Rochebaron, Saint-Valérien, Lagny, etc. Reçu, 10 mai (création). V. Parlement de Louis XI. Époux de Blanche le Picart, fille de Jean, secrétaire du roi, X³ᴬ 9, 24 avril 1488.

Jean des Plantes. — Lai. Lic. en lois, d'une vieille famille de secrétaires du roi. Cf. Lettres Arrêts de Charles V et Charles VI. Reçu, 15 mai (création). V. Parlement de Louis XI.

Aubert de Rouvroy ou de Saint-Simon. — Clerc. Lic. en lois, doyen de Paris en 1457. Reçu, 17 mai (création). † et remplacé par Jacques de Reilhac, janv. 1459. Le Ms. 7555 *bis* distingue, à tort, Anthoine cons. en 1436, † en 1459, et Aubert cons. en 1454, † 13 nov. 1467 (double erreur).

Jean de Vignolles. — Clerc. Lic. *in utroque*, chanoine puis doyen de Saint-Maurice d'Angers, 23 déc. 1463 et 1465 (déclarations de résidence, Ms. 7555). Reçu, 18 mai (création). V. Parlement de Louis XI.

Guillaume Papin. — Lai. Lic. en lois. Reçu, 21 mai (création). Affecté aux Requêtes du Palais restituées, 5 juil. † *ante* 7 mars 1460. Refus de la Cour de présenter audit siège, le nombre des lais étant rempli. Remplacé par André Robinet, 18 sept. 1461.

Guillaume de Montboissier. — Clerc. Lic. en décret, originaire d'Auvergne, archidiacre de Saint-Flour en l'église de Clermont. Reçu, 22 mai (création). V. Parlement de Louis XI.

Guillaume de Paris. — Lai. Lic. en lois. Reçu, 22 mai, à l'office sans gages de Joachim Jouvelin. V. Parlement de Louis XI.

Jean Avin. — Lai. Lic. *in utroque*. Reçu, 13 juin (création). V. Parlement de Louis XI. Époux de Guillemette ou Jeanne de Vic (veuve 22 août 1487), X³ᴬ 8. Cf. X³ᴬ 2, 11 août 1459.

Jacques Barré. — Clerc. Lic. en décret. Reçu, 13 juin (création). V. Parlement de Louis XI.

Jean le Beauvoisien. — Clerc. Lic. *in'utroque*. Chantre de Bayeux. (En procès pour ladite chanterie, 25 janv. 1470. Plaidoiries remarquables où l'on invoque, de part et d'autre, pour définir le droit de régale, les lois de Charlemagne et la Charte aux Normands.) X¹ᴬ 4811, f° 272 v°. Reçu, 13 juin (création). V. Parlement de Louis XI.

Pierre Dassier. — Clerc. Lic. en décret. Reçu, 13 juin (création). V. Parlement de Louis XI.

Aynart Durand. — Lai. Lic. en décret, docteur en lois. Reçu,

2 juillet. Résignation d'Étienne, son père. Siège vacant en 1461. Remplacé par Jean le Maire, 18 sept. 1461. Époux de Simonne Rousselle (veuve 14 juil. 1461, X^{3A} 3).

Jean Beson. — Lai. Lic. en lois. Reçu, 2 juil. (création). V. Parlement de Louis XI. Veuf de Colette des Royaux, X^{3A} 1, 1er sept. 1459.

Hector Quoquerel. — Clerc. Docteur *in utroque*, vicaire général de l'évêque d'Évreux, X^{1A} 80, f° 118, 23 déc. 1450. Reçu, 5 juil. (création). Affecté aux Requêtes du Palais restituées ledit jour. V. Parlement de Louis XI.

Guichart d'Aubusson. — Clerc. Lic. en décret. Reçu, 18 juil. (création). Évêque de Couserans. *Gall. Christ.*, I, col. 1139. Siège vacant en 1461. Remplacé par Guillaume de Cambrai, 18 sept. 1461.

Jean Héberge. — Clerc. Lic. en lois, doyen de Poitiers, X^{1A} 87, f° 38 v°, et 4869, f° 280, 11 mars 1458, 12 août 1466. Reçu, 16 août (création). Évêque d'Évreux 1474. V. Parlement de Louis XI.

Jean de la Réaulté. Clerc. Reçu, 12 nov. (création). Président des Enquêtes 1458. V. *supra*.

Jean de la Jumelière. — Clerc. Lic. en lois, bach. en décret, Sgr dud. lieu en Anjou, chanoine d'Angers, archidiacre d'outre-Loire, fils de Guillaume chevalier, X^{3A} 1, 13 mars 1458. Reçu, 12 nov. (création). V. Parlement de Louis XI.

Jean Berthelot. — Clerc. Lic. *in utroque*, chanoine de Saint-Martin de Tours, prévôt de Varenne, fils de Jean, Sgr de Beaulieu, cons. de Louis XI, Maître de la Chambre aux deniers, et de Pernelle Thoreau (Ms. 7554). Reçu, 20 déc. (création). V. Parlement de Louis XI.

1455   **Guillaume Fournier.** — Clerc. Lic. en lois, frère du cons. Jacques. Reçu, 25 fév., au lieu de feu Pierre Gaboreau. Lettres à refaire *in forma consueta*. V. Parlement de Louis XI. Blanchart le fait gendre d'un certains cons. Arthur de Vaudetar (inconnu).

Jean Avril. — Clerc. Docteur *in utroque*, prévôt de l'église de Poitiers, X^{1A} 100, f° 162, 4 sept. 1469. Reçu, 22 mai (création). V. Parlement de Louis XI.

Henry de Livres. — Lai. Cons. aux Requêtes du Palais, 12 nov. Reçu seulement sur tierce jussion, le nombre des lais étant rempli, au lieu de feu Pierre de Tulières. Prévôt des Marchands de Paris, 16 août 1460. Continué trois fois de suite par Louis XI. V. Parlement de Louis XI.

1458 Symon Chapitault. Clerc. Lic. en décret, lecteur de la faculté de Paris, peut-être chanoine de Notre-Dame de Corbeil. Reçu, déc., au lieu de Léonet Garinet fait évêque de Poitiers. (Le 15 janv. 1459, 1re mention de la présentation de 3 candidats aud. siège. La Cour prie le roi de pourvoir un des trois élus du siège de feu Aubert de Saint-Simon.) (Chapitaut n'en est donc pas.)

1459 Jacques de Reilhac. — Clerc. Lic. en lois. Reçu, 29 janv., au siège de feu Aubert de Saint-Simon. V. Parlement de Louis XI. Époux de Jeanne Fleury, X^{3a} 5, 7 août 1481.

Pierre Salat. — Clerc. Docteur *in utroque*. Reçu, entre 4 et 11 août, au siège de Mile d'Iliers élu évêque de Chartres. V. Parlement de Louis XI. Présid. des Enquêtes, 1482.

1460 Jean de Caulers. — Lai. Lic. en lois. Reçu, janv., au siège de feu Jean II Gencian. V. Parlement de Louis XI.

Pierre Fredet ou Fradet. — Clerc. Docteur *in utroque*, régent en l'Université d'Orléans, soi-disant doyen de Bourges contre Philippe de Fontenay, X^{1a} 79, f° 26 v° ; 89, f° 28 v°, et X^{3a} 2, 28 avril 1450, 22 mars, 1er juil. 1460. Reçu, fév., au siège de feu Jean Joulain. V. Parlement de Louis XI.

Nota. — Blanchart donne encore comme reçu, le 14 nov. 1460, un certain Guy Aguenin (erreur). V. *infra* Guillaume Aguenin, 21 nov. 1461.

Le Ms. 7555 *bis*, le 8 fév. 1459, un certain Robert III Piédefer, fils du président (inconnu).

Les Comptes d'Amiens, série CC, Présents de vin, qualifient seigneurs du Parlement Jean du Drac, 5 fév., et Blese, 29 nov. 1449, sans doute secrétaires ou huissiers de la Cour, que nous ne citons que pour mémoire (CC. 36, f° 31 v° ; 37, f° 29 v°).

PARLEMENT DE LOUIS XI

Présidents de la Cour confirmés. Lettres patentes du 18 sept. 1461, X¹ᴬ 8605, fº 209 vº.

Hélie de Tourettes, Iᵉʳ. — IIIᵉ Président sous Charles VII. V. supra. † et remplacé par Mahieu de Nanterre, 28 déc. 1461.

Yves de Scépeaux, IIᵉ. — Iᵉʳ Président sous Charles VII. V. supra, rétrogradé. † et remplacé par Guillaume de Corbie, mai 1463. Bien que le Ms. 7553 le fasse mourir en 1461, on le voit encore qualifié président en juil. 1462, X¹ᴬ 92, fº 244 vº, et 1482, fº 261 vº, 14 et 24 juil.

Robert Thiboust, IIIᵉ. — IIᵉ Président sous Charles VII. † en 1465 et non 1463 (erreur du Ms. 7553). Remplacé par Mahieu de Nanterre. Inhumé à Saint-Séverin avec sa femme.

Jean le Boulenger, IVᵉ. — Iᵉʳ Président, 25 juin 1472, au décès de Jean Dauvet. † 24 fév. 1482. Inhumé au cimetière des Innocents. Remplacé par Jean II de Poupaincourt, Iᵉʳ, et Jean de la Vacquerie, IVᵉ, 28 nov. et 24 fév. 1472.

Présidents créés ou promus au cours du règne.

Mahieu de Nanterre. — Président des Requêtes du Palais en 1454 et sept. 1461. Fait Iᵉʳ Président, 26 déc. 1461, au décès d'Hélie de Tourettes. Rétrogradé au IIIᵉ rang, après un court exil à Toulouse, déc. 1465, au lieu de feu Robert Thiboust et remplacé, comme Iᵉʳ, par Jean Dauvet. V. Parlement de Charles VIII. † juin 1487.

Guillaume de Corbie. — Cons. lai en 1446. Président à Grenoble en sept. 1461. Cumule. Fait IVᵉ Président à Paris, en 1463, au décès d'Yves de Scépeaux, X¹ᴬ 8312, fº 326, *loc. cit.* V. Parlement de Charles VIII. † 21 mars 1491.

Jean Dauvet. — Chevalier. Iᵉʳ Président à Toulouse. Ex Proc. général à Paris, sous Charles VII. Nombreuses missions à Rome et au Concile de Bâle. Présid. en Chambre des Comptes en sept. 1461. Ier Président à Paris, en déc. 1465, remplaçant Mahieu de Nanterre disgracié. † 23 nov. 1471. Inhumé à Saint-Landry. Remplacé par Jean le Boulenger, Ier, et Jean II de Poupaincourt, IVe.

Adam Cousinot. — Président à Toulouse. Ex-avocat à Paris, près de 30 ans, fils du Proc. général Pierre C., X^{3A} 1, 11 janv. 1458 seq. Ve Président surnuméraire à Paris, 8 mai 1466 (nommé au siège de feu R. Thiboust. Se désiste au profit de M. de Nanterre). † et remplacé par Guillaume de la Haye, 8 fév. 1479. Époux de Marguerite Luillier, fille de feu Jean et d'Eude de Vitry, X^{1A} 4810, f° 151, 8 fév. 1468.

Jean II de Poupaincourt. — Chevalier, lic. en lois. Ier Président des Comptes, après Jean Dauvet, 12 juin 1466, P. 2299, f° 568, et X^{1A} 8312, *loc. cit.* Sgr de Noisy, Marchez, Sarcelles, Liancourt, etc. Ex-avocat de la ville d'Amiens en Parlement, Amiens, CC. 47, f° 30 v° ; 53, f° 24 v°, 15 nov. 1463, 1475. IVe Président à Paris, le 28 nov. 1472, au décès de Jean Dauvet. † 31 mars 1480. Remplacé par Jean de la Vacquerie, 30 mai. Inhumé à Sainte-Croix de la Bretonnerie, avec Catherine le Besgue, sa femme, X^{3A} 9, 19 avril 1488. Le Ms. 7553 le fait petit-fils de Jean Ier, substitut du Proc. général, d'après un arrêt du 26 juil. 1458, commissaire et capitaine de Paris, en 1465, ambassadeur en Angleterre, 1466, etc.

Guillaume de la Haye. — Cons. lai en 1464. Président des Requêtes du Palais *ante* 1469 (cumule) ; 2e fils de Robert, avocat du roi en la Chambre du Trésor, gendre du Ier Président Dauvet, avocat et cons. du roi au Chatelet, X^{1A} 69, f° 14, 2 juil. 1437. Ve Président surnuméraire et sans gages, à Paris, 8 fév. 1479, au décès d'Adam Cousinot. V. Parlement de Charles VIII et de Louis XII. Résigne son office de cons. aux Requêtes à Guy Désormeaulx, 12 juil. 1479, en gardant ses deux présidences, par section d'office, 1er exemple de cet abus. Époux de Michelle Dauvet.

Jean de la Vacquerie. — Chevalier, cons. du 12 nov. 1479, originaire d'Arras, Sgr de Vargnieules. IVe Président, 30 mai 1480, au décès de Jean II de Poupaincourt; Ier, 27 fév. 1482, au décès de Jean le Boulenger. V. Parlement de Charles VIII. Remplacé comme IVe par Jean Darmes. Époux de Marguerite Leroux (veuve 6 nov. 1501, X^{3A} 13).

Jean Darmes. — Chevalier, docteur en lois, avocat céans. Sgr d'Armes et de la Jardie en Nivernais. Président des Comptes du comte de Nevers; contrôleur du grenier à sel de Saint-Sauge, Z^{1A} 68, f° 138 v°, 20 mars 1467. IVe Président à Paris, au décès de Jean le Boulenger. V. Parlement de Charles VIII. Époux de Jeanne Lamoignon (veuve 22 juin 1497, X^{3A} 12).

Présidents des Enquêtes confirmés (ut supra).

Guillaume Cotin. — Présid. du 23 sept. 1439. † *ante* 29 mai 1462. Remplacé par Jean Henry, présid. *ante* 24 juin 1463, et Jean Ruzé, cons. 29 mai 1462 (J. Barré et J. Avril ont fait l'intérim), X^{1A} 93, f°s 167, 191, 1er fév., 12 mars 1463, etc.

Étienne de Montdidier. — Présid. du 19 août 1440. † 26 mai 1468. Signe encore les arrêts, le 7 sept. 1467, X^{1A} 99, f° 8 v°. Remplacé par Jean le Beauvoisien, *ante* 27 avril.

Jean le Scellier. — Présid. du 16 avril 1455. Résigne. Remplacé par Jean Lespervier, 3 mars 1481, présid. lai, et Étienne des Pontolz, cons., 18 juil.

Jean de la Reautté. — Présid. du 29 juil. 1458. † 29 oct. 1481. Résigne. Remplacé par Jacques Juing, présid., 22 déc. 1478, et Guillaume II Compaing, cons., 21 déc. Cf. Lettres de rappel de la Cour, avec dispense de résider en son canonicat d'Angers, 23 nov., 8 janv. 1474 (Blanchart).

Présidents promus au cours du règne.

Jean Henry. — Cons. clerc du 10 mai 1454. Proposé par la Cour au siège de feu Guillaume Cotin, X^{1A} 9323, f° 1, sans date. Reçu *ante* 24 juin 1463 (Ire signature au bas d'un Jugé, X^{1A} 93, f° 272 v°). V. Parlement de Charles VIII.

Jean le Beauvoisien. — Cons. clerc du 13 juin 1454. Pourvu du siège de feu Étienne de Montdidier, entre 7 déc. 1467 et 27 avril 1468 (Ire signature au bas d'un Jugé), X^{1A} 98, f° 61 v°, et 99, f° 8 v°. † et remplacé par Pierre Salat, 14 août 1483.

Jacques Juing. — Cons. clerc de 1468. Docteur en décret, candidat au rectorat de l'Université de Paris, contre Robert Rémy, 22 août 1458. Reçu, 22 déc. 1478, par résignation de Jean de la Réaulté. V. Parlement de Charles VIII.

Jean Lespervier. — Non cons., lai et marié. Créé Ier Président lai des Enquêtes, extraordinaire, 14 mars 1480; puis reçu ordinaire, 3 mars 1481, au siège de feu Jean le Scellier. V. Parlement de Charles VIII. Époux de Jeanne Baston, X^{3A} 14, 25 janv. 1503.

Pierre Salat. — Cons. clerc d'août 1459. Créé V° Président extraordinaire, 4 mai 1482. Reçu ordinaire, 14 août 1483, au lieu de feu Jean le Beauvoisien. V. Parlement de Charles VIII.

Présidents des Requêtes du Palais.

Mahieu de Nanterre. — Président, 5 juil. 1454. V. *supra*. Confirmé, 8 sept. 1461. Ier Présid. de la Cour, déc. 1461. Remplacé par Jean II de Longueil, janv. 1462.

Jean II de Longueil l'ainé. — Cons. au Parlement bourg. en 1421. Lieutenant civil 1436-38, puis Maître des Requêtes. Le Ms. 7553 le fait, à tort, Président des Requêtes, le 27 juil. 1443. La Chambre ne fut rétablie qu'en 1454. V. *supra*. Reçu, janv. 1462, au siège du précédent fait Ier Président. Remplacé par Guillaume de la Haye, dans la période 1464-69 (lacune du Conseil).

Guillaume de la Haye. — Cons. lai de 1464. Reçu au siège du précédent entre 1464-69. V° Président de la Cour 1479. V. Parlement de Charles VIII.

Conseillers confirmés. Lett. pat du 18 sept. 1461 (V. supra).

Clercs. — Thibault de Vitry. — † mars 1464 (Blanchart).

Jean II de Vailly. — Résigne. Remplacé par Aymé le Viste, 9 nov. 1461.

Jean de Brueil. — † déc. 1463. Inhumé en la nef de Notre-Dame (Blanchart).

Nicole Marchand. — † 20 juil. 1463. Inhumé à Saint-Germain-l'Auxerrois, *ibid.*

Jean II Aguenin. — Résigne. Remplacé par Loys II Raguier, 17 nov. 1469. † 1472. Inhumé à Saint-Merry.

Jean de Courcelles. — V. Parlement de Charles VIII.

Anthoine Caille. — † et remplacé par Jean de Besançon, 30 janv. 1473.

Jean Sécrétan. — Remplacé par Pierre Fumée, 14 juin 1467, Ms. 7555 *bis*, qui le fait mourir, à tort, en 1459.

Jean de Villebrefve ou Villebresme. — † entre 1462-69.

Jean Gogé. — † 18 juin 1473. Remplacé par Pierre Dorigny, 9 fév. 1474.

Amy Gombert. — Remplacé par Accace d'Albyac, 27 fév. 1475.

André Pèle. — Fait Maître des Requêtes en 1463. Amiens, CC. 46 et 50, f° 49 v°, 16 mai 1463 et 24 avril 1469.

Pierre de la Treille. — Disparu entre 1462-69.

Pierre Richard. — Remplacé par Jean Pellieu, 16 août 1471. Siège vacant dès le 5 janv.

Jean Mortis. — V. Parlement de Charles VIII.

Etienne Yyer. — † 24 fév. 1468. Inhumé dans une chapelle de Notre-Dame. Epitaphe (Blanchart).

Jean Bastart. — Disparu entre 1463-69. Encore cons. 4 juil. 1463. V. nos Documents, II, p. 220.

Jean de Montigny. — † 5 oct. 1471. Inhumé à Notre-Dame. Remplacé par Jean le Picart l'aîné, 10 mars 1472.

Jacques ou Pierre Barré. — † entre 22 août 1463 (Rap. X^{1A} 93, f° 97), et 3 juil. 1446, 4809, f° 271 v°.

Jean Avril. — V. Parlement de Ch

Hélie de Cosdun. — † et remplacé pa. Binet ou Bignet, 9 mai 1483.

Jean Henry. — Président des Enquêtes, 1463. V. Parlement de Charles VIII.

Guy Burdelot. — † et remplacé par Jean de Paris, 20 déc. 1474.

Jean Berthelot. — Disparu entre 1462-69.

Guillaume de Montboissier. — V. Parlement de Charles VIII.

Hector Quoquerel. — Disparu entre 1462-69.

Jean le Beauvoisien. — Président des Enquêtes en 1467-68. † et remplacé comme cons. par Charles du Bec, 8 janv. 1483.

Jean de la Vignolle. — Résigne entre 1462-69. Constitué par Louis XI vicaire et administrateur de l'évêché d'Angers, au lieu de l'évêque destitué, Jean de Beauveau. Lettres du 12 nov. 1475 (Blanchart).

Jean Héberge. — Fait évêque d'Évreux. Remplacé par Arnault de Torrettes, 8 juil. 1474. *Gall. Christ.*, XI, col. 607.

Guillaume Compaing. — † janv. 1483. Remplacé par Simon Radin, 9 mai, et comme archidiacre d'Angers par Guy de Beauveau, 24 mai.

Jean de la Jumelière et Pierre Dassier. — Disparus entre 1462-69.

Guillaume Fournier. — Disparu entre 1462-69. Le Ms. 7555, en donnant la date du 29 fév. 1465, pour la mort de son frère Jacques, confond sans doute avec lui.

Simon Chapitault. — † et remplacé par Michel Boulenger, 16 mars 1476. Compétiteur à la chanterie de Bourges. Se désiste au profit de Jean Gérard, 13 avril 1468, X^{1A} 99, f° 106.

Jacques de Reilhac. — Remplacé par Pierre Turquau, 12 nov. 1471.

Pierre Salat. — Président des Enquêtes, 1482. V. Parlement de Charles VIII.

Pierre Fradet. — Disparu entre 1462-69.

Laïs. — Hélie Dalée. — Disparu entre 1462-69.

Jean le Damoisel. — † et remplacé par Jean du Fresnoy, 11 mai 1470.

Jean de Sanzay. — † et remplacé par Jean de la Vacquerie, 12 nov. 1479.

Guillaume de Vic. — † et remplacé par Pierre Poignant junior, 8 mai 1477.

Mahieu de Nanterre. — Ier Président, déc. 1461. Remplacé comme cons. par Martin de Bellefaye, 26 fév. 1462.

Pierre Crolavesne. — Résigne au profit d'Emond Lenfant, 21 juin 1474.

Charles de Fumechon. — Résigne au profit d'Étienne Duboys, 3 janv. 1472 (gages réservés).

Dalmas Ramoroscle. — Résigne au profit de Robert de Guéteville, son gendre, 2 mars 1474.

Jacques Nyvart. — Disparu entre 1462-69.

Ythier Vouzy. — † et remplacé par Jean Boucher, maître des Requêtes, 9 nov. 1461.

André Cotin. — † et remplacé par Jean Baudry, 17 avril 1462.

Barthélemy Claustre. — Résigne au profit de Claude de Chanvreux, 24 août 1475, gages réservés.

Jean de Canteleu. — † et remplacé par Jean Pellieu fait lai, 12 nov. 1471.

Jacques Fournier. — † et remplacé par Philippe de Béry, 15 fév. 1475.

Guillaume de Corbie. — IVe Président de la Cour en 1463. Pas trace de son remplacement comme cons.

Guillaume de Vitry. — † et remplacé par Charles des Pontolz, 28 août 1479.

Eustace Milet. — † et remplacé par Jean Brinon, 12 nov. 1473.

Guillaume Blanchet. — Disparu entre 1462-69.

Joachim Jouvelin. — † et remplacé par Jean de Longuejoe, 15 nov. 1466. Ms. 7555.

Jean Avin. — V. Parlement de Charles VIII.

Jean Chambon. — Fait Maître des Requêtes et remplacé par

Arthur de Cambrai, 9 fév. 1474. † 8 juin 1490. Inhumé en l'église de l'Ave Maria.

Pierre Clutin. — † et remplacé par Henry, son fils, 13 sept. 1473.

Jean Beson. — † en 1483. De passage à Amiens, 9 nov. 1482, CC. 61, f° 42. Pas trace de son remplacement.

Jean des Feugerais et Raoul Pichon. — V. Parlement de Charles VIII.

Jean des Plantes. — † 17 oct. 1479. Remplacé par Michel Boulenger fait lai, 17 janv. 1480.

Guillaume de Paris. — † et remplacé par Philippe Baudot, 6 mars 1480.

Henry de Livres et Jean de Caulers. — V. Parlement de Charles VIII.

Conseillers pourvus au cours du règne.

1461   Jean III de Longueil. — Lai, Sgr de Maisons, Rancher, etc., fils du président des Requêtes, Jean II, gendre du présid. Arnault de Marle. Reçu, 11 sept., au siège vacant de Jean le Boulenger, fait président en 1460. † et remplacé par Guillaume Briçonnet, 11 avril 1470. Époux de Marie de Marle.

André Robinet. — Lai. Lic. en lois, avocat céans, X^{3A} 1, 11 déc. 1458. Reçu, 18 sept., au siège vacant de feu Guillaume Papin. † et remplacé par Jean de la Place, 23 janv. 1476. Époux d'Annette Bueille (veuve 17 janv. 1477, X^{3A} 4).

Jean Angenoust. — Lai. Lic. en lois. Reçu, 18 sept., au siège vacant de feu Michel de Lailler. Résigne au profit de son fils Jean II, 23 juin 1479. Époux de Marie de Vaudetar (veuve 19 juil. 1503, X^{3A} 14).

Guillaume ou Ambroise de Cambrai. — Clerc. Lic. en lois, chanoine, puis archidiacre et doyen de Saint-Étienne de Bourges, fils de Jean, panetier de Charles VII. Reçu, 18 sept., au lieu de Guichart d'Aubusson, fait évêque de Couserans. V. Parlement de Charles VIII. Cf. Amiens, CC. 61, f° 47 v°, 7 mars 1484, où il est nommé Ambroise, après la mort d'Arthur de Cambrai.

Jean Bérart. — Lai. Lic. en lois. Reçu, 18 sept., au lieu de feu Philippe Braque. Résigne entre 1462-69 pour devenir Maître des Requêtes jusqu'en 1471, puis Ier Président à Bordeaux au lieu de J. Tudert (Blanchart).

Jean le Maire. — Lai. Lic. en lois, originaire de Bourges. Cf. Procès avec les héritiers de Jacques Cœur, pour le paiement de sa maison de Bourges acquise par celui-ci, pour la construction de son hôtel. Plaid. 19 mars 1472 seq. Reçu, 18 sept. 1461, au lieu de feu Aynard Durand. Résigne, 5 juil. 1475, en faveur de Guillaume Grignon.

Guillaume Erlaut. — Lai. Lic. en lois. Reçu, 18 sept., au siège de Pierre de Morviller fait chancelier. V. Parlement de Charles VIII.

Pierre Puy. — Chevalier, lai. Lic., puis docteur *in utroque*, 12 nov. 1465. Vicomte d'Acy, ex-avocat céans, X^{3A} 2, 5 mai 1460, puis Maître des Requêtes. Cumule quelque temps. Permute avec Jean II Baillet, 19 sept. 1461. La Cour refuse de le recevoir droit en la Grand Chambre. Toujours qualifié Maître des Requêtes, en 1465, X^{1A} 4808, f°s 149 seq., 10 juin, 12 nov. Exclu de la Cour et « privé de son office par arrêt de céans » (introuvable). Remplacé par Jean Lelou, 26 juil. 1475. Époux de Blanche Annebault. Procès interminable dans toutes les séries (civile, criminelle, Requêtes du Palais).

Jean Boucher. — Lai. Lic. en lois, Maître des Requêtes, fils de Bureau Boucher et de Gillette Raguier (v. *supra*). Reçu, 9 nov. au siège de feu Ythier Vousy. Reprend son office de Maître des Requêtes, en cédant son siège à Jean Burdelot, janv. 1462. Plus tard, révoqué par Louis XI et réintégré au Parlement par Charles VIII, 25 juin 1484. Epoux de Catherine de Montmirail, fille de Robert, Maître des Comptes (Blanchart).

Guillaume Aguenin dit Leduc. — Lai. Lic. *in utroque*, petit-fils de deux présidents de ce nom, par Pierre Aguenin, avocat du roi au Châtelet, et Marguerite Leduc. Reçu, 26 nov., au siège vacant de feu Jean Colas. L'un des 3 cons. suspendus en 1477, après le procès du duc de Nemours. Remplacé, après une longue défense de la Cour, par Robert Lotin, son gendre, 29 mai 1480, X^{1A} 9317, n°s 14 seq. Epoux 1º de Gérarde de Longueil ; 2º de Justine Sanguin, X^{3A} 5, 29 août, oct., 21 nov. 1481.

Aymé le Viste. — Clerc. Lic. en lois, avocat céans (1460), fils du feu cons. Barthélemy. Reçu, 9 déc., par résignation de Jean II de Vailly. V. Parlement de Charles VIII.

1462   **Jean Burdelot.** — Lai. Lic. en lois, fils de Jean, Sgr du Plessis-Rideau en Touraine. Reçu, entre 11 et 18 janv. 1462 (Reg. mutilé), au lieu de Jean Boucher redevenu Maître des Requêtes. † et remplacé par Philippe Simon passé en office lai, 26 août 1482. Sa veuve (?) épousa le cons. Adam Fumée, X^{3A} 9, 4 mars 1488.

Martin de Bellefaye. — Lai. Lic. *in utroque*, lieutenant criminel au Châtelet, Sgr de Ferrières-en-Brie (Blanchart). Reçu, 26 fév., au siège de Mahieu de Nanterre fait Ier Président; autre victime de Louis XI et d'Olivier le Daim (v. G. Picot), réintégré par Charles VIII, à son avènement.

Jean Baudry. — Lai. Reçu, 17 avril, au siège de feu André Cotin. Il faut rectifier le texte mutilé du Reg. du Conseil, X^{1A} 1483, par X^{1A} 91, f° 242, où il est Rap., le 14 août. Blanchart a lu, à tort, Jean Baudon. Le texte était déjà mutilé de son temps. Mais la date du 17 avril et le rang à lui donné par les lettres de confirmation de Charles VIII lèvent tous les doutes. V. Parlement de Charles VIII.

Jean Ruzé. — Clerc. Lic. en lois, chanoine de Tours, chanoine et archidiacre de Baucigny, en l'église de Limoges, X^{1A} 4809, f° 270, 31 juil. 1466. Fils de Jean, sieur de Beaulieu, bourgeois de Tours, et de Guillemette Berthelot. Reçu, 29 mai 1462, au lieu de feu Guillaume Cotin, « sans préjudice aux ordonnances prescrivant égalité de nombre des clercs et des lais ». Remplacé par Martin, son frère, 20 mai 1469.

Lacune du Conseil de mai 1462 au 12 nov. 1469. Reg. mutilé et un perdu. Rôle restitué d'après les lettres de confirmation de Charles VIII (X^{1A} 8609, f° 1 v°), les mentions des remplacements au Reg. suivant du Conseil (X^{1A} 1484), et les noms des Rap. dans la série des Jugés.

1° Cons. pour lesquels il n'existe aucune indication des dates de réception.

Clercs. — **Baude Malranna ou Claude Malran** (Blanchart). — Remplacé par Charles Godeau, 27 avril 1476. C'est peut-être celui que le Ms. 7554 appelle Jean Malzan ou Malzaux et que Louis XI aurait imposé à la Cour, à raison de son mérite, bien que non gradué.

Jean de Belleville. — Doyen de Saint-Germain-l'Auxerrois, après Jean Chéveteau, pourvu par le roi contre Guillaume de Cambrai, candidat du pape. Remplacé par Jean de Fontaines, 12 nov. 1474.

Jean Jouglet. — D'une famille d'avocats d'Amiens. Cf. homonyme clerc du greffier civil au Parlement bourg. en déc. 1435. Révoqué pour forfaiture et remplacé par Jean Malingré, 14 nov. 1475. Peut-être compromis dans le parti du connétable de Saint-Pol, où figure un sien cousin, de même nom, qui délaisse, pour le suivre, son office de cons. et avocat de la ville d'Amiens, après la soumission de celle-ci à Louis XI, janv. 1471. V. notre Essai, p. 273, en note. Réintégré par Charles VIII, 12 nov. 1484.

Jean III Baillet le jeune. — Sieur de Sceaux, sans doute frère de Jean II ; cons. en Cour des aides, 18 nov. 1466 ; résigne cet office à Jacques du Drac, 20 mars 1473, Z^{1A} 68, f°s 116, 375. Dut cumuler avec son siège au Parlement, où il est remplacé par Pierre de Vaudetar, 3 juin 1478, pour devenir évêque d'Auxerre. Le Ms. 7554, en le faisant Maître des Requêtes et correcteur de la Chancellerie, le confond avec Thibault, son frère. † 1513. Inhumé en la cathédrale d'Auxerre. *Gall. Christ.*, XII, col. 331.

Macé de Brée. — Cons. clerc des Requêtes du Palais. † et remplacé, 6 mai 1482, par Philippe Fournier. Déjà, en 1476, Louis XI avait essayé, mais en vain, de donner son office à Jean Lespervier.

2° Liste restituée d'après les lettres de confirmation de Charles VIII et divers.

1463 **Jean Jouvenel des Ursins.** — Fils de l'ex-chancelier Guillaume. Reçu, 22 juin 1463, d'après Ms. 7555. Rap. 22 fév. 1466, X^{1A} 96, f° 197. V. Parlement de Charles VIII. Epoux de Louise Disome.

Gérard Séguier. — Clerc marié. Fils d'Etienne, sieur de Lestang, du pays de Quercy, valet de chambre et apothicaire des rois Charles VI et Charles VII. Rap. 9 juin 1464, X^{1A} 94, f° 295 v°. Cf. 1495, f° 173 v°, 10 avril 1488, où, briguant un office lai, il se dit pourvu depuis 24 ans. V. Parlement de Charles VIII. Epoux de Marguerite de Vaudetar, sœur du futur cons. Guillaume (veuve 8 oct. 1402, X^{3A} 11).

Jean ou Philippe de Fontenay. — Cons. au Parlement de Toulouse, depuis 14 ans. Reçu en 1464 ou 65, bien qu'on ne le trouve Rap. que le 26 août 1469, X^{1A} 101, f° 105 v°. Les lettres de confirmation de Charles VIII et X^{1A} 8312, f° 326, *loc. cit.*, qui le dit reçu dès le début du règne, sont d'accord pour lui assigner ce rang. La Cour refusa de lui compter, pour l'ancienneté de rang, ses 14 ans de Toulouse, *ibid.* Compétiteur de P. Fradet au doyenné de Bourges, v. *supra* ; en procès pour l'archidiaconé de Viviers, 18 janv.,

22 août 1470 ; doyen de l'église de Carcassonne, 11 août 1475, X^{1A} 102, f°s 29 v°, 147 ; 106, f° 181. V. Parlement de Charles VIII.

1466 **Guy Boislève.** — Serait fils ou petit-fils du feu cons. de 1370, Pierre Boileaue (Ms. 7554). Rap. 22 fév. 1466, X^{1A} 96, f° 208 v°. V. Parlement de Charles VIII.

1467 **Pierre de Neufbourg.** — Rap. 15 mai 1467, X^{1A} 97, f° 186. V. Parlement de Charles VIII. Le Ms. 7555 *bis* distingue, à tort, Pierre et Jean qui ne font qu'un.

Guillaume Parcaut ou Percault. — Rap. 10 juin, *ibid.*, f° 589. Résigne, remplacé par Guillaume II Fournier, 13, 27 nov. 1480.

Pierre Fumée. — Frère d'Adam, garde des sceaux ; 2e fils de Pierre, receveur des deniers communs de Tours (Blanchart). Reçu, d'après Blanchart, 14 juin 1467, au lieu de feu Jean Sécrétan. Rap. 22 déc. 1467, X^{1A} 99, f° 17. En procès contre le couvent de Saint-Ambroise de Bourges, pour l'office de camérier, X^{1A} 102, f° 66, 20 mars 1470. † 9 avril 1476. Remplacé par Guillaume Hennequin, 27 avril.

Jean Bourgoing. — Originaire du Nivernais (Blanchart). Rap. 11 juil. 1467, X^{1A} 97, f° 226 v°. V. Parlement de Charles VIII.

Jean Chéveteau. — Greffier civil jusqu'en 1467, doyen de Saint-Germain-l'Auxerrois, chantre de Saint-Paul de Lyon, archidiacre de Sens, X^{1A} 87, f° 45 ; 102, f° 50 ; X^{3A} 2, 2 juin 1458, 7 avril 1460. Reçu en 1467, date donnée par X^{1A} 1499, f° 115 v°, 24 mars 1492. † 10 janv. 1469, X^{1A} 4844, f° 145 v°. Remplacé par Simon Hennequin, 10 mai 1471.

1468 **Jacques Juing.** — Rap. 23 juil. 1468, X^{1A} 99, f° 205. Président des Enquêtes, 1478. V. *supra*.

1469 **Jacques Chambellan.** — Gendre du président des Requêtes, Jean II de Longueil (Blanchart). Rap. 29 mars 1469, X^{1A} 101, f° 61 v°. V. Parlement de Charles VIII.

Pierre de Cerisay. — Doyen de Saint-Germain-l'Auxerrois, chanoine d'Angers. Rap. 26 août 1469, *ibid.*, f° 173. V. Parlement de Charles VIII.

1464 *Laïs.* — **Guillaume de la Haye.** — Rap. 24 fév. 1464, X^{1A} 96, f° 229. V. Président des Requêtes du Palais et Ve Président de la Cour en 1479.

Jean le Viste. — Fils du cons. Aymé le Viste (Ms. 7555). Rap. 24 fév. 1464, *ibid.*, f° 226. V. Parlement de Charles VIII. Époux de Geneviève de Nanterre (veuve 5 mars 1504, X^{3A} 15).

1466 **Jean Bouchart ou Bochart.** — Sgr de Nozoy, natif de Vézelay, gentilhomme servant de Charles VIII (Ms. 7554). Rap. 22 fév. 1466, X^{1A} 96, f° 205. V. Parlement de Charles VIII. Epoux de Jaqueline de Hacqueville.

Jean de Louguejoe. — Sgr d'Iverny, fils de Jean, avocat du roi au Châtelet en 1450, et de Philipote Aguenin ; cons. en Cour des aides, Z^{1A} 68, f° 116, 18 nov. 1466. Dut cumuler, car le Ms. 7554 le fait recevoir cons. au Parlement, le 15 nov. 1466, au lieu de feu Joachim Jouvelin et on le trouve Rap. le 31 janv. 1467, X^{1A} 97, f° 91 v°. † et remplacé par Guillaume Besançon, 23 août 1482. Époux 1° de Geneviève, fille du cons. Jean Baillet, Sgr de Sceaux ; 2° de Jeanne du Drac (veuve 3 fév. 1512, X^{3A} 20).

1467 **Philippe des Plantes.** — Sieur de Graville et de Malassis, sans doute fils du cons. Jean de 1454 (mêmes armes, Blanchart). Rap. 24 mars 1467, X^{1A} 97, f° 121 v°. V. Parlement de Charles VIII. Époux de Jeanne le Prévost, fille de Jean, auditeur des Comptes.

1468 **Guillaume Allegrin.** — Fils du cons. Simon, Sgr du Coudray (Blanchart). Rap. 23 déc. 1468, X^{1A} 101, f° 9 v°. V. Parlement de Charles VIII. Époux de Gilette de Bouy, fille d'Étienne, secrétaire du roi.

Nota. — Le Ms. 7554 ajoute encore pour cette période :

Pierre Guy, d'après les *Comptes du Domaine*, et Sauval, *Antiquités de Paris* (sans doute Pierre Puy).

Guillaume Havard, que nous trouvons seulement Maître des Requêtes, X^{3A} 1, 23 déc. 1458.

(*Suite des réceptions régulièrement enregistrées*, X^{1A} *1484 sq.*)

1469 **Loys II Raguier.** — Clerc. Lic. en lois, chanoine de Troyes, archidiacre de Sézanne (15 oct. 1471), fils d'Anthoine, Sgr de la Mothe-Tilly, grenetier de Soissons, Trésorier des guerres; neveu de Loys Ier, évêque de Troyes. Reçu, 11 sept., par résignation, de Jean II Aguenin. Résigne, remplacé par Philippe Simon, 28 janv. 1474.

1470 **Guillaume ou Jean Briçonnet.** — Lai. Lic. en lois, fils aîné de Jean, receveur des finances, Sgr de Varennes, et de Jeanne Berthelot. Reçu, 11 avril, au lieu de feu Jean III de Longueil. † et remplacé par Jacques II Fournier, 2 août 1476. Inhumé à Saint-Séverin avec sa femme, Jeanne Brinon, X^{3A} 29, 22 oct. 1521. Frère aîné de Robert qui fut chancelier, et de Guillaume qui fut cardinal. Le Ms. 7554 le fait, à tort, mourir le 25 juin 1477 et distingue, à tort, 2 conseillers, Guillaume et Jean.

Charles Godeau. — Clerc. Lic. *in utroque*, sans doute fils de Jean, Élu de Tours; Z¹ᴬ 8, f⁰ 14, 11 juin 1429. Reçu, 27 avril, par résignation de Baude Malranna. † et remplacé par Guillaume Aymeret, 10 nov. 1477.

Jean du Fresnoy. — Laï. Lic. *in utroque*, avocat du roi extraordinaire en Cour des aides du 11 juil. 1466, Z¹ᴬ 68, f⁰ 107, gendre du Président Jean le Boulenger. Reçu, 11 mai, au lieu de feu Jean le Damoisel. V. Parlement de Charles VIII. Epoux de Catherine Boulenger (veuve 14 fév. 1503, X¹ᴬ 8330, f⁰ 106).

1471 **Simon Hennequin.** — Clerc. Lic. en lois, chanoine de Saint-Germain-l'Auxerrois, d'une vieille famille de Troyes, anoblie le 23 juil. 1359, Ms. 7554. Reçu, 10 mai, au lieu de feu Jean Chéveteau. V. Parlement de Charles VIII.

Martin Ruzé. — Clerc. Lic. en lois, prévôt d'Anthoigny en l'église Saint-Martin de Tours, archidiacre de Tournai, X³ᴬ 5 et 10, 20 déc. 1481, 16 déc. 1491. Reçu, 20 mai 1471, au lieu de Jean, son frère. V. Parlement de Charles VIII. Président des Enquêtes, 1486.

Jean Pellieu. — Clerc. Lic. en lois. Reçu, 16 août, au lieu de Pierre Richard. (Lettres à refaire *in forma consueta* des lettres de cons. clerc.) Passe au siège laï de feu Jean de Canteleu, 12 nov. Remplacé, comme clerc, par Jean Simon. V. Parlement de Charles VIII. Le 5 janv. la Cour avait écarté de ce siège Loys de la Vernade pourvu par le roi, en lui interdisant toute instance jusqu'à solution d'un procès en faux pendant entre lui et l'abbé de Saint-Rigault.

Pierre Turquan. — Clerc. Lic. en lois, auditeur au Châtelet, 12 sept. 1452, 12 mai 1464, etc., X¹ᴬ 81, f⁰ 79 v⁰; 89, f⁰ 41 v⁰. Reçu au lieu de Jacques de Reilhac, 12 nov. V. Parlement de Charles VIII.

Jean Simon. — Clerc. Lic. en lois, archidiacre de Paris, fils de l'avocat du roi céans. Reçu, 12 nov., au siège clerc de Jean Pellieu fait cons. laï. V. Parlement de Charles VIII.

1472 **Etienne Duboys.** — Clerc. Lic. *in utroque*. Reçu, gages réservés au résignant Charles de Fumechon, 3 janv. L'un des 3 cons. suspendus à la suite du procès du duc de Nemours, X¹ᴬ 9317, n⁰ 14, *loc. cit.* Réintégré, à l'avènement de Charles VIII. Époux d'Ambroise de la Chapelle, X³ᴬ 8, 17 mars 1487.

Jean le Picart l'aîné. — Clerc. Docteur en décret, chanoine et prévôt de Saint-Martin de Tours (Blanchart), fils de Jean, Maître des Comptes, cons. de Charles VI et de Charles VII. Reçu, 18 mars, au lieu de feu Jean de Montigny. V. Parlement de Charles VIII.

1473 **Jean de Besançon.** — Clerc. Lic. en lois. Blanchart le fait fils d'un prétendu conseiller Jean (inconnu. On ne trouve jusque là que des clercs ou notaires du roi de ce nom). Serait plutôt fils de Guillaume, procureur céans, 6 mars 1462, X^{3A} 3. Reçu, 30 janv. 1473, au lieu de feu Anthoine Caille. V. Parlement de Charles VIII.

Henry Clutin. — Lai. Lic. en lois. Reçu, 13 sept., au lieu de feu Pierre, son père. † et remplacé par Guill. Ruzé, 26 nov. 1482. Époux de Jeanne de Louviers.

Jean Brinon. — Lai. Lic. en lois, Sgr de la Bussière, originaire de Moulins, fils d'André, intendant de Jean de Bourbon. Reçu, 12 nov., au lieu de feu Eustace Milet. V. Parlement de Charles VIII. Époux de Marguerite Boislève (Ms. 7554).

1474 **Arthur de Cambrai.** — Lai. Lic. en lois, 2º fils du feu Iᵉʳ Président Adam. Reçu, 9 fév., au lieu de Jean Chambon fait Maître des Requêtes. Lettres à refaire parce que le roi dit qu'il est clerc. † et remplacé par Étienne du Ru, 12 déc. 1482.

Pierre Doriguy. — Lai. Lic. *in utroque*. Reçu, même jour, au lieu de feu Jean Gogé. Lettres à refaire, *ut supra*. V. Parlement de Charles VIII.

Robert de Guéteville. — Lai. Lic. en lois. Vicomte de Corbeil et de Tigny, greffier des Requêtes du Palais, depuis 1454, déporté par Louis XI. Reçu, 2 mai, par résignation de Dalmas Ramoroscle, son beau-père. Lettres à refaire, *ut supra*. V. Parlement de Charles VIII.

Emond Lenfant. — Lai. Lic. en lois, fils de Jean, Maître des Requêtes, vers 1460, et de Colette de Rouvre. Reçu, 21 juin 1474, par résignation de Pierre Crolavesne, son beau-père ? V. Parlement de Charles VIII. Époux de Catherine Crolavoyne (veuve entre 20 et 26 nov. 1527, X^{3A} 35).

Philippe Simon. — Clerc. Frère du cons. Jean. Reçu, 28 juin, par résignation de Loys II Raguier. Passe au siège lai de feu Jean Burdelot, 26 août 1482. Remplacé, comme clerc, par Nicole Brachet, 12 déc. V. Parlement de Charles VIII. Époux d'Anne Pichon.

Arnault ou Guillaume de Torrettes. — Clerc. Lic. en lois, fils du feu Iᵉʳ Président Hélie. Reçu, 8 juillet, au lieu de Jean Héberge fait évêque d'Évreux. V. Parlement de Charles VIII.

Jean de Fontaines. — Clerc. Lic. en lois, avocat du roi et conseiller de la ville d'Amiens au siège du bailliage. En mission près du roi, sur mandement de celui-ci, depuis plus d'un an. Amiens, BB. 1111, f°s 139 et 174, 24 oct. 1473, 8 août 1474. Lettres au roi pour qu'il lui plaise le laisser retourner en la ville. Reçu, 12 nov., au lieu de feu Jean de Belleville. Résigne, 18 avril 1483, au profit de Tristan, son fils.

Jean de Paris. — Clerc. Lic. *in utroque*. Reçu, 20 déc., au lieu de feu Guy Burdelot. V. Parlement de Charles VIII.

1475 **Philippe de Béry.** — Lai. Lic. en lois, originaire d'Amiens, fils ou petit-fils du conseiller Raoul de 1418, du Parlement bourg. Amiens, CC. 71, f° 135 v°, 1493. Reçu, 15 fév., au lieu de Jacques Ier Fournier. V. Parlement de Charles VIII. Époux de Catherine le Besgue (veuve 27 fév. 1505, X^{2A} 15).

Accace d'Albyac. — Clerc. Lic. *in utroque*. Reçu, 27 fév., au lieu de feu Amy Gombert. V. Parlement de Charles VIII. Époux de Perrette Le Conte (veuve 20 mars 1514, X^{3A} 22).

Guillaume Grignon. — Lai. Lic. en lois. Reçu, 5 juil. Résignation en sa faveur de Jean le Maire. L'un des 3 conseillers suspendus en 1477, après le procès du duc de Nemours. Remplacé, seulement à sa mort, par Anjorrand Ra, 6 mars 1483.

Jean Lelou. — Lai. Lic. en lois. Reçu, 26 juil., au lieu de Pierre Puy privé par arrêt. † et remplacé par Nicole de Hacqueville, 17 avril 1482. Époux de Jaquette la Camuse (veuve 21 avril 1485, X^{3A} 6).

Claude de Chanvreux. — Lai. Lic. *in utroque*. Reçu, 24 août, au lieu de Barthélemy Claustre résignant, [gages réservés. V. Parlement de Charles VIII.

Jean Malingré. — Clerc. Lic. en lois, avocat céans. Reçu, 14 nov. Forfaiture de Jean Jouglet. V. Parlement de Charles VIII. Époux de Blanche Roulland (veuve 7 avril 1507, X^{3A} 18).

1476 **Jean de la Place.** — Lai. Lic. en lois. Reçu, 23 juin, au lieu de feu André Robinet. V. Parlement de Charles VIII. Époux de Philippe de Bailly, veuve de Jean Clausse correcteur des Comptes, X^{3A} 20, 7 juillet 1512.

Michel Boulenger. — Clerc. Lic. en lois, fils du Ier Président. Reçu, 16 mars, au lieu de feu Simon Chapitault. Passe, 17 janv. 1480, au siège lai de feu Jean des Plantes. Remplacé, comme clerc, par Pierre Bonvarlet. V. Parlement de Charles VIII.

Guillaume Hennequin. — Clerc. Lic. en lois, Sgr de la Chapelle, frère cadet du conseiller Simon, gendre du conseiller Avin. Reçu, 27 avril, au lieu de feu Pierre Fumée ; conseiller lai, 27 juin 1482, par permutation avec Nicole de Hacqueville. V. *infra*. V. Parlement de Charles VIII. Blanchart et le Ms. 7554 lui donnent pour fils un soi-disant conseiller Jean, reçu en 1510, † 17 juin 1548. Erreur. V. *infra* Jean Ier H. reçu, 1er juin 1513, par son mariage avec la nièce du sire de Mondragon, † 24 janv. 1549. N'a rien de commun avec lui.

Jacques II Fournier le jeune. — Lai. Lic. en lois, Sgr de Créteil, fils de Jacques Ier et non de Guillaume, son frère, tous deux conseillers (V. *supra*, erreur de Blanchart), gendre du président Guillaume de Corbie. Reçu, 2 avril, au lieu de feu Guillaume Briçonnet. † et remplacé par le suivant, 30 déc. 1482. Époux de Denise de Corbie.

1477   **Guillaume Aymeret.** — Clerc. Lic. en lois, Sgr de Gazeau. Reçu, 10 fév., au siège de feu Charles Godeau, et 30 déc. 1482, au siège lai du précédent. Remplacé comme clerc par Charles Guillart. V. Parlement de Charles VIII. Époux d'Étiennette de Harlay, fille de Jean, Sgr de Beaumont, chevalier du guet de Paris, X^{3A} 12, 2 juin 1497.

Pierre Poignant le jeune. — Lai. Lic. en lois, Sgr d'Athis et de Mouzon, fils de Philippe, chancelier du roi de Navarre, et de Jeanne de Monteux, Ms. 7555. Cependant on le voit héritier de Pierre Poignant, Maître des Requêtes, avec Charlotte Poignant, veuve du conseiller Jacques du Drac, Jacques Piédefer, et Nicole Viole, au nom de leurs femmes, en 1497, X^{3A} 12, août-sept. Reçu, 8 mai 1477, au lieu de feu Guillaume de Vic. V. Parlement de Charles VIII. Époux de Guillemine la Grasse, X^{3A} 14, 21 avril 1502. Le Ms. 7555, en lui donnant pour femme Radegonde de Hacqueville qui, veuve, épousa Jean de Miraulmont, écuyer. X^{3A} 15, 5 mars 1504, doit le confondre avec le Maître des Requêtes.

1478   **Pierre de Vaudetar.** — Clerc. Lic. en lois, Sgr de Pouilly-lefort, etc., vidame de Meaux, fils de Jean, avocat du roi au Châtelet, et de Marguerite Claustre. Conseiller aux Requêtes du Palais, 8 juin 1478, par résignation de Jean III Baillet le jeune, son beau-père. Époux d'Anthoinette Baillet.

Guillaume II Compaing. — Clerc. Lic. en lois. Reçu, 22 déc., par résignation de Jean de la Réaulté. V. Parlement de Charles VIII.

1479   **Jean II Angenoust le jeune**. — Lai. Lic. en lois, Sgr d'Avans et de Besançon, beau-frère du conseiller Pierre de Vaudetar. Reçu, 23 juin, par résignation de Jean Ier, son père. V. Parlement de Charles VIII. Époux de Marie de Vaudetar (veuve 20 juillet 1503, X^{1A} 4844, f° 289 v°).

Guy Désormeaulx. — Lai. Lic. en lois. Reçu conseiller aux Requêtes du Palais, 12 juillet, par section de l'office du Président de la Chambre, Guillaume de la Haye. † et remplacé par André II Cotin, 17 sept. 1482.

Charles des Pontolz. — Lai. Lic. en lois. Reçu, 28 août, au lieu de feu Guillaume de Vitry. V. Parlement de Charles VIII. Époux de dame Hélène de Saveuse, veuve du président Christophe de Carmonne, 20 juin 1509. Cf. X^{3A} 20, 7 avril 1512. V. *infra*, Parlement de Louis XII.

Jean de la Vacquerie. — Lai. Reçu, 12 nov., au siège de feu Jean de Sanzay. V. *supra* IVe Président, 30 mai 1480 ; Ier, 27 fév. 1482. Remplacé comme conseiller par François Chambon, 7 juin 1480.

1480   **Pierre Bonvarlet**. — Clerc. Lic. en décret. Reçu, 17 janv., au lieu de Michel Boulenger passé en siège lai. Résigne, remplacé par Guy Arbaleste, 17 avril 1481.

Philippe Baudot. — Lai. Lic. en lois, Sgr de Cussey et de Chaudency, gouverneur de la Chancellerie du duché de Bourgogne, X^{3A} 13, 11 fév. 1502, Reçu, 6 mars, au lieu de feu Guillaume de Paris. V. Parlement de Charles VIII. Époux de Claude de Mailly, X^{3A} 7, 7 sept. 1486.

Robert Lotin. — Lai. Lic. en lois, Sgr de Charny, Vaire et Acy-en-Brie, pourvu, par expectative, du greffe des Présentations, 29 juil. 1475. Reçu, 29 mai 1480, par résignation de Guillaume Aguenin, dit Leduc, son beau-père. V. Parlement de Charles VIII. Époux de Marguerite Aguenin, X^{3A} 5, 29 août, 13 oct., 21 nov. 1481.

François ou Léonard Chambon. — Lai. Lic. en lois. Reçu, 7 juin, au siège de Jean de la Vaquerie fait IVe Président. V. Parlement de Charles VII. Époux de Jeanne Luillier (veuve 19 mars 1505, X^{3A} 15).

Guillaume II Fournier. — Clerc. Lic. en lois, frère du conseiller Jacques II. Reçu, 29 nov., par résignation de Guillaume Parcault. V. Parlement de Charles VII.

1481   **Guy Arbaleste**. — Clerc. Docteur *in utroque*, Sgr de la Borde-le-Vicomte, fils de Simon, maire de Beaune, gendre du feu Président Arnault de Marle. Reçu, 17 avril, par résignation de Pierre Bonvarlet. (Lettres à refaire parce qu'elles portent « aux Grans Jours de Bretagne.) V. Parlement de Charles VIII. Époux de Charlotte de Marle. Le Ms. 7554 le fait, à tort, greffier des Présentations, 30 mai 1481. Il fut seulement reçu à l'expectative.

Étienne des Pontolz. — Clerc. Reçu, 18 juillet, au lieu de feu Jean le Scellier. Lettres à refaire, parce que portant dispense, en tant que lai et marié. Résigne. Remplacé par Jean Brunat, 12 mai 1483.

Robert Briçonnet. — Clerc. Frère du conseiller Guillaume. Présent en séance, 12 nov. 1481. Pas trace de réception officielle. V. Parlement de Charles VIII.

1482 **Nicole de Hacqueville.** — Lai. Prêtre, lic. en lois, chanoine de Paris, fils de Jacques et de Gilette Hennequin, X^{3A} 8, 2 mars 1487, et non de Marie Viole, Ms. 7554. Reçu, 17 avril 1482, au siège lai de feu Jean Lelou. Conseiller clerc, le 27 juin, par permutation avec Guillaume Hennequin. V. Parlement de Charles VIII.

Philippe Fournier. — Clerc. Lic. en lois, 3e fils du conseiller Jacques Ier. † doyen de Tournai, prothonotaire du Saint-Siège. Conseiller aux Requêtes du Palais, 6 mai 1482, au décès de Macé de Brée. V. Parlement de Charles VIII.

Guillaume Besançon. — Lai. Lic. en lois, frère du conseiller Jean, X^{3A} 3, 6 mars 1462. Reçu, 23 août 1482, au lieu de feu Jean de Longuejoe. V. Parlement de Charles VIII. Époux de Charlotte Viole, fille d'Aignan, avocat du roi, puis conseiller en Cour des aides, X^{1A} 1501, f° 171, 11 juillet 1494.

André II Cotin. — Lai. Lic. en lois. Reçu, 17 sept., au lieu de feu Guy Désormeaulx, sur mandement impératif du roi du 16 sept. Lettres à refaire, parce que adressées à la Chambre des Vacations, non à la Cour seule, X^{1A} 9318, n° 195. V. Parlement de Charles VIII.

Nicole Brachet. — Clerc. Lic. en lois, fils de Renaud, bourgeois de Blois. Reçu, 29 oct., au siège clerc de Philippe Simon fait lai. Lettres à refaire, *ut supra*. V. Parlement de Charles VIII.

Guillaume Ruzé. — Lai. Lic. en lois, frère des conseillers Jean et Martin. Reçu, 26 nov., au siège de feu Henry Clutin. Lettres à refaire, *ut supra*. V. Parlement de Charles VIII. Époux de Catherine Briçonnet (veuve 10 déc. 1505, X^{3A} 16).

Étienne du Ru. — Lai. Lic. en lois. Reçu, 12 déc., au siège de feu Arthur de Cambrai. V. Parlement de Charles VIII.

Charles Guillart ou Quillart. — Clerc. Lic. en lois, chevalier, Sgr du Mortier, avocat céans, né à Châtellerault, fils de Jean, notaire et secrétaire du roi, puis clerc des Comptes. Reçu au siège clerc de Guillaume Aymeret fait conseiller lai, 30 déc. V. Parlement de Charles VIII, Louis XII et François Ier. IVe Président en 1508. Époux de Jeanne de Vignacourt, X^{3A} 45, 4 déc. 1544.

1483 **Charles du Bec.** — Clerc. Lic. en lois, archidiacre et curé de Saint-Paul de Paris, fils de Guillaume, Sgr de la Motte-d'Usseau, de la maison normande du Bec, et de Catherine de Brilhac. Reçu, 8 janv., au siège de feu Jean le Beauvoisien. V. Parlement de Charles VIII.

Anjorrand Ra. — Lai. Lic. en lois, procureur de l'Université de Bourges, X^{1A} 8311, f° 382, 17 août 1470. Reçu, 6 mars 1483, au lieu de feu Guillaume Grignon. V. Parlement de Charles VIII.

Tristan de Fontaines. — Clerc. Lic. en lois, avocat du roi au bailliage d'Amiens. Reçu, 18 avril, par résignation de Jean, son père, gages réservés. V. Parlement de Charles VIII. Époux d'Ambroise Allegrin (veuve 8 mars 1509). Cf. X^{3A} 14, 19 juil. 1503.

Simon Radin. — Clerc. Lic. en lois. Reçu, 9 mai, au lieu de feu Guillaume II Compaing. V. Parlement de Charles VIII.

Jacques Binet ou Bignet. — Clerc. Docteur en décret, conseiller des Requêtes du Palais, au lieu de feu Hélie de Cosdun, 9 mai. Lettres à refaire, *ut supra*. V. Parlement de Charles VIII.

Jean Brunat. — Clerc. Lic. en lois, l'un des 4 notaires de la Cour, 12 nov. 1477, par résignation de Gilbert, son père. Reçu, 12 mai 1483, avec dispense de clergie, par résignation d'Étienne des Pontolz. V. Parlement de Charles VIII. Époux d'Ysabeau Dorléans (veuve 11 fév. 1520, X^{3A} 27).

PARLEMENT DE CHARLES VIII

Présidents de la Cour confirmés, Lett. pat. du 12 sept. 1483, X¹ᴬ 8609, f° 1.

JEAN DE LA VACQUERIE, Iᵉʳ. — † 21 juil. 1497. Remplacé par Pierre de Couthardi, Iᵉʳ, 26 avril.

MAHIEU DE NANTERRE, IIᵉ. — † et remplacé par Robert II Thiboust, entre 12 juin et 27 juil. 1487.

GUILLAUME DE CORBIE, IIIᵉ. — Résigne. Remplacé par Thibault Baillet, 1ᵉʳ mars 1484. Retenu au Conseil du roi. † 21 mars 1491. Inhumé à Saint-Paul.

JEAN DARMES, IVᵉ. — Résigne, déc. 1488. Remplacé par Jean de Ganay, 18 juin 1490. Inhumé à Saint-André-des-Arts.

GUILLAUME DE LA HAYE, Vᵉ. — V. Parlement de Louis XII.

Présidents pourvus au cours du règne.

Thibault Baillet. — Chevalier, lic. en lois, Sgr de Sceaux, Maître des Requêtes, fils du cons. Jean II, gendre du cons. Jean le Viste. Reçu, 1ᵉʳ mars 1484, après résignation de Guillaume de Corbie. V. Parlement de Louis XII. Époux 1° de Jeanne le Viste; 2° de Jeanne d'Aunoy (veuve, 12 fév. 1527, X³ᴬ 34). Le Ms. 7553 le fait, à tort, cons. de 1461 à 1472.

Robert II Thiboust. — Sgr de Bailly, avocat du roi céans, fils du cons. Robert Iᵉʳ. Iᵉʳ élu au siège de feu Mahieu de Nanterre, 12 juin 1487. Réception omise au registre. Qualifié président, pour la 1ʳᵉ fois, le 27 juil. V. Parlement de Louis XII. Époux d'Odette, fille du cons., puis Maître des Requêtes, Jean II Baillet, et beau-frère du précédent.

Jean de Ganay. — Lic. en lois, avocat céans, fils de l'avocat du roi céans Guillaume. Pourvu, par le roi, 11 déc. 1488, après résignation de Jean Darmes, puis ajourné jusqu'à nouvel ordre, 15 juil. 1489. Reçu, 18 juin 1491. V. Parlement de Louis XII. Époux de Jeanne Boislève.

Pierre de Couthardi. — Sgr dud. lieu, avocat du roi céans. Fait Ier Président, 26 avril 1497, au lieu de feu Jean de la Vacquerie. V. Parlement de Louis XII.

Présidents des Enquêtes confirmés, 12 sept. 1483.

Jean Henry. — † et remplacé par Jean Avril, président, 27 mai, et Loys de Bourbon, cons., 12 avril 1484.

Jacques Juing. — Résigne, remplacé par Robert Briçonnet, président, et Guillaume Volant, cons., 17 août 1490.

Pierre Salat. — † et remplacé par Martin Ruzé, président, 26 juin, et Jean de Corbie, cons., 28 juin 1486.

Jean Lespervier. — V. Parlement de Louis XII.

Présidents des Enquêtes pourvus au cours du règne.

1484   Jean Avril. — Cons. clerc du 22 mai 1455. Reçu, 27 mai 1484, au siège de feu Jean Henry. 1er élu aud. siège, 11 fév. † et remplacé par Nicole de Hacqueville, 29 déc. 1490.

1486   Martin Ruzé. — Cons. clerc du 20 mai 1471. Reçu, 26 juin 1486, au siège de feu Pierre Salat. 2e élu aud. siège, 19 juin. † et remplacé par Jean Rolin, entre 18 juin 1496 et 17 mars 1497.

1490   Robert Briçonnet. — Cons. clerc du 12 nov. 1481. Reçu, 17 avril 1490, après résignation de Jacques Juing. Archevêque de Reims et chancelier de France, P. 2302, f° 621, 27 août 1494. Remplacé par Étienne du Poncher, 16 déc. 1493.

Nicole de Hacqueville. — Cons. clerc du 17 avril 1482. Reçu, 29 déc. 1490, au siège de feu Jean Avril. 2e élu aud. siège, 6 déc. V. Parlement de Louis XII.

1493   **Étienne du Poncher.** — Cons. clerc du 4 nov. 1485. Reçu, 11 sept. 1493, après résignation de Robert Briçonnet. V. Parlement de Louis XII.

1496   **Charles du Haultboys.** — Cons. clerc du 31 juil. 1486. Reçu, 21 mars 1496, suppléant avec survivance de Jean Lespervier. V. Parlement de Louis XII.

Jean Rolin. — Cons. clerc du 12 avril 1495. Reçu, entre 28 juin 1496 et mars 1497, au siège de feu Martin Ruzé (1er élu, 18 juin. Qualifié président, pour la 1re fois, 17 mars). Réception omise au registre. V. Parlement de Louis XII.

Président des Requêtes du Palais.

GUILLAUME DE LA HAYE. — Confirmé, *ut supra*. V. Parlement de Louis XII.

Conseillers confirmés. Lett. pat. du 12 sept. 1483.

Clercs. — JEAN DE COURCELLES. — Résigne, 21 août 1495, au profit de son neveu Claude de Hangest.

JEAN MORTIS. — † et remplacé par Jean Boucher réintégré, 21 juin 1484.

JEAN AVRIL. — Président des Enquêtes, 1484. † et remplacé par Jacques Daniel, 29 déc. 1490.

GUILLAUME DE MONTBOISSIER. — Élu évêque de Clermont. Long procès avec le métropolitain de Bourges. † 1491, sans avoir pris possession. Remplacé au Parlement par Cristophe de Brilhac, 7 mai 1490.

GUILLAUME DE CAMBRAY. — Archevêque de Bourges, 1492. Remplacé par Pierre Legendre, 12 nov. † 1505 (Blanchart). *Gall. Christ.*, II, 91.

GUILLAUME ERLAUT. — † et remplacé par Loys Doreille, 20 sept. 1492.

AYMÉ LE VISTE. — † et remplacé par Michel Gaillard, 14 nov. 1485.

JEAN JOUVENEL DES URSINS. — Résigne. Remplacé par Germain de Ganay, 13 juil. 1485. † 8 mai 1492, sans postérité, au château de Traynel.

GÉRARD SÉGUIER. — † et remplacé par Gérard Compaing, 17 août 1489.

PHILIPPE OU JEAN DE FONTENAY. — Résigne. Remplacé par Guill. de Vaudetar, 11 sept. 1484.

GUY BOISLÈVE. — Résigne. Remplacé par Robert Turquan, 4 mars 1491.

PIERRE DE NEUFBOURG. — V. Parlement de Louis XII.

JEAN BOURGOING. — † et remplacé par Jacques du Drac, nov. 1484 (?).

JACQUES CHAMBELLAN ET PIERRE DE CÉRISAY L'AÎNÉ. — V. Parlement de Louis XII.

SIMON HENNEQUIN. — † 28 déc. 1494. Inhumé à Saint-Germain-l'Auxerrois. Remplacé par Jean Rolin (?), 12 avril 1495.

Martin Ruzé. — Président des Enquêtes, 1486. † et remplacé par Loys Picot, 25 janv. 1497.

Jean Simon. — Évêque de Paris, 1495. Remplacé par Anthoine de Feurs, 8 janv. *Gall. Christ.*, VII, col. 156.

Jean le Picart. — V. Parlement de Louis XII.

Jean de Besançon. — † et remplacé par Jean II Bohier, 9 déc. 1495.

Pierre D'Origny. — V. Parlement de Louis XII.

Arnault de Torrettes. — Résigne. Remplacé par Anthoine de Paris, 9 janv. 1487.

Jean de Paris. — † et remplacé par Pierre du Refuge, 10 juin 1484.

Accace d'Albyac, Jean Malingré, Pierre de Vautetar. — V. Parlement de Louis XII.

Guillaume Compaing. — † et remplacé par Jean Jouglet réintégré, 12 nov. 1485.

Guillaume Fournier. — † et remplacé par Aulbin Duboys, 8 mars 1485.

Guy Arbaleste. — V. Parlement de Louis XII. Président des Enquêtes, 1501.

Robert Briçonnet. — Président des Enquêtes, 1490. Résigne. Remplacé par Jean III Briçonnet, 2 déc. 1493.

Nicole de Hacqueville (Président des Enquêtes, 1490), Philippe Fournier et Nicole Brachet. — V. Parlement de Louis XII.

Charles Guillart. — Remplacé comme clerc par Jean de Lespinay, 29 avril 1488, en passant au siège lai de feu Jean de Caulers. Maître des Requêtes, août 1496. Remplacé par René Ferré de Sacierges, 22 août.

Simon Radin, Charles du Bec, Tristan de Fontaines. — V. Parlement de Louis XII.

Jacques Bignet. — Résigne au profit de son fils Michel, 16 mai 1491, sa commission des Requêtes du Palais passant à Germain de Ganay, 26 avril.

Jean Brunat. — Remplacé, comme clerc, par Gaillart Ruzé, 16 mars 1495, en passant au siège lai de Martin Fumée. † et remplacé par Pierre Leclerc, 24 juil. 1497.

Lais. — Jean Avin. — † et remplacé par Jean Boucher mué de clerc en lai, *ante* 31 juil. 1486.

Jean des Feugerais. — Résigne. Remplacé par Jean II, son fils, 27 août 1487. Réintégré, au décès de celui-ci, 12 nov. 1493. † et remplacé par Jean Potart, 16 mai 1496.

Raoul Pichon. — Résigne. Remplacé, aux Requêtes du Palais, par Anjorrand Ra, 26 avril 1491, qui l'est lui-même aux Enquêtes, par Nicole Pichon, son fils, 8 août.

Henry de Livres. — Résigne. Remplacé par Hélie, son fils, 8 mars 1493. † 13 mai. Inhumé au cimetière des Innocens (Blanchart).

Jean de Caulers. — † et remplacé par Charles Quillard mué de clerc en lai, 29 avril 1488.

Martin de Bellefaye. — V. Parlement de Louis XII.

Jean Baudry. — Résigne. Remplacé par André, son fils, 17 déc. 1484.

Philippe des Plantes. — Résigne. Remplacé par Jean, son fils, 28 août 1494.

Jean le Viste. — Président des Genéraux des Aides, 1489. Remplacé par Jean de la Haye, 4 déc. 1489.

Jean Bochart et Guillaume Allegrin. — V. Parlement de Louis XII.

Jean du Fresnoy. — Résigne. Remplacé par Gervaise, son fils, fév. 1498.

Jean Pellieu. — V. Parlement de Louis XII.

Pierre Turquan. — Résigne. Remplacé par Philippe, son fils, 16 déc. 1491.

Étienne du Boys et Jean Brinon. — V. Parlement de Louis XII.

Robert de Guéteville. — Résigne. Remplacé par Jean Hurault, son gendre, 26 mai 1490.

Emond Lenfant, Philippe Simon et Philippe de Béry. — V. Parlement de Louis XII.

Claude de Chanvreux. — Condamné pour forfaiture par arrêt du 24 déc. 1496. Siège vacant à la fin du règne. Remplacé par Jean II le Coq, 20 avril 1499. Blanchart cite des lett. pat. du 22 mai 1491, lui confirmant ses gages, bien qu'absent, à raison de ses services. Mais il lui donne, à tort, pour successeur Loys Picot qui ne fut qu'élu aud. siège, le 29 déc. 1496, et reçu à celui de Martin Ruzé, le 25 janv. 1497. Chanvreux se retrouve prieur de N^e-Dame-des-Champs, les 12 avril 1508, 13 mars 1509, X^{3A} 18 et 19.

Jean de la Place et Michel Boulenger. — V. Parlement de Louis XII.

Guillaume Hennequin. — † et remplacé par Jacques Daniel mué de clerc en lai, 7 mai 1492.

Guillaume Aymeret, Pierre Poignant et Jean II Angenoust. — V. Parlement de Louis XII.

Charles des Pontolz. — Résigne. Remplacé par Pierre de Sacierges, 16 déc. 1483. Maître des Requêtes, X^{3A} 20, 7 avril 1512.

Philippe Baudot. — V. Parlement de Louis XII.

Robert Lotin. — † et remplacé par Pierre de Vaudetar mué de clerc en lai, 12 nov. 1495.

François Chambon et Guillaume de Besançon. — V. Parlement de Louis XII.

André II Cotin. — Fait cons. clerc, par permutation avec Michel Bignet, 5 sept. 1491. V. Parlement de Louis XII.

Guillaume Ruzé. — † et remplacé par Adam Fumée le jeune, 13 déc. 1492.

Étienne du Ru. — Résigne. Remplacé par Christophe de Cerisay, 31 mars 1484.

Anjorrand Ra. — Passé aux Requêtes du Palais (commission de feu Raoul Pichon, 26 avril 1491. Lettres enregistrées ès registres des ordonnances de la Cour.) Passe en office clerc par permutation avec Robert Turquan, 9 fév. 1497. Écarté, d'abord, 4 fév. « pour le présent, parce que simple clerc, n'ayant autre ordre de prêtrise ». Reçu, le 9, sur mandement du roi, en jurant de ne prendre état dérogant et de renoncer à toute dispense, à peine de vacance immédiate du siège. Siège vacant à la fin du règne. Remplacé par Loys Gouffier de Boissy, 28 avril 1498.

Conseillers reçus au cours du règne.

1483   **Pierre de Sacierges.** — Prêtre. Lic. en lois. Reçu au siège lai de Charles des Pontolz, résignant, 16 déc. 1483, mais avec gages de clerc seulement et à condition de résigner au plus tôt à un lai. Maître des Requêtes, 8 mai 1484. Remplacé par Nicole de Corbie, 1er mars. Évêque de Luçon, 1498. Cf. X^{1A} 4845, f° 185 v°, 12 mai 1504. *Gall. Christ.*, II, col. 1411. Docteur en décret, chancelier de Milan sous Georges d'Amboise, 1500. † 9 sept. 1514.

1484   **Nicole de Corbie.** — Lai. Lic. en lois, fils du président Guillaume. Reçu, 1er mars 1484, après résignation du précédent. V. Parlement de Louis XII.

Christophe de Cerisay. — Lai. Cons. au Grand Conseil, fils de Guillaume, greffier civil (ex-secrétaire du duc de Bretagne, vicomte de Carentan, X¹ᴬ 83, f° 42 v°, 6 avril 1454, détails curieux sur l'origine de la famille), neveu du cons. Pierre Ier l'aîné. Reçu, 31 mars, après résignation d'Étienne du Ru. Résigne, remplacé par Pierre, son frère, 20 nov. 1487.

Loys de Bourbon. — Clerc. Lic. en lois, chantre de Vendôme, prieur d'Épernay, bâtard de Jean, comte de Vendôme et d'Épernay. Reçu, 12 avril, au siège de feu Jean Henry ; 1er élu aud. siège, 11 fév. Évêque d'Avranches, fév. 1485. *Gall. Christ.*, XI, col 495. Remplacé par Étienne de Bailly, *ante* 8 avril.

Pierre du Refuge. — Clerc. Lic. en lois, chanoine et archidiacre de Brie en l'église de Paris, prieur de Saint-Gonda, 18 nov. 1508, X³ᴬ 18, fils de Jean, Sgr de Courcelles, *podestat et gouverneur* d'Asti pour le duc d'Orléans. Reçu, 10 juin, au siège de feu Jean de Paris, élu aud. siège, date inconnue (omis au registre). V. Parlement de Louis XII. Président des Enquêtes, 1508.

Jean Boucher. — Cons. de 1462, puis Maître des Requêtes destitué par Louis XI. Réintégré, le 25 juin, au siège clerc de feu Jean Mortis, par don du roi, réserve faite du droit d'élection (lettres à refaire) et admis à siéger à la Grand Chambre, bien qu'inscrit aux Enquêtes, sous les réserves ordinaires. Passe au siège lai de feu Jean Avin, *ante* 31 juil. 1486. (Réception omise au registre.) Remplacé, led. jour, comme clerc, par Charles du Haultboys. V. Parlement de Louis XII.

Guillaume de Vaudetar. — Clerc. Chanoine de Saint-Hilaire de Poitiers (6 juin 1508), beau-frère par alliance du cons. Gérard Séguier, X³ᴬ 10, 8 oct. 1492. Reçu, 11 sept., par don du roi, après résignation de Philippe de Fontenay. V. Parlement de Louis XII.

Jacques du Drac. — Clerc, Sgr de Cloye, fils de Gérart et de Jeanne d'Orgemont, gendre du Maître des Requêtes et non cons. Pierre Poignant. Reçu (date inconnue) au siège de feu Jean Bourgoing. (M. Picot donne, d'après Blanchart, la date du 6 oct.) Ne paraît en séance que le 21 mai 1485. Pourvu directement par la Cour pour désintéresser Pierre Poignant, autre victime de Louis XI. † et remplacé par Étienne de Poncher, 14 nov. 1485. Époux de Charlotte Poignant, fille de Pierre et de Radegonde de Hacqueville (veuve, X³ᴬ 12, août-sept. 1497).

Jean Jouglet. — Ex-cons. clerc de 1462-69, destitué par

Louis XI, en 1475. *Réintégré*, 12 nov., au siège de feu Guillaume Compaing, pour pacifier le différend entre lui et son substitué, Jean Malingré. Résigne. Remplacé par Jean Gaignon, 20 nov. 1486.

André Baudry. — Lai. Lic. en lois, avocat céans. Reçu, 17 déc., par *résignation* de Jean, son père. (Recommandé au roi par la Cour.) V. Parlement de Louis XII. Époux de Perrette le Boucher (veuve 20 oct. 1512, X^{3A} 21).

1485   **Aulbin du Boys.** — Clerc. Reçu, 8 mai, au siège de feu Guillaume Fournier. Ier élu aud. siège, 4 mars. † et remplacé par Jean Lenfant, 12 nov. 1488.

Étienne de Bailly. Reçu, *ante* 8 avril, au siège de Loys de Bourbon fait évêque d'Avranches (1re présence en séance). Sans doute élu, en vertu des lettres closes du 12 sept. Élection et réception omises au registre. † et remplacé par Aubert le Viste, son beau-père, 17 fév. 1492.

Germain de Ganay. — Clerc. Lic. en lois, doyen de Beauvais, chanoine de Saint-Étienne de Bourges, frère du président Jean. Reçu, 13 juil., au siège clerc de Jouvenel des Ursins, résignant, et le 26 avril 1491, à la commission des Requêtes de Jacques Bignet, résignant. (Élu 3e à lad. commission. Lettres registrées au registre des ordinaires. Exemple très rare d'élection à un siège résigné.) V. Parlement de Louis XII. Évêque de Cahors 1511. *Gall. Christ.*, 1, col. 146. Le Ms. 7555 cite un 3e frère, Guillaume de Ganay, soi-disant cons. † en 1483 (inconnu).

Étienne de Poncher. — Clerc. Lic. *in utroque*, chanoine de Saint-Gatien et Saint-Martin de Tours de Saint-Aignan d'Orléans, fils de Martin, échevin et élu de Tours, X^{3A} 12, 4 avril 1497. Reçu, 14 nov., au siège de feu Jacques du Drac. Élu 3e, 11 fév. 1484, réélu, ce jour, aud. siège. Président des Enquêtes, 1493. V. Parlement de Louis XII. Évêque de Paris mai 1503, archevêque de Sens 1519. *Gall. Christ.*, VII, col. 157. Le Ms. 7553 le fait encore chancelier de Milan, abbé de Saint-Benoît-sur-Loire, 1509, garde des sceaux 1512-15. Négociateur de la paix de Noyon. Nombreuses ambassades en Espagne, Angleterre, etc. † à Lyon. Inhumé à Sens, fév. 1525.

Michel Gaillart. — Clerc. Scolastique d'Orléans. Reçu, 14 nov., au siège de feu Aymé le Viste. Élu 2e, 4 mars, et réélu, ce jour, aud. siège. (L'élection du 4 mars porte Charles Gaillart, au lieu de

Michel, d'où l'erreur de Picot qui a confondu avec Charles Guillart ou Quillart V. Parlement de Louis XII.

1486 **Jean de Corbie.** — Clerc. Lic. en lois, Sgr de Poigny, 3e fils du président Guillaume. Reçu, 26 juin ; élu 2e, 19 juin, au siège de feu Pierre Salat (déjà élu 3e, 4 mars 1485). V. Parlement de Louis XII.

Charles du Haultboys. — Clerc. Lic. en lois. Reçu, 30 juil., au siège clerc de Jean Boucher passé en office lai. Élu 1er, 19 juin, au siège de Pierre Salat. Sans doute réélu, 26 juil., aud. siège. La page est restée blanche, X^{1A} 1493, fos 262 vo, 263. V. Parlement de Louis XII.

Jean Gaignon. — Clerc. Chanoine de Paris, X^{2A} 64, fo 65, 4 mars 1504. Reçu, 20 nov., après résignation de Jean Jouglet. V. Parlement de Louis XII.

1487 **Anthoine de Paris.** — Clerc. L'un des 4 notaires et secrétaires de la Cour. Reçu, 9 juin, après résignation d'Arnault de Torrettes. V. Parlement de Louis XII. Président des Enquêtes, 1500.

Jean II des Feugerais, le jeune. — Lai. Gendre du cons. Chambellan. Reçu, 27 août, après résignation de Jean Ier, son père, gages et office, réservés en cas de prédécès. † et remplacé par Jean Ier, son père, en vertu de ladite clause, 12 nov. 1493.

Pierre II de Cerisay. — Lai. Lic. en lois. Reçu, 20 nov., sur résignation de Christophe, son frère, Greffier civil, avec dispense de clergie, au lieu de Guillaume, son père, 1492. Remplacé par Germain Chartelier, 24 mars.

1488 **Jean de l'Espinay ou d'Espinay.** — Clerc. Abbé de Notre-Dame d'Aiguevive, Trésorier de Reims, frère de l'archevêque de Bordeaux, X^{3A} 8, 19 mai 1487, et X^{1A} 9319, no 50. Reçu, 29 avril, au siège clerc de Charles Guillart mué en lai. (Jadis élu (date inconnue), sans doute avec Pierre du Refuge et Charles du Haultboys). Évêque de Valence en 1492. Recommandé par la Cour au choix du chapitre de Valence et de Die, X^{1A} 9323, no 98, 16 nov. 1491. *Gall. Christ.*, XVI, col. 330. Remplacé par Jean II d'Espinay, 19 juil. 1492.

Jean Lenfant. — Clerc. Lic. en lois, chanoine de Notre-Dame de Paris, fils d'Hardouin, baron de Varenne-en-Maine, X^{3A} 9, 23 mai 1488. Reçu, 12 nov., au siège de feu Aulbin du Boys. Élu 3e, 19 juin 1483. V. Parlement de Louis XII.

1489 **Gérard Compaing.** — Clerc. Lic. en lois, cons. au Grand Conseil, X^{1A} 9319, nos 45 et 200. Reçu, 17 août, au siège de feu Gérard

Séguier. Élu 2ᵉ, 10 avril 1488, sur la recommandation d'Anne de Beaujeu. † et remplacé par Jean Iᵉʳ Briçonnet, 30 avril 1492.

1490 **Jean de la Haye.** — Lai. Lic. en lois, fils du Président des Requêtes Guillaume, sieur de Vaujours et de Montauban, du conseil du comte d'Angoulême, X³ᴬ 20, 17 fév. 1512. Reçu, 4 déc., après résignation de Jean le Viste. V. Parlement de Louis XII. Époux de Colette Clutin de Ville-Parisis, dont il eut Jean II (veuve 5 nov. 1521, X³ᴬ 29).

Christophe de Brilhac. — Clerc. Lic. en lois. Reçu, 7 mai, au siège de feu Guillaume de Montboissier. Élu 4ᵉ aud. siège, 28 avril. Résigne. Remplacé par Jean de Vignacourt, 25 janv. 1494.

Jean Hurault. — Lai. Lic. en lois, avocat céans, Sgr de Boistaillé et de Belesbat, fils de Raoul, Sgr de la Grange et de Chiverny, X³ᴬ 8, 22 fév. 1488. Reçu, 26 mai, au siège de Robert de Guéteville, son beau-père, résignant, gages et office réservés en cas de prédécès. V. Parlement de Louis XII. Époux de Marie de Guéteville.

Germain Volant. — Clerc. Lic. en décret. Reçu, 17 août, au siège de Jacques Juing, résignant *ut supra*. V. Parlement de Louis XII.

Jacques Daniel. — Clerc. Lic. en lois, avocat céans. Reçu, 29 déc., au siège de feu Jean Avril. Élu 1ᵉʳ, 10 avril 1488. Passe, 7 mai 1492, au siège lai de feu Guillaume Hennequin. Remplacé, comme clerc, par Jacques de Donon, 2 août 1492. V. Parlement de Louis XII. Cf. Jacques Deniel ou Daniel, chanoine et chevecier de Saint-Père-en-Pont d'Orléans, 2 août 1488, et docteur régent en l'Université d'Orléans, 7 août 1497, X³ᴬ 9 et 12.

1491 **Robert Turquan.** — Clerc. Lic. en lois, fils du cons. Pierre Iᵉʳ. Reçu, 4 mars, après résignation de Guy Boislève. Fait cons. lai, par permutation avec Anjorrand Ra, 9 fév. 1497. V. Parlement de Louis XII.

Michel Bignet. — Clerc. Docteur *in utroque*. Reçu, 16 mai, au siège de Jacques, son père, résignant, gages et offices réservés, *ut supra*. Fait cons. lai, 5 sept., par permutation avec André II Cotin. V. Parlement de Louis XII. Époux de Françoise de Chanvreux (veuve 31 août 1521, X³ᴬ 29).

Nicole Pichon. — Lai. Lic. en lois, gendre du président Robert II Thiboust. Reçu, 8 août, au siège d'Anjorrand Ra passé aux Requêtes du Palais, par résignation de son père, feu Raoul Pichon, 20 avril. Lettres à refaire. V. Parlement de Louis XII. Époux de Marie Thiboust (veuve 25 fév. 1518, X³ᴬ 26. Cf. 24, 4 juin 1516).

Philippe Turquan. — Lai. Lic. en lois, avocat céans depuis 7 ans, frère de Robert, X¹ᴬ 1508, f° 28 v°. Reçu, 16 déc., par résignation de Pierre, son père, gages et office réservés, *ut supra*. Recommandé au roi par la Cour, 17 juin 1489. V. Parlement de Louis XII.

1492 **Aubert le Viste.** — Clerc. Rap. et correcteur de la Chancellerie, après le président Thibaut Baillet, son beau-père, en 1484 ; 2ᵉ fils du cons. Aymé le Viste. Reçu, 17 fév., par résignation de feu Étienne de Bailly, son gendre, à condition de ne pas cumuler et de ne résigner qu'à un homme d'église ou à un clerc non marié. Résigne, 7 juin, à Jean II Briçonnet, son 2ᵉ gendre.

Germain Chartelier. — Lai. Lic. en décret, l'un des 4 notaires de la Cour, attaché au greffe depuis 1461. Reçu, 24 mars, par résignation de Pierre II de Cerisay fait greffier civil. V. Parlement de Louis XII. Époux de Marie Anthonis (veuve 17 déc. 1526, X³ᴬ 34).

Jean Iᵉʳ Briçonnet. — Clerc. Docteur *in utroque*, cons. au Parlement de Toulouse, fils de Guillaume, général des finances. Reçu, 30 avril, au siège de feu Gérard Compaing. V. Parlement de Louis XII. Le Ms. 7554 le fait, à tort, fils de Guillaume, cons. en 1470, † en 1474, et de Jeanne Brinon, ce qui s'applique plutôt à Jean II, qui suit.

Jean II Briçonnet. — Clerc. Lic. en lois, époux de la veuve d'Étienne de Bailly. Reçu, 7 juin, par résignation d'Aubert le Viste, son beau-père. Président en Chambre des Comptes, 1493. Remplacé par Loys Jouvenel, 29 nov. Le Ms. 7554 le fait fils de Bertrand, natif de Tours, notaire et secrétaire du roi, ce qui s'applique plutôt à Jean III, qui suit. Époux de Loïse Raguier, X³ᴬ 48, 2 mai 1548.

Jean II d'Espinay. — Clerc. Lic. *in utroque*. Reçu, 19 juil., au siège de Jean Iᵉʳ, résignant, fait évêque de Valence. V. Parlement de Louis XII.

Jacques de Donon. — Clerc. Docteur *in utroque*. Reçu, 2 août, au siège de Jacques Daniel mué de clerc en lai. (Élu 1ᵉʳ, 6 août 1489). † et remplacé par Jean Fanuche, 9 déc. 1494.

Pierre Legendre. — Clerc. Lic. en lois, chanoine de Paris, Sgr de Frémainville et de Beaumarchais. Reçu, 2 nov., par résignation de Guillaume de Cambrai fait archevêque de Bourges. V. Parlement de Louis XII.

Adam Fumée, le jeune. — Lai. Lic. en lois, fils d'Adam, sieur des Roches, Maître des Requêtes. Reçu, 13 nov., par résignation de feu Guillaume Ruzé, à condition de ne pas exercer, jusqu'à nouvel ordre, à cause de son jeune âge, restriction levée par le roi, 13 déc. Maître des Requêtes, au lieu de feu son père, 1495, remplacé par Jean Brunat mué de clerc en lai, 16 mars 1495. Époux de Catherine Burdelot (veuve du cons. Jean Ier Burdelot, 4 mars 1488 ; veuve derechef, 29 déc. 1515, X^{3A} 9 et 46).

Loys Doreille. — Clerc. Chanoine de Clermont en Auvergne, prieur commendataire de Saint-Remy de Bresche, 4 juil. 1502, X^{3A} 14. Reçu, 20 déc., au siège de feu Guillaume Erlaut. Élu 3e aud. siège, 14 nov., après sa provision par le roi. V. Parlement de Louis XII. Congé d'aller à Clermont pour l'élection du futur évêque; fin fév. 1505.

1493   **Hélie de Livres.** — Lai. Lic. en lois, avocat céans. Reçu cons. aux Requêtes du Palais, 8 mars, par résignation d'Henry, son père (survivance du 20 mai 1486, agréée de la Cour, 2 janv. 1492, confirmée par le roi, 6 fév.). V. Parlement de Louis XII. Époux d'Yvonne Aguenin (veuve 20 mai 1516, X^{3A} 24).

Loys Jouvenel des Ursins. — Clerc. Lic. en lois, archidiacre de Champagne en l'église de Reims (6 nov. 1494), chanoine de Paris, prieur de Sainte-Foy de Coulomniers et (en commande) de Courcy-l'abbaye, X^{3A} 19 et 20, 24 mars 1509, 4 août 1512, Sgr du Moulin, fils de Michel, Sgr de la Chapelle. Reçu, 29 nov., par résignation de Jean II Briçonnet fait Président des Comptes. V. Parlement de Louis XII. Le 19 juil. 1509, refus de congé aud.. Jouvenel d'aller à Reims, à l'entrée de l'archevêque, où il dit être mandé et avoir affaire.

Jean III Briçonnet. — Clerc. Lic. en lois. V. *supra* Jean II (notice). Reçu, 2 déc., par résignation de Robert Briçonnet fait archevêque de Reims. V. Parlement de Louis XII.

1494   **Jean de Vignacourt.** — Clerc. Lic. en lois, l'un des 4 notaires de la Cour, Sgr d'Aurigny, 20 août 1507, X^{3A} 18, fils de Jean, correcteur de la Chancellerie, et de Charlotte de Hacqueville. Reçu, 25 janv., par résignation de Christophe de Brilhac. V. Parlement de Louis XII. Époux de Madeleine Luilier (Blanchart).

Jean II des Plantes. — Lai. Lic. en lois, doyen de Gayé, 17 avril 1504, X^{3A} 15. Reçu, 28 août, au lieu de Philippe, son père, résignant, gages et offices réservés. Recommandé au roi par la Cour, 18 fév. 1491. V. Parlement de Louis XII.

Jean Fanuche. — Clerc. Lic. *in utroque*, archidiacre et chanoine de la rivière en l'église de Soissons (16 nov. 1503), fils de Jean, bourgeois de Paris, et de Jeanne Rapiout. Cf. X^{JA} 15, 4 déc. 1503. Reçu, 9 déc., au siège de feu Jacques de Donon. Élu 1er, 14 nov. 1492. V. Parlement de Louis XII.

1495   **Anthoine de Feurs.** — Clerc. Docteur *in utroque*, archidiacre de Mâcon (20 avril 1504). Reçu, 8 janv., au siège de Jean Simon, fait évêque de Paris. Élu 3e, 28 avril 1490. V. Parlement de Louis XII. Président des Enquêtes, 1503.

Gaillart Ruzé. — Clerc. Lic. en lois, avocat céans, chanoine de Paris, archidiacre de Tonnerrois en l'église de Reims, scolastique d'Orléans. Reçu, 16 mars, au siège clerc de Jean Brunat mué en office lai. Élu 1er, 13 nov. 1494. V. Parlement de Louis XII.

Jean Rolin ou Raoulin. — Clerc. Abbé commendataire de Saint-Martin d'Autun, X^{1A} 9321, n° 138. Reçu, 12 avril, au siège de feu Simon Hennequin (?). Président des Enquêtes, 1497. V. Parlement de Louis XII. Le Ms. 7553 le fait, à tort, cons. en 1491.

Claude de Hangest. — Clerc. Docteur en décret, originaire de Picardie, fils de Jean et de Jeanne de Linières. Reçu, 21 août, par résignation de feu Jean de Courcelles, son oncle. Élu 2e aud. siège, 24 avril, après sa provision par le roi. V. Parlement de Louis XII. Le Ms. 7555 distingue, à tort, 2 cons. frères, Claude et Jean, en attribuant au 2e seul le titre de docteur en décret.

Jean II Bohier. — Clerc. Lic. en lois, chantre de Paris, X^{3A} 14, 27 août 1502, 27 mars 1503, fils d'Austremoine, consul d'Issoire. Reçu, 9 déc., au siège de feu Jean de Besançon. V. Parlement de Louis XII. Président des Enquêtes, 1503.

Imbert de la Platière. — Clerc. Doyen de Nevers. Reçu, 17 déc., après résignation au roi de Pierre de Vaudetar. V. Parlement de Louis XII.

1496   **Jean Potart.** — Lai. Lic. en lois, avocat céans, Sgr de Boismont et de Grumaisnil. Reçu, 16 mai, au siège de feu Jean Ier des Feugerais. Élu 3e, 2 sept. 1495. V. Parlement de Louis XII. Époux de Guillemette du Refuge, fille de Raoul, Maître des Comptes, puis chancelier et gouverneur général des finances du duc d'Orléans.

1497   **René Ferré de Sacierges.** — Lai. Lic. en lois. Reçu, 22 août, après résignation au roi de Charles Guillart fait Maître des Requêtes. V. Parlement de Louis XII.

Loys Picot. — Clerc. Lic. en lois, vicomte de Roman, baron de

Dampierre, en Champagne, Sompuis, etc., fils de Macé, secrétaire du roi. Reçu, 25 janv., au siège de feu Martin Ruzé. Élu 1ᵉʳ aud. siège, 29 déc. 1496. V. Parlement de Louis XII. Époux de Catherine ou Jaquete, fille de Martin le Picard, Maître des Comptes, X^{3A} 19, 21 fév. 1510.

Pierre le Clerc. — Lai. Sgr du Tremblay, gendre de feu Jean Michel, 1ᵉʳ médecin du roi, X^{3A} 20, 17 mars 1512. Reçu, 24 juil., au siège de feu Jean Brunat. Don du roi à son médecin, malgré la résignation de Brunat en faveur de Jean Malingré, son cousin germain, qui prend la charge de sa veuve et de ses 7 ou 8 enfants mineurs et successivement recommandé au roi, puis élu à la quasi unanimité par la Cour, le 2 sept. Lettres à refaire. V. Parlement de Louis XII. Blanchart lui donne, à tort, pour père, un certain Jean le Clerc, soi-disant cons. en 1491, époux de Catherine de Vaudetar (erreur). Époux de Loyse de Pierre Vive, X^{3A} 13, 4 déc. 1501.

1498 **Gervaise du Fresnoy.** — Lai. Reçu, *ante* 17 fév. 1498 (1ʳᵉ présence en séance), par résignation de Jean, son père. (Réception omise au registre.) V. Parlement de Louis XII.

PARLEMENT DE LOUIS XII

*Présidents de la Cour confirmés. Lett. pat. du 13 avril 1498,
X¹ᴬ 8610, f° 1.*

Pierre de Couthardi, Iᵉʳ. — † 25 oct. 1505. Remplacé par Jean de Ganay, Iᵉʳ, 23 oct. 1506, et Antoine Duprat, IVᵉ, 1ᵉʳ déc.

Thibault Baillet, IIᵉ. — V. Parlement de François Iᵉʳ.

Robert II Thiboust, IIIᵉ. — † 21 mars 1503. (Crié en l'audience du 22, X¹ᴬ 4844, f° 218 v°, et inhumé à Saint-Séverin.) Remplacé par Christophe de Carmonne, 22 juin.

Jean de Ganay, IVᵉ. — Fait Iᵉʳ Président, au décès de Pierre de Couthardi, 28 oct. 1506. Chancelier de France en 1508. Remplacé par Antoine Duprat, Iᵉʳ, 8 fév., et Charles Quillart, IVᵉ, 3 juin. † 3 juin 1514, à Blois. Inhumé à Saint-Merry.

Guillaume de la Haye, Vᵉ. — † nov. 1508. Non remplacé.

Présidents pourvus au cours du règne.

Christophe de Carmonne. — Maître des Requêtes. Ex-lieutenant civil au Châtelet, puis Procureur général céans, 1490, Iᵉʳ Président en Bourgogne, 1497, IIIᵉ en l'Échiquier de Normandie, 1499, originaire du Bourbonnais, Sgr de Mareuil-le-Guyon, IVᵉ Président céans, 22 juin 1503, au décès de Robert II Thiboust. Élu 2ᵉ, 12 juin 1487, au siège du feu président Mahieu de Nanterre. Réputé suffisamment proposé, sans nouvelle élection, à celui de feu Jean de la Vacquerie, 21 juil. 1497. † 10 fév. 1508. Inhumé à Saint-Séverin. Remplacé par Jacques Olivier, 3 mars. Époux 1° de la fille du Procureur général, Jean de Nanterre; 2° d'Hélène de Saveuse qui, veuve, épousa Charles des Pontols, conseiller 1479, Maître des Requêtes, 1512. Le Ms. 7553 le fait, à tort, conseiller sous Louis XI.

Anthoine Duprat. — Chevalier, Sgr de Nantouillet, ex-avocat du roi en Cour des aides, Maître des Requêtes, 25 janv. 1505. IVᵉ Président, 1ᵉʳ déc. 1506, au décès de Pierre de Couthardi; Iᵉʳ, 8 fév.

1508, remplaçant Jean de Ganay fait chancelier. Remplacé, comme IV\ :sup:`e`, par Charles Quillart, 3 juin. V. Parlement de François I\ :sup:`er`. Époux de Françoise de Vaine d'Arbouzé morte en 1517.

CHARLES QUILLART. — Chevalier, avocat du roi céans, fils de Jacques Sgr de Leuville et du Coudray près Chartres. IV\ :sup:`e` Président, mars 1508, au décès de Christophe de Carmonne. V. Parlement de François I\ :sup:`er`. Époux 1° de Geneviève Tueleu, fille de Jean, avocat, sieur de Celly-en-Brie, et de Jeanne Chevalier, X^{3A} 42, 6 fév. 1537 ; 46, 27 août 1545 ; 2° de Madeleine Luillier.

CHARLES QUILLART. — Maître des Requêtes, août 1496, ex-conseiller du 30 déc. 1482, IV\ :sup:`e` Président, 3 juin 1508, remplaçant Jean de Ganay fait chancelier. V. Parlement de François I\ :sup:`er`.

Présidents des Enquêtes confirmés ut supra.

NICOLE DE HACQUEVILLE. — † et remplacé par Guy Arbaleste, président, 13 fév. 1501, et Jean Berthelot, conseiller, 12 fév.

ÉTIENNE DE PONCHER. — Évêque de Paris, mai 1503. V. *supra.* Remplacé par Antoine de Feurs, président, 4 sept. 1513, et Christophe Hennequin, conseiller, *ante* 19 oct. 1514.

JEAN ROLIN. — Évêque d'Autun 1501. *Gall. Christ.*, IV, 421. Remplacé par Cosme Guymier, 11 déc., comme président et conseiller.

JEAN LESPERVIER. — † et remplacé par Charles du Haultboys, son suppléant, 27 fév. 1500.

CHARLES DU HAULTBOYS. — Suppléant de Lespervier, devenu Ordinaire, à sa mort ; Maître des Requêtes, mars 1501. Évêque de Tournai, déc. 1506. Remplacé par Anthoine de Paris, président, 29 déc. 1500, et Nicole II Brachet, conseiller, 31 mars 1501.

Présidents pourvus au cours du règne.

1500 **ANTHOINE DE PARIS.** — Cons. clerc du 9 juin 1487. Président des Enquêtes, 29 déc. 1500, remplaçant le précédent ; absent et remplacé par Michel Boudet, 17 nov. 1508.

1501 **Cosme Guymier.** — Lic. en décret, avocat céans, chanoine de Saint-Thomas du Louvre, vers 1453, curé de Saint-Eustache, 1497, doyen de Laon, auteur d'un commentaire très estimé de la Pragmatique, imprimé vers 1466, réédité et annoté en 1566 par François Pinson, avocat céans (Charles du Moulin l'attribuait, à tort, à

Jacques Maréchal), Ms. 7555. Soi-disant médecin. Se serait vainement offert au Chapitre de Paris, 3 avril 1497, pour soigner à forfait, à raison de 3 écus par tête et le vivre, tous les malades abandonnés. Succède aux deux offices de Président et Conseiller des Enquêtes de Jean Rolin fait évêque d'Autun, 11 janv. 1501. Élu 3e, 12 nov. 1494, au siège de conseiller de feu Jacques de Donon. † 3 juil. 1503. Inhumé au cimetière des Innocents. Remplacé par Jean Bohier, président, 2 sept., et Loys Séguier, conseiller, 28 août.

GUY ARBALESTE. — Cons. clerc du 17 août 1481. Reçu, 13 fév. 1501, au lieu de feu Nicole de Hacqueville. Lettres à refaire. Défense de se marier. † 23 juin 1514. Inhumé, avec sa femme, en l'église des Grands-Augustins. Remplacé par Nicole le Maistre, 5 juil., le Ms. 7554 le fait, à tort, Président en Chambre des Comptes.

503   JEAN II BOHIER. — Cons. clerc du 9 déc. 1495. Reçu, 2 sept. 1503, au lieu de feu Cosme Guymier. Élu 2e audit siège, 19 juil. Évêque de Nevers, 5 sept. 1508. Remplacé par Pierre du Refuge. *Gall. Christ.*, XII, 655.

ANTOINE DE FEURS. — Cons. clerc du 8 janv. 1495. Reçu, 4 sept. 1503, au lieu d'Étienne de Poncher fait évêque de Paris. Élu Ier, 19 juil.. Soi-disant évêque de Nevers, en compétition avec Imbert de la Platière, 29 déc. 1506. Résigne. Remplacé par Thomas Pascal, 19 sept. 1508. La *Gallia Christ.*, qui l'inscrit 85e évêque de Nevers, avant Jean Bohier, le fait mourir, à tort, le 12 sept. 1507.

1508   PIERRE DU REFUGE. — Cons. clerc. du 10 juin 1484. Reçu, 5 sept. 1508, au lieu de Jean II Bohier fait évêque de Nevers. Élu 2e, 13 janv. 1501. (Bien qu'exerçant par intérim, en la Grand'Chambre des Enquêtes, depuis 15 à 16 mois, et malgré sa requête de maintien, il est renvoyé en la Petite Chambre, occuper le siège de son devancier.) V. Parlement de François Ier.

Thomas Pascal. — Cons. clerc du 13 nov. 1501, docteur *in utroque*, régent en l'Université d'Orléans, fils d'Étienne, Maître des Requêtes. Reçu, 17 nov. 1508, après résignation d'Antoine de Feurs. V. Parlement de François Ier.

Michel Boudet. — Cons. clerc du 1er fév. 1502. Commis, à titre provisoire, en l'absence d'Antoine de Paris, 17 nov. 1508, et à titre définitif, à son décès, 3 juil. 1510. Évêque de Langres, 1514. *Gall. Christ.*, IV, 633. Remplacé par le suivant, 5 juil. † *ante* 30 avril 1534, X³ᴬ 41.

1514   **Jean de Bouy**. — Cons. clerc du 18 nov. 1506, docteur en décret, régent en l'Université d'Orléans, official de Tours, doyen de Saint-Denis et Nogent-le-Rotrou, prieur de Sainte-Catherine de Grand-Chaulme, X³ᴬ 15 et 32, 26 juil. 1504, 16 juin 1524. Reçu, 5 juil. 1514, au lieu du précédent. V. Parlement de François Ier.

Nicole le Maistre. — Cons. clerc du 20 nov. 1506, lic. *in utroque*. Reçu, 5 juil. 1514, au lieu de feu Guy Arbaleste. V. Parlement de François Ier.

Présidents des Requêtes du Palais.

Guillaume de la Haye. — Confirmé, *ut supra*. † et remplacé par Jean, son fils, 17 nov. 1508, 23 mars 1509.

Jean de la Haye. — Cons. lai du 4 déc. 1489. Commis, à titre provisoire, au lieu de feu Guillaume, son père, 19 nov. 1508, définitivement 23 mars 1509. V. Parlement de François Ier et P. 2303, f° 493, 14 fév. 1512. Curieux arrêt en règlement de gages allouant au fils, avec les gages de la présidence de son père, les 20 s. par jour que celui-ci avait perdus en résignant sa commission des Requêtes, en 1479, à Guy Désormeaux, par section d'office.

Conseillers confirmés, ut supra.

Clercs. — Pierre de Neufbourg. — † et remplacé par André Porte, 16 nov. 1508.

Jacques Chambellan. — Disparu, date inconnue (lacune du Conseil).

Pierre de Cerisay l'aîné. — Résigne. Remplacé par Loys du Bellay, 1er mars 1502.

Jean le Picart. — † et remplacé par Guillaume de Couthardi, 30 mai 1502.

Pierre Dorigny. — † et remplacé par Pierre de Quatrelivres, 11 mars 1499.

Accace d'Albyac. — † 5 sept. 1512. Inhumé à Saint-Étienne-du-Mont. Remplacé par Nicole Sanguin, 9 mars 1513.

Jean Malingré. — † et remplacé par Guillaume II Barthélemy, son gendre, 26 juil. 1505.

Guy Arbaleste. — Président des Enquêtes, fév. 1501. † et remplacé par Jacques le Bral, 7 août 1514.

Philippe Fournier. — † et remplacé par François Boucher, 6 sept.

1501, et aux Requêtes du Palais, 16 sept., par le suivant, 1ᵉʳ élu à ladite commission, 19 août.

NICOLE BRACHET. — † et remplacé par Pierre de Bellessor, 12 nov. 1506, et aux Requêtes du Palais par André Porte, 16 nov. 1508.

ANDRÉ II COTIN. — † et remplacé par Scaramouche Trivulze, 12 nov. 1506.

CHARLES DU BEC. — † 1ᵉʳ janv. et remplacé par Jean Duret, 30 juin 1501. Inhumé au chœur de l'église Saint-Paul.

TRISTAN DE FONTAINES ET SIMON RADIN. — Disparus, dates inconnues (lacunes du Conseil.

PIERRE DU REFUGE (Président des Enquêtes 1508) et GUILLAUME DE VAUDETAR. — V. Parlement de François Iᵉʳ.

GERMAIN DE GANAY. — Évêque de Cahors, 1513. Remplacé par Mary de Janilhac, 9 mars.

MICHEL GAILLART. — † et remplacé par Jacques Mesnager, 28 nov. 1504.

JEAN DE CORBIE. — † et remplacé par Nicole Dorigny, 4 juin 1501.

JEAN GAIGNON. — Consigné dans sa maison et suspendu de fait par arrêt du 4 mars 1504 (Procès de rapt), X²ᴬ 64, fᵒ 65. Remplacé, seulement après 5 ans, par Philippe Pot, 13 nov. 1509. Se retrouve chanoine de Paris, en 1514, X³ᴬ 22, 12 sept.

ANTOINE DE PARIS. — V. *supra*. Président des Enquêtes 1500, absent 1508. † 1510. Remplaçant inconnu.

JEAN LENFANT. — † 5 nov. 1508. Remplacé par Jean de Chavanhac, 18 nov.

GUILLAUME VOLANT. — † et remplacé par Jean de Bouy, 18 nov. 1506.

JEAN Iᵉʳ BRIÇONNET. — V. Parlement de François Iᵉʳ.

JEAN II D'ESPINAY. — Disparu date inconnue (lacune du Conseil).

PIERRE LEGENDRE, LOYS DOREILLE, LOYS JOUVENEL DES URSINS, JEAN III BRIÇONNET. — V. Parlement de François Iᵉʳ.

JEAN DE VIGNACOURT. — Cons. lai, 15 fév. 1501, par permutation avec Jean des Plantes. V. Parlement de François Iᵉʳ.

JEAN FANUCHE. — Résigne. Remplacé par Jacques Doulcet, 16 mars 1513. † 5 nov. 1515. Inhumé à Saint-Merry.

ANTOINE DE FEURS. — Président des Enquêtes, 1503. Résigne. Remplacé par François Disque, 18 nov. 1508.

GAILLART RUZÉ. — Résigne (date et remplaçant inconnus). † 6 août 1540. Épitaphe à Notre-Dame (Blanchart).

Claude de Hangest. — † 29 août 1505. Inhumé à Saint-Pierre-aux-Bœufs. Remplaçant inconnu.

Jean II Bohier. — Président des Enquêtes, 1503. Évêque de Nevers 1508. Remplacé par Jean Gigault, 14 déc.

Imbert de la Platière. — Élu évêque de Nevers, 29 déc. 1506, contre le précédent. Promu seulement après lui, en fév. 1514. *Gall. Christ.*, XII, 656. Siège vacant 1er janv. 1515.

Loys Picot. — Fait conseiller lai, 19 avril 1498, par résignation de Jean Pellieu, en cédant son siège de clerc à Pierre, fils de celui-ci. Président en Cour des aides, 1513. Remplacé par Arnault Luillier, 30 août. † 6 déc. 1545. Inhumé à Sainte-Croix-de-la-Bretonnerie.

Laïs. — Martin de Bellefaye. — † 1502. Inhumé à Saint-Germain-l'Auxerrois. Remplacé par François de Morviller, 31 janv. 1503.

Jean Bochart. — † 26 juin 1507. Inhumé à Saint-Benoît-le-Bétourné. Remplacé par André des Asses, 13 nov.

Guillaume Allegrin. — † et remplacé par François Boucher mué de clerc en lai, 13 nov. 1501.

Jean Pellieu. — Résigne à Loys Picot mué de clerc en lai. V. *supra*, 19 avril 1498.

Étienne du Boys. — † et remplacé par Robert III Thiboust, 22 déc. 1500.

Jean Brinon. — † 1504. Inhumé à Saint-André-des-Arts, avec sa femme (?) (Ms. 7554)

Emond Lenfant. — † et remplacé par Jean Tronson, 3 déc. 1513.

Philippe Simon — (?)

Philippe de Béry. — † et remplacé par Michel Rigs, 3 juin 1503.

Jean de la Place. — V. Parlement de François Ier.

Michel Boulenger. — (?)

Pierre de Vaudetar et Guillaume Aymeret. — V. Parlement de François Ier.

Pierre Poignant. — † et remplacé par Macé Toustain, 4 avril 1502.

Jean II Angenoust. — † *ante* 20 juil. 1503, X^{1a} 4844, f° 289 v°. Remplaçant inconnu.

Philippe Baudot. — † et remplacé par Pierre Preudhomme mué de clerc en lai, 13 nov. 1506.

François Chambon. — † et remplacé par Jean Papillon, 7 déc. 1501.

Guillaume de Besançon. — Résigne à Loys, son fils, 22 janv. 1513.

Nicole de Corbie. — Cons. clerc, 11 mars 1504, par permutation avec Loys de Longueil. On le trouve curé de Bourron, 17 juil. 1507, d'Yesbles-en-Brie, 24 mars 1512, X^{3A} 18 et 20, et finalement, à sa mort, remplacé, comme lai, par Adrien du Drac, 19 janv. 1513. Aurait-il repris un siège lai, par la suite, ou été remplacé par un homonyme, à date inconnue ? Mystère. V. *infra* Loys de Longueil, 23 déc. 1500. Cf. François Boucher, 1501, et René Gentil, 1522.

André Baudry. — Résigne. Remplacé par François de Loynes, 22 janv. 1501.

Jean Boucher. — (?)

Jean de la Haye. — Président des Requêtes du Palais, 1509. V. Parlement de François Ier.

Jean Hurault. — Résigne. Remplacé par Jacques Leroux, 17 nov. 1500.

Jacques Daniel. — † et remplacé par Pierre Pellieu mué de clerc en lai, 7 déc. 1501.

Nicole Pichon. — Passe aux Requêtes du Palais, commiss. de feu Aujorrand Ra, 24 avril 1498. Greffier civil, 12 juil. 1498, par permutation avec Pierre II de Cerisay. (Par sa fille Marie, le greffe civil passera à son gendre, Séraphin du Tillet, chef de la dynastie. Cf. X^{3A} 28 et 29, 18 janv., 20 juil. 1521.)

Michel Bignet. — Passe aux Requêtes du Palais, commiss. de Pierre II de Cerisay, 6 sept. 1505. V. Parlement de François Ier.

Philippe et Robert Turquan, Germain Chartelier. — V. Parlement de François Ier.

Jean des Plantes. — Cons. clerc, 15 fév. 1501, par permutation avec Jean de Vignacourt. † fin 1514, siège vacant le 1er janv. 1515. Remplacé par Loys Courtin, 20 janv. Blanchard le fait donc mourir, à tort, le 12 mai 1519.

Jean Potart. — (?).

René Ferré de Sacierges. — † et remplacé par François Tavel, 29 déc. 1514.

Pierre le Clerc. — V. Parlement de François Ier.

Gervaise du Fresnoy. — (?).

Conseillers pourvus au cours du règne.

1498 **Pierre Pellieu.** — Lic. en lois, avocat céans. Reçu cons. clerc, 19 avril, par mutation de Loys Picot au siège lai de Jean Pellieu, son père. résignant. Cons. lai, 7 déc. 1501, au lieu de feu Jacques Daniel. Remplacé, comme clerc, par Michel Boudet, 1er fév. 1502. V. Parlement de François Ier. Époux de Guillemette de Besançon (veuve, 2 mars 1524, X^{3A} 31).

Loys Gouffier de Boissy. — Clerc. Lic. en lois, *de nobili genere*, fils de Guillaume, chevalier, Sgr de Boissy, et de Philippe de Montmorency (Ms. 7555). Reçu, 28 avril, au siège de feu Anjorrand Ra, par don du roi renouvelé de Charles VIII, et sans préjudice au droit d'élection. Disparu, date inconnue.

Pierre II de Cerisay. — Lic. en lois, greffier civil. Ex-cons. de 1487. Permute, pour la 2e fois, avec Nicole Pichon, 12 juil. Président des Généraux des aides, janv. 1505. Remplacé par Guillaume Roger, et aux Requêtes du Palais par Michel Bignet, 6 sept.

1499 **Pierre Quatrelivres.** — Clerc. Procureur du roi au Châtelet. Reçu, 11 mars, au lieu de feu Pierre Dorigny. † et remplacé par Loys de Longueil, 23 déc. 1500.

Jean II le Coq. — Lai. Lic. en lois, cons. et général de la Justice des aides, fils de Gérard, cons. au Châtelet. Reçu, 20 avril, au siège de Claude de Chanvreux privé par arrêt en déc. 1496 (siège vacant depuis 3 ans. Cf. Jean Gaignon). V. Parlement de François Ier. Blanchart fait de Gérard le Coq un cons. en Cour des aides. Le Ms. 7554, un cons. en Parlement. Double erreur. Époux de Jeanne Bochart.

1500 **Jacques Leroux.** — Lai. Lic. en lois, fils d'Olivier, Maître des Comptes, d'une famille du Poitou. Cf. X^{1A} 8330, f° 438 v° et 4844, f° 65, 2 mars 1503, procès pour la terre de la Forêt-Nediau devant le juge de Fontenay-le-Comte, puis le gouverneur de la Rochelle. Reçu, 17 nov. Résignation au roi de Jean Hurault. V. Parlement de François Ier et d'Henri II. Époux de Catherine Vaillant, veuve, 26 mars 1580. (Le Reg. porte, par erreur, veuve du cons. Claude Leroux). V. *infra*, Claude Leroux, cons., 12 mars 1580.

Robert III Thiboust. — Lai. Lic. en lois, fils du président Robert II. Reçu, 22 déc., au lieu de feu Étienne du Boys, avec dis-

pense de parenté. Élu, 27 janv. 1498. V. Parlement de François Ier.
Époux de Jeanne Raguier, fille de Dreux, Sgr de Thionville,
maître des Eaux et forêts, X^{3A} 44, 15 juin 1541.

Loys de Longueil. — Sgr de Boischevreuille, la Grange, etc.,
fils de Jean III et de Marie de Marle, X^{3A} 17, 21 juin 1507. Cons.
clerc, 23 déc. 1500, au lieu de feu Pierre Quatrelivres, par résignation de son frère Jean jadis élu, 14 nov. 1495, pourvu par le
roi et qui résigne parce que marié, X^{1A} 1506, f° 19 ; cons. lai,
11 mars 1504, par permutation avec Nicole de Corbie. V. *supra.*
V. Parlement de François Ier. Époux 1° de Catherine de Piédefer,
dont il eut Loys et Guy ; 2° de Catherine Brulart, fille du cons.
Jean, dont il eut Pierre, tous trois cons., X^{3A} 29, 22 juin 1521.

1501 **François de Loynes.** — Lai. Docteur régent en l'Université d'Orléans, fils de Jean, bailli de Beaugency, et d'Anne Bourgoing,
gendre du feu Président Jean le Boulenger. Reçu, 22 janv., par
résignation d'André Baudry. Élu 2e, 13 déc. 1499. V. Parlement
de François Ier. Président des Enquêtes, 1522. Époux de Geneviève le Boulenger, X^{3A} 15, 30 oct. 1503.

Jean II Berthelot. — Clerc. Lic. *in utroque.* Reçu, 12 fév., au
lieu de feu Nicole de Hacqueville. Vichancelier de Bretagne.
Remplacé par Jacques de la Varde, 20 nov. 1508. Blanchart et le
Ms. 7554 le confondent avec Jean Ier cons. du 20 déc. 1454, disparu entre 1462-69, qu'ils font siéger jusqu'en 1508. Peut-être fils
ou neveu. Rien n'autorise à croire qu'il ait été réintégré.

Nicole II Brachet. — Clerc. Notaire et secrétaire du roi, chanoine de Sainte-Croix d'Orléans, curé de Marolles-les-Beaulx, diocèse du Mans, X^{3A} 37, 13 nov. 1529 ; Sgr de Méry, neveu de
Nicole Ier ; fils de Jean, Sgr de Frouville, receveur des finances à
Arles. Reçu, 31 mars, par résignation de Charles du Haultboys, et,
13 nov., à la commission des Requêtes de feu Philippe Fournier
(Ier élu à lad. commission, 19 août). V. Parlement de François Ier.

Nicole Dorigny. — Clerc. Docteur en décret, avocat céans, régent
en Sorbonne, 1501, originaire de Troyes, parent du cons. Pierre
Dorigny ; fils de N. et de Catherine Péricard, X^{3A} 21 et 29, 29 déc.
1513, 20 août 1521. Le Ms. 7555 *bis* ajoute : docteur en théologie,
de la maison de Navarre, Grand Maître du collège du cardinal
Lemoine (Ses armes se voyaient encore, au xviie siècle, en une
verrière de la grande salle des Écoles de droit, rue Saint-Jean de
Beauvais, avec la dédicace). Reçu, 4 juin, au lieu de feu Jean-de-Corbie. Élu 3e, 24 août 1495. V. Parlement de François Ier.

Jean Duret. — Clerc. Reçu, 30 juin, au lieu de feu Charles du Bec. V. Parlement de François Ier.

François Boucher. — Lic. en lois, frère du cons. Jean. Cons. clerc, 6 sept., au lieu de feu Philippe Fournier. Élu 1er aud. siège, 19 août. Reçu, à condition de ne pas se marier. Cons. lai, 13 nov., au lieu de feu Guillaume Allegrin. Remplacé comme clerc par Thomas Pascal, led. jour. V. Parlement de François Ier. Redevenu clerc, 26 août 1517.

Thomas Pascal. — Clerc. Remplace le précédent, 13 nov. Élu 1er, 13 déc. 1499. Président des Enquêtes, 1508. V. *supra*. V. Parlement de François Ier.

Jean Papillon. — Lai. Lieutenant criminel au Châtelet. Reçu, 7 déc., au lieu de feu François Chambon. Réputé élu, vu son mérite. V. Parlement de François Ier.

1502   Michel Boudet. — Clerc. Reçu, 1er fév., par mutation de Pierre Pellieu en lai. Élu 1er aud. siège. Président des Enquêtes, 1508. Évêque de Langres, 1514. Siège vacant, 1er janv. 1515. Non remplacé (?).

Loys du Bellay. — Clerc. Sgr du Brueil et du Bois-Thibault. Grand archidiacre et chanoine de Paris, docteur et proviseur en Sorbonne, archiprêtre et curé de Saint-Séverin. Trésorier de l'église d'Angers, prieur commendataire d'Allonne, etc., X^{3A} 13, 17, 20, 29, 31, 20 avril 1501, 27 juin 1506, 26 fév. 1512, 23 déc. 1521, 30 janv. 1523, oncle de Joachim et d'Eustache du Bellay, évêque de Paris (Ms. 7554). Reçu, 1er mars, par résignation de Pierre Ier de Cerisay. V. Parlement de François Ier.

Macé Toustain. — Lai. Reçu, 4 avril, au lieu de feu Pierre Poignant. † 1513 et remplacé par Loys|Thiboust, 28 sept. Époux de Jeanne Alligret, fille de Jean, lieutenant civil au Châtelet (veuve 28 juin 1522, X^{3A} 30). Le Ms. 7555 *bis* distingue, à tort, Macé qui aurait été cons. en 1491, et Jean en 1502.

Guillaume de Couthardi. — Clerc. Lic. *in utroque*. Reçu, 30 mai, au lieu de feu Jean le Picart. Élu 2e, 27 janv. 1498. V. Parlement de François Ier.

Nicole de Souyfz. — Lai. Connu seulement par la provision de son remplaçant, Jules Descorciatis, 13 août 1504. Blanchart se borne à signaler son nom et sa mort en 1504. Le registre du Conseil, fin 1501-1502, est mutilé.

1503   **Jean Brulart.** — Lai. Sgr de Héez et de Courtieux, secrétaire du roi, fils de Pierre, notaire et secrétaire du roi, cons. de la ville de Paris. Reçu, 20 janv., au lieu de inconnu. Élu 4e, 13 déc. 1501. V. Parlement de François Ier. Époux 1° de Jeanne Jayer (X3A 29, 9 août 1521) ; 2° de Guillemette Allegrin ou Jeanne Alligret (veuve 27 juin 1520, X3A 28). Cf. 19 et 52, 31 oct. 1509 et 26 août 1552.

François de Morviller. — Lai. Lic. en lois, Sgr du Breuil et de Lignières-en-Vendômois, originaire de Blois, gendre du cons. Jean Hurault. Reçu, 31 janv., au lieu de feu Martin de Bellefaye. Élu 1er, 19 août 1502. V. Parlement de François Ier. Époux de Jeanne Hurault.

Jean Verier. — Lai. Avocat céans depuis 14 ans. Reçu, 29 avril, au lieu de (?). V. Parlement de François Ier.

Loys Séguier. — Clerc. Avocat du roi en Chambre des Comptes, 5 nov. 1520, P. 2302, f° 1065 ; curé de Saint-Bonnet de Bourges, doyen, chanoine et naguères chambrier de Saint-Marcel-lès-Paris, X3A 18 et 37, 21 août 1518, 4 mai 1529, fils du feu cons. Gérard Séguier. Reçu, 28 août, au lieu de feu Cosme Guymier. Élu 3e, 14 juin 1501. V. Parlement de François Ier.

1504   **Michel Rigs.** — Lai. Docteur *in utroque*. Reçu, 3 juin, au lieu de feu Philippe de Béry. Élu 1er aud. siège, 20 mars. Maître des Requêtes, 11 déc. 1506. Remplacé par Gérard Lecoq, 4 fév. 1508. † 13 déc. 1508.

Julle Descorciatis. — Lai. Docteur *in utroque*. Reçu, 13 août, au lieu de feu Nicole de Souyfz. Lettres à refaire, parce que non élu. Disparu, date inconnue.

Christophe Hennequin. — Sgr de Dammartin, par sa femme, Bonne Gouraud, frère de Nicolas, marchand de Paris, cousin des cons. Simon et Guillaume Hennequin, X3A 27 et 31, 21 janv. 1520, 17 juil. 1523. Cons. clerc. au lieu d'Étienne de Poncher fait évêque de Paris, *ante* 19 nov. 1504 (1re présence en séance). Refusé par la Cour, depuis le 16 nov. 1503, sur l'imputation d'avoir acheté son office. Cons. lai, 16 nov. 1508, au lieu de feu Hélie de Livres. Remplacé led. jour par Loys Tiercelin. V. Parlement de François Ier. Époux 1° de Jeanne Turquan, veuve de Jean Couraud le jeune ; 2° de Bonne Couraud, X3A 32 et 34, 6 mai 1524, 11 janv. 1527. Le Ms. 7553 le fait, à tort, cons. en 1491. (Tout cet article des Hennequin n'est que confusion.)

Jacques Mesnager. — Clerc. Reçu, 28 nov. (X1A 1510, f°s 6 et 13, registre aux 3/4 détruit. On voit, f° 6, les traces d'une réception de cons. et f° 13, dernier de la liste des présents, suivant l'usage, la moitié de son nom [Mesn]ager), au siège de feu Michel Gaillard. Élu 1ᵉʳ, 16 avril 1502. Refusé depuis le 16 nov. 1503, *ut supra*. V. Parlement de François Iᵉʳ.

Vincent Guichard. — Clerc. Reçu, 23 déc. au lieu de (?). V. Parlement de François Iᵉʳ. Époux de Lucienne Naturel (veuve 18 mai 1524, X³ᴬ 34).

1505 **Guillaume II Barthélemy.** — Clerc. Lic. *in utroque*, Sgr de Loncpérier-en-Mulcien, petit-fils du cons. Guillaume Iᵉʳ. Reçu, 26 juil. 1505, au lieu de feu Jean Malingré, son beau-père. Élu 2ᵉ, 26 juin, au siège lai de Pierre II de Cerisay. Élection de pure forme. La Cour qui l'écartait déjà, le 20 juin, comme lai, du siège de Malingré, l'y reçut, par ordre, le 26 juil. V. Parlement de François Iᵉʳ. Époux 1° de N. Malingré ; 2° de Marie le Lièvre (veuve 17 juil. 1533, X³ᴬ 40).

Guillaume Roger ou Roiger. — Lai. Reçu, sans doute, au siège de Pierre II de Cerisay (date perdue). Élu 1ᵉʳ aud. siège, 20 juin. Procureur général en 1508. Remplacé par Jean le Lièvre mué de clerc en lai, 5 juin. Ne paraît pas une fois en séance, en la session 1506-7. † 2 mai 1523. Le Ms. 7555 *bis* fait, à tort, de son fils François, qui lui succéda comme Proc. Gén., un cons. en 1508. Il ne le fut jamais.

Lacune du Conseil. Session de nov. 1505 à nov. 1506. Liste restituée d'après les lettres de confirmation de François Iᵉʳ, X¹ᴬ 8611, f° 1.

1505-6 *Clercs.* — **Guillaume Feydeau.** — Lic. en lois, avocat céans, cons. en l'Échiquier de Normandie, 22 déc. 1502, fils de Jacques, avocat à Cahors, X³ᴬ 8, 4 déc. 1487. Élu 1ᵉʳ, 28 avril 1490. V. Parlement de François Iᵉʳ. Époux de Renée de Villers; père d'Antoine, cons. en 1573.

André Verjus. — Chanoine de Mâcon (2 janv. 1503), avocat céans (18 avril 1504), prieur commendataire de Saint-Vérain-des-Boys. Chanoine de Paris, prévôt prébendé de Créteil, X³ᴬ 28 et 38, 21 janv. 1521, 3 avril 1531. Élu 2ᵉ, 28 avril 1501. V. Parlement de François Iᵉʳ. Président des Enquêtes, 30 juin 1525.

Yves Cautet. — Curé de Saint-Aulbin-de-Lorme, diocèse d'Autun, X³ᴬ 18, 30 déc. 1507. Élu 1ᵉʳ, 19 déc. 1498. V. Parlement de François Iᵉʳ.

Lais. — **Jean Prévost ou le Prévost.** — Sgr de Saint-Cyr, du Gaul, de Villabry, etc., notaire et secrétaire du roi, X³ᴬ 7, 28 nov. 1487, fils de Bernard, originaire de Blois, neveu par alliance de Nicole Iᵉʳ Brachet, beau-frère de Nicole II. Reçu, nov. ou déc. 1505. (Le 8 mai 1555, il est dit qu'il a 50 ans de services, ayant été reçu en 1505). V. Parlement de François Iᵉʳ. Époux de Marie Brachet, fille de Jean, Sgr de Frouville, receveur général des finances d'Arles, X³ᴬ 33, 29 déc. 1525.

Pierre Preudhomme. — Reçu cons. clerc en déc. 1505. (Le 23 nov. 1506, il est dit qu'il siège depuis près d'un an.) Passé au siège lai de feu Philippe Baudot, 13 nov. Remplacé comme clerc par Jean le Lièvre, 23 nov. V. Parlement de François Iᵉʳ. Époux de Marguerite Potart ou Poart, X³ᴬ 33, 37, et 49, 28 mars 1526, 13 oct. 1529, 15 mai 1549.

Falco Daurilhac. — Cons. en 1505 ou 6. Reçu à la commission des Requêtes de Germain de Ganay fait évêque de Cahors « nonobstant qu'il soit lai », 5 sept. 1513. V. Parlement de François Iᵉʳ.

Jacques Chevrier. — Lic. en lois, avocat céans, Sgr de Pandi. V. Parlement de François Iᵉʳ. Le Ms. 7554 le fait recevoir, à tort, en 1522. Époux de Catherine de Saint-Benoist, X³ᴬ 35, 31 mars 1528.

Étienne Buynart. — Docteur *in utroque*, régent en l'Université d'Orléans, X³ᴬ 16, 20 juin 1505. † et remplacé par Jean Hennequin, 1ᵉʳ juin 1513. Époux de Marie Chevalier, dame de Viviers au Comté de Tonnerre, X³ᴬ 41, 1ᵉʳ août 1534.

Suite des réceptions régulièrement enregistrées.

1506 **Pierre de Bellessor.** — Clerc. Lic. en décret, official de Paris. Reçu, 12 nov. au lieu de feu Nicole Iᵉʳ Brachet. Élu 1ᵉʳ, 14 juin 1501. V. Parlement de François Iᵉʳ.

Scaramouche Trivulze. — Clerc. Docteur en droits (*sic*). Reçu, 12 nov., au lieu de feu André II Cotin. Évêque de Crême, 1510. Remplacé par Blaise de la Forest, 15 déc.

Jean de Bouy. — Clerc. Reçu, 18 nov., au lieu de feu Germain Volant. Lettres à refaire et ajouter « nonobstant qu'il ne soit élu ». Président des Enquêtes, 1514. V. Parlement de François Iᵉʳ.

Nicole le Maistre. — Clerc. Reçu, 20 nov., au lieu de feu Guillaume Feydeau. Élu 3ᵉ, 13 déc. 1499. Président des Enquêtes, 1514. V. Parlement de François Iᵉʳ.

Jean le Lièvre. — Avocat céans (26 août 1494). Cons. clerc, 23 nov., par mutation de Pierre Preudhomme en lai. Passé au siège lai de Guillaume Roger fait Procureur général, 5 juin 1508. Remplacé comme clerc par René de Beaune, 2 sept. Ier avocat du roi céans, bien que lai, 1510. Remplacé par le même, 2 août. Époux de Jeanne Framberge (veuve 12 juin 1545, X[3A] 45).

1507 **André des Assés.** Lai. Avocat céans (21 avril 1494). Ex-avocat du roi aux Requêtes de l'hôtel, X[3A] 19, 12 mars 1488, cons. en la Justice du Trésor (3 déc. 1507). Reçu, 13 nov. au lieu de feu Jean Bochart. V. Parlement de François Ier. Époux de Marguerite Colletier (veuve 7 juil. 1524, X[3A] 32).

Gérard Lecoq. — Lai. Lic. en lois, avocat céans, Sgr d'Esquennes, frère du cons. Jean Lecoq. Reçu, 4 fév., au siège de Michel Rigs fait Maître des Requêtes. Élu 2e, 2 sept. 1495 ; 3e, 12 juin 1484, à l'office de Proc. Gén. V. Parlement de François Ier.

René de Beaune. — Lic. en lc... Cons. clerc, 2 sept., au lieu de Jean le Lièvre passé en office lai ; et lai, 2 août 1510, au lieu du même fait avocat du roi. (1res lettres à refaire parce que portant expectative.) Lieutenant civil au Châtelet, 1512. Remplacé par Loys Ruzé, 21 avril. (1er remplaçant de 1510 inconnu.)

André Porte. — Chevalier, clerc. Reçu, 16 nov., au lieu de feu Pierre de Neufbourg. Prend la commission des Requêtes de feu Nicole Ier Brachet. Fait cons. lai, date inconnue, sans doute en 1510-11 (registre perdu), au lieu de feu Simon Radin ou de quelque autre disparu de l'année. V. Parlement de François Ier. Époux de dame Françoise de Bayard (veuve 22 mars 1522, X[3A] 30).

Loys Tiercelin. — Clerc. Reçu, 16 nov., au siège de Christophe Hennequin mué de clerc en lai. Prend la commission des Requêtes de feu Hélie de Livres. V. Parlement de François Ier.

François Disque. — Clerc. Abbé de Saint-Aumer, grand archidiacre de Chartres, fils de Jean, Sgr d'Isque en Bourbonnais, Aumerville et Magintot, X[3A] 35, 4 juil. 1527. Reçu, 18 nov., par résignation d'Antoine de Feurs. Chancelier de la reine douairière Léonor en 1550. V. Parlement de François Ier et d'Henri II.

Jean de Chavanhac ou Chavignac. — Clerc. Reçu, 18 nov., au lieu de feu Jean Lenfant. Élu 2e, 13 déc. 1501. V. Parlement de François Ier.

Jacques de la Varde. — Clerc. Docteur en décret, régent en l'Université d'Orléans (8 avril 1508), official d'Amiens (CC. 84, f° 105, anno 1507) ; prieur de la Lorelière, de Notre-Dame de Plaisance, diocèse de Poitiers, Sgr de la Varde de Coullonges, X³ᴀ 37, 41 et 43, 10 déc. 1529, 16 mai 1534, 8 mai 1539, de la grande famille de Margilles, neveu de l'évêque du Puy, X¹ᴀ 8330, fᵒˢ 2 seq., 2 déc. 1502. Reçu, 20 nov., au lieu de Jean II Berthelot fait vichancelier de Bretagne. V. Parlement de François Iᵉʳ. Président des Enquêtes, 20 déc. 1522.

Blaise de la Forest. — Clerc. Lic. *in utroque*, avocat céans, procureur dans le procès des maisons de Clèves et d'Albret (16 août 1504). Reçu, 14 déc., au lieu de Scaramouche Trivulze, fait évêque de Crème. Élu 3ᵉ, 14 nov. 1495. V. Parlement de François Iᵉʳ.

Jean Gigault. — Clerc. Lic. en lois, avocat céans. Reçu, 14 déc., au lieu de Jean II Bohier fait évêque de Nevers. Élu 2ᵒ, 11 janv. 1501. V. Parlement de François Iᵉʳ.

1509   **Philippe Pot.** — Clerc. Lic. en lois, trésorier de la Sainte-Chapelle, X³ᴀ 34, 1ᵉʳ juin 1526. Reçu, 13 nov., au lieu de Jean Gaignon, privé par arrêt (depuis 5 ans). V. Parlement de François Iᵉʳ. Président des Enquêtes, 13 juin 1515.

1510-11   *Lacune du Conseil. Liste restituée, d'après les lettres de confirmation de François Iᵉʳ, ut supra.*

Clercs. — **Nicole de Besze.** — Descendant de Guillaume de Besze, cons. en 1406 (Mêmes armes, Ms. 7554), prieur de Mello, membre dépendant de l'abbaye de Vezelay, de Saint-Eloy-de-Longjumel, Gruppy, etc., X³ᴀ 20, 22, 36, 37, 13 sept. 1512, 11 sept. 1514, 22 mars, 20 nov. 1529. V. Parlement de François Iᵉʳ.

François de Poncher. — Neveu d'Étienne, président des Enquêtes ; curé d'Issy, chanoine de Notre-Dame, abbé de Saint-Maur-les-Fossés, après son oncle, archidiacre d'outre Vienne, en l'église de Tours, X³ᴀ 24, 5 juil. 1516, seq., fils de Louis, Sgr de Mancy, secrétaire du roi, général des finances et trésorier de France. V. Parlement de François Iᵉʳ.

Pierre Gouffier. — Prieur et curé de Vic, X³ᴀ 25, 8 avril 1517, d'une autre famille que Gouffier de Boissy. Cons. au Grand Conseil, 1511. Remplacé par Jean de Selva, 12 déc. Le Mss. 7555 le fait, à tort, recevoir en 1491.

Jean II Hurault. — Sgr de Vueil et de Maretz, frère du cons.

Jean Ier, apparenté par alliance à Jean II Briçonnet, président des Comptes, et au Maître des Requêtes, futur président céans, Antoine le Viste; Maître des Requêtes, 18 mars 1514, puis Ier Président en Cour des Aides. Remplacé par Jean Thumery, *ante* 6 mars. Époux 1° de Jeanne Raguier, X^{3A} 27, 5 avril 1520 ; 2° veuf de Jeanne de Poncher, 9 août 1526, X^{3A} 34 ; 3° époux d'Anne Bretle, mère du cons. Jean IV et veuve 19 avril 1547, X^{3A} 47.

Guillaume Bourgoing. — V. Parlement de François Ier.

Jean II Ruzé. — Secrétaire du roi en 1509, fils du cons. Guillaume et de Catherine Briçonnet, neveu du surintendant Samblançay. V. Parlement de François Ier. Époux de Geneviève, fille du cons. Jean Brinon (veuve 7 mars 1558, X^{3A} 54).

Suite des réceptions régulièrement enregistrées.

1511 **Jean de Selva.** — Laï. Reçu, 12 déc., au lieu de Pierre Gouffier appelé au Grand Conseil. V. Parlement de François Ier.

1512 **Loys Ruzé.** — Laï. Lic. en lois, cons. et général de la Justice des Aides, cons. de la ville en 1500 ; frère du cons. Gaillart. Reçu, 21 avril, au lieu de René de Beaune fait lieutenant civil du Châtelet. V. Parlement de François Ier. Époux de Marie Quatrelivres. † sans postérité.

1513 **Adrien du Drac.** — Laï. Lic. en lois, lieutenant général du bailliage de Meaux, vicomte d'Ay, Sgr de Mareuil et de Beaulieu, petit-fils du feu président Robert II Thiboust, par sa mère Adenette, femme de Jean du Drac, prévôt des Marchands en 1486 et 88, X^{3A} 25, 11 fév., 24 avril 1518. Reçu, 19 janv., au lieu de feu Nicole de Corbie. V. Parlement de François Ier. Époux de Nicolle, fille du président des Enquêtes, Guy Arbaleste, X^{3A} 28, 23 juin 1520.

Nicole Sanguin. — Laï. Lic. en lois, cons. au Trésor et avocat du roi aux Requêtes de l'hôtel, secrétaire du roi, Sgr de Livry, X^{3A} 33, 29 mars 1526. Reçu, 9 mars, au lieu de feu Accace d'Albyac. V. Parlement de François Ier. Époux de Jeanne de Louviers (veuve 29 juil. 1550, X^{3A} 50).

Mary de Janilhac. — Clerc. Cons. du roi et général de la Justice des Aides. Reçu, 9 mars, au lieu de Germain de Ganay fait évêque de Cahors, † 5 août 1514. Remplacé, 7 août, par Pierre Lizet. Inhumé aux Saints-Innocents. Époux de Jeanne Angenoust (veuve 6 mars 1517, X^{3A} 25).

Jacques Doulcet. — Clerc. Reçu, 16 mars, par résignation de Jean Fanuche, gages réservés. V. Parlement de François Ier. Époux de Jeanne Tueleu, mère de Loys, avocat céans (veuve 6 avril 1528, X³ᴬ 35 et 54, 9 sept. 1557).

Jean Hennequin. — Lai. Neveu par alliance du sire de Montdragon, capitaine de Nantes, pourvu par le crédit de la reine et en considération de son mariage. Reçu, 1er juin, au lieu de feu Étienne Buynart. Interrogé en pleine Cour, après un 1er examen, devant une commission de conseillers (1re mention). V. Parlement de François Ier et d'Henri II.

Loys de Besançon. — Lai. Gendre de Nicolas Potier, Sgr de Blancmesnil et de Groslay, Général des Monnaies, prévôt des Marchands en 1499. Reçu, 22 juin, par résignation de Guillaume, son père. V. Parlement de François Ier. Époux de Marie Potier (veuve 19 mai 1539, 9 enfants, X³ᴬ 43 et 49, 29 oct. 1549).

Arnault Luillier. — Lai. Général sur le fait des Aides, fils aîné de Jean, Proc. Gén. en 1493, et de Jeanne de Nanterre. Reçu, 30 août, au lieu de Loys Picot fait président en Cour des Aides. V. Parlement de François Ier. Époux de Guillemette de Guetteville, veuve 18 mars 1568, mère d'Eustache, président en Cour des Aides, et de Jean, cons. auditeur en Chambre des Comptes, X³ᴬ 54.

Loys Thiboust. — Lai. Lic. en lois, clerc des Comptes. Reçu, 28 sept., au lieu de feu Macé Toustain. V. Parlement de François Ier.

Jean Tronson. — Lai. Lic. en lois, cons. au Châtelet, Sgr du Coudray, fils de Jean, bourgeois de Paris. Reçu, 3 déc., au lieu de feu Emond Lenfant. V. Parlement de François Ier et d'Henri II. Époux de Jeanne Dupré, fille de Jean, soi-disant cons. céans (inconnu), 8 enfants.

1514 **Jean Thumery.** — Clerc. Notaire et secrétaire du roi. Reçu, entre 9 août 1513 et 6 mars 1514 (Réception omise au registre), au lieu de Jean II Hurault fait Maître des Requêtes. V. Parlement de François Ier et d'Henri II. Époux de Marie Bataille (veuve 17 avril 1553, X³ᴬ 53). Sa fille Marie épousa Jean Violle, Maître des Comptes.

Pierre Lizet. — Clerc. Lic. en lois, avocat céans, originaire de Salers (Auvergne); fils de Béraud et frère de Pierre, archiprêtre de Mauriac, X³ᴬ 31, 11 juil. 1523. Reçu, 7 août, au lieu de feu Mary de Janilhac. Élu 1er, 13 nov. 1512. V. Parlement de François Ier.

Jacques le Bral. — Clerc. Lic. *in utroqne*, official d'Amiens. Reçu, 7 août, au lieu de feu Guy Arbaleste. Élu 2e, 13 nov. 1512. V. Parlement de François Ier.

François Tavel. — Lai. Reçu, 29 déc., au lieu de feu René de Sacierges. V. Parlement de François Ier et d'Henri II.

Nota. — Le 78e cons. reçu est Cosme Guymier fait, à la fois, cons. et Président des Enquêtes. V. *supra*.

PARLEMENT DE FRANÇOIS Ier

*Présidents de la Cour confirmés, Lettres pat. du
2 janv. 1515, X^{1A} 8611, f° 1.*

ANTOINE DUPRAT, Ier. — Chancelier de France, janv. 1515. Remplacé par Mondot de la Marthonie, 3 fév. Prit les ordres, devenu veuf, 1517 ; fut successivement évêque de Meaux, d'Alby, archevêque de Sens, abbé de Fleury-sur-Loire, cardinal et légat en France. † à Nantouillet, 9 juil. 1535.

THIBAULT BAILLET, IIe. — † 19 nov. 1525. Inhumé à Saint-Merry. Remplacé par Denis Poillot, 12 oct. 1526.

JACQUES OLIVIER, IIIe. — Ier Président, 20 mai 1517, au décès de feu Mondot de la Marthonie. † 20 nov. 1519. Remplacé par Jean de Selve, 17 déc. 1520. Inhumé à Saint-Germain-l'Auxerrois.

CHARLES QUILLART, IVe. — Résigne 1535. Remplacé par François de Montholon, 3 fév. † 13 juin 1538. V. son éloge, X^{1A} 1538, f° 83, 3 fév. 1535.

Présidents pourvus au cours du règne.

1515 **Mondot de la Marthonie.** — Ier Président au Parlement de Bordeaux. Reçu Ier, 3 fév., au lieu d'Antoine Duprat fait chancelier. † 1517. Remplacé par Jacques Olivier, Ier, et Roger Barme, IVe, 20 mai. Le Ms. 7553 le fait mourir évêque d'Amiens. Confusion absurde avec son neveu Geoffroy.

1517 **Roger Barme, IVe.** — Avocat du roi céans, 1510. Prévôt des Marchands, 1512. Remplace le précédent, 20 mai. † 1523. Remplacé par Antoine le Viste, 23 déc. Sa fille unique, Marie, épousa le cons. Guillaume de Vaudetar, et fut mère du cons. Roger (V. 1543).

1520 **Jean de Selve ou Selva.** — Ier Président à Bordeaux, Sgr de Cremières, Villers-le-Châtel, etc., originaire du Milanais, fils de Fabian, lieutenant de la compagnie des gens d'armes du comte de la Marche. Reçu Ier, 19 déc., au lieu de feu Jacques Olivier. † août 1529. Inhumé à Saint-Nicolas-du-Chardonnet. Remplacé par

Pierre Lizet, 20 déc. Époux de Catherine de Buxis, Le Ms. 7553 le confond avec le cons. Jean de Selva reçu en 1511, † cons. en 1522. Il le fait successivement Ier Président à Bordeaux, puis à Rouen, vichancelier de Milan. Or, ses lettres de provision portent seulement Ier Président à Bordeaux.

1523 **Antoine le Viste.** — Maître des Requêtes, Sgr de Tresves, fils de l'ex-cons. Aubert et de Jeanne Boullie, X^{3a} 21, 29 oct. 1513. Rapporteur et correcteur de la Chancellerie après lui en 1493. Reçu IVe, 23 déc., au lieu de feu Roger Barme ; ambassadeur en Angleterre en 1525. † 1534. Remplacé par Antoine du Bourg, 9 déc. Inhumé à Saint-Merry. Époux 1° de Jaqueline Raguier et veuf, le 8 mai 1520, X^{3a} 28 ; 2° de Catherine Briçonnet, veuve de Pierre Legendre, chevalier, trésorier de France, X^{3a} 35, 27 mai 1527, qui, après lui, prit un 4e mari. Apparenté par cette alliance à Jean Briçonnet, président des Comptes, et à Jean II Hurault, Maître des Requêtes.

1526 **Denis Poillot.** — Maître des Requêtes, ex-conseiller au Grand Conseil, ambassadeur en Angleterre en 1522. Reçu IVe, 12 oct., au lieu de feu Thibault Baillet. † 29 déc. 1534. Inhumé à Saint-Eustache. Remplacé par Guillaume Poyet, 4 janv. 1535.

1529 **Pierre Lizet.** — Chevalier, avocat du roi céans, ex-cons. de 1514. Remarqué dans le procès du connétable, où il conclut pour le Domaine, contre Louise de Savoie. Reçu Ier, 20 déc., au décès de Jean de Selve. V. Parlement d'Henri II. Époux de Jeanne Hénard, fille de Jean, payeur de la Cour.

1534 **Antoine du Bourg.** — Maître des Requêtes, ex-lieutenant civil au Châtelet et cons. au Grand Conseil, Sgr de Sillant en Auvergne, X^{3a} 35, 14 mars 1528. Reçu IVe, 9 déc., au décès d'Antoine le Viste. Chancelier de France par lett. pat. du 16 juil. 1535. Remplacé par François de Saint-André, 24 juil. † 18 nov. 1538, à Laon. Inhumé aux Cordeliers de Laon.

1535 **Guillaume Poyet.** — Avocat du roi céans, cons. au Conseil Privé, Ier Président en Bretagne, Sgr de Brie et de Grignon, X^{3a} 36, 24 avril 1538, né à Angers, de Guy, échevin perpétuel et avocat. Reçu IVe, 4 janv., au décès de Denis Poillot. Chancelier de France, par lett. pat. du 12 nov. 1538. Remplacé par Jean Bertrand, 12 nov. 1539. Destitué par arrêt du 15 avril 1545. † avril 1548.

François de Montholon. — Avocat du roi céans, 28 sept. 1532, inscrit au barreau de la Cour depuis 1516, remarqué dans le procès du connétable. Reçu IVe, 3 fév., par résignation de Charles Quillard. (Jadis élu 3e au siège de cons. de Michel Bignet, 5 mai 1515.) Garde des Sceaux de France, 7 oct. 1542, et de Bretagne, 23 fév. Remplacé par François Olivier, 13 août 1543. † 12 juin 1543. Inhumé à Saint-André-des-Arts.

François de Saint-André. — Lic. en lois, sieur de Tillery, X^{3A} 33, 28 mars 1526, cons. clerc du 29 mars 1515, Président des Enquêtes, 30 août 1533, fils de Pierre, Ier Président à Toulouse et chancelier de Louis XII en Italie, vicomte de Corbeil, X^{3A} 36, 25 mai 1528. Reçu IVe Président, au lieu d'Antoine du Bourg fait chancelier, 24 juil. V. Parlement d'Henri II. Époux de Marie de Guetteville.

1539 **Jean Bertrand.** — Ier Président à Toulouse. Fils de Jean, cons. audit Parlement. Reçu IVe, 12 nov., au lieu de Guillaume Poyet fait chancelier. V. Parlement d'Henri II.

1543 **François Olivier.** — Maître des Requêtes, cons. au Conseil Privé, chancelier d'Alençon et de Berry, sieur de Leuville, fils du feu Ier Président Jacques, X^{3A} 37 et 42, 12 août 1529, 11 août 1536. Reçu IVe, 13 août, au décès de François de Montholon. Chancelier de France, mai 1545. Remplacé par Antoine Minard. Époux d'Antoinette de Cerisay (veuve 4 déc. 1562, X^{3A} 55). Le Ms. 7553 qui le fait, à tort, cons. le confond sans doute avec Jacques II, son frère, cons. en 1521, † 1522.

1544 **Augustin de Thou.** — Président lai des Enquêtes (V. *infra* 1535-39), avocat céans, Sgr de Bonneuil, fils de Jacques, avocat du roi en Cour des Aides. Reçu V^e, à titre viager, 7 juil. (création). † 6 mars 1545 et non 1555 (erreur du Ms. 7553). Inhumé à Saint-André-des-Ars. Non remplacé. Époux de Claude de Marle, petite-fille du feu président Arnault de Marle (21 enfants), veuve 31 mars 1546, X^{3A} 46.

Antoine Minard. — Président lai des Enquêtes (1542-44. V. *infra*), avocat du roi en Chambre des Comptes, gratifié gratuitement dudit office, à raison de sa réputation au barreau, P. 2300, f° 679, 31 janv. 1539, Sgr de la Tour-Groslier et Mongarnault, fils aîné d'Antoine, trésorier général de Bourbonnais, puis clerc des Comptes. Époux de Catherine Bochart, fille de Jean, fameux avocat. Présida le procès du chancelier Poyet et celui d'Anne du Bourg. Fut curateur et principal conseil de Marie Stuart, durant sa minorité. Signa son contrat de mariage. Reçu VIe, 14 juillet, à titre viager (création); IVe en 1545, au lieu de François Olivier fait chancelier, et non remplacé comme VIe. V. Parlement d'Henri II.

Pierre Rémon. — Ier Président à Rouen depuis 1543, ex-avocat du roi céans, janv. 1535, gendre du feu Procureur général Guillaume Roger. Pourvu par le roi du siège de François Olivier, mais non accepté par la Cour qui le maintint à Minard, pour abolir son office surnuméraire. Solution non admise du roi jusqu'à la fin du règne. Rémon se désista, à la mort de François Olivier, pour rester Ier Président à Rouen.

Présidents des Enquêtes confirmés ut supra.

Pierre du Refuge. — (Petite Chambre). † 31 mai 1515. Inhumé à Notre-Dame derrière le chœur (épitaphe Blanchart). Remplacé par Philippe Pot, présid., 13 juin. 1515 et Robert Tiercelin, cons., 7 mai 1516.

Thomas Pascal. — (Grand Chambre). † et remplacé par Jacques de la Varde, président, 18 janv. 1527, et Charles de la Mothe (?), cons., 28 août 1534.

Jean de Bouy. — (Grand Chambre). † et remplacé par Nicole Dorigny, président, 11 août 1525, et Jean II de la Haye, cons., 20 nov. 1528.

Nicole le Maistre. — (Petite Chambre). † et remplacé par Pierre de Lestoille, président, 25 juin 1535, et André Sanguin, cons., 11 fév. 1536.

Présidents créés ou pourvus au cours du règne.

1515   Philippe Pot. — Cons. clerc du 13 nov. 1509. Reçu (Petite Chambre) au décès de Pierre du Refuge, 13 juin. Élu 3e audit siège, 9 juin. † et remplacé par André Verjus, 30 juin 1525.

1522   Jacques de la Varde. — Cons. clerc du 20 nov. 1508. Reçu (IIIe Chambre, création), 20 nov. ; en la Ire ou Grand Chambre, 18 janv. 1527, au décès de Thomas Pascal. Compétiteur de Nicole Dorigny, reçu seulement en 1525, à la Ire présidence de ladite Chambre. Solution renvoyée à l'assemblée de la Cour (Grand Chambre) et de la Tournelle, les présidents des Enquêtes non admis, 16 nov. Remplacé, IIIe Chambre, par René Gentils, 14 nov. 1528 ; à la Ire, par Nicole Quelain, 16 déc. 1532. † 1532.

François de Loynes. — Cons. lai du 22 janv. 1501. Reçu (IIIe Chambre, création), 20 déc. † et remplacé par Pierre Cleutin, qui suit, 4 nov. 1524.

1524   **Pierre Cleutin ou Clutin.** — Cons. et général de la Justice des

Aides, fils du cons. Henry, X³ᴬ 22, 30 mai 1514. Cons. lai du 13 nov. 1515; clerc du 23 déc. 1518. Reçu (IIIᵉ Chambre), au décès du précédent, 4 nov. † 16 juil. 1533. Inhumé à Saint-Jean-en-Grève. Remplacé par François de Saint-André, 30 août.

1525 ANDRÉ VERJUS. — Cons. clerc de 1505-6. Reçu (IIᵉ Chambre), au décès de Philippe Pot, 30 juin. Élu 2ᵉ audit siège, 23 mars, et Iᵉʳ, 9 juin 1515. Résigne. Remplacé par Jean de Gouy, 26 avril 1543.

NICOLE DORIGNY. — Cons. clerc du 4 juin 1501. Reçu (Iʳᵉ Chambre), au décès de Jean de Bouy, 11 août, compétiteur à la Iʳᵉ présidence de Jacques de la Varde. V. *supra*. † 5 août 1534. Inhumé en l'église Saint-Benoît. Remplacé par Nicole II Brachet, 9 déc.

1528 **René Gentils.** — Docteur *in utroque*, cons. du Sénat de Milan, cons. lai. du 23 sept. 1522 (clerc, 8 janv. 1531, et lai derechef, 13 nov. 1534. V. *infra*). Reçu (IIIᵉ Chambre), 14 nov. 1528, par mutation de Jacques de la Varde. Privé par arrêt, pour forfaiture, et remplacé par Antoine Minard, 6 juin 1542.

1532 **Nicole Quelain.** — Lic. *in utroque*, cons. de la collégiale de Tous-les-Saints, au diocèse de Séez, cons. clerc du 29 mai 1526. Reçu (Iʳᵉ Chambre), 16 déc., au décès de Jacques de la Varde. V. Parlement d'Henri II.

1533 **François de Saint-André.** — Cons. clerc du 29 mars 1515. Reçu (IIIᵉ Chambre) au décès de Pierre Cleutin, 30 août 1533. Vᵉ Président de la Cour, 1535. Remplacé par Augustin de Thou, 29 juil. V. *supra*.

1534 NICOLE II BRACHET. — Cons. clerc du 30 mars 1501. Reçu (Iʳᵉ Chambre), au décès de Nicole Dorigny, 9 déc.; 2 fois élu, 23 mars et 29 juil. 1525. † 1541 et remplacé par François Delaage, 20 janv. 1542.

1535 **Augustin de Thou.** — Reçu cons. clerc et président de la IIIᵉ Chambre, 29 juil., au lieu de François de Saint-André fait président de la Cour. Cons. lai, 21 avril 1539, au décès d'André Sanguin, pour devenir Vᵉ Président de la Cour en 1544. Remplacé alors par Claude Tudert président, 9 juil., et Nicole Chevalier cons., 18 juil. Le Ms. 7553 le fait, à tort, cons. en 1522. Il fut pourvu à la fois des deux offices de Président et Cons. V. *supra*, Président de la Cour.

Pierre de Lestoille. — Docteur en droit, régent en l'Université et official d'Orléans, X³ᴬ 30, 31 juil. 1522, cons. clerc du 13 nov. 1531. Reçu (IIᵉ Chambre), au décès de Nicole le Maistre, 25 juin. † et remplacé par Loys Caillaud, qui suit, 2 juin 1538.

1538 **Loys Caillaud.** — Cons. clerc, 12-28 nov. 1532. Reçu, 2 juin, au lieu du précédent. † et remplacé par Jacques Spifame, 31 janv. 1544.

1542 **François Delaage.** — Docteur en droit, de la maison de Puylaurens en Limousin, prieur commendataire de Saint-Léger, X³ᴬ 32, 10 mai 1524. Cons. clerc du 11 janv. 1524. Reçu (Iʳᵉ Chambre), au décès de Nicole Brachet, 20 janv. Iᵉʳ président à Bordeaux, *ante* 1ᵉʳ sept. 1545. Remplacé par Jacques du Faur, 7 avril 1546.

Antoine Minart. — Reçu à la fois cons. clerc et Président des Enquêtes (IIIᵉ Chambre), 6 juin. par forfaiture de René Gentils. Cons. lai, 28 mars 1544, au décès d'Antoine Hélin, pour devenir VIᵉ Président de la Cour, 14 juil. V. *supra*. Remplacé par Jacques Desligneris, président des Enquêtes, 14 juil.; par Guillaume II Barthélemy, cons. clerc, 30 avril, et Jean II Bouchart ou Bochart, cons. lai, 21 juil., son neveu.

1543 **André II Baudry.** — Cons. lai du 13 déc. 1521. Reçu président (IVᵉ Chambre, création), 24 juil., V. Parlement d'Henri II. Époux de Madeleine Boislève, X³ᴬ 50, 11 juil. 1550.

Jean IV de Longueil. — Avocat céans, Elu de Paris, sieur de Seure, X³ᴬ 32, 35 et 44, 14 avril 1524, 16 mai 1527, 14 mai 1541, fils de Jean ou Loys II (qui ne fut pas cons. mais, pourvu de l'office clerc de Pierre Quatrelivres, le résigna à son frère Loys, 22 déc. 1500, parce que marié) et de Marie Clutin. (Le Ms. 7553 l'appelle Jean VI et le fait petit-fils de Jean III, cons. en 1461.) Reçu président (IVᵉ Chambre, création), 27 juil. V. Parlement d'Henri II. Époux de Marie de Dormans.

Jean de Gouy. — Docteur en droit, Sgr d'Arcy, avocat céans, curé d'Aufferville, diocèse de Sens, X³ᴬ 38, 29 août 1530, cons. clerc du 5 avril 1531. Reçu (IIᵉ Chambre) 26 août, par résignation d'André Verjus. V. Parlement d'Henri II.

1544 **Jacques Spifame.** — Docteur en droit, chanoine et chancelier de Notre-Dame, chanoine puis vicaire de l'archevêque de Reims (juil. 1542), abbé de Saint-Pol-sur-Vanne-lez-Sens, doyen de Gasicourt, X³ᴬ 45 et 46, 27 mars, 23 nov. 1545, fils de feu Jean Spifame, Sgr de Passy, etc., secrétaire du roi, et de Jaquette Ruzé, beau-frère par alliance du cons. Nicole Le Coq, X³ᴬ 34, 2 août 1526 seq. Cons. clerc du 17 déc. 1529. Reçu (IIᵉ Chambre), au décès de Loys Caillaud, 31 janv. V. Parlement d'Henri II.

Claude Tudert. — Lic. en lois, cons. au Châtelet, Sgr de la Bournalière, etc., fils aîné de Joachim, lieutenant particulier du siège de Poitou, petit-fils de Jean, cons. et Maître des Requêtes à Poitiers et à Paris, 1418-36, X^{3A} 45, 30 juil. 1544. Cons. clerc du 4 déc. 1534. Reçu (IIIe Chambre) au lieu d'Augustin de Thou fait Ve Président de la Cour, 9 juil. V. Parlement d'Henri II. Époux de Marie Luillier, veuve du cons. Raoul Aymeret, X^{3A} 54, 14 juil. 1557. Cf. (7 sept. 1571).

Jacques Desligneris. — Lieutenant général du bailliage d'Amiens, ex-avocat et auditeur céans, 2e fils de René, Sgr d'Azay ; cons. clerc, du 24 mars 1536. Reçu (IIIe Chambre) au lieu d'Antoine Minard fait IVe Président de la Cour, 14 juil. V. Parlement d'Henri II.

1546 **Jacques du Faur.** — Cons. au Grand Conseil. 28 fév. 1541, abbé de la Caze-Dieu, 8 mars 1564, fils d'Arnault, Sgr de Pujol, procureur général à Toulouse, X^{3A} 48, 29 août 1548. Reçu, le même jour, 7 avril, cons. clerc au lieu de feu Charles de Louviers, et Président des Enquêtes (Ire Chambre) au lieu de François Delaage fait Ier Président à Toulouse. V. Parlement d'Henri II.

Président des Requêtes du Palais confirmé (ut supra).

JEAN II DE LA HAYE. — † 13 janv. 1520. Inhumé à Saint-Jean-en-Grève. Remplacé par Loys Anjorrand, qui suit, 4 fév.

Présidents créés ou promus au cours du règne.

1520 **Loys Anjorrand.** — Lic. en lois, avocat céans, puis cons. et avocat du roi en Chambre des Monnaies, Sgr de Latigi et de Cloye, fils d'Étienne, avocat céans, et d'Yolande du Refuge, gendre du feu cons. Jacques du Drac, X^{3A} 20 et 27, 18 juin 1512 et 30 janv. 1520. Reçu au double siège de Président et cons. lai du précédent, 4 fév. † et remplacé par Jean Prévost, président, et Jean II Ruzé, cons. (réintégré après avoir été avocat du roi), 7 fév. 1530. Époux, en 2es noces de Madeleine Brinon (veuve 10 mai 1532, X^{3A} 31. Cf. 39, 8 mars 1533).

JEAN PRÉVOST. — Cons. lai de nov. ou déc. 1505. Reçu, 7 fév., au décès de Loys Anjorrand et Ier Président lors de la création du 2e siège, 1544. V. Parlement d'Henri II.

Pierre de Hacqueville. — Lic. en lois, Sgr d'Ons en Bray, fils d'un marchand drapier de Paris, neveu par alliance du médecin du roi Loys Burgensis (X^{3A} 39, 31 mai 1532). Père syndic du couvent et collège des Frères Mineurs de l'Ordre de Saint-François à Paris (10 juil. 1563), cons. lai du 24 mai 1531. Reçu II° Président. post 24 mai (création). V. Parlement d'Henri II. Époux de Catherine Burgensis, beau-frère par alliance du cons. Robert Berziau, du secrétaire d'État, Cosme Clausse ; gendre de François Burgensis, examinateur au Châtelet, frère de Loys. X³ᴬ 54, 5 fév. 1558.

Conseillers confirmés ut supra.

Clercs. — GUILLAUME DE VAUDETAR. — † et remplacé par Jean de Serre, son gendre, 11 août 1522.

JEAN Iᵉʳ BRIÇONNET. — Résigne à François Boucher mué de lai en clerc, 26 août 1517 ; ou † et remplacé par Claude Dodieu, 30 juil. 1524. V. *infra* Jean III.

PIERRE LEGENDRE. — † 20 oct. 1528. Inhumé à Notre-Dame, derrière le chœur (Blanchart). Remplacé par Jean Ranyer, 20 déc.

LOYS DOREILLE. — † et remplacé par François Delaage, 11 janv. 1524.

LOYS JOUVENEL DES URSINS. — Résigne. Remplacé par François Disimes ou Dixmier, 14 nov. 1519. Inhumé à Notre-Dame, proche la chapelle des Ursins (Blanchart).

JEAN III BRIÇONNET. — V. *supra*, Jean Iᵉʳ. Les deux provisions de François Boucher et Claude Dodieu ne désignent nettement ni l'un ni l'autre.

NICOLE II BRACHET. — Président des Enquêtes, 9 déc. 1534. † et remplacé par Jacques Varade, 23 août 1541.

NICOLE DORIGNY. — Président des Enquêtes, 11 août 1525. † et remplacé par Pierre Bardon, 24 janv. 1536.

JEAN DURET. — Reçu, 20 mars 1515, à la commission des Requêtes de feu Michel Bignet (Élu 3ᵉ, le 5 mars). † et remplacé par Jacques Viole, 26 juil. 1516.

LOYS DU BELLAY. — † et remplacé par Eustache du Bellay, son neveu ou son cousin, mars-avril 1542. Inhumé à Notre-Dame par le cardinal Joachim du Bellay, 5 janv. 1542. Le Ms. 7553 le fait, à tort, mourir en 1533.

GUILLAUME DE COUTHARDI. — Résigne. Remplacé par Martin II Ruzé, 13 nov. 1515.

LOYS SÉGUIER. — ?. V. Lazare de Baïf, cons. 27 mars 1534. † sans doute au cours de la session 1536-37 (lacune du Conseil).

JACQUES MESNAGER. — † et remplacé par Antoine de Chabannes, 21 avril 1535.

VINCENT GUICHARD. — † et remplacé par Pierre Chauveron, 11 juil. 1516.

GUILLAUME BARTHÉLEMY. — Passé au siège lai de feu Jean Vérier, 12 mai 1525. Remplacé, comme clerc, par Christophe de Marle, après double résignation de François de Cambrai, non reçu par la Cour, et de Jean de Corbie au profit de Marle, 25 juin 1527. † 29 juin 1525. Inhumé à Saint-Merry. Remplacé par René Brinon, 1er sept.

ANDRÉ VERJUS. — Président des Enquêtes, 30 juin 1525. Résigne. Remplacé par Jacques Verjus, son neveu, 26 avril 1543.

YVES CAUTET. — † et remplacé par Charles de Chaucey, 2 juil. 1516.

PIERRE DE BELLESSOR. — Résigne. Remplacé par Nicole Hennequin, 4 fév. 1519.

LOYS TIERCELIN. — Résigne. Remplacé par Arnoul Ruzé, 11 mai 1518.

JACQUES DE LA VARDE. — Président des Enquêtes, 1522. † et remplacé par Alexandre Gouenrot, 13 mai 1542.

FRANÇOIS DISQUE. — V. Parlement d'Henri II.

JEAN DE CHAVANHAC. — † 28 oct. 1517. Remplacé par Jean de la Louere, 5 mai 1518.

BLAISE DE LA FOREST. — † et remplacé par Michel Gilbert, 10 juin 1523.

JEAN GIGAULT. — † et remplacé par Pierre Mathé, 16 mai 1526.

PHILIPPE POT. — Président des Enquêtes, 1515. † et remplacé par Jean Lescuier, 19 août 1525.

NICOLE DE BESZE. — Résigne. Remplacé par Claude Levoix, 13 juin 1532. † 29 déc. 1532. Inhumé en l'église Saint-Cosme. Épitaphe dédiée par son neveu Théodore de Besze.

FRANÇOIS DE PONCHER. — Évêque de Paris, 1519. Remplacé par François Crespin. † 12 sept. 1532, prisonnier à Vincennes, pour désobéissance à Louise de Savoie durant l'absence du roi. Inhumé au chœur de Notre-Dame. (Épitaphe Blanchart). Cf. *Gall. Christ.*, VII, col. 159.

GUILLAUME BOURGOING. — † et remplacé par Antoine de Lyon, 12 nov. 1531.

JEAN II RUZÉ. — Fait avocat du roi, 1522. Déporté et réintégré cons. lai, 7 fév. 1530, au siège de Loys Anjorrand. Remplacé

1° par Charles de Louviers, 4 juin 1522 ; 2° par Engilbert Clausse, 12 nov. 1537, à sa mort. (Blanchart qui le fait, à tort, recevoir en 1522, raconte, d'après les *Commentaires de l'état de la religion*, II, 296, qu'il serait mort, en signe de la justice de Dieu, après avoir fait un rapport contre de pauvres fidèles huguenots.)

Jean Ier de Selva. — † et remplacé par Jean Meigret, 9 juil. 1522.

Adrien du Drac. — † et remplacé par Loys Caillaud, 28 nov. 1532.

Nicole Sanguin. — † 20 nov. 1545. Inhumé à Saint-Merry. Remplacé par Jean Lopin, 27 janv. 1546.

Jacques Doulcet. — † et remplacé par Nicole Quelain, 29 mars 1526.

Jean de Thumery. — V. Parlement d'Henri II.

Pierre Lizet. — Fait avocat du roi céans, 29 juil. 1517, puis Ier Président 20 déc. 1529. Remplacé par Imbert de Saveuse, 5 mai 1518.

Jacques le Bral. — † et remplacé par Jacques II Olivier, 7 sept. 1521.

Laïs. — Jean de la Place. — † et remplacé par Nicole Thibault, 6 juin 1531.

Guillaume Aymeret. — † 1515. Inhumé aux Cordeliers, avec sa femme. Remplacé par Raoul, son fils, 22 nov.

Pierre de Vaudetar. — † 19 juin 1521. Inhumé à Saint-Merry (Blanchart). Remplacé par Guillaume, son fils, 14 juil.

Robert Turquan. — † 30 avril 1523. Inhumé au cimetière de Saint-Paul. Remplacé par Robert Bonete, 14 juin.

Michel Bignet. — † 1515. Remplacé par Nicole Le Coq, et Jean Duret aux Requêtes du Palais, 24 mai.

Philippe Turquan. — † 15 sept. 1520. Remplacé par François Doyneau, 30 janv. 1521.

Germain Chartelier. — † et remplacé par Bonaventure Thomassin, 19 avril 1521.

Jean de Vignacourt. — † 12 mai 1519. Inhumé aux Blancs-Manteaux. Remplacé par Martin Fumée, 13 mai.

Pierre Leclerc (?).

Jacques Leroux. — V. Parlement d'Henri II.

Pierre Pellieu. — † et remplacé par Guy II Arbaleste, 7 sept. 1520.

Jean Lecoq. — † et remplacé par Mathieu de Longuejoe, 29 déc. 1515.

Robert III Thiboust. — † 10 sept. 1540. Inhumé aux Cordeliers. Remplacé par Étienne Fleury, 2 mars 1541.

Loys de Longueil. — † 1522. Inhumé aux Cordeliers avec ses deux femmes. Remplacé par Martin Picard, 12 avril. Cf. X^{3a} 30, 7 août 1522.

François de Loynes. — Président des Enquêtes, 1522. † et remplacé par Robert Dauvet, 30 juil. 1524.

François Boucher. — Redevenu cons. clerc par résignation de Jean Ier ou de Jean III Briçonnet, 26 août 1517. V. *supra*. † et remplacé par François le Rouge, 16 avril 1518, après l'avoir été par Loys Roillard, laï, 21 août 1517.

Jean Papillon. — † et remplacé par Nicole Viole, 3 mai 1528.

Jean Brulart. — † et remplacé par André Guillart, 14 déc. 1519.

François de Morviller. — † 11 mai 1520. Inhumé à Sainte-Marine à Paris. Remplacé par Jacques Allegrin, 27 juin.

Jean Vérier. — † et remplacé par Guillaume II Barthélemy mué de clerc en laï, 12 mai 1525.

Christophe Hennequin. — † et remplacé par Pierre de Hacqueville, 20 mai 1531.

Jean le Prévost. — Président des Requêtes, 1530. V. Parlement d'Henri II.

Falco Daurilhac. — Président en Dauphiné, 1526. Remplacé par Geoffroy Charlet, 6 fév.

Jacques Chevrier. — Résigne. Remplacé par Léon Lescot, 11 mai 1529. † 15 mai 1532. Inhumé à Saint-Germain-l'Auxerrois.

Pierre Preudhomme. — † à Chartres, 25 oct. 1518. Remplacé par Pierre de la Porte, 27 nov.

André des Asses. — † 2 juil. 1522. Inhumé à Saint-Germain-l'Auxerrois. Remplacé par Claude, son fils, 28 août.

Gérard Lecoq. — Maître des Requêtes, 28 août 1522. Remplacé par Étienne de Montmirel, 22 janv. † 30 août 1540. Inhumé à Saint-Eustache.

André Porte. — † et remplacé par François Crespin mué de clerc en laï, 21 nov. 1520 ; et aux Requêtes par Arnault Luillier, 10 déc.

Loys Ruzé. — Fait lieutenant civil au Châtelet en 1515. Remplacé par Pierre II Cleutin, 13 nov.

Loys de Besançon. — † 28 nov. 1535 et inhumé aux Cordeliers, d'après Ms. 7554. Remplacé par René Baillet, 7 janv. 1538.

Jean Hennequin. — V. Parlement d'Henri II.

Arnault Luillier. — Prend la commission des Requêtes de feu André Porte, 10 déc. 1520. † et remplacé par Jean Ranyer mué de clerc en lai, 18 août 1531.

Loys Thiboust. — † et remplacé par André II Baudry, 13 déc. 1521.

Jean Tronson. — Prévôt des Marchands, 16 août 1534. Prend la commission des Requêtes de feu N., 5 oct. 1538, qu'il cède à son gendre Jean Duryand, 12 mars 1544. V. Parlement d'Henri II.

François Tavel. — V. Parlement d'Henri II.

Conseillers créés ou pourvus au cours du règne.

515 **Loys Courtin**. — Clerc. Lic. en lois, curé de Livry, près Saint-Pierre-le-Moustier (24 juil. 1521), fils de Martin, notaire et secrétaire du roi, Sgr de Pompone, et de Jeanne de la Place, X^{3A} 29 et 32, 18 janv. 1525. Reçu, 20 janv., au lieu de feu Jean des Plantes. † 4 oct. 1530. Inhumé à Saint-Gervais. Remplacé par Jean de Gouy.

Nicole Le Coq. — Lai. Neveu du cons. Jean II (pourvu par Louis XII, en récompense des frais faits en sa maison, pour y loger, en son absence, le duc de Suffolk, du siège clerc d'Imbart de la Platière (9 fév. 1514), contre Raoul Aymeret pourvu par lettres antérieures, mais non scellées, les siennes du 26 l'étant). Le 14 fév., Aymeret se désiste, sur le désir du roi, pour ce qu'il n'a été élu. Le 23, Le Coq est admis à permuter avec son oncle Jean, cons. lai, qui s'y offre, puis refuse, ayant un fils aux études et promesse de survivance. Survient le décès de Michel Bignet et nouvelle provision. Reçu, 24 mars, au siège de feu Michel Bignet. Président des Généraux des aides, 1529. Remplacé par Guillaume Abot, 1er déc.

François de Saint-André. — Clerc. Reçu, 29 mars, au siège d'Imbert de la Platière fait évêque de Nevers. Président des Enquêtes, 1533; IVe de la Cour, 1535. V. *supra*. Remplacé par Augustin de Thou, 29 juil. 1535.

Pierre II Cleutin. — Reçu cons. lai, 13 nov., par résignation de Loys Ruzé. Cons. clerc, 23 déc. 1518, par permutation avec Loys Fumée. Président des Enquêtes, 1524. † 16 juil. 1533 et remplacé par Étienne Tournebulle, 14 nov.-20 déc.

Martin II Ruzé. — Clerc. Chantre et chanoine de Paris, frère des cons. Gaillart et Loys, X³ᴀ 38, 21 juil. 1530. Reçu, 13 nov., après résignation au roi de Guillaume de Couthardi. Élu aud. siège, après sa provision. V. Parlement d'Henri II.

Raoul Aymeret. — Lai. Sgr de Cazeau et de Beluyre, X³ᴀ 39, 16 août 1532. Reçu, 23 nov., au lieu de feu Guillaume, son père. † et remplacé par Jacques Brizart, 18 fév. 1536. Époux de Marie Luillier qui veuve épousa le cons. Claude Tudert, X³ᴀ 54, 14 juil. 1557.

Mathieu de Longuejoe. — Lai. Cons. au Châtelet (27 avril 1502), ex-avocat céans, fils du feu cons. Jean. Reçu, 29 déc., au lieu de feu Jean Lecoq. Élu 1ᵉʳ, 5 mars 1515. Maître des Requêtes, 16 fév. 1524, puis évêque de Soissons, 1535, abbé de Royaumont, cons. d'État, 2 fois garde des sceaux en 1538 et 1544. Remplacé par Julien de Bourgneuf, 8 avril 1524. † 7 déc. 1558. Inhumé à Saint-Gervais. Époux de Madeleine Chambellan ; il prit les ordres devenu veuf. *Gall. Christ.*, IX, col. 377.

Robert Tiercelin. — Clerc. Neveu du cons. Loys Iᵉʳ, prieur de Bouston, archidiacre de Sologne, dit de Bauzy, en l'église d'Orléans, X³ᴀ 38 et 53, 1ᵉʳ fév. 1531, 26 fév. 1554. Reçu, 7 mai, au lieu de feu Pierre du Refuge. V. Parlement d'Henri II.

Charles de Chaucey. — Clerc. Cons. au Grand Conseil. Reçu, 2 juil., avec dispense de clergie, au lieu de feu Yves Cautet. † et remplacé par Jacques Spifame, 27 nov., 17 déc. 1529.

Déode Chauveron. — Clerc. Lic. en lois, Sgr de la Mothe-Chauveron, X³ᴀ 30, 6 juin 1522. Reçu, 11 juil., au lieu de feu Vincent Guichard. Élu 1ᵉʳ, 17 mai, au lieu de feu Jean Duret. † et remplacé par René du Bellay, 14 août 1526. Époux de Barbe de Mailleville, veuve 18 mai 1527, X³ᴀ 35.

Jean Viole. — Clerc. Avocat du roi en la Justice des aides, 1504, Sgr d'Aigremont, d'Andrezel, etc., fils de Nicolas, correcteur, puis Maître des Comptes, et de Catherine Poignant. Reçu, 26 juil., cons. aux Requêtes du Palais, au lieu de feu Jean Duret. Retenu *in mente curie* que, s'il obtient par après office lai et épouse la sœur du cons. Daurilhac desd. Requêtes, il passera en la Grand Chambre des Enquêtes. † et remplacé par Noël Bourgoing, 15 mai 1536.

1517 **Geoffroy Charlet.** — Lai. Cons. au Grand Conseil, Sgr d'Erbly-lès-Meaux, Garennes, etc., fils d'Yves, maire de Poitiers en 1486, et de Catherine Boislève, X³ᴬ 22, 30 mai 1514. Reçu, 6 fév., au lieu de Falco Daurilhac fait président en Dauphiné. V. Parlement d'Henri II.

Loys Roillart ou Rouillart. — Lic. en lois, Sgr de Gandin, prévôt d'Orléans, après son père Antoine, gendre du cons. Jean Bochart : cons. lai, 2 août, par mutation de François Boucher en clerc ; cons. clerc, 13 avril 1539, par permutation avec Antoine Roillart, son fils. Élu Iᵉʳ, 31 août 1515. † et remplacé par André Tiraqueau, 22 nov. 1541.

1518 **François le Rouge.** — Clerc. Docteur en droit, cons. au Grand Conseil, Maître ordinaire des Requêtes et cons. du roi en son Conseil de Bretagne. Reçu, 16 avril, au lieu de feu François Boucher. Écarté, une 1ʳᵉ fois, comme lai, 6 fév. † et remplacé par Pierre de Buxy, 5 sept. 1522.

Jean de la Louere le jeune. — Clerc. Lic. en lois, sans doute fils de Jean, notaire et secrétaire du roi, X³ᴬ 11, 7 nov. 1492. Reçu, 5 mai, au siège de feu Jean de Chavanhac, avec dispense de mariage. Écarté, une 1ʳᵉ fois, comme lai, 20 nov. 1517. Disparu (?). Cf. homonyme, prêtre, sieur de Bonnefont, X³ᴬ 14, 1ᵉʳ juil. 1502.

Imbert de Saveuse. — Clerc. D'une vieille famille de Picardie, Sgr de Lozinguehem, X³ᴬ 47, 27 juil. 1547. Reçu, 5 mai, au lieu de Pierre Lizet fait avocat du roi. Écarté, une 1ʳᵉ fois, comme lai, 17 nov. 1517. Bailli d'Amiens, puis Maître des Requêtes. Remplacé par Jacques Barthonier, 11 août 1528. Époux de Marie de Saint-Fuscien, fille de feu Jean, écuyer, sieur de Crésy, veuve 21 juil. 1562, X³ᴬ 56. Cf. 52, 30 déc. 1552.

Arnoul Ruzé. — Clerc. Docteur en droit, cons. au Grand Conseil et aux Grans Jours du Maine, professeur de droit à Orléans, chanoine, scolastique et chancelier de l'Université, abbé de Notre-Dame de la Victoire, près Senlis ; auteur d'un Traité des droits de régale et arrêts de la Cour intervenus sur iceulx, avec autres traités en matière bénéficiale, réimprimé avec permission de la Cour en 1542. Cf. X¹ᴬ 1548, fº 195 vº, 3 fév., et Bibl. Nat. Ms. franç. Nouv. Acq. 8045, fº 412. Frère des cons. Gaillart, Loys et Martin, X³ᴬ 49, 4 déc. 1549. Reçu cons. aux Requêtes du Palais, 11 mai, par résignation de Loys Tiercelin et échange d'offices. † et remplacé par Odet de Selva, 31 déc. 1540.

Pierre de la Porte. — Lai. Lic. en lois, Sgr des Alluets-le-Roy, fils de Jean, avocat du roi au Châtelet. Reçu, 27 nov., au lieu de feu Pierre Preudhomme. Résigne. Remplacé par Eustache, son fils, 21 nov. 1543. Époux de Germaine de Sably (veuve 7 janv. 1548, X^{3A} 47).

1519 **Nicole Hennequin.** — Clerc. Chanoine de Paris, prieur de Saint-Phal, de la branche des Hennequin-Boinville. Ms. 7554. Reçu, 4 fév., par résignation de Pierre de Bellessor (délai d'un an pour se faire recevoir *in sacris*). V. Parlement d'Henri II. Président des Enquêtes, 1550.

François Crespin. — Lic. en lois, Sgr du Gast, de Barace et de la Chabossolaye, X^{3A} 34, 14 avril 1526. Cons. clerc, 20 avril, au lieu de François de Poncher fait évêque de Paris (Écarté, une 1re fois, comme lai, 2 avril). Cons. lai, 21 nov. 1520, au lieu de feu André Porte. Président en Bretagne, chancelier d'Orléans, X^{3A} 45, 30 déc. 1544. Remplacé comme clerc par Philbert Mazurier, 16 fév. 1521; comme lai, par Jean de Cormeilles, son gendre, 9 mai 1544. Époux de Marie de Poncher.

Martin Fumée. — Lai. Fils du Maître des Requêtes Adam, dont il obtient la survivance, 8 août 1518. Reçu, 13 mai, au lieu de feu Jean de Vignacourt. Maître des Requêtes (date inconnue). † 1562. Époux de Martine Dallais, fille de François, chevalier, 1er médecin du roi, et de Marguerite Gauthier, X^{3A} 39, 3 mai 1532.

François Disimes ou Dixmier. — Clerc. Docteur en droit, lic. en décret, prêtre, d'une famille noble de Limousin. En procès pour le doyenné de Bourges, 1er fév. 1531; curé de Saint-Georges de Saulx, diocèse de Chartres (23 août 1549, exonération de décimes), et 30 janv. 1553, X^{3A} 38 et 52. S'intitule chanoine de Saint-Germain-l'Auxerrois et vicaire de l'évêque de Paris, juil. 1542 (Blanchart); Sgr et baron de Marigny en Champagne, Carillat en Limousin, Entraigues en partie (Rouergue), etc., X^{3A} 49, 20 déc. 1549. Reçu, 14 nov. seulement, après avoir pris les ordres sacrés (Il avait présenté ses lettres de provision, le 17 août), par résignation de Loys Jouvenel des Ursins, peut-être son oncle (Blanchart). Paraît bien être le 3e élu, du 16 nov. 1518, au siège lai de Pierre Preudhomme, du nom de François de Myer. Maître des Requêtes du Dauphin. V. Parlement d'Henri II.

André Guillart. — Lai. Lic. en lois, sieur du Mortier, fils du président Guillart. Reçu, 14 déc., avec dispense de parenté, au siège de feu Jean Brulart. Maître des Requêtes, 1532. Remplacé par Claude Levoix, 2 janv. 1533. Résigne, 3 nov. 1561. Époux de

Marie de la Croix, fille de Geoffroy, Trésorier des guerres. X^{3A} 29 et 40, 27 juil. 1521, 12 mars 1534.

1520 **Jacques Allegrin.** — Lai. Sgr de la Mothe d'Amblainville, fils du feu cons. Guillaume. Reçu, 27 juin, au lieu de feu François de Morviller. (Réservé *in mente curie* le droit des enfants mineurs de Morviller de poursuivre une action en dommages-intérêts contre lui, pour s'être entremis d'abord à ménager la résignation de leur père en faveur de Jean Vigneron, leur beau-frère.) Résigne. Remplacé par Gaston Grieu, son gendre, 8 août 1534.

Jean ou Guy II Arbaleste. — Lai. Sgr de la Borde-le-Vicomte, fils du feu président des Enquêtes, Guy Ier, gendre du cons. Jean Ier des Feugerais. Reçu, 7 sept., au lieu de feu Pierre Pellieu. † et remplacé par René Ragueneau, 17 nov. 1522. Époux de Madeleine des Feugerais (veuve 23 janv. 1526). Leur fils unique Guy, vicomte de Melin, fut président en Chambre des Comptes, X^{3A} 33 et 56, 12 août 1562.

1521 **François Doyneau.** — Lai. Lic. *in utroque*, avocat à Poitiers. Reçu, 30 janv., au lieu de feu Philippe Turquan. Élu 3e, 28 nov. 1519. Lieutenant général à Poitiers, 1527. Remplacé par Robert Brizeau ou Berziau, 31 déc.

Philibert Mazurier ou Mazuyer. — Clerc. Avocat céans (19 mars 1516), cons. aux Grans Jours d'Alençon, fils de Robert, lieutenant général de la Justice d'Armagnac. Reçu, entre 4 janv. et 8 mars, au lieu de François Crespin mué de clerc en lai. Tenu en suspens depuis 1515. Reçu *de mandato regis iteratis vicibus facto et cum protestationibus* de ne déroger, ni préjudicier à la Déclaration faite par le roi en la Cour, touchant la provision des offices clercs, X^{1A} 9322, n°s 92 seq. † et remplacé par Nicole Duval, 2 mai 1542.

Bonaventure Thomassin ou de Saint-Barthélemy. — Lai. Docteur *in utroque*, conservateur des foires de Lyon, sieur des Forests, fils de Claude, chevalier, Sgr de Montmartin, et d'Antoinette de Saint-Barthélemy, X^{3A} 32, 27 mars 1525. Reçu, 15-19 avril, au lieu de feu Germain Chartelier. Président en Dauphiné, 1534. Remplacé par René Gentils (2e mutation), 13 nov.

Guillaume II de Vaudetar. — Lai. Lic. en lois, vidame de Meaux, Sgr de Pouilly-le-fort, etc., gendre du président Roger Barme. Pourvu, 14 juin, par section d'office, de la commission des Requêtes du Palais de Pierre, son père, qui reste cons. Réunit l'office de cons. et meurt avant la fin du règne, après avoir résigné lad.

commission, le 30 août 1543, à son fils Roger, qui le remplace, *ante* 6 juil. 1547. Époux de Marie Barme (veuve 6 juil. 1547, X³ᴬ 47).

Jacques II Olivier. — Clerc. Lic. en lois, fils du président Jacques Iᵉʳ. Reçu, 7 sept., au lieu de feu Jacques le Bral. † 10 oct. 1521. Inhumé à Saint-Germain-l'Auxerrois. Remplacé par Nicolas Hurault, 31 mars 1522.

André II Baudry. — Lai. Reçu, 13 déc., au lieu de feu Loys Thiboust. Président lai des Enquêtes, 1532. V. *supra* et Parlement d'Henri II.

1522 **Charles de Louviers.** — Clerc. Sgr du Chastel de Nangis et de Vielcampagne, comme héritier de Geoffroy, son père, X³ᴬ 34 et 41, 16 juin 1526, 21 août 1534. Reçu, entre 14 nov. et 4 juin 1522, au lieu de Jean II Ruzé fait avocat du roi. Arrêté 6 mois par la Cour, parce que marié et ayant acheté l'office. † et remplacé par Jacques du Faur fait cons. et président des Enquêtes, 7 avril 1546. V. *supra*. Époux de Loyse Sanguin (X³ᴬ 32, 13 avril 1524).

Jean Meigret. — Clerc. Avocat céans, originaire de Lyon, frère puisné du contrôleur Meigret, trésorier extraordinaire des guerres; Sgr du Plessis d'Anthoine, X³ᴬ 49, 15 fév. 1550. Reçu, entre 14 nov. et 9 juil., au lieu de feu Jean Iᵉʳ de Selva. Arrêté 7 mois, *ut supra*. V. Parlement d'Henri II. IVᵉ Président de la Cour, 12 juin 1551.

Étienne de Montmirel. — Lai. Général en la Chambre des Généraux des aides, au lieu de Louis, son père, 22 sept. 1514. Reçu, entre 8 et 22 janv. 1522, au lieu de Gérard Le Coq fait Maître des Requêtes. Prévôt des Marchands 1540. V. Parlement d'Henri II. Époux de Loïse de Selve (veuve 21 mars 1524, X³ᴬ 53).

Nicole Hurault. — Clerc. Sgr de Boistaillé, Belesbat, etc., fils du cons. Jacques Iᵉʳ et de Guillemette ou Marie de Guetteville, gendre du cons. Jean Allegrin. Reçu, entre 8 janv.-31 mars, au lieu de feu Jacques II Olivier. Arrêté *ut supra* Louviers et Meigret. V. Parlement d'Henri II. Époux 1° de Claude Allegrin; 2° d'Anne Maillard (veuve 7 fév. 1565, X³ᴬ 57, f° 599).

Martin le Picart. — Lai. Notaire et secrétaire du roi, X³ᴬ 19, 23 juin 1509, fils aîné de Martin, Sgr de la Grange, Maître des Comptes, et de Catherine Disome. Reçu, 12 avril, au lieu de feu Loys de Longueil. † 27 sept. 1532 et remplacé par Jean II, son neveu (?), 12 nov. Inhumé à Sainte-Croix de la Bretonnerie. Époux de Marie Herberay (veuve 19 nov. 1533, X³ᴬ 40).

Pierre Laydet. — Clerc. Lic. en lois. Reçu, 18 juin (création. IIIe Chambre des Enquêtes). Examiné par le seul chancelier et un Président des Enquêtes. La Cour fait ses réserves. Destitué par arrêt du 20 juin 1528. Condamné à l'amende honorable et dégradé en la Table de marbre, pour crime de prévarication. Remplacé, après trois ans seulement, 7 sept. 1531, par Jean Bertrandi.

Jean de Serre. — Clerc. Docteur *in utroque*, cons. au Parlement de Rouen, prévôt d'Anvers, chanoine de Chartres, abbé commendataire de Notre-Dame de Clerfontaine, X³ᴬ 34, 25 janv. 1527. Prête serment desd. prévôté et abbaye aux mains de l'évêque, en l'hôtel épiscopal, 29 janv. (Blanchart). Reçu, 11 août, au lieu de feu Guillaume Ier de Vaudetar. Résigne. Remplacé par Agnet Cabut, 12 nov. 1538.

Pierre de Montemerle. — Clerc. Docteur *in utroque*, sénateur de Milan. Reçu, 18 août (création). Le 6 sept., la Cour lui donne congé d'aller en Savoie et ailleurs, pour les affaires du roi et les siennes, parce que, de son retour, n'est certain. Toutefois, s'il peut être de retour à la Saint-Martin, il le sera. Disparu (?).

François le Charron. — Laï. Docteur *in utroque*. Reçu, 23 août (création). Le 26 août, congé d'aller en Écosse pour le service du roi. Époux de Denyse Larcher (veuve 6 fév. 1540, X³ᴬ 43). Disparu (?).

Claude des Asses. — Laï. Lic. en lois. Reçu, 19-28 août, par résignation de feu André son père. V. Parlement d'Henri II. Long procès contre Marguerite Colletier, veuve, sa belle-mère. Époux d'Antoinette Depas (veuve 31 juil. 1549, X³ᴬ 49, 32 et 33 *passim*.

Pierre de Buxy. — Clerc. Docteur *in utroque*, cons. du Sénat de Milan. Reçu, 5 sept., au lieu de feu François le Rouge. Résigne. Remplacé par Nicole Gaudin, 14 déc. 1523.

René Gentils. — Docteur *in utroque*, cons. du Sénat de Milan. 1° cons. laï, 23 sept. (création) ; 2° cons. clerc, 8 janv. 1533, par permutation avec Jean II de la Haye fait laï, au prix d'une indemnité au résignant ; 3° derechef cons. laï, 13 nov. 1534 (lettres de provision du 15 déc. 1533), au lieu de Bonaventure Thomassin fait président en Dauphiné. Président des Enquêtes, 1528. V. *supra*. Remplacé 1° par Jean II de la Haye fait laï, 8 janv. 1533 ; 2° par Claude Tudert, clerc, 4 déc. 1534 ; 3°, après sa condamnation pour forfaiture, par Antoine Minard, laï, 6 juin 1542. Nouvel exemple de deux mutations successives en sens contraires. V. *supra* Franç.

Boucher. On comprend que le clerc du greffe s'y soit mépris et ait enregistré la réception de Minard comme clerc, X¹ᴬ 1549, fᵒ 135 vᵒ, 6 juin 1542, et que le Ms. 7554 le fasse mourir en 1530.

Jacques Boullant. — Lai. Lic. *in utroque*, Sgr de Guérambourville et Blancfossé. Reçu, 13 nov. (création). † et remplacé par Charles de Chantecler, 27 juin 1541.

Pierre Brulart. — Lai. Lic. *in utroque*, Sgr de Berny, frère du Procureur général Noël. Reçu, 14 nov. (création). Élu Iᵉʳ à l'office de feu Jean, son père, 28 nov. 1519. † et remplacé par Charles de Milly, 12 nov. 1541. Époux d'Ambroise Regnault, X³ᴬ 34, 19 sept. 1526.

René Ragueneau. — Lai. Lic. en lois, prévôt d'Orléans, Sgr d'Apoigny. Reçu, 17-20 nov., au lieu de feu Guy II Arbaleste. Maître des Requêtes, 14 août 1523. Remplacé par Pierre Angenoust, 26 janv. 1524. † 29 janv. 1554. Inhumé à Saint-Étienne-du-Mont. Époux de Marie Thiboust, X³ᴬ 34, 9 août 1526.

Francisque de Medulla. — Lai. Chevalier, docteur *in utroque*, Sgr de Saint-Étienne-en-Dauphiné, X³ᴬ 34, 15 déc. 1526. Reçu, 28 nov. (création). † et remplacé par Léonard de la Guyonie, 21 août 1531. Époux d'Antoinette le Bracher, veuve de Julien de Boutigny, receveur des aides et tailles de l'élection de Melun, X³ᴬ 33 et 57, 18 nov. 1525, 4 avril 1565.

Loys Gayant. Lai. Docteur *in utroque*, fils de Loys, marchand et bourgeois de Paris, Sgr de Varastre, X³ᴬ 39 et 55, fᵒ 241 vᵒ, 22 avril 1532 et 31 mars 1563. Reçu, 10-16 déc. (création). V. Parlement d'Henri II et de Charles IX.

Jean II le Charron. Lai. Docteur *in utroque*, Sgr d'Esvry-en-Brie et de la Charonnière. Reçu, 12-20 déc. (création). V. Parlement d'Henri II. Époux de Charlotte de Brion, X³ᴬ 43, 4 mars 1540.

Jean II Luillier. — Lai. Avocat céans, Sgr de Fresneaul, X³ᴬ 32, 2 mai 1524, de la Rigaudière et de Saint-Gratien en partie (Blanchart). Reçu, 16-30 déc. (création). † et remplacé par Bertrand Lelièvre, 28 fév. 1536. (Épitaphe de Marot, Blanchard.) Époux de Loïse le Maistre, X³ᴬ 38, 23 juil. 1530.

1523 **Gassiot de la Combe.** — Lai. Cons. au Parlement de Rouen. Reçu, 5 janv. (création). Cons. à Bordeaux, 1530. Remplacé par Antoine Hélin, 1ᵉʳ juil.

Guillaume Allart. — Lai. Cons. au Parlement de Rouen. Reçu, 8 janv. (création). V. Parlement d'Henri II. Époux de Valentine Doillac, X³ᴬ 61, 17 sept. 1611.

Pierre Viole. — Lai. Sgr d'Athis, ex-avocat céans, avocat du roi en Cour des aides. Reçu, 30 déc.-7 janv. (création). Prend la commission des Requêtes de feu Jean, son frère, 20 fév. 1534. Prévôt des Marchands en 1532, X^{1A} 1536, *passim*. V. Parlement d'Henri II. Époux d'Anne Chambon, fille du cons. François et de Jeanne Luillier.

Tristan de Reilhac. — Lai. Notaire et secrétaire du roi, X^{3A} 28, 24 avril 1520 seq. Reçu, 8-14 janv. (création). † 1525 et remplacé par Christophe de Harlay, 26 mai 1531. Époux de Sydoine la Pite (veuve 23 déc. 1525, X^{3A} 33).

Nicole Berruyer. — Lai. Sgr de Villers en Sologne, X^{3A} 35, 20 nov. 1527, fils de Nicolas, élu de Rouen, et d'Anne Nyvart. Reçu, 31 janv.-7 fév. (création). V. Parlement d'Henri II. Époux de Marie le Bossu, X^{3A} 49, 4 mars 1550.

Pierre Gontier. — Lai. Cons. du Trésor. Reçu, 4 fév. (création). † 15 mai 1523. Inhumé à Saint-Eustache. Remplacé par Nicole Octon, 13 avril 1524. Époux d'Anthonie Emery (veuve 21 fév. 1525, X^{3A} 32).

Ambrois de Florence. — Lai. Reçu, 4 fév. (création). Maître des Requêtes, sept. 1526.

Jean de Villemer. — Lai. Lic. en lois, avocat céans, Sgr de Fontaines. Reçu, 11 fév. (création). Résigne. Remplacé par Jean IV de Longueil, 13 déc. 1529. Époux 1° de Jaqueline Chevalier, veuve de Claude Emery, écuyer, Sgr de Viroflay, X^{3A} 34, 4 janv. 1527 ; 2°, d'après le Ms. 7555, d'Anne le Picard, fille de Bertrand, notaire et secrétaire du roi, et de Catherine Lelièvre.

Guillaume II Bourgoing. — Lai. Lieutenant de Saint-Pierre-le-Moustier, frère du Maître des Requêtes Noël, X^{1A} 9322, n° 193, peut-être gendre du cons. Pierre le Clerc, Sgr de Poissons, X^{3A} 48, 31 août 1548. Reçu, 28 fév. (création). V. Parlement d'Henri II. Époux de Philippe le Clerc (veuve 19 déc. 1562, X^{3A} 55).

Michel Gilbert. — Clerc. Fils de Jean, Sgr de Voisins, secrétaire du roi, et de Françoise Brinon (Blanchart). Reçu, 6-10 juin, au lieu de feu Blaise de la Forest. † 10 août 1546 et inhumé à Saint-Séverin, en la chapelle des Brinon (Blanchart). Office vacant en 1547.

Robert Bonete. — Lai. Lic. en lois, Sgr de Blesmur, X^{3A} 44, 9 juil. 1541. Reçu, 10-14 juin, au lieu de feu Robert Turquan. V. Parlement d'Henri II et Charles IX.

Nicole Gaudin ou Godin. — Clerc. Avocat céans. Reçu, 7 nov.-14 déc., par résignation de Pierre de Buxy. † et remplacé par Talente de Florence, 22 fév. 1529.

1524 **François Delaage.** — Clerc. Reçu, 11 janv., au lieu de feu Loys Doreille. V. Président des Enquêtes, 1542. Ier Président à Bordeaux, 1545. Remplacé par François Boislève, 12 mai 1546.

Pierre Angenoust. — Lai. Lic. en lois, fils du cons. Jean; gendre d'Adam Fumée, Maître des Requêtes. Reçu, 18-26 janv., au lieu de René Ragueneau fait Maître des Requêtes. † et remplacé par Jacques le Clerc, dit Coctier, 7 sept. 1528.

Julien de Bourgneuf. — Lai. Lic. en lois, originaire de Dinan. Reçu, 19 fév.-8 avril, au lieu de Mathieu de Longuejoe fait Maître des Requêtes. Président des Grands Jours ou Parlement de Bretagne, 1534. Remplacé par Adrien II du Drac, 15 fév. 1535. Époux de Marie Dauvet, X^{3A} 34, 28 sept. 1526.

Nicole Octon ou Coton. Lai. Auditeur des Comptes, X^{3A} 28, 4 août 1520. Reçu, 13 avril, au lieu de feu Pierre Gontier. † et remplacé par Claude Lefèvre, 12 nov. 1540.

Claude Dodieu. — Clerc. Chevalier, docteur en droit, Sgr de Vély, natif de Lyon, X^{3A} 42, 12 janv. 1537. Reçu, 2-30 juil., au lieu de feu Jean Ier ou Jean III Briçonnet. Élu 2e, 16 nov. 1518. Maître des Requêtes, 22 mars 1540, par forfaiture de François Joubert; évêque de Rieux, abbé commendataire de Saint-Riquier, X^{3A} 47, 17 fév. 1548.

Robert Dauvet. — Lai. Sgr de Marcilly, Gén. cons. en la Justice des Aides, petit-fils du feu Ier Président Jean Dauvet et de Loïse Raguier, X^{3A} 48, 2 mai 1548, gendre du président des Comptes, Jean II Briçonnet. Reçu, 30 juil., au lieu de feu François de Loynes. Président lai en Chambre des Comptes, par survivance de son beau-père octroyée, le 3 mars 1534, avec faculté de garder son office au Parlement jusqu'à son entrée en possession. Confirmé et installé dans lad. présidence, nonobstant l'édit de révocation de toutes survivances des offices de judicature et de finances du 26 déc. 1541. P. 2306, f°s 995, 999, 1003, 21 fév. 1542. Époux d'Anne Briçonnet (veuve 2 oct. 1550, X^{3A} 51).

1525 **Jean Lescuier.** — Clerc. Official de Paris. Reçu, 19 août, au lieu de feu Philippe Pot. Élu 2e, 23 mars, aud. siège, et 3e, 29 juillet, à celui de Jean de Bouy. † 14 nov. 1533.

René Brinon. — Lai. Lic. en lois, Sgr de Guyencourt, fils d'Yves, procureur céans, puis examinateur au Châtelet, et de Gilette le Picard. Reçu, 26 août-1er sept., au lieu de feu Guillaume II Barthélemy. Président au Parlement de Bordeaux, 1539. Remplacé par René Bouvery, 21 juil. Cf. X¹ᴬ 1750, f⁰ 229 v⁰, 23 juin 1597, Arrêt considérable sur les successions de ses ascendants et descendants.

1526 **Pierre Mathé.** — Clerc. Lic. en lois, prêtre, chanoine, puis doyen de Bourges, fils de Pierre, cons. et avocat aud. lieu ; prieur de Vouzon, X³ᴬ 42, 15 sept. 1536. Reçu, 7-16 mai, au lieu de feu Jean Gigault. † et remplacé par François Aubert, 5 déc. 1544.

Nicole Quelain. — Clerc. Reçu, 29 mai, au lieu de feu Jacques Doulcet. V. Président des Enquêtes, 16 déc. 1532, et Parlement d'Henri II.

René du Bellay. — Clerc. Lic. en lois, frère du Cardinal. Reçu, 11 août, au lieu de feu Déode Chauveron. Évêque du Mans, 1536. Remplacé par Jacques Desligneris, 24 mars. *Gall. Christ.*, XIV, col. 414.

1527 **Christophe de Marle.** — Clerc. Cons. au Parlement de Rouen, chanoine d'Avranches, petit-fils du président Arnault de Marle, par Jean, sieur de Versigny, et Anne du Drac, X³ᴬ 33, 43 et 44, 4 mai, 28 juil. 1525, 6 sept. 1539, 5 juil. 1541. Reçu, 25 juin, au lieu de Guillaume II Barthélemy mué de clerc en lai (office vacant depuis 2 ans, à raison de la double résignation de François de Cambrai, écarté comme lai, puis de Jean de Corbie. V. Parlement d'Henri II.

1528 **Robert Brizeau ou Berziau.** — Lai. Sgr de la Margelières, de la Grange-Menault-en-Brie, etc., X³ᴬ 39 et 41, 31 mai 1532, 20 oct. 1534, neveu par alliance de Burgensis, 1er médecin du roi. Reçu, 31 déc.-10 janv., au lieu de François Doyneau fait lieutenant général à Poitiers. † 1er mars 1545. Inhumé à Saint-André-des-Arts. Remplacé par Jacques Varade, 4 mars. Époux de Jeanne Burgensis, fille de François, examinateur au Châtelet, et non de Loys (erreur du Ms. 7554). Cf. X³ᴬ 47 et 54, 27 juil. 1547, 5 fév. 1558, etc.

Nicole Viole. — Lai. Général de la Justice des Aides. Ex-correcteur en Chambre des Comptes en mars 1518, P. 2304, f⁰ˢ 331. 537, 583. Reçu, 3 mars, au lieu de feu Jean Papillon. Disparu (?). Cf. Nicolas Viole, maître des Comptes. Survivance à son fils Jean, P. 2306, f⁰ 911, 20 juin 1541.

Jacques Barthonier. — Clerc. Lic. en décret, trésorier de la

Sainte-Chapelle du bois de Vincennes, prieur de Courboing, diocèse du Mans, X³ᴬ 36, 39, 9 juin 1528, 15 mai 1532. Sgr d'Olives, de Recoux et de la maison du bois du comté de Montfort-l'Amaury. Reçu, 11 août, au lieu d'Imbert de Saveuse fait bailli d'Amiens. Élu 1ᵉʳ, 14 nov. 1517. Résigne. Remplacé par Michel Quelain, 19 déc. 1543.

Jacques le Clerc dit Coctier. — Lai. Sgr d'Aunay, fils du cons. Pierre, filleul et neveu par alliance du médecin de Louis XI, d'où son nom ; pourvu par le crédit de Duprat, son oncle par alliance (20 août 1531). Reçu, 7 sept., au lieu de feu Pierre Angenoust, avec dispense de parenté. Cons. rapporteur et correcteur des lettres de la Chancellerie en 1532. Remplacé par Poncé Brandon, 3 juin. Époux de Françoise de Prat ou de Prail, ou Duprat (veuve 8 avril 1563, X³ᴬ 56).

Jean II de la Haye. — Lic. en lois, Sgr de Vaujours et de la Houssaye-en-Brie, X³ᴬ 46, 26 janv. 1546, d'Esgrenay, par sa femme Catherine, fille du cons. Gérard Le Coq ; fils de Jean Iᵉʳ. Cons. clerc, 13-20 nov., au lieu de feu Jean de Bouy ; cons. lai, 8 janv. 1533, par permutation avec René Gentils. V. Parlement d'Henri II. Ne laissa qu'une fille Jeanne, épouse de Jean de Monceaux, cons. en 1556. Cf. X³ᴬ 56, 1ᵉʳ mars 1563.

Jean Ranyer. — Cons. au Parlement de Dijon, marié. Reçu cons. clerc, 13 nov.-20 déc., au lieu de feu Pierre Legendre, puis cons. lai aux Requêtes du Palais, au lieu de feu Arnault Luillier, 18 août 1531. Remplacé par Pierre de Lestoille, 13 nov. Impliqué dans le procès du président René Gentils, juin 1541. Condamné pour forfaiture. † en prison. V. son épitaphe (Blanchart).

Loys Fumée. — Lai. L'un des 4 notaires de la Cour, frère du cons. Martin. Reçu, 23-30 déc., au lieu de Pierre II Cleutin mué de lai en clerc. † et remplacé par François Errault, 12 nov. 1532.

1529 **Gabriel de Talente ou de Florence.** — Lai. Reçu, 22 fév., au lieu de feu Nicole Gaudin. † et remplacé par Maurice Bullioud, 17 août 1530.

Léon Lescot. — Lai. Lic. en lois, Sgr de Lixy-en-Brie, fils de Pierre, Proc. Gén. en Cour des Aides, X³ᴬ 31, 9 mai 1523. Reçu, 11 mars, par résignation de Jacques Chevrier, son beau-père. † et remplacé par Michel II Boudet, 30 oct. 1545. Époux de Marie Chevrier (veuve 27 fév. 1553, X³ᴬ 52)

Guillaume Abot. — Lai. Avocat céans, Sgr de la Chaize, pourvu par le crédit de la reine de Navarre. Reçu, 1er déc., au lieu de Nicole Le Coq fait Général des Aides. V. Parlement d'Henri II et de Charles IX. Époux d'Agnès Crocquet (veuve 9 janv. 1563, X^{3A} 55, f° 78). D'abord pourvu de l'office clerc de Charles de Chaucey, 27 juin 1528. Tenu en suspens, avec gages de clerc, dans l'intervalle.

Jacques Spifame. — Clerc. Reçu, 27 nov.-17 déc., au lieu de feu Charles de Chaucey. V. Président des Enquêtes, 1544, et Parlement d'Henri II.

Jean IV ou Loys de Longueil.— Lai. Reçu, 14 nov.-13 déc., par résignation de Jean de Villemer. V. Président des Enquêtes, 1544, et Parlement d'Henri II.

Antoine Hélin. — Lai. Lic. en lois, cons. au Parlement de Bordeaux, ex-avocat céans et traducteur des procès des Flandres. Reçu, 1er-18 juil., par permutation avec Gassiot de la Combe. † et remplacé par Antoine Minard, Président des Enquêtes, fait cons. lai, 28 mars 1544. Époux de Catherine la Postolle (veuve 2 mars 1545, X^{3A} 45).

Maurice Bullioud. — Clerc. Prieur de Saint-Samson d'Orléans de Bulles, diocèse de Beauvais, X^{3A} 39, 5 fév. 1533 seq., doyen de Saint-Marcel de Paris. Reçu, 31 août, au lieu de feu Gabriel de Florence. † 27 mai 1541. Remplacé par Loys Allegrin, 8 fév. 1542. Le Ms. 7554 le fait, à tort, résignataire d'un sien cousin, Symphorien Bullioud, chanoine de Saint-Just à Lyon, puis évêque de Glandève, Bazas, Soissons, gouverneur de Milan en 1509, ambassadeur à Rome, etc. Inconnu au Parlement.

1531 **Jean de Gouy**. — Clerc. Reçu, 5 avril, au lieu de feu Loys Courtin. V. Président des Enquêtes, 1543, et Parlement d'Henri II.

Pierre de Hacqueville. — Lai. Reçu, 24 mai, par le crédit de Loys Burgensis, son beau-père, 1er médecin du roi, au lieu de feu Christophe Hennequin, X^{1A} 1584, f° 113 v°, 19 fév. 1557. V. Président des Requêtes du Palais, 1544, et Parlement d'Henri II.

Nicole Thibault. — Lai. Procureur du roi à Senlis, Sgr de Montigny, Beaurain, Courcelles et Saint-Félix. Reçu, 20 mai-6 juin, au lieu de feu Jean de la Place. Procureur général, 1534. Remplacé par Emilio Ferreto, 5 janv. Le roi avait vainement essayé de l'imposer au siège clerc de Thomas Pascal vacant depuis 4 ans. Cf. 13-20 avril 1531. C'est à tort que le Ms. 7555 *bis* l'y fait recevoir, le 18 mars, et lai le 6 juin à celui de Jean de la Place. Époux de Françoise Anthonis, X³ᴬ 44, 14 fév. 1542.

Christophe de Harlay. — Lai. Lic. en lois, Sgr de Beaumont, fils de Louis, écuyer, Sgr de Cézy et de Saint-Aubin-sur-Yonne, X³ᴬ 42, 3 mars 1537, et de Germaine Cœur, petit-fils du célèbre argentier de Charles VII. Reçu, 26 mai, au lieu de feu Tristan de Reilhac. Examiné seulement par le chancelier, X³ᴬ 44, 13 juil., 2 août 1541. V. Parlement d'Henri II. VIIIᵉ Président en 1556.

Claude Enjorrant ou Anjorrant. — Lai. Sgr de Latingi, de la Sourcière et de Cloye, du fief de Pacy et de Poignan, assis à Moucy-le-Neuf, en France, fils d'Anjorraud, général des Monnaies en 1498, parent du feu Président des Requêtes Loys A. et tuteur de ses enfants, X³ᴬ 39 et 55, fᵒ 127, 10 mai 1532, 8 mars 1533, 30 janv. 1563. Reçu entre 26 mai et 7 août (création. XXᵉ de la IIIᵉ Chambre des Enquêtes). V. Parlement d'Henri II. Époux de Geneviève Courtin, X³ᴬ 49, 6 mars 1550.

Barthélemy de Chasseneux. — Lai. Docteur en droit de l'Université de Pavie, avocat du roi à Autun, Sgr de Prelay, né à Issy-l'Évêque, près d'Autun, en 1480. Reçu entre 17 mai et 21 août (omis au registre). Élu 1ᵉʳ, 17 mai, au siège de feu Jean de la Place. Président du Parlement de Provence, en 1532. Célèbre par l'arrêt rendu contre les Vaudois de Cabrières et de Mérindol. † 15 août 1541, avant l'exécution. Remplacé par Jean le Cirier, 20 déc. 1532.

Léonard de la Guyonie. — Official de Sens. Reçu cons. lai, 21 août, au lieu de feu François de Medulla ; clerc, 18 sept., par permutation avec Antoine de Lyon, qui suit. Résigne, 1544. Remplacé par Christophe de Roffignac, 1ᵉʳ fév,

Charles de la Mothe. — Clerc. Lic. en lois, cons. au Grand Conseil et lieutenant général à Châtellerault, X³ᴬ 36, 2 juil. 1528. Reçu, 28 août, *sine matrimonio*, et en laissant sa lieutenance, au siège de (blanc. Sans doute Thomas Pascal). V. *supra* N. Thibault. Impliqué dans le procès du président René Gentils, juin 1541, et mort en prison. Remplacé par René Berthelot, 30 mars 1542.

Jean Bertrandi. — Lai. Lic. en lois. Reçu, 7 sept., par privation de Pierre Laydet. Cons. au Grand Conseil, 1533. Remplacé par Jean Sanson, 8 janv.

Antoine de Lyon. — Sgr de Preuilly, de Gentilly et de Jullenatz, X³ᴬ 47, 21 juil. 1547, neveu par alliance du cons. François Tavel.

Reçu cons. clerc, 22 sept.-13 nov., au lieu de feu Guillaume Bourgeois ; lai, 18 nov., par permutation avec la Guyonie. V. Parlement d'Henri II. Époux de Jeanne de Pierre-Buffière, dame de Vannes et de Larche, X³ᴬ 55, f⁰ 131 v⁰, 30 janv. 1563. Cf. homonyme, Sgr de Pessac, X³ᴬ 42, 27 juil. 1536, 7 fév. 1537.

Pierre de Lestoille. — Clerc. Reçu, 13 nov., au lieu de Jean Ranyer mué de clerc en lai. Élu 3ᵉ, 23 mars 1515. V. *supra*. Président des Enquêtes, 1535. † et remplacé par Loys, son fils, 30 mai 1538. Le Ms. 7553 le fait fils de Jean, soi-disant cons. Inconnu.

1532   **Ponce Brandon.** — Lai. Sgr de Condat, en Auvergne, fils du lieutenant général de la sénéchaussée. Reçu, 3 juin, par résignation de Jacques Leclerc, dit Coctier. V. Parlement d'Henri II et de Charles IX. Reçu à la survivance de son père, 21 juil. 1544, sans cumul, avec délai de 8 mois pour opter. (Opta en 1563.) Commissaire délégué à l'établissement des magasins et greniers à sel des généralités de Languedoc, Guyenne et Bretagne en 1544.

Claude Levoix. — Lic. en lois, avocat céans, sieur de Barberouville et de Millerant, X³ᴬ 47, 27 août 1547. Auteur des Coutumes de Tours, éditées en 1545. Cons. clerc, 13 juin, par résignation de Nicole de Besze ; lai, 2 janv. 1533, au lieu d'André Quillart fait Maître des Requêtes. Remplacé, comme clerc, par Hélie de Calvimonte. V. Parlement d'Henri II. Époux de Catherine Vaillant de Quelis (veuve 5 mai 1557, X³ᴬ 54).

François Errault. — Lai. Lic. en lois, avocat céans, Sgr de Chemans, fils d'Antoine et de Roberte de Bouillé, originaire d'Anjou, gendre du cons. François de Loynes. Reçu, 12 nov., au lieu de feu Loys Fumée. Élu 2ᵉ, 17 mai 1531. Président au Parlement de Turin, fév. 1539. Maître des Requêtes par lett. pat. du 28 août 1540. Garde des sceaux à la Chancellerie. Remplacé par Jacques des Loges, 21 fév. 1539. Le 13 juil. 1541, la Cour le reçoit au serment des deux offices de Président de Turin et Maître des Requêtes, en considération des lieux et pays où il est ordonné, et nonobstant qu'il porte barbe longue. † à Châlons, 3 sept. 1544, traitant de la paix avec l'Empereur. Époux de Marie de Loynes.

Jean II le Picart. — Lai. Lic. en lois, avocat céans, Sgr de Villefavreuse, 2ᵉ fils de Jacques, Sgr du Plessis, secrétaire du roi ; gendre de l'ex-cons. Président en Cour des aides, Nicole Le Coq. Reçu, 12 nov., au lieu de feu Martin le Picard. Élu 3ᵉ, 17 mai 1531. V.

Parlement d'Henri II. Président des Enquêtes, 17 nov. 1551. Epoux de Catherine Le Coq, X³ᴬ 46, 10 juin 1545.

Loys Caillaud. — Clerc. Reçu, 12-28 nov., au lieu de feu Adrien Iᵉʳ du Drac. V. *supra*. Président des Enquêtes, 2 juin 1538. † et remplacé par Jean Anjorrand, 29 fév. 1544.

Jean le Cirier. — Lai. Lecteur, puis doyen en la faculté de décret de Paris, sieur du Plessis, X³ᴬ 46, 1 déc. 1545. Reçu, 13 déc., au lieu de Barthélemy de Chasseneux fait président de Provence. Elu 2ᵉ, 31 mai 1516. V. Parlement d'Henri II. Époux d'Anne Larcher, X³ᴬ 42, 23 fév. 1537.

1533 **Jean Sanson.** — Lai. Docteur en droit, président au bailliage de Châtillon. Reçu, 8 janv., au lieu de Jean Bertrandi passé au Grand Conseil. Disparu (?).

Étienne Tournebulle.—Clerc. Avocat céans, marié. Reçu, 14 nov., 20 déc., au lieu de feu Pierre II Cleutin. Président au Parlement de Rouen, 1542. Remplacé par Barthélemy Faye, 10 fév.

1534 **Emilio Ferrato ou Ferreto.** — Lai. Docteur *in utroque*. Reçu, 5 janv., au lieu de Nicole Thibault fait Proc. gén. Disparu (?).

Hélie de Calvimont. — Clerc. Lic. *in utroque*. Reçu, 23 fév., *sine matrimonio*, au lieu de Claude Levoix mué de clerc en lai. Le 16 août 1538, la Cour entérine ses lettres d'autorisation de mariage des 14 juin 1536 et 19 juil. 1538, avec dispense, de son prélat, du serment par lui prêté à sa réception. † et remplacé par Guérin Dauzon, 30 mai 1539.

Lazare de Baïf. — Clerc. Docteur en droit, poète et orateur ; abbé de Grenetière et de Charroux, X³ᴬ 42, 17 oct. 1536, fils de Jean, Sgr du lieu et de Mauges-en-Maine. Reçu, 27 mars, au lieu de feu Loys Courtin (?). (Ses lett. pat. de provision sont du 17 nov. 1530, X¹ᴬ 1537, f° 197. Nouvel exemple du désordre qui règne à la Chancellerie. Le 5 avril 1531 (X¹ᴬ 1534, f° 158), Jean de Gouy a déjà été reçu au même siège de feu Loys Courtin, qu'il n'a pas quitté. Pas de confusion possible. Le seul clerc ayant prénom Loys est Séguier. Or il est mort assez longtemps après et se retrouve présent dans toute cette session jusqu'au 22 oct., X¹ᴬ 1537, f° 506, etc. Peut-être faudrait-il lire : Résignation de Loys Séguier?) Maître des Requêtes vers 1541, ambassadeur à Venise (Ms. 7554). Remplacé par Michel de l'Hopital, 14 juin 1537.

Gaston Grieu ou de Grieu. — Lai. Lic. en lois, fils de Pierre, vicomte d'Orbec. Reçu, 3 août, par résignation de Jacques Iᵉʳ

Allegrin, son futur beau-père. (Lettres 'entérinées avec la condition que le résignataire soit sain et non malade et que le résignant vive encore 40 jours. Ire mention de cette clause.) V. Parlement d'Henri II. Époux de Catherine Allegrin. X^{3A} 52, 1er août 1552. Le Ms. 7555 le fait aussi mari d'Anne Viole, fille du cons. Pierre (?).

Nicole Prévost. — Lai. Chanoine de Notre-Dame, prieur de Meulan et de la collégiale de Champeaux (1er fév. 1565), fils ainé du président Jean, X^{3A} 57, f° 561 v°, 31 mars 1565. Reçu, 13 août, par section de l'office de son père qui reste Président des Requêtes. V. Parlement d'Henri II. Président des Enquêtes, 1556.

Claude Tudert. — Clerc. Reçu, 4 déc., par 2e mutation de clerc en lai du Président René Gentils. V. *supra*, Président des Enquêtes, 1544, et Parlement d'Henri II.

1535 **Adrien II du Drac.** — Lai. Notaire et secrétaire du roi, X^{3A} 41, 11 août 1534; fils d'Adrien Ier, Sgr de Mareuil, vicomte d'Ay et de Saint-Marcel-sur-Marne (13 juil. 1569). Reçu, 15 fév., au lieu de Julien de Bourgneuf fait Président de Bretagne. Pourvu en considération de son mariage avec la fille d'André Quillart, Maître des Requêtes. V. Parlement d'Henri II. Époux 1° de N. Quillart; 2° de Catherine ou Charlotte Raponel, fille unique de Thomas, Sgr de Baudeville, notaire et secrétaire du roi.

Antoine Chabannes. — Clerc. Lic. en lois. Reçu, 21 avril, au lieu de feu Jacques Mesnager. Disparu (?).

1536 **Pierre Bardin.** — Clerc. Lic. en lois, prieur curé de Chémery, X^{3A} 43, 4 août 1529. Reçu, 11-14 janv., avec dispense de *non promovendo ad sacros ordines*, au lieu de feu Nicole Dorigny. † et remplacé par François Briçonnet, 3 déc. 1544.

André Sanguin de Livry. — Clerc. Lic. en lois. Praticien réputé, signalé par plusieurs rapports remarquables, étant commissaire du roi au Parlement de Rouen, au Grand Conseil et à la Table de Marbre. Reçu 1er, 11 fév., au lieu de (blanc), peut-être feu Nicole le Maistre. † 15 avril 1539 et remplacé par le Président des Enquêtes Augustin de Thou mué de clerc en lai, 21 avril.

Jacques Brizart. — Lai. Prieur du Mont, X^{3A} 41, 5 janv. 1535, Sgr de Pérignes, fils d'Antoine, procureur fiscal de Bellesme-en-Perche, Reçu, 18 fév., au lieu de feu Raoul Aymeret. Disparu (?). Époux de Madeleine Chappelain (veuve 7 sept. 1549, X^{3A} 49); père des deux cons. Jacques et Charles reçus en 1566 et 1575.

Bertrand Lelièvre. — Lai. Avocat céans, X^{3A} 35, mai-juin 1527.

Reçu, 28 fév., au lieu de feu Jean Luillier. Prend la commission des Requêtes de feu Arnoul Ruzé, 19 nov. 1541. Résigne son siège de cons. à son gendre Jacques II le Clerc, 6-19 mars 1544, par section d'office, et lad. commission, le 16 nov. 1546. Époux de Nicole Berthillon (veuve 7 sept. 1552, X³ᴬ 52).

Jacques Desligneris. — Clerc. Reçu, 21-24 mars, au lieu de René du Bellay fait évêque du Mans, sur la recommandation du cardinal du Bellay et du sieur de Langeay, son frère. V. *supra*, Président des Enquêtes, 1544, et Parlement d'Henri II.

Noël Bourgoing. — Clerc. Docteur en droit, doyen de Nevers, curé de Perrigny-le-Vieux aud. diocèse en 1521, X³ᴬ 29, 7 nov. Reçu, 15-19 mai, au lieu de feu Jean Viole (office contesté par le frère du défunt, le cons. Pierre, disant avoir don du roi pour un autre de ses frères). Disparu (?).

1536-37 *Lacune du Conseil. Liste restituée d'après les lettres de confirmation d'Henri II et les provisions des successeurs.*

Clercs. —**Antoine Roillard**. — Cons. lai, 13 avril 1539, par permutation avec Loys, son père. † 1543. Inhumé à Saint-Benoît. Remplacé par Jean Boislève, 11 janv. 1544.

Charles Marlhac. — Abbé de Saint-Père-lès-Melun, X³ᴬ 47, 7 déc. 1547, fils de Guillaume, écuyer, sieur de Genest, secrétaire du duc de Bourbon, originaire d'Auvergne, frère de l'avocat du roi céans, Gabriel. Maître des Requêtes, 1541. Archevêque et comte de Vienne, 1557. Nombreuses ambassades en Angleterre et vers Charles-Quint. Remplacé par Jean Morin de Turin, 19 nov. 1541. † 12 déc. 1560. Inhumé en son abbaye de Saint-Père-lès-Melun.

Jean Corbin. — V. Parlement d'Henri II.

Charles de Dormans. — De la célèbre maison de Dormans, Sgr de Bièvre-le-Chastel, de Nozay, de Belleval et de Saint-Remy, X³ᴬ 49 et 52, 5 août 1549, 31 mai 1552; fils de Guillaume, cons. au Grand Conseil, IIᵉ Président à Dijon, 1507, et de Marie Piédefer. V. Parlement d'Henri II. Veuf de Jacqueline Le Coq, fille de Nicole, Président en Cour des aides, donc beau-frère du cons. Jean II le Picart. V. *supra*, X³ᴬ 46, 9 avril 1546.

Eustace Chambon. — Sgr de Soullas ou Sollaires, X³ᴬ 57, f° 287 v°, 3 fév. 1565; fils du cons., puis Maître des Requêtes, Jean et de

Marie des Courtils, gendre du cons. Robert III Thiboust. V. Parlement d'Henri II. Époux de Marie Thiboust, X^{3A} 55, 30 déc. 1562.

Michel de l'Hopital. — Sgr de Vignay, fils de Jean Ier, médecin du connétable de Bourbon, originaire d'Auvergne. Reçu, 14 juin, au lieu de Lazare de Baïf fait Maître des Requêtes, d'après Ms. 7554. V. Parlement d'Henri II. Époux de Marie Morin, fille de Jean, lieutenant criminel du Châtelet, et de Charlotte de Montmirel. Sa fille unique Marguerite porta le nom de l'Hopital à Robert Hurault, cons. au Grand Conseil.

Lais. — **Nicole Lesueur.** — Remplacé par Thomas Thiboust, 20 nov. 1535. Époux de Jeanne Guillart, X^{3A} 44, 13 août 1541.

Nicole Molé. — Cons. en Cour des aides, petit-fils de Guillaume Molé, marchand drapier à Troyes, X^{3A} 34, 26 nov. 1526, gendre du cons. Christophe Hennequin. Reçu, 3 mars, d'après Ms. 7553. † 20 nov. 1545, après avoir résigné à son fils Charles, écarté par la Cour. 21 nov., en vertu de la clause des 40 jours, qui résigne lui-même à François Pajot reçu, 5 août 1549. Inhumé à Saint-Jean-en-Grève. Veuf de Madeleine Charmolue, fille de Jacques, changeur du Trésor, X^{3A} 41, fév.-mars 1535. Ier de la dynastie des Molé. Le Ms. 7553, qui le fait recevoir le 3 mars, porte, à tort, 1517. Il faut lire 1537. Car, à cette date, le 7555 donne un Nicolas Malon, qui ne peut être que lui.

Antoine Fumée. — Sgr de Blaude et des Roches, 3e fils d'Adam, Maître des Requêtes. V. Parlement d'Henri II. Époux 1° de Françoise du Fau, X^{3A} 45, 8 nov. 1544 ; 2° de Claude de Riant, fille du futur Président Denis Riant (veuve 2 avril 1588). Cf. homonyme, ex-archidiacre d'outre Loire, à Tours, *ibid.*, 19 mai 1545.

Jacques Potier. — Sgr de Blancmesnil et du fief de la Tournelle assis à Compans, fils de Nicolas, Sgr de Groslay, général des Monnaies, prévôt des Marchands en 1499, et de Marie Chevalier, fille d'Etienne, alliée aux Picart et aux de Marle ; notaire et secrétaire du roi, 21 oct. 1536, X^{3A} 42. V. Parlement d'Henri II. Époux 1° de Jeanne Roland (Ms. 7555) ; 2° de Françoise Cueillette, X^{3A} 50, 21 nov. 1550.

Cleriadius de la Rozière. — Cons. sur le fait de la justice des aides, X^{3A} 37, 13 sept. 1529, Sgr de Poix et de Maure-au-Perche. V. Parlement d'Henri II. Époux de Marie Anthonis, fille de Gilles, cons. en Cour des aides.

Nicole le Clerc. — Sgr de Franconville et du Tremblay, 2ᵉ fils du cons. Pierre, gendre du Président François de Saint-André. V. Parlement d'Henri II. Époux de Claire de Saint-André (veuve 23 mars 1563, X³ᴬ 55, f° 237 v°).

Jean II Burdelot. — Fils de Jean, Sgr de Montfermeil, cons. des aides, puis Procureur général en 1498. V. Parlement d'Henri II.

Étienne Charlet. — Pourvu *post* 30 août 1537, par section de l'office de Geoffroy, son père. V. Parlement d'Henri II. Réunion des deux offices, à la mort de Geoffroy (date inconnue).

Suite des réceptions régulièrement enregistrées.

Engilbert Clausse. — Lai. Avocat céans, X³ᴬ 35, 27 oct. 1525. Reçu, 12 nov. 1537, au lieu de feu Jean II Ruzé. † et remplacé par François Dormy, 3 sept. 1545. Époux de Marie ou Anne le Fuzellier, X³ᴬ 35, *loc. cit.*, et 51, 5 avril 1551.

1538   **René Baillet.** — Lai. Lic. en lois, Sgr de Sceaux, fils du président Thibault Baillet. Reçu, 27 janv., au lieu de feu Loys Besançon. V. Parlement d'Henri II. VIᵉ Président, 1554.

Loys de Lestoille. — Clerc. Grand Rapporteur de la Chancellerie, Sgr de Soulers. Reçu, 18 fév.-20 mars, au lieu de feu Pierre, son père. Reprend son office à la Chancellerie, 1543 ; puis Président des Généraux des aides et enfin des Enquêtes, 22 juin 1554. Remplacé par Mathieu Chartier, 26 août 1543.

Jean Bermondet. — Lai. Reçu *ante* 29 août. (Présent en séance. Omis au registre.) V. Parlement d'Henri II.

Agnet Cabut. — Clerc. Reçu, 24 oct.-12 nov., par résignation de Jean de Serre. V. Parlement d'Henri II.

1539   **Jacques ou Jean des Loges.** — Lai. Beau-frère par alliance du cons. Jacques Morin, qui suit (1541). Reçu, 25 fév., par résignation de Franç. Errault, son beau-père, fait président à Turin. V. Parlement d'Henri II. Époux de Charlotte Errault (veuve, 7 juin 1553, X³ᴬ 53).

Guérin Dalzon ou Dauzon. — Clerc. Docteur en droit, ex-président au Parlement de Turin, cons. à Aix. Reçu, 30 mai, au lieu de feu Hélie de Calvimont. Cons. à Toulouse, 1541. Remplacé par Jean II Belot, 19 mars.

René ou Jean de Bouvery. — Lai. Lic. en lois. Reçu, 21 juil., au lieu de René Brinon fait président à Bordeaux. Maître des

Requêtes, 1541. Remplacé par Renatus de Bizargues, 24 mars. Époux de Marie de Muiseau, fille de Morelet Dumuiseau, Général des finances, Sgr de la Marcheferrière et de Saint-Jean-les-deux-Jumeaux, X³ᴬ 54, 9 août 1557.

1540 **Claude Lefèvre ou Fabry.** — Lai. Docteur en droit, avocat céans ; 15 ans lecteur en la faculté de décret de Paris, puis 3ᵉ régent élu par la Cour en 1535. Reçu, 12 nov., au lieu de feu Nicole Octon. V. Parlement d'Henri II.

Odet de Selva. — Clerc. Sgr de Marignan, abbé de Saint-Saturnin, 3ᵉ fils du cons. Jean Iᵉʳ et de Cécile de Buxy (Ms. 7555 *bis*). Reçu, 31 déc., au lieu de feu Arnoul Ruzé. Cons. puis président au Grand Conseil et au Conseil Privé, Maître des Requêtes. Nombreuses ambassades à Rome, Venise, Londres, en 1547, 1553, etc. Remplacé par René Lefèvre, 8 mai 1542. † 5 mars 1564. Inhumé, avec son père, à Saint-Nicolas-du-Chardonnet. Époux de Renée de Montaurel, fille de François, correcteur des Comptes (veuve 10 janv. 1565, X³ᴬ 57, f⁰ 186).

1540 **Jean II Belot.** — Clerc. Cons. au Grand Conseil dès 1527, sieur du Boulay, X³ᴬ 44, 30 janv. 1542. Reçu, 19 mars, au lieu de Guérin Dauzon translaté à Toulouse. V. Parlement d'Henri II. Époux 1º de Claude Malingré, veuve de Claude Raoulin, avocat céans, X³ᴬ 35 et 43, 26 nov. 1527, 12 fév. 1540 ; 2º de Denise Collaye, veuve de Jacques Lescuyer (30 janv. 1542).

Renatus de Bizargue ou Birague. — Lai. Cons. au Parlement de Turin. Reçu, 24 mars, au lieu de Jean Bouvery fait Maître des Requêtes. Président à Turin, 1543. Remplacé par Jean Barjot, 30 oct.

Étienne Fleury. — Lai. Cons. et ex-avocat au Châtelet. Reçu, 2 mai, au lieu de feu Robert III Thiboust. Elu Iᵉʳ, 13 août 1540. V. Parlement d'Henri II. Époux de Catherine Maillard, fille de Philippe, notaire et secrétaire du roi (veuve 26 mai 1565), X³ᴬ 44 et 49, 14 fév. 1542, 7 déc. 1549.

Charles de Chantecler. — Lai. Juge au bailliage de Touraine, né à Moulins, familier des princes de Bourbon, député de l'Auvergne près de François Iᵉʳ, à son retour de Madrid. Reçu, 27 juin, au lieu de feu Jacques Boullent. V. Parlements d'Henri II et de Charles IX. Époux de Nicole, fille d'Emond Boucherat, avocat du roi céans.

Jacques Varade. — Soi-disant issu d'une maison milanaise. Reçu cons. clerc, 17-23 août, au lieu de feu Nicole Brachet ; lai,

4 mars 1545, au lieu de feu Robert Berziau. Remplacé, comme clerc, par Guillaume Burgensis, 23 juil. 1545. V. Parlements d'Henri II et de Charles IX. Époux de Michelle Vaillant de Quelis, X^{3A} 52. 21 mai 1552.

Charles de Milly. — Lai. Avocat céans. Reçu, 26 oct.-19 nov., au lieu de feu Pierre Brulard; Maître des Requêtes, 1543. Remplacé par Nicole II Duval, 16 nov. † 23 oct. 1549. Inhumé en l'église des Saints-Innocents. Époux d'Anne Paris, fille de Jean, élu de Mante, et de Jeanne de Lailly, X^{3A} 36. 16 juil. 1528.

Jacques Morin. — Clerc. Sgr de Loudun, cons. à Turin, gendre du Garde des Sceaux Franç. Errault, beau-frère par alliance du cons. Jacques Desloges. Reçu, 26 oct.-19 nov., au lieu de Charles Marlhac fait Maître des Requêtes. V. Parlement d'Henri II. Époux de Geneviève Errault, X^{3A} 53, *loc. cit.*

André Tiraqueau. — Clerc. Lieutenant au siège de Fontenay-le-Comte, puis en la sénéchaussée de Poitou. Jurisconsulte réputé, auteur de nombreux ouvrages. Père de 30 enfants. V. Scévole de Sainte-Marthe. Reçu, 22 nov., au lieu de feu Loys Roillard. V. Parlement d'Henri II et son éloge. (Tome Ier, p. 218, note 4.)

1542 **Loys Allegrin.** — Clerc. Lic. en lois, auditeur en Chambre des Comptes, Sgr de Saint-Germain et de la Grande Paroisse, petit-fils du cons. Guillaume Allegrin, X^{3A} 41, 23 janv. 1535. Reçu, 10 fév., au lieu de feu Maurice Bullioud. V. Parlement d'Henri II. Époux de Loïse Briçonnet, fille de feu Guillaume, Sgr de Glatigny, X^{3A} 47, 27 août 1547, et X^{1A} 1593, f° 437 v°, 9 avril 1560.

Bartholomé Faye. — Clerc. Docteur ès-droits, chevalier de l'Université de Padoue (14 janv. 1581), originaire du Lyonnais, Sgr d'Espeisses. Reçu, 10 fév., sur jussion du roi, avec dispense, parce que laï et marié, au lieu d'Étienne Tournebulle fait président à Rouen. V. Parlement d'Henri II. Époux de Marie, fille du cons. Jean Viole, sa cousine, X^{3A} 56, f° 141 v°, 27 juin 1563.

René Berthelot. — Clerc. Lic. en lois. Reçu, 30 mars, au lieu de feu Charles de la Mothe. V. Parlement d'Henri II.

Eustache du Bellay. — Clerc. Lic. en lois, neveu du cardinal évêque de Paris, chanoine et archidiacre d'Angers, Paris, Laval, abbé de Saint-Maur-sur-Loire, prieur commendataire de Loye et Foucarni, curé de Saint-Séverin et de Saint-Germain-le-Vieux, etc. (Le Ms. 7554 le dit cousin du cardinal. Or il est qualifié neveu, le 13 juil. 1552, X^{1A} 1575, f° 300 v°. Obtint, en 1541, par bref du pape, pouvoir de cumuler les bénéfices). Reçu sans doute, au lieu de Loys du Bellay, son oncle, entre 30 mars et 2 mai, d'après son rang, sur les lettres de confirmation d'Henri II (omis au registre du Conseil). Député au Concile de Trente. V. Parlement d'Henri II. Évêque de Paris en 1552. *Gall. Christ.*, XII, col. 163. Le Ms. 7553 le fait, à tort, Président des Enquêtes.

Nicole Duval. — Clerc. Lic. en lois, avocat céans, puis secrétaire du roi et cons. au Parlement de Bretagne, gendre du feu cons. Pierre Angenoust. Reçu, 2 mai, au lieu de feu Philippe Mazurier. V. Parlement d'Henri II.

René Lefèvre. — Clerc. Docteur en droit, régent de l'Université et doyen de Poitiers, curé d'Assay-en-Lodunois, vicaire de l'archevêque de Bourges, X^{3A} 51, 15 oct. 1550. Reçu, 8 mai, au lieu d'Odet de Selva passé au Grand Conseil. V. Parlement d'Henri II.

Alexandre Gouenrot. — Clerc. Lic. en lois, fils de Jean, médecin ordinaire du roi et vicomte du Perche, X^{3A} 51, 12 janv. 1551. Reçu, 13 mai, au lieu de feu Jacques de la Varde. V. Parlement d'Henri II.

1543 **Mathieu Chartier.** — Clerc. Avocat céans, Sgr d'Allainville, fils d'un célèbre avocat de même nom, gendre du président de Montholon. Reçu, 23-26 mars, au lieu de Loys de Lestoille passé en la Chancellerie. V. Parlements d'Henri II... et d'Henri IV. Époux de Marguerite de Montholon.

Jacques Verjus. — Clerc. Lic. en lois, chanoine de Notre-Dame de Paris; « jalis élu ». (Élection omise au registre qui ne porte, 28 mars 1542, qu'une proposition des gens du roi, non suivie d'élection.) Reçu, 26 avril, résignataire d'André Verjus, son oncle. V. Parlement d'Henri II.

Jean Odoard. — Lai. Docteur ès-drois, cons. au Parlement de Rouen. Reçu, 11-14 juil. (création de la Chambre du Domaine ou IVe des Enquêtes). V. Parlement d'Henri II. Époux de Marie Destas, X^{3A} 57, f° 390, 23 fév. 1565.

Jean II de Longuejoe. — Lai. Lic. en lois, ex-avocat céans, avocat du roi au Parlement de Rouen. Élu 3e, 13 août 1540. Reçu, 14 juil. (création). † *ante* 1er fév. 1546. Remplacé par Antoine Senneton, 15 avril-23 juin 1547 (pourvu par François Ier, fév. 1546).

André Maillard. — Lai. Cons. au Parlement de Rouen, gendre du cons. Nicole Sanguin. Reçu, 18 juil. (création). V. Parlements d'Henri II et de Charles IX. Époux de Madeleine Sanguin, veuve du secrétaire du roi, Jean Camus.

Roger de Vaudetar. — Clerc. Avocat céans, vidame de Meaux, Sgr de Pouilly-le-Fort, etc., petit-fils par alliance du feu Ier Président Jacques Olivier. Reçu cons., 18 juil.-30 août, par section de l'office des Requêtes de Guillaume, son père, qu'il réunit à sa mort, *ante* 6 juillet 1547. V. *supra*, et Parlements d'Henri II et de Charles IX. Époux de Jeanne Boislève, fille de Nicolas, cons. au Grand Conseil et de Catherine Olivier, X^{3A} 54, 26 nov. 1557.

François Thomas. — Lai. Reçu cons., 31 août-20 sept., par section de l'office des Requêtes de Pierre Viole, son beau-père. V. Parlements d'Henri II et de Charles IX.

Étienne Socier ou Saulcier. — Lai. Docteur régent en l'Université d'Orléans. Reçu, 17 sept.-4 oct. (création). V. Parlement d'Henri II.

Oger Pinterel. — Lai. Lic. en lois, lieutenant à Château-Thierry. Reçu, 4 oct. (création). V. Parlements d'Henri II et de Charles IX.

Pierre Grassin. — Lai. Lic. en lois, Sgr d'Ablon-sur-Seine, fils de Pierre, avocat du roi à Sens, X^{3A} 55, f° 237 v°, 27 mars 1563, et de Marie le Cirier. Fondateur, avec son fils Pierre, du collège des Grassins. V. *infra*, 9 juin 1571. Reçu. 4 oct. (création). V. Parlement d'Henri II et de Charles IX. Époux de Marie Courtin, fille de Pompone, Maître des Comptes, X^{3A} 53, 21 juin 1553.

Antoine le Coq. — Lai. Greffier du Conseil en 1542, Sgr d'Esgrenay, fils du feu cons. Gérard, X^{3A} 51, 14 nov. 1550. Reçu 4 oct. (création). V. Parlement d'Henri II.

Robert du Harlay. — Lai. Docteur ès-drois, Sgr de Sancy, baron de Montglat, 3e fils de Louis et de Germaine Cœur. V. *supra*, Christophe, son frère. Reçu, 4 oct. (création). V. Parlement d'Henri II. Époux de Jacqueline de Moranviller, dame de Meaulx, X^{3A} 55, f° 239 v°, 20 fév., 27 mars 1563.

Jean II Picot. — Lai. Lic. en lois, 4e fils du feu cons. Loys. Reçu, 4 oct. (création). V. Parlement d'Henri II. Président des Enquêtes, 1552.

Denis Bodin. — Lai. Lic. en lois, curé de Montlicent, diocèse de Chartres, fils de Jean et de Jeanne Barnet, X^{3A} 53, 10 mars 1554. Reçu, 4 oct. (création). V. Parlement d'Henri II.

Guy de Longueil. — Lai. Lic. en lois, fils de Loys Ier, cons. en 1500. Reçu, 4 oct. (création). V. Parlement d'Henri II. Époux de Marie de la Mare, X^{3A} 53, 20 août 1553.

Hiérosme Duval. — Lai. Lic. en lois, gendre du greffier criminel N^{le} Malon. Reçu, 4 oct. (création). V. Parlement d'Henri II. Époux d'Isabel Malon (veuve 11 juil. 1562, X^{3A} 56).

Guillaume Courtin. — Lai. Lic. en lois, Sgr de Rozay-lès-Mante, fils de Guillaume, Sgr de Gournay-sous-Aronde, notaire et secrétaire du roi vers 1500 ; gendre du cons. Jean le Cirier. Reçu, 4 oct. (création). V. Parlement d'Henri II. Époux d'Anne le Cirier, X^{3A} 45, 30 avril 1544.

Charles Quierlavoyne. — Lai. Lic. en lois, fils de N., avocat du roi du Mans. Reçu, 4 oct. (création). † et remplacé par François Sedille, 30 juin 1544. Époux de Philippe ou Catherine de Bailly, fille de Jean, cons. au Grand Conseil, et de Jeanne des Feugerais (5 mars 1594).

Jacques Ier Viole. — Lai. Lic. en lois, Sgr d'Aigremont et d'Andrezel, fils du cons. Jean, beau-frère du cons. Barthélemy Faye, X^{3A} 56, f° 141 v°, 27 juin 1563. Reçu, 4 oct. (création), âgé de 25 ans. V. Parlement d'Henri II. Époux de Philippe de Bailly, X^{3A} 52, 25 mai 1552.

Martin le Camus. — Lai. Lic. en lois, originaire du Poitou, Sgr de Jambeville, fils de Charles, docteur et médecin, cons. au Sénat de Milan, et de Jeanne Toustain. Reçu, 4 oct. (création). V. Parlement d'Henri II.

Jean Barjot. — Lai. Avocat céans depuis 15 ans, Sgr de Crofailli, de Moussy-le-Perreux et du fief de la Grange dimaresse de Cloye, X^{3A} 45 et 53, 4 oct. 1544, 28 juin 1553, fils de Guillaume, Sgr d'Orval et de la Palu. « 2 fois élu » (?) Reçu, 4 oct., au lieu de René de Birague fait président à Turin. V. Parlement d'Henri II.

Loys Chabanier. — Clerc. Abbé et chanoine de l'église cathédrale de Clermont en Auvergne, prieur commendataire d'Augerolles, X^{3A} 45, 11, 16 août 1544. Reçu, *ante* 12 nov. (?) (omis au registre). V. Parlement d'Henri II.

Nicole II Duval ou le jeune. — Lai. Reçu, 16 nov., au lieu de Charles de Milly fait Maître des Requêtes. V. Parlement d'Henri II.

Eustace de la Porte. — Lai. Avocat céans. Reçu, 21 nov., résignataire de Pierre, son père. V. Parlements d'Henri II et de Charles IX. Époux de Françoise Garat, X^{3A} 51, 31 déc. 1550.

Guillaume Luillier. — Lai. Prévôt de Sens, Sgr de Motheux, X^{3A} 53, 12 juil. 1553. Reçu, 5 déc. (création). V. Parlement d'Henri II. Époux de Marie Grenard (veuve 7 déc. 1566, X^{3A} 58).

Jean Texier. — Lai. Fils de Jean, célèbre professeur à l'Université d'Orléans et peut-être prévôt de cette ville, lui-même jurisconsulte réputé. (V. son éloge funèbre, 12 mai 1579.) Reçu, 5 déc. (création). V. Parlement d'Henri II. Président des Enquêtes, 18 août 1568. Époux de Lombarde ou Madeleine Cautel ou Cotel, fille de Jean, Maître des Requêtes et Président au Grand Conseil (veuf 4 août 1565). Le Ms. 7555 *bis* en distingue, à tort, deux : l'un, prévôt d'Orléans, reçu cons. en 1543, † 1546 ; l'autre, fils du professeur, reçu entre 1559 et 1563, président des Enquêtes, 18 août 1568 (autant d'erreurs).

Michel Quelain. — Clerc. Lic. en lois, allié aux familles Brachet et le Cirier (29 mars 1571). Reçu, 19 déc., par résignation de Jean Barthonier. V. Parlement d'Henri II.

1544 **Waast le Prévost.** — Lai. Procureur du roi à la Table de marbre, ex-avocat céans, X^{3A} 33, 20 oct. 1525. Reçu, 9 janv. (création). † et remplacé par Nicole Martineau, 11 déc. 1544.

Jean Boislève. — Lai. Descendant du cons. Pierre Boislève de 1370 (Ms. 7554), peut-être fils de Nicole, cons. au Grand Conseil et de Catherine Olivier (V. *supra*, Roger de Vaudetar), Sgr de Paryant, X^{3A} 43, 11 oct. 1539. Reçu, 11 janv., au lieu de feu Antoine Roillard. V. Parlement d'Henri II.

Jean Turquan. — Lai. Sgr d'Aubeterre, fils de Jean, commissaire au Châtelet, gendre du cons. Clériadius de la Rozière. Reçu, 26 janv. (création, XXe de la Chambre du Domaine). V. Parlement d'Henri II. Époux 1° de Christophe de Genest, 8 mai 1548, X^{3A} 48 ; 2° d'Anne de la Rozière (veuve 6 août 1557, X^{3A} 54).

Christophe de Roffignac. — Clerc. Cons. au Parlement de Bordeaux. Reçu, 1er fév., par résignation de Léonard de la Guyonie. V. Parlement d'Henri II. Époux de Marguerite de Vitel, fille de N. et de Madeleine Olivier, X^{3A} 57, f° 566 v°, 31 mars 1565 (cf. 2 juil. 1583).

Jean Anjorrand. — Clerc. Chanoine de Meaux, Sgr de Cloye et de Soully, X^{3A} 50, 28 avril 1550, fils de Loys, président des Requêtes du Palais. Reçu, 29 fév., au lieu de feu Loys Caillaud. V. Parlement d'Henri II. Président des Enquêtes, 1556.

Jean Duryand. — Lai. Avocat céans. Reçu, 6-12 mars, par section d'office, à la commission des Requêtes de Jean Tronson, son beau-père. V. Parlement d'Henri II. Réunion, 29 juill. 1549, au décès de Tronson. Époux de Denise Tronson (veuve 22 nov. 1566, X^{3A} 58).

Jacques II le Clerc. — Lai. Lic. en lois, avocat céans, sieur d'Ermenonville, X^{3A} 57, f° 475, 14 mars 1565. Reçu, 6-19 mars, par section d'office, à la commission des Requêtes, et le 16 nov. 1546, par réunion, au siège de cons. de Bertrand Lelièvre, son beau-père, résignant. V. Parlement d'Henri II et de Charles IX. Époux de Valentine Lelièvre (veuve 26 janv. 1587).

Guillaume II Barthélemy ou Berthélemy. — Clerc. Contrôleur de Bretagne, X^{3A} 45, 27 août 1544, Sgr de Beauvergier et du Plessis, fils de Guillaume, intendant de la maison d'Anne de Bretagne. Reçu, 30 avril, au siège clerc d'Antoine Minard mué de clerc en lai. V. Parlement d'Henri II. Époux de Marie de Bailly, beau-frère par alliance du cons. Jacques Viole, X^{3A} 52, 25 mai 1552.

Jean de Cormeilles. — Lai. Reçu, 9 mai, résignataire de François Crespin, son beau-père. V. Parlements d'Henri II et de Charles IX.

François Allegrin ou Alligret. — Lai. Fils de Jean, avocat céans. Reçu, 9 janv. (création de 2 cons. aux Requêtes du Palais). V. Parlement d'Henri II. Époux de Loïse Charlet qui, veuve, épousa Nicolas de Verdun, trésorier et receveur des finances extraordinaires et parties casuelles, X^{3A} 55, 5 déc. 1562.

Jean II Hennequin. — Lai. Cons. des Généraux des aides, sieur d'Espagny, de la Chapelle et de Croissy, fils du feu cons. Christophe, gendre du cons. Nicole Molé, X^{3A} 47, 25 mai 1547. Reçu, 30 juin (création *ut supra*). V. Parlement d'Henri II. Époux d'Anne Molé, X^{3A} 44 et 45, 20 août 1541, 22 avril 1544.

François Sedille. — Lai. Cons. au Parlement de Rouen, ex-avocat céans, X^{3A} 43, 30 mai 1539. Reçu, 30 juin, au lieu de feu Charles Quierlavoyne. V. Parlement d'Henri II. Époux de Marie de Malleville, sœur de Claude, avocat du roi à la Table de Marbre (Eaux et forêts) et avocat céans (veuve 20 juillet 1562, X^{3A} 56).

Nicole Chevalier. — Lai. Lieutenant général d'Amiens, Sgr de Vignay en partie, 3e fils de Jacques, notaire et secrétaire du roi, puis maître des Comptes, et de Jeanne le Picart, X^{3A} 42 et 52, 16 déc. 1536, 16 fév. 1553. Reçu, 18 juil., au lieu d'Augustin de Thou fait Ve Président. V. Parlement d'Henri II et de Charles IX. Époux de Marie Barthélemy, X^{3A} 46 et 55, 27 juin 1545 et 6 fév. 1563. Le Ms. 7554 lui donne pour femme Jaqueline Gaudart (?).

Jean II Bouchard ou Bochart. — Lai. Sgr de Noroy et de Champigny, greffier des Requêtes de l'hôtel et cons. en la conservation des privilèges de l'Université de Paris, ex-avocat céans, X^{3A} 58, 16 août 1566 (Cf. 20 mars 1518). Reçu, 21 juil., au lieu d'Antoine Minard fait VIe Président. V. Parlement d'Henri II. Le Ms. 7554 le fait fils de Jean Ier et gendre de Jean Tronson, tous deux cons., et en cite, sans date, deux autres du nom, Antoine et Étienne (inconnus).

Jean le Roy. — Lai. Reçu, 6 août (création de XII cons. en la Grand Chambre). V. Parlement d'Henri II. Époux de Jeanne le Gastellier, X^{3A} 53, 13 juil. 1553.

Charles de Vulcob. — Clerc. Docteur ès drois. Reçu, 6 août, création de XII cons. en la Grand Chambre. V. Parl. d'Henri II.

Jean Maynard ou Mesnard. — Lai. Reçu, 6 août (création *ut supra*). V. Parlement d'Henri II. Époux de Jeanne de Loynes, fille d'Antoine, procureur céans, et de Geneviève Brinon.

Jean Brachet. — Lai. Sgr de Villers, Mery et Feux, X^{3A} 49, 17 mai 1545 (ou 46), fils de Claude, secrétaire du roi, neveu des présidents Nicole II Brachet et Jean le Prévost, 13 nov. 1566. Reçu, 13 août (création *ut supra*). V. Parlement d'Henri II et de Charles IX. Époux de Marie le Cirier.

Mathieu Vaillant. — Lai. Reçu 13 août (création des XII cons.). V. Parlement d'Henri II.

Thierry du Mont ou Dumont. — Lai. Chevalier, cons. en Cour des Aides, Sgr d'Assy-en-Mulcien, fils de Jean, lieutenant général de Meaux, X^{3A} 42, 29 juil. 1536. Reçu, 3 oct. (création *ut supra* et commission des Requêtes). V. Parlement d'Henri II.

Nicole II de Hacqueville. — Lai. Sgr d'Attichy, Villers, Saint-Barthélemy et d'Ons-en-Brie, fils aîné de Nicolas, avocat céans, et de Marie de Charmolue, X^{3A} 41 et 54, 6 oct. 1535, 30 mars 1558, etc. Reçu, 19 nov. (création des XII cons.). V. Parlement d'Henri II.

Arnoul Boucher. — Clerc. Sgr d'Orcay et de Piscop, petit-fils du feu cons. Jean Boucher. Reçu, 22 nov. (création). V. Parlement d'Henri II. Époux d'Élisabeth Malon, sœur du Greffier criminel, Nicolas ou Claude, fille de Nicole, X^{3A} 57, f° 271 v°, 31 janv. 1565.

Nicolas Pellevé. — Lai. Lic. en lois, ex-professeur de droit à Bourges, prieur de Saint-Nicolas de Villepreux, des Cornets, diocèse d'Avranches, abbé de Saint-Cyprien et Saint-Cornille de Compiègne et de Breteuil-en-Beauvaisis, X^{3A} 47 et 52, 1er oct. 1547, 9 juin, 1er juil. 1552, fils de Charles, dit Malherbe, Sgr d'Octeville. Reçu, 3 déc. (création). V. Parlement d'Henri II. Évêque d'Amiens, 5 août 1553.

François Briçonnet. — Clerc. Lic. en lois, Sgr de Leveville, de la Kaerie et du Portau, et de la terre de Vauherlain en la Châtellenie de Châteaufort ; petit-fils de Guillaume, cons. en 1489, par Guillaume, trésorier des cent gentilhommes de la Maison du roi, X^{3A} 53, 26 janv. 1554, allié des familles Brachet et le Cirier (29 mars 1551). Reçu, 3 déc., au lieu de feu Pierre Bardin. V. Parlement d'Henri II. Époux 1° de Jeanne Tavel et veuf, avril 1551, X^{3A} 51 ; 2° de Marie le Cirier (13 oct. 1564).

Pierre Hotman. — Lai. Lieutenant général des Eaux et forêts, Sgr de Villers-Saint-Paul, fils de Lambert, originaire d'Emmerich, au pays de Clèves, et de Catherine de Vic (Ms. 7554). Reçu, 5 déc. (création *ut supra*). V. Parlement d'Henri II. Époux de Paule de Marle, X^{3A} 43, 20 fév. 1540.

François Aubert. — Clerc. Reçu, 5 déc., au lieu de feu Pierre Mathé. V. Parlement d'Henri II.

Jean II Brinon. — Lai. Officier en Chambre des Comptes (?). Sgr de Villaines, fils de Jean, Ier Président au Parlement de Rouen. Reçu 10 déc. (création). V. Parlement d'Henri II. Le Ms. 7554 en faisant, de son père Jean, fils de Guillaume, Sgr de Villaines, et de Jeanne Hennequin, un cons. céans, avant d'être Ier Président à Rouen. le confond avec Jean Ier, cons. en 1473, † en 1509.

Nicole Martineau. — Lai. Avocat céans, substitut du Proc. Gén., commis par la Cour, le 16 mai 1540. Reçu, 11 déc., au lieu de feu Waast le Prévost. V. Parlements d'Henri II et de Charles IX. Époux de Marie Chartier, fille de Michel, examinateur au Châtelet.

1545   **Jean Florette.** — Lai. Prieur commendataire de Saint-Aignan de Tonnerre, au diocèse de Langres (23 juin 1563. Ne l'est plus 4 août 1565), Sgr de Bussy et de Chardonnais en Mâconnais, X^{3A} 54, 11 déc. 1557. Reçu 20 avril (création, dernier des XII cons. nouveaux). V. Parlements d'Henri II et de Charles IX.

Guillaume ou Hiérosme Burgensis. — Clerc. Abbé commendataire de Saint-Pierre de Châlons et de Moustiers en Argonne, fils de François, examinateur au Châtelet, neveu de Loys B., Ier médecin du roi, X^{3A} 47 et 54, 20 janv. 1548, 5 fév. 1557. Reçu, 23 juil., au lieu de Jacques Varade mué de clerc en lai. V. Parlement d'Henri II. Évêque comte de Châlons, 1556.

François Dormy. — Lai. Avocat céans. Reçu, 3 sept., au siège de feu Engilbert Clausse. Élu 3e aud. siège, 13 août. V. Parlements d'Henri II et de Charles IX. Président des Enquêtes, 27 oct. 1550. Époux de Claude Serre (veuve 21 juil. 1599. Nombreux procès).

Michel II Boudet — Lai. Reçu, 30 oct., au lieu de feu Léon Lescot. V. Parlements d'Henri II et de Charles IX.

Thomas ou François Thiboust. — Lai. Avocat céans. Reçu, 31 oct.-20 nov., par résignation de feu Nicole Lesueur. V. Parlement d'Henri II. Époux de Jeanne Vérier qui, veuve, épousa le cons. Charles Boucher, X^{3A} 55, f° 1 v°, 3 avril 1563.

Jean Lopin. — Clerc. Reçu, 27 janv., au lieu de feu Nicole Sanguin ; pourvu en considération de son mariage avec la fille de Guillaume Milet, médecin du roi (Provision contestée. V. Denis Bodin, lai. Parlement d'Henri II). Cf. homonyme, bailli d'Amboise, époux de Françoise Forget, X^{3A} 34, 23 oct. 1526.

François Boislève. — Clerc. Avocat céans, substitut du Procureur général (26 fév. 1522), frère du cons. Jean. Reçu, 12 mai, avec dispense de clergie, en tant que marié, au lieu de François Delaage fait Ier Président à Bordeaux. Ajourné, le 29 déc., pour plus ample expérience de sa suffisance, sa provision étant antérieure au 1er sept. V. Parlement d'Henri II.

PARLEMENT D'HENRI II

*Présidents de la Cour confirmés. Lettres pat. du
20 sept. 1548, X¹ᵃ 8616, f° 215 v°.*

Pierre Lizet, Iᵉʳ. — Résigne. Remplacé par Jean Bertrand, Iᵉʳ, et Gilles le Maître, IVᵉ, 12 juil. 1550. † 7 juin 1554. Inhumé dans le chœur de son abbaye de Saint-Victor à lui résignée par le cardinal de Guise.

François de Saint-André, IIᵉ. — V. Parlement de Charles IX. Le Ms. 7553 le fait, à tort, Iᵉʳ Président pour le 2ᵉ semestre, après 1554. Il y eut un édit, d'ailleurs contesté, confirmant la présidence des deux semestres au Iᵉʳ, Gilles le Maître ; Garde des sceaux, 22 mai 1551, P. 2308, f° 1073.

Jean Bertrand, IIIᵉ. — Iᵉʳ Président, 12 juil. 1550, à la disgrâce de Pierre Lizet. Résigne, remplacé par Gilles le Maître, Iᵉʳ, et Jean Meigret, IVᵉ, 12 juin 1551. Garde des sceaux, les rendit à François Olivier, en 1559. Prit les ordres devenu veuf. Fut évêque de Comminges, archevêque de Sens, cardinal en 1557. † 1560, ambassadeur à Venise.

Antoine Minard, IVᵉ. — V. Parlement de Charles IX.

Présidents créés ou promus au cours du règne.

1550 **Gilles le Maître.** — Chevalier. Sgr de Cincehour, avocat céans, *a primis annis*, puis avocat du roi céans et au Parlement de Bretagne, petit-fils de Jean le Maître, avocat du roi sous Charles VIII et Louis XII. IVᵉ Président, 12 juil., 1550, à la disgrâce de Pierre Lizet. Iᵉʳ, 12 juin 1551, par résignation de Jean Bertrand. V. Parlement de Charles IX. † 5 déc. 1562. Inhumé aux Cordeliers. Époux de Marie Sapin, fille du receveur général du Languedoc, beau-frère du Président Riant, qui suit, X³ᴬ 47, 9 juil. 1547.

1551 **Jean Meigret.** — Cons. clerc de nov.-juil. 1522. IVᵉ Président, 12 juin 1551, à la résignation de Jean Bertrand. † mai 1556. Inhumé en l'église des Enfants rouges. Remplacé par Christophe de Harlay, 30 juin.

1554 Jacques Desligneris. — Président clerc des Enquêtes du 14 juil. 1544. V⁰ Président, 29 mai (création, Édit du semestre). † 11 août 1556. Inhumé en l'église Sainte-Catherine au Val des Écoliers. Remplacé par Denis Riant, 18 août.

René Baillet. — Sgr de Sceaux, Maître des Requêtes et I⁰ʳ Président du Parlement de Bretagne, ex-cons. lai céans du 27 janv. 1538. VI⁰ Président, 4-9 juin (création, *ut supra*) (cumule). Le 12 déc., entérinement de lett. pat. lui permettant de vaquer ès conseils et affaires de la Maison de la reine et de cumuler, 6 ans, ses deux présidences. V. Parlement de Charles IX.

Christophe de Thou. — Sgr de Cély, Stains, Bonneuil, Saint-Morice, Charenton, Emery, etc., ex-avocat céans, avocat et cons. du roi à la Table de Marbre, notaire et secrétaire du contentieux à la Chancellerie, fils aîné du feu président Augustin, VII⁰ Président, 8-9 juin (création, *ut supra*). Reçu sans examen ni enquête. V. Parlements de Charles IX et d'Henri III. I⁰ʳ Président, 14 déc. 1562. † 12 nov. 1582. Inhumé à Saint-André-des-Arts. Époux de dame Jaqueline de Thulles (19 avril 1601) ou Tueleu, fille de N. et de Jeanne Chevalier, X³ᴬ 48, 30 avril 1548.

Pierre Séguier. — Sgr de Sorel et de Lestang, avocat du roi céans et *ante* en Cour des Aides, petit-fils du cons. Gérard Séguier. Avocat fameux, plaida 30 ans au Parlement avant de prendre un office du roi. Scévole de Sainte-Marthe l'appelle « lumière du temple des lois ». VIII⁰ Président, 30 juin (création). V. Parlements de Charles IX et d'Henri III. † 25 oct. 1580. Inhumé à Saint-André-des-Ars.

1556 Christophe de Harlay. — Cons. lai du 24 mai 1531. VIII⁰ Président, 5 juin 1556, au décès de Jean Meigret. V. Parlement de Charles IX. † 27 juil. 1573.

Denis Riant. — Sgr de Villeray, avocat du roi céans, beau-frère par alliance du I⁰ʳ Président Gilles le Maître. VIII⁰ Président, 18 août, au décès de Jacques Desligneris. † 1⁰ʳ mai 1557, après avoir résigné (date inconnue). Retiré en sa maison de Villeray dans la Perche. Époux de Gabrielle Sapin.

Présidents des Enquêtes confirmés (ut supra).

Nicole Quelain. — Clerc, Iʳᵉ Chambre. † et remplacé par Jean le Picart, président, 17 nov. 1551, et Jean Poille, cons., 20 nov.

Jean de Gouy. — Clerc, II⁰ Chambre. † 11 fév. 1550. Inhumé à la Sainte-Chapelle basse du Palais. Remplacé par Nicole Hennequin, président, 21 avril, et Jean le Lieur, cons., 21 déc. 1552.

JACQUES SPIFAME. — Clerc, IIe Chambre. Évêque de Nevers, 1548. Remplacé par Jacques Berruyer, 28 mars, comme président et cons. Calviniste, passa à Genève en 1559, où il fut condamné à mort et exécuté sur l'imputation de trahison (projet de livrer la ville à la France), 23 mars 1567. *Gall. Christ.*, XII, col. 656.

JACQUES DESLIGNERIS. — Clerc, IIIe Chambre. Ve Président de la Cour, 29 mai 1554. Remplacé par Loys de Lestoille, président, 22 juin. Office de cons. aboli par l'Édit du semestre.

JACQUES DU FAUR. — Clerc, Ire Chambre. Maître des Requêtes, 18 août 1558. Remplacé par Jean Texier, 18 août. Office de cons. aboli. † 16 janv. 1571. Inhumé aux Bernardins.

CLAUDE TUDERT. — lerc, IIIe Chambre. Résigne, 1552. Remplacé par Jean Picot, président, 25 juin, et Claude Ripault, cons., 13 juil. † juin 1554.

ANDRÉ II BAUDRY. — Lai, IVe. Chambre. † 19 déc., 1550. Inhumé à Saint-Germain-l'Auxerrois. Remplacé par François Dormy, président, 27 oct. Office de cons. aboli, édit d'août 1547.

JEAN IV DE LONGUEIL. — Lai, IVe Chambre. † 1er mars 1551. Inhumé aux Saints-Innocents, puis aux Cordeliers. Remplacé par Christophe de Roffignac, président, 19 juin, et par Jean V, son fils, cons. le 4 juil. Le Ms. 7553 cite de lui un Recueil des arrêts notables de son temps.

Présidents pourvus au cours du règne.

1548 **Jacques Berruyer**. — Avocat lai céans, puis avocat du roi aux Généraux de la Justice des Aides, X^{3A} 47, 27 juin 1547. Reçu, 28 mars, aux 2 offices de Président et cons. clerc de Jacques Spifame fait évêque de Nevers, avec dispense de clergie, après une longue opposition du Proc. Gén. et de son devancier Spifame. † et remplacé par Emard de Ranconnet, qui suit, 4 janv. 1550. Époux 1° de Geneviève Basin ; 2° de Marguerite du Puis, X^{3A} 40 et 51, 29 janv. 1534 et 19 mars 1551.

1558 **Emard de Ranconnet.** — Clerc. Cons. lai au Grand Conseil, ex-cons. et fils d'un avocat au Parlement de Bordeaux, originaire de Périgueux. L'un des premiers jurisconsultes et bibliophiles du temps, au dire de Jean du Lac (Rapports d'arrêts de fév. 1543), de l'historien de Thou, etc. Cujas lui dédia, en 1547 ou 57, ses notes *In Julii Paulii receptas sententias* (Ms. 7553). Cf. X¹ᴬ 1592, f° 369 seq., arrêts des 8 janv. et 27 fév. 1560 prescrivant de faire inventaire et vente de ses livres et librairie, au profit de sa veuve, Jeanne Aimery, et de ses enfants mineurs, « exceptés toutefois les livres que le roi a ordonné estre distraits dud. inventaire et mis en sa librairie ». Reçu, 4 janv., aux 2 offices de Président et cons. clerc du précédent, II⁰ Chambre. †à la Bastille, *ante* 9 déc., incarcéré après la séance fameuse du 10 juin. Siège vacant fin 1559. Remplacé par Regnault de Beaune, 26 janv. 1560.

Nicole Hennequin. — Cons. clerc du 4 fév. 1519. Reçu, 21 avril, au décès de Jean de Gouy, II⁰ Chambre. Résigne 1556. Remplacé par Jean Anjorrand, 16 nov. † 31 janv. 1569. Inhumé à Saint-Merry.

François Dormy. — Cons. lai du 3 sept. 1545. Reçu, 27 oct., au lieu de feu André II Baudry, IV⁰ Chambre. V. Parlement de Charles IX. † 5 août 1570. Inhumé aux Jacobins.

1551 Christophe de Roffignac. — Cons. clerc du 1ᵉʳ fév. 1541. Reçu, 19 juin, au lieu de feu Jean IV de Longueil, IV⁰ Chambre. II⁰ Président à Bordeaux 1555. Remplacé par Arnault du Ferrier, 12 nov. Mention de l'opposition des présidents de Bordeaux à sa promotion en leur Cour et des lettres de jussion les contraignant de le recevoir autrement que par provision.

Jean le Picart. — Cons. lai du 12 nov. 1532. Reçu, 17 nov., au décès de Nicole Quelain, Iʳᵉ Chambre. Résigne, en restant cons. par section d'office en 1556. Remplacé par Nicole Prévost, 29 juil.

1552 Jean Picot. — Cons. lai du 4 oct. 1543, clerc du 1ᵉʳ fév. 1552. Reçu, 29 juin, par résignation de Claude Tudert, III⁰ Chambre. V. Parlement de Charles IX. † 24 avril 1565. Inhumé à Sainte-Croix de la Bretonnière.

1554 Loys de Lestoille. — Président en Cour des Aides, ex-cons. clerc céans du 30 mai 1538. Reçu, 22 juin, III⁰ Chambre, au lieu de Jacques Desligneris fait V⁰ Président. † *ante* 14 nov. 1559, sans avoir exercé sous François II. Remplacé seulement le 8 mars 1564, par Étienne Charlet.

1555 **Arnault du Ferrier.** Cons. clerc du 23 janv. 1552 et Président au Parlement de Bretagne, 1554. Maître des Requêtes. Garde des Sceaux de Navarre. Reçu, 12 nov., IV⁰ Chambre, au lieu de Christophe de Roffignac fait président à Bordeaux. Mission à

Rome pour l'abrogation du Concordat en 1560-61. V. Parlements de Charles IX et d'Henri III. † 1579.

1556   Nicole Prévost. — Cons. lai du 13 août 1534, clerc du 20 mars 1549. Reçu, 29 juil., par résignation et section d'office de Jean le Picard. V. Parlement de Charles IX.

Jean Anjorrand. — Cons. clerc du 29 fév. 1544, laïcisé par l'Édit du semestre 1554. Reçu, 29 juil., aux 2 offices de Président et cons. clerc de Nicole Hennequin, résignant. Remplacé comme cons. lai par Pierre Hennequin, 26 nov. Résigne ses 2 offices de Président et cons. clerc à Jean Vaillant de Quélis, qui suit, 6 juil. 1558.

1558   **Jean Vaillant de Quélis.** — Cons. lai au Grand Conseil depuis 20 ans, après avoir été, 6 ans, avocat céans, Sgr de Chastel, frère du cons. Germain, gendre du Président des Requêtes, Jean Prévost. Reçu, 6 juil., aux 2 offices du précédent, avec double dispense de clergie et de parenté. V. Parlement de Charles IX. Le Ms. 7553 le confond avec son frère Germain, cons. clerc du 14 mai 1557, qu'il fait recevoir, ce même jour, 6 juil. 1558.

Jean Texier. — Cons. lai du 5 déc. 1543, jurisconsulte réputé. Reçu, 18 août, aux 2 offices de Jacques du Faur fait Maître des Requêtes. V. Parlement de Charles IX. Remplacé comme cons. lai par Baptiste de Machault, 22 déc.

Présidents des Requêtes du Palais confirmés (ut supra).

Jean Prévost, Ier. — Résigne. Remplacé par Bernard, son fils, avril 1554-8 mai 1555.

Pierre de Hacqueville, IIe. — V. Parlement de Charles IX. Octroi de survivance à son fils André, 17 mai 1557.

Présidents reçus au cours du règne.

Bernard Prévost. — Cons. lai du 20 mars 1549. Reçu Ier, 8 mai 1555, par résignation de Jean, son père, gages réservés et office id., en cas de prédécès. Réception longtemps en suspens, à cause de la compétition de Pierre de Hacqueville à la Ire Présidence à lui promise, disait-il, par lett. pat. du 12 déc. 1547. D'où un long procès non résolu en 1558. Le rôle de paiement de fév.-mars-avril 1558 porte encore Jean, Président, et Bernard, cons. V. Parlements de Charles IX et d'Henri III. Ve Président de la Cour en 1563, † 22 sept. 1585. Époux de Madeleine Potier, fille du président de Blancmesnil. Inhumé, avec elle, aux Cordeliers.

Conseillers anciens (ut supra).

Clercs. — François Disque. — † et remplacé par Germain Vaillant de Quélis, 4 mai 1557.

Jean de Thumery. — Résigne. Remplacé par Guillaume Viole, 11-30 août 1550.

Martin Ruzé. — † 15 nov. 1553. Remplacé par Jean Jacquelot, 26 janv. 1554.

Robert Tiercelin. — Résigne. Remplacé par Arnault du Ferrier, 23 janv. 1552.

Nicole Hennequin. — Président des Enquêtes, 21 août 1550. Résigne ses 2 offices à Jean Anjorrand, 16 nov. 1556.

François Demyer. — † 19 avril 1555 et remplacé par François de Durat, 12 fév. 1556 (?). Inhumé à Saint-Germain-l'Auxerrois, près la porte (Épitaphe Blanchart).

Nicole Hurault. — Résigne 1555. Remplacé par Gabriel Miron, 23 janv. † juin 1560. Inhumé à l'abbaye de Morigny.

Jean Meigret. — IVe Président de la Cour, 12 juil. 1551. Remplacé par Miles Perrot, cons., 6 juil.

Christophe de Marle. — † 1555. Inhumé aux Blancs-Manteaux. Remplacé par Nicole de Thou, 23 sept.

Jean Corbin. — † 30 juil. 1558. Office vacant en 1559. V. Parlement de Charles IX, Jean Errault de Chemans, 9 nov. 1564.

Charles de Dormans. — Office laïcisé par l'Édit du semestre, 1554. V. Parlement de Charles IX. † 18 oct. 1572. Inhumé aux Cordeliers.

Eustace Chambon. — Office laïcisé par l'Édit du semestre, 1554. V. Parlement de Charles IX. † 21 nov. 1569. Inhumé à l'Ave Maria.

Michel de l'Hopital. — Maître des Requêtes, 1554. Ier Président en Chambre des Comptes, 12 fév. 1555, P. 2309, f° 1165. Chancelier de France de 1560 à 73. † à Vignay, près d'Étampes. Inhumé en l'église du lieu. Remplacé par Philippe Hurault, 19 janv.-6 avril 1554.

Agnet Cabut. — † entre 12 août et 20 sept. 1548. Remplacé par Nicole Prévost mué de lai en clerc, 20 mars 1549.

Jean II Belot. — Maître des Comptes, 1555. Remplacé par Germain Duval, 18 mars.

Jacques Morin. — Office laïcisé par l'Édit du semestre. V. Parlement de Charles IX.

André Tiraqueau. — Office laïcisé par l'Édit du semestre. Remplacé par André II, son fils, entre 9 nov. 1556 (octroi de la survivance) et fév. 1558 (Rôle de paiement).

Loys Allegrin. — Office laïcisé par l'Édit du semestre. Cons. au Parlement de Bretagne. Cumule. † 11 sept. 1554. Remplacé par Philippe Dupuis, 11 janv. 1555.

Barthélemy Faye. — Office laïcisé par l'Édit du semestre. V. Parlements de Charles IX et d'Henri II. Président des Enquêtes, 29 avril 1570.

René Berthelot. — Juge magistrat criminel à Poitiers, 1553. Remplacé par Philippe Barjot, 26 avril.

Eustace du Bellay. — Évêque de Paris, par résignation de son oncle, le cardinal, 1552. Résigne led. évêché en 1555. Fut abbé du Petit-Citeaux et de Noyon. Remplacé par Jean Picot mué de lai en clerc, 1er fév. 1552.

Nicole Duval l'aîné. — Office laïcisé, Édit du semestre. V. Parlement de Charles IX. Éloigné de Paris, après la fameuse Mercuriale du 10 juin 1559. Réintégré, le 30 janv. 1560. Auteur d'un livre de jurisprudence dédié au chancelier de l'Hôpital. *De rebus dubiis et questionibus in jure controversis* (5 éditions d'après Ms. 7554).

René Lefèvre. — Président des Enquêtes, 26 janv. 1560. V. Parlement de Charles IX.

Alexandre Gouenrot. — † et remplacé par Antoine le Cirier mué de lai en clerc, 17 janv. 1554.

Mathieu Chartier. — Office laïcisé, Édit du semestre. V. Parlement de Charles IX.

Jacques Verjus. — V. Parlement de Charles IX.

Loys Chabanier. — Office laïcisé, Édit du semestre. † 9 sept. 1557. Non remplacé.

Michel Quelain. — Office laïcisé, Édit du semestre. Cons. au Parlement de Bretagne. V. Parlement de Charles IX.

Christophe de Roffignac. — Opte pour un siège lai nouveau, juin 1554. Président des Enquêtes, 1551. IIe Président à Bordeaux, 1555. Remplacé par Claude d'Angleberme, dit Pirrhus, lai, 3 sept. 1555, et Geoffroy Lopin, clerc, 22 juin 1557.

Jean Anjorrand. — Office laïcisé par l'Édit du semestre. V. *supra*, Président des Enquêtes, 16 nov. 1556.

Guillaume III Barthélemy. — Office laïcisé par l'Édit du semestre. V. Parlement de Charles IX.

Claude de Vulcob. — Office laïcisé par l'Édit du semestre. †
ante fév. 1558. V. Rôle de Paiement. Non remplacé.

Arnoul Boucher. — Office laïcisé par l'Édit du semestre. Maître des Requêtes, 1556, cons. au Conseil Privé, 25 oct.-nov. 1572. Remplacé par Charles, son fils, 25 juin.

François Briçonnet. — Office laïcisé par l'Édit du semestre. V. Parlement de Charles IX.

François Aubert. — Office laïcisé par l'Édit du semestre. Lieutenant général en Poitou, 1556. Remplacé par André Pastoureau, 16 oct.

Hiérosme Burgensis. — Évêque et comte de Châlons, Pair de France, 1556. Remplacé par Étienne Dugué, 13 fév. *Gall. Christ.*, IX, col. 897, et X^{3A} 54, 5 fév. 1558.

François Boislève. — Office laïcisé, Édit du semestre. † 11 sept. 1554. Remplacé par François de Mailly.

Lais. — Jacques Leroux. — Résigne, 1555. Remplacé par Jean de la Guesle, 13 mars. † 2 août.

Jean Ier Hennequin. — † 29 août 1549. Le registre porte, par erreur, Nicole Hennequin, qui est clerc. Office aboli (Édit d'août 1547).

Jean Tronson. — † 29 juil. 1549. Remplacé led. jour par Jean Duryand, son gendre (V. *infra*). Réunion de l'office éclipsé en 1544.

François Tavel. — Résigne, 1549. Remplacé par Jean Spifame, son neveu par alliance, 29 nov.

Geoffroy Charlet. — Disparaît, date inconnue, laissant son office de cons., éclipsé en 1537, à son fils Étienne.

Étienne de Montmirel. — † 21 août 1549. Inhumé à Saint-Jean en Grève, non remplacé (Édit d'août 1547).

Claude des Asses. — † 4 juin 1548. Frappé d'apoplexie, dit Blanchart, en paillardant, au sortir de table, avec une chambrière, après avoir donné son vote à la condamnation au feu d'un fidèle (huguenot), en signe de la justice de Dieu. Remplacé par Raoul Lallemant (?).

Loys Gayant. — V. Parlement de Charles IX. Survivance à Thomas, son fils, 27 août 1556.

Jean II le Charron. — Suspendu en 1555 ou 56. Résigne, après plusieurs démarches vaines de la Cour pour obtenir sa réintégration. Remplacé par Pierre Minard, 23 mars. Cf. X^{3A} 54 et 57, f° 174,

31 mai 1557, où il est dit « naguères conseiller et jouissant encore des privilèges, prérogatives et prééminences dud. office » ; et 4 avril 1565 où on le retrouve Président en Cour des aides.

GUILLAUME ALLARD. — Résigne *ante* 30 déc. 1558. Remplacé, s° us François II, par Pierre Michon, 16 janv. 1560.

PIERRE VIOLE. — †. Remplacé par Pierre II. son fils, 19 nov.-25 janv. 1555.

NICOLE LE BERRUYER. † 19 nov. 1549, et GUILLAUME BOURGOING, (?), — offices abolis (Édit d'août 1547).

ROBERT BONETE. — V. Parlement de Charles IX. Survivance à Jean, son fils, 19 mai 1559.

JEAN II DE LA HAYE. — † 1556 et remplacé par Jean de Monceaux, son beau-frère, 23 nov., office fait clerc pour compenser le maintien, comme cons. lai, de Jean le Picart résignant sa présidence des Enquêtes (section d'office).

GUILLAUME ABOT. — V. Parlement de François II. † 9 mars 1560. Remplacé par Guillaume II, son fils.

CHRISTOPHE DE HARLAY. — VIII° Président de la Cour, 5 juin 1556. Remplacé par Achille, son fils, 31 mars 1558.

CLAUDE ANJORRANT, ANTOINE DE LYON, PONCE BRANDON. — V. Parlements de François II et de Charles IX.

CLAUDE LEVOIX. — † 19 mars 1551 (Ms. 7555 *bis*). Non remplacé (?).

JEAN LE PICART. — Président des Enquêtes, 17 nov. 1551. Résigne. Remplacé par Antoine de Loynes, 19 mars 1557.

JEAN LE CIRIER. — Résigne, 1555. Remplacé par Jean II, son fils, 12 juil. † 12 nov. Inhumé à Saint-Séverin.

GASTON GRIEU. — V. Parlement de Charles IX.

NICOLE PRÉVOST. — Cons. clerc, 20 mars 1549, au lieu de feu Agnet Cabut, par permutation avec son frère Bernard, 1er pourvu. V. Parlement de Charles IX.

ADRIEN II DU DRAC. — Cons. au Parlement de Bretagne, en 1554. Cumule. V. Parlement de Charles IX.

ANTOINE FUMÉE. — Embastillé après la Mercuriale du 10 juin 1559. Réintégré par arrêt du 23 fév. 1560. V. Parlement de Charles IX.

JACQUES POTIER. — † 9 mars 1556. Inhumé, avec sa femme, en leur chapelle, au cimetière des Innocens. Remplacé par Jean II Dauvet, 17 juil. 1558.

CLERIADIUS DE LA ROZIÈRE. — Résigne, 1556. Remplacé par Loys, son fils, 22 juin.

Nicole le Clerc. — † et remplacé par Jean de Monceaux mué de clerc en lai, 7 déc. 1557.

Jean Burdelot et Étienne Charlet. — V. Parlement de Charles IX.

René Baillet. — V. *supra*. VIe Président, 1554. Remplacé par Nicole Favier, 19 nov. 1550.

Jean Bermondet. — † 18 déc. 1559. Inhumé à Saint-Étienne-du-Mont. Non remplacé.

Jacques des Loges. — † *ante* fév. 1558. Ne figure plus au rôle de paiement. Non remplacé.

Claude Lefèvre. — Ier Président à Dijon. Prend congé de la Cour, 26 oct. 1554. Remplacé par Pierre de Masparrault, 7 oct. 1555.

Étienne Fleury. — Résigne. Remplacé par Étienne II, son fils, 23 oct. 1556.

Charles Chantecler. — V. Parlement de Charles IX. Survivance à son fils Pierre, 5 nov. 1556.

Jacques Varade. — V. Parlement de Charles IX. † 10 nov. 1571. Inhumé aux Blancs-Manteaux.

Jean Odoard. — Résigne. Remplacé par Nicole Berruyer, 30 déc. 1556. Cf. homonyme, cons. en Cour des aides, 22 fév. 1558, X³ᴬ 54.

André Maillart et François Thomas. — V. Parlement de Charles IX.

Étienne Socier. — † 11 sept. 1549. Non remplacé (Édit d'août 1547).

Oyer Pinterel, Pierre Grassin, Guy de Longueil et Martin le Camus. — V. Parlement de Charles IX.

Antoine le Coq et Guillaume Courtin. — Ne figurent plus au rôle de paiement de fév. 1558. Non remplacés (?).

Denis Bodin. — Fait cons. clerc, 20 déc. 1548, au lieu de feu Jean Lopin. Remplacé comme lai par Adam Fumée, led. jour. V. Parlement de Charles IX.

Robert de Harlay et Jacques Viole. — V. Parl. de Charles IX.

Jean Picot. — Fait cons. clerc, 1er fév. 1552, au lieu d'Eustace du Bellay, évêque de Paris. Mutation d'abord refusée par la Cour, led. Picot n'étant *in sacris*. Le 1er février, il présente un certificat du nouvel évêque de Paris attestant qu'il est reçu *in sacris*. Remplacé, comme lai, par François son frère, led. jour. Président des Enquêtes, 29 juin 1552. V. Parlement de Charles IX.

Hiérosme Duval. — † entre avril 1558 et 14 nov. 1559. Non remplacé. Figure encore au rôle de paiement de fév.-avril 1558.

Jean Barjot. — V. Parlement de Charles IX.

Nicole II Duval le jeune. — Maître des Requêtes, 1554. Remplacé par Jacques II Bouju, 16 sept.

Eustace de la Porte. — Embastillé, 10 juin 1559. Réintégré par arrêt du 8 juin 1560. V. Parlement de Charles IX.

Guillaume Luillier. — Résigne. Remplacé par Jean III, son fils, 13 fév. 1556.

Jean Texier. — Fait cons. clerc et Président des Enquêtes, 18 avril 1558. Remplacé, comme cons. lai, par Baptiste de Machault, 22 déc.

Jean Boislève. — Résigne. Remplacé par Raoul Escorcheval, 7 juil. 1551.

Roger de Vaudetar. — V. Parlement de Charles IX.

Jean Duryand. — Réunit la commission des Requêtes de feu Jean Tronson, son beau-père, 29 juillet 1549, à son office de cons. éclipsé en 1544. † *ante* fév. 1558. Ne figure plus au rôle de paiement.

Jacques le Clerc et Jean de Cormeilles. — V. Parlement de Charles IX.

François Alligret. — † nov. 1556. Remplacé par Pierre de Pincé, 18 nov.

Jean II Hennequin. — † et remplacé par Jhérosme de Villers, 27 sept. 1554.

François Sédille. — † *ante* fév. 1558 (Rôle de paiement). Non remplacé.

Nicole Chevalier. — V. Parlement de Charles IX.

Antoine Bouchart. — † *ante* fév. 1558 (Rôle de paiement). Non remplacé.

Jean Turquan. — Résigne. Remplacé par Guillaume Dauvet, 19 août 1556.

Jean le Roy. — † (?). Non remplacé (Édit d'août 1547).

Georges Maynard. — † entre fév. 1558 (Rôle de paiement) et la fin du règne.

Jean Brachet. — V. Parlement de Charles IX.

Mathurin Vaillant. — (Même note que Maynard).

Thierry Dumont. — Maître des Requêtes, 1555. Remplacé par Germain le Picart, 7 août. † 1564. Inhumé aux Jacobins.

Nicole II de Hacqueville. — (Même note que Maynard).

Nicole Pellevé. — Évêque d'Amiens, nov. 1552, puis Maître des

Requêtes et cardinal. Office aboli par l'Édit du semestre, après une série de résignations de Loys Burgensis, 1er pourvu, 16 nov. 1552 (ajourné à un an, après examen), à Guy de Cailly, cons. au Parlement de Rouen, pourvu août 1553, † avant réception, etc.

Pierre Hotman. — Résigne, 1553. Remplacé par Jean Lalement, 7 juin. † 27 mars 1554. Inhumé aux Carmes.

Jean Brinon. — Maître des Requêtes, 1554. † avant sa réception. Remplacé par Jean II le Prévost, 7 janv. 1555.

Nicole Martineau, Jean Florette, François Dormy, Michel II Boudet. — V. Parlement de Charles IX (Dormy, Président des Enquêtes, 27 oct. 1550).

François Thiboust. — † 16 oct. 1554. Inhumé à Saint-Germain-l'Auxerrois. Remplacé par Raoul Aurillot, 7 oct. 1555.

Conseillers reçus au cours du règne.

1547 **Antoine ou François Senneton.** — Lai. Pourvu par François Ier. V. 1er fév., 20 mars 1546. Reçu, 15 avril-23 juin 1547, au lieu de feu Jean de Longuejoe. Délégué à la Justice de Metz, 22 juin 1558. Cumule. V. Parlement de Charles IX.

Loys de Montmirel. — Clerc. Conservateur des privilèges apostoliques de l'Université de Paris, curé de Saint-Barthélemy à Paris, X³ᴬ 38 et 40, 10 fév. 1531, 20 déc. 1533. Reçu, 23 nov., au lieu de feu Michel Gilbert. Résigne. Remplacé par Claude de Brueil, 14 déc. 1558.

1548 **Raoul Lalemant.** — Lai. Reçu, 1548 (?) (omis au registre), au siège de Claude des Asses († 14 juin) (?). Remplacé par François Rémond, 16 fév. 1554. Tuteur, avec Loyse de Selve, veuve, des enfants mineurs de feu Étienne de Montmirel. X³ᴬ 53, 21 mars 1554.

Adam II Fumée. — Lai. Sgr des Roches, fils de Martin (Maître des Requêtes), neveu du conseiller Antoine, gendre du président Riant. Reçu, 19 déc., avec dispense d'âge, au lieu de Denis Bodin mué de lai en clerc. V. Parlement de Charles IX. Maître des Requêtes, en 1562, par survivance de son frère, octroi du 8 juin 1554.

1549 **Bernard Prévost.** — Lai. Sgr de Morsan et de Villabry, 2e fils du président des Requêtes, Jean le Prévost. Reçu, 20 mars, au lieu de Nicole, son frère, passé au siège clerc de feu Agnet Cabut. Président des Requêtes 1554. V. *supra* et Parlements de Charles IX et d'Henri III.

François Pajot. — Lai. Cons. et Général en la Justice des Aides (28 fév. 1544), Sgr de Monsoult, Bethmont, etc., frère de Jean, marchand de Beauvais, receveur du Cardinal de Châtillon en la seigneurie de Catenay, X^{3A} 55, 4 déc. 1562. Reçu au lieu de feu Nicole Molé, par résignation de Charles Molé, écarté en vertu de la clause des 40 jours, 2-5 août. V. Parlement de Charles IX. Époux d'Étiennette, fille du conseiller Gérard le Coq. † 1563. Charles Molé avait d'abord résigné vainement en faveur de François Godet.

Jean Spifame. — Lai. Avocat céans, Sgr de Bisseaux et de la Force (2 janv. 1582), fils de Gaillard, Sgr de Passy et de Bisseaux, échevin de Paris, Prévôt des Marchands, Receveur général du pays d'outre Seine, et d'Anne de Marle; neveu de l'évêque de Nevers, ex-Président des Enquêtes, Jacques Spifame. Reçu, 27-29 nov., sur résignation de François Tavel, comme fiancé de sa petite-nièce, fille du conseiller Antoine de Lyon. V. Parlements de Charles IX, Henri III et Henri IV. † octobre 1590, doyen de la Cour et cons. d'État. Son frère Gilles fut évêque de Nevers après Jacques, leur oncle.

1550   **Guillaume Viole**. — Clerc, abbé d'Aurillac et de Notre-Dame de Laon, fils de Nicolas, Maître des Comptes, et de Claude Chambon. Reçu, 11-30 août, par résignation de Jean de Thumery. V. Parlement de Charles IX. Évêque de Paris, 21 juin 1564, *Gall. Christ.*, VII, col. 165.

Nicole Favier. — Lai. Général sur le fait des aides. Reçu, 13-19 nov., au lieu de René Baillet fait Maître des Requêtes. V. Parlement de Charles IX.

1551   **Jean V de Longueil**. — Lai. Cons. au Parlement de Bretagne, Sgr de Maisons et de Rancher, gendre du président Gilles le Maître, X^{3A} 52, 9 juin 1552. Reçu, 4 juil., au lieu de feu Jean IV, son père † 17 déc. 1558. Non remplacé. Époux de Marthe Lemaître (veuve 15 juil. 1562, X^{3A} 56).

Miles Perrot. — Clerc. Avocat céans (1539), marié, praticien-réputé que se disputent les Chambres des Enquêtes, cons. au Parlement de Bretagne, frère de Nicolas, marchand et bourgeois de Paris, X^{3A} 53, 29 août 1553. Reçu, 6 juil., avec dispense de clergie, au lieu de Jean Meigret fait IVe président. Maître des Comptes, 4 avril 1555. Remplacé par Robert de la Haye, 19 juil. † 31 oct. 1556. Inhumé à Saint-André-des-Arts; aurait enseigné le droit jusqu'en 1532 à l'Université de Padoue (d'après Ms. 7555 bis).

Raoul Escorcheval. — Lai. Cons. au Grand Conseil. Reçu, 7 juil., par résignation de Jean Boislève, qui avait d'abord résigné au profit de son propre frère, François, cons. clerc. † 28 mars 1558. Non remplacé.

Jean Poille. — Clerc. Cons. au Parlement de Savoie, Sgr de la Bretesche et de Saint-Gratien, gendre du cons. André Ier Tiraqueau. Reçu, 17-20 nov., avec dispense de *non promovendo*, au lieu de feu Nicole Quelain. V. Parlements de Charles IX et d'Henri III. Époux de Catherine Tiraqueau. Cf. homonyme procureur du roi au bailliage du Palais, X^{3A} 40, 16 sept. 1533.

1552 **Arnault du Ferrier**. — Clerc. Cons. au Parlement de Toulouse. Reçu, 23 janv., sur résignation de Robert Tiercelin. Président des Enquêtes, nov. 1555. V. *supra* et Parlement de Charles IX.

François Picot. — Lai. Sgr d'Azonville, baron de Couvan et de Saint-Léger. Reçu, 1er fév., au siège lai de Jean, son frère, mué en clerc. V. Parlement de Charles IX. Époux d'Anne Groslier, fille de Messire Jean et d'Anne Briçonnet, X^{3A} 57, f° 225, 20 janv. 1565. Cf. X^{1A} 1762, f° 339, 17 avril 1599 et 8 janv. 1600.

Christophe Ripault. — Lai. Cons. au Parlement de Rouen, fils de Bertrand, auditeur en Chambre des Comptes, et de Gilette Luilier. Reçu, 13 juil., sur résignation de Claude Tudert. Résigne. Remplacé par Charles Viole, 26 juil. 1553. Époux de Marie Lefort ou Lefèvre, fille de François, avocat du roi en Chambre des Comptes, qui, veuve, épousa le cons. Jean Foulle.

Jean le Lieur, dit Burgoidt. — Cons. au Parlement de Rouen. Reçu au siège clerc de feu Jean de Gouy. Le roi avait d'abord pourvu Loys Bourgeoys, auditeur des Comptes, qui fut écarté comme lai, 21 déc. 1552. Le 30 juin 1554, opte pour un office lai de nouvelle création (Édit du semestre). Remplacé, comme clerc, par Guillaume de la Chesnaye, 26 nov. 1554. Résigne. Remplacé par Simon Roger, 10 janv. 1559.

1553 **Philbert Barjot**. — Maître en la Chambre des Comptes de Dijon, 1548, frère du cons. Jean. Reçu, 17 mars-16 avril, au siège clerc de René Berthelot fait Juge criminel à Poitiers. Le 30 juin 1554, opte pour un office lai (création *ut supra*). Maître des Requêtes, 27 avril 1558. Président des Enquêtes en Bretagne et au Grand Conseil. Non remplacé (?). Époux de Marie, fille de Fresnel, médecin du roi, Sgr de Marchefray (veuve 13 juin 1558, † 1570).

Jean Lalement. — Lai. Cons. au Parlement de Rouen, Sgr de Marmaigne. Reçu, 7 juin, sur résignation de Pierre Hotman. Résigne. Remplacé par Antoine le Cirier, qui suit, 19 août 1553. Époux de Renée Luilier, fille de Jean, Sgr de Mesmin.

Charles ou Claude Viole. — Lai. Sgr de Cerisais et de Soulers 20 fév. 1570), frère du cons. Guillaume (10 juil. 1574). Reçu, 26 juil., avec dispense de parenté, sur résignation de Christophe Ripault. V. Parlement de Charles IX.

Antoine le Cirier. — Doyen de Paris, prieur de Saint-Vincent du Mont-la-Chapelle, diocèse de Bourges (8 mars 1561), et commendataire de Saint-Nicaise de Meullant, X^{3A} 44, 3 juil. 1541. Reçu, 19 août, au siège lai résigné par Jean Lalement ; et le 17 janv. 1554, au siège clerc de feu Alexandre Goenrot. (Élu 1er, 9 sept. 1551, proposé 3e, 19 nov.). Examiné, bien que jadis élu. V. Parlement de Charles IX.

1554 **Jean Jacquelot.** — Clerc. Solliciteur général des causes du roi au Parlement, abbé de Billerbaut (diocèse d'Angers) et de Saint-Pierre-le-Vif (Sens), X^{3A} 54, 20 déc. 1557 et (17 mai 1561). Reçu, 26 janv., au lieu de feu Martin Ruzé. V. Parlement de Charles IX.

François Rémond. — Lai. Fils de Pierre, Ier Président de Rouen, petit-fils par sa mère du feu Procureur Général Guillaume Roger, Sgr de Courcelles, 31 mars 1562. Reçu, 16 fév., au lieu de Raoul Lalemant. Examen différé de 2 jours, 24 janv., pour attendre ses 25 ans. V. Parlement de Charles IX.

Philippe Hurault. — Clerc. Comte de Chiverny, Sgr de la Grange, etc., abbé de Saint-Pierre-le-Vif-lès-Sens, X^{3A} 54, 5 oct. 1557, 5e fils de Raoul et de Marie de Beaune. Reçu, 17 janv.- 6 avril, au lieu de Michel de l'Hopital fait Président des Comptes. V. Parlement de Charles IX. Maître des Requêtes, 1563. Chancelier de France, 1583, après l'avoir été du duc d'Orléans. † à Chiverny, 30 juil. 1599. Époux d'Anne de Thou, fille du Président Christophe.

Guillaume de Lur. — Clerc. Cons. lai au Parlement de Bordeaux. Reçu, 27 juin (création. Édit du semestre). † 30 juin 1556. Remplacé par Anne du Bourg, 20 oct. 1557.

Pierre II de Longueil. — Lai. Général de la Justice des aides, frère germain du cons. Guy, cousin de Jean V, X^{3A} 53, 22 août 1553. Reçu 28 juin (création). V. Parlement de Charles IX.

Pierre II Brulart. — Lai. Sgr de Berny. Reçu, 2 juil. (création.

Édit du semestre). V. Parlements de Charles IX et d'Henri III. Président des Enquêtes, 1567. Époux de Marie de Cauchon, dame de Sillery et de Puysieulx. † 31 déc. 1584.

Guy Dausseurre. — Lai. Sieur des Roches et de la Court, X³ᴀ 56, 27 mai 1563, avocat céans, ex-avocat du roi en Chambre des Comptes du 15 janv. 1551 au 4 janv. 1553, P. 2304, f° 64, et 2309, f° 51, gendre du président Antoine Minard. Reçu, 3 juil. (création). V. Parlement de Charles IX.

Loys Darquiviller. — Lai. Fils d'Olivier, Sgr du lieu. Reçu, 11 juil. (création). V. Parlement de Charles IX. Époux de Marthe Aleaume (3 avril 1570).

Jean Malyer. — Lai, fils de Jean, bailli de Beaugency. Reçu, 13 juil. (création). Résigne. Remplacé par Charles de Lamoignon, 5 oct. 1557.

Guillaume de Maulevault. — Lai. Reçu, 18 juil. (création). V. Parlement de Charles IX. Époux de Françoise Versoris (veuve 21 juin 1597).

Jean de Lavau. — Lai. Reçu, 24 juil. (création). V. Parlement de Charles IX, etc. Époux de Radegonde Bonete (veuve 1ᵉʳ juin 1590). † 8 oct. 1584, laissant une haute réputation de savoir et d'intégrité.

Nicole Perrot. — Lai. Fils du cons. Miles. Reçu, 8 août (création). V. Parlement de Charles IX, etc. † 10 juil. 1594. Inhumé à Sainte-Opportune. Époux de Claude Goyet (veuve 21 fév. 1595).

Germain le Maçon. — Lai. Trésorier de Vendômois, X³ᴀ 43, 20 août 1539. Reçu, 27 août (création). Disparu entre fév. 1558 (Rôle de paiement) et la fin du règne.

Nicolas Hector de Marle. — Lai. Sgr de Péreuse, Général de la Justice des aides, fils de René Hector, avocat céans, et de Nicole de Marle, fille et sœur des présidents Arnault (feu) et Christophe. Reçu, 31 août (création). V. Parlement de Charles IX. Époux de Marie Ruzé, X³ᴀ 55, f° 217, 19 mars 1563.

Jean Boudet. — Lai. Reçu, 4 sept. (création). V. Parlement de Charles IX.

Jacques II Bouju. — Lai. cons. au Grand Conseil, Sgr de Rancher. Reçu, 15 sept. (création). Résigne. Remplacé par Hiérosme Angenoust, 16 déc. 1558.

Jhérosme de Villers. — Lai. Reçu, 27 sept., cons. des Requêtes du Palais, au lieu de feu Jean II Hennequin. V. Parlement de Charles IX. Veuf de Jeanne Mesnager (14 mai 1562); époux de Marie Thibault, 6 sept. 1566, X³ᴀ 58.

Jean Morelet du Muiseau. — Lai. Fils de Morelet du Muiseau, Général des finances, et de Marie Briçonnet (veuve 7 avril 1546), X^{3A} 46 et 57, f° 76, 2 déc. 1564. Reçu, 26 oct. (création). V. Parlement de Charles IX. Époux d'Anne le Picart, veuve (2 avril 1588). Cf. X^{3A} 61, 30 avril 1611. V. homonyme Trésorier de l'Extraordinaire des guerres, sans doute son père, Amiens CC. 90, f° 150, 1513.

Guillaume de la Chesnaye. — Clerc, de famille noble, frère de Jean, chevalier, Trésorier de France ; abbé d'Hermières, de Saint-Jacques de Provins et de Berdoux, X^{3A} 52 et 55, f° 232 v°, 17 nov. 1552, 26 mars 1553 et (23 fév. 1560), Sgr de la Bretesche aux 3/4 (31 janv. 1562). Reçu, 26 nov., par suite de l'option de Jean le Lieur pour un office lai nouveau. Écarté par la Cour, le 30 juil., bien qu'ayant dispense d'un an pour prendre les ordres. Reçu *in sacris* en 15 jours et fait cons. et aumônier ordinaire du roi. Plus tard marié et apostat. V. Parlement de Charles IX. Cf. X^{3A} 58, 6, 28 juin 1566, homonyme, chevalier, Sgr de Saint-Prest ou de Saint-Parain, époux de Denise (fille de Jean, chevalier, Sgr de Saint-Prest, et de dame Anne de Châteauchallons), veuve de Mille Morhier, sieur de Villes-Morhier dont elle est douairière.

1555 **Jean II le Prévost**. — Lai. Avocat du roi, depuis 13 ans, aux Grans Jours du Parlement de Bretagne, X^{3A} 45, 30 janv. 1545 Reçu, 7 janv., sans examen, en la Ire Chambre des Enquêtes, par résignation de Jean Brinon fait Maître des Requêtes. V. Parlement de Charles IX.

Jean Esquorcol ou Escorcol. — Lai. Reçu, 9 janv. (création). V. Parlement de Charles IX.

Philippe II Dupuis. — Lai. Sgr de Vallerand, baron de Bermont (26 nov. 1575), gendre du cons., puis président Christophe de Harlay « pourvu par contrat de mariage ». Reçu, 11 janv., au lieu de feu Loys Allegrin. V. Parlements de Charles IX et d'Henri III.

Michel Larcher. — Lai. Cons. et fils de cons. des Généraux des aides, né de Benoît et de Marthe Gilbert. Reçu, 11 janv. (création), surintendant de la Généralité de Lyon, 1569. V. Parlements de Charles IX et d'Henri III. Époux de Madeleine Barillon, fille de Jean, notaire et secrétaire du roi, sœur d'Antoine, Maître des Comptes, X^{3A} 56, 20 oct. 1562. (Cf. veuve 26 août 1588.) Le Ms. 7555 le fait recevoir, à tort, en 1546.

Jean Gervaisie ou Grevaisie. — Lai. Reçu, 16 janv. (création). V. Parlement de Charles IX.

Denis Rivière. — Lai. Sgr de Granges et d'Aube, fils de François, écuyer, avocat céans, et de Perrette de Longueil. Reçu, 18 janv. (création). V. Parlement de Charles IX. † août 1566. Inhumé aux Cordeliers, en la chapelle des Longueil.

Gabriel Miron. — Clerc. Avocat céans, Sgr de Beauvais, Linières et du Trembloy, fils de François, 1er médecin de Charles VIII et de Geneviève de Morviller (Ms. 7555, plutôt petit-fils). Serait plutôt fils de Robert, chevalier, Sgr de Chenaille, intendant et contrôleur général des finances, et d'Anne Valée, dont il est cohéritier, représenté par Robert Miron, président céans, apparemment son frère. Cf. X^{3A} 61, 24 mars et 29 avril 1611. Reçu, 23 janv., par résignation de Nicole Hurault. V. Parlement de Charles IX. Lieutenant civil au Châtelet, 1571, cons. d'État. Époux de Madeleine Bastonneau (veuve 7 juin 1591, X^{1A} 9324, f° 10).

Jean de Thérouanne. — Lai. Lieutenant général du bailliage d'Amiens. Reçu, 25 janv. (création). V. Parlement de Charles IX. Époux de Marie de Bongars (veuve 30 juil. 1588).

Pierre II Viole. — Sgr d'Athis. Reçu, 19 nov.-25 janv., à la commission des Requêtes résignée par feu Pierre Ier, son père. Office dédoublé en 1543, et qui eut dû faire retour au cons. François Thomas. La Cour arrêtait cette résignation depuis 5 ans (mars 1550), Cf. X^{1A} 1571, f° 390 v°, 9 mars 1552. Pierre II devint cons. le 14 sept. 1573 seulement (Ms. 7555 bis). V. Parlement de Charles IX. Époux de Marie de Brebant.

Philbert de Dion. — Clerc. Prieur commendataire de Saint-Pierre de Courtenay, diocèse de Sens (22 juin 1564). Reçu, 4 fév. (création). V. Parlement de Charles IX.

Jean de la Guesle. — Lai. Sgr de Laureau près d'Épernay, originaire d'Auvergne, fils de François, chevalier, bailli et gouverneur du comté d'Auvergne, maître d'hôtel de Catherine de Médicis. Reçu, 13 mars, par résignation de Jacques Leroux. V. Parlement de Charles IX, etc.. 1er Président à Dijon, 7 déc. 1566. Procureur général à Paris, 7 mars 1570. Président de la Cour, 7 janv. 1583, etc. Époux de Marie de Porel (veuve 20 mai 1592, X^{3A} 60).

Germain Duval. — Clerc. Frère du cons. Hiérosme, X^{3A} 56, 11 juil. 1562. (Cf. 21 mai, 20 juil. 1560, procès contre sa veuve.) Allié aux familles Brachet et le Cirier (19 mai 1571). Reçu, 18 mars, au lieu de Jean II Belot fait maître des Comptes, avec dispense entérinée le 22 février. V. Parlements de Charles IX et d'Henri III. † 2 août 1584.

Thibault Lesueur. — Clerc. Prieur et curé de Montfélix, Vinay, Vaudemont et Monthelon, diocèse de Soissons (16 avril 1562). Reçu 3 avril (création). V. Parlements de Charles IX et d'Henri III.

Paul de Foix. — Clerc. Juriste réputé, prieur de Tiheul en Picardie, X^{3A} 57, f° 524 v°, 23 mars 1565 ; 2e fils de Jean, comte de Carmain, parent de Catherine de Médicis. Reçu, 25 juin, avec dispense de clergie (création). L'un des héros de la fameuse Mercuriale du 10 juin 1559. Suspendu pour un an, par arrêt du 8 janv. 1560, annulé le 8 fév. Se rétracta pour rentrer en grâce. V. Parlement de Charles IX. Cons. d'État, 1565. Archevêque de Toulouse, 1582. (Nombreuses missions en Angleterre, Écosse, Suisse, à Rome et Venise.) † 29 mars 1584, à 56 ans. Inhumé en l'église Saint-Denis. *Gall. Christ.*, XIII, col. 58. Le Ms. 7555 porte, à tort, qu'il fut reçu cons. à 18 ans.

Pierre de Villars. — Clerc. Docteur en droit, avocat céans, grand archidiacre d'Auxerre, consacré prêtre à Rome en 1552. Reçu, 1er juil. (création). Élu 3e, 11 fév. 1550 ; 1er, 22 avril 1555. V. Parlement de Charles IX. Évêque de Mirepoix, cons. au Conseil Privé, 5 juin, 31 août 1573. Arch. de Vienne, 1576. † 1592. *Gall. Christ.*, XIII, col. 276, et XVI, col. 125.

Jean II Hurault. — Clerc. Sgr de Boistaillé et Belesbat, abbé du Breuil Benoist, X^{3A} 54, 26 janv. 1558, et de Morigny (20 mars 1563), fils du cons. Nicole. Reçu, 5 juil. (création). Négociateur à Câteau-Cambrésis. V. Parlement de Charles IX. Maître des Requêtes, 1565. (Missions à Constantinople, Venise, etc.). Époux d'Antoinette, fille du cons. Jacques le Clerc, dit Coctier (veuve 10 juin 1580). † 1572. Inhumé en son abbaye de Morigny.

Nicole II le Maistre. — Clerc. Docteur en droit, chanoine de Paris, prieur de Choisy-en-Brie, et de Saint-Georges-la-Montagne en Poitou, pourvu d'une chanoinie et prébende de Tours, par résignation de son oncle, Julien le Maître (24 déc. 1562, 15 janv. 1563), aumônier du roi, fils du Ier Président Gilles le Maître. Reçu, 5 juil. (création). Élu 3e, 22 avril 1555. V. Parlement de Charles IX. † 23 mai 1568. Inhumé aux Cordeliers près de ses père et mère.

Michel de Mauléon. — Clerc. Prêtre, cons. au Parlement de

Toulouse. Reçu, 11 juil. (création). † et remplacé par Adrien de Launay, 6 mai 1558.

Jean II ou François le Cirier. — Lai. Reçu, 12 juil., par résignation de Jean Ier, son père. V. Parlements de Charles IX et de Henri III. Président des Enquêtes, 1570. Le Ms. 7554 le fait, à tort, cons. en 1546.

Loys II ou Jacques Roillard. — Lai. Prêtre, chanoine prébendé de Saint-Aignan d'Orléans (4 déc. 1562). Reçu, 16 juil. (création). V. Parlement de Charles IX.

Robert de la Haye. — Lai. Cons. des Généraux de la Justice des aides. Reçu, 19 juil., au lieu de Miles Perrot fait Maître des Comptes. V. Parlement de François II et Charles IX. Arrêté, en 1560, sur le soupçon d'intelligences avec le prince de Condé. Maître des Requêtes, nov. 1561. Calviniste d'une haute réputation de savoir et d'intégrité.

Baptiste Sapin. — Clerc. Docteur en droit, prêtre en 1550, chanoine et sénéchal de Saint-Martin de Tours, curé de Sainte-Croix de Bassevel, diocèse de Soissons, prieur de Trilbardou, diocèse de Meaux ; fils aîné de Jean, Receveur général des finances de Languedoc, beau-frère des présidents Gilles le Maître et Riant, X$^{3\text{A}}$ 47, 56 et 57, f° 495, 9 juil. 1547, 8 janv. 1563, 17 mars 1565. (Cf. 8 mai, 31 juil. 1562.) Reçu, 2 août (création), sans enquête sur sa vie et ses mœurs, « vu les actes par lui faits en la faculté de décret où *publice disputavit de jure* ». V. Parlement de Charles IX. † exécuté par les huguenots à Orléans, 13 nov. 1563.

Germain le Picart. — Lai. Sgr de la Ville-Euvrard (22 sept. 1578). Reçu, 7 août, cons. des Requêtes du Palais, au lieu de Thierry Dumont fait Maître des Requêtes. V. Parlement de Charles IX. Époux de Barbe Bonete (22 août 1573).

Jacques Millet. — Clerc. Sgr de Villeneuve-le-Comte (7 janv. 1560. Mêmes armes qu'Eustace Millet, cons. en 1450. Ms. 7555). Reçu, 26 août (création), par résignation de Julien Tabonet, Procureur général au Parlement de Savoie, dont la provision arrêtée par suite d'un procès entre lui et sa Cour remplit X$^{1\text{A}}$ 1579 et 1580. Cf. 28 août 1554. V. Parlement de Charles IX, où il se retrouve cons. lai (?).

Loys du Faur. — Clerc. Cons. au Grand Conseil, Sgr de Glasteins, 3e fils de Pierre, président à Toulouse. Reçu, 28 août (création). Embastillé après la Mercuriale du 10 juin 1559. Condamné à se rétracter et suspendu, pour 5 ans, par arrêt du 24 janv. 1560, annulé le 30 août. V. Parlement de Charles IX.

Nicole de Thou. — Clerc. Archidiacre de Paris, abbé de Saint-Symphorien et Trésorier de Beauvais, frère du président Christophe. Reçu, 23 sept., au lieu de feu Christophe de Marle, avec dispense de parenté. V. Parlement de Charles IX. Évêque de Chartres, 17 août 1573. *Gall. Christ.*, VIII, col. 1189.

Claude d'Angleberme, dit Pirrhus. — Lai. Avocat au Grand Conseil depuis 15 ou 16 ans. Reçu, 17 août-23 sept., au lieu de Christophe de Roffignac fait IIe Président à Bordeaux. Résigne 3 août 1559. Remplacé, sous Charles IX, par Antoine Cotel, 15 fév. 1561.

Raoul Aurillot. — Lai. Avocat céans, Sgr de Champlâtreux, fils et frère des 2 greffiers des Présentations, Pierre et Nicolas, gendre du Procureur général, Noël Brulard. Reçu, 7 oct., au lieu de feu Thomas Thiboust. V. Parlement de Charles IX. Époux d'Ambroise Brulard (veuve 12 avril 1603). Le Ms. 7554 le fait, à tort, cons. en 1536.

Pierre de Masparrault. — Lai. Docteur en droit, Sgr de Chennevières-sur-Marne, fils de Pierre, greffier de la sénéchaussée de Guyenne, et de Jaqueline Rebours, veuve de Jean Bertrand, grenetier de Sens, X^{3A} 43, 14 juin 1539. Cf. X^{1A} 1566, f° 272 v°, 26 juil. 1578. Reçu, 7 oct., par résignation de Claude Lefèvre. V. Parlement de Charles IX. Époux de Marie de Mesmes, X^{3A} 55, f° 185 v°, 5 mars 1563.

Jacques II Allegrin. — Clerc. Avocat céans, prieur de Notre-Dame-de-Pacy, fils du feu cons. Jacques Ier, frère de Jean, écuyer, sieur de la Tumbe, beau-frère par alliance du cons. Gaston de Grieu, X^{3A} 49 et 58, 20 août 1549, 13 mai 1566. Reçu, 22 nov. (création). Examiné, par préférence, le 1er des pourvus, comme fils de cons., 9 oct. V. Parlement de Charles IX. Époux de Françoise Luillier (veuve 2 juin 1601. Cf. X^{3A} 62, 14 mai 1612).

Regnauld de Beaune. — Clerc. Chanoine de Notre-Dame, abbé de Suillé, de la Cour-Dieu et de Molesmes, né à Tours 1527, fils de Guillaume, Sgr de Samblancay. Reçu, 28 nov. (création). Examiné 2e, sur la recommandation du roi et de la reine. V. Parlement de Charles IX, Président des Enquêtes, 26 janv. 1560. Évêque de

Mende, archevêque de Bourges, de Sens, grand aumônier de France. *Gall. Christ.*, 1, col. 106 seq.

1556 **François de Durat**. — Clerc. Avocat céans, X^{3A} 47, 17 août 1547. Reçu, 12 fév., au lieu de feu François Demyer. V. Parlement de Charles IX. † 19 janv. 1569. Inhumé aux Cordeliers, peut-être le même que François de Duarein, docteur régent en l'Université de Bourges, 2ᵉ élu aud. office, 29 avril.

Étienne Dugué. — Clerc. Lic. en droit, archidiacre de Brie en l'église de Paris. Reçu, 13 fév., par résignation d'Hiérosme Burgensis. V. Parlement de Charles IX.

Jean-Baptiste Regnart. — Clerc, originaire de Lyon. Reçu, 13 fév. (création). V. Parlement de Charles IX. Le 9 déc. 1564, congé d'aller à Lyon, pour la mort de son frère chargé de ses intérêts.

Bernardin de Saint-François. — Clerc. Abbé de Fontaine-Danyel (15 janv. 1569) et de Perreyneuf (Prémontrés, diocèse d'Angers, 14 août 1571), frère de René, doyen du Mans, lui-même pensionné sur led. doyenné (2 août 1564). Reçu, 13 fév. (création). V. Parlement de Charles IX. Maître des Requêtes, 18 janv. 1570. Évêque de Bayeux, cons. au Conseil Privé, 30 sept. 1573.

Jean III Luillier. — Lai. Reçu, 13 fév., par résignation de Guillaume, son père. V. Parlement de Charles IX.

Déode Boutin. — Clerc. Curé de Saint-Ypollitte, prieur en l'église de Saint-Germain-de-Verneuil-sur-Oise, diocèse de Beauvais (28 juin 1564), prévôt de la collégiale Saint-Julien-de-Brioude et de Tannes, X^{3A} 56, 15 janv. 1563 et (8 juillet 1564, 1ᵉʳ avril 1572). Reçu, 2 mars (création), par résignation de François Ferrandier (1ᵉʳ pourvu, non reçu). V. Parlement de Charles IX.

Pierre Minard. — Lai. Avocat céans, fils du président Minard. Reçu, 23 mars, avec dispense d'âge, par résignation de Jean II le Charron. V. Parlement de Charles IX. Maître des Requêtes, 21 nov. 1567. Époux de Claude de la Guesle, fille de Jean, trésorier des parties casuelles.

Robert de Hélin. — Lai. Cons. en la Cour des Généraux des aides, depuis 4 ans, Sgr de Margeray. (Cf. homonyme écuyer, archer de la garde du roi, X^{3A} 34, 13 nov. 1526, peut-être son père.) Reçu entre 23 mars et 22 juin (création). V. Parlements de Charles IX et d'Henri III. Époux d'Anne le Clerc-Coctier, veuve d'Eustace Luillier, sieur de Vé, 1ᵉʳ Président en Cour des Aides, X^{3A} 57, f° 537 v°, 28 mars 1565. (Cf. 21 juillet.)

Florentin Regnart. — Clerc. Curé de Samy (31 mars 1560). Reçu, 15 avril (création). V. Parlements de Charles IX et d'Henri III. Président des Enquêtes, 1567.

Loys ou Jean de la Rozière. — Lai. Sgr de Poix. Reçu, 22 juin, par résignation de Cleriadius, son père. V. Parlement de Charles IX, Maître des Requêtes, 1567. † fin 1569.

Charles Boucher. — Lai. Avocat céans, Sgr de Houlles (16 nov. 1587). Reçu, 25 juin, au lieu d'Arnoul, son frère, fait Maître des Requêtes. V. Parlements de Charles IX et d'Henri III. Époux de Jeanne Vérier, veuve du cons. Thomas Thiboust, X^{3A} 55, f° 1 v°, 2 avril 1563. (Cf. 3 juin 1564, 27 janv. 1565.)

Jean II Dauvet. — Lai. Général de la Justice des aides en 1552, Sgr de Rieux, baron du Puis, fils aîné du cons. Robert et d'Anne Briçonnet. Reçu, 17 juil., avec dispense de la clause des 40 jours, par résignation de feu Jacques Potier. V. Parlement de Charles IX. Maître des Requêtes, 5 déc. 1567. Époux de Charlotte Luillier, fille d'Eustace, écuyer, Sgr d'Ignouville (7 sept. 1571).

Adrien de Thou. — Clerc. Chanoine de Paris, Sgr d'Hierville, secrétaire du roi, 3e frère des président et cons. Christophe et Nicole, X^{3A} 49, 31 mars 1550. Reçu, 4 août, par résignation de Léonard ou Philippe Gourreau, 1er pourvu, non reçu (création). Élu 30 juin. V. Parlement de Charles IX. Maître des Requêtes, 21 nov. 1567. † 25 oct. 1570. Inhumé à Saint-André-des-Ars.

François de Mailly. — Lai. 1er huissier de la Cour, fils de Jacques, aussi 1er huissier, X^{3A} 54, 28 août 1557. Reçu, 5 août, sur résignation de feu François Boislève et désistement du 1er résignataire, Pierre Nepveu, avocat au Châtelet (28 fév. 1556). V. Parlement de Charles IX. Époux de Marie de Tarenne (29 nov. 1581).

Guillaume Dauvet. — Lai. Sgr d'Arennes, frère de Jean II, ci-dessus, X^{3A} 58, 12 déc. 1566. Reçu, 19 août, sur résignation de feu Jean Turquan. V. Parlement de Charles IX. † 1579. Époux d'Edmée Régnier. En juin 1576, Henri III manœuvra pour l'imposer, comme VIIe Président, lors de la création de la Chambre mi-partie, mais en vain. V. notre t. II, p. 47.

André Pastoureau. — Lai. Reçu, 16 oct., au lieu de François Aubert fait lieutenant général à Poitiers. V. Parlements de Charles IX et d'Henri III.

Jacques de Saint-André. — Lai. Général de la Justice des aides, Sgr de Montbrun, 2e fils du Président Saint-André. Reçu, 16 oct., sur résignation d'Antoine le Coq. V. Parlement de Charles IX. Président des Requêtes, 1563. Époux 1° de Marguerite Budé, fille de Dreux, Maître des Requêtes, et de Marthe Paillard ; 2° de Madeleine du Tillet (12 août 1574, veuve 1ᵉʳ juin 1590). † sans postérité.

Étienne II Fleury. — Lai. Beau-frère par alliance du précédent. Reçu, 23 oct., sur résignation d'Étienne Iᵉʳ, son père. V. Parlements suivants. Doyen de la Cour, à la rentrée d'Henri IV à Paris, avril 1594. † 1609. Époux de Jeanne de Saint-André (8 mai 1573). Le Ms. 7555 confond père et fils.

Pierre de Pincé. — Lai. Sgr de Boiscoudray en Anjou. Reçu cons. des Requêtes, 11 nov., au lieu de feu François Alligret. V. Parlement de Charles IX. † 21 mars 1564. Inhumé à Saint-Jean-en-Grève. Époux de Françoise Aubery, fille de Jacques, lieutenant civil au Châtelet, et de Marie Anthonis (18 avril 1597).

Jean de Monceaux. — Lic. en droit, Sgr de Villacoublay, Vaujours et la Houssaye, fils de Jean, Sgr de Houdon, et de Geneviève Dauvet. Reçu cons. clerc, 23 nov., au lieu de feu Jean II de la Haye, son beau-père, office fait clerc par compensation de la section d'office du Président des Enquêtes Jean II le Picart. V. *supra*. Cons. lai, 7 déc. 1557, au lieu de feu Nicole le Clerc. Remplacé, comme clerc, par Pierre Chevalier, 22 mars-21 juil. 1559. V. Parlement de Charles IX. Époux de Jeanne de la Haye, fille unique du cons. Jean II.

Pierre Hennequin. — Lai. Cons. au Trésor, fils d'Odoard, Maître des Comptes, neveu de Nicole Hennequin, résignant d'Anjorrand ; cousin du Procureur général. Reçu, 26 nov., au siège de Jean Anjorrand qui prend les 2 offices clercs de Nicole Hennequin, Président des Enquêtes. V. Parlements de Charles IX et d'Henri III. VIᵉ Président de la Cour, 9 avril 1568. Époux de Jeanne Bruslard (veuve 1ᵉʳ fév. 1613, X³ᴬ 63).

André II Tiraqueau. — Lai. Reçu entre 9 déc. 1556 (octroi de survivance) et fév. 1558 (Rôle de paiement), au lieu d'André Iᵉʳ, son père, résignant. V. Parlement de Charles IX. † *ante* 8 avril 1562.

Nicole II Berruyer. — Lai. Chevalier, cons. au Parlement de Bretagne, Sgr de Villers, fils du cons. Nicole Iᵉʳ. Reçu, 30 déc., par résignation de Jean Odoard, au prix d'un office au Parlement de Bretagne pour un de ses enfants. V. Parlement de Charles IX.

Maître des Requêtes, 6 nov. 1567. Président en Chambre des Comptes, 1568. Époux de Marie de Longueil, fille du cons. Jean IV ; beau-frère de Jean V.

1557. **Antoine de Loynes.** — Lai. Sgr de Fontaines, fils d'Antoine, procureur céans, et de Geneviève Brinon, beau-frère du cons. Maynard, X^{3A} 54 et 58, 16 déc. 1557, 2 oct. 1566. Reçu, 19 mars, par résignation de Jean II le Picart, ex-Président des Enquêtes. V. Parlement de Charles IX. † 1563.

Germain Vaillant de Quelis. — Clerc. Docteur en droit, abbé de Pimpont, fils d'un cons. au Grand Conseil, frère de Jean, président des Enquêtes en 1558. Reçu, 14 mai, au lieu de feu François Disque. Élu Ier, 3 sept. 1556. V. Parlements de Charles IX et d'Henri III. Qualifié, par erreur, Président des Enquêtes, dans une délibération du 16 déc. 1561, qui le confond avec son frère (Erreur de prénoms).

André de Hacqueville. — Lai. Sgr de la Crozillière, d'Ons-en-Bray, de Marcouville et de la Morlaye, X^{3A} 57, f°s 603 v°, 632 v°, 10, 12 avril 1565, pourvu en considération de son père et de son aïeul maternel, Loys Burgensis, Ier médecin de François Ier. Reçu, entre 17 mai et 15 oct., par section d'office, à la commission des Requêtes de Pierre, son père, qui reste Président. V. Parlement de Charles IX. Maître des Requêtes en nov. 1568. Président au Grand Conseil, puis au Parlement ligueur, 3 déc. 1591.

Geoffroy Lopin. — Clerc, sous-diacre, prieur de Saint-Jean-en-Grève-lès-Blois, du ressort de l'abbaye de Pontlevoy (20 janv. 1562) ; de Notre-Dame de l'Enfourchure, près Sens, et de la prévôté d'Anjou en l'église Saint-Martin de Tours (9 sept. 1580, 23 mai 1592). Reçu, 22 juin, au siège clerc de Christophe de Roffignac, qui a opté pour un office lai de nouvelle création, en juin 1554. Élu 2e, 30 juin 1556. V. Parlements de Charles IX et d'Henri III.

Charles de Lamoignon. — Clerc. Sgr de Basville, avocat céans. Originaire de Nevers, établi à Paris en 1544. Chef du Conseil du duc de Nevers, gendre du cons. Loys Besançon. Reçu, 5 oct., par résignation de feu Jean Maillet. Élu Ier, 3 sept. 1556. V. Parlement de Charles IX. Maître des Requêtes, 6 janv. 1565, cons. d'État, 7 oct. 1572. Le Ms. 7553 le dit cons. aux Eaux et forêts depuis 1557. Pas trace. Époux de Charlotte de Besançon.

Anne du Bourg. — Clerc. Docteur régent en l'Université d'Orléans, diacre, fils puîné d'Étienne, Maître des Requêtes de la reine, neveu du chancelier Antoine du Bourg. Reçu, 20 oct., au lieu de feu Guill. de Lur. Héros de la fameuse Mercuriale du 10 juin 1559. Condamné d'abord comme hérétique, à être dégradé, puis, en déc., après la mort du roi, à être pendu en Grève, sur imputation de complicité dans le meurtre du président Minard, son juge, et exécuté. Remplacé par André II Tiraqueau mué de lai en clerc, 2 juil. 1560.

1558 **Achille de Harlay.** — Lai. Sgr de Beaumont, gendre du président Christophe de Thou. Reçu, 30 mars, par résignation de Christophe, son père, fait président de la Cour. V. Parlement de Charles IX et suivants jusqu'à Henri IV.

Claude de Bueil. — Clerc. (Mêmes armes que le cons. Jean de 1346, Ms. 7554.) Reçu, 14 déc., par résignation de feu Loys de Montmirel. V. Parlement de Charles IX.

Hiérosme Angenoust. — Lai. Sgr d'Avains, de Besançon et de Rozières, fils du feu cons. Pierre, † 1528, parent du Ier Président Gilles le Maître, X^{3A} 56, f° 130, 22 juin 1563. Reçu, 16 déc., sur résignation de Jacques II Bouju. V. Parl. de Charles IX et seq.

Baptiste de Machault. — Lai. Sgr de la Mothe-Romaincourt, 2e fils de Simon, receveur à Rethel, puis auditeur des Comptes. Reçu, 22 déc., au siège lai de Jean Texier passé aux 2 offices clercs de cons. et Président des Enquêtes de Jacques du Faur fait Maître des Requêtes. (Les 17 et 18 août, les gens du roi relèvent contre lui un homicide commis par méprise, en 1548, sur un inconnu, en poursuivant, avec son frère, un de leurs ennemis, et une condamnation de ce chef en 6 mois de prison par l'official de Paris ; mais déclarent ne retenir le cas, vu le temps écoulé, la jeunesse des deux frères alors et les offices par eux exercés depuis (le frère, général de la Justice des aides.) V. Parlement de Charles IX.

1559 **Simon ou Guillaume Roger.** — Lai. Sgr de Morigny en Poitou. Reçu, 10 janv., par résignation de Jean le Lieur. V. Parlement de Charles IX. Époux de Françoise de Turin (veuve 18 juil. 1586).

Pierre Chevalier. — Clerc. Docteur en droit, notaire et secrétaire du roi, fils de Pierre, Sgr de Prunes, greffier, puis maître des Comptes, et de Marie, fille du feu président Charles Quillart ; neveu du cons. Nicole Chevalier. Cf. X^{3A} 45, 4 déc. 1544, et nos *Officiers du bailliage d'Amiens*, p. 21. Reçu, entre 22 mars et 21 juil. (registre perdu), au lieu de Jean de Monceaux mué de

clerc en lai. (Provision contestée depuis un an.) Cf. 9-31 mars 1558.
V. Parlement de Charles IX. Évêque de Senlis, 1563. † 20 oct.
1583. *Gall. Christ.*, X, col. 1443.

Adrien de Launay. — Clerc. Notaire et secrétaire du roi, Sgr de Saint-Germain-le-Vieil au comté du Perche, vicomte de Saint-Silvain, X³ᴬ 49, 20 juil. 1549. Reçu, entre 22 mars et 21 juil., *ut supra*, au lieu de feu Michel de Mauléon. Ajourné à un an, 15 mai 1558. Iʳᵉ mention, dans l'enquête sur la vie et les mœurs du candidat, de l'attestation de sa foi catholique. V. Parlement de Charles IX.

Jean le Maître. — Lai. 2ᵉ fils du président Gilles le Maître, frère du cons. Nicole. Reçu, entre 22 mars et 21 juil., au lieu de N. V. Parlements de Charles IX et Henri III.

Octrois de survivances.

Thomas Gayant. — Lic. en lois, 27 août 1556. Survivance du siège de cons. lai de Loys, son père, doyen de la Cour. Reçu effectivement le 13 nov. 1563.

Pierre Chantecler. — Avocat céans, 5 nov. 1556. Survivance du siège de cons. lai de Charles, son père. Reçu effectivement le 27 nov. 1562, admonesté d'étudier tant la loi que la pratique et de fréquenter les plaidoiries.

Jean Bonete. — Avocat céans, 19 mars 1559. Survivance du siège de cons. lai de Robert, son père. Reçu effectivement le 24 nov. 1567. Ajourné à 2 ans, après examen et réception, toutes Chambres assemblées.

(Exceptés des lettres d'abolition de toutes survivances du 3 sept. 1559, par privilèges spéciaux des 1ᵉʳ et 8 mars 1560, enregistrés, 10 avril et 4 mai, X¹ᴬ 8623, fᵒˢ 125, 168, 209 vᵒ.)

PARLEMENT DE FRANÇOIS II ET DE CHARLES IX

Présidents de la Cour anciens (Plus de lettres de confirmation).

GILLES LE MAITRE, Ier. — † et remplacé par Christophe de Thou, dont l'office est aboli, 14 déc. 1562.

FRANÇOIS DE SAINT-ANDRÉ, IIe. — Résigne 1563. Remplacé par Bernard Prévost, 22 déc. † 10 juin 1571, à 81 ans. Inhumé à Saint-Séverin.

ANTOINE MINARD, IIIe. — Tué, le 12 déc. 1559, au sortir du Palais, près de sa maison, rue Vieille-du-Temple, âgé de 55 ans. Inhumé, avec sa femme, aux Blancs-Manteaux. Non remplacé.

RENÉ BAILLET, IVe. — Cons. au Conseil Privé, 16 juin 1571. V. Parlement d'Henri III.

CHRISTOPHE DE THOU, V^e. — Fait Ier Président, au décès de Gilles le Maître, 14 déc. 1562. Non remplacé comme V^e. Cons. au Conseil Privé, 18 déc. 1565. V. Parlement d'Henri III.

PIERRE SÉGUIER, VIe. — Cons. au Conseil Privé, 3 déc. 1567. V. Parlement d'Henri III.

CHRISTOPHE DE HARLAY, VIIe. — Cons. au Conseil Privé, 2 déc. 1572. Résigne à Achilles, son fils, 2 déc. 1572. † 27 juil. 1573.

Présidents créés ou pourvus au cours du règne.

BERNARD PRÉVOST. — Président des Requêtes du Palais. Ve Président de la Cour, 22 déc. 1563, par résignation de François de Saint-André. V. Parlement d'Henri III.

PIERRE HENNEQUIN. — Cons. laï du 26 nov. 1556. VIe Président de la Cour, 9 avril 1568, office recréé. V. Parlement d'Henri III.

ACHILLES DE HARLAY. — Cons. laï du 30 mars 1558. VIe Président de la Cour, 2 sept. 1572, par résignation de Christophe, son père. V. Parlement d'Henri III.

Présidents des Enquêtes, anciens.

JEAN PICOT. — Président clerc, IIIe Chambre. † 28 août 1565.

Remplacé par Pierre II Brulart, lai, président, 19 nov. 1567, et Jean de Thou, cons. clerc, 26 nov. 1566.

ARNAULT DU FERRIER. — Président clerc, IVe Chambre. Cons. au Conseil Privé, 10 juil. 1570. Permute avec François Séguier, Maître des Requêtes, 18 août 1570.

JEAN VAILLANT DE QUÉLIS. — Président clerc, IIe Chambre. Résigne à François le Cirier, 19 juil. 1570, au prix de l'office de cons. lai de celui-ci à Jean II Vaillant, son fils.

NICOLE PRÉVOST. — Président clerc, Ire Chambre. † 24 oct. 1569. Inhumé à Notre-Dame. Remplacé par Philbert de Dion, président, 13 fév. 1570, et François Pelletier, cons., 29 janv. 1572.

JEAN TEXIER. — Président clerc, Ire Chambre. V. Parlement d'Henri III. † 12 mai 1579.

FRANÇOIS DORMY. — Président lai, IVe Chambre. Cons. clerc, 9 déc. 1564, par permutation avec Jean le Clerc. † 15 août 1570. Inhumé aux Jacobins. Remplacé par Barthélemy Faye, lai, président, 29 août, et Mathieu de Longueil, cons. clerc, 15 nov. 1570.

Présidents nouveaux créés ou promus au cours du règne.

RENÉ LEFÈVRE. — Cons. clerc du 8 mai 1542. Reçu, 26 janv. 1560, au siège vacant de feu Loys de Lestoille, IIIe Chambre. Résigne, gages réservés, 1567, en restant cons. Remplacé par Florentin Regnart, 21 nov. † *ante* 6 août 1571.

REGNAULT DE BEAUNE. — Cons. clerc du 28 nov. 1555. Reçu au siège vacant de feu Emard de Rançonnet, IIe Chambre, 26 janv. 1560. Maître des Requêtes 1564. V. *supra*. Résigne. Remplacé par Étienne Charlet, qui suit, 8 mars 1564.

ÉTIENNE CHARLET. — Cons. lai de 1537. Prend les deux offices clercs du précédent, 8 mars 1564. V. Parlement d'Henri III. Remplacé, comme lai, par François Allegrain, 15 mars 1564.

PIERRE II BRULART. — Cons. lai, 2 juil. 1554. Fait cons. clerc en mai 1573 (création?) (Le 20 mai 1573, il résigne son office de cons. lai à son fils Nicolas II, et le 18 déc. 1584, ses deux offices clercs de Président et cons., au même, dont le siège lai est déclaré aboli par lett. pat. enregistrées le 29 déc. Il y a donc eu successivement création d'un office clerc, puis abolition d'un lai, par compensation.) Reçu, 19 nov. 1567, au lieu de feu Jean Picot, IIIe Chambre. V. Parlement d'Henri III.

FLORENTIN REGNART. — Cons. clerc du 15 avril 1556. Reçu,

21 nov. 1567, IIIe Chambre, par résignation de René Lefèvre. V. Parlement d'Henri III.

Jean II le Prévost. — Cons. lai du 7 janv. 1555. Reçu, 31 août 1568, Ve Chambre (création). V. Parlement d'Henri III.

Pierre de Saint-André. — Cons. lai du 22 déc. 1563. Reçu, 31 août 1568, Ve Chambre (création). † 4 mars 1572. Inhumé à Saint-Nicolas. Remplacé par Simon Roger, 24 avril 1572.

Philbert de Dion. — Cons. clerc du 4 fév. 1555. Reçu, 13 fév. 1570, Ire Chambre, au lieu de feu Nicole Prévost. V. Parlement d'Henri III.

François le Cirier. — Cons. lai du 12 juil. 1555. Prend les deux offices clercs de Jean Vaillant de Quélis, 19 juil. 1570, en résignant son office lai à Jean II Vaillant de Quélis. V. Parlement d'Henri III.

François Séguier. — Cons. lai du 10 mars 1563. Maître des Requêtes du 21 nov. 1567. Permute avec Arnault du Ferrier, 18 août 1570. † 10 avril 1572. Remplacé par Thomas Gayant, 24 avril.

Barthélemy Faye. — Cons. lai des Enquêtes du 10 fév. 1542; des Requêtes, 14 janv. 1564. Rentré aux Enquêtes, par permutation avec son fils Jacques, 29 août 1570. Reçu, led. jour, au siège de Président de feu François Dormy, IVe Chambre. V. Parlement d'Henri III (et *infra*, cons.).

Simon Roger. — Cons. lai du 10 janv. 1559. Reçu, 24 avril 1572, Ve Chambre, au lieu de feu Pierre de Saint-André. V. Parlement d'Henri III.

Thomas Gayant. — Cons. lai du 13 nov. 1563. Prend les deux offices clercs de feu François Séguier, 31 déc. 1572. Remplacé, comme lai, par Palamède Fondriac, 17 juin 1573. V. Parlements suivants. Cons. au Conseil d'État, 17 mars 1567, au Conseil Privé, 18 juil. 1579.

Présidents des Requêtes anciens.

Bernard Prévost, Ier. — Ve Président de la Cour, 22 déc. 1563. Remplacé par Jacques de Saint-André.

Pierre de Hacqueville, IIe. — † 22 oct. 1563. Office aboli à sa mort. Restitué, 26 nov. 1567, pour Jean II Le Clerc. — Sa commission des Requêtes passe à Barthélemy Faye, 4 janv. 1564.

Présidents nouveaux promus au cours du règne.

Jacques de Saint-André. — Cons. lai du 16 oct. 1556. Reçu,

22 déc. 1563, au lieu de Bernard Prévost fait président de la Cour. V. Parlement d'Henri III.

Jean II le Clerc. — Cons. lai du 9 déc. 1564. Reçu, 26 nov. 1567. (Office aboli en 1563 de feu Pierre de Hacqueville.) V. Parlement d'Henri III.

Conseillers anciens (Rôle restitué d'après les provisions de successeurs et divers).

Clercs. — René Lefèvre. — Président des Enquêtes, 26 janv. 1560. † et remplacé par Loys II Séguier, 24 avril 1573.

Jacques Verjus. — † et remplacé par Pierre II Séguier, 27 nov. 1564.

Denis Bodin. — † 2 déc. 1560. Remplacé par (?). V. *infra* Jean le Voix, 3 juin 1567.

Guillaume Viole. — Évêque de Paris, 21 juin 1564. Remplacé par Germain Vialart, 7 janv.

Jean Poille. — V. Parlement d'Henri III. Office laïcisé, date inconnue. Le 4 janv. 1568, entérinement de lett. pat. lui accordant gages de lai, en attendant la 1re vacance. Le 11 mai 1587, il est remplacé, comme lai, par Jacques de Rivière.

Antoine le Cirier. — Évêque d'Avranches, 1561. Remplacé par Emond Delaage, 2 déc. *Gall. Christ.*, XI, col. 499.

Jean Jacquelot. — † 17 mai 1564. Inhumé à Saint-Paul. Remplacé par Pierre de Roullié, 21 mars 1567.

Philippe Hurault. — Maître des Requêtes, 1563. Remplacé par Antoine de Saveuse, 11 déc.

Guillaume de la Chesnaye. — Résigne pour se marier. V. 14 nov. 1564, 7 fév. 1565. Remplacé par Nicolas le Sueur, 2 mars 1565.

Philbert de Dion. — Le 6 oct. 1568, absent depuis le début des troubles. Président des Enquêtes, 13 fév. 1570. V. Parlement d'Henri III.

Thibault Lesueur. — V. Parlement d'Henri III.

Paul de Foix. — Ambassad. en Angleterre. Résigne, 1565. Remplacé par François de la Garde, 27 août.

Pierre de Villars. — Évêque de Mirepoix, 1561. Archevêque de Vienne, 1576. Remplacé par Bon Broé, 27 juin.

Jean III Hurault. — Ambassad. à Venise, etc. Maître des Requêtes, 3 déc. 1565. Résigne (?). † 1572.

Nicole le Maistre. — † 24 mai 1568. Remplacé par Jacques du Tillet, 14 janv. 1695.

Jacques Roillard. — † *ante* 12 déc. 1572. Remplacé par Pierre Ruelle, 30 déc.

Baptiste Sapin. — Exécuté à Orléans par les huguenots, nov. 1563. Remplacé par Claude d'Angennes, 5 avril 1566.

Loys du Faur. — Résigne. Remplacé par Jacques de Varade mué de laï en clerc, 21 fév. 1567.

Nicole de Thou. — Évêque de Chartres, 17 avril 1573. Remplacé par Jacques Gillot, 19 juin. *Gall. Christ.*, VIII, col. 1189.

Jacques Allegrin. — Le 26 janv. 1568, prend office laï de nouvelle création, bien que sous-diacre, à charge de retourner aux Enquêtes seoir à son rang (celui du nouvel office créé). V. Parlement d'Henri III. Remplacé, comme clerc, par Paul de Villemor, 22 avril 1569.

Regnauld de Beaune. — Président des Enquêtes, 26 janv. 1560. Maître des Requêtes, 1564. Résigne ses deux offices clercs à Étienne Charlet. V. *supra*.

François de Durat. — † 10 janv. 1569. Inhumé aux Cordeliers. Remplacé par (?).

Étienne Dugué. — † et remplacé par Jean Feu, 29 janv. 1569.

Jean-Baptiste Regnault ou Regnart. — Résigne, 1566. Remplacé par Antoine Veignolles, 8 fév.

Bernardin de Saint-François. — Maître des Requêtes, 18 janv. 1570. Remplacé par Jacques Bellanger, 14 avril.

Déode Boutin et Florentin Regnart (Président des Enquêtes, 21 nov. 1567). — V. Parlement d'Henri III.

Adrien de Thou. — Maître des Requêtes (création), 21 nov. 1567. Remplacé par Pierre de Pardessus, 5 déc.

Germain Vaillant de Quélis et Geoffroy Lopin. — V. Parlement d'Henri III.

Claude de Bueil. — † 28 avril 1573. Remplacé par (?).

Pierre Chevalier. — Évêque de Senlis, 1563. Remplacé par Gérard Coton, 22 juin.

Adrien de Launay. — Remplacé par Emond Hennequin, 25 janv. 1569. Depuis longtemps absent, sans congé, pour cause de religion.

Nota. — Sur le chiffre de 36 clercs, arrêté par l'Édit du semestre, non compris les Présidents des Enquêtes, il y a deux sièges vacants, ceux d'Anne du Bourg, donné à André II Tiraqueau, en juil. 1560, et de feu Jean Corbin à Jean Errault de Chemans, avril-déc. 1564.

Le 36ᵉ est sans doute celui de ce Jhérosme Corbin, qui a pu être pourvu entre 22 mars et 21 juil. 1559, et dont il sera question à l'art. Jean le Voix, 3 juin 1567.

Lais. — Loys Gayant. — Résigne, 1563. Remplacé par Thomas, son fils, 12 nov. (survivance du 27 août 1556).

Robert Bonete. — Résigne, 1567. Remplacé par Jean, son fils, 24 nov. (survivance du 19 mars 1559). † 22 nov. Inhumé à Saint-Julien, sa paroisse.

Guillaume Abot. — Résigne, 1560. Remplacé par Guillaume II, son fils, 11 fév. 1561.

Claude Anjorrant. — V. Parlement d'Henri III.

Antoine de Lyon. — † oct. 1560. Non remplacé.

Pons Brandon. — Lieutenant général de la sénéchaussée d'Auvergne (survivance de 1544). Remplacé par Jean de Refuge, 14 janv. 1564.

Gaston Grieu. — † et remplacé par André Hurault, 28 mars 1565.

Adrien II du Drac. — Résigne. Remplacé par Adrien III, son fils, entre 8 avril et 18 déc. 1571. † *ante* 22 janv. 1575.

Antoine Fumée. — Président des Enquêtes en Bretagne, 1562. Permute avec Hiérosme Auroux, 2 mars. Maître des Requêtes, 15 oct. 1574.

Charles de Dormans. — Cons. clerc, 8 mars 1563, au lieu de feu André II Tiraqueau. † 20 oct. 1572. Remplacé par François Séguier, lai, 10 mars 1563, et Lazare Coquelay, clerc, 12 oct. 1572.

Jean II Burdelot. — Disparu entre janv. 1565 (Rôle de paiement), X^{1a} 1612, f° 275 v°, et 16 oct. 1568 (Rôle des professions de foi). Non remplacé.

Étienne Charlet. — Passé aux 2 sièges clercs de Regnault de Beaune, président des Enquêtes, 8 mars 1564, avec dispense de clergie. V. Parlement d'Henri III. Remplacé, comme lai, par François Allegrin, 15 mars 1564.

Charles Chantecler. — † et remplacé par Pierre, son fils, 27 nov. 1562. Survivance du 5 nov. 1556.

Jacques Varade. — Cons. clerc, 21 fév. 1567, par résignation de Loys du Faur. † 13 nov. 1571. Inhumé à Saint-Germain-l'Auxerrois. Remplacé par Charles Barjot, lai, 21 fév. 1567, et Charles de Hacqueville, clerc, 18 janv. 1572.

Jacques Morin. — Résigne. Remplacé par Denis Brulart, 24 nov. 1563.

Barthélemy Faye. — Cons. lai des Enquêtes du 10 fév. 1542. Prend la commission des Requêtes de feu Pierre de Hacqueville, 4 janv. 1564, pour céder son siège de cons. à son fils Jacques, par section d'office, 30 déc. 1567, et rentre aux Enquêtes, en permutant avec lui, pour y devenir Président, 29 août 1570. V. *supra*.

Nicole Ier Duval. — Refuse de faire profession de foi, en juin 1562, et permute avec Bernard Fortia, cons. au Parlement de Bretagne, 4 juin 1563.

Mathieu Chartier. — V. Parlement d'Henri III.

André Maillart. — Disparu entre 20 juin 1561 (présent en séance) et 9 juin 1562 (Rôle des professions de foi). Non remplacé.

François Thomas et Oger Pinterel. — V. Parlement d'Henri III.

Pierre Grassin. — † et remplacé par Christophe Hector de Marle, 26 janv. 1570.

Guy de Longueil. — Résigne. Qualifié « naguères conseiller », 10 mars 1563, X^{3a} 55, f° 203. Figure au rôle de paiement de fév.-avril 1558, mais plus au 1er des professions de foi, 9 juin 1562.

Martin le Camus et Robert de Harlay. — Disparus entre 9 juin 1562 (Rôle des professions de foi, et 1er janv. 1565 (Rôle de paiement). Non remplacés.

Jacques Viole. — V. Parlement d'Henri III.

Jean Barjot. — Même note que Martin le Camus.

Eustace de la Porte. — Résigne. Remplacé par Jean Foulle, 25 oct. 1563.

Michel Quelain. — V. Parlement d'Henri III.

Roger de Vaudetar. — † 11 mars 1564. Non remplacé.

Jacques II le Clerc. — V. Parlement d'Henri III.

Guillaume III Barthélemy. — V. Martin le Camus, même note.

Jean de Cormeilles. — Résigne. Remplacé par René Crespin, son beau-frère, 20 juin 1565.

Nicole Chevalier. — Résigne. Remplacé par Jean, son fils, 27 nov. 1562.

Jean Brachet. — Résigne. Remplacé par Jean de Thou, 4 déc. 1567.

François Briçonnet l'aîné. — V. Parlement d'Henri III.

Nicole Martineau. — † 23 juil. 1560. Inhumé à Saint-Germain-des-Champs. Non remplacé.

Jean Florette. — V. Parlement d'Henri III. Office sectionné de la commission des Requêtes transférée à son fils Guillaume, entre 30 mai et 2 juil. 1572. V. *infra*.

Michel Boudet. — † oct. 1567. Remplacé par Pierre II Séguier, oct. V. X¹ᴬ 1623, f° 173 v°, 18 juin 1568.

Antoine Senneton. — Président de la Justice de Metz, 1564. Résigne à Loys Besançon, 13 déc.

Adam Fumée. — Maître des Requêtes, 1561. Remplacé par Claude. son frère, 21 nov.

François Pajot. — V. supra, Martin le Camus.

Jean Spifame, Nicole Favier, François Picot, Claude Viole. —V. Parlement d'Henri III.

François Rémon. — Résigne. Remplacé par Jean Bochart, 2 juil. 1563.

Pierre II de Longueil. — V. Parlement d'Henri III.

Pierre II Brulart. — V. Parlement d'Henri III, et *supra* Président des Enquêtes.

Guy Dausseurre.— Résigne. Remplacé par Nicolas Potier, 14 mars 1565.

Loys Darquiviller. — Résigne. Remplacé par Pierre de Goussancourt, 16 déc. 1572.

Guillaume Maulevault, Jean de Lavau, Nicole Perrot.— V. Parlement d'Henri III.

Nicolas Hector de Marle. — Maître des Requêtes, 21 nov. 1567 (création). Remplacé par Claude Tudert, 24 nov.

Jean Boudet. — Maître des Requêtes, 16 juil. 1572. Remplacé par Antoine Brandon, 12 août.

Jhérosme de Villers. — † fév. 1563, bon catholique, après avoir été éloigné en juil., comme suspect de huguenoterie. V. notre tome II, p. 11. Non remplacé.

Jean Morelet du Museau. — V. Parlement d'Henri III.

Jean II le Prévost. — Président des Enquêtes, 31 août 1568. Remplacé par Pierre Damours, 7 sept.

Philippe Dupuis. — V. Parlement d'Henri III.

Pierre II Viole. — (Non cons.). † 8 janv. 1574, après avoir résigné sa commission des Requêtes au cons. Nicolas de la Place. Le Ms. 7555 *bis* le fait cons. laï du 14 sept. 1573 (?).

Jean Escorcol. — Destitué par édit du 1ᵉʳ sept. 1568, qui abolit son office, et par arrêts de la Cour des 29 oct. et 14 déc., comme absent depuis longtemps, sans congé, pour cause de religion. Réintégré, après un 1ᵉʳ refus de la Cour, 17 nov. 1570. Résigne. Remplacé par Guillaume IV Barthélemy, 13 janv. 1573.

Michel Larcher. — V. Parlement d'Henri III.

Denis Rivière. — Disparu entre 1er janv. 1565 (Rôle de paiement) et 16 oct. 1568 (IIe des professions de foi). Non remplacé.

Jean Gervaisie. — V. *supra*, Martin le Camus. Même note.

Gabriel Miron. — Lieutenant civil au Châtelet (en payant 26.000 l. à son résignant Nicolas Luillier et la provision de Président des Comptes, 1568). Remplacé par Guillaume Besançon, 15 janv.

Jean de Thérouanne. — V. Parlement d'Henri III.

Jean de la Guesle. — Ier Président à Dijon, sept. 1566. Remplacé par Jean Bonaud, 29 nov.

Germain Duval et François le Cirier (Président des Enquêtes, 19 juil. 1570. V. *supra*). — V. Parlement d'Henri III.

Robert de la Haye. — Maître des Requêtes, 1561. Remplacé par Thibault Nicolaï, 6 fév. 1562.

Jacques Millet. — Résigne, 1566. Remplacé par Philbert Thurin ou de Turin, son gendre, 27 nov.

Germain le Picart. — V. Parlement d'Henri III.

Pierre de Masparrault. — Maître des Requêtes, 13 janv. 1568 (création). Remplacé par Guillaume Bénard (cons.), 17 mars 1570, et François de Mailly (commission des Requêtes), 20 oct. 1569.

Raoul Aurillot. — † et remplacé par Denis Rubentel, 9 janv. 1573.

Jean III Luillier. — Permute avec Édouard Molé, secrétaire du roi, 13 juin 1567.

Pierre Minard. — Maître des Requêtes, 22 nov. 1567 (création). Remplacé par Jean Bulyon, 14 mars.

Robert de Hélin. — V. Parlement d'Henri III.

Jean de la Rozière. — Maître des Requêtes, 1er mars 1569. † ante 17 juil. 1570. Remplacé par Olivier le Bossu, 1er sept.

Charles Boucher. — V. Parlement d'Henri III.

Jean II Dauvet. — Maître des Requêtes, 5 déc. 1567 (création). Remplacé, led. jour, par Hiérosme de Montholon.

François de Mailly. — Prend la commission des Requêtes de Pierre de Masparrault, 20 oct. 1569. † 4 sept. 1570. Inhumé aux Saints-Innocents. Remplacé par Raoul Favier, 27 nov.

Guillaume Dauvet. — Résigne, 1568. Remplacé par Pierre Lescot, 25 oct.

Jacques de Saint-André. — Président des Requêtes du Palais, 1563. Remplacé par Pierre, son frère, 22 déc.

André Pastoureau et Étienne Fleury. — V. Parlement d'Henri III.

Pierre de Pincé. — Disparu. † entre 1ᵉʳ janv. 1565 (Rôle de paiement) et 22 mai 1566.

Jean de Monceaux. — Disparu entre 1ᵉʳ mars 1565 et 16 oct. 1568 (IIᵉ Rôle des professions de foi).

Pierre Hennequin. — IVᵉ Président de la Cour, 9 avril 1568. Remplacé par Jean Scaron, 18 juin.

André II Tiraqueau. — Passé au siège clerc d'Anne du Bourg, ante 2 juil. 1560. † 8 avril 1562. Remplacé par Jacques Aurillot, lai, 2 juil. 1560, et Charles de Dormans mué de lai en clerc, 8 mars 1563.

Nicole II Berruyer. — Maître des Requêtes, 21 nov. 1567 (création). Remplacé par René Hennequin, 28 nov.

Antoine de Loynes. — Résigne. Même note que pour Escorcol. Remplacé par Jean Mayneteau, 20 fév. 1573.

André de Hacqueville. — Maître des Requêtes, nov. 1568 (création). Remplacé par Jean Huault, 23 janv. 1568.

Charles de Lamoignon. — Maître des Requêtes, 24 mars 1565. Remplacé par Antoine Hennequin, 23 mars. Cons. au Conseil Privé, 15 déc. 1572.

Achilles de Harlay. — VIᵉ Président de la Cour, 2 sept. 1572. Remplacé par Nicolas de la Place, ledit jour.

Hiérosme Angenoust. — V. Parlement d'Henri III.

Baptiste de Machault. — † entre 16 oct. 1568 (Rôle des professions de foi) et 20 oct. 1572.

Simon Roger. — V. Parlement d'Henri III, 18 avril 1572, entérinement de lett. pat. du 12 incorporant son office de cons. lai à sa présidence des Enquêtes, à charge d'abolition du 1ᵉʳ à vaquer.

Jean le Maistre. — V. Parlement d'Henri III.

Conseillers pourvus au cours du règne de François II.

1560 **Pierre Michon.** — Lai. Cons. au Châtelet, Sgr de Thurville (sans doute fils de Pierre, contrôleur général de l'Épargne, et d'Étiennette ou Antoinette Angenoust, veuve 30 juin 1545. X^{3A} 45 et 56, 17 août 1562). Reçu, 16 janv. 1560, par résignation de Guillaume Allard. Ajourné à un an, après examen, 30 déc. 1558. V. Parlements d'Henri III, seq. Époux de Marie, fille de Jean Sallant, écuyer, sieur de Bouron, X^{3A} 57, f° 409, 28 fév. 1565.

Jacques Aurillot. — Lai. Gendre du cons. Adrien II du Drac. Reçu, 2 juil., au lieu d'André II Tiraqueau mué de lai en clerc. Résigne. Remplacé par Guillaume Rebours, 5 sept. 1572. Époux de Marie du Drac (veuve 23 mars 1593).

Conseillers créés ou pourvus au cours du règne de Charles IX.

1561 **Guillaume II Abot**. — Lai. Sieur de la Chèze et de Renay-en-Brie. Reçu, 11 fév., sur résignation de feu Guillaume Ier, son père. Figure au rôle des absents sans congé du 11 août 1570. V. Parlement d'Henri III (note).

Antoine Cotel ou Coutel. — Lai. Fils du feu Maître des Requêtes Jean et de Madeleine d'Albyac, beau-frère du président Texier des Enquêtes. Reçu, 14 fév., sur résignation de Claude d'Angleberme, dit Pirrhus. V. Parlement d'Henri III.

Bon Broé. — Clerc. Prieur de Saint-Germain (17 avril 1563), de Semilly (diocèse de Sens), de la Rochelingon (Rouen, 20 avril 1567), frère de François, Lieutenant d'Annonay, X^{1a} 692, 18 janv. 1590. Reçu, 27 juin, sur résignation de Pierre de Villars fait évêque de Mirepoix. Président des Enquêtes, 1581. V. Parl. d'Henri III.

Claude Fumée. — Lai. 2e fils du Maître des Requêtes Martin. Reçu, 21 nov., sur résignation d'Adam, son frère, fait Maître des Requêtes au lieu de leur père. † 22 déc. 1564, X^{1a} 1611, f° 151 v°. Remplacé par Martin, son cousin, fin déc. (Figure encore au rôle de paiement du 1er janv. 1565, pour l'exercice clos.)

Emond Delaage. — Clerc. Prieur de Lovigny, diocèse du Mans, parent de l'ex-cons. Fr. Delaage Ier Président à Bordeaux. Reçu, 2 déc., au lieu d'Antoine le Cirier fait évêque d'Avranches. V. Parlement d'Henri III.

1562 **Thibault Nicolaï**. — Lai. Cons. au Châtelet, sieur de Bournonville, fils d'Aymar, Ier Président en Chambre des Comptes, neveu, par sa mère, Anne Baillet, du président René Baillet. Reçu, 6 fév., au lieu de Robert de la Haye fait Maître des Requêtes. † ou disparu 1564, car il ne figure plus au rôle de paiement du 1er janv. 1565. Époux de Catherine Luillier qui, veuve, épousa le cons. Pierre de Saint-André.

Arnault ou Léonard Chaudon. — Clerc. Prieur de Montferrand. Maître des Requêtes au Parlement de Turin, depuis 14 ans. Reçu, 26 fév., au siège vacant de feu Emard de Ranconnet. Élu 3e, 1er août

1558, au siège de feu Jean Corbin. † 5 août 1564. Remplacé par Jacques Brizard, 4 déc. 1566.

Hiérosme Auroux. — Lai. Ex-avocat céans, Président des Enquêtes au Parlement de Bretagne. Reçu, 2 mars, par permutation avec Antoine Fumée. V. Parlement d'Henri III. Époux de Madeleine de Here, veuve de Jean Poulain, bourgeois de Paris (14 août 1565). Cf. X^{3A} 55 et 58, 3 avril 1563, 21 juin 1566. Curieux démêlés avec son fils, Denis, prieur de Saint-Illide, diocèse de Saint-Flour (23 déc. 1572 seq.).

Pierre Chantecler. — Avocat céans. Prieur et Sgr de Duisy (fonctions résignées « naguères » à son frère Charles, X^{3A} 58, 10 mai 1566). Reçu, 27 nov., au lieu de feu Charles, son père (survivance du 5 nov. 1556). V. Parlement d'Henri III. Époux de Claude Pichon (veuve 8 janv. 1583).

Jean Chevalier. — Lai. Avocat céans. Reçu, 27 nov., sur résignation de Nicole, son père. V. Parlement d'Henri III. Époux 1° de Charlotte Teste, fille de feu Jean, Maître des Requêtes, et de Marie Chartier († 5 janv. 1591); 2° de Marguerite Veau (18 mai 1601).

1563 **François Séguier.** — Lai. Ex-avocat céans, bailli de Mante et de Meulan (22 août 1562), fils du président Séguier. Reçu, 10 mars, au lieu de Charles de Dormans mué de lai en clerc. (D'abord pourvu de l'office clerc de feu André II Tiraqueau, avec dispense de prêtrise, il dut, sur l'opposition des gens du roi, échanger sa provision contre le siège lai de Dormans (v. 28 août 1562). Maître des Requêtes, 21 nov. 1567 (création). Remplacé par Jean Forget (?), juil.-nov. V. *infra*. Président des Enquêtes, 18 août 1570. † 10 avril 1572. Époux de Catherine Mesnager (30 août 1571).

Bernard Fortia. — Lai. Ex-avocat céans, sieur de Mande, cons. au Parlement de Bretagne, depuis 7 ou 8 ans, fils de Bernard, marchand et bourgeois de Tours, d'origine juive. Reçu, 4 juin, par permutation avec Nicole Ier Duval (refusant de faire profession de foi). † 19 déc. 1573. Remplacé par Antoine de Soulfour ou Claude de Bragelonne, 21 août 1573, 17 mars 1574 (?). V. *infra*. Époux de Charlotte de Gayant, fille ou sœur d'Adrien, écuyer, sieur de Quiquepoix, et de Charlotte Suart (23 juil. 1580 et 3 déc. 1594).

Gérard Cotton. — Clerc. Sgr de Sagy, fils de Gérard cons. au Grand Conseil et président de la Justice de Metz, gendre du feu président de Montholon. Reçu, 22 juin, au lieu de Pierre Chevalier fait évêque de Senlis. Figure au rôle de paiement de 1565, mais plus à celui des professions de foi du 16 oct. 1568 et suivants. Peut-être fut-il remplacé par Jhérosme Corbin. V. l'art. Jean le Voix, 3 juin 1567. Nous le retrouvons, 20 nov. 1578, reçu au serment de Maître des Requêtes en résignant son office (?); et derechef, 13 nov. 1586, en résignant à Jean Anjorrand. (Il s'agit ici de simples mutations de sièges, les uns permanents, d'autres provisoires), enfin président au Parlement de Bordeaux, 1589, puis au Grand Conseil. Époux de Marguerite de Montholon, veuve du président des Enquêtes Loys de Lestoille.

Jean ou Antoine Bochart ou Bouchart. — Lai. Sgr de Champigny (23 janv. 1576), fils de Jean, sieur de Noion, avocat céans, et de Jeanne Tronson. Reçu, 2 juil., sur résignation de François Rémon. Maître des Requêtes, 21 nov. 1567 (création). Remplacé par Philibert Regnart, 3 déc. Époux 1° d'Isabeau Allegrain, fille du cons. Loys et de Louise Briçonnet; 2° de Marguerite de la Rogeraye (veuve 19 mars 1575).

Jean Foulle. — Lai. Président des Enquêtes au Parlement de Bretagne, ex-avocat céans et Maître des Requêtes de la reine, X^{3a} 51, 28 fév. 1558. Reçu, 25 oct., sur résignation d'Eustace de la Porte. Disparu *post* 19 déc. 1566. (Mention de sa résignation à son fils Martin. Demande d'enquête *super vita moribus et etate* de celui-ci. Puis plus trace de l'un ou de l'autre aux rôles du 16 oct. 1568 et suivants). Époux de Marie Lefèvre ou Lefort, veuve du cons. Christophe Ripault (8 août 1562).

Thomas Gayant. — Lai. Lic. en lois, sieur de Varastre. Reçu, 13 nov., sur résignation de Loys, son père (survivance du 27 août 1556). Président des Enquêtes, 31 déc. 1572. Prend les 2 offices clercs de feu François Séguier. Remplacé, comme lai, par Palamède Fondriac, 17 juin 1573. Époux de Marie Bochart (18 juil. 1579, veuve 31 août 1611, X^{1m} 917 et X^{3a} 62, 25 oct. 1612).

Denis Brulart. — Lai. Avocat céans, baron de la Borde, fils du feu Procureur général, Noël Brulart. Reçu, 29 nov., par résignation de Jacques Morin absent depuis 2 ans et refusant de faire profession de foi, bien que payé de ses gages. D'abord pourvu de l'office clerc de Jean Corbin et écarté par la Cour, 22 août 1561, finit par résigner sa provision à Jean Errault de Chemans et en prendre une autre. 1er Président à Dijon, 1er août 1570. Remplacé par Jean Habert, 13 déc.

Antoine de Saveuse. — Clerc. Notaire et secrétaire du roi, chanoine de Paris, prieur commendataire des prieurés conventuels de Saint-Léger de Fliscourt et de Notre-Dame de Montdidier, diocèse d'Amiens (20 mars 1567). Doyen d'Amiens, par résignation de Nicolas Griveau ; chanoine de la Sainte-Chapelle (1568), de Saint-Hilaire de Poitiers (18 août 1582), Sgr de Lozinghem, X^{3A} 56 et 58, sept. 1562. 22 mai 1566. Reçu, 11 déc., au lieu de Philippe Hurault fait Maître des Requêtes. Élu 2e, 8 avril 1562. V. Parlement d'Henri III.

Pierre de Saint-André. — Lai. Avocat céans, Sgr de Montbrun, de Goupillères et de Merly-la-Vallée, X^{3A} 56, f°s 30 et 57, f° 449 v°, 9 mars 1565, fils du président Saint-André. Reçu, 22 déc., au lieu de Jacques, son frère, fait Maître des Requêtes. Élu 2e, 5 sept. 1556. Président des Enquêtes, Ve Chambre (création), 31 août 1568. Remplacé par Jean le Jau, 17 déc. Époux 1° de Madeleine Budé. X^{3A} 56, f° 30, 17 avril 1563 ; 2° de Catherine Luilier, veuve du cons. Thibault Nicolaï, qui épousa, en 3es noces, André Baillet, Sgr de Sceaux, bailli du Palais.

1564 **Germain Vialart.** — Clerc. Cons. au Parlement de Rouen, frère de l'archevêque de Bourges, Antoine (8 août 1573), chanoine de Paris et de la Sainte-Chapelle de Bourges, fils de Jean, avocat céans, et de Marie, fille du feu cons. Gérard Séguier. Reçu, 7 janv., par résignation de Guillaume Viole fait évêque de Paris. † 12 mai 1574, *in medio cursu etatis ereptus*. Inhumé en l'église de Paris. Remplacé par Jean Midorge (?), 12 juin 1573.

Jean du Refuge. — Lai. Cons. au Parlement de Bretagne, Sgr de Précy et de Cormeilles, fils de François, avocat général en Cour des aides, X^{3A} 54, 12 mai 1557, gendre du feu cons. Guillaume III Barthélemy. Reçu, 11 janv., sur résignation de Pons Brandon fait Lieutenant général d'Auvergne. V. Parlement d'Henri III. † 30 mai 1580. Inhumé à Saint-Jean-en-Grève. Époux 1° de Marie Barthélemy, X^{3A} 57, f° 500, 17 mars 1565, veuf (8 juil. 1570) ; 2° d'Anne Hennequin (veuve 3 mars 1582).

François II Allegrin. — Lai. Cons. aux Généraux des aides, Sgr de Dian, ex-avocat céans (10 juin 1570), frère du cons. Jacques II, beau-frère du cons. de Grieu. Reçu, 15 mars, au lieu d'Étienne Charlet fait Président des Enquêtes et cons. clerc, avec dispense de parenté, contre l'ordonnance des États. V. Parlement d'Henri III. Maître des Requêtes, 29 fév. 1576. Époux 1° de Marie Racyne ; 2° de Marie Durant (17 juil. 1599).

Jean Errault de Chemans. — Clerc. Abbé de Saint-Loup de Troyes.

fils de François Errault, garde des Sceaux, et de Marie de Loynes. Reçu, entre 7 avril et 9 déc. (omis au registre), au lieu de feu Jean Corbin (office résigné par Denis Brulart, 1er pourvu). Le 7 avril 1564, doléances des gens du roi qu'il n'ait encore présenté ses lettres et ne se soit fait recevoir. Le 9 déc., il résigne l'office « par lui tenu et exercé » à Jean II le Clerc qui le cède lui-même à François Dormy, président des Enquêtes.

Jean II Le Clerc. — Lai. Sgr du Tremblay, fils de Jean, Proc. général au Grand Conseil, et de Marie Barthélemy (X³ᴬ 42, 6 et 15 nov. 1536). Reçu, 9 déc., par mutation de François Dormy, qui prend sa provision de l'office du précédent. Président des Requêtes du Palais, 26 nov. 1567. Remplacé par Nicolas, son frère, 16 janv. 1568. Époux de dame Marie de la Fayette, fille et héritière de Claude, Sgr de Saint-Romain (veuve 9 août 1597).

Loys II Besançon. — Lai. Cons. au Châtelet, fils de Loys Ier et de Marie Potier, beau-frère du cons. Nicolas Hector de Marle. Reçu, 13 déc., par résignation d'Antoine Senneton fait président à Metz. Résigne 1573. Remplacé par Alexandre Legrand, 18 sept. Époux 1° de Hilaire Hector, fille de René, Sgr de Perreuse, et de Nicole de Marle ; 2° de Geneviève Sanguin. Ms. 7554.

1565   **Martin II Fumée.** — Lai. 2e fils de Martin Ier, cons. en 1519, frère d'Antoine, président au Parlement de Bretagne. Reçu, entre 22 déc. et 13 avril 1565, au lieu de feu Claude Fumée, son cousin. Permute, 23 avril 1567, avec Gilles Ryant, secrétaire du roi.

Nicolas le Sueur. — Clerc. Avocat céans, acolyte et sous-diacre par lettres des 10 et 18 fév.; Sgr d'Halny (15 janv. 1583). Reçu, 2 mars, par résignation de Guillaume de la Chesnaye. V. Parlement d'Henri III. Président des Enquêtes, 9 juin 1576. (Dès le 14 nov. 1564, la Chesnaye est réputé marié et sa résignation, antérieure à la divulgation de son mariage, 2 fois suspecte de nullité (incapacité du résignant et non parenté du résignataire). L'enquête décrétée le 7 fév. leva les difficultés).

Nicolas Potier. — Lai. Sgr de Blancmesnil, fils de Jacques, Maître des Requêtes, frère de Loys, sieur de Gesvres, secrétaire d'État, beau-frère du président Bernard Prévost et d'abord pourvu de son siège de cons. Reçu, 14 mars, par résignation de Guy Dausseurre. Dispensé du service effectif en gardant les gages par lett. pat. du 15 mars 1566, P. 2313, f° 965, 1er juil. Maître des Requêtes, 21 nov. 1567 (création). Remplacé par Christophe Bouguier, 26 nov. Reçu,

1ᵉʳ août 1578, à la survivance de la présidence de Bernard Prévost. Époux d'Ysabeau Baillet (26 janv. 1585).

Antoine Hennequin. — Lai. Sgr d'Acy, cons. au Châtelet depuis 3 ou 4 ans, fils de Dreux, président des Comptes, et de Renée Nicolaï. Reçu, 23 mars, au lieu de Charles de Lamoignon fait Maître des Requêtes. Élu 3ᵉ, 18 mai 1564. V. Parlement d'Henri III. Président des Requêtes, 22 août 1580. Époux de Jeanne Hennequin, sa cousine, fille de Nicole, Sgr du Perrey (25 janv. 1580 et 6 fév. 1582).

André Hurault. — Lai. Sgr de Maisse (17 déc. 1588), fils de Jean III et d'Antoinette Le Clerc. (Le Ms. 7555 le fait, à tort, fils du cons. Nicole et d'Anne Maillart.) Reçu, 28 mars, au lieu de feu Gaston de Grieu. Admonesté, à l'examen, d'étudier et apprendre les ordonnances. Maître des Requêtes, 21 nov. 1567 (création). Nombreuses ambassades sous Henri III et Henri IV. Résigne. Remplacé par Philippe Bernard, 3 sept. 1565. Époux 1º de Renée Boislève ; 2º de dame Catherine de Hélin, veuve de Théodore Berziau, écuyer, sieur de Grave (31 mars 1601 et X³ᴬ 62, 12 janv. 1612).

René Crespin. — Lai. Sgr du Gast, cons. au Parlement de Bretagne, fils du feu cons. céans François. Reçu, 20 juin, par résignation de Jean de Cormeilles, son beau-frère. Maître des Requêtes, 21 nov. 1567 (création). Président en Chambre des Comptes, cons. au Conseil Privé. Remplacé par Loys Dodieu, 24 mars 1568. Époux de dame Marie de Baillon qui épousa, après lui, Philibert des Martigues, chevalier, sieur des Roussins (5 fév. 1592). V. sur ladite dame enfermée au Châtelet, pour dettes, en 1597, Xᴵᴬ 1748, fº 323, 11 mars.

François de la Garde. — Clerc. Sgr de Saigues, cons. au Parlement de Toulouse. Reçu, 27 août, par résignation de Paul de Foix. V. Parlement d'Henri III.

Philippe Bernard. — Clerc. Avocat céans, sous-diacre et chanoine de Mâcon, neveu des cons. Jacques et André Verjus (9 mai 1586). Reçu, 3 sept., par résignation d'André Hurault. Élu 3ᵉ, 8 avril 1562. V. Parlement d'Henri III. Ses lettres de diacre lui sont données par le cardinal de Meudon, archevêque de Lyon, en vertu d'un dimissoire et datées du samedi des Quatre-Temps après la Pentecôte de 1552.

1566 **Antoine de Veignolles.** — Clerc. Avocat céans, prieur de Saint-Clémentin, d'une vieille famille jadis en grand crédit près du roi René de Sicile. Reçu, 8 fév., par résignation de Jean-Baptiste Regnard. V. Parlement d'Henri III.

Claude Dangennes. — Clerc. Sous-diacre, prieur de Notre-Dame-de-Laye, frère de l'évêque du Mans, 5e fils de Jacques, Sgr de Rambouillet. Reçu, 5 avril, au lieu de feu Baptiste Sapin. Délégué, par lett. pat. entérinées le 9 août 1568, à l'administration tant spirituelle que temporelle du diocèse du Mans, en l'absence de son frère, alors à Rome. Ambassadeur à Florence, 4 juin 1569. V. Parlement d'Henri III. Cons. au Conseil Privé, 9 août 1577.

Jean de Thou. — Avocat céans. Fils et gendre des deux présidents Christophe de Thou et René Baillet. Cons. clerc, 26 nov., au lieu de feu Jean Picot, avec dispense d'*in sacris*, mais *sine matrimonio*. Cons. lai, 4 déc. 1567, par résignation de Jean Brachet. Élu 1er, 18 mai 1564, examiné. Maître des Requêtes, 9 nov. 1570. Remplacé 1° par Augustin le Cirier, clerc, 6 fév. 1568 ; 2° par Antoine de Beauveau, lai, 19 janv. 1571. † 7 août 1579. Époux de Renée Baillet (veuve 9 déc. 1594).

Pierre II Séguier l'aîné. — Avocat céans. Sgr de Sorel, lieutenant général du bailli du Palais (9 août 1564), fils du président, beau-frère par alliance de Jacques de Saint-André Président des Requêtes. Reçu cons. clerc, 27 nov., au lieu de feu André Verjus (mêmes conditions que de Thou) ; cons. lai, oct. 1567, au lieu de feu Michel II Boudet, Maître des Requêtes, 8, 29 fév. 1572, en payant au roi 16,000 l. reversées à son résignant Arnault du Ferrier, et lieutenant civil de la Prévôté de Paris, 16 juil. Reçu à la survivance de la présidence de son père, en restant lieutenant civil pour 3 ans, 4 avril 1576, et mis en possession, 3 fév. 1580. Remplacé par Nicolas Brulart, clerc, 18 juin 1568, et Pierre III Séguier, son frère, lai, 29 fév. 1572. Époux de Marie du Tillet, fille du greffier civil (veuve 4 juil. 1608).

Philbert Thurin ou de Turin. — Lai. Sgr de Villeray, fils de François, bourgeois de Lyon, panetier de Catherine de Médicis, et de Jeanne Faye d'Espeisses. Reçu, 27 nov. 1566, par résignation de Jacques Millet (pourvu sous condition d'épouser sa fille). V. Parlement d'Henri III. Époux de Jeanne Coignet qui fut mère du cons. François, X3A 61, 15 juin 1611.

Jean Bonaud. — Lai. Avocat céans depuis 13 ans et demi. Reçu, 29 nov., par résignation de Jean de la Guesle. Contraint de résigner pour cause de religion et remplacé par Pierre Bouguier, 1er oct. 1569. Le 19 mars 1571, il est réintégré comme surnuméraire, et le 27 juil., sur nouvel ordre du roi, réinscrit aux gages ; enfin, le

5 mars 1572, remis en pleine possession de son office, par translation de Pierre Bouguier au siège de feu Pierre de Saint-André. V. Parlement d'Henri III.

Jacques II Brizard. — Clerc. Avocat céans, sous-diacre, doyen de Longjumeau, fils du cons. Jacques Ier. Reçu, 4 déc., au lieu de feu Arnoul Chaudon. Élu 2e aud. siège, 5 sept. 1564. Examiné et admonesté de continuer l'étude du droit et des ordonnances. V. Parlement d'Henri III.

Claude Barjot. — Lai. Avocat du roi au Parlement de Bretagne, fils de Philbert, président au Grand Conseil, Sgr de Moussy, X^{3a} 57, f° 171 v°, 5 janv. 1565. Reçu, 21 fév., au lieu de Jacques Varade mué de lai en clerc. (D'abord pourvu de l'office clerc de Loys du Faur. Écarté par la Cour, 16 juil. 1566.) Maître des Requêtes, 2 déc. 1567 (création), Président au Grand Conseil. Époux de dame Philippe de Maillac (14 mars 1583).

Jean Bulyon. — Lai. Avocat céans, gendre de l'ex-cons. Charles de Lamoignon. Reçu, 14 mars, par résignation de Pierre Minard. Maître des Requêtes, 14 nov. 1572. Époux de Charlotte de Lamoignon (veuve 17 mai 1593).

Pierre de Rouillé. — Clerc. Abbé de Hérivaulx, Sgr de Genyton, X^{3a} 55, f° 201, 10 mars 1563. Reçu, 21 mars, au lieu de feu Jean Jacquelot. V. Parlement d'Henri III.

Gilles Ryant. — Lai. Secrétaire du roi, Sgr de Villeray, fils du feu Président D. Riant, beau-frère d'Antoine Fumée. Reçu, 22 avril, par résignation de Martin Fumée, au prix de son office de secrétaire du roi. Présenté, par la famille, au choix du roi, 17 nov. 1563, pour le siège de feu Baptiste Sapin, son oncle. Écarté par la Cour (20 ans). Maître des Requêtes, 30 sept. 1570 (et au dire de Lestoille, déporté en janv. 1579). Cons. au Conseil Privé, août 1582. Président du Parlement de Tours, janv. 1592. Remplacé par Jean de Champront, 15 déc. 1570. Époux de Madeleine Fernel, fille de Jean, médecin du roi, et de Madeleine de Tournebulle.

Jean le Voix. — Clerc. Notaire et secrétaire du roi. Reçu, 3 juin, avec dispense d'*in sacris*, au lieu de Jhérosme Corbin appelé au Grand Conseil. V. Parlement d'Henri III. Jhérosme Corbin ne paraît sur aucun rôle de la Cour (19 juin 1562, Professions de foi, et 13 avril 1565, Paiement). Peut-être fut-il seulement pourvu, et non reçu, d'un siège clerc vacant (Gérard Cotton, Denis Bodin (?) ou autre). V. arrêts des 18 avril 1590 et 23 juil. 1592 (Tours), le concernant.

Édouard Molé. — Lai. Notaire et secrétaire du roi, Sgr de Saint-Rémy et Montbelin, de Lassy et de Champlâtreux, 2° fils du feu cons. Nicole (13 mars 1590), gendre du cons. Mathieu Chartier. Reçu, 13 juin, par résignation de Jean III Luillier. V. Parlement d'Henri III. Époux de Marie Chartier, veuve du cons. Christophe Bouguier, qui suit.

Jean Forget. — Lai. Avocat céans depuis 1555, Sgr de la Torinière, baron de Mafflie, cons. et Maître des Requêtes de la reine mère, X³ᴬ 59, 12 janv. 1597, prébendier de l'église de Chartres, par résignation de son oncle, Julien Forget (10 mars 1568), fils de Pierre, secrétaire du roi, argentier de la reine Éléonore. Reçu, entre 6 juil. et 24 nov. (omis au registre), au lieu de François Séguier (?) fait Maître des Requêtes. V. Parlement d'Henri III. (Il est dit, à tort, le 19 août 1574, qu'il fut reçu, en 1570. Ne l'a pas été avant le 8 oct. 1567, où il obtint, à Chartres, une 1ʳᵉ prébende.) Époux d'Anne le Clerc, fille du cons. Nicolas et de Claude de Saint-André (20 mars 1593), beau-frère du cons. Guillaume Bénard, qui suit.

Jean Bonete. — Lai. Reçu, 24 nov., par résignation de Robert, son père, survivance du 19 mars 1559. V. Parlement d'Henri III.

Christophe Bouguier. — Lai. Cons. au Châtelet et avocat céans, fils de Pierre, Sgr d'Escharçon et de Villennes, avocat céans, et de Claude Fragier, X³ᴬ 53, 21 juil. 1553, gendre du cons. Mathieu Chartier. Reçu, 26 nov., par résignation de Nicolas Potier fait Maître des Requêtes. V. Parlement d'Henri III. Époux de Marie Chartier qui, veuve, épousa Édouard Molé.

René Hennequin. — Lai. Sgr de Sermoises, frère des cons. Antoine, Emard et Jérosme, qui suivent, de la branche d'Assy. Reçu, 28 nov., par résignation de Nicole Berruyer fait Maître des Requêtes. Maître des Requêtes lui-même, 29 oct. 1572. Époux de Marie de Marillac, fille de Guillaume, Sgr de Ferrières, intendant de finances.

Jean ou Guillaume II Courtin. — Lai. Avocat céans, Sgr de Rozay, fils du cons. Guillaume Iᵉʳ et d'Anne le Cirier ; gendre du cons. Germain le Picart. Reçu, 28 nov. (création). V. Parlement d'Henri III. Époux de Marie le Picart (14 août 1592).

Claude II Tudert. — Lai. Cons. au Châtelet, Sgr de la Bournalière, héritier (7 sept. 1571, fils ou neveu) de Claude Iᵉʳ. Reçu, 29 nov., par résignation de Nicolas Hector de Marle. V. Parlement d'Henri III. Époux de Nicole Hennequin, fille du cons. Jean II et d'Anne Molé.

Philibert Regnart. — Lai. Avocat céans (mêmes armes que le cons. Florentin, Ms. 7555 *bis*). Reçu, 3 déc., par résignation de Jean Bochart. † 25 oct. 1568. Inhumé à Saint-Étienne-du-Mont. Remplacé par Philippe Jabin, son beau-frère, 4 janv. 1569.

Pierre de Pardessus. — Clerc. Avocat céans, prieur commendataire de Saint-Jérosme de Langres. Reçu, 5 déc., au lieu d'Adrien de Thou fait Maître des Requêtes. V. Parlement d'Henri III.

Hiérosme de Montholon. — Lai. Cons. et général de la Justice des aides, ex-avocat céans, fils du feu Président et Garde des sceaux, François. Reçu, 5 déc., après examen sommaire, sans tirer de loi, par résignation de Jean Dauvet fait Maître des Requêtes. V. Parlement d'Henri III. Époux de Madeleine de Bragelonne, fille de Thomas, lieutenant civil, et sans doute sœur du cons. Claude, qui suit (10 juin 1600).

François Goyet. — Lai. Avocat du roi au Châtelet, ex-avocat céans, Sgr de Bochetel-en-Brie, syndic des F^{Fes} Mineurs de Saint-François de Paris, X^{3A} 47 et 49, 27 juil. 1547, 4 sept. 1549. Reçu, 10 déc. (création de XII cons.). Résigne. Remplacé par Pierre III le Clerc, 30 janv. 1573. Époux de Marie Goyet, veuve de René Gondi, sieur de Villefranche (24 mai 1594).

Claude Larcher. — Lai. Cons. de la Justice des aides depuis 13 ans, fils de Benoît, cons. en Cour des aides, et de Marthe Gilbert, frère du cons. Michel, allié des familles Brachet et le Cirier. Reçu, 30 déc., sans examen (création). V. Parlement d'Henri III. † victime de la Ligue, 15 nov. 1591. Époux de Marie, fille du cons. Guillaume Ier Courtin et d'Anne le Cirier, beau-frère de Guill. II, X^{2A} 149, *passim*.

Jacques Faye. — Lai. Sgr d'Espeisses. Reçu, 30 déc., par section de l'office de Barthélemy, son père. Permute avec lui, 29 août 1570, et prend sa commission des Requêtes, pour lui permettre de rentrer aux Enquêtes et de devenir Président. V. Parlement d'Henri III. Maître des Requêtes, 12 sept. 1575 ; avocat du roi céans, 17 août 1580. Président au Parlement de Tours, dès l'ouverture, avril 1589. † *ante* 1er oct. 1590. Accompagna Henri, duc d'Anjou, en Pologne, avec l'avocat du roi Guy du Faur. Époux de Françoise de Chaulnes ou Chalnet, dame de Frelin (veuve 5 janv. 1594, 15 juil. 95).

1568   **Claude de Faulcon.** — Lai. Avocat céans, sieur de Rue, neveu de l'évêque de Carcassonne, François Faulcon, fils d'Alexandre et de Françoise d'Albiac, fille de Charles, Ier Président en la Chambre des Comptes de Languedoc, X^{3A} 62, 21 mai 1612. Reçu, 2 janv. (création des XII cons.), d'une famille soi-disant originaire de Florence et alliée des Médicis. V. Parlement d'Henri III. Président des Enquêtes, 16 mars 1579. Époux d'Étiennette, fille du cons. Jean Huault, qui suit.

Jean de Bryon. — Lai. Cons. en la Justice des aides depuis 10 ans, Sgr de l'Hospitau et de Guytancourt, X^{3A} 57, 22 nov., 13 déc. 1564. Reçu, sans examen, 12 janv., aux Requêtes du Palais (création). V. Parlement d'Henri III. Époux 1° de Louise Bochart, fille de Jean, Sgr de Champigny, avocat céans, et de Jeanne Tronçon; 2° d'Anne Chevallier (veuve, 2 oct. 1612, X^{3A} 62).

François II Briçonnet le jeune — Lai. Avocat céans, Sgr de Vauhélan et de Courailles (22 août 1569, 15 juil. 1595), fils aîné du cons. François Ier. Reçu, 14 janv. (création). V. Parlement d'Henri III. Époux de Marie le Lièvre, dame du Chesnoy, fille de Jacques, correcteur en Chambre des Comptes, et de Jeanne de Thou.

Guillaume II Besançon. — Lai. Cons. en Cour des aides depuis 17 ans, fils aîné du cons. Loys et de Marie Potier, petit-fils de cons. (4 sept. 1557), frère du cons. Louis II, ci-dessus. Reçu, sans examen, 15 janv., au lieu de Gabriel Miron fait lieutenant civil au Châtelet. V. Parl. d'Henri III. Époux de Jeanne Bourgoing.

Geoffroy Camus. — Lai. Sgr de Pontcarré, l'un des 4 notaires de la Cour (1er fév. 1568), fils de Jean, échevin de Lyon, puis secrétaire du roi. Reçu, 16 janv. (création). V. Parlement d'Henri III. Maître des Requêtes, 7 juil. 1574. Époux de Jeanne Sanguin de Livry, fille de Jacques, lieutenant général des Eaux et Forêts.

Nicolas le Clerc. — Lai. Avocat céans, gendre du Président Saint-André, beau-frère des cons. Étienne Fleury, Pierre et Jacques de Saint-André. Reçu, 16 janv., au lieu de Jean II, son frère, fait Président des Requêtes. Maître des Requêtes, 13 juil. 1573. Président des Requêtes du Palais, 14 mai 1587. Époux de Claire ou Claude de Saint-André, X^{1A} 8630, f° 125, 21 oct. 1572.

Prosper Banyn. — Lai. Cons. en Cour des aides depuis 5 ans, ex-avocat céans, fils de Jean, chirurgien suisse, puis marchand de Paris, et de Cantionne de Mézières, X^{3A} 55, 9 janv. 1563. Reçu,

14-23 janv. (omis au registre), après examen (création). V. Parlement d'Henri II. Délégué à l'exercice de la Justice à Clermont-Ferrand, lors de l'institution du Présidial, X¹ᴬ 1681, f° 59 v°, 30 juin 1583. Époux d'Étiennette Goret.

Jean Huault. — Lai. Cons. au Châtelet, ex-avocat céans et secrétaire du roi, Sgr de Vaire et de Bussy, fils de Jacques, secrétaire du roi, et de Philippe de Hacqueville. Reçu, 23 janv., au lieu d'André de Hacqueville fait Maître des Requêtes. V. Parlement d'Henri III. Époux de dame Anne de Piédefer (8 janv. 1599).

Claude de Bérulle. — Lai. Sgr de Sérilly, baron de Séant-en-Othe, fils de Galas, écuyer, Sgr du Vieil-Berger (26 fév. 1574), gendre du Président Pierre Iᵉʳ Séguier. Reçu, 30 janv. (création). V. Parlement d'Henri III. Époux de Loïse Séguier qui se fit carmélite, à sa mort, mère du fondateur de l'Oratoire.

Augustin le Cirier. — Clerc. Frère du cons. François, chanoine de la Sainte-Chapelle, doyen d'Avranches et de Paris. Reçu, 6 fév., au lieu de Jean de Thou mué de clerc en lai. V. Parlement d'Henri III. Évêque d'Avranches, après son oncle Antoine, en 1575. †1580. *Gall. Christ.*, XI, col. 500.

Jean IV Hurault. — Lai. Sgr de Vueil, fils du cons. Jean II et d'Anne Brette, sa 3ᵉ femme, gendre du cons. Loys Allegrin. Reçu, 20 fév. (création). Admonesté de continuer ses études et de savoir les ordonnances. Maître des Requêtes, 11 août 1572. Remplacé par Mathieu Jourdain, 12 août. Époux de Catherine Allegrin.

Olivier du Drac. — Lai. Avocat céans, fils aîné du cons. Adrien II. Reçu, 6 mars (création). Maître des Requêtes, 9 août 1571. Remplacé par Pierre le Maistre, 8 avril. Époux d'Anne de Manneville, fille de Nicolas, Maître des Comptes.

Jacques Pétremol. — Lai. Sgr de Vierville (Urville ou Bruville : on trouve les 3 formes), 1ᵉʳ déc. 1592, fils d'Antoine, Maître des Comptes. Reçu, 17 mars (création). V. Parlement d'Henri III. Veuf de Marguerite Barguin et avant de Marie Huault, fille de Jacques, sieur de Vaire, X³ᴬ 60, 31 déc. 1591.

Hiérosme du Four. — Lai. Reçu, 17 mars (création). V. Parlement d'Henri III. Époux d'Étiennette Brunel.

Loys Dodieu. — Lai. Cons. au Parlement de Bretagne, Sgr de Vély, fils du feu cons. Claude. Reçu, 24 mars, au lieu de René Crespin fait Maître des Requêtes. Maître des Requêtes (?). Résigné, remplacé par Denys de Here, 21 juin 1569. Le Ms. 7554 le fait, à tort, évêque de Soissons, et Blanchart, prévôt d'Orléans, puis Président au Parlement de Rennes. Époux de Nicole de Fontenay, fille de Mathieu, avocat céans, et de Marie Picart.

Guillaume de Laubespine. — Lai. Baron de Châteauneuf, 2e fils de Claude, baron de Laubespine, secrétaire d'État, et de Jeanne Bochetel. Reçu entre 23 déc. et 19 mai (création). Maître des Requêtes, 13 août 1572. Époux de Marie de la Châtre, fille de Claude, chevalier, baron de Maisonfort.

Nicolas Brulart. — Clerc. Chanoine de Paris, abbé de Joyenval, fils du feu Proc. gén. Noël B., X^{3A} 58, 30 mai 1566. Reçu, 18 juin, au lieu de Pierre II Séguier mué de clerc en lai. Élu 1er, au siège de Verjus, 18 mai 1564. Examiné. Maître des Requêtes, 5 août 1570. Remplacé par Gilles Scavan, 26 janv. 1571.

Jean Scaron. — Lai. Sgr de Mandiné, fils de Jean, échevin de Lyon, et d'Isabeau Regnault. Reçu, 18 juin, au lieu de Pierre Hennequin fait VIe Président, en payant 10.000 l. au roi. V. Parlement d'Henri III. Époux de Marie Boyer (11 mars 1580).

Pierre Damours. — Lai. Cons. au Grand Conseil, fils de Gabriel, avocat céans, Sgr de Serain-en-Anjou, cons. au Grand Conseil. Reçu, sans examen, 7 sept., au lieu de Jean II le Prévost, son beau-père, fait Président de la Ve Chambre des Enquêtes. V. Parlement d'Henri III. Époux de Jeanne le Prévost.

Pierre Lescot. — Lai. Sgr de Lissy ou Lixy-en-Brie, fils du feu cons. Léon Ier. Reçu, 25 oct., par résignation de Guillaume Dauvet (Pourvu par le crédit de son oncle, le sieur de Claigny). V. Parlement d'Henri III. Époux de Marie de Foissy (veuve 26 mars 1597. Cf. X^{3A} 62, 7 fév. 1612). C'est donc à tort que le Ms. 7555 le fait Proc. gén. en Cour des aides, en 1604.

Jean le Jau. — Lai. Sgr de Morigny, Boismmont, la Granche rouge, de Chambersot, etc. (12 juil. 1583, 21 juil. 1594), X^{2A} 149, f° 147, etc.; gendre du cons. Président des Enquêtes Jean II le Prévost. (Cf. Pierre Damours.) Reçu, 17 déc., au lieu de Pierre de Saint-André fait Président de la Ve Chambre des Enquêtes (en donnant 10.000 l. au roi, sur un prêt de 14.000). V. Parlement d'Henri III. Époux de Justine Prévost.

1569 **Philippe Jabin.** — Lai. Reçu, 4 janv., au lieu de feu Philibert Regnard, son beau-frère. V. Parlement d'Henri III.

Jacques du Tillet. — Clerc. Docteur en droit, frère cadet du greffier civil, Jean II. Reçu, 14 janv., au lieu de feu Nicole le Maistre. V. Parlement d'Henri III. Se fit chartreux en 1594.

Jean Feu. — Clerc. Avocat céans (?), chanoine de Reims (24 avril 1595). Reçu, 29 janv., au lieu de feu Étienne Dugué. V. Parlement d'Henri III. Le rôle des avocats du 12 nov. 1568 porte un Feu, sans prénom ; celui du 10 juin 1562, aucun.

Emard Hennequin. — Clerc. Abbé de Bernay, frère des cons. Antoine et René, ci-dessus. Reçu, 29 janv., avec dispense de parenté, par résignation d'Adrien de Launay. V. Parlement d'Henri III. Évêque de Rennes, 1574. *Gall. Christ.*, XIV, col. 762.

Robert Bochard ou Bouchard. — Lai. Avocat céans, prévôt de l'abbaye de Saint-Denis en sa terre et seigneurie d'Emières (?), X^{3A} 58, 26 oct. 1566. Reçu, 18 fév. (création des XII cons. de 9 nov. 1567). V. Parlement d'Henri III.

Paul de Villemor. — Clerc. Avocat céans, sieur de Nogent-sur-Aube, Lieutenant général du Grand Maître enquêteur et réformateur des Eaux et Forêts à la Table de Marbre, X^{3A} 57, f° 526, 23 mars 1565. Reçu, 22 avril, avec dispense d'*in sacris*, au lieu de Jacques II Allegrin mué de clerc en lai. Débouté et tenu, en suspens depuis le 7 mai 1568. V. Parlement d'Henri III. Le Ms. 7555 *bis* le fait mourir, à tort, le 17 mai 1572. Époux de Madeleine le Clerc.

Philbert II le Masuyer. — Lai. Avocat céans. Reçu, 29 avril (création des XII cons.). V. Parlement d'Henri III. Époux de Marie Grenier (17 fév. 1596).

Pierre de Soulfour. — Lai. Avocat céans, sieur de Gouzaúges, vicomte de Vaux, fils ou frère de Jean, trésorier de la reine douairière Éléonor, et de Marie Messager, X^{3A} 54, 13, 26 déc. 1557. Reçu, 2 mai (création). V. Parlement d'Henri III. Président des Enquêtes, 8 oct. 1578. Époux de Marie Bataille (4 août 1582).

Denys de Here. — Lai. Sieur de Pomelet. Reçu, 21 juin, par résignation de Loys Dodieu. V. Parlement d'Henri III. Époux 1° de Marguerite Giraudon ; 2° de Marie Bernard (7 sept. 1584) ; 3° d'Espérance de la Croix (10 mai 1586).

Pierre Bouguier. — Lai. Frère puîné du cons. Christophe. Reçu, 1er oct., par résignation forcée de Jean Bonaud et en composant avec lui, au prix de 10.000 l., puis transféré, 5 mars 1572, au siège de feu Pierre de Saint-André, après la réintégration de Bonaud. V. Parlement d'Henri III.

1570 **Christophe Hector de Marle.** — Lai. Sgr de Versigny, par substitution de son oncle et parrain, Christophe de Marle, cons. clerc en 1527, chanoine d'Avranches (21 janv. 1581); fils de René Hector, Sgr de Péreuse, et de Nicole de Marle, frère du cons. Nicolas, beau-frère de Loys II Besançon. Reçu, 26 janv., au lieu de feu Pierre Grassin. V. Parlement d'Henri III. Époux 1° d'Antoinette, fille du cons. François Briçonnet ; 2° de Madeleine, fille de Guillaume III Barthélemy.

Martin de Bragelonne. — Lai. Avocat céans, Sgr de Charonne, 4° fils de Martin, Sgr de la Cour, échevin, puis Prévôt des Marchands de Paris, et de Marguerite Chesnard. Reçu, entre 14 janv. et 9 août (omis au registre..., d'après les lettres de confirmation d'Henri IV en 1594), au lieu de feu Eustace Chambon. V. Parlement d'Henri III seq. Président des Enquêtes, 1588-89. Le rôle des avocats du 12 nov. 1568 porte deux de Bragelonne, sans prénoms ; celui du 10 juin 1562, aucun.

Guillaume Bénard. — Lai. Cons. au Parlement de Bretagne, sieur de Luzé, fils de Jean, secrétaire du roi ; beau-frère du cons. Jean Forget (24 mars 1593). Reçu, 17 mars, sans examen, au lieu de Pierre de Masparrault fait Maître des Requêtes. V. Parlement d'Henri III. Époux d'Anne ou Jeanne Forget, fille de Pierre, sieur de la Branchoise, argentier de la reine Éléonor d'Autriche, puis notaire et secrétaire du roi, et de Françoise de Fortia, X^{3A} 61, 31 déc. 1611.

Jacques Bellanger. — Clerc, *in sacris*. Reçu, 14 avril, au lieu de Bernardin de Saint-François fait Maître des Requêtes. V. Parlement d'Henri III.

Jean II Vaillant de Quélis. — Lai. Fils du Président des Enquêtes résignant, Jean Ier. Reçu, 22 avril, au siège de François le Cirier fait Président des Enquêtes et cons. clerc, au lieu dud. Jean Ier. V. Parlement d'Henri III.

Olivier le Bossu. — Lai. Avocat céans, Sgr de Montion, près Meaux, X^{3A} 58, 25 mai 1566. Reçu, 1er sept., au lieu de Jean de la Rozière fait Maître des Requêtes. Avisé d'informer secrètement sur sa foi, 11 mai. V. Parlement d'Henri III. Époux de Madeleine Mangot, fille de Jacques, avocat céans. Le rôle des avocats du 12 nov. 1568 porte deux le Bossu, sans prénoms.

Mathieu de Longueil. — Clerc. Acolyte et sous-diacre, Trésorier de la Sainte-Chapelle de Vincennes, chanoine de Chartres, Autun,

Meaux, Senlis, fils du cons. Pierre II. Reçu, 15 nov., au lieu de feu François Dormy, président des Enquêtes. Élu 1er aud. siège, 17 août ; examiné. V. Parlement d'Henri III seq.

Raoul Favier. — Lai. Avocat du roi en Cour des aides depuis 17 ans, neveu du cons. Nicole Favier. Reçu cons. aux Requêtes du Palais, 27 nov., par résignation de feu François de Mailly. V. Parlement d'Henri III. Époux 1º de Nicole de Moucy, sœur du cons. Jean, qui suit ; 2º de Jeanne Maillart (veuve 23 juin 1593, Tours). Cf. 5 fév. 1608.

Jean Habert. — Lai. Sous-diacre, prieur de Flottin (10 avril 1582, beau-père de l'avocat du roi, puis président au Parlement ligueur, Jean le Maître (30 mai 1592). Reçu, 13 déc., par résignation de Denis Brulart 1er Président à Dijon. V. Parlement d'Henri III.

Jean de Champront. — Lai. Sgr de Dollé et du Champ-David 23 août 1585), fils de Michel, Maître des Comptes. Reçu, 15 déc., au lieu de Gilles Riant fait Maître des Requêtes. V. Parlement d'Henri III. Époux de Madeleine de Montmirel, fille de Thierry, Sgr de Chambourcy (21 juil. 1600).

571 **Antoine de Beauvau.** — Lai. Sgr de la Tour-Mézy, etc., fils de Robert, contrôleur des rentes de la ville de Paris, et de Cécile Courtin. Reçu, 19 janv., par résignation de Jean de Thou. V. Parlement d'Henri III. Époux de Denise Huault, fille de Jacques, secrétaire du roi. Cf. J. Pétremol.

Gilles Scavan. — Clerc. Chanoine de Reims et de Soissons (17 juin 1587). Reçu, 26 janv., par résignation de Nicolas Brulart. V. Parlement d'Henri III.

Pierre le Maistre. — Lai. Sgr de Vaux, fils de Pierre, notaire et secrétaire du roi, greffier des Comptes, et de Marie de Marle. Reçu, 8 avril, par résignation d'Olivier du Drac fait Maître des Requêtes. V. Parlement d'Henri III. Époux d'Anne le Sueur (veuve 2 janv. 1598). Cf. X^{3A} 61, 26 oct. 1611.

Adrien III du Drac. — Lai. Lic. en lois, notaire et secrétaire du roi, Sgr de Marœuil, Beaulet et Baudeville, vicomte d'Ay, fils du cons. Adrien II, frère du cons. Olivier, X^{3A} 58, 3 juil. 1568. Reçu, entre le Maistre et Goussancourt, qui suit, 8 avril-18 déc. (d'après lett. de confirmation d'Henri IV, 1594), par résignation ou décès d'Adrien II, son père (Survivance du 19 août 1569), encore proposé pour la commission des Requêtes de feu François de Mailly, 6 sept. V. Parlement d'Henri III. Époux de Marie le Prévost.

Robert ou Pierre de Goussancourt. — Lai. Sgr de Grynesves, Gryensves ou Grinesius (V. les 3 formes, 29 mars 1580, 31 août 1585), sans doute gendre du résignant. Reçu, 18 déc., par résignation de Loys Darquiviller. V. Parlement d'Henri III. Époux d'Anne Darquiviller (veuve 11 janv. 1597).

Charles de Hacqueville. — Clerc. Archidiacre de Rouen, fils de l'ex-cons. André et d'Anne Hennequin. Reçu, 18 janv., au lieu de feu Jacques Varade. V. Parlement d'Henri III.

François Pelletier. — Clerc. Chanoine prébendé de Saint-Martin de Tours, originaire du Mans (16 mai 1589). Reçu, 29 janv., au lieu de feu Nicole Prévost. V. Parlement d'Henri III.

Pierre III Séguier. — Lai. Sgr de Saint-Syx ou Saint-Cyr, fils du Président Séguier. Le Ms. 7555 *bis* le fait fils de Nicolas, Maître des Comptes, frère de celui-ci. Reçu, 29 fév., par résignation de Pierre II, son frère. V. Parlement d'Henri III. Époux de Charlotte Janvier, fille de Nicolas, secrétaire du roi.

Guillaume Florette. — Lai. Prieur de Saint-Jacques de l'Ermitage-lès-Pont-sur-Seine (29 nov. 1582), Sgr de Bussy-en-Mâconnais. Reçu, par section d'office, à la commission des Requêtes de Jean, son père, entre 30 mai et 5 août (rang donné par les lettres de confirmation d'Henri IV, 1594, qui l'inscrivent entre Goussancourt et Deslandes). Débouté deux fois des lettres patentes d'octroi de lad. section, 11 mars 1569, 6 sept. 1570, Guillaume est admis, le 30 mai 1572, au serment de survivance et peu après à lad. section, car le père et le fils se retrouvent, sous Henri III, au rôle des récusations du 4 fév. 1581.

Loys du Tillet. — *In sacris*, chanoine de Senlis (18 mai 1595), frère du greffier civil, Jean II, et du cons. Jacques, Sgr de Boistruflier (30 mars 1592). Reçu cons. lai, 27 juin ; clerc, 18 juin 1574 (sans indication de siège). V. Parlement d'Henri III.

Jean ou Antoine du Vivier. — Clerc. Chanoine et chancelier de l'église et Université de Paris. Reçu, 2 juil. V. Parl. d'Henri III.

Guillaume Deslandes. — Lai. Sgr de Flagy, fils de Denis, sieur de Margueritte, et de Marie de Grimoul. Reçu, entre 2 juil. et 5 août (omis au registre). V. Parl. d'Henri III. Époux de Bonne de Vitry.

Mathieu Jourdain. — Lai. Cons. au Parlement de Bretagne. Reçu, 12 août, au lieu de Jean IV Hurault fait Maître des Requêtes. V. Parlement d'Henri III,

Antoine Brandon. — Lai. Sgr de Laureau, fils de l'ex-cons. Pons.

Reçu, 12 août, au lieu de Jean Boudet fait Maître des Requêtes. V. Parlement d'Henri III. Époux d'Hélène de Nancy, veuve de Jean de Castel, écuyer, Sgr de Morlay (5 sept. 1573).

Nicolas de la Place. — Lai. Arrière-petit-fils de Jean, cons. en 1476, « petit-fils de présidents céans par ses ascendants des deux côtés » ; fils de Nicolas, cons. au Parlement de Rouen, et de Loyse Thiboust (son aïeul paternel Nicole, élu à Rouen, X^{3A} 53, 30 août 1553). Reçu, 2 sept., par résignation d'Achilles de Harlay fait VIe Président. Le 9 janv. 1574, prend, encore par résignation, la commission des Requêtes de feu Pierre II Viole. V. Parlement d'Henri III. Époux de Marguerite de Grieu, fille du cons. Gaston et d'Anne Viole.

Guillaume Rebours. — Lai. Sieur de Bertrand-Fossé, fils d'un cons. au Parlement de Rouen. Reçu, 5 sept., par résignation de Jacques Aurillot. Président en Cour des aides, mars 1578, d'après Ms. 7555 *bis*, qui le fait, à tort, Président des Enquêtes auparavant. Époux de Claudine Le Grand, fille de Nicolas, médecin du roi.

Lazare Coquelay. — Clerc. Docteur ès drois, chanoine de Notre-Dame de Paris. Reçu, 12 déc., au lieu de Charles de Dormans. V. Parlement d'Henri III.

Pierre Ruelle ou Ruellé. — Clerc. Chantre de Notre-Dame et écolâtre des petites écoles de Paris, X^{3A} 61, 26 sept. 1611, prieur de Saint-Léger-au-bois, diocèse de Soissons (V. *infra* Jacques Gillot). Reçu, 30 déc., au lieu de feu Jacques Roillart. V. Parlement d'Henri III. Président des Enquêtes, 1587.

1573 **Denis ou Nicole Rubentel.** — Lai. Avocat céans et au Châtelet, Sgr de Maudétour, fils de Denis, avocat céans, et de Geneviève Perceval, X^{3A} 52, 23 fév. 1553. Reçu, 9 janv., au lieu de feu Raoul Aurillot. (On trouve un homonyme 2 fois élu, les 18 avril 1539 et 13 août 1540, sans doute son père.) V. Parlement d'Henri III. Époux 1° de Marie Hesselin ; 2° de Françoise de Maulevault (27 mars 1599).

Guillaume IV ou Pierre Barthélemy. — Lai. Sgr de Beauverger, beau-frère du cons. Antoine Hennequin. Reçu, 13 janv., par résignation de Jean Escorcol absent pour cause de religion. V. Parlement d'Henri III. Époux de Marie Hennequin (veuve 8 fév. 1582).

Pierre II le Clerc. — Lai. Sgr du Tronchay (14 mars 1587), frère des cons. Jean et Nicolas. Reçu, 30 janv., avec dispense de parenté, au lieu de François Goyet résignant. V. Parlement d'Henri III. Époux de Marie Vialart, fille de Michel, avocat céans, puis lieutenant civil au Châtelet, Maître des Requêtes, Président au Parlement de Rouen, enfin au Grand Conseil. Le Ms. 7554 le fait, à tort, fils de Nicolas Ier, qu'il confond avec Nicole, et de Claire de Saint-André.

Jean II de Thumery. — Lai. Sgr de Boissise (2 juin 1601), fils du cons. Jean Ier et, à ce titre, préféré au suivant, à l'examen, beau-frère par alliance du cons. Jacques Allegrin. Reçu, 6 fév. V. Parlement d'Henri III. Époux 1° de Marthe Lhuillier et veuf 2 juin 1601, X^{1R} 858, 9 mai 1607 ; 2° de Madeleine Hélin.

Antoine Feydeau. — Lai. Petit-fils de Guillaume, cons. en 1506, et de Renée de Villers, fils de procureur en exercice (21 janv. 1597). Reçu, 13 fév. V. Parlement d'Henri III. Époux 1° de Claude Métivier ; 2° d'Esther Bailly.

Jean Mayneteau. — Lai. Sénéchal de Civray. Reçu, 20 fév., par résignation d'Antoine de Loynes. V. Parlement d'Henri III.

Nicolas Chevalier. — Lai. Cons. en Cour des aides, depuis 5 ou 6 ans ; trésorier de la Sainte-Chapelle du bois de Vincennes en 1592, X^{1A} 1726, f° 20, 16 nov., fils et frère des cons. Nicole et Jean. Reçu, 14 avril. V. Parlement d'Henri III.

Loys II Séguier. — Clerc. Doyen de Paris en 1575, 4e fils du président Séguier. Reçu, 24 avril, au lieu de feu Pierre Lefèvre. (Provision en suspens depuis le 6 août 1571, ajourné jusqu'à l'échéance de ses 25 ans.) V. Parlement d'Henri III.

Nicolas II Brulart. — Lai. Sgr de Sillery (11 juil. 1587). Reçu, 30 mai, avec dispense de parenté, au lieu de Pierre II, son père, mué en office clerc nouveau, pour devenir Président des Enquêtes. V. supra et Parlement d'Henri III.

Jean Midorge. — Lai. Sgr de la Maillarde, fils de Jean, Sgr du Fretay ; gendre de l'ex-cons. Charles de Lamoignon, beau-frère du cons. Jean Bulyon. Reçu, 12 juin (résignation de Germain Vialart (?). On lit, à la suite de cette réception, au-dessous et en surcharge, le nom de Vialart, qui est clerc. Or, celui-ci, mort le 12 mai 1574, a pu résigner avant. Le 8 août 1573, il vient encore, comme cons., mais sans doute honoraire, déposer sur la candidature de son neveu, Jean Amelot, à un office de Maître des Requêtes. V. Parlement d'Henri III. Époux de Madeleine de Lamoignon.

Palamède Fondriac. — Lai. Sgr de Champlay (23 août 1608). Reçu, 17 juin, par résignation de Thomas Gayant passé aux 2 offices clercs du Président des Enquêtes François Séguier. V. Parlement d'Henri III. Époux de N. Barthélemy.

Jacques Gillot. — Clerc. Acolyte et sous-diacre, chanoine de la Sainte-Chapelle, prieur de Saint-Léger-au-bois (diocèse de Soissons), et du Bon Nuel (?), X³ᴬ 63, 6 mai 1613, filleul du feu cons. Jacques Iᵉʳ Brizard (3 oct 1591, 20 août 1592). Reçu, 19 juin, par résignation de Nicole de Thou fait évêque de Chartres. V. Parlement d'Henri III.

Antoine de Soulfour. — Lai. Sgr de Bissay, frère du cons. Pierre, X¹ᴬ 5059, fᵒ 365, 12 oct. 1575. Reçu, 12 août, avec dispense de parenté, par résignation de (blanc). V. Parlement d'Henri III. Époux 1ᵒ de Jeanne Lotin, fille de Guillaume, Maître des Comptes, et de Jeanne Bochart de Champigny ; 2ᵒ de N. Loisel, fille d'Antoine, avocat céans ; 3ᵒ de Charlotte de Dormans (veuve 2 juil. 1605), X¹ᴮ 835. V. *infra*, René de Pincé.

Alexandre Le Grand. — Lai. Fils de Nicolas, médecin du roi, et d'Anne Touppin, beau-frère du cons. Guillaume Rebours. Reçu, 18 sept., par résignation de Loys II de Besançon. V. Parlement d'Henri III. Époux de Marthe Suzanne Canaye, fille de Jacques, sieur de Fresne.

1574 **Claude de Bragelonne.** — Lai. Cons. au Châtelet, Sgr de Charmoye (3 déc. 1593), fils de Thomas, lieutenant criminel au Châtelet, et de Madeleine Kerver. Reçu, 17 mars (au lieu de feu Bernard de Fortia (?). V. Parlement d'Henri III. Époux de Catherine Huault. Le Ms. 7554 le fait recevoir, à tort, en 1566.

Charles le Prévost. — Lai. Lic. en lois, Sgr de Malassis et de Granville (5 juil. 1594). Reçu, 26 mars, par résignation de feu Jean II, son père. V. Parlement d'Henri III. Époux de Madeleine, fille d'Eustache Allegrin, maître des Comptes, et de Françoise Larcher.

Réception de survivances.

Jacques II Viole. — Reçu, 5 août 1572, à la survivance de Jacques Iᵉʳ, son père. Entré en possession, 16 juin 1574.

Nicolas II Favier. — Reçu, 30 janv. 1573, à la survivance de Nicolas Iᵉʳ, son père. Entré en possession, 13 nov. 1579.

Antoine Briçonnet. — Reçu, 28 mars, à la survivance de François Iᵉʳ, son père. Entré en possession, 30 août 1577.

François de Maulevault. — Reçu, 1ᵉʳ sept., à la survivance de Guillaume, son père. V. Parlement de la Ligue, janv. 1591.

PARLEMENT D'HENRI III

Présidents de la Cour anciens (Plus de lettres de confirmation).

Christophe de Thou, Ier. — † 12 nov. 1582. Remplacé par Achilles de Harlay, Ier, et Jean de la Guesle, VIe, 5, 7 janv. 1583.

René Baillet, IIe. — † 7 juin 1576. Remplacé par Pompone Bellièvre, 8 juin.

Pierre Séguier, IIIe. — † 26 oct. 1580. Inhumé à Saint-André-des-Arts. Remplacé par Pierre II, son fils, 18 janv. 1581.

Bernard Prévost, IVe. — † 22 sept. 1585. Inhumé aux Célestins. Remplacé par Nicolas Potier, son beau-frère, 23 sept.

Pierre Hennequin, V^e. — † 26 juil. 1577. Remplacé par Guy du Faur, 8 oct.

Achilles de Harlay, VIe. — Fait Ier Président, au décès de Christophe de Thou, 5 janv. 1584. V. Parlements de Tours et d'Henri IV.

Présidents pourvus au cours du règne.

Pompone Bellièvre. — Ex-cons. au Parlement de Chambéry, lieutenant général de Vermandois, à Laon, cons. au Conseil Privé (13 mars 1563, 8 mars 1575). VIe Président, 8 juin 1576, au décès de René Baillet. (Création de la Chambre mi-partie.) Résigné, 1580, pour se donner tout à sa charge d'Intendant de finances. Remplacé par Barnabé Brisson, 17 août. Chancelier de France, 1599. Époux de Jeanne le Prévost, sœur de Marie, femme du cons. Adrien II du Drac.

Guy du Faur. — Sieur de Pibrac, avocat du roi céans, cons. au Conseil Privé, ambassadeur au concile de Trente. Ex-Juge Mage, avocat, puis cons. au Parlement de Toulouse, VIe Président, 8 oct. 1577, au décès de Pierre Hennequin. † 30 mai 1584. Inhumé aux Augustins. Office aboli, le 8 juin, rétabli pour Augustin II de Thou, 2 oct. 1585. Époux de Jeanne de Custot.

Barnabé Brisson. — Avocat du roi céans, sieur de Gravillers, du Breuil et d'Épinay-sur-Orge (6 mars 1578), VIe Président, 17 août 1580, au lieu de Pompone Bellièvre fait Intendant de finances. V. Parlement de la Ligue, cons. d'État, 27 juin 1591. † victime des Seize, 15 nov. 1591. V. X^{2A} 149, *passim*, procès de ses meurtriers. Époux de Denise de Vigny.

Pierre II Séguier. — Baron de Saint-Brisson (24 nov. 1593), ex-cons. lai du 27 nov. 1566, Lieutenant civil au Châtelet. V. *supra*. Reçu, entre 28 oct. et 18 janv. 1581, au lieu de feu Pierre Ier, son père (survivance du 1er août 1578). V. Parlement de Tours, entre 23 sept. 1592 et 26 fév. 1593. Résigne son office de Lieutenant civil à son frère Antoine, Maître des Requêtes, 26 oct. 1580.

Jean de la Guesle. — Proc. gén. Ex-cons. céans du 13 mai 1565. V. *supra*, Trésorier des chartes du roi (5 mars 1582). Cons. d'État, VIe Président, au décès de Christophe de Thou. † à Chartres, près d'Henri III, en mars 1589, après la rupture (V. 28 mars).

Nicolas Potier. — Sgr de Blancmesnil, Maître des Requêtes. Ex-cons. lai du 14 mars 1565. V. *supra*, VIe Président, 23 sept. 1582, au décès de Bernard Prévost, son beau-frère, au prix de son office de Maître des Requêtes à Claude Prévost, neveu de celui-ci, 18 juin 1583 (survivance du 1er avril 1578). V. Parlement de la Ligue, puis de Châlons.

Augustin II de Thou. — Avocat du roi céans, ex-avocat au Châtelet, bailli du Fort-l'Évêque, fils du feu président Augustin Ier, VIe Président, 2 oct. 1585, par restitution de l'office de feu Guy du Faur, aboli en 1584. V. Parlement de la Ligue, puis de Châlons. Époux d'Anne Bourgeois, fille de Louis, que le Ms. 7555 *bis* fait, à tort, cons. céans.

Présidents des Enquêtes anciens.

Clercs. — Jean Texier. — Ire Chambre. Résigne. † 12 mai 1579, à 59 ans, 38 ans de services. Remplacé par Claude Faucon, 16 mars 1579.

Étienne Charlet. — IIe Chambre. Remplacé par Jean Amelot, 10 fév. 1586.

Pierre II Brulart. — IIIe Chambre, †. Résigne, 18 déc. 1584, ses deux offices clercs à son fils Nicolas II, dont l'office de cons. lai est aboli (cons. au Conseil Privé, 25 mars 1582).

Florentin Regnart. — III⁰ Chambre. Résigne, en gardant son office de cons. 1588. Remplacé par Pierre le Maistre, 24 mai.

Philbert de Dion. — I⁰ Chambre. † 5 déc. 1580. Remplacé par Bon Broé, 4 fév. 1581.

François le Cirier. — II⁰ Chambre. † 24 nov. 1586. Inhumé à Saint-Séverin. Remplacé par Pierre Ruelle, 14 juil. 1587.

Thomas Gayant. — IV⁰ Chambre. Cons. d'État, 17 mars 1587. Emprisonné à la Bastille par la Ligue, 16 janv. 1589. V. Parlement de Tours.

Laïs. — Jean II le Prévost. — V⁰ Chambre. Résigne. Remplacé par Jean Forget. † 19 fév. 1577.

Barthélemy Faye. — IV⁰ Chambre. Résigne. Remplacé par Nicolas le Sueur (cons. clerc), 9 janv. 1576. † 14 janv. 1581. Inhumé à Saint-Cosme. V. son éloge funèbre, ced. jour.

Simon Roger. — V⁰ Chambre. † 17 sept. 1577. Remplacé par Pierre de Soulfour, 8 oct. 1578.

Présidents pourvus au cours du règne.

Jean Forget. — Cons. lai de juil. 1567. Prend le siège clerc de feu Germain Vaillant de Quélis, 18 janv. 1586. Président, V⁰ Chambre, par résignation de Jean II le Prévost, 1ᵉʳ sept. 1574. V. Parlement de Tours.

Nicolas le Sueur. — Cons. clerc du 2 mai 1565. Président, IV⁰ Chambre, par résignation de Barth. Faye, 9 janv. 1576. V. Parlement de la Ligue.

Pierre de Soulfour. — Cons. lai du 3 mai 1569. Président, V⁰ Chambre, au lieu de feu Simon Roger, 8 déc. 1578. † 16 nov. 1582, à 44 ans. Inhumé à Saint-Merry. Remplacé par Antoine, son frère, 11 janv. 1583.

Claude Faucon. — Cons. lai du 2 janv. 1568. Prend les 2 offices clercs de Jean Texier, I⁰ Chambre, 16 mars 1579. Résigne 1581. Iᵉʳ Président au Parlement de Bretagne, X³ᴬ 62, 21 mai 1612 (?). Remplacé par Jean de Champront, 22 déc. 1581. Le Ms. 7553 le fait mourir en 1601.

Bon Broé. — Cons. clerc du 27 juin 1561. Présid. I⁰ Chambre, 4 fév. 1581, au lieu de feu Philbert de Dion. Résigne 1588. Remplacé par Martin de Bragelonne pourvu, 29 juil., par Henri III, reçu seulement au Parlement ligueur. Cf. X¹ᴬ 1730, f⁰ 290,

9 juil., 1594. Bon Broé figure encore au rôle de la Cour, les 10 et 11 janv. 1589.

Jean de Champront. — Cons. lai du 15 déc. 1570. Prend les 2 offices clercs de Claude Faucon, Ire Chambre, 22 déc. 1581. V. Parlement de la Ligue.

Antoine de Soulfour. — Cons. lai du 21 août 1573. Prend les 2 offices lais de feu Pierre, son frère, Ve Chambre, 11 janv. 1583. V. Parlement de la Ligue, 30 avril 1593.

Nicolas II Brulart. — Cons. lai du 30 mai 1573. Prend les 2 offices clercs de Pierre II, son père, 18 déc. 1584 (abolition de son siège lai). Maître des Requêtes à Tours. VIIe Président de la Cour, 14 fév. 1597.

Jean Amelot. — Maître des Requêtes du 24 juil. 1573, ex-avocat céans, neveu du feu cons. Germain Vialart et de l'archevêque de Bourges (8 août 1573), fils d'Amelot, marchand d'Orléans, et de Jeanne Vialart. Prend les 2 offices clercs d'Étienne Charlet, 10 fév. 1586, IIe Chambre. V. Parlement de Tours. Époux de Marie de Saint-Germain (veuve 1601) qui se remaria à Michel de Marilhac.

Pierre Ruellé. — Cons. clerc du 30 déc. 1572. Président, IIIe Chambre, au lieu de feu François le Cirier, 14 juil. 1587. V. Parlement de la Ligue. Les 5 sept. et 17 déc. 1588, réception des lettres de survivance de Guillaume, son frère, avocat en l'élection. Sera examiné. Rien de plus.

Pierre le Maistre. — Cons. lai du 8 avril 1571 ; clerc du 29 juin 1588, par résignation d'Antoine de Saveuse. Président, IIIe Chambre, 24 mars 1588, par résignation de Florentin Regnart, qui reste cons. V. Parlement de la Ligue.

Martin de Bragelonne. — Cons. lai du 9 août 1570. Prend les 2 offices clercs de Bon Broé. V. *supra*. Pourvu par Henri III, 29 juil. 1588. Reçu seulement au Parlement de la Ligue.

Présidents des Requêtes du Palais, anciens.

Jacques de Saint-André. — † 22 avril 1587. Inhumé à Saint-Benoît. Remplacé par Nicolas de Verdun, 12 août 1588.

Jean II le Clerc. — Cons. au Conseil Privé (17 fév. 1578). † 14 avril 1587. Inhumé à Saint-André-des-Arts. Remplacé par Nicolas, son frère, 14 mai.

Présidents créés ou pourvus au cours du règne.

Claude Perrot. — Lai. Maître des Requêtes du 12 mai 1579, ex-procureur du roi près l'Hôtel de Ville de Paris. Reçu, 22 août 1580 (création), II⁰ Chambre. Résigne, mai-juin 1587. Remplacé par Jean du Drac. On le retrouve, en 1590, qualifié Président des Enquêtes au Parlement de Châlons. Cf. 24 mai 1591, et Parlement d'Henri IV, III⁰ Chambre, substitué à Nicolas II Brulart, en restant cons. lai.

Antoine Hennequin. — Sieur d'Assy, cons. lai du 13 mars 1565. Reçu, 22 mars 1580 (création, II⁰ Chambre). V. Parlement de la Ligue.

Jean II du Drac. — Cons. lai du 21 juin 1575. Reçu, mai-juin 1587, au lieu de Claude Perrot. V. Parlement de Tours. Époux d'Anne de Fretes, fille de N., Sgr de Soucy.

Nicolas le Clerc. — Maître des Requêtes du 13 juil. 1573, ex-cons. lai du 16 janv. 1568. Reçu, Ire Chambre, 14 mai 1587, au lieu de feu Jean II, son frère. V. Parl. de Châlons, 7 oct. 1590.

Nicolas de Verdun. — Cons. lai du 18 mai 1583, fils de Nicolas, intendant de finances, trésorier des parties casuelles, et de Nicole de Laubespine. Reçu, Ire Chambre, 12 août 1588, par résignation de feu Jacques de Saint-André. (Le 12 avril, il se dit Président en la II⁰ Chambre, et le 12 déc. en la Ire. Il y avait alors opposition très vive des cons. de la Ire à la promotion en leur Chambre des Présidents et cons. de la II⁰ dont ils poursuivaient l'abolition.) V. Parlement de la Ligue, puis de Tours et de Paris, VII⁰ Président de la Cour, 17 mars 1599. Époux 1º de Charlotte, fille de feu Jean Dugué, sieur de Champs, et d'Anne le Clerc (14 août 1596) ; 2º de Charlotte Fonclebon, veuve de François de Barbezares, sieur de Chaumerault.

Conseillers anciens (Rôle restitué d'après les provisions des successeurs et divers).

Clercs. — Thibault Lesueur. — † 16 mai 1584, à Troyes. Inhumé à Saint-Germain-l'Auxerrois. Remplacé par Nicolas de Neufville ou Jean II le Roy, 29 août 1584 ou 9 janv. 1585.

Déode Boutin. — Figure encore au rôle des récusations du 4 fév. 1581. V. *infra* Jean de Mornay, 13 mars 1587.

Germain Vaillant de Quélis. — Résigne. Remplacé par Jean Forget mué de lai en clerc, 18 janv. 1586.

Geoffroy Lopin. — V. Parlement de Tours. Le 29 oct. 1587, acceptation de la survivance de son fils Geoffroy. Sera examiné.

Bon Broé. — Président des Enquêtes, 4 fév. 1581. V. *supra*.

Emond Delaage. — Cons. au Conseil Privé, 12 oct. 1585.

Antoine de Saveuse. — Résigne en faveur d'Anne Mango reçu seulement, à Tours, au siège lai de Pierre le Maistre, qui a remplacé de Saveuse, 22 janv. 1588.

Nicolas Lesueur. — Président des Enquêtes, 9 janv. 1576. V. Parlement de la Ligue.

François de la Garde. — † 1er oct. 1578. Inhumé aux Cordeliers. Remplacé par Jacques-Auguste de Thou, déc.-janv. 1579.

Philippe Bernard. — Résigne. Remplacé par Eustace Lhuillier, 4 sept. 1585.

Antoine de Veignoles. — † *ante* 29 août 1584. Remplacé par... V. *supra* Thibault Lesueur.

Claude Dangennes. — Cons. au Conseil Privé, 9 août 1577. † 14 mai 1584. Inhumé à Notre-Dame. Remplacé par Nicolas Duval (?), 15 mars.

Jacques II Brizard. — V. Parlement de la Ligue.

Pierre de Roullié. — Résigne. Remplacé par René, son frère, 12 juin 1579 (survivance du 9 mai 1578).

Jean le Voix. — V. Parlement de Tours. Suspendu, puis réintégré en 1584. Procès scandaleux évoqué au Parlement de Rouen. Obtient un non-lieu, à prix d'argent, 29 fév. 1584.

Pierre de Pardessus. — † 29 mai 1585.

Augustin le Cirier. — Évêque d'Avranches 1575. † 1580.

Jacques du Tillet. — V. Parlement de la Ligue. Reçu, 2 janv. 1578, à la survivance de son frère Jean II, greffier civil.

Jean Feu. — V. Parlement de la Ligue.

Emard Hennequin. — Évêque de Rennes, nov. 1574. Remplacé par Hiérosme, son frère, 26 nov.

Paul de Villemor. — Figure encore au rôle de la Cour des 10 et 11 janv. 1589.

Jacques Bellanger et Mathieu de Longueil. — V. Parlement de la Ligue.

Gilles Scavan. — V. Parlement de Tours.

Charles de Hacqueville. — Résigne. Remplacé par Charles Faye, 2 août 1577. Évêque de Soissons, 1619. Ms. 7555. *Gall. Christ.*, IX, 379.

François Pelletier, Loys du Tillet, Jean du Vivier, Lazare Coquelay, Pierre Ruelle (Président des Enquêtes, 14 juil. 1587), et Loys II Séguier. — V. Parlement de la Ligue.

Jacques Gillot. — V. Parlement de Tours.

Lais. — Jean Poille. — † et remplacé par Jacques de Rivière, entre 27 juin et 3 juil. 1587.

Claude Anjorrant. — † 27 mai 1584, doyen de la Cour, 54 ans de services. Inhumé à Saint-Jean-en-Grève. Remplacé par Jean, son fils, led. jour.

Mathieu Chartier. — V. Parlement de la Ligue.

François Thomas. — Résigne. Remplacé par Jean IV le Picart, 4 mars 1589.

Oger Pinterel. — Résigne. Remplacé par Jean III le Picart, 4 déc. 1574.

Jacques Viole. — † 2 août 1584. Inhumé aux Célestins. Remplacé par Jacques II, son fils, led. jour.

Michel Quelain. — Résigne. Remplacé par Nicolas, son fils, 31 déc. 1575. † 2 janv. 1576.

Jacques II le Clerc. — † 3 août 1574. Remplacé par Bertrand Soly, son neveu, 15 nov.

François Briçonnet l'aîné. — Résigne 1577. Remplacé par Jean-Jacques de la Vergne, 23 déc.

Jean Florette. — (?) Remplacé par Guillaume, son fils, réunion d'offices, *post* 4 fév. 1581. V. *supra*.

Jean Spifame. — V. Parlement de Châlons.

Nicole Favier. — Résigne. Remplacé par Nicole II, son fils, 13 nov. 1579. † 30 janv. 1580, à 85 ans. Inhumé à Saint-Germain-de-Lurpois.

François Picot. — † 21 janv. 1580. Inhumé à Sainte-Croix-de-la-Bretonnerie. Remplacé par Jacques de Bourdeaux, 13 fév.

Claude Viole. — Résigne. Remplacé par Rémond de Pincé, 30 déc. 1581. † 8 janv. 1582. Inhumé en l'église Saint-Paul.

Pierre II de Longueil. — Remplacé par Pierre III, son fils, août-sept. 1581.

Guillaume Maulevault. — V. Parlement de la Ligue.

Jean de Lavau. — Résigne, après 30 ans de services. Remplacé par Guy, son fils, 6 oct. 1584. † 8 oct.

Nicole Perrot. — V. Parlement de Tours.

Jean Morelet du Muiseau. — † 19 sept. 1575. Remplacé par Claude Dupuy, 6 fév. 1576.

Philippe Dupuis. — † 1er mars 1584. Inhumé en l'église Saint-Jean.

Michel Larcher. — † 18 déc. 1581. Inhumé au Moutier-Sainte-Croix.

Jean de Thérouanne. — Résigne. Remplacé par Michel Hurault de l'Hopital, 11 janv. 1581. † 21 mars.

Germain Duval. — † 17 août 1584. Remplacé par Jean, son fils, led. jour.

Germain le Picart. — † 20 janv. 1589. Remplacé par François Charlet, son gendre, 14 janv. 1576. V. aud. art. section, puis réunion de la commission des Requêtes.

Jacques II Allegrin. — † entre 10 janv. 1589 et 3 sept. 1593. Remplacé seulement à Paris, le 19 déc. 1597, par Jean Lescalopier. V. aud. art. (Le 28 oct. 1587, entérinement de lett. pat. lui permettant de résigner quand et à qui il voudra, suivant l'édit de juil. 1586.)

Robert de Hélin. — Résigne. Remplacé par Pierre Lecoigneux (avril-mai 1576). † 18 mai 1576.

Charles Boucher. — Résigne. Remplacé par Charles II, son fils, 15 sept. 1576.

André Pastoureau. — † 15 sept. 1587. Inhumé en l'église Saint-Benoît. Remplacé par François, son fils, 7 oct.

Étienne Fleury. — V. Parlement de la Ligue.

Hiérosme Angenoust. — V. Parlement de Châlons.

Jean le Maistre. — Résigne. Remplacé par Jacques Pynon, 21 août 1585.

Pierre Michon. — V. Parlement de la Ligue.

Guillaume II Abot. — Encore présent en ass. gén., les 7 août et 20 sept. 1577, X^{1a} 1656, f°s 123, 438 v°. Fait prisonnier à Paris, par la Ligue, le 12 oct. 1589. Encore qualifié cons. le 15 janv. 1600. N'a siégé ni à Paris, ni à Tours.

Antoine Cotel. — † 18 août 1587, ayant servi 27 ans, âgé de 50 et non de 40 ans, comme le registre le porte, à tort. Inhumé à Sainte-Croix-de-la-Bretonnerie.

Hiérosme Auroux. — V. Parlement de la Ligue. Le 11 fév. 1583, la Cour accepte la provision de Jean, son neveu, comme résignataire. Sera examiné.

Pierre Chantecler. — † *ante* 5 déc. 1578, où il est dit que Charles, son frère, Maître des Requêtes, a payé le quart denier dud. office, mais on diffère de sceller ses lettres, parce qu'il y a doute sur les 40 jours.

Jean Chevalier. — V. Parlement de la Ligue.

Jean du Refuge. — † et remplacé par Denis Palluau, 8 juil. 1580.

François Allegrin. — Maître des Requêtes, 29 fév. 1576. Remplacé par Charles de Marillac, 20 mars.

Antoine Hennequin. — Président des Requêtes du Palais, IIe Ch. V. Parlement de la Ligue.

Philbert de Turin. — V. Parlement de Tours.

Jean Bonaud. — Résigne, pour la 2e fois, 1574. Remplacé par Jacques II Viole.

Édouard Molé. — V. Parlement de la Ligue.

Jean Forget. — Président des Enquêtes, 1er sept. 1574. V. Parlement de Tours.

Jean Bonete. — † *ante* 15 nov. 1575. Remplacé par Jean Veau, 14 fév. 1576.

Christophe Bouguier. — † 5 déc. 1580. Remplacé par Nicole Alleaume, 12 août 1581, « nonobstant suppression de l'office par la Cour ».

Jean Courtin. — V. Parlement de la Ligue. (Le 19 oct. 1587 entérinement de lett. pat. *ut supra* Jacques II Allegrin.)

Claude II Tudert. — V. Parlement de Tours.

Hiérosme de Montholon et Claude Larcher. — V. Parlement de la Ligue. (Les 16 nov. 1588 et 18 nov. 1587, entérinement de lett. pat. de survivance à leurs fils Guillaume et André.)

Jacques Faye. — Maître des Requêtes, 12 sept. 1575. Remplacé par Jacques II Viole, son cousin, 30 nov. V. *infra*.

Claude Faucon. — Président des Enquêtes, 6 mai 1577.

Jean de Bryon et François II Briçonnet le jeune. — V. Parlement de la Ligue.

Guillaume Besançon. — Résigne. Remplacé par Antoine Briçonnet, 30 août 1577. † 29 nov. 1581.

Geoffroy Camus. — Maître des Requêtes, 7 juil. 1574. Remplacé par Nicolas Texier, 6 août.

Prosper Banyn. — V. Parlement de la Ligue. Le 9 déc. 1587, entérinement de lett. pat. lui permettant de résigner, quand il lui plaira, à son fils Jean, avocat céans, ou à tout autre, à son choix.

Jean Huault. — Maître des Requêtes, 30 août 1586. (?)

Claude de Bérulle. — Remplacé par François de Verthamon, 17 août 1588.

Jacques Pétremol. — Maître des Requêtes, 29 juin 1576. (?)

Hiérosme du Four. — V. Parlement de la Ligue. (Le 5 déc. 1587, enregistrement de lettres de survivance à son fils Michel, avocat céans.)

Jean Scaron. — V. Parlement de Tours. (Le 10 oct. 1587, entérinement de lett. pat., *ut supra* Jacques II Allegrin.)

Pierre Damours. — V. Parlement de la Ligue.

Pierre Lescot. — V. Parlement de la Ligue. (Le 9 juin 1575, il ajoute à son office de cons. une commission des Requêtes de nouvelle création.)

Jean le Jau et Philippe Jabin. — V. Parlement de la Ligue. (Le 1er fév. 1589, réception de Claude Jabin, avocat céans, à la survivance de son père.)

Robert Bochart. — Remplacé par François Miron, 18 déc. 1585. Office suprimé, puis rétabli.

Philbert le Masuyer. — V. Parlement de la Ligue.

Pierre de Soulfour. — Président des Enquêtes, 8 oct. 1578. (?)

Denys de Here. — V. Parlement de la Ligue. (Le 30 oct. 1587, entérinement de lett. pat., *ut supra* Jacques II Allegrin.)

Pierre Bouguier. — (?) Ne figure plus au rôle de la Cour des 10 et 11 janv. 1589.

Christophe Hector de Marle. — Maître des Requêtes, 2 oct. 1585. Remplacé par Charles Billard ou Béliard, 23 juil. 1586.

Guillaume Bénard et Martin de Bragelonne (Président des Enquêtes 1589. V. *supra*). — V. Parlement de la Ligue.

Jean II Vaillant de Quélis. — Résigne. Remplacé par Nicolas de Verdun, 18 mai 1583.

Olivier le Bossu et Raoul Favier. — V. Parlement de la Ligue. (Le 9 janv. 1588, entérinement à Favier de lett. pat., *ut supra* Jacques II Allegrin.)

Jean Habert. — Sous-diacre mué de lai en clerc, 15 juin 1575. V. Parlement de la Ligue.

Jean de Champront. — Président des Enquêtes, 22 déc. 1581. V. Parlement de la Ligue.

Antoine de Beauvau. — Président en Cour des aides, fév. 1580. Remplacé par Claude le Roux, 12 mars. Maître des Requêtes, 14 nov. 1585. † 18 fév. 1609.

Pierre le Maistre. — Président des Enquêtes, 24 mai 1588. V. Parlement de la Ligue.

Adrien III du Drac. — V. Parlement de Châlons.

Robert de Goussancourt, Pierre III Séguier, Guillaume Florette, Guillaume Deslandes. — V. Parlement de la Ligue.

Mathieu Jourdain. — V. Parlement de Châlons.

ANTOINE BRANDON. — Maître des Requêtes, 12 mars 1580. Remplacé par François Godart ou Gaudart, 16 juil.

NICOLAS DE LA PLACE ET DENIS RUBENTEL. — V. Parl. de la Ligue.

PIERRE OU GUILLAUME IV BARTHÉLEMY. — Résigne. Remplacé par Nicolas Hennequin, son beau-frère, 23 mai 1578.

PIERRE III LE CLERC. — V. Parlement de la Ligue.

JEAN II DE THUMERY. — V. Parlement de Tours.

ANTOINE FEYDEAU. — V. Parlement de la Ligue.

JEAN MAYNETEAU. — Résigne. Remplacé par Charles Tiraqueau, 4 juil. 1579.

NICOLAS II CHEVALIER. — V. Parlement de la Ligue.

NICOLAS II BRULART. — Président des Enquêtes, en devenant clerc, au lieu de son père Pierre II, 18 déc. 1584, office lai aboli. V. Parlement de la Ligue.

JEAN MIDORGE. — V. Parlement de la Ligue.

PALAMÈDE FONDRIAC. — V. Parlement de Tours.

ANTOINE DE SOULFOUR. — Président des Enquêtes, 11 janv. 1588. V. Parlement de la Ligue.

ALEXANDRE LE GRAND. — V. Parlement de Tours.

CLAUDE DE BRAGELONNE ET CHARLES LE PRÉVOST. — V. Parlement de Tours.

Conseillers pourvus ou créés au cours du règne.

1574 **Jacques II Viole.** — Lai. Sieur de Douzereaux, d'Aigremont et d'Andrezel, X¹ᴬ 1717, f° 273, 14 oct. 1589, gendre d'Étienne Lalemant, Maître des Requêtes, Sgr de Vouzay. Reçu cons. lai 16 juin, par résignation de Jean Bonaud. (Reçu à la survivance de son père, Jacques Iᵉʳ, 5 août 1572. Retourne à lad. survivance, en résignant à son frère Nicolas et en prenant la commission des Requêtes de son cousin Jacques Faye fait Maître des Requêtes, 20 déc. 1575. Succède à son père, Jacques Iᵉʳ, 2 août 1584. Reçu à la survivance de son beau-père, 19 janv. 1580. V. Parlement de la Ligue. Époux d'Anne Lalemant (5 juin 1599, et X¹ᴮ 835, 5 juil. 1605).

Hardouyn Foucher. — Lai. Sieur de la Feuillée. Reçu, 8 juil., au lieu de Loys du Tillet fait clerc (?). V. Parlement de la Ligue. Époux de Valentine Pileur (30 sept. 1600).

Nicolas ou François Texier. — Lai. Avocat céans, fils de Jean, président des Enquêtes. Reçu, 8 août, par résignation de Geoffroy

Camus à Étienne de Breuil et de celui-ci non reçu à Texier. V. Parlement de la Ligue. † 15 nov. 1590. Époux de Marguerite de Popaincourt (veuve 14 août 1592).

Bertrand Joly. — Lai. Avocat du roi au Châtelet, beau-frère par alliance du président Brisson (16 déc. 1588). Reçu, 15 nov., cons. aux Requêtes du Palais, par résignation de feu Jacques le Clerc. V. Parlement de la Ligue. Époux de Geneviève de Vigny.

Hiérosme Hennequin. — Clerc. Frère du président Pierre et du cons. René. Reçu, 29 nov., avec dispense de parenté, par résignation d'Émard, son frère, fait évêque de Rennes. Évêque de Soissons, mars 1585. *Gall. Christ.*, IX, col. 378.

Jean III le Picart. — Lai. Sieur de Villefavreuse, fils du cons. Jean II. (Le Ms. 7555 *bis* les confond.) Reçu, 14 déc., par résignation d'Oger Pinterel. V. Parlement de la Ligue. Époux de Loïse Breban, X¹ᴮ 919.

1575 **Pierre de Houssay.** — Lai. Cons. au Parlement de Bretagne, puis au Grand Conseil, beau-frère du cons. Denis Berthélemy. (V. *infra* 1602.) Reçu cons. aux Requêtes du Palais, sans examen, 25 mai (création, édit enregistré le 4 mars). V. Parlement de Tours. Époux de Marie, fille de Nicolas Berthélemy, auditeur des Comptes.

Nicole Galoppe. — Lai. Cons. au Grand Conseil. Reçu, 3 juin, sans examen (création *ut supra*). Résigne, Remplacé par Loys, son frère, 15 janv. 1582. Président des Requêtes au Parlement de Bretagne entre 6 juil. 1596 et 22 mars 1598. X¹ᴬ 5197, f⁰ 359 v⁰. Époux de Catherine de Berland.

Charles Brizart. — Lai. Avocat céans, frère du cons. Jacques II. Reçu, 17 juin, avec dispense de parenté, au lieu de (?). V. Parlement de la Ligue. Époux de Marguerite Ligier (veuve 7 sept. 1607).

Jean II du Drac. — Lai. Sgr de la Rivière, vicomte d'Ay (14 août 1596), secrétaire du roi depuis 4 ans, 3ᵉ fils d'Adrien II. V. *supra* Olivier et Adrien III. Reçu, 21 juin, avec dispense de parenté, au lieu de (?). Président des Requêtes du Palais, 1587. V. Parlement de la Ligue.

Nicolas Quelain. — Lai. Reçu, 31 déc., par résignation de Michel, son père. (Mention d'une résignation antérieure à condition de survivance, inconnue, registre perdu.) V. Parlement de la Ligue. Époux 1⁰ d'Angélique de Longueil (14 août 1596. Maîtresse d'Henri IV dont elle eut un fils); 2⁰ de Jeanne Sevyn, fille du cons. Michel.

1576 **Nicolas Viole.** — Lai. Sgr de Houzereaux (V. Châlons, 5 mai 1594), fils aîné de Jacques Iᵉʳ, gendre du cons. François de Pétremol. Reçu, après son frère Jacques II, 22 nov. 1575, à la survivance de leur père, permute avec lui, 30 déc.-janv. 1576, en la lui restituant et prenant l'office de Jean Bonaud. V. *supra* Jacques II. Maître des Requêtes, 2 oct. 1585, au lieu de Bulyon (office d'abord supprimé). Remplacé par François du Lac, 31 janv. 1586. † 21 août 1590. Époux de Philippe de Pétremol (veuve 5 mars 1594).

François Charlet. — Lai. Cons. au Parlement de Bretagne, sieur de Garennes, fils du cons. Étienne, beau-frère de Jean III le Picart. Reçu, 14 janv., par section de l'office des Requêtes du Palais de Germain le Picart, son beau-père, qui reprit sa charge entière en 1586. Maître des Requêtes, 10 fév. 1586, au lieu de Jean Amelot. Époux d'Antoinette le Picart, veuve de François Dollu, Président en Chambre des Comptes, cons. au Conseil Privé, sœur et héritière du feu cons. Jean III, 5 juil. 1592.

Claude Dupuy. — Lai. Reçu, 6 fév., au lieu de feu Jean Morelet du Muiseau. V. Parlement de Châlons. Le 2 déc. 1587, enregistrement de lett. pat. *ut supra* Jacques II Allegrin. Époux de dame Claude Sanguin (veuve 17 juin 1600).

Jean Veau. — Lai. Sieur de la Brochère (2 janv. 1588), fils d'Alain, notaire et secrétaire du roi, trésorier et receveur général des finances à Paris. Reçu, 14 fév., au lieu de feu Robert Bonete. Maître des Requêtes, 13 nov. 1586. Cumule jusqu'à sa mort. V. Parlement de la Ligue. Époux 1° de Françoise Séguier de Saint-Syx, sœur du cons. Pierre III. 2° de Marthe Marcel (veuve 28 fév. 1597). Cf. X^{3A} 65, 14 août 1615.

Jean-Gabriel de Mesmes. — Lai. Avocat céans, 3e fils de Jean-Jacques, professeur de droit à Toulouse, lieutenant civil en 1530, Maître des Requêtes en 1549, † 1600, et de Nicole, fille du cons. Christophe Hennequin. Reçu, 13 mars, par résignation de (blanc). V. Parlement de la Ligue. Époux 1° de Madeleine, fille du cons. Mathieu Chartier; 2° de Catherine le Bailly (7 sept. 1588).

Charles II de Marillac. — Lai. Avocat céans, fils de l'avocat du roi céans Gabriel, neveu du cons. Charles Ier. Plaide à 18 ans. V. son éloge funèbre, 15 avril 1580. Reçu, 20 mars, à 23 ans, sans dispense, par résignation de François Allegrin fait Maître des Requêtes. † à 27 ans, 15 avril 1580. Inhumé en l'église Saint-Paul. Remplacé par Jacques ou François Sanguin. Époux de Marie Prudhomme, fille de Louis, Sgr de Fontenay.

Pierre ou Jacques Lecoigneux. — Lai. Avocat céans, fils d'un procureur en exercice. Reçu, entre 6 avril et 10 mai, par résignation de Jean Robert de Hélin. V. Parlement de la Ligue.

Charles II Boucher. — Lai. Sieur de Lierville, d'Orsay et de Dampierre, cons. au Grand Conseil, 1573, fils aîné d'Arnoul, cons. en 1544, et de Guyonne Pignard. Reçu, sans examen, 15 sept., par résignation de Charles Ier, son oncle. Cons. au Grand Conseil, 15 sept. 1578, Maître des Requêtes, 19 déc. 1579, Prévôt des Marchands, élu, du 18 oct. 1590 au 9 nov. 1592. Remplacé, sans doute par Arnault, son frère, 5 sept. 1579. Époux de Jeanne de Pincé.

1577 **Charles ou Claude Faye**. — Clerc. Docteur ès drois, *in sacris*, 2e fils du président Barthélemy; « naguères curé de Venay (18 août 1585), prieur de Montholon-lez-Montmirail, diocèse de Châlons (1er sept. 1583), de Gourny (5 juin 1601), de Lihons-en-Santerre (23 fév. 1608); chanoine et prévôt de la Chambre en l'église de Saint-Martin de Tours (23 fév. 1595). Reçu, sans examen, 2 août, par résignation de Charles de Hacqueville. V. Parlement de Tours,

Antoine Briçonnet. — Lai. Fils et frère de François Ier et de François II. Reçu, 30 août, par résignation de Guillaume Besançon (survivance de son père, 28 mars 1573). Maître des Requêtes, 23 août 1586. (V. sa réintégration à Tours, 10 janv. 1590.) Époux de Catherine Le Grand. † sans postérité.

Augustin ou Gaston II de Grieu. — Lai. Sgr de Saint-Aubin, fils de Gaston Ier. Reçu, 3 sept. (création de la Chambre mi-partie) (survivance de son père, 1564). V. Parlement de la Ligue. Époux 1° de Marie Pignard (3 mars 1582). (Le Ms. 7555, en le faisant époux de Catherine, fille du cons. Jacques Allegrin, doit confondre avec son père. V. *supra*.)

Jean-Jacques de la Vergne. — Lai. Sgr de Saint-Leu, fils de Jean, avocat céans, et de Geneviève le Maistre, sœur du cons. Jean Ier, petit-fils de Pierre de la Vergne, président au Parlement de Bordeaux. Reçu, 23 déc., par résignation de François Ier Briçonnet (survivance de son oncle Jean le Maistre, 3 déc.). Maître des Requêtes, 18 nov. 1586. † 22 oct. 1589. Époux de Marie Lefèvre de Caumartin, sœur du cons. Loys, remariée ensuite à Élie du Tillet, sieur de Gouaix. maître d'hôtel du roi, Grand Maître des Eaux et forêts de Champagne.

1578 **Jean ou Pierre II de Villers ou de Villars**. — Clerc. Sous-diacre, neveu de Pierre Ier, par son père François. Reçu, 18 mars (création, Chambre mi-partie). Disparu entre 4 fév. 1581 et 10-11 janv. 1589 (rôles de la Cour). Évêque de Mirepoix (?), archevêque de Vienne, 1587, après son oncle. *Gall. Christ.*, XIII, 277; XVI, 126.

François Fouquet. — Lai. Sgr de Moulinsneuf. Reçu, 22 mars (création *ut supra*). V. Parlement de Tours. Époux de Marie Bénigne, fille de Claude, sieur de Courbon-en-Brie.

Jean Nicolaï. — Lai. Sgr de Presles et de Goussainville, fils d'Antoine, Ier Président en Chambre des Comptes, et d'Anne Hennequin. Reçu, 12 avril, au lieu de feu Simon Roger (P. 2323, f° 631). Reçu à la survivance de son père, 26 janv. 1580, P. 2325, f° 39. Maître des Requêtes, 3 sept. 1582. Remplacé par Antoine d'Espinay, 4 janv. 1583. Époux de Marie de Billy (10 avril 1582).

Nicolas Hennequin. — Lai. Sgr du Perray et de Chauvigny, fils de Nicolas, Maître des Comptes, de la branche du Perray, gendre du président Pierre Hennequin. Reçu, 23 mai, par résignation de Guillaume IV Barthélemy, son beau-frère. Maître des Requêtes et Président au Grand Conseil, 14 mai 1589. Époux de Renée, sa cousine (19 mai 1600).

Gaspard de Burges ou de Bruges. — Lai. Reçu cons. aux Requêtes du Palais, 27 juin (création Chambre mi-partie). V. Parlement de la Ligue. Époux de Françoise Huppeau (24 janv. 1587).

1579   **Jean Hauderon ou Auderon.** — Reçu, 5 janv. (création, *ut supra*). V. Parlement de la Ligue.

Jacques-Auguste de Thou. — Clerc, *in sacris*. Fils du président Christophe. Reçu, entre 30 déc. et 7 janv. 1579 (Réception restée en blanc), par résignation de feu François de la Garde (d'après Lestoille). Créé Maître des Requêtes, par lett. pat. du 29 juil. 1579, avec faculté de cumul, sous condition d'opter dans le délai d'un an. Prête serment, le 26 août, en optant pour son office de cons. Le 10 avril 1584, permute avec Guillaume du Vair, Maître des Requêtes. Le 12 août 1586, reçu à la survivance de son oncle Augustin, président de la Cour. V. Parlement d'Henri IV à Paris.

Jean de Laubespine. — Clerc. Abbé de Saint-Martial de Limoges et de Saint-Éloi de Noyon, fils de Gilles, trésorier des parties casuelles, petit-fils de Claude, secrétaire du roi, chef de la maison. Reçu, 27 mai (création *ut supra*). Évêque de Limoges, 5 août 1583, puis d'Orléans. Remplacé par Georges Louet, 4 janv. 1584. *Gall. Christ.*, II, 540.

René le Roullié. — Clerc. Sous-diacre, abbé d'Hérivaulx, diocèse de Senlis, après son frère, et de Lagny (23 sept. 1590, 14 mars 92). Reçu, 12 juin, par résignation de Pierre, son frère. (Survivance du 9 mai.) Examen ajourné après la présentation de ses lettres de sous-diacre. V. Parlement de la Ligue.

Charles ou André III Tiraqueau. — Lai. Reçu, 4 juil., par résignation de Jean Mayneteau. (Ajourné à un an, 28 août 1578.) V. Parlement de la Ligue. † 12 sept. 1590. Inhumé aux Blancs-Manteaux. Époux de Marguerite Gaudart (veuve 28 juin 1603).

Loys le Fèvre. — Lai. Sieur de Caumartin, fils de Jean, général des finances de Picardie, et de Marie Varlet de Gibecourt. Reçu, 1er avril (création, *ut supra*). Maître des Requêtes, 4 sept. 1585. Intendant d'Amiens, 1590 ; de Normandie, 1599. Cons. au Cons. d'État, 10 oct. 1594. Président au Grand Conseil, 7 déc. 1596, ambassadeur en Espagne, 1605. Époux de Marie Miron, fille de Robert, intendant et contrôleur général des finances, et de Marie Vallée, sœur de Robert II, cons. en 1595, X^{3A} 61, 24 mars 1611, et non de Marc, cons. d'État. Ms. 7555.

Arnault Boucher. — Lai. Sieur de Beaufort, 2e fils du cons. Arnoul, frère de Charles II et d'Esprit Boucher, greffier criminel. Reçu, 5 sept. (création, *ut supra*), au siège de Charles II, son frère, fait Maître des Requêtes. V. Parlement de la Ligue.

Nicolas II Favier. — Lai. Sieur des Roches-Saint-Quentin, cons. et général des Monnaies, ex-avocat du roi en ladite Chambre, X^{3A} 58 et 64, 19 déc. 1566, 12 août 1614. Reçu, 13 nov., par démission de Nicolas Ier, son père. (Survivance du 30 janv. 1573.) V. Parlement de Tours. Époux de Madeleine Dudière (?) ou de Crevant, X^{3A} 64, *loc. cit.*

1580 [**Jacques de Bourdeaux**.] — (Le nom est resté en blanc, 1re mention, 29 mars), lai. Reçu, 13 fév., par résignation de François [Picot] ; « pourvu en considération du mariage de la fille du résignant ». V. Parlement de la Ligue. Époux de Madeleine Sauval, (veuve 23 juil. 1599).

Claude le Roux. — Lai. Avocat céans, sieur de Sainte-Bœufve. Reçu, 12 mars, par résignation d'Antoine de Beauvau. Disparu entre 4 fév. 1581 et 10-11 janv. 1589 (rôles de la Cour). Époux de Madeleine Luillier, fille de Jean, président en Chambre des Comptes, et de Renée Nicolaï (veuve 14 oct. 1589), non de Catherine Vaillant (veuve 26 mars 1580), erreur du registre du Conseil. V. *supra* Jacques Leroux, cons. en 1500.

Jacques ou François Sanguin. — Lai. Avocat céans, sieur de Livry, fils de Jacques, échevin de Paris, lieutenant général des Eaux et forêts, et de Barbe de Thou. Reçu, 1er juil., au lieu de feu Charles II de Marillac. V. Parlement de la Ligue. Prévôt des Marchands,

16 août 1606, 2 fois prorogé, 1608 et 1610. Époux de Marie du Mesnil, fille de Denis, avocat céans, et de Marie Vialart (25 mai 1596).

François Gaudart ou Godart. — Lai. Fils de Jean, procureur en Chambre des Comptes. Reçu, 6 juil., par résignation d'Antoine Brandon fait Maître des Requêtes. V. Parlement de la Ligue. Époux de Denise Canaye (7 avril 1601).

Denis Palluau ou Palleau. — Lai. Avocat céans, sieur de Fay. Reçu, 8 juil., au lieu de feu Jean du Refuge. V. Parlement de la Ligue. Époux de Madeleine de Montholon.

Guillaume Goussault. — Lai. Cons. au Parlement de Bretagne, sieur du Chesne (30 août 1592). Reçu, 16 août (création, IIe Chambre des Requêtes). V. Parlement de la Ligue.

Nicolas de Bragelonne. — Lai, cons. au Châtelet, sieur de Longnes et de Villemesnard, X^{1a} 919, 9 nov. 1611. Reçu, 23 août (création, IIe Chambre des Requêtes). Époux de Marie de Villecoq (1er oct. 1594).

François le Clerc. — Lai. Avocat céans, fils du cons. Nicolas, beau-frère de Jean Forget. Reçu, 2 déc. (Création, IIe Chambre des Requêtes). Disparu *post* 19-20 janv. 1589, sans avoir juré la Ligue. Assassiné par les Ligueurs (1re mention, Tours, 24 mai 1593, et Paris, 25 juin 1594. Remplacé seulement à Paris, sous Henri IV. V. art. Hiérosme de Hacqueville, Président des Requêtes, 1er août 1601, et Claude II Larcher, cons., 28 mai.

Léon de Bragelonne. — Lai. Cons. au Châtelet, frère de Claude, ci-dessus. Reçu, 2 déc. (création, IIe Chambre des Requêtes). V. Parlement d'Henri IV à Paris. Disparaît, de janv. 1589 au 6 oct. 1593, où il est écarté, à Tours, par l'opposition des gens des Requêtes au maintien de la IIe Chambre. Cf. 16 oct. et 8 fév. 1594. Réintégré seulement à Paris, le 28 mars.

Jacques Lalement. — Lai. Cons. au Châtelet. Reçu, 7 déc. (création, *ut supra*). V. Parlement de la Ligue. Époux 1° d'Anne Gastinois (veuf 11 juil. 1597) ; 2° de Barbe Derennes, veuve de Gérard de Lauber (16 fév. 1602, 15 juil. 1609).

Guillaume de Pleurs. — Lai. Cons. au Châtelet. Reçu, 9 déc. (création, *ut supra*). V. Parlement de la Ligue.

1581 **Michel Hurault de l'Hôpital.** — Lai. Sieur du Fay, fils de Robert, cons. au Grand Conseil, petit-fils de Jean III Hurault de Belesbat, et par sa mère Madeleine, du chancelier Michel de l'Hôpital. Reçu, 11 janv., par résignation de Jean de Thérouanne. Dispensé de tout serment touchant les conventions passées avec son résignant. Maître des Requêtes, 10 sept. 1585. Chancelier de Navarre. Cons. au Cons. d'État et Privé. Époux de dame Olympe du Four (veuve 11 déc. 1597).

Mathurin Roigne. (?). — Reçu, 18 janv. (création, *ut supra*). N'a jamais siégé au Parlement. Le registre de sa réception est pourtant formel. Peut-être y a-t-il erreur du scribe et faut-il lire Maître des Requêtes.

François de Lauzon. — Lai. Sgr de la terre et seigneurie du Pinier de Lorbec, au bas pays. de Poitou, mouvante des baronies de Menant et Vouvant (7 juil. 1592). Juge conservateur des privilèges royaux et régent de l'Université de Poitiers (23 mai 1572), fils de François, maire de Poitiers, en 1573. Reçu, 25 janv. (création, *ut supra*). V. Parlement de Tours. Époux d'Isabelle, fille de Guillaume Lotin, maître des Comptes, et de Jeanne Bochart.

Jacques Danes. — Lai. Sieur de Milly. Reçu, 3 fév. (création, *ut supra*). Le 15 nov. 1585, permute avec François du Lac, et prend sa provision de cons. des Enquêtes. V. Parlement de la Ligue. Président en Chambre des Comptes, 13 fév. 1599. Époux d'Anne Hennequin, fille de Claude, Maître des Requêtes.

Léon II Lescot. — Clerc. Abbé de Clermont-lès-Laval (18 janv. 1583), sieur de Claigny (27 mai, 6 août 1588), frère du cons. Pierre. Reçu, 12 avril, au lieu de feu Philbert de Dion (office aboli par l'édit de 1573). V. Parlement de la Ligue.

Nicole Alleaume. — Lai. Sieur de Plassey, cons. au Grand Conseil, gendre de Guillaume du Vair. Reçu, 12 avril, sans examen, au lieu de feu Christophe Bouguier. V. Parlement de la Ligue. Époux d'Antoinette du Vair (17 sept. 1598).

Pierre III de Longueil. — Lai. Avocat céans, frère du cons. Mathieu. Reçu, août-sept., par résignation de Pierre II, son père (survivance du 16 juil. 1574). Réception omise au registre, rang donné par les lettres de confirmation d'Henri IV. V. Parlement de la Ligue. Époux de Bonne Le Gay.

Rémond ou René de Pincé. — Lai. Avocat céans, sieur de Noueux-en-Anjou, châtelain de Bresse-le-Chastel, X^{1A} 5170, f° 24, 4 juin 1594. Reçu, sans examen, 30 déc., par résignation de Claude Viole. V. Parlement de Tours et de Châlons. Veuf de Marie de Dormans, fille de Charles, Maître des Comptes, sœur de Charlotte, femme du cons. Antoine de Soulfour, X^{1A} 5192, f° 275 v°, 1er oct. 1597, et X^{3A} 62, 14 mai 1612.

1582 **Loys Galoppe.** — Lai. Sieur de Verdilly, avocat du roi en Cour des aides. Reçu, sans examen, 15 janv. Cons. aux Requêtes du Palais par résignation de feu Nicolas, son frère. Disparu *ante* 10 et 11 janv. 1589 (Rôle de la Cour). Époux 1º de Madeleine Gilbert de Voisines ; 2º de Catherine de Berland (veuve 22 mai 1598, X^{1A} 5197, fº 359 vº).

Jean V Hurault. — Clerc. Sgr de Boistaillé, abbé de la Sainte-Trinité de Morigny, X^{2A} 147, fº 200, 19 juin 1585 ; fils du cons. Jean III et d'Antoinette le Clerc (17 déc. 1588), frère de l'ex-cons. André, sieur de Maisse, Maître des Requêtes. Ambassadeur à Venise, près de son frère (9 juin et 15 sept. 1588). V. Parlement de Tours. Le Ms. 7555 le fait époux de Marguerite, fille du Proc. gén. Gilles Bourdin.

Charles Maynard ou Mesnard. — Lai. Sieur de Bellefontaine, fils de dame Jeanne de Loynes et de Michel le Clerc, chevalier, Sgr de Maisons. V. Châlons, 27 mai 1593. Reçu, 23 fév. (création). V. Parlements de Tours et de Châlons. Époux de Françoise, fille du cons. Guillaume II de Besançon et de Jeanne Bourgoin.

Olivier de Fontenay. — Lai. Avocat céans, fils de Jacques, trésorier de la maison de Jeanne de Navarre. Reçu, 10 mars (création). † 29 août 1587. Inhumé en l'église Saint-Paul. Époux de Madeleine Hotman, fille de Jean, greffier des monnaies (veuve 8 fév. 1597).

Hiérosme le Maistre. — Lai. Sieur de Bellejamme, fils de l'ex-cons. Jean (et non frère du cons. Pierre de 1571, erreur du Ms. 7555). Reçu, 24 mars (création). V. Parlement de la Ligue. Maître des Requêtes, 15 déc. 1589, au lieu de feu Jean Ier de la Vergne, son cousin et beau-frère par alliance. Époux de Renée Lefèvre, sœur du cons. Loys, sieur de Caumartin.

Claude Malon. — Lai. Cons. au Parlement de Bretagne (créé, en 1574, Président Présidial à Blois. La Cour, après information, avise de surseoir à sa réception, jusqu'à ce qu'elle ait fait remontrances sur la suppression des offices dud. siège, X^{1A} 1645, fº 64 vº, 31 août), beau-frère du cons. Guillaume Florette et parent du président Pierre II Séguier (17 janv., 16 sept. 1592, Tours). Reçu, 3 déc. (création de XX cons.). V. Parlement de Tours. Époux d'Anne le Charon, fille de Jean, président en Cour des aides.

Gabriel Fournier. — Lai. Reçu, 3 déc. (création de XX cons.). V. Parlement de Tours. Le Ms. 7555 lui donne pour femme Nicole

Habert. Serait l'homonyme de la femme du président Jean le Maître, qui suit (Ligue).

Denis de Soulfour. — Lai. Sieur de la Bérardière, X^{1a} 911, 19 avril 1611. Reçu, 22 déc., au lieu d'Antoine, son frère, substitué aux 2 offices de Président des Enquêtes de Pierre l'aîné. V. *supra* ; « admonesté de revoir ses livres de droit ». V. Parl. de la Ligue.

1583 **Antoine d'Espinay.** — Lai. Gendre du cons. Claude Larcher. Reçu, 4 janv., au lieu de Jean Nicolaï fait Maître des Requêtes. Disparaît pendant les 5 années de troubles, pour se retrouver au Parlement d'Henri IV à Paris, 22 avril 1594. Époux de Marthe Larcher, X^{2a} 149, f° 181, 27 août 1594.

Jean-Baptiste de Machault. — Lai. Sgr de la Mothe-Romaincourt, fils du feu cons. Baptiste. Reçu, 15 janv. (création de XX cons.); « admonesté de revoir les ordonnances ». V. Parlement de la Ligue. Époux de Marie de Moussy.

Pierre de Lescalopier. — Lai. Fils d'un marchand et échevin de Paris. Reçu, 31 janv. (création de XX cons.). Passe aux Requêtes du Palais, 3 fév. 1588, par permutation avec Hiérosme de Hacqueville. V. Parl. de la Ligue. Époux de Madeleine, fille de Nicolas Séguier de Saint-Syx, Maître des Comptes, et de Claude de la Forge.

Bernard de la Porte de la Roche-Flavin. — Lai. Ier Président des Requêtes du Palais à Toulouse du 19 janv. 1581 (né à Saint-Cernin, 1552; docteur en droit, 1577 ; cons. au présidial de Toulouse, 1er sept. 1574). Reçu, 9 fév. (création de XX cons.). Retourne à Toulouse après avoir gagné son procès de préséance contre son ex-collègue, IIe Président des Requêtes (arrêt du Conseil du 13 fév. 1584). † 1627. Époux d'Alix de Bogoun. Célèbre auteur des XIII Parlements de France, condamné, à Toulouse, par arrêt du 16 juin 1617.

Jean de Villemereau. — Lai. Avocat en la sénéchaussée d'Angers. Reçu, 9 fév. (création). V. Parlement de Tours. Époux d'Anne le Picart, fille d'Eustache, commissaire des guerres.

François Hurault. — Lai. Avocat céans, Sgr de Châteaupers, fils de Jacques, Maître des Requêtes, sieur de Vueil, et de Marie Herbelot. Reçu, 2 mars (création). Maître des Requêtes, par résignation de son père, 19 mars 1568. † 1590. Époux de Rachel Cochefilet remariée, en 1592, au duc de Sully.

Étienne II Tournebulle. — Lai. Reçu, 16 mars (création). V. Parlement de la Ligue.

Jean II Barjot. — Lai. Avocat céans, Sgr d'Auneuil et de la Neufville (21 juil. 1587), fils de feu Philbert, cons. en 1553, puis Maître des Requêtes et président au Grand Conseil. Reçu, 27 avril (création) (vérification de sa date de naissance sur le registre baptistaire de sa paroisse et le contrat de mariage de ses parents). Maître des Requêtes, 21 mars 1587. Époux de Marguerite Forget (15 avril 1587).

Nicolas de Verdun. — Reçu, 18 mai, par résignation de Jean II Vaillant de Quélis. V. *supra* Président des Requêtes du Palais, 12-16 déc. 1588. Remplacé par Nicolas II le Clerc (?), qui suit, 2 sept. 1587.

Jean ou Pierre Descroisettes. — Lai. Reçu, 15 juin (création). V. Parlement de la Ligue.

Jean de Bourgneuf. — Lai. Sgr de Cusset (22 avril 1587), fils de René, Ier Président au Parlement de Rennes. Reçu, 5 sept. (création); « admonesté d'étudier et revoir livres et ordonnances et d'étudier la pratique ». Maître des Requêtes, 22 avril 1587. Président au Grand Conseil, puis Ier Président au Parlement de Rennes. Époux de Renée, fille du cons. Jean de Thou et de Renée Baillet.

Jean-Jacques de Mesmes. — Lai. Sgr de Langle à Roissy. Trésorier des chartes, titres et papiers de la Couronne, 15 mars 1582, charge par lui résignée au Proc. gén. Jean de la Guesle; fils d'Henry, sieur de Malassis, cons. au Grand Conseil, Maître des Requêtes, et de Jeanne, fille d'Odard Hennequin, Maître des Comptes, X^{3A} 54, 21 juil. 1562; neveu du cons. Jean Gabriel, ci-dessus. Reçu, entre 10 juin et 3 déc. (création). Omis au registre, rang donné par les lettres de confirmation d'Henri IV; cons. au Conseil d'Etat, Président au Grand Conseil. V. Parlement de la Ligue. Époux 1° d'Antoinette de Grosseaume; 2° de Geneviève Dollu (veuve 6 juil. 1602).

Jacques Blanchet. — Lai. Avocat céans. Reçu, 3 déc. (création). V. Parlement de la Ligue.

Jacques ou Antoine Bouchet. — Lai. Sgr de Bouville, X^{3A} 61, 19 juil. 1611. Reçu, 14 déc. (création). V. Parlement de la Ligue. Époux d'Angélique d'Elbene, X^{3A} 61, *loc. cit.*

1584 **Georges Louet.** — Clerc. Avocat céans, prêtre, archidiacre de Tours, doyen d'Angers. Reçu, 4 janv., par résignation de Jean de Laubespine fait évêque de Limoges. V. Parlement de la Ligue. Agent gén. du clergé en 1596. Auteur d'un Recueil d'arrêts dont

Françoise de Louvain, veuve Abel Langelier, donne une édition corrigée, le 4 oct. 1611, X^{1B} 919. Privilège.

Antoine de Murat. — Lai. Avocat céans depuis 1579, né à Reims, 9 juin 1552. Reçu, 18 janv. (création). V. Parl. de la Ligue. Le 24 oct. 1587, enregistrement de lett. pat. *ut. supra*, Jacques II Allegrain.

Jean de Moussy ou Moucy. — Lai. Sgr de Champront. Reçu 8 fév. (création). V. Parlement de Tours. Époux de Catherine le Comte, fille de Jean, Sgr de la Martinière.

Jean II Anjorrand. — Lai. Cosgr de Cloye (17 avril 1583), gendre du cons. Jean Huault. Reçu, 27 mars, au lieu de feu Claude, son père (survivance du 30 juil. 1574). Admonesté de revoir ses livres de droit, hanter le barreau et continuer ses études. Maître des Requêtes, 21 juin 1586, par résignation de Gérard Cotton. Résigne, 13 nov. à (blanc), peut-être Olivier Fayet. V. *infra*. Époux d'Antoinette Huault.

Guillaume du Vair. — Clerc. Maître des Requêtes (25 janv. 1573), fils de Jean, avocat céans, Proc. gén. en Cour des aides, et aussi de Catherine de Médicis. Reçu, 2 mars, par permutation avec Jacques-Auguste de Thou. V. Parlement de la Ligue.

Nicolas le Roux. — Lai. Sieur de Saint-Aubin (14 déc. 1596), petit-fils du cons. Jacques Potier, par sa mère Marie, femme de Claude le Roux, Maître des Comptes. Reçu, 20 juin, à l'office vacant de (blanc). V. Parlement de Châlons, puis de Tours. Époux de Catherine Olivier, fille de Jean, Sgr de Neuville.

Antoine Ricouard. — Lai. Prieur de Vendoeuvres, X^{1A} 5132, f° 77 v°, 23 nov. 1585. Reçu, 27 juil. (création de XX cons.). V. Parlement de la Ligue.

Jean Duval. — Lai. Avocat céans. Reçu, 17 août, au lieu de feu Germain, son père (survivance du 11 août). V. Parl. de la Ligue.

Nicolas de Neufville. — Clerc. Chanoine de la Sainte-Chapelle, abbé de Chézy, de Saint-Wandrille et de Nozal, prieur de Sainte-Belaude de Thun, diocèse de Reims (31 juil. 1595), et de Royat, X^{3A} 61, 12 mars ou avril 1611, fils naturel de Nicolas, sieur de Villeroy, secrétaire d'État. Reçu, 29 août, à l'un des deux sièges de feus Thibault Lesueur ou Antoine de Veignolles (Élu 4e, 27 mai, à l'un desdits sièges, *dernière élection*). V. Parlement de Châlons.

Guy de la Vau. — Lai. Prieur de Ressonzac, diocèse de Besançon (28 avril 1584). Reçu, 6 oct., par résignation de Jean, son père (survivance du 28 août 1579. Disparu *ante* 10 et 11 janv. 1589 (rôles de la Cour).

François de la Vau. — Lai. Sans doute frère du précédent. Reçu 12 déc. (création de XX cons.). (Ajourné à 1 an, le 6 juil. 1583). V. Parlement de Tours. Époux de Catherine de la Lande, fille de Guillaume, sieur des Bordes (11 avril 1592).

1585   **Jean II le Roy**. — Clerc. Sieur de Dame-Sainte, X^{3A} 61, 27 août 1611, prieur de Gaigny-l'Isle, chanoine de Paris, X^{1A} 5170, f° 144, 11, 20 mai 1595. Reçu, 9 janv., à l'un des deux sièges de feus Ant. de Veignolles et Thibault Lesueur. Disparaît pendant les 5 ans de troubles. V. Parlement d'Henri IV à Paris.

Bernard II de Fortia. — Lai. Sieur de Hermes, fils du cons. Bernard Ier. Reçu, 22 fév. (création de XX cons.). V. Parlement de Tours. Époux de Marguerite le Clerc, fille de Nicolas, secrétaire du roi.

Nicolas Duval. — Clerc. Abbé de Saint-Vincent-lez-Senlis (10 sept. 1593, Châlons), chanoine de Paris (7 avril 1601). Reçu, 15 mars, au lieu de Claude d'Angennes (?). V. Parlement de Tours.

Charles II le Prévost. — Lai. Sieur de Brou (5 janv. 1601), 2° fils de Charles, secrétaire du roi, intendant de finances, et de Marie Brulart. Reçu, 29 mars (création). V. Parlement de la Ligue. Le Ms. 7555 *bis* l'appelle Claude. Il le fait époux d'Hélène de Bellièvre, fille du chancelier, et mourir 5 déc. 1590, ce qui est certainement faux. Cf. Lettres de confirmation d'Henri IV, en 1594. Faut-il lire † 1596 ?

François Allemant. — Lai. Avocat céans. Reçu, 26 juin (création). V. Parlement de la Ligue.

Jacques Pynon. — Lai. Avocat céans, Sgr de Doussy et de Vitry-sur-Seine; fils de Nicolas, secrétaire du roi, et de Geneviève Guiberteau. Reçu, 21 août, par résignation de Jean le Maître. V. Parlement de la Ligue. Époux de Jeanne le Peultre.

Eustache Lhuillier. — Clerc. Sgr de Coulanges, 2° fils de Nicolas, président en Chambre des Comptes, et de Charlotte de Livre. Reçu, 4 sept., par résignation de Philippe Bernard. Disparu *ante* 10 et 11 janv. 1589. Remplacé, à Paris, par Jean le Gruel, 19 juil. 1595.

Jean Baston. — Lai. Reçu, 4 déc., cons. aux Requêtes du Palais. V. Parlement de la Ligue. Époux de Claude Gelas, X^{1A} 1776, f° 174, 6 juil. 1601.

François Miron. — Lai. Chevalier, sieur de Bonnes, fils de l'ex-cons. Gabriel, lieutenant civil, et de Madeleine Bastonneau. Ms. 7555. (Pourtant ne figure pas, X^{3A} 61, 24 mars 1611, comme héritier de Robert, contrôleur et intendant des finances, où il devrait représenter feu Gabriel, son soi-disant père. Le seul François qui y est nommé, dernier héritier sur 9, n'est pas qualifié.) Reçu, 18 déc., à l'office aboli puis rétabli de feu Robert Bochard. Disparu durant les 5 années de troubles. Se retrouve Maître des Requêtes, 22 avril 1594, puis lieutenant civil de Paris, 29 avril 1596, et admis derechef au serment de Maître des Requêtes, 9 juil. 1597, opte pour l'office de lieutenant civil. Époux de dame Marie Brisson, fille du feu Président Barnabé, veuve d'Edmé de la Chambre (7 avril 1601).

1586 **Claude ou Charles Brochart ou Bochart.** — Lai. Reçu, 15 janv., par résignation de (blanc). Disparu *ante* 10 et 11 janv. 89. Se retrouve Maître des Requêtes, 22 avril 1594. Époux de Marguerite Ligier (veuve 2 juil. 1614, X^{3A} 64). Omis par le Ms. 7554 dans la généalogie des Bochart.

François du Lac. — Lai. Cons. au Châtelet, fils d'Antoine, avocat céans. Reçu, 31 janv., à la commission des Requêtes de Jean Danes, en lui laissant le siège lai des Enquêtes de Nicolas Viole fait Maître des Requêtes, dont il a été pourvu, au lieu d'un autre Nicolas Viole, sans doute fils du précédent et non reçu (V. 2 oct., 15 nov. 1585.) Admonesté de revoir les ordonnances et la pratique. † 2 mai 1586. Obsèques à Saint-Christophe. Époux de Marie de Machault, fille de François, cons. et Gén. des aides (27 oct. 1595).

Jean de Grantrue. — Lai. Reçu, 15 janv. Admonesté *ut supra* et ajourné, le 22 nov., à l'échéance de ses 25 ans. V. Parl. de la Ligue.

Nicolas du Villars. — Clerc. Diacre, trésorier de la Sainte-Chapelle, chanoine de Notre-Dame, originaire de Calderac, fils de Claude et de Charlotte Gayan. Reçu, 28 mars. Évêque d'Agen, 1588. Résigne. Remplacé par Gérosme de Villars, 1er juin. † 10 déc. 1608. *Gall. Christ.*, II, 931.

Loys de Grenay. — Lai. Sieur de Courcelles-en-Brie. Reçu, 7 mai. V. Parlement de la Ligue. Époux de Madeleine de Fortia, fille de François, trésorier des parties casuelles, qui, veuve, épousa le cons. Michel Sevyn.

Paul Portal ou Portail. — Lai. Sgr de Montesson, fils d'Antoine, chirurgien, notaire et secrétaire du roi, beau-frère par alliance du cons. Hardouyn Foucher, X^{3A} 60, 12 juin 1592. Reçu, 18 juin. V: Parlement de Tours. Époux de Justine Pileur (30 sept. 1600), fille de Thomas, secrétaire du roi.

Pierre de Lyon. — Clerc. Sieur de la Cave. Reçu, 11 juil., après enquête sur sa personne aux Grans Jours de Clermont. V. Parlement de Tours.

Charles Billard ou Béliard. — Lai. Reçu, 23 juil., par résignation de Christophe Hector de Marle fait Maître des Requêtes. V. Parlement de la Ligue.

André Charton ou Charreton. — Lai. Avocat céans, sieur de la Douze, baron de Marolles, X^{1B} 845, 30 août 1608. Reçu, 6 août, au siège lai de Jean Forget, auquel il cède sa provision à l'office clerc de feu Germain Vaillant de Quélis. Disparaît pendant les 5 ans de troubles. V. Parlement d'Henri IV à Paris, 1ᵉʳ mai 1594. Époux de Bienvenue Brisson, fille de Louis, avocat céans, veuve du cons. Sébastien Chauvelin de 1597.

Pierre Baron. — Lai. Fils d'un procureur en exercice, gendre du cons. Denys de Here. Reçu 18 août. V. Parlement de la Ligue. Époux d'Espérance de Here. Cf. 10 mai 1586, 22 oct. 1594.

Michel de Marillac. — Lai. Avocat céans, frère du feu cons. Charles II, beau-frère de l'ex-cons. René Hennequin, Maître des Requêtes (24 janv. 1595). Reçu, 3 sept. V. Parlement de la Ligue. † 6 fév. 1600. Époux 1º de Marguerite Barbet ou Barbier (21 juin 1597) ; 2º de Marie de Saint-Germain, veuve de Jean Amelot, président des Enquêtes.

Olivier Fayet. — Lai. Sieur de Maugarni, cons. clerc et Maître ordinaire en Chambre des Comptes, du 10 avril 1584, ex-avocat céans, fils d'Antoine, Receveur gén. des pauvres de Paris. Reçu, 16 déc., en résignant son office des Comptes à son frère Nicolas, 24 oct., P. 2328, fº 335, et 2329, fº 575. V. Parlement de la Ligue. Époux de Marie, fille de Jean Luillier, Président en Chambre des Comptes, Prévôt des Marchands en 1592, et de Bonne Courtin, X^{1B} 911, 19 avril 1611.

1587 **François de la Béraudière.** — Lai. Sgr de Sigon, originaire du Poitou, abbé commendataire de Saint-Junien de Nouaillé et Saint-Benoît, diocèse de Poitiers (27 oct. 1600 et X^{3A} 64, 6 juil. 1614). Reçu, 21 janv. V. Parlement de la Ligue. Évêque de Périgueux, 1614. *Gall. Christ.*, II, 1485. Époux d'Isabeau de Dormans, fille de Charles, Maître des Comptes en 1587.

Thierry Sevyn ou Sevin. — Lai. Sieur de la Vove, de Lomeau et de Tonnelière, X^{3A} 60, 30 janv., 29 août 1592, fils de François, président en Cour des aides, et d'Antoinette le Rebours. Reçu cons. aux Requêtes du Palais, 4 fév. Mission en Italie, 1588. V. Parlement de Tours. Époux 1° de Marie de Villemontée, fille de Charles, procureur du roi au Châtelet, et de Marie de Vigny; 2° de Louise du Drac, fille de Jean II, ex-cons. céans. Maître des Requêtes (Ms. 7555).

Pierre Catinat. — Lai, Sieur de Dorez, fils de Nicolas, sieur de Bougis, lieutenant général de Mortagne. Reçu, 27 fév. V. Parlement de la Ligue. Époux de Geneviève de Liger, fille de Jacques, Sgr de Graville, et de Marie Bichet (veuf 10 fév. 1607).

Antoine Blondeau ou de Blondel. Lai. Sieur et vicomte de Vaudancourt et Baiampont, fils de Jean, écuyer, X^{1A} 5197, f° 91 v°, 28 avril 1598. Reçu, 18 mars. V. Parlement de la Ligue.

Olivier Lefebvre. — Lai. Sieur d'Ormesson, sans doute fils du président des Comptes de même nom, gendre du président Pierre Hennequin. Reçu, 18 avril, cons. aux Requêtes du Palais. V. Parl. de la Ligue. Époux de Marie Hennequin, X^{3A} 63, 1er fév. 1613.

Jean du Mornay. — Clerc. Sous-diacre du 28 mars, fils cadet de Nicolas, chevalier, sieur de Villarceaux, et de dame Anne Lhuillier. Reçu, 13 mai, au lieu de feu André Cotin (erreur du scribe, lire plutôt Déode Boutin. Pas d'*André Cotin* dans cette période. On ne peut lire Antoine Cotel, † 18 avril, 10 jours avant les lettres de présentation de du Mornay, car il est lai). Disparaît pendant les 5 années de troubles. V. Parl. d'Henri IV, à Paris, 22 avril 1594.

François de la Guesle. — Clerc. Fils cadet du président Jean; pourvu du prieuré de Limon de l'abbaye d'Évron, diocèse du Mans (Tours, 18 mai 1593), abbé et prieur commendataire de l'abbaye de Saint-Vigol de Cerisay (26 juil. 1594) et du prieuré d'Houdreville dépendant de l'abbaye de Thiron, diocèse de Chartres, 14 janv. 1595. Reçu, 10 juin. V. Parlement de Tours. Archevêque de Tours, janv. 1597. *Gall. Christ.*, XIV, 136.

Jacques de Rivière. — Lai. Cons. au Châtelet, sieur des Granges-Sainte-Aube, fils du feu cons. Denis. Reçu entre 27 juin et 13 juil. (omis au registre), au lieu de feu Jean Poille. V. Parlement de Châlons, puis de Tours. Époux de Catherine, fille de René Chopin, avocat céans, et de Marie Bacon.

Ursin Durant. — Lai. Cons. au siège présidial du Mans (4 déc. 1585), originaire de Nogent-le-Rotrou, neveu et parent des cons. François Pelletier et Catinat. Reçu, 18 juil., X^{1B} 869 (omis au registre). V. Parlement de Tours.

Innocent de la Grange. — Lai. Avocat céans, frère d'un cons. au Grand Conseil (Tours, 17 août 1590). Reçu, 19 août. V. Parlement de la Ligue. Époux en 2⁶ˢ noces d'Anne Houdry.

Nicolas II le Clerc. — Lai. Sieur de Buc, avocat céans, fils de Nicolas Iᵉʳ. Reçu, 2 sept., sans doute au siège de Nicolas de Verdun fait Président des Requêtes du Palais, au lieu de feu Jacques de Saint-André, oncle dudit Leclerc ; débouté de la section de l'office de celui-ci, 12 août 1586. V. Parlement de la Ligue.

Drouet Parent. — Lai. Reçu, 23 sept. Missions en Italie en 1588 et 1592. V. Parlement de Tours, 23 juin 1592.

Claude le Mareschal. — Clerc. Cons. au Grand Conseil, sous-diacre du 19 sept., consacré par l'archevêque de Bourges, sans congé de l'Ordinaire. Reçu, 28 sept. V. Parlement de la Ligue.

François Pastoureau. — Lai. Avocat céans. Reçu, 7 oct., au lieu de feu André, son père. Admonesté de revoir les livres de droit et ordonnances et d'étudier la pratique. V. Parlement de Tours.

François le Meneust. — Lai. Beau-frère par alliance du cons. Jean Veau. Reçu, 18 déc. V. Parlement de la Ligue. Époux de Denise Marcel. Cf. homonyme, Trésorier et receveur pour le roi des deniers communs de Rouen, époux de Guillemette de Crèvecœur, X³ᴬ 58, 16 sept. 1566, sans doute ses père et mère.

1588   **Hiérosme de Hacqueville.** — Lai. Chevalier, avocat céans, Sgr d'Ons-en-Brie, 2ᵉ fils d'André, président au Grand Conseil, ex-cons. céans, neveu d'un des présidents de la IIᵉ Chambre des Requêtes. Reçu, 9 janv. (création de III cons. aux Requêtes du Palais). Réception mise en surséance, à cause de la parenté, jusqu'au 3 fév., où il permute avec Pierre de Lescalopier de la Iʳᵉ Chambre. V. Parlement de la Ligue.

Charles ou Jean Barillon. — Lai. Fils d'Antoine, Maître des Comptes, et de Loyse de Belloy, dame de Villeparisis (22 mars 1593). Reçu, 19 fév. V. Parl. de la Ligue. Époux de Judic de Mesmes sœur du cons. Jean-Jacques ; veuf de Claude Dane, 5 sept. 1606.

Jacques Poussemye. — Lai. Cons. au Châtelet, sans doute fils de Roland, cons. au Châtelet, et d'Anne de Jomaignes, X³ᴬ 56, f° 79, 14 mars 1563. Reçu, 16 mars (création de III cons. *ut supra*). V. Parlement de la Ligue. Époux de Marie ou Jeanne Masuier (16 juil. 1594, 24 juil. 1603).

Paul Hurault de l'Hôpital. — Lai. Sgr de Belesbat, frère et héritier de Michel. Reçu, 30 mars. V. Parlement de Tours.

Claude Mango. — Lai. Frère de feu Jacques, avocat du roi céans, et d'Anne, cons. en 1592, Tours ; fils de Claude, avocat céans, natif de Loudun, et de Geneviève Sevyn, X^{3A} 56, 5 mars 1563. Reçu, 20 mai (création de III cons. aux Requêtes du Palais). V. Parlement de la Ligue. Époux de Marie Rabeau ou Marguerite Lebeau. Cf. 5 sept. 1606 et X^{3A} 64, 22 janv. 1614.

Léonard de Trappes ou d'Estrappes. — Lai. Fils de Jean, contrôleur des deniers communs de Nevers. Reçu, 21 mai. V. Parlement de la Ligue.

Gérosme de Villars. — Clerc. Sous-diacre, avocat céans, chanoine de Vienne, député du clergé de Dauphiné aux États de la Ligue, 1593, frère de Jean ou Pierre II. Reçu, 1er juin, par résignation de Nicolas du Villars, son oncle, fait évêque d'Agen. V. Parl. de la Ligue.

François de Verthamon. — Lai. Sieur du Mas du Puy, originaire de Limoges, beau-frère, par alliance, du Maître des Requêtes, futur président des Enquêtes, Antoine Rancher. Reçu, 17 août, au lieu de Claude de Bérulle. V. Parlement de la Ligue. Époux de Marie Versoris, fille de Pierre, avocat céans (11 août 1598).

Pierre III Viole. — Lai. Avocat céans, fils du feu cons. Pierre II, gendre du cons. Guillaume Besnard. Reçu entre 27 juin (tire une loi) et 10 janv. 1589 (Ire présence, sous le nom erroné de François Viole). V. Parlement de Tours.

François Garnier. — Lai. Avocat céans, originaire de Parthenay. Fils de François, sieur de Maurinet, X^{1A} 5197, f° 246, 14 mai 1598. Reçu, 7 déc. ; admonesté de revoir ses livres de droit. V. Parl. de la Ligue.

Réceptions de survivances.

JACQUES-AUGUSTE DE THOU. — Maître des Requêtes, 10 avril 1584, ex-cons. clerc du 30 déc. 1578-7 janv. 1579. Reçu, 12 août 1586, à la survivance de la présidence de son oncle Augustin de Thou. Succède, 30 août 1595.

MATHIEU DE MONTHOLON. — Reçu, 17 mars 1578, à la survivance de Mathieu Chartier, son oncle. V. Parl. de Dijon.

JEAN ANGENOUST. — Avocat céans, Sgr de Trancault. Reçu, 30 avril 1586, à la survivance de Hiérosme, son père. Lieutenant général de Troyes, 15 fév. 1595, au lieu d'Eustache de Mesgrigny.

SAMUEL SPIFAME. — Lic. de l'Université de Bourges, avocat céans (serment du 12 sept. 1585). Reçu, 27 mai 1587, à la survivance de Jean, son père. Mis en possession, à Châlons, 8 janv. 1591.

MAUGIS. — *Parlement de Paris.* 18

Michel Sevyn. — Fils de Guillaume, correcteur en Chambre des Comptes, et d'Anne Lefèvre. Reçu, 5 août 1587, à la survivance de Pierre Michon, son oncle. Mis en possession, à Tours, 30 mars 1594. Cf. X^{1A} 9328, f°s 302 seq., 11 mai 1593, Requête dudit Michel aux fins d'interdiction de sa mère qui, veuve, à 58 ans, s'est remariée avec un soldat de 23 ans, étranger et sans ressources, sans consulter ni sa mère, Marguerite Michon, retirée avec elle à Bizay près Lodun, ni aucun des siens, et a fait de grandes libéralités audit soldat, au préjudice de ses 3 fils, Michel, Jacques et Augustin.

Guillaume Rubentel. — Reçu, 4 sept. 1587, à la survivance de Denis, son père. V. Parlement d'Henri IV à Paris, 4 janv. 1601.

Gabriel Damours. — Reçu, 1er avril 1588, à la survivance de Pierre, son père. V. Parlement d'Henri IV à Paris, 29 avril 1594.

Nicolas II Chevalier. — Reçu, 6 mars 1588, à la survivance de Jean, son père. Maître des Requêtes, 27 fév. 1595. V. Parlement d'Henri IV à Paris, 4 mars 1602.

Jean Banyn. — Reçu, 31 août 1588, à la survivance de Prosper, son père. V. Parlement d'Henri IV à Paris, 15 déc. 1597.

Jacques Chevalier. — Entérinement de ses lettres, 30 déc. 1587, survivance de Nicolas, son père. Reçu seulement le 30 août 1595. V. Parlement d'Henri IV à Paris, 3 avril 1596.

PARLEMENT DE LA LIGUE

Présidents de la Cour anciens ayant prêté le serment d'Union.

Barnabé Brisson, Ier. — Prête serment le 26 janv. 1589, X^{1A} 9324^{B}, n° 12. Déclaré coupable de félonie par lett. pat. d'Henri III du 14 mai 1589 (Tours). † Victime des Seize, le 15 nov. 1591.

Nicolas Potier de Blancmesnil, IIe. — Prête serment, 26 janv. 1589. Le 1er déc., à Tours, mention de son procès fait par les Ligueurs ; le 26 juin 1590, réception de ses lettres de délivrance. V. Parlement de Châlons.

Augustin de Thou, IIIe. — Absent le 26 janv. Siège à Paris jusqu'au 29 nov. 1589. V. Parlement de Châlons.

Présidents institués par le duc de Mayenne, les 2 et 3 déc. 1591.

Mathieu Chartier, Ier. — Doyen de la Cour, cons. du 26 mars 1543. Nommé et proposé par la Cour, en avril. V. notre tome II, p. 68. Rétrogradé au rang de cons. le 22 avril 1594.

André de Hacqueville, IIe. — Président au Grand Conseil et Maître des Requêtes, ex-cons. du 17 mars 1558. Exclu par Henri IV en 1594.

Étienne de Nully, IIIe. — Ier Président en Cour des aides, ci-devant pourvu par Mayenne, mais écarté par la Cour et les Seize, 21 avril 1591. Exclu par Henri IV en 1594. Déclaré coupable de félonie, *ut supra* B. Brisson. Le 1er déc., à Tours, commission nommée pour faire son procès, en représailles de celui du Président Potier à Paris.

Jean II le Maître, IIIe. — Avocat du roi au Parlement ligueur du 21 janv. 1589, ci-devant pourvu, comme le précédent. VIIe Président à Paris, 30 mars 1594. Époux de Nicole, fille du cons. Jean Habert.

Présidents des Enquêtes ayant prêté le serment d'Union.

Nicolas le Sueur. — Clerc. Prête serment le 26 janv. † avant la soumission à Henri IV. Remplacé, à Paris, par Michel Ripault, 16 mai 1594.

Jean de Champront. — Clerc. Prête serment le 26 janv. V. Parlement de Tours, 2 juil. 1593.

Antoine de Soulfour. — Laï. Prête serment le 26 janv. V. Parlement de Châlons, 30 avril 1593.

Pierre Ruelle. — Clerc. Absent le 26 janv. Déclaré coupable de félonie, *ut supra*. B. Brisson. V. Parl. de Tours, 30 mars 1594.

Pierre le Maistre. — Clerc. Prête serment le 26 janv. † 17 déc. 1593. Remplacé, à Tours, par Antoine Rancher, 28 fév. 1594.

Martin de Bragelonne. — Clerc. Prête serment le 26 janv. Reçu à Paris (V. *supra*). V. Parlement de Tours, juin 1592.

Jean Amelot. — Clec. Embastillé le 16 janv. 1589. Libéré en mars, sous caution de 10.000 l. et consigné dans sa maison. Reconnaît, à Tours, le 18 sept. 1591, avoir reparu au Palais, après la mort d'Henri III, mais sans avoir juré la Ligue.

Présidents des Requêtes ayant prêté le serment.

Antoine Hennequin. — Prête serment le 26 janv. Déclaré coupable de félonie, *ut supra*. Resté fidèle jusqu'à la fin au parti de la Ligue. Réintégré, à Paris, 22 avril 1594.

Nicolas de Verdun. — Prête serment le 26 janv. V. Parlement de Tours, 21 juil. 1592.

Conseillers anciens ayant prêté le serment d'Union ou siégé à Paris.

Clercs. — Jacques II Brizart. — Prête serment le 26 janv. V. Parlement de Tours, 6 janv. 1591.

Jacques du Tillet. — Siège le 9 janv. 1590 seq. Résigne *ante* 7 fév. 1593. Le 24 mars 1594, à Tours, il est dit que sa profession de foi monastique remonte à plus d'un an. Remplacé, à Paris, 17 nov. 1594, par Jean Byet.

Jacques Bellanger. — Prête serment le 26 janv. Resté fidèle à la Ligue, jusqu'à la fin. Réintégré, à Paris, le 22 avril 1594.

Mathieu de Longueil. — Prête serment le 26 janv. Inscrit au rôle de Châlons par la commission royale du 6 oct. 1590. † *ante* 13 déc., sans y avoir siégé.

François le Pelletier. — Prête serment le 26 janv. V. Parlement de Tours, 6 fév. 1591.

Loys du Tillet. — Prête serment le 26 janv. V. Parlement de

Tours, 8 janv. 1593. Voir, à Tours, 26 juin 1592, confiscation des biens de son fils naturel, Anne, † sans avoir obtenu de lettres de légitimation, X^{1A} 9326, f° 434 v°.

Jean du Vivier. — Prête serment le 26 janv. Resté fidèle à la Ligue jusqu'à la fin. Réintégré, à Paris, 22 avril 1594.

Lazare Coquelay. — Siège au conseil général de l'Union. Resté fidèle à la Ligue jusqu'à la fin. Réintégré, à Paris, 22 avril 1594.

Loys Séguier. — Encore porté au rôle de la Ligue du 30 août 1592. V. Parlement de Tours, 8 janv. 1593.

René le Roullié. — Embastillé le 16 janv. 1589. N'a signé la Ligue que contraint. V. Parlement de Tours, 13 déc. 1591.

Léon II Lescot. — Prête serment le 26 janv. Déclaré coupable de félonie, *ut supra*. Ligueur forcené. Missions à Rome et en Suisse pour la cause. Fait prisonnier, en 1592, par le sieur de Montmartin, gouverneur de Vitry. Le Parlement de Tours écrivit au roi pour s'opposer à sa libération et le faire tenir sous bonne garde (31 juillet). Réintégré à Paris les 17 mars et 28 juin 1595.

Georges Louet. — Prête serment, le 26 janv. V. Parlement de Tours, 5 janv. 1590.

Guillaume du Vair. — Prête serment le 26 janv. Politique avéré, a siégé à Paris jusqu'à la fin. Fait Maître des Requêtes, par Henri IV, avril 1594.

Jean Habert. — Prête serment le 26 janv. † 30 mai 1592. Remplacé par Jean Bagereau, 5 août.

Claude le Mareschal et Gérosme de Villars. — Prêtent serment, le 26 janv. Restés fidèles à la Ligue, jusqu'à la fin. Réintégrés, à Paris, 22 avril 1594.

Laïs. — Mathieu Chartier. — Prête serment le 26 janv., Ier Président, 2 déc. 1591. V. *supra*.

Guillaume Maulevault. — Prête serment le 26 janv. V. Parlement de Tours, 30 mai 1591, 10 janv. 1592. Le 26 mai 1591, bien qu'absent, à Dampierre, depuis 2 mois, on lui continuait encore ses gages, à Paris. Le 5 janv., en mentionnant sa résignation à survivance à son fils, on l'avait déjà remplacé en la Grand Chambre.

Jacques II Allegrain. — Absent le 26 janv. Siège le 10 mars seq. † *ante* 3 sept. 1593. Ce jour, Jean Robert, son fils, requiert être reçu en vertu de lettres de survivance du 8 sept. 1587 registrées le 2 oct., renouvelées le 13 juil. 1593. Sera informé *super vita*, etc. Remplacé seulement, à Paris, le 19 déc. 1597, par Jean Lescalopier.

Étienne Fleury. — Absent le 26 janv. Resté fidèle à la Ligue jusqu'à la fin. Réintégré, 22 avril 1594.

Pierre Michon. — Prête serment, 26 janv. † 18 mars 1594. Remplacé, à Tours, 30 mars, par Michel Sevyn, son neveu (survivance du 5 août 1587). V. *supra*.

Hiérosme Auroux et Jean Chevalier. — Prêtent serment, 26 janv. Restés fidèles à la Ligue, jusqu'à la fin. Réintégrés, 22 avril 1594.

Jean Le Clerc. — Prête serment, 26 janv. Disparu *ante* 22 avril 1594.

Édouard Molé. — Prête serment, 26 janv. Procureur général du Parlement ligueur, 21 janv. Déclaré coupable de félonie, *ut supra*. Réintégré *ut supra*.

Jean Courtin et Hiérosme de Montholon. — Prêtent serment, 26 janv. Restés fidèles à la Ligue. Réintégrés, 22 avril 1594.

Claude Larcher. — Prête serment, 26 janv. † victime des Seize, 15 nov. 1591. Le 7 oct. 1592, son fils André présente, à Tours, une confirmation d'Henri IV de lettres de survivance des 16 janv. et 31 déc. 1586, vérifiées le 18 nov. 1587. Sera informé *super vita*, etc. Reçu seulement à Paris, 21 fév. 1590.

Jean de Bryon. — Prête serment, 26 janv. V. Parlement de Tours, 9 déc. 1592.

François Briçonnet le jeune. — Malade à Chartres, 9 fév., quand il est appelé, par commission, au siège d'Éd. Molé, en la Grand Chambre, où il monte, le 17 nov. 1590, au lieu de feu Jean Spifame. Resté fidèle à la Ligue jusqu'à la fin. Réintégré *ut supra*.

Prosper Banyn. — Prête serment, 26 janv. V. Parlement de Tours, 12 déc. 1592.

Hiérosme du Four. — Prête serment, 26 janv. Resté fidèle à la Ligue jusqu'à la fin. Réintégré *ut supra*.

Pierre Damours. — Prête serment, 26 janv. Déclaré coupable de félonie, *ut supra*. Resté fidèle à la Ligue. Réintégré *ut supra*.

Pierre Lescot, Jean le Jau, Philippe Jabin, Philbert le Masuyer et Denys de Here. — Prêtent serment, 26 janv. Restés fidèles à la Ligue, jusqu'à la fin. Réintégrés *ut supra*.

Guillaume Besnard. — Prête serment, 26 janv. V. Parlement de Tours, 5 avril 1590.

Olivier le Bossu. — Prête serment, 26 janv. Resté fidèle à la Ligue. Réintégré *ut supra*.

Raoul Favier. — Prête serment, 26 janv. † *ante* oct. 1592. Office aboli, par édit de déc. V. à Tours, 23 juin 1593, protestation de la veuve et du cons. Nicole Favier contre lad. abolition.

Robert de Goussancourt. — Prête serment, 26 janv. Resté fidèle à la Ligue. Réintégré *ut supra*.

Pierre III Séguier. — Prête serment, 26 janv. † janv. 1591. Office aboli par édit de déc. 1592. V. à Tours, 23 juin 1593, protestation de la famille.

Guillaume Florette. — Prête serment, 26 janv. V. Parlement de Tours, 17 juin 1592.

Guillaume Deslandes, Nicolas de la Place et Denis Rubentel. — Prêtent serment, 26 janv. Restés fidèles à la Ligue. Réintégrés *ut supra*. (V., 17 nov. 1592, notification du prétendu décès de Rubentel.)

Pierre III le Clerc. — Prête serment, 26 janv. † 18 déc. 1591. Inhumé à Saint-André-des-Arts. Office aboli, déc. 1592. Protestations, 23 juin 1593, *ut supra*.

Antoine Feydeau et Nicolas II Chevalier. — Prêtent serment, 26 janv. Restés fidèles à la Ligue. Réintégrés *ut supra*.

Jean Midorge. — Prête serment, 26 janv. Déclaré coupable de félonie, *ut supra*. Resté fidèle à la Ligue. Réintégré *ut supra*.

Charles le Prévost. — Prête serment, 26 janv. V. Parlement de Châlons, juillet-août 1589. Le 2 juil. 1594, déclare avoir servi 5 ans à Châlons.

Jacques II Viole et Hardouyn Foucher. — Prêtent serment, 26 janv. Restés fidèles à la Ligue. Réintégrés *ut supra*.

Nicolas Texier. — Prête serment, 26 janv. † 15 nov. 1590. Remplacé par Jean II ou Jacques Poille, 16 janv. 1591.

Bertrand Soly. — Prête serment, 26 janv. Resté fidèle à la Ligue. Réintégré *ut supra*.

Jean III le Picart. — Absent le 26 janv. Resté fidèle à la Ligue. Réintégré *ut supra*.

Charles Brizart. — Prête serment, 26 janv. V. Parl. de Tours.

Nicolas Quelain. — Prête serment, 26 janv. Déclare, 1er avril 1594, à sa réintégration, s'être caché, 2 ans, chez son beau-père, lors de l'emprisonnement de la Cour.

Jean Veau, Jean-Gabriel de Mesmes, Pierre Lecoigneux. — Prêtent serment, 26 avril. Restés fidèles à la Ligue. Réintégrés *ut supra*.

Gaston II de Grieu. — Prête serment le 26 janv. V. Parlement de Tours, 11 mars 1594.

Gaspard de Burges. — Prête serment le 26 janv. † 20 sept. 1593. Remplacé par Michel de Lauzon, 24 sept.

Jean Hauderon. — Prête serment le 26 janv. Resté fidèle à la Ligue. Réintégré, *ut supra*.

Charles Tiraqueau. — Prête serment le 26 janv. † 12 sept. 1590. Remplacé par Adam le Vasseur, 10 juin 1593. V., à Tours, 24 mars et 24 juin 1593, opposition à la provision en son lieu d'Adrian Portail du 31 déc. 1590.

Arnoul Boucher et Jacques de Bourdeaux. — Prêtent serment le 26 janv. Restés fidèles à la Ligue. Réintégrés *ut supra*.

Jacques Sanguin. — Prête serment le 26 janv. V. Parlement de Châlons.

François Gaudart. — Prête serment le 26 janv. Resté fidèle à la Ligue. Réintégré *ut supra*.

Denis Palluau. — Prête serment le 26 janv. V. Parl. de Châlons.

Guillaume Goussault. — Prête serment le 26 janv. V. Parlement de Tours, 30 août 1591.

Nicolas de Bragelonne. — Prête serment le 26 janv. Resté fidèle à la Ligue. Réintégré *ut supra*.

Claude de Bragelonne. — Prête serment le 26 janv. V. Parlement de Châlons, 6 août 1592.

Jacques Lallemant. — Absent le 26 janv. Figure au rôle du 31 août 1592. Resté fidèle à la Ligue. Réintégré *ut supra*.

Guillaume de Pleurs et Nicole Alleaume. — Prêtent serment le 26 janv. Restés fidèle à la Ligue. Réintégrés *ut supra*.

Pierre III de Longueil. — Prête serment le 26 janv. V. Parlement de Châlons, 20 juin 1590.

Hiérosme Le Maistre et Denis de Soulfour. — Prêtent serment le 26 janv. Restés fidèles à la Ligue. Réintégrés *ut supra*.

Jean-Baptiste de Machault. — Prête serment le 26 janv. Déclaré coupable de félonie, 14 mai 1589. Exclu par Henri IV, en 1594. Remplacé seulement, le 30 juil. 1599, par Adrian Portail.

Pierre de Lescalopier. — Prête serment le 26 janv. Resté fidèle à la Ligue. Réintégré *ut supra*.

Étienne Tournebulle. — Absent le 26 janv. Figure au rôle du 31 août 1592. Resté fidèle à la Ligue. Réintégré, *ut supra*.

Jacques Blanchet. — Prête serment le 26 janv. V. Parlement de Tours, 6 juin 1590.

Jacques Bouchet, Jean-Jacques de Mesmes, Antoine de Murat,

Antoine Ricouard. — Prêtent serment, 26 janv. Restés fidèles à la Ligue. Réintégrés *ut supra*.

Jean Duval. — Prête serment le 26 janv. V. Parlement de Tours, 2 mai 1591.

Charles II le Prévost. — Prête serment le 26 janv. Resté fidèle à la Ligue. Réintégré *ut supra*.

François Allamant. — Prête serment, 26 janv. V. Parlement de Tours, 5 mai 1593.

Jacques Pynon. — Prête serment, 26 janv. Resté fidèle à la Ligue. Réintégré *ut supra*.

Jean Baston. — Prête serment, 26 janv. Déclaré coupable de félonie, 14 mai 1589. Maître des Requêtes, 1593. Remplacé par Guillaume Lotin, 1er oct. 1593. S'expatrie en avril 1594. Mention de la confiscation de ses biens, X^{1A} 1830, f° 453, 21 juil. 1610.

Jean de Grantrue. — Prête serment, 26 janv. Resté fidèle à la Ligue. Réintégré *ut supra*.

Loys de Grenay, Charles Billard et Pierre Baron. — Prêtent serment le 26 janv. V. Parlement de Tours, 30 mars, 22 déc. 1590 et 30 déc. 1592.

Michel de Marillac. — Prête serment, 26 janv. Déclaré coupable de félonie, 14 mai 1589. Resté fidèle à la Ligue. Réintégré *ut supra*.

Olivier Fayet. — Prête serment, 26 janv. Déclaré coupable de félonie, 14 mai 1589. Resté fidèle à la Ligue. Réintégré *ut supra*.

François de la Béraudière et Pierre Catinat. — Prêtent serment, 26 janv. V. Parlement de Tours, 12 avril 1590 et 12 janv. 1591.

Antoine Blondeau. — Absent le 26 janv. Siège, 16 mars (paiement de ses gages arriérés). Resté fidèle à la Ligue. Réintégré *ut supra*.

Olivier Lefebvre. — Prête serment, 26 janv. Resté fidèle à la Ligue. Réintégré *ut supra*.

Innocent de la Grange. — Prête serment, 26 janv. V. Parlement de Tours, 17 août 1590.

Nicolas II le Clerc et Claude le Mareschal. — Prêtent serment, 26 janv. Restés fidèles à la Ligue. Réintégrés *ut supra*.

François le Meneust. — Absent le 26 janv. Figure au rôle du 31 août 1592. Créé, par Mayenne, Président en Chambre des Comptes. Cumule, 24 juil. 1593. Réintégré cons., 22 avril 1594.

Hiérosme de Hacqueville. — Prête serment, 26 janv. Resté fidèle à la Ligue. Réintégré *ut supra*.

JEAN BARILLON. — Prête serment, 26 janv. V. Parlement de Châlons, 4 déc. 1590.

JACQUES POUSSEMYE ET CLAUDE MANGO. — Prêtent serment, 26 janv. V. Parlement de Tours, 23 juin 1593 et 5 déc. 1589.

LÉONARD D'ESTRAPPES. — Prête serment, 26 janv. Resté fidèle à la Ligue. Réintégré *ut supra*.

FRANÇOIS DE VERTHAMON ET FRANÇOIS GARNIER. — Prêtent serment 26 janv. V. Parlement de Tours, 26 oct. 1590, 18 mars 1594.

Conseillers reçus après la rupture ou créés par Mayenne.

1589 **François-Édouard Olier.** — Lai. Avocat céans, fils de Nicolas, secrétaire du roi, et de Madeleine, fille du cons. Nicolas Viole, (Ms. 7555) ou plutôt de François, secrétaire du roi, et de Madeleine Molé, V. *infra* Jacques Olier, 1595, et Germain Regnault, 1596. Pourvu par Henri III, 23 nov. 1588. Reçu, 28 fév. V. Parlement de Tours, 22 mai 1591.

Jean IV le Picard. — Lai. Fils du feu cons. Germain le Picart. Pourvu par Henri III. Reçu, 4 mars, par résignation de François Thomas. V. Parlement de Tours, 16 oct. 1591. Époux de Jeanne Sublet, fille de Jean, Maître des Comptes.

Claude le Prebstre. — Lai. Juriconsulte réputé, auteur d'un Recueil d'arrêts publié en 1645. Pourvu par Henri III. Reçu, 22 mars, par résignation de Jacques Danes. Resté fidèle à la Ligue. Réintégré, 22 avril 1594.

1591 **Jean II ou Jacques Poille.** — Lai. Avocat céans, Sgr de Saint-Gratien, fils de Jean Ier. Reçu, 16 janv., par résignation de Nicolas Texier. (Dès le 12 sept. 1576, présentait des lettres de survivance au siège de son père. Enquête sur son âge.) Resté fidèle à la Ligue. Réintégré *ut supra*. Époux de Catherine Gobin.

1592 **Jean Bagereau.** — Clerc. Fils d'un procureur en exercice (21 janv. 1597), prieur de Chevreuse, X^{1a} 892, 26 nov. 1609. Reçu, 5 août, au lieu de feu Jean Habert. Resté fidèle à la Ligue. Réintégré *ut supra*. (Le 11 mars 1597, en acceptant la résignation à lui faite de l'office lai de Hiérosme Angenoust, les gens du roi déclarent qu'il n'a pris siège de clerc que par la force de la contrainte à lui faite par son père.)

1593 **Adam le Vasseur.** — Lai. Reçu, 16 juin, au lieu de feu Charles Tiraqueau. (Information faite sur son âge, vie, mœurs, par Vincent le Roy, Lieutenant général d'Amiens.) Resté fidèle à la Ligue. Réintégré *ut supra*.

Michel de Lauzon. — Lai. Sgr de Villebon, l'un des 4 notaires de la Cour, gendre du cons. Pierre Damours. Reçu, 24 sept., par résignation de feu Gaspard de Burges, avec dispense de cumul pour 2 ans, X^{1A} 9324^B, n° 474. Resté fidèle à la Ligue. Réintégré *ut supra*. Époux d'Élisabeth Damours.

Guillaume Lotin. — Lai. Châtelain de Charny (16 avril 1601), fils de Guillaume, maître des Comptes, et de Jeanne Bochart de Champigny. Reçu, 1er oct., cons. aux Requêtes du Palais, au lieu de Jean Baston fait Maître des Requêtes. Resté fidèle à la Ligue. Réintégré *ut supra*. Époux de Madeleine Morin, fille de Jean, Sgr de Martilly en Auvergne.

Réceptions de survivances.

Claude Jabin. — Avocat céans. Reçu, 1er fév. 1589, à la survivance de Philippe, son père, octroyée par Henri III. (Philippe fut remplacé par son fils Antoine, le 28 fév. 1605.)

Jean Auroux. — Avocat céans. Reçu, 1er fév. 1589, à la survivance de Hiérosme Auroux, son oncle, octroyée par Henri III, confirmée le 6 avril 1594. Succéda le 20 déc. 1596.

Michel du Four. — Avocat céans. Reçu, 7 juil., à la survivance de Hiérosme, son père, octroyée par Henri III, confirmée le 6 avril 1594. Succéda le 4 juin 1603.

PARLEMENT DE TOURS

Présidents de la Cour ralliés ou créés à Tours.

Achilles de Harlay, Ier. — Embastillé à Paris, le 16 janv. Ne rallie Tours qu'en nov. 1589, 12, 14 et 15. V. Parl. d'Henri IV à Paris.

Jacques Faye, IIe. — Sieur d'Espesses, Maître des Requêtes, ex-cons. lai du 30 déc. 1567. Seul présent durant la 1re session d'avril à oct. 1589. Remplace feu Jean de la Guesle. † au cours d'un voyage de remontrances près d'Henri IV, *ante* 1er oct. 1590. Remplacé par Jean Forget, 15 déc.

Jean Forget. — Président des Enquêtes du 1er sept. 1574. IIe Président de la Cour, 15 déc. 1590, au lieu du précédent. (Lettres du 1er oct., payées 10.000 l., contre l'édit du 9 mai 1589 réservant aux familles les offices des membres morts à Tours. Protestations de Charles Faye, frère du défunt, 15 oct., 13 nov.) V. Parlement d'Henri IV à Paris.

Gilles de Riant ou Ryantz. — Sieur de Villeray, Maître des Requêtes, ex-cons. lai du 22 août 1567. Reçu IIIe Président, 21 janv. 1592, au lieu de feu Barnabé Brisson du Parlement ligueur. V. Parlement d'Henri IV à Paris.

Pierre II Séguier. — VIe Président à Paris du 8 janv. 1581. Réintégré IVe, entre 16 sept. 1592 et 26 fév. 1593, par lett. pat. des 21 fév. et 22 mai 1592. Réintégration très contestée. Le 23 sept., la Cour se partage : 34 voix pour, 11 contre. Le règlement exigeant les 4/5, pas de conclusion. Le 26 fév. seulement, on le voit siéger comme président. Le titre lui est bien donné, le 26 juin 92 ; mais il n'emporte pas la fonction.

Présidents des Enquêtes anciens réintégrés après ou sans enquête.

Jean Forget. — Clerc. Réintégré, sans enquête, 15 avril 1590. IIe Président de la Cour, 15 déc. Remplacé par Robert Thénin, 27 juin 1591.

Jean Amelot. — Clerc. Réintégré, après enquête (?). En instance depuis le 6 juin et 18 sept. 1591 (lett. pat. du 29 mai). Enquête décidée le 20 sept. Le 16 janv. 1592, il est toujours réfugié à Senlis. V. *supra* Parlement de la Ligue.

Thomas Gayant. — Clerc. Réintégré sans enquête, 3 fév. 1592. Embastillé, 16 janv. 1589. A quitté Paris, sitôt élargi, sans rien jurer ni exercer. Empêché par son grand âge de se rendre plus tôt aux ordres du roi. V. Parlement d'Henri IV à Paris.

Martin de Bragelonne. — Clerc. Réintégré, après enquête, les 17, 22 juin 1592. En instance depuis les 14 et 18 sept. 1591. Le 5 oct., présente des lett. pat. portant qu'il a eu lettres de rétablissement en 1590. Cf. 3 juin. Déclare être venu à Tours, longtemps avant les règlements édictés sur la réintégration, dont il requiert être excepté. Puis a fait un long séjour près du roi. V. Parlement d'Henri IV à Paris.

Jean de Champront. — Clerc. Réintégré après enquête, 2 juil. 1593. Lettres patentes de rétablissement du 29 mai 1591 et de surannation du 21 mars 1592. A juré la Ligue. V. *supra* et Parlement d'Henri IV à Paris.

Pierre Ruelle. — Clerc. Réintégré, en vertu des articles de la capitulation de la ville de Bourges, 30 mars 1594. V. Parlement d'Henri IV à Paris.

Présidents créés ou pourvus à Tours.

Robert Thénin. — Sieur de la Romanye, cons. au Parlement de Bretagne. Reçu, 27 juin 1591, sans préjudice aux lett. pat. du 9 mai 1589, par résignation de Jean Forget fait président de la Cour. V. Parlement d'Henri IV à Paris. Époux de Gilette de Commaillé, 10 mai 1594.

Antoine Rancher. — Sieur de la Foucaudière, Maître des Requêtes du 9 déc. 1580. Cons. en l'Échiquier et au Conseil d'Alençon. Reçu, 28 fév. 1594, au lieu de feu Pierre le Maistre du Parlement ligueur. V. Parlement d'Henri IV à Paris. Époux 1° de Marguerite Versoris et beau-frère par alliance du cons. François de Verthamon (11 août 1598); 2° de Marguerite Miron, fille du cons. Gabriel. Cf. homonyme, avocat au présidial de Tours, reçu lieutenant de la prévôté du lieu, le 4 janv. 1586.

Présidents des Requêtes du Palais réintégrés ut supra.

Jean II du Drac. — Réintégré sans enquête, bien qu'ayant juré la Ligue, 27 avril 1591, lett. pat. du 19 oct. 1590. V. Parlement d'Henri IV à Paris.

Nicolas de Verdun. — Réintégré après plusieurs enquêtes et renvois, 21 juil. 1592. En instance depuis le 26 oct. 1590. Déclare être resté à Paris pour le service du roi, n'avoir juré la Ligue que contraint, en être sorti depuis 8 mois. Le 3 janv. 1591, on l'accuse d'y être rentré après sa sortie. V. Parlement d'Henri IV à Paris.

Conseillers anciens présents, à Tours, à la 1re session, avril-oct. 1589.

Clercs. — Geoffroy Lopin. — V. Parlement d'Henri IV à Paris.

Gilles Scavan. — † *ante* 6 oct. 1589. Office aboli en vertu de l'édit de création de 4 cons. nouveaux du 9 mai 1589. Cf. 23 juin 1593, détails sur lad. abolition, et 14 fév. 1590, 15 mars 1591, refus par la Cour de la provision aud. siège de l'avocat Jacques Mérault.

Jacques Gillot. — V. Parlement d'Henri IV à Paris.

Pierre de Lyon. — Maître des Requêtes, 12 janv. 1593. Résigne. Remplacé au Parlement par René Pidoux, 10 mars.

Laïs. — Philbert de Thurin. — V. Parlement d'Henri IV à Paris. A quitté Paris avant le 7 fév. 1589, X^{1A} 1714, f° 25 v°.

Palamède Fondriac. — Maître des Requêtes. Remplacé par François Forget, 15 avril 1592.

Alexandre Le Grand et Pierre du Houssay. — V. Parlement d'Henri IV à Paris.

François Foucquet. — † avril 1591, en Auvergne, exécutant un arrêt de la Cour. Remplacé par Christophe Ier, son frère, 27 avril.

François de Lauzon, Claude Maynard, Claude Malon, Gabriel Fournier et Jean de Villemereau. — V. Parl. d'Henri IV à Paris.

Paul Hurault de l'Hopital. — Maître des Requêtes. 1593. Archevêque d'Aix, 26 juil. 1599. Remplacé par Timoléon Granger, 28 juil. 1593.

(V. *in fine* Jules Savare et Raymond Colin, cons. nouv.)

Conseillers anciens présents à la IIe session, sans avoir siégé à Paris.

Clercs. — Jean le Voix. — Présent à Tours, le 4 déc. 1589. V. Parlement d'Henri IV à Paris.

Charles Faye. — Présent à Tours, le 5 déc. 1589. V. Parlement d'Henri IV à Paris.

Lais. — Nicole Perrot. — Envoyé en mission par Henri III vers le duc de Montpensier. Résigne. Remplacé par Cyprien, son fils, 3 oct. 1590. † 14 juil. 1594.

Jean de Thumery, Rémond de Pincé et Paul Portal (embastillé le 16 janv. 1589). — Présents à Tours le 4 déc. V. Parlement d'Henri IV à Paris.

Conseillers anciens, transfuges de Paris, réintégrés sans enquête ni délai, au cours de la IIe session et suivantes, sur simple présentation de lettres du roi.

1589 François de la Vau. — Lai. Embastillé, 16 janv. 1589. N'a pas juré la Ligue. Reçu à Tours, 4 déc., en justifiant seulement de l'emploi de son temps. V. Parlement d'Henri IV à Paris.

Claude Mango. — Lai. A juré la Ligue, contraint, mais touj. cherché à fuir pour venir servir le roi. Reçu, 4 déc., en justifiant seulement de l'emploi de son temps. V. Parl. d'Henri IV à Paris.

1590 Jean de Moussy. — Lai. Reçu, 23-26 fév. V. Parlement d'Henri IV à Paris.

Loys de Grenay. — Lai. Sorti de Paris, en mars 1589. Retiré à Courcelles-en-Brie pour faire service au roi. N'a juré la Ligue que contraint. D'abord renvoyé au roi avec lettres favorables de la Cour. Reçu, 1er-30 mars. † 21 oct. 1591. Remplacé par Eustache du Refuge, 20 mars 1592.

Guillaume Besnard. — Lai. Embastillé deux fois, comme bon serviteur du roi, 1° le 16 janv. 1589, puis, après son élargissement, s'efforçant de fuir à Tours et repris. Reçu, 12 mars-5 avril, après renvoi au roi avec lettres favorables de la Cour. V. Parlement d'Henri IV à Paris.

Innocent de la Grange. — Lai. Embastillé, 16 janv., et retenu à Paris par force, puis resté pour assister son vieux père (18 janv. 1592). Reçu, 13 mars-17 août, après renvoi au roi, avec lettres favorables de la Cour. V. Parlement d'Henri IV à Paris.

Claude Tudert. — Lai. S'est caché de Noël 1588 à la venue du roi sous Paris. L'a joint à Poissy, puis fut retenu par la maladie. Reçu, 21-30 mars. Résigne 1591. Remp. par Gaspard Chessé, 29 mars.

Jacques Blanchet. — Lai. Embastillé jusqu'à Noël 1589. N'a juré la Ligue que contraint. Venu à Tours, sitôt élargi. (Le 1er déc., il y est dit qu'on l'a fait mourir à Paris.) Reçu, 4 avril-6 juin, après renvoi au roi, avec lettres favorables de la Cour. V. Parlement d'Henri IV à Paris.

François de la Guesle. — Clerc. Reçu, sans débat, 25 mai, et nonosbtant son séjour à Paris. V. Parlement d'Henri IV à Paris.

Nicolas II Favier. — Lai. Embastillé, 16 janv. N'a rien juré. Malade, 7 mois, des indignités qu'il a subies. Reçu, 19 sept.-26 oct. Lettres de la Cour au roi en sa faveur. V. Parlement d'Henri IV à Paris.

Jean Duval. — Resté à Paris pour servir le roi. Désarmé par la Ligue. Prisonnier du duc de Nemours, au pont de Poissy. Reçu, 11 oct.-2 mars 1591, après simple enquête du Proc. général sur les causes de son séjour à Paris. V. Parl. d'Henri IV à Paris.

Pierre III Viole. — Reçu, 7 déc. Maître des Requêtes, 11 avril 1592. Remplacé seulement, le 12 août 1596, par Simon II Maryon.

1591 Jacques de Rivière. — Sorti de P is avant la rébellion et venu de Châlons. V. *infra*. Reçu, 2 jan V. Parl. d'Henri IV à Paris.

Jean Scaron. — Embastillé, 16 janv. N'a juré la Ligue que contraint. Détaché à Châlons, 6 oct. 1590. Reçu, à Tours, 15 mar*,* directement sur lettres du roi du 7 fév.

Jacques II et Charles Brizart frères. — Clerc et lai. Embastillés, 16 janv. Désarmés. Demeurés à Paris pour servir le roi. N'ont rien fait contre lui, mais seulement juré la Ligue, contraints. Reçus, 18 mai-6 juin, après renvoi au roi, avec lett. favorables. V. Parlement d'Henri IV à Paris.

Claude Dupuy. — Lai. Reçu, 24 juil., sur lettres du roi du 29 mai, en jurant « n'avoir rien signé, ni participé ». V. Parl. d'Henri IV à Paris.

Thierry Sevin. — En mission en Italie pour Henri III. Reçu 24 juil. V. Parlement d'Henri IV à Paris.

Bernard de Fortia. — Lai. Embastillé, avec le corps de la Cour, du 16 janv. à fév. 1589. Resté à Paris jusqu'en mai. N'a signé la Ligue, ni siégé. Retiré à Vincennes, Pontoise, Senlis pour le service du roi. Reçu, 7 août, sur lettres du roi du 5 juin. V. Parlement d'Henri IV à Paris.

René le Roullié. — Clerc. Embastillé, 16 janv. N'a signé la Ligue que contraint. Reçu, 23 déc., sans enquête, eu égard à sa notoire fidélité. V. Parlement d'Henri IV à Paris.

1592 Drouet Parent. — Lai. En mission en Italie depuis 1588. Reçu, sans enquête, 23 juin. V. Parlement d'Henri IV à Paris.

Jean V Hurault. — Clerc. En mission en Italie depuis 1588, vers le sieur Hurault de Maisse. Envoyé par lui à Florence, vers le duc de Bouillon, puis vers Henri IV, etc. N'a jamais juré, ni signé la Ligue. Reçu, 24 oct. V. Parlement d'Henri IV à Paris.

1594   Nicolas Duval. — Clerc. Sorti de Paris, le jour de l'emprisonnement de la Cour. Retiré à Senlis d'où il n'a bougé. Reçu, 18 mars. V. Parlement d'Henri IV à Paris.

Nicolas Leroux. — Clerc. Sorti de Paris dès déc. 1588. Retiré ès lieux de l'obéissance du roi. Allègue divers empêchements : le grand âge de son père, les soins de deux tutelles, une mission du roi au Hâvre, etc. Reçu, 18 mars. V. Parlement d'Henri IV à Paris.

Conseillers transfuges de Paris, réintégrés après enquête.

1590   Ursin Durant. — Lai. Sorti de Paris, dit-il, le 31 déc. 1588, pour le service du roi. Se présente à Tours, le 20 déc. 89. Reçu, 25 janv. 1590. Cf. 5-15 janv., 8 mai. V. Parl. d'Henri IV à Paris.

Georges Louet. — Clerc. A signé la Ligue, contraint, non l'arrêt du 14 oct. 1589. Reçu, 5 fév., sur lett. pat. de rétabliss. du 10 juin 89. Cf. 30 déc., 5 janv. 90. V. Parlement d'Henri IV.

François de Verthamon. — Lai. A signé la Ligue, contraint, non l'arrêt du 14 oct. Sorti de Paris déguisé, s'est retiré à Dieppe. Se présente à Tours, le 2 déc. 1589. Ajourné à 1 an, le 30 déc., sur preuve faite qu'arrêté à Châteaudun, il se rendait de Dieppe à Limoges, non à Tours. Reçu, le 26 oct. 1590. Cf. 22, 30 déc. 1589, 3 oct. 1590, 18 janv. 1592. V. Parlement d'Henri IV à Paris.

Charles Billart. — Lai. Reçu, 7-22 déc. 1590, sur lettres du roi du 4 nov. Maître des Requêtes, 1592. Remplacé par Nicolas de Berneuil, 11 déc.

1591   Pierre Catinat. — Lai. Reçu, 7 déc., 12 janv. 91, sur lettres du roi du 4 nov. V. Parlement d'Henri IV à Paris.

Guillaume Goussault. — Lai. Détenu à Paris, dit-il, depuis 1 an (12 fév. 90). N'a pu en sortir que depuis 2 mois et s'est acheminé vers Tours. S'y présente, le 12 fév. Reçu, 30 août 91, après renvoi au roi et deux délais de 6 mois, puis 6 semaines au Proc. gén. pour informer. Cf. 3 oct. 90, 17 mars, 9 avril 91. V. Parlement d'Henri IV à Paris.

1592   François Pastoureau. — Lai. N'a juré, ni signé la Ligue, dont information, 4 oct. Reçu, 20 juin 1592. Cf. 20 sept. 1591. V. Parlement d'Henri IV à Paris.

Maugis. — *Parlement de Paris.*

Guillaume Florette. — Lai. A signé la Ligue, contraint. Sorti de Paris en août 1590, dont information. Ire mention de son instance, 17 janv. 1592. Jure n'avoir assisté aux procédures et procès intentés par la duchesse de Guise, non plus qu'à l'arrêt du 14 oct. 1599, contre les 2 rois. Reçu, 17 juin 1592. Cf. 3 juin. V. Parlement d'Henri IV à Paris.

Guillaume Maulevault. — Lai. Reçu, 10 juil. 1592 (lett. pat. de rétablissement du 30 mai 1591). Requiert droit de résigner. Sera informé sans que le délai normal d'un an puisse préjudicier au résignataire en cas de prédécès. Remplacé par Samuel de la Nauve, 2 juin 1593.

Prosper Banyn. — Lai. A signé la Ligue, contraint. Information à Tours, Mante, Saint-Denys sur ses faits et gestes, 27 juin 1592 seq. Reçu, 12 déc. V. Parlement d'Henri IV à Paris.

Jean de Bryon. — Lai. A signé la Ligue et séjourné à Paris jusqu'en oct. 1590. Retenu par la maladie. Sorti, a prêté serment de fidélité au roi, le 9 juil. 1591, devant le lieuten. gén. de Mante. Reçu, 9 déc. 1592, sur lett. pat. de rétablissement du 3 juin 1591. Cf. 18 sept. 92. Certificats de maladie, mandement du roi des 20 mars et 15 avril. V. Parlement d'Henri IV à Paris.

Pierre Baron. — Lai. A juré la Ligue et siégé à Paris. Reçu, 30 déc. 1592. Le 18 sept. 1591, renvoi à une délib. auj. perdue. V. Parlement d'Henri IV à Paris.

1593   Jacques Poussemye. — Lai. A signé la Ligue et séjourné à Paris jusqu'en oct. 1590. Retenu par la maladie. Allègue sa fidélité notoire. Reçu, 23 janv., sur lett. pat. de rétablissement du 26 juil. 1591. Cf. 10 juil. 1592. Certificats, passeports, etc. V. Parlement d'Henri IV à Paris.

François de la Béraudière. — Lai. Se présente le 12 avril 1590. Le 23 sept. 1592, déclare être sorti de Paris depuis 3 ans. A fait un voyage en Poitou, sur lequel la Cour décida d'informer, par arrêt du 12 avril 1590. Reçu, sur lett. pat. de rétablissement du 31 juil. 1592, avec mainlevée de ses biens. L'arrêt de réintégration est perdu. V. Parlement d'Henri IV.

François Allamant. — A signé la Ligue. Requiert droit de résigner, le 19 déc. 1592, 5-6 mai 93. Rétabli, à condition de venir prêter serment dans 6 semaines. Serment le 19 juin. Maître des Requêtes. Remplacé par François le Coq, 5 juil. 1593.

1594   Gaston II de Grieu. — Lai. Reçu, 19 fév.-11 mars, sur lett. pat. de rétablissement du 20 nov. 1593. V. Parl. d'Henri IV à Paris.

Jean Feu. — Clerc. Reçu, 30 mars, sur lett. pat. de rétabliss. du 11 déc. 1591, et de surannation du 29 mars 1593. V. Parlem. d'Henri IV à Paris.

Conseillers reçus d'abord à Paris et soumis, à Tours, à un nouvel examen, l'enquête super etate... antérieure à la rébellion et certifiée par aucuns conseillers seule comptant.

François Édouard Olier. — Lai. Reçu, 22 mai 1591-8 fév. 1592, après un premier refus, sur lettres du roi mandant le recevoir, malgré son séjour à Paris, le serment d'Union par lui prêté et sa réception après l'attentat du 16 janv. 1589. V. Parl. d'Henri IV à Paris.

Jean IV le Prévost. — Lai. Reçu, 16 oct. 1591-1er fév. 92 (arrêt du 31 déc.). † 18 mars 1592. Remplacé par Paul Petau, 6 avril 1593.

Conseillers en instance de réintégration non reçus avant avril 1594.

François Pelletier. — Se présente, le 6 fév. 1591, avec des lettres du roi du 17 sept. 90. Dénoncé avec passion, comme ami du curé de Saint-Cosme à Paris, fauteur des troubles du Mans, etc. Cf. 22 fév., 13 déc. 1591, 2 janv., 19 août 92, 29 juil. 93, 16, 18 fév. 94. Non réintégré, après trois ans d'instances, finit par rallier le Parlement ligueur. V. Parlement d'Henri IV à Paris.

Loys du Tillet. — Clerc. Se présente, le 8 janv. 1593, avec des lettres pat. de rétablissement du 11 juil. 92, ayant prêté serment de fidélité au roi devant le lieutenant général du Mans, le 17 juil. Le 20 mars 93, arrêté qu'il sera informé par le Procureur général, le délai d'un an ne courant que de ce jour. V. Parl. d'Henri IV à Paris.

Léon de Bragelonne. — Lai. Se présente le 6 oct. 1593. Opposition des gens des Requêtes du Palais à la restauration de la IIe Chambre. Cf. 16 oct. et 9 fév. 94. V. Parlement d'Henri IV à Paris.

François Garnier. — Lai. Se présente le 18 mars 1594. Renvoyé au Procureur général. Pas de solution.

Conseillers créés ou reçus à Tours.

1589   **Jules Savare**. — Lai. Neveu du président présidial de Tours, du Verger, décrété de félonie par les lettres pat. du 14 mai 1589.

Reçu *ante* 9 mai (Édit de création de 4 cons. nouv.). V. Parlement d'Henri IV à Paris.

Raymond Colin. — Lai. Sieur de la Choletière près de Tours, prévôt de Tours, X¹ᴬ 5136, f° 154 v°, 16 mai 1586. Reçu, *ut supra*. Le 5 août 1591, prend la commission des Requêtes de feu Germain le Picart (En instance depuis le 15 déc. Cf. 20 mars). V. Parlement d'Henri IV à Paris. Époux de Marguerite de Landevi.

1590 **Pierre de Villemor**. — Lai. Reçu, 7 sept. (création des 4 cons. (?). La similitude de noms et l'édit du 9 mai porteraient à croire qu'il succéda à Paul de Villemor disparu depuis le 11 janv. 1589, si l'office de celui-ci n'eût été clerc. Le 4ᵉ pourvu du dernier des 4 offices créés serait alors Anne Mango, qui suit. V. Parlement d'Henri IV à Paris.

Cyprien Perrot. — Lai. Sgr de Dié, neveu du Président des Enquêtes, Claude Perrot. Reçu, 3 oct., par résignation de Nicole, son père (survivance du (?)). V. Parlement d'Henri IV à Paris. Époux de Marie Bénard de Rezay, fille de Guillaume, cons. au Parlement de Bretagne.

1591 **Jacques Ribier**. — Lai. Fils de Michel, lieutenant particulier à Blois, et de Marguerite Perrault ; gendre du cons. Nicole Alleaume. auteur de 2 livres sur la Chancellerie et les Monarchies et Principautés. Reçu, 22 mars (création des IV cons.). V. Parl. d'Henri IV à Paris. Époux de Françoise Alleaume, X³ᴬ 65, 19 fév. 1615,

Christophe Foucquet. — Lai. Président des Requêtes au Parlement de Bretagne. Reçu, 27 avril, à faire l'intérim de l'office de feu François, son frère, pour François, fils unique de celui-ci, dont il est curateur. Résigne. Remplacé par Christophe II, son fils ou son neveu, 5 mars 1594. (Le 15 janv. 1591, il est dit que la famille n'a pu s'assembler plus tôt pour proposer au roi un successeur et que, l'office ayant été mis aux parties casuelles, un tiers s'est fait pourvoir. La Cour arrête que nul ne sera reçu au préjudice de l'édit du 9 mai 1589).

Gaspard Chessé. — Lai. Avocat céans. Reçu, 29 mai, par résignation de Claude Tudert. V. Parlement d'Henri IV à Paris. Époux de Madeleine de Bragelonne (12 avril 1603), fille de Jérôme, secrétaire du roi et trésorier des guerres, petite-fille de Martin, prévôt des marchands en 1558.

1592 **Anne Mango**. — Lai. Prieur de Bouchedaigre et de Saint-Martin de Sancerre, X³ᴬ 61, 4 mai 1611, frère du cons. Claude. Reçu,

11 mars. (V. *supra*, Paul de Villemor). Ajourné à trois mois, le 13 avril 1590. V. Parlement d'Henri IV à Paris.

Eustache du Refuge. — Lai. Sieur de Précy, X^{3A} 65, 9 juil. 1615, fils du feu cons. Jean et de Marie Barthélemy, gendre du futur chancelier Pompone de Bellièvre. Reçu, 20 mars, au lieu de feu Loys de Grenay. V. Parl. d'Henri IV à Paris. Époux d'Hélène de Bellièvre, veuve de Claude Prévost, mort le 8 déc. 1590, que le Ms. 7555 *bis* fait, à tort, cons. céans ; sinon, il faut lire Charles et † 1596.

François Forget. — Lai. Fils du président Forget. Reçu, 15 avril, au lieu de Palamède Fondriac fait Maître des Requêtes. V. Parlement d'Henri IV à Paris. Époux de Marie Dreux, fille de Jean, Procureur général en Chambre des Comptes (5 août 1596).

Nicolas de Berneul. — Lai. Reçu, 11 déc., par résignation de Charles Billard. V. Parlement d'Henri IV à Paris.

René Pidoux. — Clerc. Avocat céans, abbé de Valence, X^{3A} 61, 21 mars 1611. Reçu, 10 mars, par résignation de Pierre de Lyon. V. Parlement d'Henri IV à Paris.

1593   **Paul Petau.** — Lai. Sieur de Guignard, fils d'un bourgeois d'Orléans, savant bibliophile et jurisconsulte. Reçu, 6 avril, au lieu de feu Jean IV le Picart. V. Parlement d'Henri IV à Paris. Époux de Marie Bochart.

Samuel de la Nave ou de la Nauve. — Lai. Secrétaire du roi. Reçu, 2 juin, par résignation de Guillaume de Maulevault. V. Parlement d'Henri IV à Paris. Époux de Marie Redon ou Anne de Reddons, fille de François, sieur de Neuillac, X^{3A} 61, 17 fév. 1611.

François le Coq. — Lai. Avocat céans. Reçu, 9 juil., par résignation de François Allamant. V. Parlement d'Henri IV à Paris.

Timoléon Granger. — Lai. Sieur de Livesdis, fils de Jean, trésorier des lignes suisses, maître d'hôtel du roi ; gendre du feu cons. Jean du Refuge et d'Anne Hennequin, X^{3A} 63, 23 déc. 1613. Reçu, 28 juil., par résignation de Paul Michel de l'Hôpital. V. Parlement d'Henri IV. Époux d'Anne du Refuge, X^{3A} 63, *loc. cit.*, et 30 août 1613 ; beau-frère germain d'Eustache du Refuge ci-dessus.

François Reydier. — Clerc. Prieur de Saint-Part de Coucy, diocèse de Soissons, 4 janv. 1601. Reçu, 10 déc., en vertu d'un arrêt du 1er sept., aujourd'hui perdu, au siège vacant de feu Mathieu de Longueil ou Florentin Regnart. V. Parlement d'Henri IV à Paris.

1594   **Christophe II Foucquet.** — Lai. Fils de Christophe Ier ou de feu François, son frère. V. *supra*. Reçu, 5 mars, par résignation de

Christophe Ier, qui retourne à son office de Bretagne. V. Parlement d'Henri IV à Paris.

Michel Sevyn. — Lai. Sieur de Bligny, substitut du Procureur général, du 20 déc. 1593, fils de Guillaume, correcteur en Chambre des Comptes, et d'Anne Lefèvre. Reçu, 30 mars, au lieu de feu Pierre Michon, son oncle, du Parlement ligueur (Survivance du 5 août 1587). V. Parlement d'Henri IV à Paris. Époux 1° de Madeleine de Fortia, veuve du cons. Loys de Grenay (19 juin 1604); 2° de Marguerite de Troyes (14 août 1606, et X^{1B} 867, 5 déc. 1607).

PARLEMENT DE CHALONS

(N'a eu d'existence normale qu'en vertu des lett. pat. de commission du 6 oct. 1590 et d'une délibération du 22 nov.).

Présidents de la Cour délégués à Châlons.

Nicolas Potier de Blancmesnil. — Porté sur la commission du 6 oct. 1590. Signe son 1er arrêt le 16 nov. V. Parl. d'Henri IV à Paris.

Augustin de Thou. — Signe son 1er arrêt le 28 nov. V. Parlement d'Henri IV à Paris.

Conseillers détachés avant le 6 oct. 1590 (Sessions préliminaires de 1589 et 1589-90).

Charles Chantecler. — Maître des Requêtes. Présent en juin 1589. Le 21 juin 1591, il déclare avoir siégé de juin 1589 à mars 90 et derechef de Pâques 1591 à avril 1593. V. Parl. d'Henri IV à Paris.

Charles Ier le Prévost. — Transfuge de Paris. Présent en juin ou juil. 1589. Le 2 juil. 1594, déclare y avoir servi 5 ans. V. Parlement d'Henri IV à Paris.

Jacques de Rivière. — Signe un acte du 24 oct. 1589, X¹ᴬ 9256, f° 1. V. Parlement de Tours.

Denis de Palluau. — Inscrit au premier rôle. V. arrêts des 13 mars et 25 mai 1590 le sommant de venir siéger. Ne paraît pas avoir obéi. Remplacé, 6 mars 1592, par Claude de Bragelonne.

Conseillers délégués par la commission du 6 oct. 1590. V., à Tours, lettres du 7 oct. et suivantes de la même session 1590-91.

1590 Nicolas Ier Le Clerc. — Laï. Président des Requêtes à Paris, qualifié, à Châlons, président des Enquêtes. Présent, nov. 1590. V., à Tours, lettres du 7 oct. V. Parlement d'Henri IV à Paris.

Mathieu de Longueil. — Clerc. Transfuge de Paris, délégué par la commission du 6 oct. † avant d'avoir siégé. Remplacé par Pierre III, son frère, 23 déc.

MATHIEU JOURDAIN. — Lai. Délégué par la commission du 6 oct. Présent en nov. V. Parl. d'Henri IV à Paris.

JEAN SPIFAME. — Lai. Délégué par la commission du 6 oct. † *ante* 17 nov. 1590, X¹ᴬ 1720, f° 2. Remplacé par Samuel, son fils, 8 janv. 1591.

JEAN SCARON. — Lai. Délégué par la commission du 6 oct. Présent en nov. V. Parlement de Tours, 15 mai 1591. Remplacé par Rémond de Pincé, 29 juil.

NICOLAS LEROUX DE SAINT-AUBIN. — Délégué par la commission du 6 oct. (V. lettres de Charles Maynard, qui suit.) Présent en nov. V. Parlement de Tours, 18 mars 1594. Remplacé par Charles Maynard, 1ᵉʳ avril 91.

NICOLAS DE NEUFVILLE. — Clerc. Signe un arrêt du 16 nov. 1590. V. Parlement d'Henri IV à Paris.

HIÉROSME ANGENOUST. — Lai. Présent 4 déc. 1590. (Iᵉʳ rôle de présence porté au registre X¹ᴬ 9261.) V. Parl. d'Henri IV à Paris.

ADRIEN III DU DRAC. — Lai. Présent 4 déc. 1590, *ibid*. V. Parlement d'Henri IV à Paris.

CLAUDE PERROT. — Lai. Maître des Requêtes, qualifié, à Châlons, président des Enquêtes. Présent le 4 déc. 1590, *ibid*. V. Parlement d'Henri IV à Paris.

JEAN BARILLON. — Transfuge de Paris. Présent le 4 déc. 1590, *ibid*. V. Parlement d'Henri IV à Paris.

PIERRE III DE LONGUEIL. — Lai. Transfuge de Paris. Présent fin déc. 1590. Remplace feu Mathieu, son frère, en vertu de lettres du roi du 20 juin et d'arrêts du Conseil et de ladite Chambre des 13 et 20 déc. V. Parlement d'Henri IV à Paris.

JACQUES SANGUIN. — Lai. Signe les arrêts de la session et des suivantes. V. Parlement d'Henri IV à Paris.

1591 CHARLES MAYNARD. — Détaché de Tours par lett. pat. du 4 fév. le substituant à Leroux de Saint-Anbin. Présent 1ᵉʳ avril. V. Parlement d'Henri IV à Paris.

RENÉ OU RÉMON DE PINCÉ. — Détaché de Tours par lett. pat. du 29 juil., le substituant à Jean Scaron. Présent 29 juil. V. Parlement d'Henri IV à Paris.

Conseillers délégués au cours des sessions ultérieures.

1592 CLAUDE DE BRAGELONNE. — Lai. Transfuge de Paris. Présent,

6 mars, remplaçant Denis de Palluau qui ne paraît pas avoir siégé. V. Parlement d'Henri IV.

1593 ANTOINE DE SOULFOUR. — Président des Enquêtes, transfuge de Paris. Présent, 30 avril, remplaçant René de Pincé ou Claude Dupuy, en vertu de lett. pat. du 12 oct. 1592 mandant le recevoir en leur lieu, pour tenir la Chambre au complet. V. Parlement d'Henri IV à Paris.

CLAUDE DUPUY. — Cité dans les lettres précédentes. Sans doute désigné antérieurement. Ne paraît pas avoir siégé. V. Parl. de Tours.

Conseiller reçu à Châlons.

Samuel Spifame. — Lai. Sgr de Bisseaux, substitut du Procureur général du 11 sept. 1587. Admis par provision, le 8 janv. 1591, au lieu de feu Jean, son père, en attendant le vouloir du roi (survivance du 27 mai 1587). V. Parlement d'Henri IV à Paris.

PARLEMENT D'HENRI IV A PARIS

Présidents confirmés, Lett. pat. du 22 avril 1594,
X¹ᴬ 8641, f° 126.

Achilles de Harlay, Iᵉʳ. — V. Parlement de Louis XIII (se démettra le 9 avril 1611. Remplacé par Nicolas de Verdun, qui suit).

Pierre II Séguier, IIᵉ. — † 6 avril 1602. Remplacé par Antoine le Camus, 17 avril.

Nicolas Potier, IIIᵉ. — V. Parlement de Louis XIII.

Augustin de Thou, IVᵉ. — † et remplacé par Jacques-Auguste de Thou, son neveu, 30 août 1595.

Jean Forget, Vᵉ. — V. Parlement de Louis XIII.

Gilles de Ryantz, VIᵉ. — † 27 janv. 1597. Office aboli par lett. pat. du 1ᵉʳ fév., registrées le 12, en exécution de la promesse faite lors de la provision de Jean le Maître comme surnuméraire ; rétabli, après la prise d'Amiens, pour Antoine Séguier, 22 mai.

Jean le Maître, VIIᵉ. — Du Parl. ligueur, institué le 30 mars 1594, par un édit spécial de création. Siège seul jusqu'au 18 avril.

Présidents pourvus au cours du règne.

Jacques-Auguste de Thou. — Maître des Requêtes. Ex-cons. clerc du 30 déc. 1578. VIIᵉ Président, 30 août 1595, au décès d'Augustin de Thou, son oncle (survivance du 12 août 1586). Qualifié, 7 mars 1598, « père syndic et ami spirituel des religieux cordeliers de Paris ». V. Parlement de Louis XIII. Époux de dame Marie de Brabançon, X¹ᴬ 9234, f° 652 *bis*, 26 nov. 1591.

Nicolas II Brulart. — Sieur de Sillery, Maître des Requêtes à Tours, ex-cons. lai du 30 mars 1573. VIIᵉ Président, 14 fév. 1597, au décès de Jean le Maître. Ambassadeur à Venise, 1598, puis à Rome. Résigne. Remplacé par Nicolas de Verdun, 17 mars 1599. Garde des sceaux pour exercer en l'absence du chancelier, 4 mars 1605, X¹ᴮ 830. Chancelier de France, 26 mars 1608.

Antoine Séguier. — Sieur de Villers, Maître des Requêtes, 9 déc.

1577. Lieutenant civil au Châtelet, 1580, avocat du roi céans, 23 oct. 1587, frère du président Pierre II. VII° Président, 22 mai 1597, siège aboli de feu Gilles de Ryantz. V. Parl. de Louis XIII.

Nicolas de Verdun. — Président des Requêtes du Palais, 12 mai 1588. VII° Président, 17 mars 1599, par résignation de Nicolas Brulart. Ier Président à Toulouse, 1602 ; à Paris, 9 avril 1611. Remplacé par Édouard Molé, 11 avril 1602. V. Parlement de Louis XIII.

Édouard Molé. — Ex-Procureur général du Parlement ligueur, ex-cons. lai du 13 juin 1567, réintégré en son siège de cons. en 1594, VII° Président, 11 avril 1602, au lieu du précédent. V. Parlement de Louis XIII.

Antoine Camus. — Sieur de Jambeville et de Romeny-sur-Marne, X^{3A} 61, 1er juin 1611, cons. au Conseil d'État et Privé, fils unique du feu cons. Martin le Camus. VII° Président, entre 17 et 23 avril 1602, au décès de Pierre II Séguier. V. Parlement de Louis XIII.

Présidents des Enquêtes confirmés, ut supra. (Les lettres du 22 avril les font tous lais, sauf Pierre Ruelle!)

Thomas Gayant. — Clerc, IV° Chambre. Résigne, 5 sept. 1604, X^{1B} 800. Remplacé par Nicolas II Chevalier, 3 sept.

Jean de Champront. — Clerc, Ire Chambre. Résigne. Remplacé par Olivier Fayet, Président, 31 mars 1601, et Michel de Champront, son fils, cons. 15 déc. 1600. † ante 30 avril 1605.

Antoine de Soulfour. — Lai, V° Chambre. Résigne. Remplacé par Jean Brochart, Président, 26 oct. 1594, et Jacques Olier, cons. lai, 15 mars 1595. † ante 2 juil. 1605, X^{1B} 835.

Jean Amelot. — Clerc, II° Chambre. † 10 fév. 1600. Inhumé à Saint-Nicolas-des-Champs. Remplacé par Bertrand Soly, 19 juin.

Pierre Ruelle. — Clerc, III° Chambre. Résigne, en gardant son office de cons. (12 mai 1606). Remplacé par Timoléon Granger, 3 sept. 1604.

Martin de Bragelonne. — Clerc, Ire Chambre. Prévôt des Marchands, 16 août 1602, cons. au Conseil d'État et Privé, X^{1B} 919, 19 nov. 1611. Résigne, remplacé par Jean Lescalopier, 7 fév. 1609. Le Ms. 7554 dit qu'il vendit sa charge 40.000 l. au résignataire.

Claude Perrot. — Clerc, III° Chambre. Résigne. Remplacé par Simon Maryon, 30 déc. 1596. † 14 déc. 1597 (Service à Sainte-Opportune).

Robert Thénin. — Clerc, V⁰ Chambre. V. Parlement de Louis XIII.

Antoine Rancher. — Clerc, III⁰ Chambre. Résigne. † et remplacé par Adam de la Barre, 5 mai 1610.

Présidents pourvus au cours du règne.

Michel Ripault. — Cons. au Grand Conseil. Reçu, sans examen, 15 mai 1594, au siège vacant, IV⁰ Chambre, de feu Nicolas le Sueur (Porté par anticipation au rôle du 22 avril, qui ne fut vérifié que le 9 juillet). « Installé d'abord en la I⁰ Chambre, puis en celle où il est nommé. » Résigne. Remplacé par Guillaume Lotin, 31 mai 1604. Époux de Marthe le Jay (2 mars 1602).

Jean Brochart ou Bochart. — Maître des Requêtes en 1585, Sgr de Noroy et de Champigny, fils de feu Jean Antoine, cons. céans. Reçu, 28 oct. 1594, par résignation d'Antoine de Soulfour, V⁰ Chambre (nous ignorons à quel siège de cons., Soulfour résignant le sien à Jacques Olier, qui suit, 15 mars 1595). Remplacé par Denis du Mesnil, 4 avril 1607. Époux 1° de Madeleine de Neufville de Villeroy, fille de Jean, maître d'hôtel du roi ; 2° de Léa de Vigny, fille de François, receveur de la ville de Paris.

Simon I⁰ʳ Maryon. — Avocat céans depuis 35 ans, cons. d'État, baron de Druy (15 mars 1599). Reçu, 30 déc. 1596, au lieu de feu Claude Perrot, III⁰ Chambre. Avocat du roi céans, 1597. Remplacé par Pierre de Lescalopier, qui suit, 30 juin. Époux de Catherine Pinon, fille de Nicolas, secrétaire du roi.

Pierre de Lescalopier. — Maître des Requêtes du 21 mars 1597, ex-cons. lai du 31 janv. 1583. Prend les 2 sièges clercs du précédent, 30 juin 1597. Le 7 mai 1599, laisse celui de cons. clerc à Jean II Amelot, pour prendre un siège lai, et le 17 nov. 1603, résigne sa présidence à Charles Billard.

Bertrand Soly. — Cons. lai du 15 déc. 1574. Reçu, 19 juin 1600, au lieu de feu Jean I⁰ʳ Amelot, II⁰ Chambre. V. Parlement de Louis XIII. † 18 mai 1612.

Olivier Fayet. — Cons. lai du 13 déc. 1586. Reçu, 31 mars 1601, aux 2 offices clercs de Jean de Champront, I⁰ Chambre. V. Parlement de Louis XIII.

Charles Billard. — Maître des Requêtes, ex-cons. lai du 23 juil. 1586. Reçu, 17 nov. 1603, par résignation de Pierre Lescalopier, II⁰ Chambre. Le 18 mars 1609, il présente des lettres de sous-

diacre, et prend un office de cons. clerc, en laissant son siège lai
à Denys II de Here. V. Parlement de Louis XIII.

Nicolas II Chevalier. — Maître des Requêtes du 27 fév. 1595,
cons. lai du 4 mars 1602, fils aîné du feu cons. Jean. Reçu, 3 sept.
1602, par résignation de Thomas Gayant, IVe Chambre, X^{1B} 800.
V. Parlement de Louis XIII.

Guillaume Lotin. — Cons. lai des Requêtes du Palais du 1er oct.
1593. Reçu, 31 mars 1604, par résignation de Michel Ripault,
IVe Chambre. V. Parlement de Louis XIII.

Timoléon Granger. — Cons. lai du 28 juil. 1593. Reçu, 3 sept.
1604, par résignation de Pierre Ruelle, IIIe Chambre.

Denis du Mesnil. — Cons. lai du 4 mai 1596. Reçu, 4 avril 1607,
au lieu de Jean Brochard, Ve Chambre, X^{1B} 857. V. Parlement de
Louis XIII.

Jean Lescalopier. — Maître des Requêtes du 18 août 1605, ex-
cons. lai du 19 déc. 1597. Reçu, 7 fév. 1609, par résignation de
Martin de Bragelonne, Ire Chambre. V. Parlement de Louis XIII.

Adam de la Barre. — Baron de Noyan, cons. au Grand Conseil
du 24 avril 1598. Ex-avocat céans, lieutenant général à Chinon,
2 juin 1588, procureur du roi à Angers, fév. 1589, X^{1A} 1713, f° 416,
et 1714, f^o , fils de Jean, sieur de Bausseraye, Lieutenant général
à Chinon, et de Jeanne Forget. Reçu, 5 mai 1610, par résignation
de feu Antoine Rancher, IIIe Chambre. V. Parlement de Louis XIII.
Époux 1° de Marie Cochelin ; 2° de Geneviève Renaud.

*Présidents des Requêtes du Palais confirmés ut supra (Les lettres
de confirmation du 22 avril les qualifient tous Présidents des
Enquêtes : erreur fréquente).*

Antoine Hennequin. — IIe Chambre. Résigne sa présidence à
Joseph de Hacqueville, 7 avril 1595, par section d'office, en gardant sans doute son siège de cons. V. *supra*.

Jean II du Drac. — IIe Chambre. Résigne, 11 déc. 1599, sa présidence à Robert Miron. Reçu 15 fév. 1601.

Nicolas II le Clerc. — Ire Chambre. Résigne sa présidence à
Jacques Amelot, 19 mars 1608.

Nicolas de Verdun. — Ire Chambre, VIIe Président de la Cour,
17 mars 1599. Remplacé par Jacques II Viole, 17 avril, et comme
cons. lai par Loys Buisson, le 19 mars. (Le 14 janv. 1598, Jean

Donjac, cons. en Cour des aides, avait été reçu, sans examen, à la survivance de lad. présidence.)

Présidents reçus au cours du règne.

Joseph ou Hiérosme de Hacqueville. — Maître des Requêtes du 21 nov. 1594, ex-cons. lai du 9 janv. 1588. Reçu, 7 avril 1595, par section de l'office d'Antoine Hennequin, II° Chambre. Le 1er août 1601, il est reçu à l'office de cons. lai de feu François Leclerc († victime des Ligueurs *ante* 1593. V. *supra*, Parlement d'Henri III), par démission de M° Jacques de Hacqueville, pourvu et non reçu. V. Parlement de Louis XIII. VII° Président de la Cour, 27 avril 1611.

Jacques II Viole. — Cons. lai du 16 juin 1574. Reçu, 17 avril 1599, II° Chambre, au lieu de Nicolas de Verdun fait président de la Cour. † et remplacé par Thierry Sevyn, 29 janv. 1610.

Robert Miron. — Cons. lai des Requêtes du Palais du 14 oct. 1595. Reçu, 15 fév. 1601, par résignation de Jean II du Drac, II° Chambre. V. Parlement de Louis XIII.

Jacques Amelot. — Cons. lai du 17 déc. 1597, Reçu, 19 mars 1608, au lieu de Nicolas II le Clerc, I°° Chambre. V. Parlement de Louis XIII.

Thierry Sevyn. — Cons. lai du 11 fév. 1587. Reçu, 29 janv. 1610, au lieu de feu Jacques II Viole, II° Chambre, X¹ᵇ 895. V. Parlement de Louis XIII.

Conseillers anciens confirmés.

Clercs. — Geoffroy Lopin. — Disparu (?) *ante* 1601.

Jacques II Brizart. — † *ante* 9 fév. 1601, doyen des clercs. Remplacé par Jacob Phélipeaux.

Jean le Voix. — V. Parlement de Louis XIII.

Jean Feu. — Résigne. Remplacé par Dreux Hennequin, 21 août 1598.

Jacques Bellanger. — Résigne. Remplacé par René le Roullié (promotion de rang), 19 juin 1598.

François le Pelletier. — V. Parlement de Louis XIII.

Loys du Tillet. — † 1605.

Jean du Vivier. — Disparu (?).

Lazare Coquelay. — Résigne à Jean Coquelay, son neveu, 3 fév. 1607.

Loys II Séguier. — Reçu, 11 janv. 1597, à la survivance de la présidence d'Antoine Rancher. † 9 sept. 1610, sans l'avoir occupée. V. Parlement de Louis XIII.

Jacques Gillot et Charles Faye. — V. Parlement de Louis XIII.

René le Roullié. — Promu au rang de feu Jacques Bellanger et remplacé par René Courtin, 19 juin 1598. V. Parl. de Louis XIII.

Jean V Hurault. — Résigne. Remplacé par Joachim de la Chotardie, 28 juin 1596.

Georges Louet. — † 1608, évêque nommé de Tréguier, sans avoir pris possession.

Nicolas de Neufville et Jean le Roy. — V. Parl. de Louis XIII

Nicolas Duval et Jean de Mornay. — Disparus (?).

François de la Guesle. — Archevêque de Tours, janv. 1597. Remplacé par Guy de Thélis, 13 mars 1598.

Claude le Mareschal. — V. Parlement de Louis XIII.

Jhérosme de Villars. — Archevêque de Vienne, 1597. Résigne à Claude Gélas, 21 janv. *Gall. Christ.*, XVI, 128.

René Pidoux. — V. Parlement de Louis XIII.

François Reydier. — † *ante* 13 nov. 1610. Remplacé, sous Louis XIII, par Jean Pellot.

Lais. — Mathieu Chartier. — Ex-Ier Président du Parlement ligueur. Rétrogradé. Résigne 1°, 16 nov. 1595, à Mathieu Bouguier ; 2°, 8 juil. 1597, à Jean, son frère, ses petits-fils, après avoir fait l'intérim, du décès de Mathieu, 8 mai 1594, au 8 juillet 1597. † 22 nov. 1597. Inhumé à Saint-André-des-Ars.

Étienne Fleury. — † *ante* 1er déc. 1609.

Hiérosme Angenoust. — Président et lieutenanı général au bailliage de Troyes, 4 mars 1597. Résigne à Jean Bagereau mué de clerc en lai, 6 mars. † *ante* 5 juil. 1597.

Hiérosme Auroux. — Résigne à Jean, son neveu, 20 déc. 1596. † 23 déc. Service en l'église Saint-Séverin.

Jean Chevalier. — † et remplacé par Nicolas II, son fils, 4 mars 1602. Obsèques à Saint-Médéric, 8 mars.

Philbert de Thurin. — Résigne à François, son fils, 9 fév. 1608. Prorogé, par dispense spéciale, en la Chambre de l'Édit, jusqu'à la fin de la session.

Édouard Molé. — Ex-Procureur général du Parlement ligueur. VIIe Président de la Cour, 11 avril 1602. Remplacé par Édouard II, son neveu, 24 avril.

Jean Courtin. — V. Parlement de Louis XIII (survivance à son fils François, 14 juin 1595).

Hiérosme de Montholon. — Disparaît (?).

Jean de Bryon. — Résigne, 5 fév. 1599. Remplacé sans doute par Étienne de Navières, 20 avril, ou l'un des suivants.

François Briçonnet. — V. Parl. de Louis XIII. † 26 juil. 1610.

Prosper Banyn. — V. Parlement de Louis XIII (survivance à Jean, son fils, 31 août 1588).

Hiérosme du Four. — Résigne à Michel, son fils, 4 mai 1603. † *ante* 23 déc.

Jean Scaron. — Résigne à Pierre, son fils, 27 sept. 1607.

Pierre Damours. — Résigne à Gabriel, son fils, 29 avril 1594.

Pierre Lescot. — Résigne à Robert Miron, 23 oct. 1595.

Jean le Jau. — Résigne à Pierre IV Séguier, 7 août 1598.

Philippe Jabin. — Résigne à Antoine, son fils, 28 fév. 1605.

Philippe le Masuyer. — † *ante* 9 août 1596. Remplacé peut-être par Gilles, son fils, 7 août.

Guillaume Bénard. — V. Parlement de Louis XIII. Survivance à son fils Pierre, 11 fév. 1605, X^{1B} 829.

Olivier le Bossu. — † et remplacé par Sébastien Chauvelin, 7 fév. 1597.

Adrien III du Drac. — † *ante* 3 janv. 1596. Remplacé par Chrestien de Lamoignon, 24 janv.

Robert de Goussancourt. — Disparaît (?).

Guillaume Florette et Guillaume Deslandes. — V. Parlement de Louis XIII.

Mathieu Jourdain. — † et remplacé par Claude de Bellièvre, 21 août 1602.

Denis Rubentel. — † et remplacé par Guill., son fils, 4 janv. 1601.

Jean II de Thumery. — Résigne. Remplacé par Claude Bullion, 26 sept. 1595.

Antoine Feydeau. — V. Parlement de Louis XIII.

Nicolas Ier Chevalier. — † 5 déc. 1596. Le 28 mars, entérinement à son 2e fils Nicolas de lettres de translation de survivance du 16 mars, au lieu de son frère Jacques reçu le 30 août 1595 et depuis pourvu de l'office de feu Jean Veau, 3 avril 1596. Pas trace de la réception dud. Nicolas, qui serait alors Nicolas II, et son cousin, Président des Enquêtes en 1602, Nicolas III.

Jean Midorge et Alexandre Le Grand. — V. Parl. de Louis XIII.

Claude de Bragelonne. — Disparaît (?).

Jacques II Viole. — Présid. des Requêtes du Palais, 17 avril 1599.
Hardouyn Foucher et Charles Prévost.—V. Parl. de Louis XIII.
Bertrand Soly. — Président des Enquêtes, 19 juin 1600. V. Parlement de Louis XIII.
Jean III le Picard. — Résigne, 7 sept. 1607. † ante 26 nov. 1611, X¹ᴮ 919.
Pierre du Houssay. — Résigne, 4 juil. 1609. Enregistrement du droit de séance.
Charles Brizard.— † Remplacé par Robert Thénin, 3 sept. 1603.
Nicolas Quélain. — V. Parlement de Louis XIII.
Claude Dupuy. — † 3 déc. 1594. Remplacé par Jacques de Chaulne, 31 déc. 1596.
Jean Veau. — † ante 16 mars 1596. Remplacé par Jacques Chevalier, 3 avril.
Jean Gabriel de Mesmes. — Résigne, 4 déc. 1604. Entérinement du droit de séance, X¹ᴮ 827.
Jacques Lecoigneux et Gaston II de Grieu. — V. Parlement de Louis XIII.
Jean Hauderon. — † 22 juin 1598. Obsèques à Saint-Étienne-du-Mont. Remplacé par Jacques Chalmot du Breuil, 28 mars 1601.
Arnoul Boucher. — V. Parlement de Louis XIII.
Nicolas II Favier. — Résigne, 22 fév. 1600. Lett. pat. d'entrée et séance. Remplacé par Nicolas le Jay, 13 août. Cf. X³ᴬ 65, 12 août 1614, Maître des Requêtes.
Jacques Sanguin, François Gaudart, Denis Palluau. — V. Parlement de Louis XIII.
Guillaume Goussault. — Disparaît (?).
Nicolas de Bragelonne. — Résigne ante 21 août 1597, X¹ᴬ 5151, f° 368 v°.
Léon de Bragelonne. — Disparaît (?).
Jacques Lallemant. — Résigne. Remplacé par Pierre V Séguier, 20 déc. 1602.
Guillaume de Pleurs. — Résigne. Remplacé par François Courtin, 24 mai 1596.
François de Lauzon. — † 1610, ayant vendu sa charge à (?) d'après Lestoille, II, 354.
Nicolas Alleaume. — V. Parlement de Louis XIII.
Pierre III de Longueil. — Résigne, 1605. † 24 juin 1607.
René de Pincé.— Résigne. Rempl. par Jacques Cotel, 1ᵉʳ mars 1595.

Maugis. — *Parlement de Paris.* 20

Charles Maynard et Hiérosme Le Maistre. — V. Parlement de Louis XIII.

Claude Malon. — Résigne. Entérinement de lettres d'entrée et séance, 3 mars 1603. Remplacé par Jacques Buisson, 13 juil. 1601.

Gabriel Fournier. — Disparaît (?).

Denis de Soulflour et Antoine d'Espinay. — V. Parlement de Louis XIII.

Pierre Lescalopier. — Maître des Requêtes, 22 mai 1597. Prés. des Enquêtes, 30 juin. Remplacé par François Bitault, 17 janv. 1597.

Jean de Villemereau. — Résigne. Remplacé par François Ryantz, 25 juin 1605.

Étienne de Tournebus et Pierre Descroisettes. — V. Parlement de Louis XIII.

Jean-Jacques de Mesmes. — Maître des Requêtes au lieu de Jean Bochart, 21 nov. 1594. Remplacé par Jacques Vallée, 10 mai 1595.

Jacques Blanchet. — Disparaît (?).

Antoine Boughet. — V. Parlement de Louis XIII. Prévôt des Marchands, 16 août 1616, après Robert Miron.

Antoine de Murat. — V. Parlement de Louis XIII.

Jean de Moussy. — Commissaire du roi en Touraine en 1596. † *ante* 20 fév. 1597. Remplacé par Jean Redon, 17 avril 1598.

Nicolas le Roux. — Maître des Requêtes, 12 juin 1598.

Antoine Ricouard. — V. Parlement de Louis XIII.

Jean Duval et François de la Vau. — Disparus (?).

Bernard II de Fortia. — V. Parlement de Louis XIII.

Charles II le Prévost. — Disparaît (?).

Jacques Pynon. — V. Parlement de Louis XIII.

Jean de Grantrue. — Disparaît (?).

Paul Portal, Adrian Charton, Pierre Baron. — V. Parlement de Louis XIII.

Michel de Marillac. — Maître des Requêtes, 25 janv. 1595.

Olivier Fayet. — Président des Enquêtes, 31 mars 1601. V. Parlement de Louis XIII.

François de la Béraudière. — Passé en office clerc, 15 déc. 1595 (mais non à celui de Claude II Tudert, cons. lai remplacé, à Tours, par Gaspard Chessé. V. *supra*. Erreur du registre X^{1A} 1740, f° 198). Remplacé comme lai par Denis du Mesnil, 4 mai 1596.

Thierry Sevin. — Président des Requêtes du Palais, 29 janv. 1610. V. Parlement de Louis XIII.

Pierre Catinat et Antoine Blondeau ou de Blondel. — V. Parlement de Louis XIII.

Olivier Lefebvre. — Maître des Requêtes, 29 avril 1600.

Jacques de Rivière. — † avril 1602. Inhumé à Saint-Étienne-du-Mont.

Ursin Durant et Innocent de la Grange.—V. Parl. de Louis XIII.

Nicolas II Le Clerc. — Fait clerc *ante* 22 mai 1604. (En compétition avec Claude Regnault pour le prieuré de Maisons). Le 16 nov. 1610, monte comme clerc en la Grand Chambre, au lieu de feu Loys Séguier.

Antoine Parent. — Disparaît (?).

François Pastoureau. — V. Parlement de Louis XIII.

François Meneust. — Président des Comptes, pourvu par Mayenne. V. *supra*. Reçu, 31 mars 1594, P. 2333, f° 501. Figure pourtant au rôle de la Cour du 22 avril. Résigne, 26 sept. Remplacé par Claude Sublet, 18 janv. 1595.

Hiérosme de Hacqueville. — Maître des Requêtes, 21 nov. 1594. Président des Requêtes du Palais, 1595. Remplacé par Hiérosme Crespin, 7 déc. 1596.

Jean Barillon et Jacques Poussemye. — V. Parl. de Louis XIII.

Claude Mango. — Maître des Requêtes, 1er fév. 1600.

Léonard de Trappes. — Archevêque d'Auch, 23 mai 1597; d'Aix, 10 juin 1612, X^{3A} 62.

François de Verthamon, François Garnier, Nicolas-Édouard Olier, Claude Le Prebstre. — V. Parlement de Louis XIII.

Jules Savare. — Échevin de Paris créé par Henri IV, anobli par lett. pat. de mai 1610. V. Parlement de Louis XIII.

Rémond Colin.—Résigne. Remp. par Robert Aubry, 21 juin 1602.

Pierre de Villemor et Cyprien Perrot. — V. Parl. de Louis XIII.

Samuel Spifame. — Maître des Requêtes, 19 juil. 1597, bien que n'ayant servi 10 ans comme cons., sans préjudice au règlement du 8 juin 1596.

Jacques Ribier. — V. Parlement de Louis XIII.

Gaspard Chessé. — Disparaît (?).

Anne Mango. — Maître des Requêtes, 13 avril 1602. Président et Juge gén. de la Justice de Calais, arrêts des 5 mai et 17 juin 1602.

Eustache du Refuge. — Maître des Requêtes, 11 fév. 1600 (même note que pour Spifame).

François Forget. — V. Parlement de Louis XIII.

Nicolas de Berneul. — Disparaît (?).

Paul Petau, Samuel de la Nauve, François le Coq, Timoléon Granger (Présid. des Enquêtes, 3 sept. 1604), Christophe II Foucquet, Michel Sevyn. — V. Parlement de Louis XIII.

Jean Bagereau. — Inscrit comme lai, c'est-à-dire aux gages de lai, sur le rôle du 22 avril 1594, ne le devint en droit que le 6 mars 1597, par la résignation de Hiérosme Angenoust, et fut remplacé par François Hotman, clerc, le 14 juin. Résigne, 1604. Remplacé par Nicolas de Tudert, lai, 9 juil.

Adam le Vasseur. — Lieutenant civil et crim. en la sénéchaussée de Boulonnais, en

Michel de Lauzon et Guillaume Lotin. — V. Parl. de Louis XIII.

Conseillers inscrits par anticipation au rôle du 22 avril 1594.

Gabriel Damours. — Résignation de Pierre, son père, 29 avril (survivance du 1er avril 1588). V. Parlement de Louis XIII.

Jacques Poille. — Cons. au Parlement ligueur du 16 janv. 1591. Reçu, après nouveau serment, 11 mai. V. Parlement de Louis XIII.

Conseillers ligueurs écartés le 22 avril 1594 et réintégrés par la suite.

Léon II Lescot. — Clerc. Réintégré le 17 mars 1595. Prête serment le 28 juin. (Long interrogatoire en pleine Cour, 3 mars 1595. Accusé de s'être fait inscrire dans la capitulation de Laval et d'avoir rallié le parti ligueur à Laon.) V. Parlement de Louis XII.

Jacques de Bourdeaux. — Lai. Réintégré le 18 mars 1595. Reçu avec indulgence et exhortations à se comporter en fidèle magistrat. Disparaît (?).

Denys de Here. — Lai. Réintégré *ante* 28 juin 1596 (Survivance à son fils Claude qui suit). V. Parlement de Louis XIII.

Nicolas de la Place. — Lai. Réintégré, 18 mars 1599, en vertu de lett. pat. du 13 janv. 1597. Résigne sa commission des Requêtes à Nicolas le Jay, 6 sept. 1600. Disparaît (?).

Conseillers créés ou pourvus au cours du règne.

1594   **Jean Byet.** — Reçu cons. clerc, 17 août, par résignation de Jacques du Tillet (siège vacant le 22 avril). Cons. lai, 20 août 1602, par permutation avec Loys Buisson. V. Parlement de Louis XIII.

1595 **Claude Sublet.** — Lai. Sieur d'Audicourt, fils de Michel, intendant et contrôleur gén. des finances. Reçu, 18 janv., par résignation de François le Meneust. D'abord pourvu de l'office aboli de François le Clerc. (Longue contestation, 25 juin, 20 août 1594, 3 mars 1595). Résigne, en 1606, après s'être ruiné au jeu. On le retrouve Maître des Requêtes, 4 déc. 1612, X^{3A} 62. Époux de Madeleine Favereau (24 mai 1602).

Jacques Favier. — Lai. Baron de Méry-sur-Seine, fils du feu cons. Raoul (V., 10 mai 1595, sa requête de préséance sur Sublet, comme fils de cons.). Reçu, 10 fév., aux Requêtes du Palais, sans doute à l'office de son père aboli en déc. 1592 (V. Tours, 23 juin 1593, *loc. cit.*). Maître des Requêtes, 11 août 1605, X^{1B} 845.

Jacques Cotel. — Lai. Abbé commendataire de Notre-Dame de Beaugency (16 mars 1602), fils du feu cons. Antoine. Reçu, 15 mars, par résignation de René de Pincé. V. Parlement de Louis XIII. Époux de Marie ou Hillaire Barbier, X^{1B} 829, 26 fév. 1605. Le Ms. 7554 dit de Charlotte Baral.

Jacques Olier. — Lai. Fils de François, secrétaire du roi, Sgr de Verneuil (5 déc. 1598, 24 juil. 1607), et de Madeleine Molé; frère du cons. François Édouard. Reçu, 15 mars, par résignation d'Antoine de Soulfour. Maître des Requêtes, 5 sept. 1607. Époux de Marie Dolu.

Jacques Vallée. — Lai. Sgr des Barreaux, fils de Jacques, contrôleur gén. des finances, et de Marie-Anne Marreau. Reçu, 10 mai, au lieu de Jean-Jacques de Mesmes fait Maître des Requêtes. Maître des Requêtes, 20 avril 1605. Époux de Barbe, fille de François Dolu, président en Chambre des Comptes, et de Charlotte le Picart.

Jean le Gruel. — Clerc. Reçu, 19 juil., au lieu de feu Eustache Lhuillier, siège vacant le 22 avril. Provision contestée depuis le 18 juin 1594, aucuns conseillers soutenant led. office aboli par les édits de mai 1589 et déc. 1592. Disparaît (?).

Claude Bullion. — Lai. Fils du feu cons. Jean. Reçu, 26 sept., par résignation de Jean II de Thumery. Obtient, le 10 mai, un arrêt de préséance sur Vallée comme fils de cons. Maître des Requêtes, 21 nov. 1605.

Robert Miron. — Lai. Sgr du Tremblay, frère de l'ex-cons. et Maître des Requêtes, François, d'après Ms. 7555. On le trouve pourtant 1er héritier de Robert, intendant et contrôleur général des finances, et de Marie Vallée, sa femme, X³ᴬ 61, 24 mars 1611, *loc. cit*. Reçu aux Requêtes du Palais, 14 oct., par résignation de Pierre Lescot. Délégué, 15 avril 1599, à l'exercice de la justice de Clermont au siège de Clermont et à l'intendance des Haut et Bas pays d'Auvergne, Bourbonnais et Marche. Président des Requêtes du Palais, le 15 fév. 1601. Résigne sa commission des Requêtes à François Bon Broé, 25 juil. (section d'office). V. Parl. de Louis XIII.

Mathieu Bouguier. — Lai. Sgr d'Escharçon, fils du feu cons. Christophe et de Marie Chartier. Reçu, 16 nov., par résignation de Mathieu Chartier, son aïeul (survivance du 16 déc. 1594). † et remplacé par le même Mathieu Chartier, 8 mai 1596, qui résigne derechef à son frère Jean, 8 juil. 1597.

Claude Leclerc. — Clerc. Sgr de Courcelles, fils de Nicolas, sieur du Boisrideau, lieutenant général de Tours ; gendre du cons. Denys de Here. Reçu, 15 déc., au siège vacant de Guillaume du Vair fait Maître des Requêtes. V. Parlement de Louis XIII. Époux de Jeanne de Here.

1596   **Germain Regnault.** — Lai. Beau-frère des cons. Jacques et François-Édouard Olier. Reçu, 12 janv., au lieu de (?). Disparaît (?). Époux de Marie Olier, fille de François, secrétaire du roi, et de Madeleine Molé, X³ᴬ 65, 9 déc. 1615.

Chrétien de Lamoignon. — Lai. Sgr de Basville, fis du feu cons. Charles et de Charlotte de Besançon, gendre du cons. Guill. Deslandes. Reçu, 24 janv., par résignation de feu Adrien III du Drac. V. Parlement de Louis XIII. Président des Enquêtes, 1623 ; de la Cour, 1633. Époux de Marie Deslandes.

André Larcher. — Lai. Reçu, 21 fév., au siège vacant de feu Claude, son père, † victime des Ligueurs 15 nov. 1591. (Pourvu, à Tours, 7 oct. 1592. Survivance accordée au père le 16 janv. 1586, vérifiée le 18 nov. 1587.) V. Parlement de Louis XIII.

Jacques Chevalier. — Lai. Fils du cons. Nicolas (survivance du 30 août 1595), cousin du Maître des Requêtes et futur Président des Enquêtes, Nicolas II. Reçu, 3 avril, au lieu de feu Jean Veau. V. Parlement de Louis XIII.

Denis du Mesnil. — Lai. Fils de Denis, avocat céans et neveu de feu Baptiste, avocat du roi. Reçu, 4 mai, au lieu de François de la Béraudière mué de lai en clerc. Président des Enquêtes, 4 avril 1607. V. Parl. de Louis XIII. Époux de Madeleine Molé, fille de Nicolas, intendant général des finances, et d'Agnès Tanneguy.

François Courtin. — Lai. Fils du cons. Jean (survivance du 14 juin 1595, dont il garde le droit). Reçu, 24 mai, cons. aux Requêtes du Palais, par résignation de Guillaume de Pleurs. V. Parlement de Louis XIII. Maître des Requêtes, 1613. Époux de Jeanne Lescalopier, fille de Nicolas, baron de Givry, secrétaire du roi.

Joachim de la Chotardie. — Clerc. Reçu, 28 juin, par résignation de Jean V Hurault. Disparaît (?).

Oudard Hennequin. — Lai. Fils du feu Président Pierre et de Marie ou Jeanne Brulart, gendre du président Potier de Blancmesnil. Reçu, 27 juil., cons. aux Requêtes du Palais. Passe aux Enquêtes par permutation avec Étienne de Navières, 27 août 1599. Maître des Requêtes, 17 nov. 1603. Époux d'Isabelle ou Renée Potier.

Gilles le Masuyer. — Lai. Sgr de Fouilleuse. Reçu, 7 août, sans doute au lieu de feu Philbert II, son père. Maître des Requêtes, 18 nov. 1603. Époux d'Élisabeth Sevyn, fille de François, président en Cour des aides, et d'Antoinette Rebours, $X^{1A} 5197$, f° 115 v°, 29 avril 1598.

Simon II Maryon. — Lai. Fils de Simon Ier, président des Enquêtes, puis avocat du roi céans. Reçu, 12 août, par ordre du roi du 2 août, au siège vacant de Pierre III Viole fait Maître des Requêtes à Tours, par résignation d'Alexandre Belot pourvu, à Tours, 1er juil. 1592, et ajourné à 1 an, 3 fév. 1593. Maître des Requêtes, 12 juin 1605. Remplacé par Charles le Roy, 9 déc.

Hiérosme Crespin. — Lai. Sgr de Lépine (mêmes armes que le feu cons. René). Reçu, 7 déc., par résignation de Hiérosme de Hacqueville fait Maître des Requêtes. V. Parlement de Louis XIII.

Jean Auroux. — Lai. Reçu, 20 déc., par démission de Hiérosme, son père (survivance du 21 août 1589). † ante 18 juil. 1609.

Nicolas II Viole. — Lai. Sgr des Hautes-Loges, baron de Druys, fils de Pierre, Sgr de Chemins. Reçu, 20 déc. V. Parlement de Louis XIII. † 17 fév. 1627. Époux de Marguerite des Cordes.

Jacques de Chaulne. — Lai. Sgr d'Espinay, fils d'Antoine, Sgr de Barés, trésorier général des guerres, et de Françoise Arnaud. Reçu, 31 déc., au lieu de feu Claude Dupuy. Maître des Requêtes, 30 déc. 1608, X^{1D} 880. Époux d'Anne Le Clerc, fille de Pierre, cons. d'État du duc de Lorraine.

1597 **François Bitault.** — Lai. Sgr de Chizay, fils de François, avocat à Angers, échevin, puis maire, et de Renée Arraut. Reçu cons. aux Requêtes du Palais, 17 janv., par résignation de Pierre Lescalopier fait Maître des Requêtes. V. Parlement de Louis XIII. Maître des Requêtes, 6 sept. 1613, puis intendant de Languedoc. Époux de Renée de Charmes (1er juil. 1607).

Claude Gelas. — Clerc. Trésorier des Saintes Chapelles de Paris et de Vincennes en 1612 (Ms. 7555). Reçu, 21 janv., par résignation de Hiérosme de Villars fait archevêque de Vienne. Évêque d'Agen en 1609. *Gall. Christ.*, II, 931.

Sébastien ou François Chauvelin. — Lai. Avocat, fils de François, avocat céans et procureur général de Marie de Médicis. Reçu, 7 fév., au lieu de feu Olivier le Bossu, par résignation du fils de celui-ci. † 18 août 1600. Époux de Bienvenue Brisson qui, veuve, épousa le cons. André Charton.

Charles Brulart. — Clerc. Chanoine de Paris, abbé de Joyenval et de Néaufle, petit-fils du feu Procureur général Noël, par Pierre de Genlis, secrétaire d'État. Reçu, 8 mars, au lieu de (?); attaché à l'ambassade à Rome du président Brulard (congé de la Cour du 4 fév. 1597). V. Parlement de Louis XIII.

Claude de Querquefvien. — Lai. Sgr de Hardiviller (31 juil. 1599), sans doute fils de l'ex-payeur de la Cour. Reçu, 31 mars. V. Parlement de Louis XIII. Époux de Catherine Garrault.

François Hotman. — Clerc. Sgr de Mortfontaine, abbé commendataire de Saint-Marc de Soissons (16 mai 1600) et de Notre-Dame de Von-lez Cherby, chanoine de Paris. Reçu, 14 juin, par mutation de Jean Bagereau en lai. V. Parlement de Louis XIII.

François Bon Broé. — Lai. Neveu de l'ex-président des Enquêtes Bon Broé, 2° fils de François, lieutenant d'Annonay, et d'Anne Brisson, X¹ᵇ 692, 18 janv. 1590. Reçu, 4 juil. Le 25 juil. 1601, prend la commission des Requêtes résignée par Robert Miron. V. Parlement de Louis XIII. Époux 1° de Madeleine de Hacqueville, fille du président du Parlement ligueur; 2° de Denise, fille du feu président Barnabé Brisson.

Jean Bouguier. — Reçu, 8 juil., ses 25 ans révolus, au siège de feu Mathieu, son frère, après l'intérim de son aïeul Mathieu Chartier (survivance du 4 déc.). V. Parlement de Louis XIII. Époux de Marie Courtin, fille de Guillaume, cons. au Grand Conseil, Maître des Requêtes, et de Marie le Picard de la Ville-Euvrard.

Guy Loisel. — Clerc. Sous-diacre, chantre de Saint-Pierre de

Beauvais (23 mai 1598 et 10 juin 1600, X^{1A} 5197, f° 376), chanoine de Paris, fils d'Antoine, avocat céans, substitut du Procureur général et avocat général intérimaire, 27 mars 1594, X^{1A} 8641, f° 1. Reçu *ante* 15 déc. (entre 5 et 10 sept., avant les vacations. Omis au registre 1752 qui porte alors de nombreuses lacunes, en août et sept., ainsi que les Minutes, X^{1B} 742 et 743). V. Parlement de Louis XIII.

Jean Banin. — Lai. Sgr de Bersan, cons. au Parlement de Toulouse, fils du cons. Prosper (survivance du 31 août 1588). Ex-avocat céans, prieur de Saint-Gilles en l'Isle-Bouchard (Tours, 22 déc. 1592). Reçu, 15 déc. (création de X cons.). V. Parl. de Louis XIII. Époux de Catherine Scaron, fille de Jean, échevin de Lyon.

Claude II de Bragelonne. — Lai. Fils de Martin, Président des Enquêtes (survivance du 31 janv. 1597). Reçu, 15 déc. (création de X cons.). V. Parlement de Louis XIII. † 1623. Époux de Marguerite de Dresnech.

Jacques Amelot. — Lai. Sgr de Cornetin et de Mauregard, cons. au Grand Conseil. Reçu, sans examen, 17 déc. (Manque sa prestation de serment.) Président des Requêtes du Palais, 19 mars 1608. V. Parlement de Louis XIII.

Jean Lescalopier. — Lai. Sgr de Givry, avocat céans du 17 avril 1592, fils de Nicolas, payeur des gages de la Cour en 1564, puis secrétaire du roi en 1597; frère du cons., puis Président des Enquêtes, Pierre. Reçu, 19 déc., à l'office vacant, depuis 1593, de feu Jacques II Allegrain, par résignation de Jean Robert, fils de celui-ci, 1er pourvu à Tours, 3 sept. 1593, et à Paris, 1er août 1595. Maître des Requêtes, 8 avril 1605. Président des Enquêtes, 7 fév. 1609. V. Parlement de Louis XIII. Époux de Marthe, fille de Balthazard Gobelin, Président en Chambre des Comptes.

1598 **Charles ou Claude II Malon.** — Lai. Cons. en Cour des aides, sieur de Bersy et de Conflans, X^{3A} 61, 29 nov. 1611. Reçu, 6 fév. (création de II cons. des Requêtes du Palais). Lettres à refaire en tant que l'inscrivant à la Ire Chambre et lui allouant les gages des anciens cons. et crue d'iceulx. Maître des Requêtes, 12 fév. 1608. Remplacé par Jean Turquant, 13 fév. Époux de Catherine Habert, fille de Louis, trésorier extraordinaire des guerres, et de Marie Rubentel.

Guy de Thélis. — Clerc. Sous-diacre du 1er mars 1597, avocat céans, fils d'un procureur en exercice. Reçu, 13 mars, au lieu de

François de la Guesle fait archevêque de Tours. Provision en suspens depuis le 10 janv. 1597, résolue par l'arrêt du 25 excluant, à l'avenir, tout fils de procureur en exercice. V. Parl. de Louis XIII.

Jean Redon. — Lai. Avocat au Parlement de Bordeaux, assermenté du 12 nov. 1592. Reçu, 17 avril, au lieu de feu Jean de Moussy. Attaché à l'ambassade à Rome du président Brulart (congé de la Cour du 4 fév. 1599). † 1609, Président au Parlement de Bordeaux (Ms. 7555 *bis*.)

René Courtin. — Clerc. Prieur de Rouvres-les-Bois (26 janv. 1602), fils du cons. Jean (survivance du (?), citée le 12 juin 1596). Reçu, 19 juin, par résignation de René le Roullié, promu au siège de feu Bellanger (survivance du 12 juin). Fait cons. lai, le 9 fév. 1608 (pas d'autre indication). Maître des Requêtes, 1610. Époux de Marguerite, fille du cons. François Bitault.

Marc du Faultray. — Lai. Parent et héritier du président Jean Forget, X^{1A} 1835, f° 396, 24 mars 1611. Reçu, 17 juil. V. Parlement de Louis XIII. Époux de Charlotte Budée. V. Claude II Larcher, qui suit.

Pierre IV Séguier. — Lai. Sgr de Saint-Syx, sans doute fils de Pierre III. Reçu, 7 août, par résignation de Jean le Jau. V. Parlement de Louis XIII. † 5 janv. 1625. Époux de Madeleine Frammant, fille de Nicolas, Lieutenant général de Provins.

Dreux Hennequin. — Clerc. Sgr de Chanteraine, abbé de Sainte-Marie de Bernay, neveu de l'ex-président des Requêtes, Antoine, par Odoard, Maître des Comptes. Reçu, 21 août, par résignation de Jean Feu. V. Parlement de Louis XIII.

Nicolas le Camus. — Lai. Fils du cons. Geoffroy, gendre du feu cons. Pierre de Pincé. Reçu, 29 août. V. Parlement de Louis XIII. Époux de Madeleine de Pincé.

Christophe Hurault. — Lai. Avocat céans, Sgr de Vueil, fils du cons. Jean IV et de Catherine Allegrain, gendre du cons. Claude de Bérulle. Reçu, 18 déc.. † et remplacé par Pierre Hatté (huguenot), 9 juin 1606. Époux de Marthe de Bérulle, qui, veuve, épousa François de Thurin, qui suit.

1599 **Loys Buisson.** — Cons. au Parlement de Toulouse. Reçu, sans examen, cons. lai, entre 19 mars et 7 mai (Manque son serment); par résignation de Nicolas de Verdun fait président de la Cour. Déjà pourvu d'un office de nouvelle création, sans doute le IIe des Requêtes, racheté et aboli par les deux Chambres, le 13 déc. 1599.

V. 4 juil. 1601. Cons. clerc, le 28 août 1602, par permutation avec Jean Byet. V. Parlement de Louis XIII.

Étienne de Navières. — Lai. Sgr de Sesson, avocat au Grand Conseil, originaire d'Orléans, X^{1A} 5132, f° 123 v°, 28 nov. 1585, et X^{3A} 59, 29 janv. 1591. Reçu, 20 avril, X^{1B} 764. Le 29 mai, permute avec Oudard Hennequin des Requêtes du Palais. Disparaît (?). Époux de Claude le Rebours qui, veuve, épousa le cons. Antoine Jabin.

Jean II Amelot. — Clerc. Sgr de Gournay, fils du cons. Jean Ier, frère de Jacques. Reçu, 7 mai, par mutation de Pierre Lescalopier en lai. Maître des Requêtes, 4 juin 1605. Remplacé par Guillaume Foucquet, 8 juin. Époux de Catherine de Creil, fille de Jean, Sgr de Gournay.

Maximilien Granger. — Lai. Cons. au Présidial de Paris, frère du cons. Timoléon. Reçu, 2 juil. Le 30, prend une commission des Requêtes. Maître des Requêtes, 4 juin 1607. Époux de Marie le Clerc du Tremblay, fille de Jean, trésorier extraordinaire des guerres.

Adrian Portail ou Portal. — Lai. Reçu, 30 juil., au siège vacant, depuis avril 1594, de Jean-Baptiste de Machault résignant. Déjà pourvu, au décès de Charles Tiraqueau, 31 déc. 1590, et arrêté par la Cour, en vertu de l'édit du 9 mai 1589. Cf. Tours, 24 mars et 23 janv. 1593. V. Parlement de Louis XIII.

Jean V le Picart. — Lai. Sgr de Villefavreuse, fils du cons. Jean III. Reçu cons. aux Requêtes du Palais, 6 sept., X^{1B} 765. Disparaît (?). Époux de Louise le Breton.

Claude II Larcher. — Lai. Frère aîné du cons. André. Reçu, 17 déc. Prend, 28 mai 1601, la commission des Requêtes de feu François Le Clerc † victime des Ligueurs, vacante depuis 8 ans au moins. Cf. 17 oct. 1595, etc., nombreux détails sur les provisions successives à lad. commission de Claude Sublet, Marc du Faultray, Adam le Vasseur et peut-être Pierre Lescalopier, tous écartés par l'opposition de la IIe Chambre qui soutient l'abolition. V. Parl. de Louis XIII. Époux de Marie le Picart, fille du cons. Jean III; beau-frère du précédent.

1600 **Jean II Scaron.** — Lai. Fils du cons. Jean Ier (survivance du 3 avril 1595). Reçu, 12 fév., par résignation d'Eustache du Refuge fait Maître des Requêtes. V. Parlement de Louis XIII.

Jacques ou Pierre Habert. — Clerc. Abbé de la Roche, X^{3A} 61, 27 avril 1611, fils de Jean, secrétaire du roi. Reçu, 10 mars. V. Parlement de Louis XIII. Maître des Requêtes, 14 avril 1611.

André Lefevre. — Lai. Sieur d'Ormesson, cons. au Grand Conseil du 19 déc. 1598. Reçu, 16 mars, cons. aux Requêtes du Palais, sans doute au lieu d'Olivier, son frère (?) (Réception raturée au registre, maintenue aux Minutes, X¹ᴮ 828, attestée par ce qui suit : Maître des Requêtes, 22 janv. 1605, il est remplacé par Innocent, son frère, 2 mars.) Époux d'Anne le Prévost, fille de Nicole, maître des Comptes.

Jean Rat. — Lai. Sieur de Salvert (3 mars 1601), fils de Pierre, lieutenant, puis président à Poitiers, et de Jeanne Lescot ou Escot, X¹ᴵᴵ 905, 26 oct. 1610. Reçu, 28 avril. V. Parlement de Louis XIII. Époux d'Anne Josse.

Bernard Potier. — Lai. Sgr de Silly. Reçu avocat, à Châlons, le 28 nov. 1594, et céans le 29 janv. 1598, fils du président de Blancmesnil. Reçu, 3 mai, à l'un des 4 états attribués aux huguenots par l'édit de Nantes, restant de la création des X de 1597, bien que catholique. V. *infra*, Pierre Hatté. Maître des Requêtes, 4 janv. 1607. Président du Parlement de Bretagne, 10 sept. 1609. † 11 janv. 1610. Époux de Marguerite Guyot de Charmeaux (Ms. 7555), ou Madeleine Gouot (veuve 16 juil. 1614, X³ᴬ 64).

Jean Garrault. — Lai. Sgr de Villemon, cons. au Grand Conseil du 15 nov. 1575, ex-cons. au Parlement de Bretagne du 12 fév. 1557, Maître des Requêtes de Navarre, 11 avril 1579. Reçu, 16 mai, à l'un des 4 états, *ut supra*, sur attestation du ministre Banville qu'il est de la religion réformée. † et remplacé par Pierre de Bullion, 20 mars 1609.

Claude Garrault. — Lai. Sgr de Bellassise, avocat céans du 20 nov. 1595, fils de Paul, trésorier de l'Épargne. Reçu, 21 juin. V. Parlement de Louis XIII. † 5 juil. 1644. Époux de Charlotte Le Clerc. Ms. 7553.

Pierre Berger. — Lai. Avocat céans. Reçu, 8 juil., à l'un des deux offices ayant vaqué depuis l'édit de Nantes, attribué aux huguenots. Résigne. Remplacé par Pierre II, son fils, 28 mars 1608. Époux de Marie Bochart, fille d'Étienne, avocat général en Chambre des Comptes.

Nicolas Séguier. — Clerc. Avocat céans de 1596, chanoine de Paris, abbé commendataire de Saint-Jacques de Provins, frère du cons. Pierre IV. Reçu, 10 juil. V. Parlement de Louis XIII. † 14 sept. 1624.

Nicolas le Jau ou le Jay. Lai. Cons. en la prévôté et châtellenie de Paris de juil. 1597, fils de Nicolas, Sgr de Bevillers, secrétaire du roi et correcteur des Comptes. Reçu, 13 août, par résignation de Nicolas II Favier. Prend, 6 sept., la commission des Requêtes résignée par Nicolas de la Place. Procureur du roi au Châtelet, 30 avril 1602. Lieutenant civil, 7 juil. 1609. Époux de Madeleine Marchand.

Michel de Champront. — Lai. Avocat céans. Reçu, 15 déc., par résignation de Jean, son père. V. Parlement de Louis XIII. Président des Enquêtes, 5 juin 1610. Époux 1º de Madeleine Mégissier; 2º d'Anne Cugnac, fille d'Antoine, marquis de Dampierre, cons. d'État, et de Madeleine Texier.

1604 **Guillaume Rubentel.** — Lai. Sgr de Maudétour. Reçu, 4 janv., au lieu de feu Denys, son père (survivance du 4 sept. 1587). V. Parlement de Louis XIII. Époux de Denise Haligre, fille de Jean, l'un des Cent gentilhommes de la Maison du roi, et de Marie d'Auvergne. Le Ms. 7555 *bis* le fait, à tort, mourir en 1600.

Antoine Fradet. — Clerc. Avocat céans de 1595, Sgr de Givray, natif de Bourges, sous-diacre du 30 mai 1599, chanoine et grand chantre de Bourges, fils d'Antoine, originaire de Moulins, Sgr des Loges, Maître des Requêtes de François, duc de Berry et d'Alençon. Reçu, 19 janv. V. Parlement de Louis XIII.

Frédéric Versoris. — Lai. Sgr de Fontenay-le-Vicomte. Avocat, fils d'avocat céans, beau-frère des cons. Rancher et Verthamon. Reçu, 9 fév. V. Parl. de Louis XIII. † 18 nov. 1622. Époux de Catherine Chaillou, veuve d'Antoine-François de Coste, secrétaire du roi.

Loys de Beauclerc. — Lai. Avocat céans de 1595. Reçu, 23 fév. Président et juge général de Calais et pays reconquis, X¹ⁿ 831, 16 mars 1605 (arrêt qui le dit, à tort, cons. du 8 juil. 1600).

Jacob Phélippeaux. — Clerc. Avocat céans du 4 janv. 1593, abbé de Lesterp et de Bourgmoyen, fils de Louis, Sgr de la Cave et de la Vrillière, cons. au présidial de Blois, et de Radegonde Garrault. Reçu, 16 mars, au lieu de feu Jacques Brizard. V. Parl. de Louis XIII.

Jacques Chalmot du Breuil. — Lai. Avocat céans, reçu au Parlement de 1560. Reçu, 28 mars, au 2ᵉ office ayant vaqué depuis l'édit de Nantes, *ut supra*, sur attestation du ministre de Saint-Maixent qu'il est de la religion réformée. V. Parl. de Louis XIII.

Jean Rochelle du Coudray. — Lai. Reçu, 18 mai, à l'un des quatre offices restant de la création des X, *ut supra*. Certificat du ministre de la Rochelle, *ut supra*. V. Parlement de Louis XIII.

Jacques ou Loys II Buisson. — Lai. Cons. au Parlement de Bretagne du 18 août 1599, fils de Louis, sieur de Voisins, avocat céans. Reçu, 13 juil. V. Parlement de Louis XIII. † 1611. Époux de Geneviève Parfait, veuve du cons. Jean de la Boissière.

Daniel ou David de Chandieu. — Lai. Avocat au Parlement de Grenoble du 3 nov. 1596. Reçu, 24 août, à l'un des 4 offices *restant*, *ut supra*. Certificat *ut supra*. V. Parlement de Louis XIII. Époux de Loïse le Clerc, fille de Jacques de Fleurigny.

Jean Soly. — Lai. Cons. au Châtelet, fils du président des Enquêtes Bertrand. Reçu cons. aux Requêtes du Palais, 14 déc. † 31 déc. 1604. Inhumé en l'église du Saint-Sépulcre. Époux d'Anne le Gruel.

1602   **Denis Berthélemy.** — Lai. Avocat céans du 28 nov. 1596, fils de Nicolas, auditeur en Chambre des Comptes, et d'Anne Malon; beau-frère du cons. du Houssay. Reçu cons. aux Requêtes du Palais, 16 janv. V. Parlement de Louis XIII. Époux de Marie Dollée (veuve 12 juin 1617).

Nicolas II Chevalier. — Lai. Maître des Requêtes du 27 fév. 1595. Reçu, 4 mars, au lieu de feu Jean, son père (survivance du 6 mai 1588). Président des Enquêtes, 3 sept. 1602. Époux de dame Madeleine de Crèvecœur, veuve de M⁰ Benoît Milon, sieur de Vieville (11 janv. 1596).

Jacques Broussel. — Lai. Cons. au Grand Conseil du 16 mars 1598. Reçu, sans examen, cons. aux Requêtes du Palais, 19 avril. V. Parlement de Louis XIII.

Édouard II Molé. — Lai. Fils de Nicolas, intendant de finances, sieur de Jusanvigny, gendre du cons. Jean Bochart. Reçu, 24 avril, par résignation d'Édouard Ier, son oncle, fait président de la Cour. V. Parl. de Louis XIII. Époux de Marie Bochart, X^{3A} 61, 17 déc. 1611.

Robert ou Philbert Aubry. — Lai. Sieur de Brevanes, avocat céans, fils de Claude, consul des marchands de Paris, et de Catherine Vivien. Le Ms. 7554 le fait cons. au Grand Conseil. Reçu, 21 juin, par résignation de Rémon Colin. V. Parlement de Louis XIII.

François de Machault. — Lai. Sieur de Romaincourt, sans doute fils de Jean-Baptiste exclu en 1594. Reçu, 12 juil., cons. aux Requêtes du Palais. V. Parlement de Louis XIII.

Pierre Broussel. — Lai. Fils de Pierre, avocat céans, et de Marie Hémon. Reçu, 9 août. V. Parlement de Louis XIII. Époux de Marguerite Boucherat, fille de Guillaume, auditeur des Comptes.

Claude ou Olivier de Bellièvre. — Lai. Avocat céans du 5 mai 1599, fils du chancelier. Reçu, 21 août, par résignation de Mathieu Jourdain. Résigne, remplacé par Nicolas, son frère, 14 janv. 1605. (Le registre de réception l'appelle, à tort, Nicolas, le confondant avec celui-ci. Mais l'erreur est corrigée par les Minutes, X^{1B} 798, 799, 800, 13, 21 août).

François ou Pierre Dolu ou Dolet. — Lai. Avocat céans du 12 nov. 1598. Reçu, 4 sept., X^{1B} 800. † *ante* 8 mai 1606.

Pierre V Séguier. — Lai. Avocat céans, sieur de Sorel, fils et petit-fils des présidents Pierre II et Pierre Ier. Reçu, 20 déc., avec dispense d'âge, par résignation de Jacques Lalemant. V. Parlement de Louis XIII. Époux de Marguerite de la Guesle. Quitta la robe pour l'épée. † 1638.

1603 **Pierre Gayant**. — Lai. Avocat céans, sieur de Varastre, fils de l'ex-président des Enquêtes, Thomas, X^{1B} 917, 31 août 1611. Reçu, 17 janv. V. Parlement de Louis XIII.

Michel du Four. — Lai. 4e fils du résignant. Reçu, 4 juin, par résignation de Hiérosme, son père (survivance du 9 juil. 1589). V. Parlement de Louis XIII. Époux de Barbe Florette.

Claude III ou Jean-François de Bragelonne. — Lai. Avocat céans, reçu à la session de 1599, sieur de la Norville, fils de Thomas, trésorier de France, neveu du président Martin de Bragelonne. Reçu, 28 juin. V. Parlement de Louis XIII. Époux d'Anne Leschassier.

Robert II ou François Thénin. — Lai. Sieur de la Doublière, baron de Cohardi, X^{3A} 61, 30 juil. 1611. Cons. au Parlement de Bretagne, fils du président des Enquêtes, Robert Ier. Reçu, 3 sept., au lieu de feu Charles Brizard. V. Parlement de Louis XIII. Maître des Requêtes, 18 janv. 1613. Époux de Marie le Franc, fille d'Étienne, Maître des Comptes.

Claude de Here. — Lai. Cons. au Parlement de Bretagne du 18 août 1599, fils aîné du cons. Denys (survivance du 28 juin 1596, confirmée, 13 juil. 1601). Reçu, 15 nov. V. Parlement de Louis XIII. Époux de Marie, fille du cons. Charles Brisard.

Charles de Laubespine. — Clerc. Abbé de Deolz, X^{3A} 61, 5 mars 1611, marquis de Châteauneuf, fils du cons. Guillaume et de Marie de la Châtre. Reçu, 5 déc. Cons. d'État, gouverneur de Touraine. Garde des sceaux 1630. Nombreuses ambassades : Hollande 1609.

1604 **Jacques III Viole**. — Lai. Sgr d'Ozereau, fils aîné du cons. Nicolas Ier et de Philippe de Pétremol, X^{1B} 880, 15 déc. 1608. Reçu, 9 janv. V. Parlement de Louis XIII.

Geoffroy Lhuillier. — Lai. Sgr de Bisseau, cons. au Châtelet, fils de Jean, sieur d'Orville, maître, puis président en Chambre des Comptes, prévôt des marchands, et de Bonne Courtin. Reçu, 23 janv. V. Parlement de Louis XIII. Époux de Marie le Beau, fille de René, avocat céans; beau-frère du président des Enquêtes Olivier Fayet.

Jean le Nain. — Lai. Sieur de Beaumont, notaire et secrétaire du roi en 1597, X^{1b} 836, 20 juil. 1605, gendre du président Martin de Bragelonne. Reçu, 20 fév. V. Parlement de Louis XIII. Époux d'Anne de Bragelonne.

Antoine Loysel. — Lai. Avocat, fils d'avocat céans, frère du cons. Guy, gendre du cons. Olivier le Bossu. Reçu, 26 mars. V. Parlement de Louis XIII. Époux d'Hélène le Bossu.

Nicolas ou Claude III de Tudert. — Fils du feu cons. Claude Ier (6 sept. 1608), abbé de Saint-Georges-sur-Loire, doyen de Paris en 1632. Cons. lai, 9 juil., par résignation de Jean Bagereau; clerc, 2 janv. 1609. V. Parlement de Louis XIII.

Balthazard Gobelin. — Lai. Sieur de Brainvillers et du Quesnoy, fils de Balthazard, trésorier général de l'artillerie, secrétaire du roi en 1585, trésorier de l'Épargne en 1589, cons. d'État, président en Chambre des Comptes 1604. Reçu, 31 juil. V. Parlement de Louis XIII. Maître des Requêtes, 16 mai 1612. Président en Chambre des Comptes par résignation de son père, 6 mars 1613, X^{3a} 63, 7 mai. Époux de Madeleine de Laubespine, fille de Claude, président en Chambre des Comptes.

Hiérosme Lionne. — Clerc. Sieur de Lorme, X^{3a} 61, 23 juil. 1611, fils de Claude, sieur de Cueilly près Saint-Maurice, et de Marie de Bragelonne. Reçu, 19 août. V. Parlement de Louis XIII.

Charles Durand. — Lai. Sieur de Villegagnon et de Champforest, 2ᵉ fils de Louis, sieur de Ronceaux, et de Marie Brulard. Reçu, avec éloges, 17 déc, X^{1b} 827. V. Parlement de Louis XIII. Maître des Requêtes, 16 juin 1612. Époux de Madeleine Molé, fille de Pierre, trésorier de l'Épargne.

1605 **Nicolas de Bellièvre.** — Lai. 2ᵉ fils du chancelier. Reçu, 14 janv., avec dispense d'âge (moins de 22 ans), par résignation de Claude, son frère. V. Parlement de Louis XIII. Procureur général céans, 9 janv. 1612, lett. pat. du 6.

Antoine Jabin. — Lai. Sieur de la Couarde. Reçu, 28 fév., X^{1b} 829, par résignation de Philippe, son père (survivance du 9 août

1595). V. Parlement de Louis XIII. Époux de Claude le Rebours, veuve du cons. Étienne de Navières. Le Ms. 7555 distingue, à tort, deux Antoine, reçus l'un en 1595, l'autre en 1605 et fils du Ier. Il confond réception et serment de survivance.

Innocent Lefebvre. — Lai. Cons. au Grand Conseil. Reçu, sans examen, cons. aux Requêtes du Palais, 2 mars, par résignation d'André (son frère?) fait Maître des Requêtes. V. Parl. de Louis XIII.

Jacques III Brizard. — Clerc. Sous-diacre, avocat céans du 26 nov. 1600, fils du feu cons. Charles. Reçu, 26 mai. V. Parl. de Louis XIII.

François Ryantz. — Lai. 2e fils du feu président Gilles Ryantz. Reçu, 25 juin, par résignation de Jean de Villemereau. V. Parlement de Louis XIII. Maître des Requêtes, 1611. Époux de Claude Gatien, fille d'un bourgeois de Tours.

Guillaume Foucquet. — Clerc. Sous-diacre, abbé d'Ainay près Lyon, de Saint-Benoît et Fleury-sur-Loire, fils de Guillaume, sieur de la Varenne, Ier valet de chambre d'Henri IV. Reçu, 8 juil., par résignation de Jean II Amelot fait Maître des Requêtes. Maître des Requêtes, 8, 13 mai 1609, par résignation de Jean Lescalopier, X^{1B} 885, 886.

Pierre Boucher. — Lai. Sieur d'Orsay et de Brosses, de Houilles et de Vernay, X^{3A} 65, 12 déc. 1615. Cons. du Trésor du 20 déc. 1586, fils de Charles II, cons. en 1576, et de Jeanne de Pincé. Reçu, 27 juil., cons. aux Requêtes du Palais. V. Parlement de Louis XIII. Époux de Louise Hennequin (veuve 11 janv. 1614, X^{3A} 64).

Jean-Robert de Thumery. — Lai. Sieur de Boissise, 2e fils de Jean II et de Madeleine Hélin. Reçu, avec éloges, 12 août, X^{1B} 836. V. Parlement de Louis XIII. Époux de Marguerite Texier, fille de Germain, sieur de Malicorne, Maître des Requêtes, et de Geneviève Larcher.

Jean de Boissière. — Lai. Sieur de Chambord, fils de Jean, maître d'hôtel ordinaire de François II et d'Henri IV, et de Marguerite de Guersant. Reçu cons. aux Requêtes du Palais, 2 sept. V. Parl. de Louis XIII. Époux de Geneviève Parfait, fille de Guillaume, trésorier de France à Bourges, qui, veuve, épousa le cons. Loys II Buisson.

Charles le Roy. — Lai. Avocat céans, fils de Claude, sieur de la Poterie, trésorier de l'Extraordinaire des guerres, et de Charlotte Pinon, fille de Nicolas, payeur de la Chambre des Comptes, secrétaire du roi. Reçu, 9 déc., par résignation de Simon II Maryon fait Maître des Requêtes. Procureur du roi au Châtelet, 8 juil. 1609 ; Maître des Requêtes, 20 juil. 1613. Époux de Renée de Tronchay, fille de Nicolas, Maître des eaux et forêts de Mante, et de Renée le Brest.

1606 **Pierre II Bouguier.** — Lai. Abbé de Chambrefontaine, frère des cons. Mathieu et Jean. Reçu, 20 janv. V. Parlement de Louis XIII. Le Ms. 7554 le fait cons. clerc.

Étienne II Charlet. — Lai. Sieur de Garenne, avocat céans, 2e fils de l'ex-cons. François. Reçu cons. aux Requêtes du Palais, 12 avril, X^{1n} 845. V. Parlement de Louis XIII. Époux de Catherine Perrot, fille de Pierre, procureur du roi en l'Hôtel de Ville de Paris.

Pierre Hatté. — Lai. Avocat céans du 14 déc. 1595, sieur de Saint-Mars, fils de Nicolas, sieur d'Ambon, secrétaire du roi. Reçu, 9 juin, au lieu de feu Christophe Hurault (6e huguenot imposé par Henri IV, en vertu de l'Édit de Nantes, malgré les manœuvres de la Cour. V. *supra* Bernard Potier). V. Parl. de Louis XIII. Époux de Françoise de Bullion, veuve de Jean Anjorrand, sieur de Cloye.

Loys II du Tillet. — Clerc. Sieur de Senelles ou Servoles (22 janv. 1610), fils d'Élie, maître d'hôtel du roi, Grand Maître des eaux et forêts de Champagne, et de Philippe Viole. Reçu, 7 juil. V. Parlement de Louis XIII.

Mathieu Molé. — Lai. Sieur de Lassy et de Champlâtreux, fils du président Édouard Molé. Reçu, 29 juil., avec dispense d'âge. V. Parlement de Louis XIII. Procureur général. Président des Requêtes, puis de la Cour. Époux de Renée Nicolaï, fille de Jean, Ier président des Comptes.

Augustin le Maître. — Lai. Fils du feu président Jean le Maître. Reçu cons. aux Requêtes du Palais, 23 août. V. Parlement de Louis XIII. Époux d'Éléonore le Picard, fille de Jean, Maître des Comptes.

Pierre Gamain. — Lai. Fils d'Henri, riche marchand de la rue Saint-Denis, et de Marguerite de Bragelonne, fille de Pierre, commis du greffe des Comptes. Reçu, 4 sept. V. Parlement de Louis XIII. Époux de Diane Claire de Vié.

1607 **Michel Vialard.** — Lai. Neveu du feu cons. Germain, fils de Jean, lieutenant civil 1546, maître des Requêtes 1553, président au Parlement de Rouen 1567, et au Grand Conseil 1574. Reçu, avec félicitations, 19 janv. V. Parlement de Louis XIII. Époux de Lamberte Hotman.

Jean Coquelay. — Clerc. Chanoine de Notre-Dame de Paris, fils de Claude, contrôleur du Domaine à Bar-sur-Seine. Reçu, 3 fév., avec félicitations, par résignation de Lazare Coquelay, son oncle. V. Parlement de Louis XIII.

Michel Charpentier. — Lai. Cons. au Parlement de Bretagne, fils de Michel, notaire au Châtelet. Reçu, sans examen, cons. aux Requêtes du Palais, 8 fév. V. Parl. de Louis XIII. Époux d'Élisabeth Mulot.

Julien Robert. — Clerc. Avocat céans, doyen d'Orléans, acolyte et sous-diacre, baron de Saint-Laurent, fils de Jean, avocat céans, docteur régent en l'Université d'Orléans, et de N. Buisson. Reçu, 9 mai, X^{4u} 857, 858. V. Parlement de Louis XIII. † 18 juin 1631.

Michel Ferrand. — Lai. Sieur de Janvry, fils de Michel lieutenant général à Châtellerault, et de Marie du Puy. Reçu, 13 juil. V. Parlement de Louis XIII. Époux d'Anne Texier, fille d'Amos, gentilhomme de la Chambre.

Jean de Ligny. — Lai. Avocat céans, sieur de Grayneul, fils de Jean, secrétaire du roi, et d'Anne Dugué. Reçu, 23 août. V. Parlement de Louis XIII. Maître des Requêtes, 6 déc. 1613. Époux de Jeanne Séguier.

Pierre Scaron. — Lai. Reçu, 27 sept. par résignation de Jean Ier, son père (survivance du 12 fév. 1600, après réception de Jean II, son frère, au siège d'Eustache du Refuge). V. Parl. de Louis XIII.

1608 **Jean de Bérulle**. — Lai. Sieur et baron de Céant-en-Othe, fils du feu cons. Claude. Reçu, 18 janv., X^{1u} 895, 29 janv. 1610. V. Parlement de Louis XIII. Maître des Requêtes, 29 nov. 1619. Époux d'Anne de Partey.

François de Thurin. — Lai. Avocat céans du 11 déc. 1600, baron de Villeray et de Vauhardy, X^{3A} 62, 31 août 1612, vicomte de Matronneau, beau-frère par alliance du précédent. Reçu, 8 fév., avec félicitations, par résignation de Philbert, son père. V. Parlement de Louis XIII. Époux de Marie de Bérulle, veuve du cons. Christophe Hurault, X^{3A} 61, 31 janv. 1611. † déc. 1621.

Jean II Turquan. — Lai. Cons. au Parlement de Bretagne du 13 oct. 1600, sieur d'Aubeterre, petit-fils du cons. Jean Ier, par Jean, cons. en Cour des aides en 1573, Maître des Requêtes en 1585. Reçu, 13 fév. cons. aux Requêtes du Palais, au lieu de Charles Malon fait Maître des Requêtes. V. Parlement de Louis XIII. Maître des Requêtes, 9 janv. 1614. Époux de Judith Martin, veuve de Pierre, Sgr de Montigny.

Jean III le Clerc. — Lai. Sieur de Saint-Martin, X^{3A} 63, 9 janv. 1613. Reçu, 7 mars, avec félicitations. V. Parlement de Louis XIII.

Pierre II Berger. — Lai. Avocat céans. Reçu, 28 mars, avec félicitations, par résignation de Pierre Ier, son père. V. Parlement de Louis XIII.

Pierre le Charron. — Lai. Reçu, 3 mai. V. Parl. de Louis XIII.

Nicolas de Bailleul. — Lai. Baron de Châteaugontier, fils de Nicolas et de Marie Habert. Reçu, 21 mai. V. Parl. de Louis XIII.

Henry de Mesmes. — Lai. Sieur de Roissy, fils de Jean-Jacques, Maître des Requêtes, ex-cons. céans de 1583-84. Reçu, 20 juin, cons. aux Requêtes du Palais. V. Parlement de Louis XIII. Lieutenant civil au Châtelet, 1613. Député de Paris aux États Gén. de 1614. Époux de Jeanne de Montluc, dame de Balagny.

Claude de Pleurs. — Lai. Fils de Pierre, natif de Troyes, Maître des Comptes, et de Denise le Prestre. Reçu, 17 juil. V. Parlement de Louis XIII. Époux de Jeanne Vialart, fille de Félix, Maître des Requêtes.

Jacques de Guillon. — Lai. Substitut du Proc. Gén. Reçu, 8 août. (Refusé l'année d'avant, pour son extrême ignorance. N'a encore répondu, cette fois, d'après le Ms. 7555 qui le dit clerc.) V. Parlement de Louis XIII.

Nicolas de Sainte-Marthe. — Lai. Chevalier, baron de Fresne, avocat céans, fils de Louis, avocat céans, puis lieut. gén. à Poitiers. Reçu, 29 août. V. Parlement de Louis XIII. Lieut. gén. à Poitiers, 28 mai 1610. Époux 1° de Rachel de Vernon, fille de Pierre, président des Trésoriers de France à Poitiers ; 2° d'Urbaine de Launay, fille de Pierre, baron de Fresne.

1609 **Jean II de Champront.** — Lai. 2e fils de feu Jean Ier, Président des Enquêtes, frère du cons. Michel. Reçu, 13 fév. V. Parlement de Louis XIII. Époux 1° de Jacqueline du Lis ; 2° de Suzanne de Roucy.

Denys II de Here. — Lai. 3e fils de Denys Ier (survivance du 2 sept. 1604), frère du cons. Claude. Reçu, 16 mars, par mutation de Charles Billard en clerc. V. Parlement de Louis XIII. Époux 1° de Françoise du Pas ; 2° de Jeanne Giraudon.

Pierre de Bullion. — Lai. Fils de Claude, sieur de Layer, et de Marguerite de la Porte. Reçu, 20 mars, comme huguenot, au lieu de feu [Jean] Garrault. (Se fit plus tard catholique et changea de siège, Ms. 7554.) V. Parl. de Louis XIII. Époux de Marie Hatté.

Blaise Melliant. — Lai. Sieur d'Esgligny, fils de Blaise, trésorier de France en Berry, puis notaire et secrétaire du roi et des finances, greffier du conseil d'État et Privé, X^{3A} 60, 10 janv. 1592, et de Geneviève Vivien. Reçu, 15 mai, X^{1B} 886. V. Parlement de Louis XIII. Époux de Geneviève, fille du cons. Jean V Hurault.

Loys de Villoutreys. — Lai. Reçu, 10 juil. (Ajourné à 6 mois, le 19 déc., X^{1B} 880.) V. Parlement de Louis XIII. † 18 nov. 1640.

Charles II le Roy. — Clerc. Reçu, 7 août. V. Parl. de Louis XIII.

Christophe de Thumery. — Clerc, *in sacris*. Avocat céans du 26 fév. 1605, fils aîné de Jean II et de Marthe Luillier. Reçu, 11 déc., avec félicitations. Le président l'exhorte à continuer ses études, X^{1B} 892 et 893. V. Parlement de Louis XIII. † 1623. Époux de Claudine de la Baume.

1610 **Antoine Goussault.** — Lai. Avocat céans du 26 mai 1605. Reçu cons. aux Requêtes du Palais, 29 janv., au lieu de feu Jacques II Viole (?), X^{1B} 895. V. Parlement de Louis XIII.

Nicolas le Prestre. — Clerc. Fils de Guillaume, sieur de Rocourt, trésorier de France à Rouen, et d'Antoinette Le Clerc. Reçu, 19 mars. V. Parlement de Louis XIII.

Réception de survivance.

PIERRE BÉNARD. — Lai. Reçu à la survivance de Guillaume, son père, 12 fév. 1605, X^{1B} 829. V. Parlement de Louis XIII. Reçu, 3 mai 1611, au lieu de Hiérosme de Hacqueville résignant.

ROLE DES GENS DU ROI DE 1350 A 1610

Procureurs généraux.

Jacques d'Andrie. — Ex-avocat céans, 18 nov. 1348. Procureur gén., 10 mai 1352, 3 avril 1354, janv. 1360, X¹ᴬ 12, f° 284; 13, f° 234 v°; X²ᴬ 6, f° 88 v°; JJ. n° 409; 1363, Ms. 7555 *bis*. Président de la Cour, 25 fév. 1366. V. *supra*.

Sire Jacques du Hiaume. — « Procureur du roi en Parlement », X¹ᴬ 15, f° 38 v°, 16 déc. 1352. (Nous inclinons à croire que ces deux personnages ne font qu'un.)

Guillaume de Saint-Germain. — Compétiteur à une chanoinie de Chartres, 23 juin 1346 ; Procureur gén., 1366, Ms. 7555 *bis*; *dudum* avocat *solemnis* au Châtelet, à 80 l. de pension, Procureur gén., 18 ans, à 150 l. de gages, *novissime defunctus*, 11, 23 mai, 7 juil. 1385. † en fonctions *ante* 1ᵉʳ mars, X¹ᴬ X¹ᴬ 10, f° 463; 33, f°s 22 v°, 338, 359; 1472, f° 224 v°. Époux de Denise Culdoe (veuve 4 fév.-18 juin 1396, X¹ᴬ 43, f° 34 v°).

Jean Anchier. — Avocat céans, X¹ᴬ 1469, f° 85 v°; 21, f° 46; 32, f° 402 v°, 12 nov. 1364, 8 juil. 1367, 18 août 1384. Créé Proc. gén., au lieu de feu Saint-Germain, X¹ᴬ 1472, f° 248 v°, 24 mars 1385; † entre 21 janv. 1394 (encore en fonction) et 13 mai 1396, X¹ᴬ 41, f° 11, et 4789, f° 167. Époux de Marguerite..., X¹ᴬ 20, f° 38, 5 août 1365.

Pierre le Cerf. — Avocat céans (23 mars 1385). Succède à Anchier. † 29 avril 1404, X¹ᴬ 33, f°s 23 seq. ; 4786, f° 307. Encore en fonctions, 19 juin 1402, Amiens, CC. 11. Le Ms. 7555 *bis* le fait recevoir, à tort, en 1389.

Denis de Mauroy. — Avocat céans, peut-être avocat du roi en 1400, Ms. 7555 *bis*. Élu par la Cour, au lieu de feu Pierre le Cerf, 16 mai 1404, X¹ᴬ 1478, f° 151 v°. † en fonctions *ante* 17 fév. 1413.

Jean Iᵉʳ Aguenin. — Avocat céans. Élu par la Cour au lieu de feu D. de Mauroy, 19 fév.-4 mars 1413, X¹ᴬ 1479, f°s 231 seq. IIᵉ Prés. du Parl. bourg., 11 déc. 1420, X¹ᴬ 1480, f° 225. V. *supra*.

Guillaume le Tur. — Avocat du roi, intérimaire durant la suspension d'Aguenin, 12 nov. 1417 à juin 1418, X¹ᴬ 1480, f°s 104 et 111. V. avocat du roi et Président à Poitiers, etc.

Gauthier Jayet. — Cons. lai de la Grand Chambre au Parlement bourg., 22 juil. 1418. Pourvu au lieu de J. Aguenin fait Président, 11 déc. 1420. Résigne et reprend son siège de cons., 22 fév. 1422, X¹ᴬ 1480, f⁰ 247.

Guillaume Barthélemy. — Avocat au Châtelet. Remplace Jayet, mais contraint, 21 fév. 1422, jusqu'à la fin du Parlement bourg. V. *supra*, cons. céans, 8 oct. 1437, après un an d'interruption.

Pierre Cousinot. — Proc. gén. à Poitiers du 18 sept. 1418 à 1436. Translaté à Paris le 1ᵉʳ déc. Encore en fonctions le 10 avril 1445, X¹ᴬ 74, f⁰ 19 v⁰. Général sur le fait des aides, 3 juin 1447, X¹ᴬ 76, f⁰ˢ 61 seq. Cf. homonyme, proc. du roi sur le fait des aides au diocèse d'Auxerre, Z¹ᴬ 1, f⁰ 24, 16 juil. 1397.

Antoine Lefèvre. — Bach. en lois, Proc. gén., « *nuper admissus* par la Cour », 23 fév., 11 août 1446, X¹ᴬ 75, f⁰ˢ 17, 69.

Jean Dauvet. — Pourvu en 1446, d'après *Revue d'Anjou*, t. LVIII, n⁰ 5. Exerce jusqu'à la fin du règne. Iᵉʳ Président en Chambre des Comptes, 11 sept. 1461, de la Cour, 1465. † 1471.

Jean de Saint-Romain. — Gén. cons. en la Justice des aides, par résignation de Jean de Croissy, 6 mars 1450, Z¹ᴬ 18, f⁰ 286, et 22, f⁰ 58 v⁰, 31 oct. 1460. Imposé par Louis XI, 11 sept. 1461. Suspendu 1481, puis réintégré par Charles VIII, X¹ᴬ 1484, f⁰ 194, et 1491, f⁰ 13.

Michel de Pons. — Imposé par Louis XI, comme collègue de Saint-Romain, 9 juin 1479, après plusieurs tentatives inutiles, 3 déc. 1475, 16 avril 1476. L'évince, 3 août 1481. Déporté, à son tour, 12 nov. 1483. Époux de Marie Fusée. Réf. X¹ᴬ 1487, f⁰ 55 ; 1488, f⁰ 226 ; 1489, f⁰ˢ 305, 308 v⁰ ; 1491, f⁰ 13, etc.

Jean de Nanterre. — Lic. en lois et avocat céans, puis cons. du Trésor. Élu, 12 juin 1484, malgré la provision par le roi de Pierre Pelet, X¹ᴬ 1491, f⁰ˢ 139 v⁰ seq. Résigne au suivant, 27 fév. 1490. Époux de Ragonde Simon (veuve 16 oct. 1497, X³ᴬ 12).

Christophe de Carmonne. — Lieutenant civil au Châtelet, gendre du précédent. Lui succède par résignation, 27 fév. 1490. Maître des Requêtes, 16, 21 oct. 1497. Président de la Cour, 22 juin 1503. Époux de N. de Nanterre.

Jean Luilier. — Lic. en lois, 2ᵉ gendre de Jean de Nanterre. Succède à Carmonne, son beau-frère, par résignation, 16 mai 1496, X¹ᴬ 1502, f⁰ 348. † en fonctions, *ante* 18 juin 1498. Époux de Jeanne de Nanterre (veuve, 5 juil. 1502, X³ᴬ 14).

Jean Burdelot. — Général sur le fait des aides, gendre du précédent. Pourvu par le roi, 13 nov. 1498, nonobstant élection de 3 candidats, 18 juin, et sans préjudice au droit de la Cour, X^{1A} 1504, f°s 119 et 202. † en fonctions, 20 mars 1507. Époux 1° de Radegonde Luilier; 2° de Marie Ruzé.

Guillaume Roger. — Cons. lai de 1505. Reçu au lieu de feu Burdelot, 3 juin 1508, X^{1A} 1511, f° 157. Résigne, 12 janv. 1523, à

François Roger, son fils. — Sieur de Lyon-en-Beauce, X^{3A} 39, 1er mars 1533. Examiné. Lettres à refaire pour en ôter clauses insolites. Reçu, 12-17 janv. 1523. † en fonctions, 2 mai 1533, X^{1A} 1525, f°s 51, 55; 1536, f° 230. La Cour proroge 2 avocats, ses substituts, jusqu'à provision d'un successeur par le roi. Époux de Marthe de Selve (veuve 2 sept. 1536, X^{3A} 42).

Nicole Thibault. — Cons. lai du 6 juin 1531, natif de Senlis. Pourvu au lieu de feu Roger, 14 mai 1533. † 16 mai 1540, X^{1A} 1536, f° 240; 1546, f° 367 v°. Commission de la Cour à Nicole Martineau, son substitut, pour faire l'intérim. Époux de Françoise Anthonis (veuve 13 juil. 1542, X^{3A} 44).

Noël Brulart. — Avocat céans et non cons. (erreur du Ms. 7554). Pourvu au lieu de feu Thibault, 29 mai 1540; † 23 sept. 1557, X^{1A} 1547, f° 309 v°; 1586, f° 258. Époux d'Ysabel Bourdin (veuve, 18 mai 1566, X^{3A} 58).

Gilles Bourdin. — Lic. en droit, avocat clerc du roi 1556. V. *infra*, parent par alliance du précédent. Pourvu au lieu de feu Brulart, 24 sept. 1557; † 23 janv. 1570, X^{1A} 1588, f° 267; 1628, f° 305 v°. Commission provisoire de la Cour aux 2 avocats du roi et à un substitut pour faire l'intérim. Époux d'Ysabeau Fuzée, fille de Guillaume, procureur céans, X^{3A} 59, 30 sept. 1557.

Jean de la Guesle. — Ier Président à Dijon, ex-cons. lai céans du 13 mai 1565. Pourvu au lieu de feu Bourdin, 6 mars 1580, X^{1A} 1628, f° 511 v°, après enquête *super vita et moribus*. Lettres du roi et de sa mère justifiant leur choix, « bien que calomnié de plusieurs par deça ». Créé Trésorier des Chartes, titres et papiers de la Couronne, office incorporé à celui de Proc. gén., 5 mars 1582, X^{1A} 1674, f° 130 v°. Président de la Cour, 7 janv. 1583. V. *supra*.

Jacques de la Guesle, son fils. — Reçu à survivance, après examen, 15 janv. 1580, à la condition de n'exercer avant ses 25 ans, X^{1A} 1666, f° 80, et 237, 5 déc.. Pourvu, par résignation de son père, 7 janv. 1583. Passe à Tours dès janv. 1589. Rentré à Paris en avril 1594. Toujours en fonctions à la fin du règne d'Henri IV. † 9 janv. 1612. Époux de Marie de Rouville. Cf. X^{1A} 1781, f° 291, 27 fév. 1601, 23 avril 1604, etc. Érection en châtellenie de sa terre de Laureau.

Hors cadre. — Parlement ligueur.

ÉDOUARD MOLÉ. — Cons. lai du 13 juin 1567. Élu, 21 janv. 1589, au lieu du précédent passé à Tours, X^{1A} 9324^D, n° 10. (Le 18 janv. la Cour délibérant sur l'absence du Proc. gén. et des 2 avocats du roi, avait arrêté, par provision, que, de ses substituts, l'un, Spifame, signerait les conclusions; deux autres, Beauvais et le Vayer, assisteraient aux plaidoiries, X^{1A} 1713, f°^{s} 371 v° seq.) Réintégré cons. le 22 avril 1594. V. *supra*.

PIERRE PITHOU. — Avocat céans, né à Troyes, fils de Pierre, avocat au bailliage. Commis intérimaire du 27 mars au 18 avril 1594, après la suspension du Parlement ligueur jusqu'au retour des officiers de Tours, X^{1A} 8641, f° 1 v°. Époux de Catherine Palluau. † à Nogent-sur-Seine, 6 nov. 1596.

Substituts du Procureur général.

Nous possédons, dès le XIVe siècle, un très grand nombre de noms de substituts, la plupart délégués temporairement pour telle ou telle affaire, dont il ne faudrait pas confondre les pouvoirs avec ceux des procureurs généraux de certaines parties, c'est-à-dire occupant dans l'ensemble des causes intéressant chacune d'elles. Citons : GUILLAUME DIVON. — « Lors Proc. gén. VI ans à », 5 avril 1373, X^{1A} 23, f° 30 v°.

JEAN DE BESANÇON. — « Lors Proc. gén., 8 janv. 1383, 29 mai 1389 », que nous retrouvons simple procureur le 23 fév. 1388, X^{1A} 1471, f°^{s} 46 et 354; 32, f° 15 v°.

LAURENT SUREAU. — « Lors Proc. gén., 13 nov. 1390, que nous retrouvons simple procureur, 21 mai 1397, X^{1A} 1475, f° 141, et 4784, f° 350.

PIERRE DE CLOYE. — « Procurator generalis dum viveret », X^{1A} 31, f° 51, 8 août 1386, etc.

Ces délégations temporaires conférées par le seul titulaire de la charge furent seulement érigées en office par l'édit de 1586, enregistré en Lit de Justice, le 16 juin. Après nombre d'ajournements, la Cour dut recevoir les deux premiers pourvus, Beauvais et Spifame, 9 et 11 sept. Elle le fit aux conditions suivantes : Ils ne prendront qualité que de cons. et substituts du Proc. gén., sans autres droits, ni entrée, que ceux du temps passé... (Suit le détail très long de leurs pouvoirs et gages.) Le 2 oct., il fallut encore une Déclaration *du roi pour les faire admettre à l'exercice de leur charge.*

Après une nouvelle Déclaration modifiant l'édit et des Remontrances réitérées, la Cour dut en recevoir une nouvelle fournée de 16, du 23 juin au 5 déc. 1587. Voici les noms : PHILIPPE DE LA MOTHE LE VAYER, 23 juin ; NICOLAS LE PRÉVOST, 4 juil. ; RENÉ BOUCHÉRON, 11 juil. ; JEAN DE LUYNES et JACQUES SALLE, 21 juil. ; CHARLES LE COURT, 14 août ; BERTRAND LONGIS, 22 août ; JEAN JACQUES, 29 août ; EMMANUEL CHAHU, 31 avril ; JEAN BELLANGER, 1er sept. ; JEAN DE LONGUEJOE, 30 sept. ; GABRIEL SPIFAME, 11 sept. ; JEAN DU BRYNES, 30 sept. ; SYMON LE BOSSU, 5 déc., X^{1A} 1700, f°s 1, 7 v°, 102 v°, 107, 219 v°, 313 v°, 1er, 6, 9, 11 sept., 2, 22 oct. 1586 ; 1701, f°s 50, 296, 28 nov., 23 juin 1587 ; 1704, f°s 238, 296, 408, 4, 11, 21 juill. ; 1705, f°s 131 v°, 183, 238, 276, 279, 288, 353, 14, 22, 29, 31 août, 4 et 11 sept. ; 1706, f° 149, 30 sept. ; 1707, f° 100, 5 déc. 1587, etc.

Avocats clercs du roi. Ire charge.

Pierre de la Forest. — Chanoine de Paris, 28 mars 1346, X^{1A} 8848, f° 302. Qualifié notre cons., 22 juin 1346, et avocat du roi en Parlement, 18 mai 1347, X^{1A} 10, f° 366 v° ; 12, f° 25. Chancelier de France, Évêque de Tournai, 10 juil. 1350, X^{2A} 5, f° 208. *Gall. Christ.*, III, 227. Archevêque de Rouen, puis cardinal, X^{1A} 15, f° 43 v°, 25 mai 1353. Éloigné sur le vœu des États, en 1357-58, X^{2A} 6, f° 425, 28 mai 1359.

Robert le Coq. — Préchantre d'Amiens. Avocat du roi, 27 avril 1349, X^{1A} 12, f° 304 v°. Évêque de Laon, 1351. *Gall. Christ.*, IX, 548.

Guillaume de Dormans. — Avocat céans, marié, X^{2A} 12, f° 284, 12 nov. 1348. Qualifié avocat du roi, 2 juil. 1352, déc. 1357, 21 fév., 9 juil. 1360, etc., X^{1A} 13, f° 237 v° ; 14, f° 307 v°, JJ. 89, n°s 271 et 482. Chancelier de Normandie, 20 août 1362, X^{1A} 17, f° 185 ; de Dauphiné, puis de France, 21 fév. 1371. Père de Milon, chanoine de Rouen, X^{1A} 14, f° 307 v°, 9 juil. 1360.

Nicolas d'Arcies. — Avocat céans du Conseil de l'abbaye de Saint-Jean, puis de l'évêque de Laon, X^{1A} 18, f° 6 v°, 18 janv. 1364 ;

chancelier d'Orléans, chanoine de Paris, trésorier de St-Étienne de Troyes; fils d'Hémon, clerc de la paneterie du roi. Qualifié avocat du roi céans, X¹ᴬ 17, f°ˢ 299, 313, 31 janv., 7 juil. 1363. Don d'une chanoinie de Reims vacante en régale. † *ante* 18 avril 1384, évêque d'Auxerre (1372), X¹ᴬ 32, f° 221 v°. *Gall. Christ.,* XII, 322.

Jean Desmarés. — Docteur *in utroque*, avocat céans, X¹ᴬ 16, f° 227 v°, 18 avril 1356 ; gendre de Hue Framery, bourgeois de Troyes; du conseil de la ville de Rouen (procès de gages), X¹ᴬ 18, f°ˢ 9 et 159, 6 mars, 1ᵉʳ avril 1364 ; lieutenant d'Aimery de Narbonne, amiral de France, 26 janv. 1381. Qualifié avocat du roi, 8 juil. 1366, 15 fév. 1370, 20 janv. 1375, 5 fév. 1385, X¹ᴬ 20, f° 218 ; 22, f° 1 v° ; 1470, f° 107 ; 30, f°ˢ 32 et 37. Maître des Comptes, 5 janv. 1381, X¹ᴬ 1471, f° 523 v°. Delachenal lui donne pour dates 1366-83, sans références. Le Ms. 7555 *bis*, 1364, id.

Pierre de Reilhac. — Avocat céans, 16 août 1371 ; avocat général céans, 21 mars 1373, X¹ᴬ 23, f° 36. (Peut-être suppléant du précédent ou intérimaire, comme les deux suivants) (?). Cons. clerc en 1384. V. *supra*.

Jean Iᵉʳ Day ou d'Ay. — Avocat céans (procès de gages, X¹ᴬ 18, f° 2, 5 déc. 1363). Avocat du roi, 31 mai 1375, X¹ᴬ 1470, f° 203. † 26 juil. 1375, *ibid.*, f° 210, 2 août.

Jean II Day ou d'Ay. — Avocat du roi, 20 août 1375, 12 juil. 1376, X¹ᴬ 24, f° 87 ; 25, f° 16. † *ante* 14 mars 1377, X¹ᴬ 26, f° 39 v°.

Pierre Lorfèvre. — Avocat céans, 17 mai 1378, 4 juil. 1379, 18 mars 1381, X¹ᴬ 1471, f° 42 ; 28, f° 72 v° ; 30, f° 54. Avocat du roi, 19 déc. 1384, 16 mai 1385, 17, 21 août 1395, X¹ᴬ 33, f°ˢ 4 et 36 ; 1477, f° 604. Chancelier d'Orléans, 12 nov. 1401, 20 oct. 1428, X¹ᴬ 4785, f° 229 ; 66, f° 54 v°. Époux de Jeanne de Sens, veuve des cons. Jean d'Artois et Jean d'Ay, X¹ᴬ 69, f°ˢ 17 v°, 30 juil. 1437.

Jean le Picart. — *Quondam consiliarius et advocatus noster*, X¹ᴬ 49, f° 40, 10 juil. 1401. Delachenal le fait recevoir le 29 nov. 1400, X¹ᴬ 4785, f° 12. Erreur. Ce n'est qu'une distribution de conseil, où Picart est Iᵉʳ pour une partie, Jean Périer, pour l'autre.

Denis de Mauroy. — Avocat du roi en 1400, d'après Ms. 7555 *bis*.

Robert de Béthune. — Chanoine de Paris. Avocat du roi vers 1401. Cité, sans date, comme prédécesseur de Périer, par François Halle (qui suit), 24 mai 1471, X¹ᴬ 8312, f° 40 v° : Ne dut faire que passer. Le Ms. 7555 *bis*, qui donne 1411 pour date de sa réception, et le nommé Oudart, est en contradiction formelle avec Fr. Halle.

Jean Périer. — Chanoine de Chartres (prébende disputée à sa mort par André Cotin, qui suit, et Guillaume de Gy, X^{1A} 62, f° 119 v°, 10 juil. 1417); avocat de la ville d'Amiens en Parlement, Amiens, CC. 10, f°s 33, 1401 seq., et 18, f°s 177, 1422, etc. Cité par François Halle, *loc. cit.*, et qualifié avocat du roi, 13 juil. 1401, X^{1A} 1478, f° 25. Encore en fonctions 1413. Dut résigner. (Même note que pour le précédent, erreur du Ms. 7555 *bis*.)

André Cotin. — Avocat céans, archidiacre d'Angers, chanoine de Saint-Germain-l'Auxerrois, 8 juin 1415, X^{1A} 60, f° 472. Élu au lieu du précédent, 29 déc. 1413, X^{1A} 1479, f° 280 v°. Cf. François Halle, *loc. cit.* En fonctions jusqu'en 1418. Se tint à l'écart jusqu'à sa mort, *ante* 20 déc. 1426. Remplacé seulement, à Poitiers, 2 juin 1429. V. *infra* Parlement de Poitiers.

L'emploi n'a pas été tenu à Paris de 1418 à 1436. Il le fut seulement à Poitiers, après le 2 juin 1429.

Jacques Jouvenel. — Frère cadet de Jean, avocat du roi à Poitiers. Institué, à Paris, lors du rétablissement de la Cour, 1er déc. 1436, X^{1A} 1482, f° 1 v°. Cf. Fr. Halle, *loc. cit.* Président en Chambre des Comptes et Trésorier de la Sainte-Chapelle en 1443, archevêque de Reims, 1444. Patriarche d'Antioche, 1449. † 1457. *Gall. Christ.*, IX, 137.

Henry ou Jean Boileaue. — Successeur du précédent. Cf. Fr. Halle, *loc. cit.*, qui l'appelle Jean, et Z^{1A} 18, f° 449, 21 nov. 1450, où il est appelé Henri. † déc. 1451, Ms. 7555 *bis*.

Jean Simon. — Avocat céans, marié. Successeur du précédent. Cf. Fr. Halle, *loc. cit.*, et Ms. 7555 *bis*. Destitué par Louis XI en 1461, puis réintégré peu après, X^{1A} 8312, f° 13 v°, 26 avril 1471, *loc. cit.* † en fonctions, mars 1471. Époux de Jeanne Chambon.

François Halle. — Tiers avocat extraord. par lett. pat. des 9 fév. et 24 sept. 1466. V. *infra*. Reçu ordinaire au lieu de feu Simon, 29 mars 1471, X^{1A} 1485, f° 145 v°. Résigne, 29 juil. 1482. Grand archidiacre de Paris, X^{3A} 4, 5 fév. 1476. Archevêque de Narbonne, 1482. *Gall. Christ.*, VI, 106. Président des États de Normandie.

Jean le Maistre. — Avocat céans, successeur de Franç. Halle, X^{1A} 1490, f° 147, 29 juil. 1482. † en fonctions, juil. 1510. (Le 5 juil. 1490, Charles VIII avait accordé sa survivance à Jean de Montmirel, avocat céans, bien que laï et marié, qui fut reçu le 19 juil. 1491 et confirmé le 30 août 1499, malgré l'édit général de révocation des survivances du 6 avril 1497, X¹ᴬ 1498, f° 243, et 1504, f° 400 v°. Il mourut avant lui.)

Jean le Lièvre. — Cons. laï du 5 juin 1508, clerc du 23 nov. 1506. Reçu au lieu de feu Jean le Maître, à charge de faire réformer ses lettres pour y mentionner qu'il est laï et l'office clerc, 2 août 1510, X¹ᴬ 1513, f° 192. † en fonctions.

Jean II Ruzé. — Cons. clerc de 1510-11, marié. Reçu au lieu de feu Lelièvre, 14 nov. 1521. Déporté par ordre du roi et réintégré en son office de cons., 7 fév. 1530. V. *supra*.

Olivier Alligret. — Tiers avocat extraord. du 12 janv. 1530, Sgr de Clichy, fils de Jean, lieuten. civil au Châtelet. Reçu au lieu de Jean Ruzé déporté par le roi, 5 mars 1530, X¹ᴬ 1533, f° 123. † 23 sept. 1532. Inhumé à Saint-André-des-Arts. Époux de Claire Legendre, sœur ou parente du cons. Pierre, X³ᴬ 33, 23 nov. 1525 seq.

François de Montholon. — Avocat céans, marié. Reçu, au lieu de feu Alligret, avec dispense de clergie, 12 nov. 1532, X¹ᴬ 1536, f° 2. Président de la Cour, 3 fév. 1535. V. *supra*.

Jacques Cappel. — Avocat céans, marié. Reçu, au lieu de Montholon, avec dispense de clergie, 4 fév. 1535, X¹ᴬ 1538, f° 84. † 1540. Époux de Marguerite Aimery ou Emery, dame de Bauldry (veuve 7 mars 1545, X³ᴬ 45).

Gilles le Maitre. — Avocat céans, marié. Reçu au lieu de feu Cappel, avec dispense de clergie, 29 août 1540, X¹ᴬ 1547, f° 309 v°. IVᵉ Président de la Cour, 12 juil. 1550. V. *supra*.

Pierre Iᵉʳ Séguier. — Avocat céans, marié, cons. au Châtelet, 14 juil. 1536, X³ᴬ 49 (ou son fils). Reçu, 12 juil. 1550, au lieu du précédent, à charge de faire ajouter à ses lettres « avocat clerc ». VIIIᵉ Président de la Cour, 30 juin 1554. V. *supra*.

Denis Riant. — Avocat du roi laï du 2 juin 1551. Reçu clerc, au lieu du précédent, 2 juil. 1554, X¹ᴬ 1569, f° 181. VIIIᵉ Président de la Cour, 18 août 1556. V. *supra*.

Gilles Bourdin. — Sieur d'Assy, avocat du roi laï du 3 juil. 1554. Reçu clerc, au lieu du précédent, 20 août 1556, X¹ᴬ 1583, f° 113 v°; Proc. gén. au lieu de Noël Brulard, 26 sept. 1557. V. *supra*.

Baptiste Dumesnil. — Sieur de Croquetaine, avocat du roi laï du 20 août 1556. Reçu clerc, au lieu de Gilles Bourdin, 26 sept. 1557, X¹ᴬ 1586, f° 267. † en fonctions, 2 juil. 1569. Époux de Catherine, fille de N. Morelly, médecin du roi.

Augustin de Thou. — Frère du président Christophe et de l'évêque de Chartres, Nicole, avocat du roi au Châtelet, bailli de l'évêque de Paris, X¹ᴬ 1612, f⁰ 180 v⁰, 19 mars 1565. Reçu au lieu de feu Dumesnil, entre 2 juil. et 18 août 1569, X¹ᴬ 1627, f⁰ 5. VIᵉ Président de la Cour, 2 oct. 1585. V. *supra*.

Jacques Mango. — Maître des Requêtes et Proc. gén. en Chambre des Comptes. Reçu au lieu du précédent, 5 oct. 1585, X¹ᴬ 1694, f⁰ 159. † en fonctions, *ante* 13 oct. 1587. Ms. 7555 *bis*.

Antoine Séguier. — Maître des Requêtes, lieuten. civil au Châtelet, cons. au Conseil Privé, reçu à l'entrée et séance, 29 avril 1587. Reçu au lieu de feu J. Mango, 23 oct. 1587. Cf. X¹ᴬ 1703, f⁰ 364 v⁰, et 1713, f⁰ 2 v⁰. Rallié au Parlement de Tours, 20 oct. 1590. V. *infra*. VIIᵉ Président à Paris, 23 mai 1597. V. *supra*.

Hors cadre. — *Parlement ligueur.*

Jean II Le Maitre. — Avocat céans. Élu en assemblée des Chambres, le 21 janv. 1589, au lieu de Séguier absent, X¹ᴬ 9324ᴮ, n⁰ 10. Fait IVᵉ Président par Mayenne, 2 oct. 1591. VIIᵉ, par Henri IV, 30 mars 1594. V. *supra*.

Antoine Hotman. — Avocat céans et cons. au Châtelet, fils du feu cons. Pierre et de Paule de Marle. Choisi par Mayenne pour remplacer Jean le Maître, 10 déc. 1591. Déporté par Henri IV, 27 mars 1594.

Antoine Loysel. — Avocat céans, intérimaire commis par Henri IV, du 27 mars au 18 avril 1594, X¹ᴬ 8641, f⁰ 1.

Ordinaires (Suite).

Simon Iᵉʳ Maryon. — Avocat céans depuis 35 ans. Président des Enquêtes du 30 déc. 1596. Reçu au lieu d'Antoine Séguier fait Président, 31 mai 1597, X¹ᴬ 1750, f⁰ 31 v⁰. (Le 29 mai, débat mémorable sur le titre d'avocat général porté par ses lettres. Protestation du Procureur général que la qualité de général n'appartient qu'à lui seul; qu'elle a été inscrite aux lettres de Servain en son absence ; et de Servain que ce ne lui puisse préjudicier, *ibid.*, f⁰ 28.)

Cardin Le Bret. — Sgr de Flacourt, avocat du roi en Cour des aides, X¹ᴮ 827. Remplace Maryon, 11 déc. 1604. Toujours en fonctions en 1610.

Avocats lais du roi. 2ᵉ charge.

Regnault Dacy. — Avocat céans, marié, X¹ᴬ 12, f⁰ 284, 18 nov.

1348. Qualifié « notre avocat », 1ᵉʳ fév. 1351, 5 juil 1352, 13 août 1354, X¹ᴬ 13, fᵒˢ 14, 256, 260 vᵒ ; 15, fᵒˢ 234 *bis*, et seulement « notre clerc » le 24 fév. 1352, X¹ᴬ 13, fᵒ 213 vᵒ. Fut sans doute destitué entre 4 juil. 1357 et août 1358. Tué par les Navarrais, avec les maréchaux de Champagne et de Normandie, JJ. 86, nᵒ 66.

Jean Pastourel. — Avocat céans, marié, bailli de l'abbaye de Saint-Denis, X²ᴬ 6, fᵒ 272 vᵒ, 22 juin 1356. Qualifié avocat du roi, 9 sept. 1357, 30 mai 1358, 15 déc. 1360, 17 fév., 22 nov. 1365, 20 fév. 1369, 13 août 1380, X¹ᴬ 16, fᵒ 345 ; 14. fᵒ 284 vᵒ ; 1469, fᵒ 37 vᵒ ; 20, fᵒ 291 vᵒ ; 21, fᵒ 428 vᵒ ; 1471, fᵒ 370 ; JJ. 86, nᵒ 615, etc. Maître des Comptes, 5 janv. 1381. Le 3 avril 1381, la Cour se lève pour les obsèques de sa femme, X¹ᴬ 1471, fᵒˢ 302 et 523 vᵒ.

Guillaume de Sens. — Avocat du roi, 16 juil. 1378, Ms. 7555 *bis*. Fait président de la Cour, 3 fév. 1380, X²ᴬ 10, fᵒ 94. V. *supra*.

Jean Canart. — Avocat céans, 15 nov. 1371 ; du conseil de la duchesse d'Orléans, avec Oudart de Molins, qui suit, 17 avril 1383 ; lieutenant de l'amiral de France, 23 fév. 1380, X¹ᴬ 24, fᵒ 13, et 32, fᵒ 33 vᵒ. Reçu au lieu du précédent, 3 fév. 1380, *loc. cit.* Encore en fonctions, 15 fév. 1384, X¹ᴬ 32, fᵒ 209 vᵒ. Chancelier de Bourgogne, 28 avril 1385. Évêque d'Arras, 1392. *Gall. Christ.*, III, 340, X¹ᴬ 1472, fᵒ 258 vᵒ, et 50, fᵒ 201, 22 mai 1403.

Oudard de Molins. — Avocat céans, 13 août 1375, X¹ᴬ 24, fᵒ 81 vᵒ. Avocat de la ville d'Amiens en Parlement. Amiens, CC. 3, fᵒ 32, an. 1386. Avocat du roi, 27 fév. 1391, X¹ᴬ 38, fᵒ 38 vᵒ. Cons. au Grand Conseil, Président des Comptes, Amiens, CC. 8, fᵒ 56 vᵒ, août 1396, et JJ. 153, nᵒ 75, déc. 1397.

Jean le Coq. — Avocat céans, 13 août 1375, *loc. cit.* IIᵉ avocat du roi avec Pierre Lorfèvre, 6 mars 1395, X¹ᴬ 1477, fᵒ 600 vᵒ. Le Ms. 7555 *bis* le fait avocat du roi en 1392. Époux de Jacqueline, fille de feu Jean Maillard (27 août 1381) qui, veuve, épousa le cons. Hébert Lescripvain (22 juin 1411), X¹ᴬ 30, fᵒ 118 vᵒ ; 58, fᵒ 37 vᵒ.

Jean de Poupaincourt. — Avocat céans, 18 mars 1381, 5 janv. 1389. Paraît avoir succédé au précédent, de 1395 ou 96 à 1400. Iᵉʳ Président de la Cour, avril-mai 1400. V. *supra*. † 1403. V. Éloge funèbre, 22 mai, X¹ᴬ 1478, fᵒ 112.

Jean Jouvenel. — Avocat céans, Prévôt des Marchands, 27 mai 1394, X¹ᴬ 41, fᵒ 46 vᵒ. Paraît avoir succédé au précédent en mai 1400. Chancelier de Guyenne, août 1413. Président des Généraux des aides, 1417-18. Président à Poitiers, 1420. V. *supra*.

Guillaume le Tur. — Avocat de la ville d'Amiens en Parlement, Amiens, CC. 10, f° 33, 1401 ; 15, f° 47, 1414 ; 18, f° 77, 1422, etc. (cumule). Élu par la Cour, au lieu de Jouvenel, 23 août 1413, X¹ᴬ 1479, f° 260. Proc. général intérimaire, au lieu de J. Aguenin en 1417 ; avocat du roi à Poitiers, sept. 1418. Président de la Cour, 21 août 1427. V. *supra*.

Hors cadre. — Parlement bourguignon.

Pierre de Marigny. — Avocat céans (Amiens, CC. 17, f° 114, 1419). Reçu seul avocat du roi, lors de l'institution du Parlement, 25 juil. 1418. Résigne. Maître des Requêtes de l'hôtel, Amiens, CC. 19, f° 105 v°, juil. 1425.

Jean Rapiout. — IIIᵉ Président de la Cour, 25 juil. 1418, puis bailli de Sens, juil. 1411. Reçu au lieu du précédent, 21 fév. 1422. X¹ᴬ 1480, f° 247. Toujours en fonctions en 1436.

Ordinaires (Suite).

Jean Barbin. — Sgr de Puygarreau et de Pruniers, X³ᴬ 1, 27 avril 1458, avocat clerc du roi à Poitiers. V. *infra*. Translaté à Paris, 1ᵉʳ déc. 1436, destitué par Louis XI, 11 sept. 1461.

Guillaume de Ganay. — Sgr de la Tour, institué seul avocat du roi par Louis XI, au lieu de Simon et Barbin, 18 sept. 1461, X¹ᴬ 1484, f° 194. † en fonctions fin juillet 1483.

Robert II Thiboust. — Reçu au lieu du précédent, 2 août 1483, X¹ᴬ 1490, f° 353. Élu président de la Cour, juin-juil. 1487. V. *supra*. Époux d'Odette Baillet (veuve 2 janv. 1514, X³ᴬ 21).

Pierre de Couthardi. — Reçu au lieu du précédent, juil. 1487. Iᵉʳ président, 26 août 1497. V. *supra*.

Guillaume Volant. — Reçu au lieu du précédent, 26 août 1497, X¹ᴬ 1503, f° 246. † en fonctions 1505. Époux de Claude Rapine (veuve 12 sept. 1506, X³ᴬ 17).

Jacques Olivier. — Tiers avocat extraordinaire du 31 janv. 1502. Reçu ordinaire au lieu de feu Guillaume Volant, 6 fév. 1505, X¹ᴬ 1510, f° 49. Président de la Cour, 3 mars 1508. V. *supra*.

Roger Barme. — Avocat céans. Reçu au lieu d'Olivier, 3 mars 1508, X¹ᴬ 1511, f° 73. Président de la Cour, mars 1517. V. *supra*.

Pierre Lizet. — Cons. clerc du 7 août 1514. Reçu au lieu de Barme, 29 juil. 1517, X¹ᴬ 1519, f° 229. Président de la Cour, 20 déc. 1529. V. *supra*.

Guillaume Poyet. — Avocat céans, sieur de Bury et de Grignon, X³ᴬ 33, 14 déc. 1525. Reçu au lieu de Lizet, 10 janv. 1530, X¹ᴬ 1533, f° 53 v°. Cons. au Conseil Privé, Président de Bretagne. Président de la Cour, 4 janv. 1535. V. *supra*.

Pierre Rémon. — Avocat céans. Reçu au lieu de Poyet, 4 janv. 1535, X¹ᴬ 1538, f° 45. Ier Président à Rouen, déc. 1543. Époux de Marthe de Selve, veuve du Procureur général François Roger, X³ᴬ 48 et 52, 30 juin 1548, 2 juil. 1552.

Gabriel Marlhac ou Marilhac. — Lic. en lois, avocat céans. Reçu au lieu de Rémon, 12 déc. 1543, X¹ᴬ 1552, f° 114. † en fonctions, mai 1551. Époux d'Anne de Loines.

Denis Riant. — Avocat céans. Reçu au lieu de feu Marlhac, 2 juin 1551 ; avocat clerc, 2 juil. 1554. V. *supra*.

Gilles Bourdin. — Lic. en lois, avocat céans. Reçu au lieu de D. Riant, 2 juil. 1554, X¹ᴬ 1579, f° 3 ; avocat clerc, 20 août 1556. V. *supra*.

Baptiste Dumesnil. — Avocat céans. Reçu au lieu de Bourdin, 20 août 1556 ; avocat clerc, 26 sept. 1557. V. *supra*.

Emond Boucherat. — Avocat céans. Sieur de la Forge. Reçu au lieu de Dumesnil, 26 sept. 1557, X¹ᴬ 1586, f° 267. † en fonctions, 25 janv. 1565. Époux de Marie Ruzé, fille de Guillaume, Receveur général en Touraine.

Guy du Faur. — Sgr de Pibrac, cons. au Grand Conseil, Ier juge en la justice ordinaire de Toulouse. Mission célèbre au concile de Trente. Élu par le roi au lieu de feu Boucherat. Reçu par la Cour, 28 mai 1565 [1], X¹ᴬ 1611, f° 477 v° ; 1613, f° 187. Président de la Cour, 8 oct. 1577, après avoir accompagné Henri III en Pologne.

Barnabé Brisson. — Reçu au lieu de Guy du Faur parti en Pologne, 5 janv. 1575, X¹ᴬ 1646, f° 275 v°. Président de la Cour, 17 août 1580.

Jacques Faye. — Maître des Requêtes, ex-cons. lai du 30 déc. 1567. Reçu au lieu de B. Brisson, son parent, 17 août 1580, X¹ᴬ 1669, f° 241. Président à Tours, avril-mai 1589.

Hors cadre. — Parlement ligueur.

Loys Dorléans. — Avocat céans. Élu au lieu de Jacques Faye

---

1. Le 18 juil. 1570, X¹ᴬ 1630 f° 42, enregistrement de lett. pat., portant qu'advenant vacation de l'office de Ier avocat du roi, le IIe avocat lui succèdera de droit, à charge de prendre le titre d'avocat clerc. Ainsi fut-il pratiqué.

passé à Tours, 21 janv. 1589. V. *supra* Jean II le Maître. Déporté par Henri IV, 27 mars 1594. Retiré à Anvers, revint à Paris en mai 1603, et fut incarcéré. Le Ms. 7555 *bis* cite de lui un pamphlet : *Le Catholicisme anglais*, condamné au feu par arrêt du 2 avril 1594, aujourd'hui perdu.

Ordinaire (suite).

Loys Servin ou Servain. — Avocat du roi à Tours, dès l'ouverture du Parlement, translaté à Paris en avril 1594. Toujours en fonctions en 1610. Veuf de dame Françoise Dasse, sœur de René, sieur de Montfaucon-au-Maine, 11 fév. 1609, X^{1A} 1822, f° 477.

Tiers avocats du roi extraordinaires.

Regnault de Dormans. — Imposé par Louis XI. « Reçu *ad certum actum*, et par manière d'honneur pour l'ambassade de Rome dont il fut chargé », X^{1A} 8312, f°s 14 v°, et 29, 27 avril, 10 mai 1471. Cf. *ibid.*, « De l'office que eut Dormans, il ne fault parler, car on scet bien quelle fut la violence et aussi quelle yssue en a esté au regard dud. Halle. » Le Ms. 7555 *bis* donne pour date de cette mission 1464, et de sa mort 1472.

François Halle. — Clerc. Imposé par Louis XI, en 1466, pour l'indemniser d'un office perdu (?), à son avènement, et pour ce que nul des avocats, Ganay ni Simon, n'était clerc, X^{1A} 8312, f° 14 v°, lett. pat. des 9 fév. et 24 sept. Fait Ier avocat clerc ordinaire, le 29 mars 1471, au décès de Simon. V. *supra*.

Philippe Luillier. — Avocat laï céans. Reçu, 13 mars 1472, sur mandements réitérés du roi. Cf. X^{1A} 1485, f°s 149, 159, 206, 233, 18 avril, 24 mai, 27 nov. 1470, 13 mars 1471, et 8312, f°s 13 à 40, *loc. cit.* † en fonctions 1492, office supprimé, à sa mort, par let. pat. du 6 avril, registrées le 3 sept., X^{1A} 1499, f° 347.

Jacques Olivier. — Avocat laï céans. Reçu par ordre du roi, 31 janv. 1503, X^{1A} 1508, f°s 12 v°, 22, 34, 15 déc., 9, 31 janv. IIe avocat laï ordinaire, le 6 fév. 1505. V. *supra*.

Olivier Alligret. — Avocat laï céans. Reçu par ordre du roi, 12 janv. 1530, X^{1A} 1533, f° 155. Ier avocat clerc ordinaire le 5 mars 1530. V. *supra*.

Parlement de Poitiers.

Pierre Cousinot. — Procureur général de sept. 1418 à 1436. Translaté à Paris, 1er déc. 1436. V. *supra*.

Guillaume le Tur. — Avocat du roi lai à Paris du 23 mars 1413. Passé à Poitiers, 18 sept. 1418. IVe Président de la Cour, 21 août 1427.

Jean Rabateau. — Procureur en Parlement du pays de Poitou, 26 janv. 1381, X^{1A} 1471, f° 430 v° (ou son fils?). Reçu avocat du roi, au lieu de Guillaume le Tur, 21 août 1427, Ms. Lenain, n° 697, f° 175 v°. Président de la Chambre des Comptes de Bourges, 1433. IVe Président de la Cour à Poitiers, 20 fév. 1436. Non remplacé comme avocat lai, malgré la poursuite de Jean Morant, les lettres par lui obtenues du roi et sa réception par le Chancelier, X^{1A} 9194, f° 43 v°, 11, 20 mai 1433 seq.

Jean Jouvenel. — Doyen d'Avranches, docteur ès lois, avocat à Poitiers, fils aîné du Président Jean Ier et de Michelle de Vitry. Reçu avocat clerc, 2 juin 1429, au lieu de feu André Cotin. (Le 20 déc. 1426, à la mort de Cotin, la Cour avait sursis à l'entérinement de ses lettres dudit office, mais en l'autorisant à prendre le titre. Ms. Lenain, n° 697, fos 163 seq.). Évêque de Beauvais, avril 1432, puis de Laon et enfin archevêque de Reims, après son frère cadet Jacques, en 1449. *Gall. Christ.*, *loc. cit.*, et X^{1A} 8312, f° 40 v°, *loc. cit.*

Jean Barbin. — Reçu au lieu de Jean Jouvenel, 2 avril 1432, X^{1A} 9194, f° 11 v.° Translaté Ier avocat du roi à Paris, 1er déc. 1436. V. *supra*.

Parlement de Tours.

Jacques de la Guesle. — Procureur général à Paris du 7 janv. 1582. Suit Henri III à Tours, avril 1589. Retour à Paris, avril 1594. V. *supra*.

Louis Servain. — Avocat lai du roi. Remplace Jacques Faye, avril 1589. Translaté à Paris, avril 1594. V. *supra*.

Antoine Séguier. — Avocat du roi à Paris du 23 oct. 1587. Reçu seulement à Tours, le 20 oct. 1590, sur mandement du roi du 7 oct. après un premier refus du 14 mars, X^{1A} 9231, f° 45, et 9232, f° 683. (Le 14 mars, en présentant sa requête de réintégration, il avait certifié n'avoir rien juré de contraire à son devoir et n'être resté ès lieux de l'obéissance du roi que par permission de celui-ci, comme le portait le brevet du 1ᵉʳ août 1589 (?). Retour à Paris, avril 1594. V. *supra*.

Parlement de Châlons.

N. Procureur général.

Hugues de Laistre. — Avocat du roi, 16 août 1589. Ms. 7555 *bis*, (Nous avons de lui, dit l'auteur de ce Ms., une harangue de rentrée du 13 nov. 1591.)

INDEX ALPHABÉTIQUE

DES

Présidents, Conseillers, Gens du roi.

A

Abot. (Guillaume Ier).	Cons. en	1528
— (Guillaume II).	—	1561
Accart (Jean).	—	1383
D'Acquigny (Robert).	—	1377
D'Acy (Regnault).	Avocat du roi	1351
Agode (Robert).	Cons. en	1418
Aguenin (Jean Ier).		
Proc. gén. 1413.	Prés. en	1420
— (Jean II).	Cons. en	1426
— Guillaume, dit Leduc.	—	1461
D'Aillenval (Jean).	—	1380
D'Ailly, Dailly ou Day (Jean).	—	1386
Aimery (Guillaume).	—	1414
D'Albyac (Accace).	—	1475
Allard (Guillaume).	—	1523
Alleaume (Nicole).	—	1580
Allegrin ou Allegrain (François Ier).	—	1544
— (François II).	—	1564
— (Guillaume).	—	1468
— (Jacques Ier).	—	1520
— (Jacques II).	—	1555
— (Jean).	—	1379
— (Loys).	—	1542
— (Simon).	—	1437
Allemant (François).	—	1585
Alligret (Olivier).	Avocat du roi	1530
Alory (Nicole).	Cons. en	1373
— (Pierre de la Charité).	—	1345
D'Ambonnay (Gérard).	—	1364
D'Ambreville (Guillaume).	—	1345
Amelot (Jacques).	—	1597
— (Jean Ier). Prés. des Enq.		1586
— (Jean II).	Cons. en	1599
D'Amiens (Renaud).	—	1393
Anchier (Jean).	Proc. gén.	1385
André (Jean).	Cons. en	1387
D'Andrie (Jacques).		
Proc. gén. 1352.	Prés. en	1366
Angenoust (Hiérosme).	Cons. en	1558
— (Jean Ier).	—	1461
— (Jean II).	—	1479
— (Pierre).	—	1524
D'Angennes (Claude).	—	1566
D'Angerant (Jean).	—	1345
— (Pierre).	—	1345
D'Angervillers (Thomas).	Cons. en	1364
D'Angleberme (Claude dit Pirrhus).	—	1555
Anjorrand ou Enjorrand (Claude).	—	1531
— (Jean Ier).	—	1544
— (Jean II).	—	1584
— (Loys).	—	1520
— (Ra).	—	1483
Arbaleste (Guy Ier).	—	1481
— (Guy II).	—	1520
D'Arcies (Jean).	—	1362
— (Nicolas).	Avocat du roi	1363
— (Pierre).	Cons. en	1407
D'Argenlieu, Hargenlieu ou Largenlieu (Jean).	—	1363
D'Artigalupa (Barthélemy).	—	1442
D'Artois (Jean).	—	1365
Des Asses (André).	—	1517
— (Claude).	—	1522
Auben (Andrieu).	—	1345
Aubert (François).	—	1544
Aubery ou Aubry (Pierre).	—	1345
— (Robert).	—	1602
D'Aubusson (Guichart).	—	1454
Audacis. V. Hardi.		
Auderon ou Hauderon (Jean).	—	1579
Aujart. V. Oviart.		
D'Auneel ou d'Aunoy (Guillaume).	—	1363
— (Pierre).	—	1389
— (Thomas).	—	—
Aurillot (Jacques).	—	1560
— (Raoul).	—	1555
Auroux (Hiérosme).	—	1562
— (Jean).	—	1596
Auxdens (Jean).	—	1366
D'Auxerre (Pierre).	—	1345
Avin (Jean).	—	1454
Avril (Jean).	—	1455
D'Ay ou Day (Jean Ier).	Av. du roi	1375
— (Jean II).	—	—
Aymeret (Guillaume).	Cons. en	1477
— (Raoul).	—	1515

B

Bagereau (Jean)	Cons. en	1592
Baiart (Toussains).	—	1418

De Baïf (Lazare). Cons. en 1531
Baillet (Jean Ier). — 1397
— (Jean II). — 1436
— (Jean III le jeune). Entre 1462-69
— (Oudart). Cons. en 1396
— (René). Cons. 1538. Présid. en 1554
— (Thibault). — 1484
De Bailleul (Nicolas). Cons. en 1608
De Bailly (Etienne). — 1485
Banin ou Banyn (Jean). — 1597
— (Prosper). — 1568
Barbe (Etienne). — 1364
Barbin (Jean). Avocat du roi 1436
Bardillières (Oudart de). Cons. en 1345
Bardilly (Ligier de). — —
Bardin (Pierre). — 1536
Bardoul (Foulques). — 1345
Barillon (Charles ou Jean). — 1588
Barjot (Claude). — 1567
— (Jean Ier). — 1543
— (Jean II). — 1583
— (Philbert). — 1553
Barme (Roger).
  Avocat du roi 1508. Prés. en 1517
Baron (Pierre). Cons. en 1586
Barré (Jacques). — 1454
De Barré (Jean). — 1356
De la Barre (Adam). Prés. des Enq. 1610
Le Barrois (Etienne). Cons. en 1345
Barthélemy ou Berthé-
  lemy (Denis). — 1602
— (Guillaume Ier).
  Proc. gén. en 1422. — 1437
— (Guillaume II). — 1504
— (Guillaume III). — 1544
— (Guillaume IV ou Pierre). — 1573
Barthelot (Nicole). — 1442
Barthon (Jean). — 1444
Barthonier (Jacques). — 1528
Basan (Etienne). — 1418
Bastart (Jean). — 1452
Baston (Jean). — 1585
De Baubignon (Jean).
  Cons. Poitiers en 1429
Baudot (Philippe). Cons. en 1480
De Baudribosc (Adam). — 1401
Baudry (André Ier). — 1484
— (André II). — 1521
— (Jean). — 1462
Baudusson alias Buffière
  (Pierre). — 1388
De Baye (Nicolas). — 1416
Beaublé (Pierre). — 1384
De Beauclerc (Loys). — 1601
De Beaune (Regnault). — 1555
— (René). — 1508
Beauparisis (Martin). — 1364
De Beauvau (Antoine). — 1571
Beauvoisien (Jean le). — 1454
Du Bé (Pierre). — 1345
Du Bec (Charles). — 1483

Le Bécot ou Bescot
  (Guillaume). Cons. 1345. Prés. 1358
— (Jean Ier). Cons. en 1345
— (Jean II le jeune). — 1372
— (Pierre). — 1417
Belin (Etienne). — 1350
Bellanger (Jacques). — 1570
Du Bellay (Eustache). — 1542
— (Loys). — 1502
— (René). — 1526
De Bellefaye (Martin). — 1462
De Bellessor (Pierre). — 1506
De Belleville (Jean). Cons. entre 1462-69
De Bellièvre (Claude ou
  Olivier). Cons. en 1602
— (Nicolas). — 1604
— (Pompone). Prés. en 1576
Belot (Jean Ier). Cons. en 1362
— (Jean II). — 1541
Bénard (Guillaume). — 1576
Benoit (Guillaume). — 1351
Bérart (Jean). — 1460
De la Béraudière (François). — 1587
Berger (Pierre Ier). — 1600
— (Pierre II). — 1608
Bermondet (Jean). — 1538
Bernard (Philippe). — 1575
De Berneuil (Nicolas). Cons. Tours 1592
Le Bernier (Jean). Cons. en 1354
Berruyer (Jacques). — 1548
— (Nicole Ier). — 1523
— (Nicole II). — 1556
De Berthecourt (Guillaume). — 1315
Berthelot (Jean Ier). — 1454
— (Jean II). — 1500
— (René). — 1542
Bertrand (Pierre). Prés. en 1539
Bertrandi (Jean). Cons. en 1531
De Bérulle (Claude). — 1568
— (Jean). — 1608
De Béry (Philippe). — 1475
— (Raoul). — 1418
Besançon (Guillaume Ier). — 1482
— (Guillaume II). — 1568
— (Jean). — 1473
— (Loys Ier). — 1513
— (Loys II). — 1564
Besgue (Philippe le). — 1400
Beson (Jean). — 1454
De Besze (Guillaume). — 1404
— (Nicole). — 1510
De Béthune (Robert).
  Avocat du roi 1401
De Beuvignies ou de Bingnies
  (Guillaume). Cons. en 1345
De Biencourt (Nicole). — 1389
Billard ou Béliard (Charles). — 1586
Binet ou Bignet (Jacques). — 1483
— (Michel). — 1491
De Bisargues ou Birague
  (Renatus). — 1541

INDEX ALPHABÉTIQUE

Biscul (Jean). Cons. en 1418
Bitault (François). — 1597
Blanche (Philippe). — 1355
Blanchet (Guillaume). Entre 1443-51
— (Jacques). Cons. en 1583
— (Jean). — 1384
De Bleterens (Aynard).
  Cons. Poitiers 1419
Blondeau ou de Blondel (Antoine). Cons. en 1587
Bloyn ou Bloynet (Jean). — 1345
Bodin (Denis). — 1543
Bœuf (Gervais le). — 1364
Bohier ou Boyer (Jean Ier). — 1356
— (Jean II). — 1495
De Boisgilloud (Philippe). — 1385
Boileau ou Boislève
  (François). — 1545
— (Guy). — 1466
— (Henry). Avocat du roi 1450
— (Jean). Cons. en 1544
— (Pierre). — 1370
De la Boissière (Jean). — 1605
Boistel (Aleaume). — 1365
De Boisy (Imbert).
  Cons. 1377. Prés. 1394
Bonaud (Jean). Cons. en 1566
Bonete (Jean). — 1567
— (Robert). — 1523
Bonne (Philippe). — 1375
Bonvarlet (Pierre). — 1480
Du Bos ou du Bois (Geffroy). — 1345
— (Mathieu). — 1398
— (Nicolas ou Nicole). — 1345
Boschet (Pierre). Cons. 1371. Prés. 1389
Bossu (Olivier le). Cons. en 1570
Bouchart, Bochart ou
  Brochart (Antoine). — 1563
— (Claude). — 1586
— (Jean Ier). — 1466
— (Jean II). — 1541
— (Jean III). Prés. des Enq. 1594
— (Robert). Cons. en 1569
Boucher (Arnault). — 1579
— (Arnould). — 1544
— (Bureau). — 1414
— (Charles Ier ou Claude). — 1556
— (Charles II). — 1576
— (François). — 1501
— (Jean). — 1462
— (Pierre). — 1605
Boucherat (Emond). Avocat du roi 1557
Bouchet (Jacques ou
  Antoine). Cons. en 1583
Boudeaux (Jean) — 1428
Boudet (Jean). — 1554
— (Michel Ier). — 1502
— (Michel II). — 1545
De Boudreville (Guillaume). — 1381

Bouguier ou Bouguyer
  (Christophe). Cons. en 1567
— (Jean). — 1597
— (Mathieu). — 1595
— (Pierre Ier). — 1569
— (Pierre II). — 1606
Bouju (Jacques Ier). — 1374
— (Jacques II). — 1554
De Boulay (Jacques). — 1345
Boulenger (Jean le).
  Cons. entre 1343-45. Prés. en 1460
— (Michel). Cons. en 1476
Boulie (Guy) Cons. Poitiers en 1422
Boullant ou Boullent
  (Jacques). Cons. en 1522
De Bourbon (Loys). — 1484
De Bourdeaux (Jacques) — 1580
Bourdin (Gilles).
  Avocat du roi 1554. Proc. gén. 1557
Du Bourg (Anne) Cons. en 1557
— (Antoine). Prés. en 1534
Bourgeois (Guillaume).
  Cons. en 1510-11
De Bourgneuf (Jean). Cons. en 1583
— (Julien). — 1524
Bourgoing (Guillaume Ier). — 1510
— (Guillaume II). — 1523
— (Jean). — 1467
— (Noël). — 1536
Bourillet dit François, Jean — 1418
De Bournasel (Jean). — 1384
Boutin (Déode). — 1556
De Bouvery (René). — 1539
De Bouy (Jean). — 1506
Brachet (Jean). — 1544
— (Nicole Ier). — 1482
— (Nicole II). — 1501
De Bracon (Guillaume). — 1370
De Bragelonne (Claude Ier).
  Cons. en 1574
— (Claude II). — 1597
— (Claude III ou Jean-
  François). — 1605
— (Léon). — 1581
— (Martin). — 1570
— (Nicolas). — 1580
Bral (Jacques le). — 1514
Brandon (Antoine). — 1572
— (Ponce). — 1532
Branlart (Jacques). — 1410
Braque (Philippe). — 1441
De Brée (Macé). Cons. entre 1462-69
Breton (Guillaume le). Cons. en 1418
De Brève (Henry, dit
  Mouzon). — 1428
Briçonnet (Antoine). — 1576
— (François Ier). — 1544
— (François II le jeune). — 1568
— (Guillaume). — 1470
— (Jean Ier). — 1492
— (Jean II). — —

Briçonnet (Jean III). Cons. en 1493
— (Robert). — 1481
De Brilhac (Christophe). — 1490
Brillot (Jean). — 1418
Brinon (Jean Ier). — 1473
— (Jean II). — 1544
— (René). — 1525
Brisoles (Pierre). — 1345
Brisson (Barnabé).
   Avocat du roi 1575. Prés. en 1580
Brizard ou Brisard (Charles).
   Cons. en 1575
— (Jacques Ier). — 1536
— (Jacques II). — 1566
— (Jacques III). — 1605
Brizeau ou Berziau (Robert). — 1527
Broé (Bon). — 1561
— (François). — 1597
Broisset (Robert). — 1380
De Brossignac (Hector). — 1404
Broussel (Jacques). — 1602
— (Pierre). — —
De Brueil (Jean). — 1436
Brullart ou Bruslart (Charles) — 1597
— (Denys). — 1563
— (Jean). — 1503
— (Nicolas Ier). — 1568
— (Nicolas II). — 1573
— (Noël). Proc. gén. 1540
— (Pierre Ier). Cons. en 1522
— (Pierre II). — 1554
Brunat (Jean). — 1483
De Bryon (Jean). — 1563
De Bucy ou Bussy (Jean).
   Cons. Poitiers en 1431
— (Regnault). Cons. en 1370
— (Simon Ier). Prés. en 1345
— (Simon II). Cons. en 1361
De Bueil (Claude). — 1558
Buffière. V. Baudusson
Buisson (Loys Ier). — 1598
— (Loys II). — 1601
Bullion ou Bulyon (Claude). — 1595
— (Jean). — 1567
— (Pierre de). — 1609
De Bullioud (Maurice). — 1530
Burdelot (Guy). — 1454
— (Jean Ier). Proc. gén. en 1498
— (Jean II). Cons. en 1462
— (Jean III). —1536-37
Burgensis (Guillaume). — 1545
Burges (Gaspard de). — 1578
— (Jean). — 1434
De Buxy (Pierre). — 1522
Buynart (Etienne). — 1505-6
Byet (Jean). — 1594

C

Cabut (Agnet). Cons. en 1538
Caillaud (Loys). — 1532
Caille (Antoine). Cons. en 1439
De Calvymont (Hélie). — 1534
De Cambrai (Adam).
   Cons. 1412. Prés. Poitiers en 1420
— (Arthur). Cons. en 1474
— (Guillaume). — 1461
Camus (Antoine). Prés. en 1602
— (Geoffroy). Cons. en 1568
— (Martin Le). — 1543
— (Nicolas Le). — 1598
Canart (Jean). Avocat du roi 1388
De Canteleu (Jean) Cons. en 1442
De Cantiers (Guillaume). — 1389
Canu (Mahieu). — 1392
Cappel (Jacques). Avocat du roi 1535
Carlier (Gobert le). Cons. en 1377
De Carmonne (Christophe). Proc. gén. 1490. Prés. 1503
Carrido (Pierre). Cons. en 1364
Cartier ou Tartier (?)
   (Pierre le). — 1418
Catinat (Pierre). — 1587
Caudet (Jean). — 1391
De Caulers (Jean). — 1460
Cautet (Yves). — 1505-6
De Centpuis (Pierre). — 1345
De Celsoy (Guillaume). — 1388
Centmars (Jakes). — 1349
Cerf (Jean le). — 1382
— (Pierre le). Proc. gén. 1389
De Cerisay (Christophe).
   Cons. en 1484
— (Pierre Ier). — 1469
— (Pierre II). Cons. en 1487 et 1498
Chabanier (Loys). Cons. en 1543
Chabannes (Antoine). — 1535
De Chablais (Henry). — 1345
Chalemart (Jean).
   Cons. en 1352. Prés. en 1356
Chalmot du Breuil (Jacques). Cons. en 1601
Chalop (Guillaume). — 1349
Chambellan (Jacques). — 1469
Chambon (Eustache). — 1536-37
— (François). — 1480
— (Jean). — 1454
De Chamborel (Guy). — 1384
De Champdivers (Pierre). — 1395
De Champeaux (Jean). — 1354
De Champluisaut (Simon). Prés. en 1420
De Champront (Jean Ier). Cons. en 1579
— (Jean II). — 1602
— (Michel). — 1600
De Champs (Gilles). — 1418
Chandelier (Jean), alias
   Lespicier. — 1373
De Chantecler (Charles). — 1541
— (Pierre). — 1562
Chanteprime (Adam). — 1349
— (Guillaume). — 1396

Chanteprime (Jean). Cons. en 1376
— (Pierre). — 1379
De Chanvreux (Claude). — 1475
Chapitault (Simon). — 1458
Chapus (Pierre). — 1364
De la Charité. V. Alory.
Charlet (Etienne Ier). — 1537
— (Etienne II). — 1606
— (François). — 1576
— (Geoffroy). — 1517
De Charny (Jean). — 1349
— (Robert). — 1345
De Charpaignes (Guillaume). Cons. Poitiers 1423
— (Jean). Cons. en 1439
Charpentier (Michel). — 1607
Charreton ou Charton (André). — 1586
— (Jean). — 1400
De Charroles (Jean). — 1345
Charron ou Charon (François le). — 1522
— (Jean Ier). — 1345
— (Jean II le). — 1522
— (Pierre le). — 1608
Chartelier (Germain). — 1492
Chartier ou Charretier (Guillaume). Cons. Poitiers 1433
— (Gilles). Cons. en 1356
— (Mathieu). — 1543
De Chartres (Aymeri). — 1345
De Chassaigne (Hugues). — 1418
De Chassencux (Barthélemy). — 1531
De Chasteauvillain (Guillaume). — 1345
De Chasteillon ou Châtillon (Dominique). — 1352
De Chaucey (Charles). — 1516
— (Richard). Prés. en 1428
De Chaudière (Daniel). Cons. en 1601
Chaudon (Arnault ou Léonard). — 1562
De Chaulnes (Jacques). — 1596
De Chaumont (Guillaume). — 1345
Chauvelin (Sébastien). — 1597
Chauveron (Déode). — 1516
— (Jean). — 1383
De Chavanhac ou Chavignac (Jean). — 1508
De Chavenges (Jean). — 1345
De Chenac (Bertrand). — 1362
— (Guillaume). — 1379
— (Hélie) (douteux). — 1388
De la Chesnaye (Guillaume). — 1554
Chessé (Gaspard). Cons. Tours 1591
Chevalier (Jacques). Cons. en 1596
— (Jean). — 1562
— (Nicolas Ier). — 1573

Chevalier (Nicolas II). Cons. en 1602
— (Nicole). — 1544
— (Pierre). — 1558
De Chevenon (Bernard). — 1390
Chéveteau (Jean). — 1467
Chevrier (Alfons). — 1354
— (Jacques). — 1505-6
Choquard (Anceau). — 1364
De la Chotardie (Joachim). — 1596
Chouart ou Choart (Pierre). — 1418
Chuffart (Jean). — 1436
Le Cirier (Antoine). — 1553
— (Augustin). — 1568
— (Jean Ier). — 1532
— (Jean II, ou François). — 1555
Clausse (Engilbert). — 1537
Claustre (Barthélemy). — 1442
— (Michel). — 1419
Cleutin ou Clutin (Henry). — 1473
— (Pierre Ier). — 1454
— (Pierre II). — 1515
De Cloye (Jean). — 1345
De Clugny (Jean). — 1418
Colas (Jean). Cons. Poitiers 1433
Colin (Raymond). Cons. Tours 1589
De la Combe (-Gassiot). Cons. en 1513
Comberel (Hugues). Cons. Poitiers 1418
De Combort ou de Treignac (Jacques). Cons. en 1443
Compaing (Gérard). — 1489
— (Guillaume Ier). — 1454
— (Guillaume II). — 1478
Connort (Jean). — 1371
Coq. V. Le Coq.
Coquelay (Jean). — 1607
— (Lazare). — 1572
Coquillain ou Coquillart (Jean). — 1426
De Corbie (Arnaud). Cons. 1363. Prés. 1374
— (Guillaume). — 1446 — 1463
— (Jean). Cons. en 1486
— (Nicole). — 1484
Corbin (Jean). — 1536-37
— (Jherosme). Cons. vers 1567
Le Cordier (Jean). Cons. en 1350
De Cormeilles (Jean). — 1544
Cosson (Jacques). — 1367
Cotel (Antoine). — 1561
— (Jacques). — 1595
Cotin (André). Avocat du Roi 1413
— (André Ier). Cons. en 1441
— (André II). — 1482
— (Guillaume). — 1417
Cotton (Gérard). — 1563
— ou Octon (Nicole). — 1524
Le Couraut (Pierre). — 1346
De Courcelles (Jean). — 1439
Coure (Jean). Cons. Poitiers 1422
Des Courtils (Philippe). Cons. en 1420

Courtin (François). Cons. en 1596
— (Guillaume Ier). — 1543
— (Guillaume II ou Jean). — 1567
— (Loys). — 1515
— René). — 1598
Courtois (Andry). — 1391
— (Mahieu). — 1418
— (Simon le). — 1422
De Courval (Guillaume). — 1380
Courvillain (Etienne le). — 1364
De Cousdun ou Cosdun (Hélie). — 1454
Cousinot (Adam). Prés. 1466
— (Guillaume). — 1439
— (Pierre). Proc. gén. Poitiers 1418
Cousturier (Philippe le). Cons. en 1364
Couthardi ou Cothardi (Guillaume). — 1502
— (Pierre). Av. du roi 1487. Prés. 1497
Couvreur (Gilles le). Cons. en 1345
De Creeil (Pierre). — —
Crespin (François). — 1519
— (Hiérosme). — 1596
— (René). — 1565
Crespy (le prieur de... Jean de Satanay). — 1345
De Crévecuer (Alexandre) — 1348
De la Croix (Pierre). — 1362
Crolavaine (Pierre). — 1439
Du Croquet (Lucien). — 1418
Cuerbon (Michel). — 1380
Culdoe (Guillaume). — 1391
Curiat (Jean). — 1366

D

Dacy. V. d'Acy.
Dailly ou d'Ay. V. d'Ailly.
Dainville (Guérard de). Cons. en 1352
Dalée (Hélie). Cons. Poitiers 1428
Damoisel (Jean le). — — 1433
— (Nicolas le). Cons. en 1388
Damours (Gabriel). — 1594
— (Pierre). — 1568
Danes (Jean). — 1581
Dangennes (V. d'Angennes).
Dangerant. V. d'Angerant.
Daniel (Jacques). — 1490
Darquivillers ou d'Arquivillers (Loys). — 1554
Darmes (Jean). Prés. 1482
Darten (Jacques). Cons. en 1352
Dassier (Pierre). — 1454
Daurilhac (Falco). — 1505-6
Dausseurre (Guy). — 1554
Dauteville (Aimery) ou de Hauteville (Adhémar). — 1345
Dauvet (Guillaume). — 1556
— (Jean Ier). Pr. gén. 1446. Prés. 1465
— (Jean II). Cons. en 1556
— (Robert). — 1524

Dauzon ou Dalzon (Guérin). Cons. en 1539
Day. V. d'Ay.
Delaage (Emond). — 1561
— (François). — 1524
De Démeville ou de Meinville (Jean). — 1374
— (Pierre). Prés. en 1345
Descorciatis (Julle). Cons. en 1504
Descroisettes (Jean). — 1583
Deslandes (Guillaume). — 1572
Desligneris (Jacques). — 1536
Desmarés ou des Marés (Jean). Avocat du roi en 1364
— (Milon). Cons. en 1347
Désormeaux (Guy). — 1479
De Dicy (Guillaume). — 1345
— (Huc). — 1416
— (Jean). — 1368
De Dijon (Jean, dit Pautes). — 1345
De Dion (Philbert). — 1555
Disque (François). — 1508
Dixmier ou Disimes (François). — 1519
Doble ou de Oblat (Guillaume). — 1345
Dodieu (Claude). — 1524
— (Loys). — 1568
Dol (Evain). — 1362
Dolu (François) ou Dolet (Pierre). — 1602
De Donon (Jacques). — 1492
Doreille (Loys). — —
Dorigny (Nicole). — 1501
— (Pierre). — 1474
Dorliens (Regnault). — 1377
De Dormans (Charles). — 1536-37
— (Guillaume). Avocat du roi 1352
— (Jean). Cons. en 1376
Dormy (François). — 1545
Doulcet (Jacques). — 1513
De Dours (Robert). — 1389
Doyneau (François). — 1521
Dubois ou Duboys (Aubin). — 1485
— (Etienne). — 1472
Duchesne (Jean). Cons. Poitiers 1433
Du Drac (Adrien Ier). Cons. en 1513
— (Adrien II). — 1535
— (Adrien III). — 1571
— (Jacques). — 1484
— (Jean Ier). — 1390
— (Jean II). — 1575
— (Olivier). — 1568
Drouart (Pierre). — 1398
Dugué (Etienne). — 1556
Dumesnil (Baptiste). Avocat du roi en 1556
— (Denis). Cons. en 1596
Dumont ou du Mont (Thierry) — 1544
Dumuiseau (Jean Morelet). — 1554
Dupont (Gilles). — 1348

INDEX ALPHABÉTIQUE

Duprat (Antoine). Prés. en 1506
Dupuis (Claude). Cons. en 1576
— (Philippe Ier). — 1388
— (Philippe II). — 1555
Durand (Aynard). — 1454
— (Etienne). Cons. entre 1443-7
Durant (Charles). Cons. en 1604
— (Ursin). — 1587
De Durat (François). — 1556
Duret (Jean). — 1501
Durey (Laurens). — 1418
Duryand (Jean). — 1544
Duval (Germain). — 1555
— (Jean). — 1584
— (Jhérosme). — 1543
— (Nicolas). — 1585
— (Nicole Ier). — 1542
— Nicole II). — 1543

E

Enjorrant. V. Anjorrand.
Erlant (Guillaume). Cons. en 1461
Ermenier ou Domenier
(Guy). Prés. en 1418
D'Erquery (Jean). Cons. en 1345
Errault de Chemans
(François). — 1532
— (Jean). — 1564
Eschalart (Nicolas).
Cons. Poitiers en 1418
Escorcheval (Raoul d') Cons. en 1551
D'Espinay ou de Lespinay (Antoine). — 1583
— (Jean Ier). — 1488
— (Jean II). — 1492
Esquoriol ou Escorcol
(Jean). — 1555
Des Essars (Guillaume). — 1352
D'Estampes (Guillaume). — 1441
d'Estouteville (Guillaume). — 1388
d'Estrappes ou de Trappes
(Léonard). — 1588

F

Fanuche (Jean). Cons. en 1494
De Faulcon (Claude). — 1568
De Faultray (Marc). — 1598
De Fauquembergue (Clément). — 1410
Du Faur (Guy).
Avocat du roi 1565. Prés. en 1577
— (Jacques). Prés. des Enq. en 1545
— (Loys). Cons. en 1555
Favier (Jacques). — 1595
— (Nicolas). — 1579
— (Nicole). — 1550
— (Raoul). — 1570
Faye (Barthélemy). — 1542
— (Charles ou Claude). — 1576

Faye (Jacques). Cons. en 1567
Avocat du roi en 1580
Prés. Tours en 1589
Fayet (Olivier). Cons. en 1586
Le Fer (Jean). — 1418
De la Fère (Jean). — 1345
Ferrand (Michel). — 1607
Ferrato ou Ferreto
(Emilio). — 1534
Du Ferrier (Arnauld). — 1552
Feu (Jean). — 1569
Des Feugerais (Jean Ier). — 1454
— (Jean II). — 1487
De Feurs (Antoine). — 1495
Feydeau (Antoine). — 1573
— (Guillaume). — 1505
La Fière (Raoul). — 1345
Filleul (Jean). — 1425
Fils de Roy (Nicolas). — 1380
Le Flament (Arnoul). — 1364
Fleury (Etienne Ier). — 1541
— (Etienne II). — 1556
De Florence (Ambrois). — 1523
— (Gabriel-Talente). — 1529
Florent (Nicolas) ou
Florence (Colart). — 1348
Florette (Guillaume). — 1572
— (Jean). — 1545
De Floricourt (Nicolas). — 1362
De Flory ou Fleury (Jean). — 1379
Foison (Simon).
Cons. 1375. Prés. 1388
De Foix (Paul). — 1555
De Folleville (Jean). — 1366
Fondriac (Palamède). — 1573
Fons (Bertrand). — 1418
De Fontaines (Guillaume). — 1345
— (Jean). — 1474
— (Tristan). — 1483
De Fontenay (Olivier). — 1582
— (Philippe). Cons. entre 1462-66
De la Forest (Blaise). Cons. en 1508
— (Pierre). Avocat du roi en 1346
De Forges (Guillaume). Cons. en 1351
Forget (François). Cons. Tours 1592
— (Jean). Cons. 1567. Prés. 1590
Formé (Jean). Cons. en 1418
De Fortia (Bernard Ier). — 1563
— (Bernard II). — 1585
De Forton (Jean). — 1418
Du Fossé (Barthélemy). — 1400
Fouace ou Fouasse (Gilles). — 1349
— (Pierre). — 1357
Foucher (Hardouyn). — 1574
Foucquet (Christophe Ier).
Cons. à Tours 1591
— (Christophe II). — 1594
— (François). Cons. en 1578
— (Guillaume). — 1605
Foulle (Jean). — 1563
Du Four (Hiérosme). — 1568

Du Four (Michel). Cons. en 1603
Fournier (Gabriel). — 1582
— (Guillaume Ier). — 1455
— (Guillaume II). — 1480
— (Jacques Ier). —1443-44
— (Jacques II). — 1476
— (Philippe). — 1482
De Fourqueux ou Fulcose (Guillaume). — 1347
Fradet (Antoine). — 1601
— (ou Fredet) (Pierre). — 1460
Fraillon (Nicolas). — 1400
François. V. Bourillet.
Fresenches ou Fresens (Ponce de). — 1369
Fresnel (Pierre). — 1380
Du Fresnoy (Gervaise). — 1498
— (Jean). — 1470
De Frias ou Suas (Jacques). — 1348
De Fruit (Nicolas). — 1356
— (Raoul). — 1347
De Fulcose. V. Fourqueux.
De Fumechon (Charles). — 1439
Fumée (Adam Ier le jeune). — 1492
— (Adam II). — 1548
— (Antoine). —1536-37
— (Claude). — 1561
— (Loys). — 1528
— (Martin Ier). — 1519
— (Martin II). — 1564
— (Pierre). — 1467

G

Gaboreau (Pierre). Cons. en 1439
Gaignon (Jean). — 1486
Gaillard (Michel). — 1485
De Gaillouel (Pierre). — 1395
Galoppe (Loys). — 1582
— (Nicole). — 1575
Gamain (Pierre). — 1606
De Ganay (Germain). — 1485
— (Guillaume). Avocat du roi 1461
— (Jean). Prés. 1491
De Gandiac ou Ganiac (Guillaume). Cons. en 1388
Du Gard (Jacques). — 1397
— (Jean). — 1418
De la Garde (François). — 1565
Garinet ou Guérinet (Léonce). Cons. Poitiers 1433
Garitel (Jean). Cons. en 1382
Garnier (François). — 1589
Garrault (Claude). — 1600
— (Jean). — —
Gaudart ou Godart (François). — 1580
Gaudin ou Godin (Nicole). — 1523
Gayant (Loys). — 1522
— (Pierre). — 1603
— (Thomas). — 1563

Gehée (Nicolas). Cons. Poitiers 1429
Gelas (Claude). Cons. en 1597
Gelu (Jacques). — 1405
Geucian (Jean Ier). Cons. 1411. Prés. Poitiers 1423
— (Jean II). Cons. en 1430
— (Oudart). — 1394
— (Tristan). — 1362
Gentils (René). — 1522
De Germonville (Jean). — 1387
Gervaise, Gervaisie ou Grevaisie (Jean). — 1556
Gherbode (Evrard). — 1425
Gibour (Jean). — 1381
Gigault (Jean). — 1508
Gilbert (Michel). — 1523
Gillot (Jacques). — 1573
Girard (Jean). — 1411
De Givry (Etienne). — 1378
Gobelin (Balthazard). — 1604
Godeau (Charles). — 1470
Goenrot (Alexandre). — 1542
Gogé ou Gougé (Jean). — 1441
Gombert (Amy). — 1442
Gontier (Pierre). — 1523
Gorres ou Gourres (Pierre). — 1395
Gouffier de Boissy (Loys). — 1498
— (Pierre). —1510-11
De Gournay (Philippe). — 1348
De Goussancourt (Robert). — 1571
Goussault (Antoine). — 1610
— (Guillaume). — 1580
De Gouy (Jean). — 1531
Goyet (François). — 1567
De la Grange (Etienne). Cons. en 1369. Prés. 1373
— (François). Cons. Poitiers 1430
— (Innocent). Cons. en 1587
Granger (Maximilien). Cons. en 1599
— (Timoléon). Cons. Tours 1593
De Grantrue (Jean). Cons. en 1586
— (Nicolas). Cons. Poitiers 1423
Grasset (Eude). Cons. en 1345
Grassin (Pierre). — 1543
De Grégy (Jean). — 1380
De Grenay (Loys). — 1586
De Grieu (Gaston Ier). — 1534
— (Gaston II ou Augustin). — 1576
Grignon (Guillaume). — 1475
Grimaud ou Grimault (Clément). — 1348
— (Hue). — 1401
Le Gruel (Jean). — 1595
Gudin (Simon). — 1391
Guéret (Etienne). — 1363
Guérin (Guillaume). — 1409
Guéroust (Garnier). — 1364
De la Guesle (François). — 1587
— (Jacques). Proc. gén. 1582
— (Jean). Cons. en 1555. — 1570
Prés. 1583

INDEX ALPHABÉTIQUE

De Guéteville (Robert). Cons. en 1474
Guiais (Henry, dit). — 1346
Guichard (Jean). — 1361
— (Vincent). — 1504
Guillart (André). — 1519
— (Charles). Cons. 1482. Prés. 1508
De Guillon (Jacques). — 1608
Guiot (Jean). — 1418
Guy ou le Guidon. — 1355
Guymier (Cosme). Prés. des Enq. 1501
De la Guyonie (Léonard).
    Cons. en 1531
De Gy (Guillaume). — 1402

H

Habert (Jacques). Cons. en 1600
— (Jean). — 1570
De Hacqueville (André).
    Cons. en 1557. Prés. 1591
— (Charles). Cons. en 1572
— (Hiérosme). — 1588
— (Nicole Ier). — 1482
— (Nicole II). — 1544
— (Pierre). — 1531
Halle (François). Avocat du roi 1471
Hamelin (Barthélemy). Cons. en 1414
De Hametel (Guillaume). — 1373
De Hangest (Claude). — 1495
— (Jean Ier). — 1345
— (Jean II). — 1363
— (Pierre). — 1345
Hanière (Jean). — 1347
De Harcourt (Christophe).
    Cons. en 1418 et 1447
Hardi (Jean), (Audacis). Cons. en 1362
De Harlay (Achille).
    Cons. en 1558. Prés. 1572
— (Christophe). — 1531 — 1556
— (Robert). Cons. en 1543
Hatté (Pierre). — 1606
Hauderon. V. Auderon.
Du Haultboys (Charles). — 1486
Havin (Jean). — 1364
De la Haye (Guillaume).
    Cons. en 1464. Prés. 1479
— (Jean Ier). Cons. en 1489
— (Jean II). — 1528
— (Robert). — 1555
Héberge (Jean). — 1454
Hector de Marle (Christophe). — 1570
— (Nicolas). — 1554
Hélin (Antoine). — 1530
— (Robert de). — 1556
Hennequin (Antoine). — 1565
— (Christophe). — 1504
— (Dreux). — 1598
— (Emard). — 1569
— (Guillaume). — 1476
— (Hiérosme). — 1574

Hennequin (Jean Ier). Cons. en 1513
— (Jean II). — 1544
— (Nicolas). — 1578
— (Nicole). — 1519
— (Oudard) — 1596
— (Pierre). Cons. en 1556. Prés. 1568
— (René). Cons. en 1567
— (Simon). — 1471
Henry (Jean). — 1454
De la Here (Claude). — 1603
— (Denys Ier). — 1569
— (Denys II). — 1609
De Hestoménil (Jean). — 1353
Du Hiaume (Jacques). Proc. gén. 1352
Hocié (Jean). Cons. en 1362
Hoël (Robert). — 1413
De l'Hospital (Jean). — 1373
— (Michel). — 1537
De Hordaing (Adam). — 1345
Hotman (André). Avocat du roi 1591
— (François). Cons. en 1597
— (Pierre). — 1544
Du Houssay (Pierre). — 1575
Huault (Jean). — 1568
De Huban (Guillaume). — 1345
— (Jean Ier). — —
— (Jean II le jeune). — —
Hue (Julien). — 1403
Hurault (André). — 1565
— (Christophe). — 1598
— (François). — 1583
— (Jean Ier). — 1490
— (Jean II). — 1511
— (Jean III). — 1555
— (Jean IV). — 1568
— (Jean V). — 1582
— (Nicole). — 1522
— (Philippe). — 1554
— de l'Hopital (Michel). — 1581
— de l'Hopital (Paul). — 1588
Huré (Pierre). — 1364

I

D'Iliers (Mile). Cons. entre 1443-48

J

Jabin (Antoine). Cons. en 1604
— (Philippe). — 1569
Jacquelot (Jean). — 1554
De la Jaisse (Jean). — 1418
De Janilhac (Mary). — 1513
Le Jau (Jean). — 1568
— (Nicolas). — 1600
Le Jay (Jean). — 1345
— (Pierre). — 1410
Jayet (Gautier). — 1414
Jehan ou Johan (Pierre). — 1410
Joffron (Étienne). — 1403

Joude (Jean). Cons. en 1375
Jouglet (Jean). Cons. entre 1462-69
Joulain (Jean). Cons. en. 1440
Jourdain (Mathieu). — 1572
Jouvelin (Joachim). — 1452
Jouvenel (Guillaume junior).
    Cons. Poitiers 1425
— (Jacques). Avocat du roi 1436
— (Jean Ier).
  Av. du roi 1400. Prés. Poitiers 1418
— (Jean). Av. du roi. Poitiers 1429
— des Ursins (Jean). Cons. en 1463
— — (Loys). — 1493
Juing (Jacques). — 1468
Julian (Jean). — 1418
De la Jumelière (Jean). — 1454

L

Labbé (Foulques). Cons. en 1380
Du Lac (François). — 1583
De Laigny (Jean). — 1403
De Lailler (Guillaume). — 1409
— (Michel). — 1439
De Laistre (Hugues).
    Av. du roi Châlons 1589
Lallemant (Jacques). Cons. en 1580
— (Jean). — 1553
Lalement (Raoul). — 1517
Lamelin (Jean). — 1423
De Lamoignon (Charles). — 1557
— (Chrestien). — 1596
Lamy (Hugues). — 1418
De Lannoy (Guillaume). — 1402
Larcher (André). — 1596
— (Claude Ier). — 1567
— (Claude II). — 1599
— (Michel). — 1555
De Laubespine (Charles). — 1603
— (Guillaume). — 1568
— (Jean). — 1579
De Launay (Adrien). — 1558
De Lauzon (François). — 1581
— (Michel). — 1593
De Laval (Pierre). — 1350
De Lavau (François). — 1584
— (Guy). — —
— (Jean). — 1554
Laydet (Pierre). — 1524
Lebret (Cardin). Avocat du roi 1602
Leclerc (Claude). Cons. en 1595
— (François). — 1580
— (Guillaume). — 1400
— (Jacques Ier, dit Coctier) — 1528
— (Jacques II). — 1544
— (Jean Ier). — 1370
— (Jean II). — 1564
— (Jean III). — 1608
— (Nicolas Ier). — 1568
— (Nicolas II). — 1587
— (Nicole). — 1536-37

Leclerc (Pierre Ier). Cons. en 1418
— (Pierre II). — 1497
— (Pierre III). — 1573
Lecoigneux (Pierre ou Jacques). — —
Lecoq ou Lecoc (Antoine). — 1543
— (François). Cons. Tours 1593
— (Gérard). Cons. en 1507
— (Huc). — 1414
— (Jean). Avocat du roi 1392
— (Jean Ier). Cons. en 1370
— (Jean II). — 1499
— (Nicole). — 1515
— (Oudard). — 1345
— (Robert) Avocat du roi 1349
Leduc (Guillaume).
    Cons. 1414. Prés. 1432
— (Jean). Cons. en 1434
Lefebvre (André). — 1600
— (Innocent). — 1605
— (Olivier). — 1587
Lefèvre (Antoine). Proc. gén. 1416
— ou Fabri (Claude). Cons. en 1540
— (Geoffroy), — 1361
— (Junien). Prés. Poitiers 1430
— (Loys). Cons. en 1579
— (Pierre). Cons. en 1385. Prés. 1413
— (René). Cons. en 1512
Legendre (Pierre). — 1492
Legrand (Alexandre). — 1573
Lelasseur (Gilles). Cons. Poitiers 1429
Lelieur (Jean). Cons. en 1552
Lelièvre (Bertrand). — 1536
— (Jean). Cons. 1506. Avocat du roi 1510
Lelou (Jean). Cons. en 1475
Lenfant (Emond). — 1474
— (Jean). — 1488
De Lengres (Pierre). — 1345
Leroux (Claude). — 1580
— (Huc). — 1345
— (Jacques). — 1500
— (Nicolas). — 1584
Leroy (Charles Ier). — 1605
— (Charles II). — 1609
— (Jean Ier). — 1544
— (Jean II). — 1585
De Lescalopier (Jean). — 1597
— (Pierre). — 1583
De Lesclat (Pierre). — 1382
Lescot (Léon Ier). — 1529
— (Léon II). — 1581
— (Pierre). — 1568
Lescripvain (Hébert). — 1378
Lescuier (Jean). — 1525
Lesleu (Jean). — 1363
Lespervier (Jean). Prés. des Enq. 1480
Lespicier. V. Chandelier.
De Lespinay. V. d'Espinay.
De Lestoille (Loys). Cons. en 1538
— (Pierre). — 1531
Lesueur (Nicolas). — 1565

INDEX ALPHABÉTIQUE 351

Lesueur (Nicole). Cons. en 1536-37
— (Thibault). — 1555
Levoix (Claude). — 1562
— (Jean). — 1567
Le Lévrier (Oudard). — 1531
Lhuillier ou Luillier
  (Arnault). — 1513
— (Eustache). — 1585
— (Geoffroy). — 1604
— (Guillaume). — 1543
— (Jean). Proc. gén. 1496
— (Jean Ier). Cons. en 1361
— (Jean II). — 1400
— (Jean III). — 1522
— (Jean IV). — 1556
De Lieuvillers (Pierre). — 1355
De Ligny (Jean). — 1607
Lionne (Hiérosme). — 1604
Lirois (Guillaume). — 1377
De Livres (Hélie). — 1493
— (Henry). — 1455
Lizet (Pierre). — 1514
  Avocat du roi 1517. Prés. 1529
Des Loges (Jacques). Cons. en 1539
Loisel ou Loysel (Antoine). — 1604
— (Guy). — 1597
De Longnies (Jean). — 1367
De Longueil (Guy). — 1543
— (Jean Ier). Cons. 1380. Prés. 1418
— (Jean II). Cons. en 1421
— (Jean III). — 1461
— (Jean IV). — 1529
— (Jean V). — 1551
— (Loys). — 1500
— (Mathieu). — 1570
— (Pierre Ier). — 1418-40
— (Pierre II). — 1554
— (Pierre III). — 1581
De Longuejoe (Jean Ier). — 1466
— (Jean II). — 1541
— (Mathieu). — 1515
Lopin (Geoffroy). — 1557
— (Jean). — 1546
Loppier (Henry). Cons. Poitiers 1423
Lorfèvre (Alexandre). Cons. en 1347
— (Pierre). — 1367
— (Pierre). Avocat du roi 1384
De Lory (Jacques). Cons. en 1346
— (Raoul). — 1358
— (Robert). — 1352
Lotin (Guillaume). — 1593
— (Robert). — 1480
De la Louère (Jean). — 1518
Louet (Georges). — 1584
Louvet (Guillaume).
  Cons. Poitiers 1419
De Louviers (Charles). Cons. en 1522
De Loynes (Antoine). — 1557
— (François). — 1501
Luilier. V. Lhuillier.
De Lur (Guillaume). — 1554

De Lyon (Antoine). Cons. en 1531
— (Pierre). — 1586

M

De Machault (Baptiste). Cons. en 1558
— (François). — 1602
— (Jean-Baptiste). — 1583
Maçon (Germain le). — 1554
De Maignac (Aimery Ier). — 1361
— (Aimery II). — 1403
Mailhard ou Maillard
  (André). — 1543
De Mailly (François). — 1556
— (Jean). — 1411
. De Maimbeville (Aubert). — 1361
Mainsard (Philippe). — 1366
Le Maire (Jean). — 1461
De Maisonconte (Jean). — 1367
Le Maistre (Augustin). — 1606
— (Gilles). Av. du roi 1540. Prés. 1550
— (Hiérosme). Cons. en 1582
— (Jean). Avocat du roi 1482
— (Jean Ier). Cons. en 1559
— (Jean II). Av. du roi 1589. Prés. 1591
— (Nicole Ier). Cons. en 1506
— (Nicole II). — 1555
— (Pierre). — 1571
Malingré (Jean). — 1475
Malon (Claude Ier). — 1582
— (Claude II). — 1598
Malranna, Malran ou
  Malzan (Baude). Cons. entre 1462-69
Malyer (Jean). Cons. en 1554
Mango (Anne). Cons. Tours 1592
— (Claude). Cons. en 1588
— (Jacques). Avocat du roi 1585
De Manhac (Hue). Cons. en 1385
Marcade ou Marchade (Jean). — 1356
Marcel (Jean). — 1361
Marchand (Aimery).
  Cons. Poitiers 1420
— (André). Cons. 1389, à Poitiers 1433
— (Nicole). Cons. en 1436
— (Raoul). — 1442
De la Marche (Etienne). — 1356
— (Jacques). — 1410
— (Jean). — 1409
— (Thomas). — 1418
Mareschal (Claude le). — 1587
Marguerie (Andry). — 1427
De Marigny (Pierre).
  Avocat du roi 1418
Marlhac ou de Marillac
  (Charles Ier). Cons. en 1536-37
— (Charles). — 1576
— (Gabriel). Avocat du roi 1543
— (Michel). Cons. en 1586
De Marle (Arnault).
  Cons. 1413. Prés. 1444
— (Christophe). Cons. en 1527

De Marle (Guillaume). Cons. en 1400
— (Henri I‍ᵉʳ). Prés. 1394
— (Henri II). Cons. en 1442
Marret (Jean). — 1345
Martel (Ysembart) — 1390
Martelet (Guillaume). — 1372
De la Marthonie (Mondot). Prés. 1515
Martineau (Nicole). Cons. en 1544
De Martrueil (Ythier). — 1384
Maryon (Simon I‍ᵉʳ). Prés. des Enq. 1596. Avocat du roi 1597
— (Simon II). Cons. en 1596
De Masparrault (Pierre). — 1555
Massue (Quentin). — 1410
Le Masuyer ou Mazurier (Gilles). — 1596
— (Philbert I‍ᵉʳ). — 1521
— (Philbert II). — 1569
Mathé (Pierre). — 1526
De Maudestour (Gilles). — 1350
Mauger (Robert). Cons. 1390. Prés. 1407
De Maule (Robert). — 1389
De Mauléon (Michel). — 1555
De Maulevault (Guillaume). — 1554
Maulouc (Jean). — 1398
De Mauroy (Denis). Proc. gén. 1404
Maynard ou Mesnard (Charles). Cons. en 1582
— (Jean). — 1544
Mayneteau (Jean). — 1573
Meaulx (Jacques). Cons. Poitiers 1432
De Medulla (François). Cons. en 1522
Meigret (Jean). —
Melliant (Blaise). — 1609
Le Meneust (François). — 1587
Mengin (Jean). — 1394
Meschin (Regnault). — 1354
Mési (Chatard de). — 1345
De Mesmes (Henry). — 1608
— (Jean-Gabriel). — 1576
— (Jean-Jacques). — 1583
Mesnager (Jacques). — 1504
Du Mesnil. V. Dumesnil.
Michon (Pierre). — 1560
Milet (Eustache). Cons. entre 1443-50
Millet (Jacques). Cons. en 1555
De Milly (Charles). — 1541
Minard (Antoine). Prés. des Enq. 1543
— de la Cour 1544
— (Pierre). Cons. en 1556
Miron (François). — 1585
— (Gabriel). — 1555
— (Robert). — 1595
Le Moine (Yvon). — 1364
Molé (Edouard I‍ᵉʳ). — 1567
Proc. gén. 1589. Prés. 1602
— (Edouard II). Cons. en —
— (Mathieu). — 1606
— (Nicole). — 1536-37
De Molin (Jean). — 1418
De Molins (Oudard). Av. du roi 1391

De Monceaux (Jean). Cons. en 1556
De Montagu (Jean le Roux ou le Roge). Cons. 1364. Prés. 1388
De Montboissier (Guillaume). Cons. en 1454
de Montbrun (Robert). Cons. Poitiers ante 1432
de Montclar (Bertrand). Cons. en 1371
de Montdidier (Etienne). — 1436
De Montemerle (Pierre). — 1522
De Montholon ou de Monthelon (François). Av. du roi 1532. Prés. 1535
— Hiérosme. Cons. en 1567
De Montigny (Jean). — 1454
De Montlhéry (Jean). — 1361
De Montmirel (Etienne). — 1522
— (Loys). — 1547
Du Mont-Saint-Eloy (Renaud). — 1375
De Moréac (Guillaume). Cons. Poitiers en 1425
Morelet du Muiseau. V. Dumuiseau.
De Moreuil (Hue). — 1414
Le Morhier ou le Molhier (Guillaume). — 1361
Morin de Loudon (Jacques). — 1541
De Mori ay (Jean). — 1587
Mortis (Jean). Cons. entre 1443-46
De Morviller (François). Cons. en 1503
— (Philippe). Prés. en 1418
— (Pierre). Cons. en 1436
De la Mote (Martin). — 1362
De la Mothe (Charles). — 1531
Du Moulin (Philippe). — 1364
— (Pierre). Cons. à Poitiers en 1423
De Moussy ou Moucy (Jean). Cons. en 1584
De Moy (Quentin). — 1388
Mulet (Robert). — 1345
De Murat (Antoine). — 1584
Le Musy ou Musit (Jacques). — 1345
Mydorge ou Midorge (Jean). — 1573

N

Le Nain (Jean). Cons. en 1604
De Nanterre (Jean). — 1402
— (Jean). Proc. gén. en 1484
— (Mathieu). Cons. 1436. Prés. 1462
— (Philippe). Cons. en 1426
— (Simon). Cons. 1390. Prés. en 1409
De la Nauve (Samuel). Cons. à Tours en 1593
Le Navarrois (Jean). Cons. en 1386
De Navières (Etienne). — 1599
De Neauville (Pierre). — 1418
De Nemoux (Guillaume). — 1345
De Néronville (le prieur de). — 1367
De Neufbourg (Pierre). — 1467
De Neufdon (Garnier). — 1365

De Neufville (Nicolas). Cons. en 1584
De Neuville (Jean). — 1349
— (Pierre). — 1364
Nicolaï (Jean). — 1578
— (Thibault). — 1562
Nicolas (Philippe). — 1345
Nitres (Lucas). — 1361
De Noyen (Guillaume). — 1345
Du Noyer (Jean). — 1418
De Nully (Etienne). Prés. en 1591
Nyvart (Jacques). Cons. en 1441

O

De Oblat. V. Doble.
Octon. V. Coton.
Ode (Jean). Cons. en 1364
Odoard (Jean). — 1541
d'Oger ou Dogier (Pierre). — 1388
Olier (François-Edouard). — 1589
— (Jacques). — 1595
Olivier ou Ollivier (François). Prés. 1543
— (Jacques Ier).
   Av. du roi en 1505. Prés. en 1508
— (Jacques II). Cons. en 1521
d'Orgemont (Nicole). — 1385
— (Pierre Ier). Cons. 1348. Prés. 1355
— (Pierre II le jeune). Cons. en 1371
d'Outreleaue (Robert). — 1353
Oviart Oujart ou Aujart
   (Jean). — 1367

P

De Pacy (Denis). Cons. en 1388
— (Jacques). — 1345
— (Jean). — 1364
— (Pierre). — 1369
De Paigny ou d'Espaigny. — 1364
Paillart (Germain). — 1396
— (Jean). — 1439
— (Philibert). Prés. en 1370
Pajot (François). Cons. en 1549
Palluau (Denis). — 1580
Le Paonnier (Jean). — 1354
Papillon (Jean). — 1501
Papin (Guillaume). — 1454
Parcant (Guillaume). — 1467
De Pardessus (Pierre). — 1567
Parent (Drouet). — 1587
De Paris (Antoine). — 1487
— (Etienne). — 1345
— (Guillaume). — 1454
— (Jean). — 1474
Pascal (Thomas). — 1501
Pascaut (Jean). — 1345
Pasne (Etienne). Cons. Poitiers 1433
Pasté (Loys). — 1389
Pastoureau (André). — 1556
— (François). — 1587
Pastourel (Jean). Avocat du roi 1365

Paumier (Guillaume). Cons. en 1345
— (Pierre). Cons. à Poitiers en 1429
Pêle (André). Cons. en 1442
Pélissand (Pierre). — 1364
Pelletier (François). — 1572
Pellevé (Nicolas). — 1544
Pellieu (Jean). — 1471
— (Pierre). — 1498
Peluchot (Jean). — 1418
Périer (Jean). Avocat du roi en 1401
Périère (Gérard). Cons. en 1410
Perrot (Claude). Prés. des Req. 1580
— (Cyprien). Cons. à Tours en 1590
— (Mile). Cons. en 1551
— (Nicole). — 1554
De Pérusse (Jean). Cons. Poitiers 1426
— (Rémond). Cons. en 1400
Petau (Paul). Cons. à Tours en 1593
Petitsayne (Gaillart). Cons. en 1380
Pétremol (Jacques). — 1568
Phélippeaux (Jacob). — 1601
Le Picart (Germain). Cons. en 1555
— (Jean). Avocat du roi ante 1401
— (Jean Ier). Cons. en 1472
— (Jean II). — 1532
— (Jean III). — 1574
— (Jean IV). — 1589
— (Jean V). — 1599
— (Martin). — 1522
Pichon (Nicole). — 1494
— (Raoul). — 1454
Picot (François). — 1552
— (Jean). — 1543
— (Loys). — 1497
Piédefer (Robert Ier). — 1345
— (Robert II). Cons. 1410. Prés. 1433
Pidoux (René). Cons. à Tours en 1593
Pilori (Pierre). Cons. en 1420
De Pincé (Pierre). — 1556
— (Rémond ou René). — 1581
Pinçon (Raoul ou Guil-
   laume). — 1345
Pintcrel (Oger). — 1543
Pinon ou Pynon (Jacques). — 1585
Pithou (Pierre). Proc. gén. en 1594
De la Place (Jean). Cons. en 1476
— (Nicolas). — 1572
Des Plantes (Jean Ier). — 1454
— (Jean II). — 1494
— (Philippe). Cons. entre 1464-67
De la Platière (Imbert). Cons. en 1495
De Pleurs (Claude). — 1608
— (Guillaume). — 1580
De Plumetot (Symon). — 1418
Poignant (Pierre). — 1477
Poille (Jean Ier). — 1551
— (Jean II ou Jacques). — 1591
Poillot (Denis). Prés. en 1536
Pommolain (Mathieu
   de Thueil). Cons. en 1363
De Pompadour (Geoffroy). — 1400

De Pompadour (Hélye).
  Cons. à Poitiers en 1430
Ponce (Gauthier). Cons. en 1392
De Poncher (Etienne). — 1485
— (François). — 1510
De Pons (Michel). Proc. gén. en 1479
De Pontlevoy (Guillaume).
  Cons. en 1345
De Pontoise (Jean). — 1364
des Pontolz (Charles). — 1479
— (Etienne). — 1481
Porchier (Jean). — 1367
Porel (Guillaume). — 1380
Portal ou Portail (Adrian). — 1599
— (Paul). — 1580
Porte (André). — 1508
De la Porte (Eustace). — 1543
— (Jean I*er*). — 1345
— (Jean II). — 1418
— (Jean III). — 1436
— (Pierre). — 1518
Des Portes (Etienne). — 1412
— (Jean). — 1418
Pot (Philippe). — 1509
Potage (Jean). — 1348
Potart (Jean). — 1496
Potier (Bernard). — 1600
— (Jacques). — 1536-37
— (Nicolas). Cons. 1565. Prés. en 1585
Potin (Nicolas). Cons. en 1408
De Poupaincourt (Jean I*er*).
 Av. du roi en 1395. Prés. en 1400
— (Jean II). — 1472
De Pourbail (Guillaume). Cons. en 1419
Poussemye (Jacques). — 1588
Poyet (Guillaume).
 Av. du roi 1530. Prés. en 1535
Le Prebstre (Claude). Cons. en 1589.
— (Nicolas). — 1610
De Prégilbert (Renaud). — 1345
Des Prés (Bertrand). — 1345
Preudhomme (Pierre). — 1505
Le Preus (Guillaume). — 1345
Prévost ou le Prévost
— (Bernard). Cons. 1549. Prés. 1563
— (Charles I*er*). Cons. en 1574
— (Charles II). — 1585
— (Jean I*er*). — 1505-6
— (Jean II). — 1555
— (Nicole). — 1534
— (Waast). — 1544
Privat (Jean). — 1348
De Prouville (Pierre). — 1345
De Pueux (Pierre). — 1358
De Puivinage (Jean). — 1366
Puy (Pierre). — 1461

Q

Quatrelivres (René). Cons. en 1499
De Quatremares (Jean). — 1386
Quelain (Michel). — 1543

Quelain (Nicolas). Cons. en 1576
— (Nicole). — 1526
Quéniat (Jean). — 1426
Quentin (Bertrand). — 1386
De Querquefvien (Claude). — 1597
Quiédeville (Guillaume).
  Cons. à Poitiers en 1418
Quierlavoyne (Charles). Cons. en 1543
Quillart. V. Guillart.
Quoquerel (Hector). Cons. en 1454

R

Rabateau (Jean). Avocat du roi 1427
  Prés. Poitiers en 1436
Rabay (Renaud). Cons. en 1391
Radin (Simon). — 1483
Ragueneau (René). — 1522
Raguier (Loys I*er*). — 1538
— (Loys II). — 1569
De Rainny (Charles).
  Cons. à Poitiers en 1429
Ramoroscle (Dalmas). Cons. en 1440
De Rancé (Nicolas). — 1373
Rancher (Antoine).
 Prés. des Enq. Tours en 1594
De Ranconnet (Emard). Cons. en 1550
Ranyer (Jean). — 1528
Rapiout (Hugues). Prés. des Req 1422
— (Jean). Prés. 1418. Av. du r. 1422
Rat (Jean). Cons. en 1600
Ravenel (Jean). — 1363
De Ravigny (Jean Vivian). — 1373
Raymon (Jean). — 1417
De la Réaulté (Jean). — 1454
Rebours (Guillaume). — 1572
Reboule (Jean). — 1348
Redon (Jean). — 1598
De Reecourt (Roger). — 1345
De Refuge (Eustache).
  Cons. Tours 1592
— (Jean). Cons. en 1564
— (Pierre). — 1484
Regnard (Florentin). — 1556
— (Jean-Baptiste). — —
— (Philibert). — 1567
Regnault (Germain). — 1596
De Reilhac (Jacques). — 1459
— (Pierre).
 Avocat du roi 1373. Cons. 1386
— (Tristan). Cons. en 1523
Rémon (François). — 1554
— (Pierre).
 Avocat du roi 1535. Prés. 1545
Reydier (François). Cons. Tours 1593
Riant ou Ryantz (Denis).
 Avocat du roi 1554. Prés. 56
— (François). Cons. en 05
— (Gilles).
  Cons. 1567. Prés. Tours 1592
Ribier (Jacques). Cons. Tours 1591

INDEX ALPHABÉTIQUE 355

Richard (Pierre). Cons. en 1443
Richete ou Richote
  (Claude). — 1418
Riche (Jean). Cons. Poitiers 1432
Ricouard (Antoine). Cons. en 1584
Rigs (Michel). — 1504
Ripault (Christophe). — 1552
— (Michel). Prés. des Enq. 1594
Rivière (Denis). Cons. en 1555
— (Jacques de). — 1587
De la Rivière (Jean). — 1418
Robert (Julien). — 1607
— (Pierre le). — 1363
Robinet (André). — 1461
De la Roche (Bernard). — 1583
De Rochefort (Crespin). — 1345
Rochelle du Coudray (Jean). — 1601
De Roe (Pierre). Cons. Poitiers 1434
De Roffignac (Christophe). — 1544
Roger ou Roiger (François). Proc. gén. 1523
— (Guillaume). Cons. 1505. Proc. gén. 1508
— (Simon). Cons. en 1558
Roigne (Mathurin). — 1581
Rolin (Jean). — 1495
Romain (Jean). — 1404
Le Rouge (François). — 1518
Rouillart ou Roillart
  (Antoine). — 1536-37
— (Loys Ier). — 1517
— (Loys II). — 1555
Rouillé (Pierre de). — 1567
— (René le). — 1579
Roussel (Aubery). — 1358
— (Guillaume). — 1439
De Rouvroy ou Saint-
  Simon (A   -t). — 1454
Le Roy. V. Leroy.
De Roye (Pierre). — 1364
De la Rozière (Cleriadius). — 1536-37
— (Loys). — 1556
Du Ru (Étienne). — 1482
Rubentel (Denis). — 1573
— (Guillaume). — 1601
Rubiaci (Prior). V. de Saint-Albans.
Ruelle (Pierre). — 1572
De Ruilly (Jacques). Cons. 1388. Prés. 1403
— (Philippe). — 1410
Ruzé (Arnoul). — 1518
— (Gaillart). — 1495
— (Guillaume). — 1482
— (Jean Ier). — 1462
— (Jean II). — 1510
  Avocat du roi 1521-30. Cons. en 1530
— (Loys). — 1512
— (Martin Ier). — 1471
— (Martin II). — 1515

S

De Sacierges (Pierre). Cons. en 1483
— (René Ferré). — 1496
Saiget (Pierre). — 1418
De Saint-Albans (Denys)
  (prior Rubiaci). — 1358
De Saint-André (François). Cons. 1515. Prés. 1535
— (Jacques). Cons. en 1556
— (Pierre). — 1563
De Saint-François (Bernardin). — 1556
De Saint-Germain (Guillaume). Proc. gén. 1366
— (le prieur de). V. de Manhac.
De Saint-Michel (Raymond). Cons. 1345
De Saint-Pierre le Moustier (le prieur de). — 1375
De Saint-Romain (Jean). — 1414
— (Jean). Proc. gén. 1461
Du Saint-Sépulcre (Guy). Cons. en 1345
De Saint-Verain (Jean). — 1372
De Saint-Ylier (Nicole). — 1418
De Sainte-Arthénie (Bernard). — 1345
De Sainte-Marthe (Nicolas). — 1608
Sanguin de Livry (André). — 1536
— (François). — 1580
— (Nicole). — 1513
Sanson (Jean). — 1532
De Sanzay (Jean). Cons. Poitiers 1434
Sapin (Baptiste). Cons. en 1555
Sardon (Jean). — 1418
Saquespée (Jacques). — 1375
De Saulz (Guillaume). — 1381
— (Jean). — 1384
— (Robert). — 1418
Savare (Jules). Cons. Tours 1589
De Saveuse (Antoine). Cons. en 1563
— (Imbert). — 1518
De Savoisy (Henry). — 1397
Scaron (Jean Ier). — 1568
— (Jean II). — 1600
— (Pierre). — 1607
Sçavan (Gilles). — 1571
Le Scellier (Jean). Cons. entre 1443-47
De Scépeaux (Yves). Cons. 1439. Prés. 1442
Secrétan (Jean). Cons. en 1440
Sédille (François). — 1544
Séguier (Antoine). Avocat du roi 1587. Prés. 1597
— (François). Cons. en 1563
— (Gérard). — 1464
— (Loys Ier). — 1503
— (Loys II). — 1573
— (Nicolas). — 1600
— (Pierre Ier). Avocat du roi 1550. Prés. 1554

Séguier (Pierre II). Cons. 1556. Prés. 1581
— (Pierre III). Cons. en 1572
— (Pierre IV). — 1598
— (Pierre V). — 1602
De Selva ou de Selve
 (Jean Ier). Cons. en 1512
— (Jean II). Prés. 1520
— (Odet). Cons. en 1540
Senneton (Antoine). — 1547
De Sens (Adam). — 1345
— (Guillaume). Avocat du roi 1378. Prés. 1380
— (Renaud). Cons. 1374 et 1408
De Séris (Guillaume Ier). Cons. 1345. Prés. 1371
— (Guillaume II). Cons. en 1392
De Serre (Jean). — 1522
La Serre (Hugues). — 1345
Servain (Loys). Av. du roi Tours 1389
Sevin ou Sevyn (Michel). Cons. Tours 1594
— (Thierry ou Théodore). Cons. en 1587
Simon (Jean). Avocat du roi 1451
— (Jean). Cons. en 1471
— (Philippe). — 1474
Sirot (Jean). — 1345
Socier ou Saulcier (Etienne). — 1543
Soly (Bertrand). — 1574
— (Jean). — 1601
De Soulfour (Antoine). — 1573
— (Denis). — 1582
— (Pierre). — 1569
De Souyfz (Nicolas). — 1502-3
Spifame (Jacques). — 1529
— (Jean). — 1549
— (Samuel). Cons. Châlons 1591
De Suas. V. Frias.
Sublet (Claude). Cons. en 1595
Sureau (Nicolas). — 1418

T

Talente de Florence. V. Florence.
Tarenne (Jean). Cons. en 1408
Le Tartier. V. Cartier.
Taupin (Jean). — 1350
Tavel (François). — 1514
Texier (Jean). — 1543
— (Nicole ou François). — 1574
De Thaleru (Philippe). — 1345
De Thélis (Guy). — 1598
Thénin (Robert Ier). Prés. des Enq. Tours 1591
— (Robert II). Cons. en 1603
De Thérouanne (Jean). Cons. en 1555
Thibault (Nicole). Cons. 1531. Proc. gén. 1533

Thiboust (Loys). Cons. en 1513
— (Robert Ier). Cons. Poitiers 1434. Prés. 1454
— (Robert II). Av. du roi 1483. Prés. 1487
— (Robert III). Cons. en 1500
— (Thomas). — 1545
De Thienville (Philippe). — 1363
De Thierne ou de Thiars (Bertrand). — 1370
Thiessart (Thibault). — 1390
De Thil ou de Thueil. V. Pommolain.
Thomas (François). — 1543
Thomassin (Bonaventure). — 1521
De Thou (Adrien). — 1556
— (Augustin Ier). Prés. des Enq. 1535
 — de la Cour 1544
— (Augustin II). Avocat du roi 1569. Prés. 1585
— (Christophe). — 1554
— (Jacques-Auguste). Cons. en 1579. — 1595
— (Jean). Cons. en 1566
— (Nicole). — 1555
De Thumery (Christophe). — 1609
— (Jean Ier). — 1514
— (Jean II). — 1573
— (Jean-Robert). — 1605
De Tiercelieue (Jean). — 1350
Tiercelin (Jean). — 1364
— (Loys). — 1508
— (Robert). — 1516
Du Tillet (Jacques). — 1569
— (Loys Ier). — 1572
— (Loys II). — 1606
Tiraqueau (André Ier). — 1541
— (André II). — 1556
— (Charles). — 1579
De Torrettes ou Tourettes (Arnault). — 1474
— (Hélye). Prés. 1454
De Tournay (Guillaume). Cons. en 1363
Tournebus ou Tournebulle (Etienne Ier). — 1533
— (Etienne II). — 1583
Toustain (Macé). — 1502
De Traversy (Simon). — 1345
De Treignac. V. Combort.
De la Treille (Pierre). — 1443
De Trie (Aubert). — 1370
— (Thomas). — —
Trivulze (Scaramouche). — 1506
Tronson (Jean). — 1513
Tudert (Claude Ier). — 1534
— (Claude II). — 1567
— (Claude III). — 1604
— (Jean). Cons. Poitiers 1418
De Tulières (Pierre). Cons. en 1425

Le Tur (Guillaume I*er*).
    Av. du roi 1413. Prés. 1427
— (Guillaume II junior).
    Cons. en 1423
— (Simon). — 1441
De Turin ou Thurin
    (François). — 1608
— (Philbert). — 1566
Turquan ou Turquant
    (Jean I*er*). — 1544
— (Jean II). — 1608
— (Philippe). — 1491
— (Pierre). — 1471
— (Robert). — 1491

V

La Vache (Jacques). Prés. 1345
— (Jean). Cons. en 1364
De la Vaquerie (Jean).
    Cons. en 1479. Prés. 1480
Vaillant (Mathurin). Cons. en 1544
— de Quélis (Germain). — 1557
— — (Jean I*er*). Prés. des Enq. 1558
— — (Jean II). Cons. en 1570
De Vailly, Varly ou
    Weilly (Jean I*er*). Prés. 1413
— (Jean II junior).
    Cons. Poitiers 1425
— (Nicole). Cons. en 1345
Du Vair (Guillaume). — 1584
De Valensay (Jean). — 1361
Vallée (Jacques). — 1595
Vanin (Thomas). — 1345
Varade (Jacques). — 1541
De la Varde (Jacques). — 1508
Vassal (Geoffroy). Cons. Poitiers 1420
Le Vasseur (Adam). Cons. en 1593
De Vaudetar (Charles). — 1394
— (Guillaume I*er*). — 1484
— (Guillaume II). — 1521
— (Pierre). — 1478
— (Roger). — 1543
De Vausseillon (Raoul). — 1371
De Vaux (Jean). — 1376
Veau (Jean). — 1576
De Veignolles ou Vi-
    gnolles (Antoine). — 1566
— (Jean). — 1454
De Verdun (Nicolas).
    Cons. en 1583. Prés. 1599
Le Vérier (Jean). Cons. en 1503
De la Vergne (Jean-Jacques). — 1576
Verjus (André). — 1596
— (Jacques). — 1541
Versoris (Frédéric). — 1601
De Verthamon (François). — 1588
Vialard (Germain). — 1564
— (Michel). — 1607
De Vic (Guillaume).
    Cons. Poitiers 1434

Le Vicomte (Jean). Cons. en 1345
La Vieille (Jean). — 1391
De la Viezville (Ancel). — 1418
De Vignacourt (Jean). — 1494
De Villaines ou Vieu-
    laines (Jean). — 1356
— (Pierre ou de Villers). — 1345
De Villars ou Villers
    (Gérôme). — 1588
— (Nicolas). — 1556
— (Pierre). — 1555
De Villebrefve ou Vil-
    lebresme (Jean). — 1441
De Villemer (Jean). — 1523
— (Nicolas). — 1379
De Villemereau (Jean). — 1583
De Villemerroit (Pierre). — 1392
De Villemor (Paul). — 1569
— (Pierre). Cons. Tours 1590
De la Villeneuve (Jean). Cons. en 1364
— (Robert). — 1345
De Villers (Guillaume).
    Cons. en 1389 et 1436
— (Jean). Cons. en 1573
— (Jhérosme). — 1554
— (Pierre I*er*). — 1414
De Villoutreys (Loys). — 1609
Viole ou Violle (Charles). — 1553
— (Guillaume). — 1550
— (Jacques I*er*). — 1543
— (Jacques II). — 1574
— (Jacques III). — 1604
— (Jean). — 1516
— (Nicolas I*er*). — 1576
— (Nicolas II). — 1598
— (Nicole). — 1528
— (Pierre I*er*). — 1523
— (Pierre II). — 1555
— (Pierre III). — 1589
Vipart (Jean). — 1419
De Vissac (Jean). — 1418
Le Viste (Aimé). — 1462
— (Antoine). Prés. 1523
— (Aubert). Cons. en 1492
— (Barthélemy). — 1418
— (Jean). — 1464
De Vitry (Guillaume I*er*
    ou Jean). — 1392
— (Guillaume II). Cons. entre 1443-47
— (Thibault). Cons. en 1412
Le Vivian (Gaucher). — 1364
Vivian (Jean). — 1409
Du Vivier (Antoine ou
    Jean). — 1572
De Voisines (Jean). — 1371
— (Milon). — 1349
Le Voix. V. Levoix.
Volant (Germain). — 1490
— (Guillaume). Avocat du roi 1497
De Voton ou Vouton
    (Jean). Cons. en 1418

Vousy (Ythier). Cons. en 1441
De Vulcob (Charles). — 1544

W

Waguet (Robert). Cons. en 1381
Wautruche (Loys). — 1345

Y

Yver (Etienne). Cons. entre 1443-46
Yzard (Louis). Cons. en 1364

ERRATA ET ADDENDA

P. 34, art. Symon Foison, ligne 8, *corriger* « Pierre Cuiret ou le Curet ».

P. 37, art. Loys Pasté, *corriger* Président entre 27 juillet 1383 et 18 avril 1384, X^{1A} 32, f°s 67 v° et 222.

P. 37, art. Gérard d'Ambonnay, *corriger* † entre 27 janv. 1384 et 12 juin 1387, X^{1A} 32, f° 204 v° et 1473, f° 355.

P. 37, art. Philippe de Moulins, *add*. Compétiteur de Guillaume de Bracon à la chanterie de Paris, et *corriger* 29 nov..., f° 101 v°.

P. 37, art. Guillaume d'Aunoy, *rayer* (?), *add*. Commiss. 6 octobre 1380, 19 mai 1381, etc., X^{1A} 29, f° 119 ; 30, f° 65.

P. 38, art. Jean Oviart, *corriger* 17 août..., p. 108 v° seq., *add*. Com. 27 août 1384, X^{1A} 32, f° 257 v°.

P. 38, art. Jean de Maisonconte, *add*. Maître des Requêtes, 14 mai 1387, X^{1A} 35, f° 125.

P. 38, art. Jean de Voisines, *rayer* (?), *add*. Com. 15 janv., 6 sept. 1382, X^{1A} 30, f° 240, 313 v°, etc.

P. 39, art. Jean Lesleu, *corriger* † entre 1er février et 20 août 1384, X^{1A} 32, f°s 208 v°, 249.

P. 39, *add*. en bas, avant Pierre Fresnel, Nicolas de Villemer, cons. 28 fév. 1382, X^{1A} 30, f°s 252 seq.

P. 40, art. Ph° Bonne, *add*. Réformateur ou Commissaire en la Sénéchaussée de Beaucaire, député par le duc de Berry, X^{1A} 33, f° 55, 28 juil. 1385.

P. 40, art. Jean de Dicy, *corriger* † entre 20 janv. 1388 et 19 janv. 1390, X^{1A} 35, f° 196; 40, f° 86 v°.

P. 40, *rayer* l'art. Geoffroy Paumier.

P. 40, *add*. en bas, avant Foulques Labbé, Pierre Lorfèvre, cons. 18 mars 1383..., 5 fév. 1385; X^{1A} 32, f° 125...; 34, f° 19.

P. 42, *rayer* l'art. dudit Pierre Lorfèvre.

P. 44, art. Jean André, *add*. *in fine*. Cf. Jehan Andrée, avocat du roi en la Sénéchaussée de Beaucaire, 29 nov. 1386, X^{1A} 35, f° 1 v°.

P. 45, art. Jean de Ruilly, 3e ligne, après Com. *add*. 13 juillet 1387, X¹ᴬ 35, f° 163 v°.

P. 46, art. Guillaume de Villers, *add*. Chanoine prébendé de Meaux et Saint-Quentin en Vermandois. Sommelier de l'échansonnerie du duc de Bourgogne, X¹ᴬ 32, f° 417, 10 septembre 1384.

P. 47, art. Robert de Maule, 5e ligne, *corriger* f° 87 et non 37.

P. 48, art. Guillaume Culdoe. Clerc, *add*. Notaire du roi (Rôle du 28 nov. 1359).

P. 103, art. Ambroise de Cambrai, Clerc, *add*. Docteur en décret, archidiacre de Châlons, 28 févr. 1455; docteur *in utroque*, Grand archidiacre d'Évreux, 26 juin 1456, X¹ᴬ 84, f° 19, et 85, f° 43.

P. 121, art. Anjorrand Ra, ligne 3, *corriger* : Reg. des *Ordinaires* de la Cour, et non des Ordonnances.

P. 153, art. Jean IV de Longueil, *add*. Cons. lai de 1529.

P. 186, art. Thierry Dumont, *add*. Époux de Catherine Cornet qui. veuve, épousa *Antoine de Launay*, écuyer, X¹ᴬ 1604, f° 280, 27 fév. 1563.

P. 257, ligne 4, *corriger* Bertrand Soly et non Joly.

P. 329, ligne 2, *corriger* X¹ᴬ 1798 et non 1781.

P. 342.	Index alphab.	*corriger*	Benoît Guillaume,	Cons.	1350
—	—	—	Bérart Jean,	—	1361
P. 344.	—	—	de Bryon Jean,	—	1568
—	—	—	Canu Mahieu,	—	1393
—	—	—	de Champluisant Simon,	—	1422
—	—	—	de Champront Jean Iᵉʳ,	—	1570
—	—	—	— Jean II,	—	1604
P. 346.	—	—	Desmarés Jean,	Av. du roi.	1366
P. 350.	—	—	Laydet Pierre,	Cons.	1522
—	—	—	Lebret Cardin,	Av. du roi.	1604

TABLE DES CHAPITRES

Introduction..	I
Le Parlement de Philippe VI et de Jean.................	XV
Pièces justificatives..	XXVIII
Rôle du Parlement de 1345 à 1358.....................	1
Le Parlement intérimaire, 1361-1364...................	17
Le Parlement de Charles V...............................	23
Le Parlement de Charles VI...............................	34
Le Parlement bourguignon.................................	60
Le Parlement de Poitiers...................................	72
Le Parlement de Charles VII à Paris....................	79
Le Parlement de Louis XI..................................	97
Le Parlement de Charles VIII.............................	116
Le Parlement de Louis XII.................................	130
Le Parlement de François Ier.......................	148
Le Parlement d'Henri II.....................................	189
Le Parlement de François II et de Charles IX.........	216
Le Parlement d'Henri III....................................	246
Le Parlement de la Ligue..................................	275
Le Parlement de Tours.....................................	284
Le Parlement de Châlons..................................	295
Le Parlement d'Henri IV à Paris.........................	298
Rôle des Gens du Roi de 1350 à 1610................	326
Index alphabétique des Présidents, Conseillers, gens du roi..	341
Errata et addenda..	359

EN VENTE A LA MÊME LIBRAIRIE

Aubert (Félix). Le Parlement de Paris de Philippe le Bel à Charles VII (1314-1422). Son organisation, sa compétence, ses attributions. 1887-89, 2 vol. in-8 .... 8 fr.
— Histoire du Parlement de Paris de l'origine à François Ier (1250-1551). Organisation, compétence et attributions; procédure. 1894, 2 vol. in-8. 8 fr.

Langlois (Ch.-V.). Textes relatifs à l'histoire du Parlement depuis les origines jusqu'en 1314. 1888, in-8 .... 6 fr. 50

Luchaire (Achille). Histoire des institutions monarchiques de la France sous les premiers Capétiens (987-1180). 1891, 2e édition revue et augmentée. 2 vol. in-8 .... 15 fr.

Borelli de Serres. Recherches sur divers services publics du XIIIe au XVIIe siècle :
  I. Notices relatives au XIIIe siècle : 1° La comptabilité publique ; 2° Notes sur les origines du service financier ; 3° Quelques droits des grands officiers, etc. 1902, in-8, phototyp .... 10 fr.
  II. Notices relatives au XIVe siècle : 1° La comptabilité publique jusqu'au règne de Philippe V ; 2° La politique monétaire de Philippe le Bel. 1904, in-8 .... 10 fr.
  III. Notices relatives aux XIVe et XVe siècles : 1° Le trésor royal de Philippe VI ; 2° Officiers de finances de Philippe IV à François Ier ; 3° Les plus anciens présidents du Parlement. 1909, in-8 .... 10 fr.

Guilhiermoz (P.). Enquêtes et procès. Étude sur la procédure et le fonctionnement du Parlement au XIVe siècle, suivie du style de la Chambre des enquêtes, du style des commissaires du Parlement et plusieurs autres textes et documents. 1892, in-4 .... 10 fr.

Morel (Octave). La grande chancellerie royale et l'expédition des lettres royaux de l'avènement de Philippe de Valois à la fin du XIVe siècle (1328-1400). 1900, in-8 .... 20 fr.

Beaumanoir (Philippe de). Coutumes de Beauvaisis, texte critique publié avec une introduction, un glossaire et une table analytique par Am. Salmon. 1899-1900, 2 vol. in-8 .... 26 fr.

Cadier (L.). Les États de Béarn depuis leurs origines jusqu'au commencement du XVIe siècle, étude sur l'histoire et l'administration d'un pays d'États. 1888, in-8 .... 5 fr.

Coville (A.). Les États de Normandie, leurs origines et leur développement au XIVe siècle. 1895, gr. in-8 .... 7 fr. 50

Duvernoy. Les États généraux des duchés de Lorraine et de Bar jusqu'à la majorité de Charles III (1559). 1904, in-8 .... 7 fr. 50

Fâge (René). Les États de la vicomté de Turenne. 1894, 2 vol. in-8. 15 fr.

Jacqueton (G.). Documents relatifs à l'administration financière en France, de Charles VII à François Ier (1443-1523), avec introduction. 1891, in-8. 8 fr. 50

Metzger (P.). Contribution à l'étude de deux réformes judiciaires au XVIIIe siècle. Le conseil supérieur et le grand bailliage de Lyon (1771-1774-1778). 1 vol. in-8 .... 6 fr.

www.ingramcontent.com/pod-product-compliance
Lightning Source LLC
Chambersburg PA
CBHW071946220426
43662CB00009B/1013